交通运输部科技示范工程丛书

Construction Quality and Safety Management Control of Changxiang Expressway

长湘高速公路施工质量与安全管理控制

主编　钟放平　高伏良　魏斌
主审　阳军生

人民交通出版社股份有限公司
China Communications Press Co.,Ltd.

内 容 提 要

本书以交通运输部"两型"科技示范工程——长湘高速公路项目建设质量与安全管理控制方法为基础，结合多年来公路工程建设实践经验加以丰富完善，内容涵盖公路工程路基、路面、桥梁、隧道、生物防护及隔离栅、绿化工程等专业建设工序、技术、工艺及管理等方面，符合现行标准、规范要求，贯彻标准化、精细化施工理念，操作性、指导性较强，可以为公路建设项目管理、施工、监理等工作提供借鉴和参考。

本书可供从事公路设计、施工、监理及科研等公路建设的技术人员参考使用。

图书在版编目（CIP）数据

长湘高速公路施工质量与安全管理控制/钟放平，
高伏良，魏斌主编. —北京：人民交通出版社股份有限
公司，2014.7
（交通运输部科技示范工程丛书）
ISBN 978-7-114-11518-9

Ⅰ. ①长… Ⅱ. ①钟… ②高… ③魏… Ⅲ. ①高速公
路 – 道路工程 – 工程质量 – 研究 ②高速公路 – 道路工程 –
安全管理 – 研究 Ⅳ. ①U415.1

中国版本图书馆 CIP 数据核字（2014）第 146916 号

交通运输部科技示范工程丛书

书　　名：	长湘高速公路施工质量与安全管理控制
著 作 者：	钟放平　高伏良　魏斌
责任编辑：	王文华（125976580@ qq. com）
出版发行：	人民交通出版社股份有限公司
地　　址：	（100011）北京市朝阳区安定门外外馆斜街 3 号
网　　址：	http://www. ccpress. com. cn
销售电话：	（010）59757973
总 经 销：	人民交通出版社股份有限公司发行部
经　　销：	各地新华书店
印　　刷：	北京市密东印刷有限公司
开　　本：	880 × 1230　1/16
印　　张：	22.5
字　　数：	710 千
版　　次：	2014 年 7 月　第 1 版
印　　次：	2014 年 7 月　第 1 次印刷
书　　号：	ISBN 978-7-114-11518-9
定　　价：	72.00 元

（有印刷、装订质量问题的图书由本公司负责调换）

前　言

　　京港澳复线长沙至湘潭（简称长湘）高速公路是湖南省"五纵七横"高速公路网的第三纵岳阳（湘鄂界）至临武（湘粤界）高速公路的重要组成部分，也是交通运输部在湖南实施的首条科技示范高速公路。长湘高速公路起于望城县茶亭，北接岳长高速，与潭衡西高速相连，终于湘潭市塔岭，主线全长74.902km。项目于2012年12月建成，对于完善湖南省高速公路主骨架网，改善交通运输条件及投资环境，促进长株潭区域经济发展和两型社会建设具有十分重要的意义。

　　长湘高速公路建设的指导思想是：贯彻落实科学发展观，强化质量安全管理，坚持科技创新，通过科技攻关和技术集成推广示范，为建设资源节约型和环境友好型（简称"两型"）社会提供科技支持，努力把长湘高速公路建设成为国际国内一流的高速公路。交通运输部、湖南省交通运输厅和湖南省高速公路管理局对项目建设高度重视，有关领导深入现场精心指导，广大工程建设者、科研人员结合项目建设实际，克难攻坚，创新管理，积极推广运用新技术、新工艺、新材料、新设备，坚持"两型"理念，建设资源节约之路，打造环境友好之路，构建安全和谐之路。2013年12月，项目顺利通过交通运输部"两型"科技示范工程验收，受到高度评价。

　　工程质量、安全是高速公路建设永恒的主题，长湘高速公路建设过程中，参建各方根据长湘高速公路建设特点，系统地制订和实施了保证公路施工质量、安全管理与控制的措施，严抓质量和安全生产，确保了工程质量，提高了我省高速公路建设质量安全管理水平。长湘公司、总监办在每项工程开工之前，组织相关单位及经验丰富的工程技术人员、专家编写了各专业标准化施工方法，作为施工作业指南使用。路基、桥梁、隧道、生物防护、生物隔离栅、绿化工程是工程的主体，是开展标准化施工的主战场，对各主体工程从工序、工艺和管理的角度加以明确规范，通过施工过程控制，消除质量通病，提高施工管理水平，以达到施工"工序科学、工序规范、技术先进、质量优良、作业安全、施工文明环保、管理有效"的目的。为总结长湘高速建设的点滴经验，我们把路基、路面、桥梁、隧道、生物防护及隔离栅、绿化工程等几个专业的施工质量、安全管理与控制方法措施加以总结和提炼，从工序、技术、工艺和管理的角度，组织相关单位和专家编写了本书，旨在为今后公路建设项目管理、施工、监理等方面工作提供有益的借鉴和参考，为广大工程管理人员、技术人员提供一个系统的工具，以期提高公路建设项目管理效率和综合水平，助推我国交通运输事业发展、腾飞。

本书由长湘公司、总监办组织编写，钟放平、高伏良、魏斌主编，中南大学阳军生教授主审。参加编写的有蒋功雪、刘丹青、陆尚武、吴勇、欧碧峰、孙超林、贺威、罗志高、张震、李剑波、欧阳祖达、向佐湘等，湖南省交通科学研究院、湖南长顺工程建设监理有限公司、北京中交国路环境景观园林工程技术有限公司等单位提供了宝贵的意见，在此表示衷心的感谢！

本书编写经过不断调整、充实、改进，力求内容更加丰富、更加科学、更具指导性。由于编者水平有限，书中难免有不足之处，敬请读者批评指正，并有待在今后的实践中不断完善、提高。

编　者

2014 年 2 月于长沙

目　　录

1 绪 论

湖南省长沙至湘潭高速公路(复线)(简称长湘高速公路)是京港澳并行线——许昌至广州国家高速公路、湖南省"五纵七横"高速公路网第三纵岳阳(湘鄂界)至临武(湘粤界)高速公路的重要组成部分。路线起于望城县茶亭,北接岳阳至长沙高速公路,南止湘潭市塔岭,与湘潭至衡阳西线高速公路相接。主线全长74.902km,按双向六车道高速公路标准建设,设计速度120km/h,路基宽度34.5m,采用整体式路基,设置桥梁14 326.9m/27座,其中特大桥9 813.5m/2座(湘江特大桥全长8 301.5m),大桥3 994.8m/18座,设置分离式隧道5座,折合单洞长6 440m。投资概算约为77亿元。

长湘高速公路是交通运输部继湖北沪蓉西高速公路、山西忻阜高速公路、四川雅沪高速公路和重庆绕城高速公路之后的全国第五个科技示范工程项目,是湖南省第一个"两型"科技示范工程,依托长株潭城市群全国资源节约型和环境友好型社会(以下简称"两型"社会)建设综合配套改革试验区,开展资源节约型和环境友好型交通运输的研究和示范。

资源节约型和环境友好型交通是以"节能、环保、便捷、安全、高效"为核心,以"运输装备节能化、能源消费绿色化、交通出行便捷化、营运管理信息化"为主要目标,实现其产业结构、发展方式和消费模式都全面落实"资源节约、环境友好"的交通。

长湘高速公路"两型"科技示范工程是"两型"社会建设的迫切需要,是国家科技发展战略的具体体现,是可持续发展理论同交通运输相结合的重要实践。本项目针对长沙至湘潭高速公路的工程特点和技术需求,以资源节约与环境友好为目标,从公路建设质量、资源节约利用、人文景观融合、运营安全保障等方面,将理念创新、技术创新与集成创新综合展现在示范工程中,对促进全国"两型交通"建设具有重要的示范引领作用。

工程质量、安全是高速公路建设永恒的主题,长湘高速公路建设过程中,参建各方根据长湘高速公路建设特点,系统地制订和实施了保证公路施工质量、安全管理与控制的措施。长湘高速严格执行"全员、全过程、全方位抓安全和质量"的方针,将精细化管理要求落实到工程建设的每一个细节,使工程质量始终处于良性受控状态。

1.1 长湘高速公路建设目标

长湘高速公路位于长株潭城市群"两型"社会综合配套改革试验区的核心区域,是中部地区繁忙的南北运输大通道,重载、交通量大,与京珠高速公路一起共同构成长株潭城市群南北向高速公路骨架。项目所经地区沿线经济发达,人口稠密,土地开发利用率高,土地资源短缺。同时,项目途经的长沙和湘潭两市所辖区域是湖湘文化的核心地带,文化底蕴深厚,名胜古迹众多,历史人文荟萃,承载海内外络绎不绝的游客前来探访历史遗迹、品味湖湘文化,将为湖湘文化的"道统"播向五湖四海创造有利条件。项目处于中亚热带向北亚热带的过渡地带,气候温暖湿润,春夏冷暖气流交替频繁,具有高温、多雨、冰冻等气候特点,偶发的极端气象条件对高速公路的正常运营极易形成安全隐患,甚至造成巨大的经济损失。

鉴于项目在区域位置中的重要性,以及开展建设的诸多实际情况,长湘高速公路确立了要达到预期的建设目标,概括起来包括"资源节约、环境友好、弘扬湖湘文化、提高工程耐久性、加强质量安全与应急保障"。

1)资源节约

为了实现资源的可持续发展,为子孙后代留下更多的发展空间,在资源节约方面应做到"少用资源、用好资源、循环用资源",最大可能地节约资源、最大强度地利用资源、最大能力地开发新资源和最大限度地循环利用资源。长湘高速公路位于长株潭经济发达地区(图1-1),沿线地少人多,根据公路沿线资源、自然环境与工程地质特点,示范工程应在土地资源保护、资源循环利用、能源节约、工程耐久性等方面开展技术研究,最大限度地节约资源、减少能耗,这也是实现交通可持续发展迫切需要解决的关键问题之一。

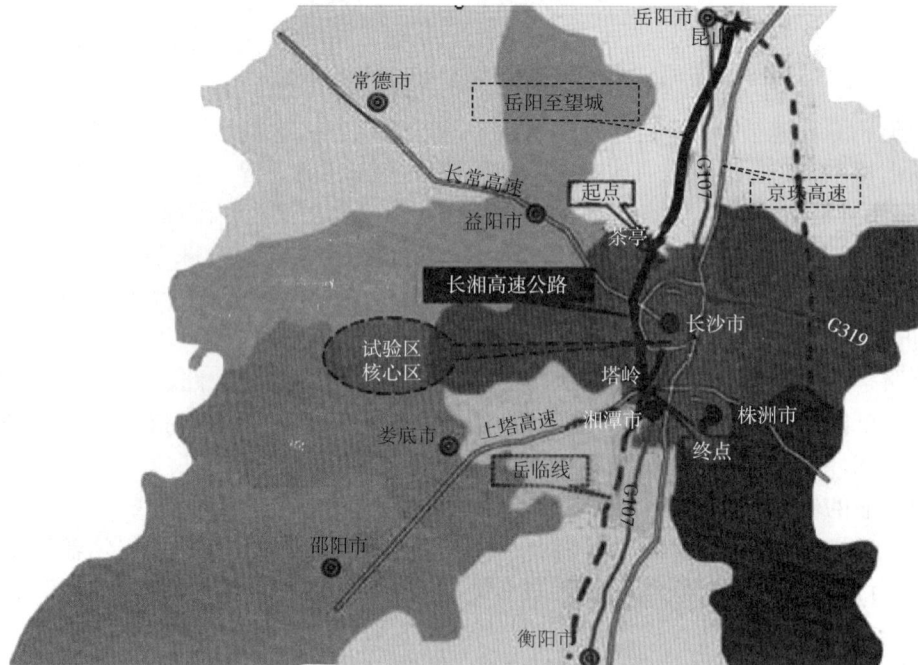

图1-1　长湘高速公路科技示范工程地理位置示意图

2)环境友好

长湘高速公路连接长沙和湘潭两座历史文化名城,位于湖湘文化核心地带,沿线景观类型多样,敏感性较高,抗干扰能力差,路线跨越湘江、沩水等重要水体。结合地域特点,针对工程需要,示范工程应在环境保护、智能交通等方面开展研究,实现"环境友好"的建设理念,以达到"污染排放减量化、生态破坏最小化、自然资源最大化"。

3)弘扬湖湘文化

长湘高速公路处于具有浓厚文化底蕴的湖湘大地,名胜古迹众多,历史人文荟萃。如何将湖湘文化向五湖四海传播,发扬湖湘人文精神,在工程中进行较好的体现,都是建设过程中必须考虑的问题。

4)提高工程耐久性

长湘高速公路地处南方湿润地区,降雨量大,持续时间长,地下水位较高,且沿线存在强风化板岩、弱膨胀性黏土层等不良地质。同时,长湘高速公路为我国南北交通运输大通道,重载、交通量大,给公路工程结构物带来较大的工作负荷,如何提高实体工程的结构安全,延长其耐久性和使用寿命成为亟待解决的技术难题。

5)加强质量安全与应急保障

长湘高速公路气候温暖湿润,降雨量大,暴雨、冰冻、大雾、冻雨等不良气候灾害多发,会给公路交通设施带来巨大损失,也给公路运营安全、防灾抗灾和应急保障等提出更高的要求。

1.2　质量安全管理措施

长湘高速公路自开工之初就组织编写了安全、质量、试验、财务、计量等管理制度,下发了《湖南省长湘高速公路精细化施工管理指南》和《长湘高速公路施工作业指南》系列丛书(包含路基、桥梁、隧道和生态防护及绿化工程分册),贯彻理论指导实践,实行精细化管理。在实施过程中,根据交通运输部下发的《关于开展高速公路施工标准化活动的通知》(交公路发〔2011〕70号),长湘高速公路结合本工程特点和自身实际,进一步完善了相应的实施细则,以标准化施工促进"两型"科技示范工程建设,形成了一套完整的长湘高速公路施工质量、安全管控方法。

1)坚持标准化施工

近十年来,湖南高速公路建设发展迅速。高速公路建设施工技术和管理水平有了长足的进步,达到了一条路比一条路好的目标。但施工期间,也暴露出施工过程控制能力不足,出现的质量问题仍不少,质量通病也未得到有效遏制。实践表明,推行标准化施工,是新形势下湖南高速公路建设质量安全取得新进步的必由之路和根本保证,也是对施工质量安全检查、评价、控制的一个重要尺度。依托湖南省高速公路建设实践和现代工程管理的有益探索成果,借鉴外省的先进经验和方法,结合工程特点和自身实际,制订了相应的实施细则,指导长湘高速公路精细化、标准化施工,落实好工地标准化、施工标准化和管理标准化等活动内容,以期达到一流的项目管理、一流的施工工艺、一流的作业环境、一流的现场形象。

2)建设资源节约之路

一是科学论证合理规划,集约节约土地资源。坚持"集约节约用地"的理念,开展高速公路建设土地资源保护与集约利用技术研究,应用高速公路占地价值评价模型及占地决策支持方法,综合评估工程占地价值,合理选择路线走廊,通过调整路线方案,置换出具有较高开发潜力的土地1 300亩①。基于工程占地价值分析,对穿越基本农田路段采取以桥代路、合理设置支挡结构等工程措施,减少永久占地1 200多亩。采取综合利用施工场地,统筹建设施工便道等措施,减少临时用地1 500多亩。二是研发推广科技成果,综合利用废弃资源。坚持"循环利用"理念,推广应用粉煤灰、钢渣等工业废渣在公路建设中的技术,利用沿线钢铁厂、电厂产生大量的废弃钢渣、粉煤灰,铺筑钢渣碎石垫层试验路13.4km,循环利用工业废渣30万余吨;制订隧道弃渣综合利用工作程序和流程,共循环利用隧道弃渣60多万立方米。通过技术改良将高液限黏土、强风化板岩、泥岩等用于路基填筑,综合利用废弃土70万 m^3,利用率达86%。推广应用网栅土工砌块结构生态构建技术,将工程弃土用于制作土工砌块,既实现了就地取材,降低了工程造价,又有效保护了生态环境。三是因地制宜就地取材,高效挖掘乡土资源。坚持"因地制宜"的理念,利用我省丰富的竹资源,推广应用隧道竹锚杆注浆预加固技术和竹片格栅生态防护技术。根据狮子垄隧道浅埋偏压及围岩破碎段地表预加固的需要,开发竹管注浆方法,替代钢管注浆。针对边坡绿化防护初期的抗雨水冲刷能力弱的问题,利用毛竹片制作成阶梯状的挡土结构,有效防止种植表土和草籽流失,植被成活率大大提高。推广应用高速公路生物隔离栅技术,建设74km生物隔离栅替代喷塑金属隔离栅,并形成了《高速公路生物隔离栅》地方标准,工程综合成本节约40%以上。

3)打造环境友好之路

一是坚持保护优先,珍惜爱护自然环境。牢固树立"不破坏就是最大的保护"理念,彻底摈弃先破坏后恢复的工程惯例,应用基于纹理特征的支持向量机(support vector machine,SVM)景观土地分类方法进行环保、景观选线,合理避让重点敏感区域。创新性地提出"公路环保绿线"技术,超过10%的公路用地面积维持了原有的自然属性。采用隧道"零仰坡"进洞技术,做到洞门与周围生态环境的有机融合,最大限度地保护了原始生态地貌。二是注重"师法自然",积极恢复路域环境。坚持"平朴自然"的原则,致力将工程恢复与展现"自然之美"有机结合。推广应用高速公路路域生态工程技术,全面恢复与再造路域生态环境,既提升了路域生态景观质量,又较好地保护了公路沿线自然环境。充分利用沿线自然植物资源,根据植物群落的演替规律,合理配置植物种类,最大可能地恢复到自然状态。全面推广应用植草排水沟和植物型生态声屏障,极力淡化人工痕迹。三是彰显地方特色,精心塑造人文环境。坚持"特色鲜明"理念,应用路域生态景观恢复技术将全线景观规划为湘江古韵、田园竹笙、生态涵养三个路段,最大程度地实现与当地自然及文化景观的协调。通过设置文化墙、石刻雕塑、导示牌等服务设施,将项目沿线自然天

---

① 1亩=666.6 m^2。

成的景观元素和"湖湘文化"、"雷锋故里"等文化元素有机融合,充分展示三湘大地丰富的文化内涵,打造形成"车行三湘大地,感悟湖湘文化"的公路生态新景观。

1.3　长湘高速公路建设示范效益

长湘高速公路建设过程中针对路基、边坡、桥梁、隧道、路面、生物防护、生物隔离栅、绿化工程各环节,实施了精细化质量和安全管控,取得了安全、质量、环保多方面效益,高质量完成了湖南省在建高速公路中最长的桥梁湘江特大桥(桥梁全长8.3km,桥面宽度34.5m)、湖南省最大宽度高速公路隧道等一系列标志性工程。同时始终坚持"建设'两型'交通,服务'两型'社会"这一理念,以提升公路建设水平和服务内涵为宗旨,以新材料、新技术、新工艺为支撑,以资源节约与环境友好为目标,大力实施科技创新战略,整合各方技术力量,加强统筹、科学组织,加大投入、强化保障,集中攻关,努力破解设计、施工、运营管理等面临的系列难题,取得了一批重大技术成果,总结形成了地方标准1项、专利22项、软件著作权5项、系列施工技术指南26项,示范工程创造的综合经济效益达8亿元,"两型"社会效益十分显著。

(1)全过程突出安全至上理念。坚持"安全是最大的节约,事故是极大的浪费"的理念,从建设到运营,始终将"安全至上"理念放在突出位置。针对隧道钻爆施工存在的安全问题,开展复杂条件下大跨度隧道钻爆法施工安全控制技术研究,采取了一系列风险控制措施,确保隧道施工零事故。针对湖南高温多雨、冰雪大雾灾害突出的气候特点,开展高速公路运营安全保障技术研究,构建突发自然灾害条件下高速公路预警与应急体系,并提出了减灾对策。开发基于测速雷达的桥梁防船撞预警系统,并发明了一种吸能导向桥墩防撞装置,桥梁施工安全保障能力和防撞预警能力明显提高。研发了一种新型结构的柔性护栏,在降低事故严重程度、减少人员伤亡方面优势明显,有效提高了公路交通安全防护水平。

(2)全路段力求高效便捷服务。坚持"服务为要"理念,将信息技术深度融入交通基础设施之中,力求提供高效快捷服务。充分考虑该路段人流、物流、信息流的高速运转,推广应用公众出行交通信息服务系统,为公众提供准确及时的交通出行信息,提高出行效率。研发长株潭城市群物流综合信息平台,拓展高速公路服务区服务功能,促进物流信息资源共享,减少货运车辆空驶率,有利于促进节能减排及提高运输效能。开发突发自然灾害下的长湘高速公路应急管理系统平台,集交通气象信息监测与发布、突发事件快速评估与响应、应急资源匹配与调度等功能于一体,交通设施服务能力大幅提升。

(3)全方位体现以人为本思想。坚持"民生优先"理念,处处注重以人为本。从规划及勘察设计阶段就充分考虑了沿线绝大多数群众的利益诉求,通过合理选线,避开重点村镇和环境敏感区域,避免大规模的拆迁安置。充分考虑施工对沿线路系水系影响,优化通道位置和高程,确保排水通畅。统筹考虑施工便道修建与道路恢复,确保不影响当地老百姓出行。推广应用路面径流植被控制技术,将净化后的路面径流资源用于沿线农业灌溉与渔业养殖,初步测算每年将为沿线农业、渔业补充水资源200多万立方米。

通过综合应用各种先进理念和技术工艺,最大限度地节约了建设资源,提高了工程资源利用效率,减少了工程污染排放,保护了自然生态环境,取得了显著的社会、经济和环境效益,实现了资源、环境、工程、社会的协调发展。

本书根据长湘高速公路特点和两型高速公路建设要求,从路基与边坡、路面标准化施工管理、桥梁工程、隧道工程,以及生物防护、生物隔离栅及绿化工程各方面详细论述高速公路施工质量安全管理控制的各具体细节,以及控制要点,以供类似工程参考。

2 路基与边坡工程

2.1 工程概况

长湘高速公路主线按双向六车道高速公路标准建设,设计速度采用120km/h,路基宽度采用34.5m。

路线走廊带位于湖南省湘北环洞庭湖东侧丘岗、丘陵区,地势总体北低南高。最高海拔高程203m,最低高程26m,地面高程一般在28～100m。路线近南北向展布于洞庭湖东侧及湘江北侧,以岗地、丘陵为主,夹冲洪积及湖积平地。工程地质基本分为南北两区(里程长度接近),南区主要分布红砂岩、花岗岩、板岩,地势起伏较小,工程地质较简单。北区为相对不稳定区,主要不良地质现象是全—强风化板岩、弱膨胀性黏土层及局部软土,路堑边坡开挖时易崩塌、滑坡,应加强路堑边坡防护,局部软土应采用清淤,或塑料排水板与超载预压等方法处理。

本项目为长株潭城市群"两型社会"综合配套改革试验区过境快速干道,并穿越长沙市大河西先导区,为适应"两型社会"要求,项目建设中十分重视公路沿线的绿化及景观设计和沿线生态保护。

路基建设中,坚持可持续发展,树立节约的理念,落实最严格的耕地保护制度,尽量少占耕地、少拆迁,从环境的角度出发,减少伐、移林木。合理处置地质病害,加强高填路基与桥梁、深路堑与隧道的比较。重视路基(特别是软基地段)的防护、排水施工,确保路基稳定安全。加强科学研究,积极采用新技术、新结构、新材料和新工艺,尽可能减少工程量和造价。

边坡与防护工程充分考虑安全与景观要求,按"灵活自然、因地制宜、顺势而为"的原则进行。路基边坡防护坚持以生态防护为主、生态防护与结构防护并举为原则,在保证路基边坡稳定的前提下,尽可能地协调周围环境、美化道路景观,依据沿线地形、地貌以及地质情况,进行分段设计施工,采用拱形骨架、方格骨架、TBS等防护协调设置。石质边坡尽量采用生态防护,避免采用圬工防护。填方边坡防护以植草为主,沿线种植绿化带,以增加植被。

2.2 施工准备

2.2.1 场地规划

(1)承包人进场后应立即进行现场踏勘,收集气象、水文及地质等资料,了解当地施工材料供应和交通等施工条件,并写出调查报告,供项目部施工决策和进行施工场地规划。

(2)施工现场布置。

①施工期间,承包人应在项目部、路基、构造物、桥梁、隧道等显著位置悬挂安全文明生产、质量管理、廉政建设等标牌标语。

a. 工程概况标志牌:在项目部或标段起点桩号设置工程概况标志牌。

b. 施工标志标牌:对路基主要工点(如单一工点土石方量在10万 m³ 以上)、桥梁、通涵的工程量、地质情况、施工方案、分阶段的工期计划等做一简要介绍。

c. 施工场地布置牌:采用电脑绘制,对施工现场的布置采用图示方式表达,注明位置、面积、功能。每个拌和站、预制场的入口显著位置应当设置拌和站和预制场的标志牌,并附拌和站、预制场的场地平面图。平面图尺寸为 0.8m×1.2m。

d. 指路牌:在通往项目经理部、施工便道的入口处及纵向便道与当地道路交汇处应设立醒目的指路牌,标明便道序号、方向、里程等内容。

e. 安全生产操作警示牌:按交通安全规范的标志设置。

f. 廉政告示牌:主要明确施工廉政制度、廉政监督电话及联系方式等,在项目部设置。

g. 工程责任标志牌:载明建设单位、设计单位、监理单位及施工单位的项目经理,技术、质检、分项工程负责人及负责内容。在大中桥显著位置、隧道洞口位置和路基主要工点设置。

②现场机械设备布置有序,必要时应悬挂安全操作规程,尺寸参照 0.6m×0.8m,白底黑字。

③现场各种防火、防高空坠落等安全标志牌以及安全帽按照国家有关规定统一制作,悬挂于工地醒目位置。

④现场的周转材料、半成品材料的堆放严格按照有关材料堆放的规定进行,并按照 0.6m×0.4m 牌面,采用白底蓝字,分材料名称、产地、规格型号、质检状态、用途等五项内容进行标志。

2.2.2　四通一平建设

1)施工便道、便桥

(1)施工便道、便桥技术质量要求如下。

①主要便道的修筑应满足设备、材料运输的需要,表面采用不少于 8cm 的 C15 混凝土硬化,条件允许时,宽度应保证双向通行,一般情况下应视地形条件和视距要求在合适位置设错车道,相邻错车道设置不宜大于 200m。②便道的两侧应设置边沟或排水沟。③便道急弯、陡坡地段设置安全护栏和醒目的安全警示标志,岔路口设置方向指示牌。④便桥应满足载重和排洪要求,汽车便桥桥面宽度不小于 3.5m,设置防护栏杆和超限标牌。⑤反光镜应设立在弯度较急、较大及与当地道路交汇视线不明的关键位置。

(2)施工期间应指定专人(队)负责对施工便道(便桥)进行日常检查和养护、洒水,做到雨天不泥泞,晴天少粉尘。

(3)各施工便道从起点依序编号,设便道标志牌于路口处。

(4)如果承包人利用现有县乡道路作为临时道路,应征得该道路所有者及当地有关部门的同意,并签订相关协议,根据需要承包人应对该道路进行修整、加宽、加固及设置必要的交通标志,并经工程师验收合格后方可通行。工程结束时,承包人应对该道路修复到原来标准,直至得到该道路所有者及当地有关部门认可为止。

(5)工程完工后,承包人应将施工便道及便桥予以拆除。当地部门要求保留时,要与相关部门签订相关使用、维护、安全和其他责任协议,并作为交工资料移交业主。

2)施工临时用电

(1)承包人向业主申请用电应包括以下内容:临时用电负荷的计算;临时用电线路的平面布置图;临时用电的安全使用方案;临时用电的安全组织机构。

(2)引入工地的电力线路的架设和变压器的安装应严格按照电力施工的有关规范和要求进行施工。线路原则上应在施工便道或通道的一侧临空架设,架设高度必须符合安全要求。

(3)项目部应配有专职电工若干名,负责与地方供电部门的协调联系,对本标段施工用电进行统一管理,以及对各种用电设备进行日常维护管理。根据施工需要计算变压器容量、台数。当桥梁、隧道附近有高压线路通过时,应和当地电力部门协商确定高压电杆位置。

(4)各工点的配电箱一律采用铁制,分大小两种。大型配电箱尺寸不小于 1.0m×0.8m×0.2m,内设各个分线闸刀、漏电保护器、电表等相关设备,必须建立配电房封闭管理,坚持一机一闸用电。小型配电箱采用当地电力部门统一农用配电箱。变压器和配电箱等应设置明显的安全警示标志。

(5)根据工地现场的实际布置情况,在拌和站、预制场及各个桥梁工地应配备可靠的备用电源,以备急用。

(6)所有动力设备应有可靠的接地保护和防雷措施。

（7）临时用电的电线（缆）严禁拖地。

3）施工临时用水

（1）承包人进场后15d内应完成对施工现场（周围）的水源进行调查和相应的水质检测。

（2）根据工程项目的大小计算项目的生产、生活及消防等用水量，合理地提出施工用水计划。

（3）有条件时应独立安设用水专线或打井，与居民生活用水分开。

（4）设置足够大小和数量的蓄水池，蓄水池应加盖并有安全警示标，防止人员进入。

（5）供水按施工需要的供水压力（压力不小于0.3MPa）合理选址修建高位水池，安装上、下水管路。

4）通信线路

项目部应保持电话、网络畅通，网络带宽应满足项目信息管理要求，并配备人员进行管理。

5）路基施工场地平整

（1）施工场地主要包含生活区、拌和场、堆料场、加工场、弃土场等，场地平整的机械应先期进场，以便完成征地后立即平整压实工作。

（2）施工场地平整工作应一次到位，做好防排水设施，以免影响场地和后续工作。所有清表、弃方应规范堆弃，不得影响周围环境。

（3）租用地方场地作为施工临时场地，承包人应提前与有关部门签订好协议，待工程完工后按照协议进行补偿或修复，移交地方管理。当地部门要求保留时，要与相关部门签订好协议，并交工移交业主保管，否则应予以复耕清理等。

2.2.3　驻地建设

承包人自进场之日起30d以内必须完成驻地建设。

1）项目经理部

（1）项目经理部应有适当的办公场所，其会议室应能满足至少30人开会的需要，内贴工程简介，组织机构框图，线路平纵面图，桥梁立面图、平面图和断面图，进度图，质量目标，安全质量保证体系，廉政制度，晴雨表，总体工期安排网络图等。会议室还应有不小于2m²的写字板。

（2）项目经理部组织机构设置。项目经理部组织机构设置应符合业主有关项目机构设置的要求，确保本项目的质量、进度、安全、环保和投资等各项目标得以顺利实现。项目部各机构门前悬挂统一制作的岗位牌，其岗位职责及工作制度一律上墙，主要包括以下机构。

①项目经理室：施工总体形象进度图、年度计划进度曲线和实际对比图、项目经理职责等。

②工程技术部门：各个结构物的施工形象进度图、施工总体平面布置图及施工总体进度计划网络图等。

③安全质量监控部门：安全质量保证体系、安全质量人员的资质、各级安全质量人员的岗位职责等。

④物资设备部门：材料物资的进货、检验、发放流程图，设备管理的动态图等。

⑤计划财务部门：计量形象进度图、年度计划进度曲线等。

（3）项目部应做好以下规章制度的建立。

①施工计划管理制度：确保合同工期的顺利实现。

②技术管理制度：技术责任制、设计文件审查制、技术交底制。

③工程成本管理制度：保证工程投资的有效控制。

④施工安全管理制度：确保施工在安全健康的环境中进行，包括安全生产责任制，安全检查教育及事故处理报告制，安全设施、设备的检查验收制等。

⑤物资采购与发放制度：保证建设物资的顺利供应。

⑥试验检测管理制度：确保工程质量在受控状态下进行。

（4）项目部主要人员的有关要求。

①项目部主要人员的资历、数量应与合同谈判承诺人员相一致。项目经理、总工、试验室主任等主要管理人员应保持稳定，若需更换，应按规定程序报业主批准。

②项目管理人员上班时间必须佩戴统一的胸牌,特殊工种人员须持证上岗。

③项目部应设有专职资料档案员,资料员必须由工程类技术员以上的专业技术人员担任,各种技术资料应填写规范,归档及时,数据准确,手续完备,分类清晰,查阅方便,文件资料的编制整理应符合交通运输部、省厅局有关竣工文件编制办法的要求。

2)工地试验室

(1)试验室的周边场所、通道均应进行硬化。

(2)仪器设备在合同谈判后30d内必须全部到位,45d内完成安装、调试、标定和临时资质申请。

(3)试验室各室面积:力学室不小于20m²,土工室不小于30m²,水泥室不小于20m²,养护室不小于20m²,集料室不小于30m²,办公室不小于15m²。总面积不低于150m²。

(4)试验室所有从事试验工作的人员都必须持证上岗,并保持稳定,不得随意更换。

(5)试验规章制度及操作规程(试验室工作岗位责任制,试验检测工作程序,试验仪器设备操作规定,试验仪器的定期标定、保养、维修制度,试验室安全和卫生管理制度,试验资料管理的台账制度,标准养护室的管理检测制度,取样要求和样品管理制度,试验报告表格填写要求等)上墙。

(6)承包人的各种试验资料应记录完整、及时,真实有效,严禁造假。

3)档案资料室

(1)档案资料室应不小于20m²,所有档案资料宜保存在专用柜(架)专用档案盒内,专人负责收发登记。

(2)从事档案工作人员应具备相应专业技术知识,人数1~3人。

(3)档案资料室应能防潮、防火、通风,配备消防设备。

4)工地临时房屋

(1)临时生产生活用房应认真选址(避开滑坡、冲沟、泛洪等险地)、合理规划、布局有序,生产和生活用房应分开搭设。

(2)房屋搭设稳固,室内地面采用5cm厚的C15混凝土硬化。

(3)工房不提倡搭通铺,一室不得超过8人,人均居住面积不少于2m²。

(4)做好安全用电和防火工作,按有关规定配备消防器材。雨季应做好防雨、防潮、防洪等准备工作。

(5)做好生活区的环境卫生工作,对生活垃圾和污水进行集中合理处置,保证周围环境整洁卫生。

2.2.4　测量放线

1)基本要求

(1)承包人应检查监理工程师提供的工程原测设的永久性标志桩及测设资料,并将遗失的标志桩在接管工地14d之内通知监理工程师,然后根据监理工程师提供的测设资料和测量标志,在28d内将复测结果提交监理工程师。

(2)经过复核,对持有异议的导线控制点,承包人应及时提交书面报告给监理工程师,由监理工程师确认最终解决办法;对持有异议的基准点,承包人应向监理工程师提交一份列有勘误高程的修正表,由监理工程师确定正确高程。

(3)承包人应将施工中所有控制桩以及监理工程师认为对放样和检验有用的标桩,进行加固保护,并在水准点、三角网点等处树立易于识别的标志。

(4)所有导线复测、中线复测、水准点复测和增设水准点、横断面复测和补测等工作,测量精度应符合交通运输部颁布实施的《公路勘测规范》(JTG C10—2007)的要求。

(5)测量仪器使用前应进行检验校正,仪器标定、校正报告复印件报监理工程师备案。

2)水准点复测

(1)使用监理工程师所交付的水准点,应首先相互之间查对复核,并尽可能地与国家水准点闭合,超出容许误差范围应查明原因,并及时报有关部门。

(2)水准点间距不宜大于1km,在人工结构物附近、高填深挖地段、工程量集中及地形复杂地段宜设临时水准点。临时设置的水准点必须坚固稳定,测设距离应以测高不加转点为原则,一般平原区不大于200m,山岭区或丘陵区为100m。

(3)临时水准点和因施工需移动的水准点,其高程应与原水准点闭合,精度应满足要求。

3)导线复测

(1)当原测中线主要控制桩由导线控制时,承包人应根据设计提供资料计算复核导线控制点,根据地面提供的控制桩做好检查复测工作。

(2)导线复测应采用光电测距仪或其他满足测量精度的仪器。

(3)原有导线点不能满足施工要求时,应进行加密,方便施工放样。

(4)导线起讫点测定结果应与设计提供的测定资料相比较。

(5)导线复测时,必须与相邻施工段落进行联测,确认导线控制点闭合。

4)中线复测

(1)路基开工前应采用坐标法全面检查恢复道路中心桩,并采取一定保护措施,固定路线主要控制桩。

(2)恢复中线时应注意与结构物中心、相邻施工段的中线闭合,发现问题应及时查明原因,并报监理工程师协调确定解决办法。

(3)如发现设计中线长度丈量错误或需局部改线时,应做断链处理,并在设计图表的相应部位注明断链距离和桩号。

5)断面复测

(1)横断面测量应采用水准仪—皮尺法、横断面仪法、全站仪法或经纬仪视距法;测量纵向为线路前进方向,横向为直线段,应与中线垂直,曲线段与测点的切线垂直。

(2)横断面测量应逐桩施测。

(3)横断面的施测宽度应满足路基填筑、放坡及排水设施的需要。在横断面施测中应反映地形、地物的变化,并标出相关水位、建筑物、土石分界等位置。

2.2.5 场地清理

1)一般要求

(1)承包人应按设计图纸进行用地放样,确定现场环保绿线与施工红线,保护监理工程师指定的要保留的所有植物及构造物。

(2)场地清理拆除及填前压实后,承包人应重测地面高程及横断面,并将填挖方断面及土石方调配方案提交监理工程师审核,作为路基施工计量基础。

(3)承包人应按工作量大小,适当划分段落组织实施,拆除和清理工作完成后,应由监理工程师检查验收,承包人在验收合格后才能进行下一道工序施工。

2)清理场地

(1)路基用地范围内的乔木、灌木丛等应在清表前砍伐或移植,砍伐的树木应堆放在路基用地之外,并妥善处理。对于路堑路段的边坡坡顶至截水沟范围的原生植被,应予以保留。

(2)路基用地范围内的垃圾、有机物残渣及原地面以下至少30cm内的草皮、农作物的根系和表土应予以清除,并且集中在弃土场内分类堆放,供土地复耕和绿化使用。场地清理完成后,应全面进行填前碾压,压实度达到不小于90%的规定要求。对于压实机械无法到达的沟壑、边角、死角地带采用重锤击实进行处理。

(3)路基用地范围及取土场范围内的树根应全部挖除,并将路基范围内的坑穴填平夯实。

(4)路基跨越河、塘、湖、海地段,承包人应采取措施修筑围堰,排除积水,清除不适宜材料,并按设计图纸要求进行处理。

3)拆除与挖掘

(1)路基用地范围内的旧桥梁、旧涵洞、旧路面和其他障碍物等予以拆除,对正在使用的道路设施及构造物,应在对其正常使用做出妥善安排之后,才能拆除。

(2)原有结构物的地下部分,其挖除深度和范围应符合设计图纸或监理工程师要求。拆除原有结构物或障碍物需要进行爆破或其有可能损伤新结构物时,必须在新工程动工之前完成。

(3)所有指定为可利用的材料,都应避免不必要的损失,有序堆置于指定区域。对于废弃材料,承包人应按监理工程师指示妥善处理。对于因拆除施工造成的坑穴,必须回填并夯实。

2.2.6　拌和站

1)拌和站的划分

拌和站应合理划分为生活区、拌和作业区、材料计量区、材料库及运输车辆停放区、混凝土试件制作室和标准养护室,其平面布置应进行合理设计并报监理工程师批准。

2)拌和站的场地处理

(1)拌和站的所有场地必须进行混凝土硬化处理,要求使用20cm厚片、碎石作垫层,12~15cm厚的C15混凝土作为面层。

(2)场地硬化按照四周低、中心高的原则进行,面层排水坡度应不小于1.5%,场地四周应设置排水沟,排水沟底面采用M7.5砂浆进行抹面。

(3)在场地外侧合适的位置设置沉砂井及污水过滤池,严禁将站内生产废水直接排放。

(4)拌和站应采用封闭式管理,四周设置围墙,进出场设置大门,并悬挂安全、生产标语。

3)拌和站生产能力和规模

(1)拌和站必须达到三仓式自动计量标准,单机生产能力和规模应根据现场施工情况选定。总装机能力以满足最大批混凝土数量需要为原则。

(2)拌和站使用之前,承包人施工临时工程必须配备相应混凝土拌和设备。所有永久工程必须实现混凝土集中拌制,用管道泵送或混凝土罐车运输。

(3)拌和站建设完成后,需根据拌和机的功率配备相应的备用发电机,确保拌和站有可靠的电源使用。

(4)拌和站的计量设备应通过当地政府计量部门标定后方可投入生产,使用过程中应不定期进行复检,确保计量准确。

4)拌和站的混凝土配合比标志牌

拌和站操作房前醒目位置应悬挂混凝土配合比标志牌,标志牌采用镀锌铁皮制作,尺寸为0.6m×0.4m,白底蓝字,油漆喷涂确保不褪色,数字采用彩色笔填写,字迹工整清晰。标志牌内应包括以下内容:混凝土设计与施工配合比(含外掺剂),粗细集料的实测含水率,及各种材料的每盘使用量等。

5)水泥及外加剂库房

(1)承包人原则上应使用散装水泥,在不具备使用散装水泥的情况下使用袋装水泥,应建造库房存放,库房面积按照1.5t/m²的标准搭建。

(2)库房中外加剂与水泥应分开存放,存放高度不应超过1.5m;不同批次、不同品种、不同生产日期的水泥应分区堆放,并根据不同的检验状态和结果采用统一的材料标志牌进行标志;库房应设置进库门和出库门,确保水泥的正常循环使用。

(3)水泥库房原则上采用钢材、砖石等材料搭建,周围封闭,顶篷为石棉瓦或油毛毡等防水耐晒材料,四周做好排水沟,确保库房不漏水。

(4)库房尽量靠近拌和站,地面采用C15混凝土进行硬化,上铺2层油毡,然后利用方木或砖砌上搭5cm厚的木板,铺设油毡,使水泥储存离地30cm。各个分区的水泥存放应远离四周墙体30cm以上。

(5)水泥库房内应建立详细的调拨台账,使物资的使用具有可追溯性。

(6)混凝土必须使用旋窑水泥。

(7)使用散装水泥的拌和站,要设水泥储存罐,根据用量选定水泥罐容量,配合计算机自动输入。

6）砂石料场

（1）凡用于正式混凝土工程的砂石料应按三仓式配料要求，不同粒径、不同品种分仓存放，不得混堆或交叉堆放，分料仓应采用"37"墙砌筑 1.5m 高，采用石灰或水泥砂浆抹面，仓内地面设不小于 4% 的地面坡度，分料墙下部预留孔洞，避免积水。

（2）砂石料应按规格、计量单位、材料来源、炉号（批号）、质量状况五项内容进行标识。

（3）料仓的容量应满足最大单批次混凝土连续施工的需要，并留有一定的余地，另外还应满足运输车辆和装载机等作业要求。

（4）桥梁上部、隧道二次衬砌用碎石应采用反击破设备生产的碎石。混凝土用碎石使用前应用水冲洗，确保在不污染情况下方可用于施工。

2.2.7 小型预制构件预制场

小型预制构件主要包括路缘石、水沟盖板、防撞墙、渗沟等。

1）预制场

（1）场地应合理分为堆料区、拌和区、制作区、成品堆放区、蒸汽养生区，面积不小于 2 000m²，平面布置图应报监理工程师批准。

（2）场地全部采用 C15 混凝土进行硬化，混凝土厚度不小于 10cm。

（3）预制场应合理设计排水方案，油、污水处理措施和排水方案。

（4）预制场地应采用隔离栅等进行隔离。

2）模板

（1）预制构件的模板采用整体大面钢模，在厂家加工时承包人应负责对模板质量进行中间检验，出厂前应进行试拼和交工检验，确保模板接缝密合平顺，不漏浆，无错台。

（2）模板在使用过程中承包人应加强维修与保养，每次拆模后应派专人进行除污与防锈工作，平整放置，防止变形，并做到防雨、防尘、防锈。

（3）模板在吊装与运输过程中，承包人应采取有效的措施防止模板的变形与受损。

（4）钢筋保护层应推广使用专用塑料垫块。

（5）承包人应选用专用脱模剂或其他合适材料，并经实践检验后方可采用。

拌和设备及生产能力应满足 2.2.6 节的有关要求。

小型构件原则上采取蒸汽养生。

2.2.8 钢筋棚的设置

（1）桥梁、隧道、预制构件场等钢筋用量比较集中的工地在正式开工前应搭设规范化的钢筋棚，用于钢筋的存放与加工。

（2）钢筋棚宜修建在地势较高处，四周开挖排水沟，保证排水畅通，棚内地面应高出棚外地坪 20 ~ 30cm，确保棚内地面干燥。

（3）棚内地面应采用 C15 号混凝土硬化，车辆行驶区域硬化厚度为 12 ~ 15cm，其余为 5cm。

（4）钢筋棚可用竹木或砖石等材料搭设而成，周围有围护设施，棚顶不漏雨。

（5）钢筋棚的面积总体上应满足各功能分区的要求，如：原材料堆放区，加工制作区，半成品、成品堆放区，钢筋棚内的空间高度，应大于 3m，车辆运输装卸作业所必需的空间等。

（6）各种原材料、半成品或成品应按其检验状态和结果、使用部分等进行标志，标志牌采用镀锌铁皮制作，白底蓝字，用油漆喷涂而成，彩笔填写，标志牌应用铁架吊挂于醒目处。

（7）钢筋棚（材料库）必须建立详细的钢筋调拨使用台账，使之具有可追溯性。

（8）承包人应加强钢筋棚（材料库）的防火工作。

（9）钢筋的焊接、合理分区，须加强防火、防水工作及注意用电安全。

2.2.9　技术资料准备

（1）在开工前,应组织经验丰富的技术人员对设计文件进行审查和现场核对,对设计中存在的问题及时提请设计单位解决,并做好设计技术交底。

（2）实施性施工组织设计编制及报批。

（3）承包人接桩后,应在28d内完成导线、水准点的复测,原地面复测和加密测量工作,并做好各桩点的保护措施,直到工程竣工。

（4）实施性施工组织设计的编制:承包人在签订合同协议书后的一个月内完成编制实施性施工组织设计,其内容包括详细的施工组织、现场布置、施工方案、工程进度计划、资源供应计划、资金流量计划、质检体系与质量保证措施、安全体系与安全保证措施、廉政建设、文明施工与环境保护等内容。

（5）单位、分部、分项工程的划分:承包人应按照《公路工程质量验收评定标准》(JTG F80/1—2004)的规定,在开工前将本项目"单位、分部、分项工程的划分表"书面报送监理工程师审批,作为工程内业资料编制的依据之一。

（6）总体开工报告:开工前应向监理工程师报批,主要内容包括施工机构、质检体系、安全体系的建立和劳动力安排,材料、机械及检测仪器设备进场情况,水电供应,临时设施的修建,施工方案准备情况等。

（7）分部或分项工程开工报告:分部或分项工程开工前14d向监理工程师提交开工报告,其内容包括施工地段与工程名称,现场负责人名单,施工组织和劳动力安排,材料供应、机械进场等情况,材料试验及质量检查手段,水电供应,临时工程的修建,施工方案进度计划,以及其他需要说明的事项。

（8）周计划的上报和审批:承包人应在每周五上报下周施工计划,包括计划施工作业的地段及项目、人员安排和资源配备情况、预计工序完工及验收时间等。监理处每周日审批承包人上报的下周施工计划,并根据承包人的施工计划相应地安排监理工作,督促承包人严格按计划施工,如有滞后及时调整施工计划,采取有效措施,保证总体工程进度目标的顺利完成。

2.3　一般路基土石方施工

2.3.1　填土路堤

1)施工前提条件

（1）承包人进场后应在监理工程师的组织下尽快完成交接桩工作,在此基础上进行线路导线点、水准点的贯通测量,并将测量结果报监理工程师审核批准。

（2）承包人应同有关单位放好用地红线、环保绿线,并做好标桩和划界工作。标桩和划界应尽量结合地形、地物等特征点进行,以减少或避免用地纠纷。

（3）当基底为自然地面坡面,且自然地面坡度较大(≥1∶5)时,将坡面做成台阶形式,一般台阶宽度不小于2m,而且台阶顶面应做成向堤内倾斜4%~6%的坡度。

（4）对于处于水田、山坳路段,应首先开挖纵横向排水沟,疏干地表水。对于有地下水露头处应视出水量情况,设置永久性排水设施。

（5）对开挖纵横向排水沟自然排水有困难的路段,应设集水坑,采取人工强制排水。

（6）土基开挖的纵横向排水沟均采用透水性材料回填夯实。

（7）做好原地面临时排水设施,并与永久排水设施相结合。排走的雨水、污水等,不得冲入农田和引起路基冲刷。

（8）基底为耕地或松土时,应先清除有机土、种植土,平整后按规定要求压实。在深耕地段,必要时应将松土翻挖,然后回填、整平、压实,基底压实度不得小于90%。

（9）路堤填料应优先选用级配较好的砾类土、砂类土等粗粒土作为填料,不得使用淤泥、沼泽土、冻土、有机土、含草皮土、生活垃圾、含有树根和腐朽物质的土。对液限大于50、塑性指数大于26的土,不得作为

94、96 区填料。当粗颗粒含量大于 50%,且填料最小强度(California bearing ratio,CBR)值大于 3 时,可直接作为路基 93 区填料;当粗颗粒土含量小于 50%,用湿法制作试件,CBR 值大于 3 时,可通过专题研究,根据室内试验和现场试验路铺筑,确定碾压参数,可考虑作为路基 93 区填料。

(10)路基填方材料,应经野外取土试验,符合表 2-1 的规定时,方可使用。

填土路基填料最小强度和最大粒径   表 2-1

路面底面以下深度(cm)	项目分类	填料最小强度(CBR,%)	填料最大粒径(cm)
填方路基	路床(0~30)	8	10
	路床(30~80)	5	10
	上路堤(80~150)	4	15
	下路堤(>150)	3	15
零填及挖方路基	路床(0~30)	8	10
	路床(30~80)	5	10

(11)做好路基填土试验路段工作,路基标段必须在路基开工前应首先根据不同的填料和不同的机械设备组合情况分别填筑路基试验段,路段长度不宜小于 100m 全幅。

路堤试验路段施工应包括以下内容:填料试验,检测报告等;压实工艺主要参数;机械组合;压实机械规格、松铺厚度、碾压遍数、碾压速度;最佳含水率及碾压时水率规定值或允许偏差等;过程质量控制方法、指标;质量评价指标、标准;推荐的施工组织方案及工艺;原始记录、过程记录;对施工设计的修改建议等。

试验路段的施工,应在实施性施工组织设计经监理工程师批准之后,并在正式开工前至少一个月的期限内进行。试验路段主要解决以下问题。

①确定机械的规格、数量及最佳组合方案。

a. 确定取土场的推土机、挖土机、装卸机械和自卸汽车的配合方式。

b. 确定铺筑、压实各工序机械设备的选型配套方案。

为了解决上述问题,在试验路段施工过程中,要详细记录所用机械台数与完成工程量的关系,从而根据挖掘、装载、运输、铺筑、碾压等各种机械施工的实际功能,选择有效的机械组合,确定组合配套的机械规格、数量。

②确定施工工艺。

a. 确定最佳含水率及施工偏差范围。

b. 确定最大压实厚度、松铺系数、每车的体积、卸土间距。

c. 确定碾压遍数、碾压速度与压实度的关系。

d. 确定高程、边坡、横坡度测控方法。

③最优的施工组织。

a. 取土—装土—运输—铺筑—稳压—压实各工序之间的配合衔接问题。

b. 测量人员—现场工程师—机械操作手—试验人员—普通工人的协作、联络、调配问题。

④试验检测、总结。

试验路段铺筑结束后,应及时进行试验检测,分析试验、检测结果,并写出试验总结报告,经验收报监理工程师批准,即可正式提出开工申请报告。

⑤开工申请报告一般应包括的内容。

a. 施工组织设计报审表。

b. 施工技术方案报审表。

c. 施工放样报验单。

d. 筑路材料报验单。

e. 进场设备报验单。

f. 分项工程月进度计划。

g. 质量保证措施。

h. 安全环保保障措施。

（12）承包人应根据投标承诺并结合本合同段内路基土石方施工的具体特点，及时组织机械设备进驻现场展开施工。进驻工地的施工设备应性能良好，配套完整，其数量必须满足施工需要和试验路段压实机具型号和组合要求。

（13）承包人应做好沿线取土场、挖方（利用）地段的土质调查和取样试验，并将试验结果报监理工程师审核批准。施工过程中承包人应在路基填筑区段设置填料标示牌，其内容主要包括：填料名称、液塑限、最大干密度、最佳含水率、CBR值等，标示牌用镀锌铁皮制作，尺寸为60cm×80cm，白底蓝字，数字用彩笔填写清楚。

（14）路基施工过程中，对现有道路、供水管线、排水沟渠等涉及当地群众生产生活设施或构筑物的临时或永久改移，承包人应尽早做出安排并予妥善处理，避免产生纠纷，干扰施工。

（15）进行现场施工测量放样工作，用白灰撒好边线。

2）施工工序图

填土路堤施工工序见图2-1。

3）施工技术

（1）土方路堤应分层填筑压实，用透水性不良的土填筑路堤时，应控制其含水率在最佳压实含水率±2%之内。

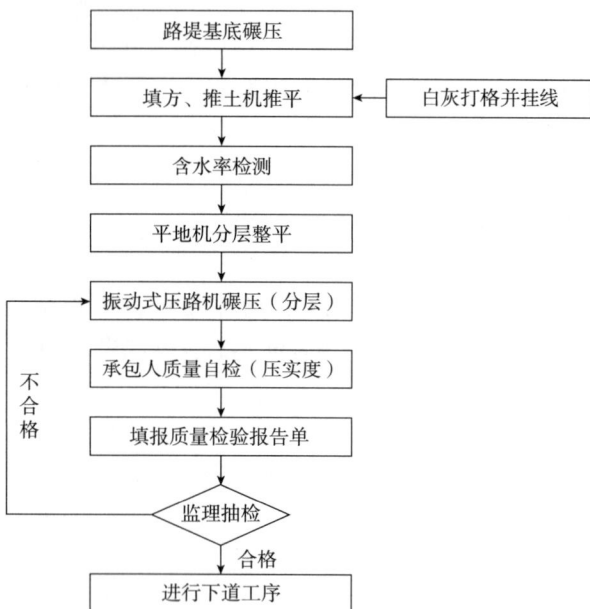

图2-1 填土路堤施工工序

（2）土方路堤，必须根据设计断面，分层填筑、分层压实。分层最大松铺厚度应不超过30cm，填筑在路床顶面最后一层的最小压实厚度应不小于10cm。

（3）路堤填土宽度每侧应宽于填层设计宽度30～50cm，压实宽度不得小于设计宽度，最后削坡。

（4）填筑路堤宜采用水平分层填筑法施工，即按横断面全宽分成水平层次逐层向上填筑，如原地面不平，应由最低处分层填起，每填一层，经过压实符合规定要求之后，再填上一层。

（5）路基达到一定的规模长度后，承包人应按照"四区段，八流程"工艺，即"填筑区、摊平区、碾压区、检测区"，"测量放线、挖装运输、卸土填筑、摊铺整平、晾晒（洒水）、碾压、自检、报验"组织施工，努力提高工效，保证工程质量。

（6）横坡陡峻地段的半填半挖路基，必须在山坡上从填方坡脚向上挖成向内倾斜的台阶，台阶宽度不应小于2m。其中挖方一侧，在行车范围之内的宽度不足一个行车道宽度时，则应挖够一个行车道宽度，其上路床范围之内的原状土应予以挖除，并按上路床填方的要求施工。

（7）不同性质的土应分层、分段填筑，不得混填，每种填料层累计总厚不宜小于0.5m。

（8）零填挖路床及路堑0～80cm范围内如为土质，应全部翻松后再压实，并应先进行地表土试验检测，如原状土不符合路床要求时，应及时上报监理工程师，按程序进行变更处理。如为石质，参见石质路堑要求。

（9）高填方路堤受水浸淹部分，应采用水稳性高及渗水性好的填料，其边坡比应符合图纸要求，且不宜小于1∶2。

（10）路基土石方施工过程中，不论是挖方路堑、取土坑还是填方路堤、弃土场，各施工层都应随时保持一定的向外排水坡度或形成一定的排水通道，保证场地内无积水不泥泞。路基填筑施工过程中应设置临时泄水槽，临时泄水槽应采用水泥砂浆或土槽加塑料布铺面，防止雨水冲刷路基坡面。泄水槽还应与坡脚外的排水系统相连通。当路基填筑到路床顶并进行路肩砌体施工时，必须在砌体预留一定数量的临时泄水孔。

（11）高填方路堤必须进行沉降和位移观测，观测方法按2.11节有关内容实施。

4）施工工艺

（1）路基填筑应根据试验路段得出的施工技术参数，按照运输车辆运量测算的尺寸用白灰画框格卸填料（方格不小于 4m×4m），严格进行拉线施工，控制每层的松铺厚度。

（2）路基填筑过程中，每层都要对填筑宽度进行放样，并明确标记设计边线，以便随时检查超填宽度是否满足要求。设计边线位置应用白灰画线，路基碾压应从超填宽度的边缘起，由外向内推进。

（3）若填方分几个作业段施工，两段交接处不在同一时间填筑，则先填地段应按 1∶1 分层留台阶。每层碾压都必须到边缘，逐层收坡，待后填段填筑到位时再把交界面挖成 2m 宽的台阶，分层填筑碾压；若两个地段同时填，则应分层相互交叠衔接，其搭接长度不得小于 2m。

（4）机械作业时，应根据工地地形、路基横断面形状和土方调配图等，合理地规定机械运行路线。土方集中工点，应有全面、详细的机械运行作业图。

（5）施工便道与主线衔接处，在便道封闭前必须将便道施工时填筑的土层彻底清除，清除干净后，严格挖台阶分层碾压密实，不得在便道上直接填土，施工单位应建立相应台账，委派专人管理，此处施工时保留相应的影像资料。路基范围内纵向便道在完成其他路基清淤清表回填压实后应彻底挖除，回填便道范围的路基时应挖台阶分层压实，严禁把纵向便道作为永久路基。

（6）进行路基压实作业压路机行驶速度在 4km/h 以内为宜，压实路线，直线段宜先两侧后中间，小半径曲线段由内侧向外侧，纵向进退式进行；横向接头，对振动压路机重叠 0.4～0.5m，对三轮压路机重叠轮宽的 1/2，前后相邻两区段宜纵向重叠 1.0～1.5m，使路基各点都得到压实，避免土基产生不均匀沉陷。机具压实组合顺序为方格内卸土—平地机平整—压路机静压一遍—压路机强振四至五遍—压路机静压一遍消除轮迹，压路机压实时应由慢到快、由轻到重，压实总遍数不能低于试验路段工艺参数要求。

5）施工质量

（1）路基表面平整，边线直顺，曲线圆滑。路基边坡坡面平顺、稳定，不得亏坡，曲线圆滑。

（2）取土坑、弃土堆、护坡道、碎落台的位置适当，外形整齐、美观，防止水土流失。

（3）实测项目质量要求参见表 2-2。

土方路基实测项目   表 2-2

项次	检查项目			规定值或允许偏差	检查方法和频率
1△	压实度（%）	零填及挖方（m）	0～0.30	—	按《公路工程质量检验评定标准　第一册　土建工程》（JTG F80/1—2004）附录 B 检查。 密度法：每 200m 每压实层测 4 处
			0～0.80	≥96	
		填方（m）	0～0.80	≥96	
			0.80～1.50	≥94	
			>1.50	≥93	
2△	弯沉（0.01mm）			按《公路工程质量检验评定标准　第一册　土建工程》（JTG F80/1—2004）附录 I 检查	不大于设计要求值
3	纵断高程（mm）			+10，-15	水准仪：每 200m 测 4 个断面	+10，-15
4	中线偏位（mm）			50	经纬仪：每 200m 测 4 点，弯道加 HY、YH 两点	50
5	宽度（mm）			符合设计要求	米尺：每 200m 测 4 处	符合设计要求
6	平整度（mm）			15	3m 直尺：每 200m 测 2 处×10 尺	15
7	横坡（%）			±0.3	水准仪：每 200m 测 4 个断面	±0.3
8	边坡			符合设计要求	尺量：每 200m 测 4 处	符合设计要求

注：表中标"△"者为关键项目。

2.3.2　填石路堤

1)施工前提条件

(1)填石路堤不适用于路床区。特殊情况下须通过专题研究后,方可予以使用。

(2)膨胀性岩石、易溶性岩石、崩解性岩石和盐化岩石不得用于路堤填筑。

(3)填石路堤基底处理同 2.3.1 节 1)中的(1)、(2)、(3)、(4)(5)。

(4)配备大功率推土机、平地机和重型压实机具(光面压路机和振动羊足碾静重应在 25t 以上,最大激振力在 40t 以上),做好填石路堤的试验段工作,根据试验段总结确定填筑厚度、压实工艺以及质量控制标准。压实质量标准见表2-3。

石料压实质量控制标准   表 2-3

石质	分区	路面底面以下深度(cm)	摊铺层厚(mm)	最大粒径(mm)	压实干容重(kN/m³)	孔隙率(%)
硬质石料	上路堤	80~150	≤400	小于层厚2/3	由试验确定	≤23
	下路堤	>150	≤600	小于层厚2/3	由试验确定	≤25
中硬石料	上路堤	80~150	≤400	小于层厚2/3	由试验确定	≤23
	下路堤	>150	≤500	小于层厚2/3	由试验确定	≤25
软质石料	上路堤	80~150	≤300	小于层厚	由试验确定	≤20
	下路堤	>150	≤400	小于层厚	由试验确定	≤22

(5)做好路基填石路段的试验路段工作,路基标段必须在路基开工前应首先单独完成不少于100m全幅路基填石路段的试验路段,并总结试验结果。现场试验应进行到能有效地使该种填料达到规定的压实度为止,试验时应记录压实设备的类型、最佳组合方式,碾压的含水率及碾压速度、遍数、沉降差、检测手段等参数,每层材料的松铺厚度、材料的含水率等,试验结果报经批准后,可作为该种填料施工时控制的依据。试验路段的施工具体见2.3.1节1)中的(11)。

(6)进行施工测量放样工作,用白灰撒好边线。

2)施工工序图

填石路堤施工工序见图 2-2。

3)施工技术

(1)填石路堤填筑应根据试验路段得出的施工技术参数,按照运输车辆运量测算的尺寸用白灰画框格卸填料(方格不小于 4m×4m),严格进行拉线施工,控制每层的松铺厚度。

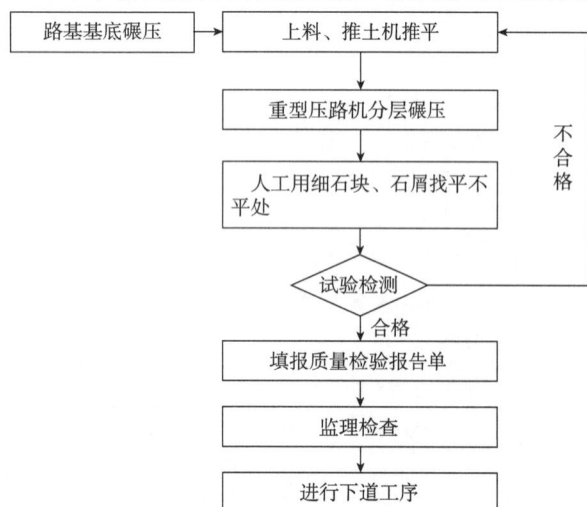

图 2-2　填石路堤施工工序

(2)填石路堤填筑过程中,每层都要对填筑宽度进行放样,并明确标记设计边线,以便随时检查超填宽度是否满足要求。设计边线位置应用白灰画线,路基碾压应从超填宽度的边缘起,由外向内推进。

(3)用大型推土机按其松铺厚度摊平,个别不平处人工找平,在整修过程中发现有超粒径的石块应予以剔除,做到粗颗粒分布均匀,避免出现粗颗粒集中现象。

(4)填石路堤应进行边坡码砌,边坡码砌石料强度要求不低于30MPa,码砌石块最小尺寸不小于30cm,石块须规则,填高小于5m的填石路堤,边坡码砌厚度不小于1m;填高 5~12m 的填石路堤,边坡码砌厚度不小于

1.5m;填高大于12m的填石路堤,边坡码砌厚度不小于2m。

(5)应分层填筑、分层压实,分层摊铺厚度及最大粒径见表2-3。最后一层碎石粒径应小于15cm,其中小于0.05mm的细粒含量不应小于30%,当上层为细粒土时,应设置土工布作为隔离层。

(6)填石路堤的填料如其岩性相差较大,特别是岩石强度相差较大时,应将不同岩性的填料分层或分段填筑。

4)施工工艺

(1)填石路堤逐层填筑时,应安排好石料运输路线,专人指挥,按水平分层,先低后高,先两侧后中央上料,并用大功率推土机摊平。个别不平处应配合细石块、石屑找平。

(2)当石块级配较差、粒径较大、填层较厚、石块间空隙较大时,可在每层表面的空隙里扫入石渣、石屑、中粗砂,再以压力将砂冲入下部,反复数次,使空隙填满。

(3)人工铺填石料时,应先铺填大块石料,大面向下,小面向上,摆平放稳,再用小石块找平,石屑塞缝,最后压实。

(4)填石路堤压实时应先两侧(即靠路肩部分)后中间,压实路线对于轮碾应纵向互相平行,反复碾压。行与行之间应重叠40~50cm,前后相邻区段应重叠1.0~1.5m。压实机具组合顺序为:方格内卸石—大功率推土机平整,挖掘机捣碎或剔除大粒径岩石—羊足碾强振四至五遍—平地机平整—羊足碾强振二至三遍(洒水车洒水)—平地机精平—压路机强振一遍、静压一遍消除轮迹。压实总遍数不能低于试验路段工艺参数要求。

5)施工质量

(1)边坡上不得有松石。路基边线直顺,曲线圆滑。路堤无明显空洞,大粒径石料不松动,铁锹挖动困难;边坡码砌紧贴、紧密,无明显孔洞、松动,砌块间承接面向内倾斜,坡面平顺。

(2)填石路堤的质量检测应采用施工参数与压实质量检测联合控制。压实质量可以采用压实沉降差或孔隙率进行检测。采用压实沉降差:18t振动压路机压实两遍无轮迹,可判定为密实。孔隙率检测应采用水袋法进行,指标见表2-3。

(3)实测项目质量要求参见表2-4。

石方路基实测项目   表2-4

项次	检查项目		规定值或允许偏差	检查方法和频率
1	压实		层厚和碾压遍数符合要求	查施工记录
2	纵断高程(mm)		+10,−20	水准仪:每200m测4个断面
3	中线偏位(mm)		50	经纬仪:每200m测4点,弯道加HY、YH两点
4	宽度(mm)		符合设计要求	米尺:每200m测4处
5	平整度(mm)		20	3m直尺:每200m测2处×10尺
6	横坡(%)		±0.3	水准仪:每200m测4个断面
7	边坡	坡度	符合设计要求	每200m抽查4处
		平顺度	符合设计要求	

2.3.3 土石混填

路堤填料中石料含量≤50%时,按填土路堤施工;当石料含量≥70%时,按填石路堤施工;当石料含量在50%~70%时,按土石混填路堤施工。

1)施工前提条件

施工前提条件见2.3.1节和2.3.2节相应内容。

2)施工工序

施工工序见2.3.1节相应内容。

3）施工技术

（1）利用卵石土、块石土、红砂岩等天然土石混合材料填筑的路堤称为土石混填路堤。在土石混合填料中不得采用倾填法施工，应进行分层填筑，分层压实，分层松铺厚度宜为0.3m（应根据压实机械类型和规格经试验后确定），石料最大粒径不得超过压实厚度的2/3。

（2）当土石混合填料中石料含量小于70%时，应将土、石混合分层铺填，但应避免尺寸较大的石块集中，并整平压实，当石料含量大于70%时，应执行填石路基技术规范和设计要求。

（3）在路床顶面以下0.8m的范围内，应填以有适当级配的土石混合料，最大粒径不超过100mm。

（4）膨胀岩石、易溶岩石等不宜直接用于路堤填筑，崩解性岩石和盐化岩石等不得直接用于路堤填筑。

（5）天然土石混合填料中，中硬、硬质石料的最大粒径不得大于压实层厚的2/3；石料为强风化石料或软质石料时，其CBR值应符合相关技术规范，石料最大粒径不得大于压实层厚。

（6）碾压前应使大粒径石料均匀分散在填料中，石料间空隙应填充小粒径石料、土和石渣。

（7）压实后透水性差异大的土石混合材料应分层或分段填筑，不宜纵向分幅填筑；如确需纵向分幅填筑，应将压实后渗水良好的土石混合材料填筑于路堤两侧。

（8）土石混合材料来自不同料场，其岩性或土石比例相差较大时，宜分层或分段填筑。

（9）填料由土石混合材料变化为其他填料时，土石混合材料最后一层的压实厚度应小于300mm，该层填料最大粒径宜小于150mm，压实后，该层表面应无孔洞。

（10）中硬、硬质石料的土石路堤，边坡的石料强度、尺寸及码砌厚度应符合实际要求。边坡码砌与路基填筑宜基本同步进行。软质石料土石路堤的边坡按土质路堤边坡处理。

（11）土石混填压实必须使用18t以上的羊足碾和重型振动压路机、大功率推土机及平地机分层组合压实。

4）施工质量

（1）无松动，铁锹挖动困难；中硬、硬质石料土石路基边坡码砌紧贴、密实，无明显孔洞、松动，砌块间承接面应向内倾斜，边坡平顺。

（2）其他参见2.3.1节和2.3.2节相关内容。

2.3.4　桥涵及构造物台背回填

1）施工前提条件

（1）结构物达到图纸或规范规定的强度，隐蔽工程验收合格。

（2）符合要求的回填材料已准备。除设计文件另有规定外，应采用内摩擦角较大的砾（角砾）类土和砂类土填筑。当采用非透水性土时，应在土中增加外掺剂如石灰、水泥等，并应得到监理工程师批准。

（3）回填所需的小型夯实机械已准备好。

2）施工技术

（1）桥涵填土的范围必须严格按照设计文件执行。

（2）结构物的填土应分层填筑，严禁向坑内倾倒，每层松铺厚度不宜超过15cm，与路堤交界处应挖台阶，台阶宽度不小于1m。

（3）台背填土的顺序应符合设计要求。拱桥台背填土宜在主拱圈安装或砌筑以前完成；梁式桥的轻型桥台台背填土，宜在梁体安装完成后，涵洞应在盖板安装或浇筑后，在两侧平衡地进行；柱、肋式桥台台背填土，宜在台帽施工前柱、肋侧对称、平衡地进行。

（4）涵洞顶面填土压实厚度大于50cm时，方可通过重型机械和汽车。

3）施工工序

台背填筑施工工序见图2-3。

4）施工工艺

（1）结构物回填前应在台背用油漆画好每一层的松铺厚度标志线，分层回填压实。

```
                        ┌──────────┐
                        │  清理基底  │
                        └────┬─────┘
                             ↓
                        ┌──────────┐
                        │  挖台阶   │
                        └────┬─────┘
                             ↓         不合格
                         ╱─────────╲ ──────────→ ┌──────────┐
   ┌────────┐           │ 基底承载力 │            │ 特殊处理措施 │
   │  备 料  │           │   检测    │            └────┬─────┘
   └───┬────┘           ╲─────────╱                   │ 不合格
       │                   │ 合格      合格            ↓
       ↓                   ↓      ←──────── ╱─────────╲
   ┌────────┐          ┌────────┐           │  验 收   │
   │  拌 和  │ ───────→ │  进 料  │ ←──────── ╲─────────╱
   └────────┘          └───┬────┘
                           ↓
                        ┌────────┐
                        │  平 整  │
                        └───┬────┘
                            ↓
                        ┌────────┐
                        │ 测含水率 │
                        └───┬────┘
                            ↓
                        ┌────────┐
                        │  压 实  │
                        └───┬────┘
                            ↓
   ┌────────┐    不合格  ╱─────────╲
   │  废 除  │ ←──────── │  检 测   │
   └────────┘           ╲─────────╱
                            │ 合格
                            ↓
                        ┌────────┐
                        │  验 收  │
                        └────────┘
```

说明：
1. 挖好台阶以保证与路基衔接。
2. 检测含水率以保证在最佳含水率附近压实。
3. 控制层厚及压实遍数等参数，保证压实度。
4. 尽量用大型压路机碾压，辅以振动夯实。
5. 按要求埋设沉降板，定期观测。

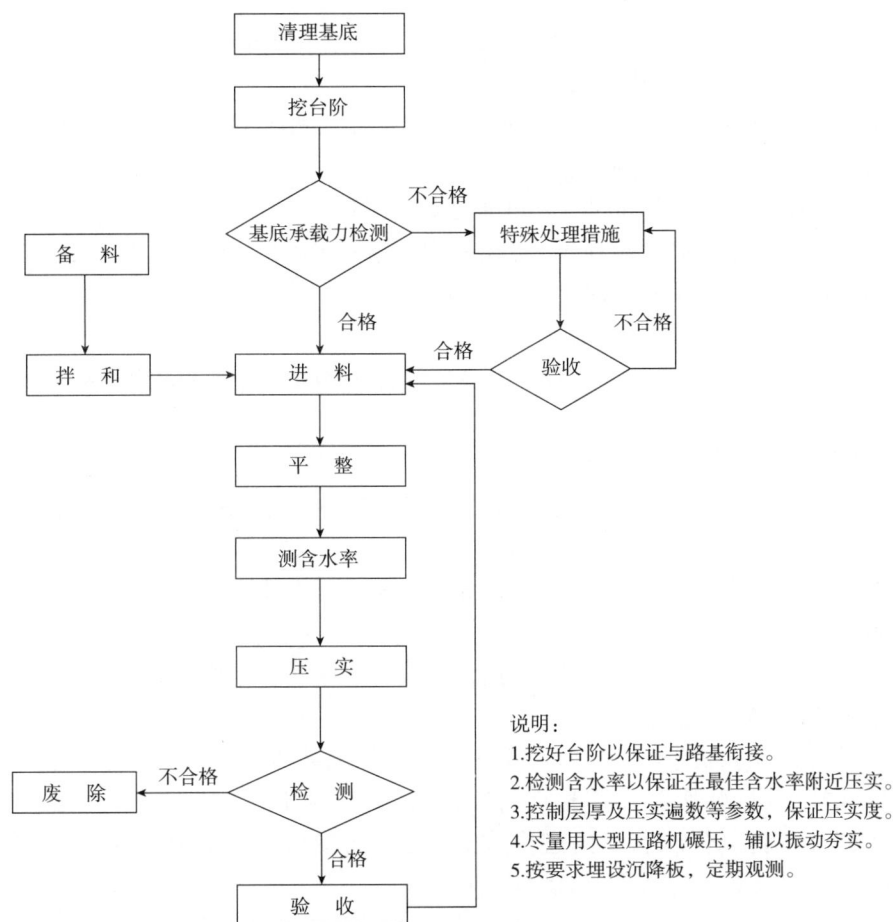

图 2-3　台背填筑施工工序

（2）涵洞缺口填土，应在两侧对称均匀分层回填压实。如使用机械回填，则涵台胸腔部分及检查井周围应先用小型压实机械压实后，方可用机械进行大面积回填。

（3）填土过程中，应防止水的浸害，回填结束后，顶部应及时封闭。

（4）在涵洞两侧缺口填土未完成前，不得进行涵顶高程以上的填方施工。

（5）透水性材料回填时，必须采用经工程师批准的透水性材料，且应有一定的级配，最大粒径不得大于 40mm，小于 20mm 的粒料中通过 0.074mm 筛孔细料含量不大于 10%，其塑性指数不大于 6，且构造物强度必须大于 75% 时，才能允许按规范和设计要求进行回填。

（6）结构物处的填土应分层填筑。填筑范围不允许采用红砂岩填筑，每层松铺厚度应控制在 100 ~ 150mm（小型机械压实为 100mm，重型压路机碾压可为 150mm），结构物处的压实度要求从填方基底至路床顶面均为 96%。

（7）对通道、涵洞，应先架盖板或浇筑拱圈，强度达到 75% 以上，才能按设计要求填筑。

（8）墙背填土必须和挖方路基、填方路基有效搭接，横向接缝必须设置台阶，台阶宽度不少于 1m。结构物处的回填，应尽量与路基填土保持同步；桥梁锥坡填土必须与路基填土保持同步。

（9）对于每个结构物处的回填，承包人都必须派专人负责，配备专门的压实机具，挂牌、画线施工。每层填筑都必须进行拍照，并同检测资料一并存档。台背回填应在监理工程师旁站的情况下进行。

（10）回填应分层填筑并严格控制含水率，为保证回填压实度及结构不受破坏，分层松铺厚度不大于 20cm，当采用小型夯实机具时，松铺厚度不大于 15cm，并应充分压（夯）实。

（11）台背回填必须建立登记卡制度［桥（涵）台背回填管理卡］，台背回填必须责任到人。

台背回填填方内的边坡必须挖成台阶状，每层台阶高度不超过 50cm，回填边坡为 1:1（或按设计文件中规定）。

（12）回填范围。台背填土顺路线方向长度，顶部为距翼墙尾端不小于台高加 2m；底部距基础内缘不小于 2m；涵洞填土长度每侧不小于 2 倍孔径长度。

（13）涵洞缺口填土，应在两侧对称均匀分层回填压实。如用机械回填，则涵台胸腔部分应先用小型机械压实填好后，方可用机械进行大面积回填。

（14）涵顶面填土压实厚度大于 50cm 时，方可通过重型机械和汽车。

在台背回填过程中，要严格控制填筑速度，防止路堤沉降差过大。桥头锥坡应在引道地基沉降基本稳定或预压结束后进行，以避免由于沉降而使锥坡开裂变形。

5）施工质量

结构物处的压实度要求从填方基底或涵顶部至路床顶面均为 96%，要求点点合格。

2.3.5　路基压实及压实标准

（1）路堤基底应在填筑前进行压实。基底的压实度不小于 93%，当路堤填土高度小于路床厚度（80cm）时，基底的压实度不宜小于路床的压实度标准（96%）。

（2）每一压实层均应检验压实度，合格后方可填筑上一层。检验频率每 2 000m² 检验 8 点，不足 200m² 时，至少应检验 2 点。

（3）填石路堤的紧密程度在规定深度范围内，通过 18t 以上振动压路机进行压实试验，当压实层顶面稳定，不再下沉（无轨迹）时，可判为密实状态。

（4）路基压实采用振动压路机进行，碾压时，第一遍应不振动静压，然后先慢后快，由弱振至强振。

（5）各种压路机的碾压行驶速度开始时宜用慢速，最大速度不宜超过 4km/h；碾压时直线段由两边向中间，小半径曲线段由内侧向外侧，纵向进退式进行；横向接头宜重叠 0.4～0.5m，前后相邻两区段宜重叠 1.0～1.5m。达到无漏压、无死角，确保碾压均匀。

（6）桥台背后、涵洞两侧与顶部、锥坡与挡土墙等构造物背后的填土均应分层压实，分层检查，检查频率每 50m² 检验 1 点，不足 50m² 至少检验 1 点，同时满足台背每层左、右、中检验 3 点，每点都应合格，每一压实层松铺厚度不宜超过 20cm。每层压实厚度不超过 15cm。

（7）涵顶填土 50cm 内应采用轻型静载压路机压实，以达到规定的压实度为准。

（8）桥台、涵身背后和涵洞顶部的填土压实度标准，从填方基底或涵洞顶部至路床顶面均为 96%。

（9）压实度分区：路面底面以下 0～80cm 范围是 96 区；80～150cm 范围是 94 区；150cm 以下是 93 区。

（10）验收质量标准，见表 2-2 和表 2-4。

2.3.6　路基挖方

1）土质路堑开挖

（1）施工前提条件。

①现场安全质量保证体系已建立，明确了工区施工负责人。

②详细复查设计文件所确定的路堑地段的工程地质资料及路堑边坡，根据其工程地质情况、工程量的大小和工期复查施工组织设计，核实（或编制）调整土石方调运图表。

③长大挖方路堑地段应结合边坡防护施工和保持纵向便道畅通的要求，要有计划分步骤地开挖施工。

④路基测量放样已完成，设置桩标明轮廓，并经监理工程师复核批准。

⑤施工现场的征地、拆迁、清表等工作已完成。

⑥设计图纸及文件已审核，提出的问题已得到相关部门的回复，并对技术员及班组进行了详细的技术交底。

⑦对沿线拟利用土质已进行检测试验。

⑧截水沟、排水沟等临时排水设施已做好,并应通至桥涵或沟渠顺利排出。

⑨分项工程开工报告已得到批复,施工现场的劳动力、施工机械满足施工进度及质量的要求。

（2）施工工序。

土质路堑开挖施工工序见图2-4。

（3）施工技术与工艺。

①应严格按照设计坡度施工,若边坡实际土质与设计勘探的地质资料不符,特别是土质较设计松散时,应及时向有关方面提出修改设计的意见,经批准后实施。

②深路堑边坡开挖应自上而下进行,严格按设计图纸分级进行,开挖坡面一次性成形,且应开挖一级防护一级,防止边坡失稳产生滑坍等高边坡灾害,对有可能产生滑坍等的边坡应先施作锚固工程等进行加固,方可进行下级边坡开挖。严禁掏洞取土,严禁采用爆破施工。

③在深路堑边坡地段一般山体含水率大,在渗水率大的部位应及时有针对性地按设计要求施打排水平孔。为确保高路堑地段路基稳定,应在边沟底设置复式渗沟,防止山体水渗入路基,产生隐患。

④开挖面高度每3～4m在挖掘机作业高度范围内应对开挖坡面进行一次修整,按设计坡率、线形,采用机械进行,同时应采用全站仪对已开挖边坡进行一次复核,以确保开挖坡面不欠挖不超挖,才可继续施工。

⑤现场施工技术人员应配备坡比架、卷尺等随时对开挖边坡进行检查,以指导机械操作员。

⑥如果在指定设置弃土场的地方不能满足堆积弃方数量时,应停止开挖,重新选择弃土位置,并修改相应施工方案,提交监理工程师批准。

⑦沿溪及山坡不能横向弃置废方的开挖路段,应选择可行的措施,防止造成废方侵占良田、河道,损害民房及用地范围以外的其他构造物。

⑧因气候条件挖出的土方,因含水率过大不能用于填筑路基时,应停止开挖,直到气候条件转好。路基开挖时,如遇特殊土质时,是否改良利用或废弃应得到监理工程师的批准。

⑨土方路堑开挖时,若短而深的路堑,可采用横挖法施工;若较长的路堑,可采用纵挖法施工;若路线纵向长度和挖深超过20m的路堑,宜采用混合式开挖法。

⑩土方路堑开挖时,应设不小于3%的纵向排水坡,待按此施工贯通之后,应自线位较低处起纵向整修路槽。

⑪修筑路拱、整修边坡、整平路基面时,应采用机械作业,人工配合。

（4）施工质量。

①路基表面平整,边线直顺,曲线圆滑。路基边坡坡面平顺,稳定,不得亏坡,曲线圆滑。

②取土坑、弃土堆、护坡道、碎落台的位置适当,外形整齐、美观,防止水土流失。

③实测项目质量要求参见《公路工程质量检验评定标准　第一册　土建工程》（JTG F80/1—2004）

2）岩石路堑开挖

（1）施工前提条件。

①参见前文"土质路堑开挖"相应内容。

②爆破器材的存放地点、数量、警卫、收发、安全等措施,已按《公路工程施工安全技术规程》（JTJ 076—95）等要求落实,报监理工程师报批后并经相关部门批准。

③施工组织设计文件已批复,施工组织设计文件应含设备（须配备潜孔钻）投入、人员配备、爆破方案及炮位、炮孔深度、炮位直径、装药结构设计等。

（2）爆破法施工工序。

爆破法施工工序见图2-5。

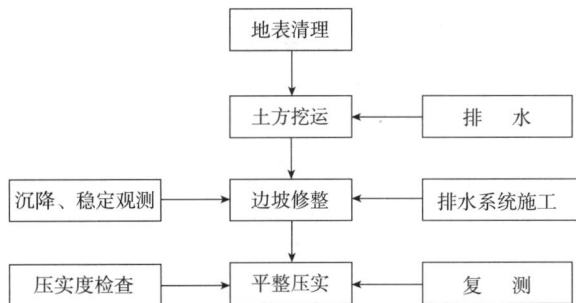

图2-4　土质路堑开挖施工工序

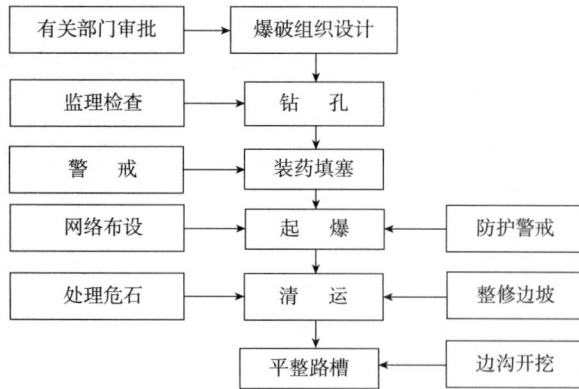

图 2-5　爆破法施工工序

（3）施工技术与工艺。

①凡是石质边坡均要采用光面爆破技术，降低爆破对边坡稳定性的影响，视山体稳定性、裂隙发育程度确定是否取消圬工砌体防护工程。

②开挖拉槽应自拉槽的两端中部首先起爆，形成数个临空面，然后采用深孔梯段爆破，向拉槽中部推进，拉槽施工必须采用竖孔爆破方式，严禁采用平孔爆破方式施工。在距设计坡面 3～5m 范围内必须采用光面爆破。对于不做圬工砌体防护工程的边坡可取消台阶，按第一级台阶的坡率一坡到底。光面爆破要求竖孔炮眼的间距不大于 1m。光面爆破作业方案施工工序见图 2-6。

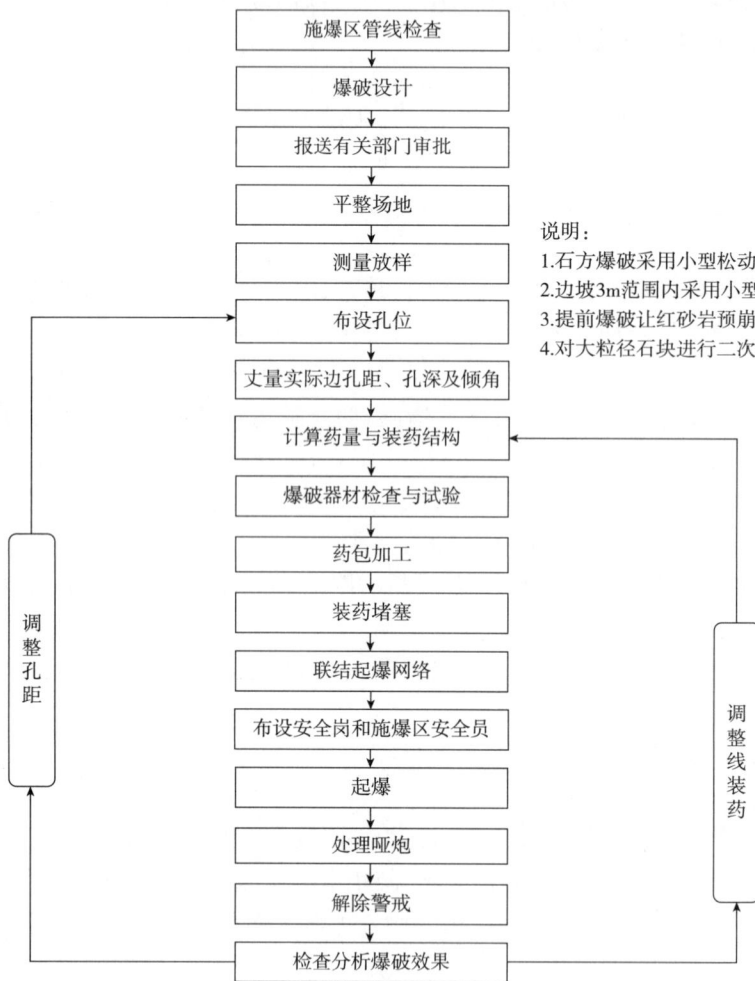

说明：
1. 石方爆破采用小型松动爆破，以保证爆破料的粒径和周边安全。
2. 边坡3m范围内采用小型光面爆破，以保证边坡的稳定和平整。
3. 提前爆破让红砂岩预崩解，以减小填料膨胀性。
4. 对大粒径石块进行二次改小，少量大石块废弃，以保证填料合格。

图 2-6　光面爆破作业方案施工工序

为确保边坡的稳定，不产生超挖和欠挖，边坡采用光面爆破，节理裂隙较发育地段及某些特殊地段采用预裂爆破。为获得良好的光面效果，采用低密度、低爆索、高体积、威力大的炸药，以减少炸药爆轰波的破碎作用和延长爆破气体的膨胀作用时间，使爆破作用呈静态状态。本工程采用国产岩石专用光爆炸药，以获得预期效果。

a. 参照国内外岩石光面爆破施工经验，合理选定光面爆破参数，计算装药量：

$$Q = q \times a \times w \tag{2-1}$$

式中:Q——装药量;

　　　q——线装药密度;

　　　a——炮眼间距;

　　　w——最小抵抗线。

b. 光面爆破装药结构。

ⓐ药包制作:为保证在光面爆破时,不使药包冲击破碎炮孔壁,有必要在现场施工中采取措施使药包位于炮孔中心,如图2-7所示,将药卷捆绑于竹竿上,各药卷尖用导火索相连,药包一端绑上起爆雷管即成。操作时将药包置于孔内,上部填塞好。

图2-7右侧标注:起爆线、竹竿、炮孔、药卷

图2-7　光面爆破装药结构

ⓑ堵塞:良好的堵塞是保持高压爆炸气体所必需的。堵塞长度,取炮孔直径的12~20倍,现场根据孔间距和光面层厚度适时调整。

c. 预裂爆破参数的确定与装药结构。

炮孔间距根据国内外经验取 $a = 1.0\text{m}$,装药密集系数取为3.5,装药量为

$$Q = 2.75(\sigma_{压})^{0.53} r^{0.38} \tag{2-2}$$

式中:$\sigma_{压}$——岩石极限抗压强度;

　　　r——炮眼半径。

装药结构与光面爆破基本相同,但预裂缝要比主爆区超长4.5~9m,比主爆孔提前75~150ms起爆,硬岩取小值,松软岩石取大值。

③石方爆破作业应以小型及松动爆破为主,严禁过量爆破,并应在事前14d制订出计划和措施报监理工程师批准。未经监理工程师批准,不得采用大爆破施工,当确需进行大爆破施工时,承包人应严格按《公路路基施工技术规范》(JTG F10—2006)规定编制技术设计文件,并于爆破施工前28d交监理工程师审批,施工中须经常检查落实。

④爆破法开挖的路段,如空中有缆线,应查明其平面位置和高度;还应调查地下有无管线,应查明其平面位置和埋设深度;同时应调查开挖边界线外的建筑物结构类型、完好程度、距开挖界距离,然后制订爆破方案,必须确保空中缆线、地下管线和施工区边界处建筑物的安全。

⑤承包人应确定爆破的危险区,并采取有效措施防止人、畜、建筑物和其他公共设施受到危害和损坏。在危险区的边界应设置明显标志,建立警戒线和显示爆破时间的警戒信号,在危险区的入口或附近道路应设置标志,并派专人看守,严禁人员在爆破时进入危险区。

⑥根据设计的炮位、直径和孔深打眼,原则上应使用潜孔钻钻孔,当工程量小,工期允许时,可采用人工打眼,但必须得到监理工程师书面批准。

⑦承包人应就爆破器材的存放地点、数量、警卫、收发、安全措施及必要的工艺图纸编制报告,并应在爆破器材进入工地前28d报监理工程师审批,同时将运入路线和时间报有关管理部门批准,待取得通行证后方可将爆破器材运入工地保管。

⑧光面爆破后,应该从开挖线往下分级清刷边坡,下挖2~3m时,应对新开挖边坡刷坡,对于软质岩石边坡可用人工或机械清刷,对于坚石和次松石,可使用炮眼法、裸露药包法爆破,边坡上不得有松石、危石,松动部分的岩石,必须清除。对于探头孤石,在评价其稳定性后或考虑景观设置或采取相应技术措施后,确保安全时可考虑予以保留。如因过量超挖,应用浆砌片石衬砌超挖的坑槽。

⑨石质路堑路床顶面宜使用密集小型排炮施工,炮眼底高程宜低于设计高程10~15cm,装药时宜在孔底留5~10cm孔眼,装药量按松动爆破计算。

⑩石质路床有裂隙水时,应采用渗沟连通,渗沟宽不宜小于30cm,渗沟底略低于坑洼底,坡度不宜小于6%,使可能出现的裂隙水或地表水由浅坑洼渗入深坑洼,并与边沟连接。如渗沟低于边沟则应在路肩下设纵向渗沟,沟底应低于深坑洼底至少10cm,宽不宜小于60cm;纵向渗沟由填方路段引出。渗沟应填碎石,并

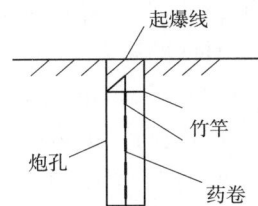

与路床同时碾压到规定的要求。

⑪石方路堑的路槽底面高程,应符合图纸要求,如过高应辅以人工凿平,过低应以开挖的石屑或碎石填平,并碾压密实稳固,严禁用土整平。

⑫在进行路基开挖时,如遇到石方,应测量土石分界线,经现场核实后即可进行分层开挖。

⑬石方路堑的路床顶面高程,应符合图纸要求,高出部分应辅以人工凿平,超挖部分应按监理工程师批准的材料回填,并碾压密实稳固。

⑭深路堑石方边坡开挖应自上而下进行,严格按设计图纸分级进行,开挖坡面一次性成形,且应开挖一级防护一级,防止边坡失稳产生滑坍等高边坡灾害,对有可能产生滑坍等边坡应先施作锚固工程等进行加固,方可进行下级边坡开挖。

a. 在进行全断面开挖时,先将表面的土层开挖、清运后,再进行岩层爆破。开炸后石方及时清运,尽快开掘出一个工作平台,再从上至下进行爆破。

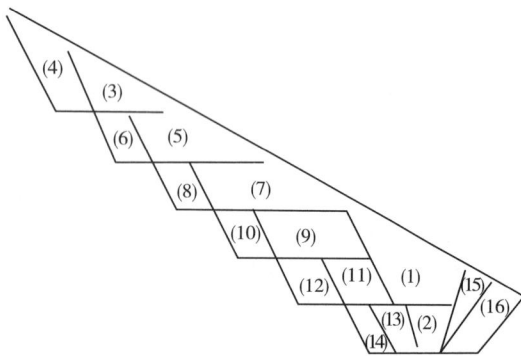

图2-8 深挖路堑开挖示意图

b. 路堑开挖采用小型爆破施工。在石方开挖接近边坡面时进行光面(预裂)爆破,在进行光面爆破时,自上而下进行,每爆破完成一级后,及时清理好平台,必要时设置观测桩进行稳定观测,当有变形时,及时通知监理工程师进行加固处理,并根据设计图纸的边坡防护要求,及时防护,做到开挖一级,防护一级。如图2-8所示,首先进行第(1)、(2)部分的开挖,为石料运输开出一施工平台,再从上至下按(3)、(4)、(5)、(6)……(16)的顺序开始。

⑮用作填料的Ⅰ、Ⅱ类红砂岩爆破宜采用小型及松动爆破,炮眼孔距与深度可通过试验确定,一般孔距与深度不大于2m,不作路基填料的红砂岩不受此限制。

⑯开挖层靠边坡的两侧宜采用减弱松动爆破或光面爆破,以利于边坡稳定和边坡修整的工作量。

⑰Ⅰ、Ⅱ类红砂岩爆破的其他规定应满足本小节石方的相关规定。

⑱Ⅰ、Ⅱ类红砂岩路堑开挖至设计高程后,应准备好足够的并经监理工程师认可的封面填筑材料,红砂岩路堑上路床0~300mm范围内使用CBR值不小于8%的密实性较好的路基填料封面,以避免大气、雨水对红砂岩的侵蚀,降低红砂岩作为基底的承载力,选择晴朗的天气进行突击施工,突击施工应采用流水作业(开挖—整平—回填—压实)一气呵成。

⑲Ⅰ、Ⅱ类红砂岩路堑上路床0~300mm范围内换填适宜填料时,其路床底部300~800mm的范围内必须为新鲜岩层。承包人应避免超挖、扰动以及受水浸泡,以免岩层被破坏,如崩解、软化等。否则,承包人须自费将破坏的岩层挖除,按监理工程师要求重新换填压实,达到路基填方的相应压实度标准。

⑳Ⅰ、Ⅱ类红砂岩施工要做好现场排水工作,尤其是开挖接近设计高程时。严防施工场地积水,以免水下渗破坏路堑基底的承载力。

(4)施工质量。

①上边坡不得有松石,路基边线直顺,曲线圆滑。

②竖孔炮眼残留率不低于85%,对于中硬质岩石,凸出于设计边坡线的块石,其凸出尺寸不应大于20cm,超爆凹进尺寸也不应大于20cm。对于软质岩石,凸出及凹进尺寸均不应大于10cm。

③实测项目质量要求参见《公路工程质量检验评定标准 第一册 土建工程》(JTG F80/1—2004)有关规定。

2.3.7 零填及挖方区非适用性材料的处理

(1)路基挖方至完工断面后,如仍留有非适用材料,应按监理工程师要求的宽度和深度继续挖除,用批准的材料回填,并压实到规范规定的压实度。在回填前,应测量必要的断面报监理工程师批准。

(2)除非监理工程师另有许可,在暴露出的挖方是适用材料和非适用材料相混杂的地方,应把适用材料独立挖出来,以供填方使用,且不得被非适用材料污染。已污染的材料应按弃方处理。

(3)在填方区挖除低于原地表面的非适用材料时,其挖除深度及范围应由监理工程师确定。在挖除前,应测量必要的断面报监理工程师批准。

(4)凡经监理工程师批准,在路基挖方或填方区内挖除的非适用材料,适用于草皮种植草皮的表土应储存于指定地点,否则应按弃方要求处理。

(5)零填地段施工工序见图2-9。

(6)零填路段(填方高度小于1m)在填前翻挖80cm深,并要求压实度达到96%。对挖方路床0~80cm范围内的高液土应进行换填。

(7)挖方区路床翻挖80cm深,并要求压实度达到96%。

(8)当路堤高度小于1.5m时,路床基底以下路基压实度应达到94%。

2.3.8　填挖交界处

1)施工前提条件

(1)填挖交界地段清表及原地面处理工作要求同2.3.1节的有关要求。

(2)挖方区为土质时,应优先采用渗水性好的材料填筑。

(3)有关的试验段报告及开工报告得到批准。

2)施工工序

填挖交界处施工工序见图2-10。

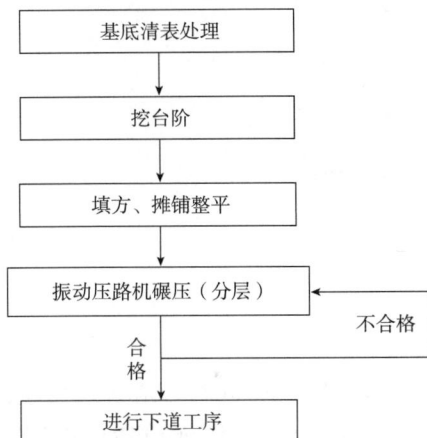

图2-10　填挖交界处施工工序

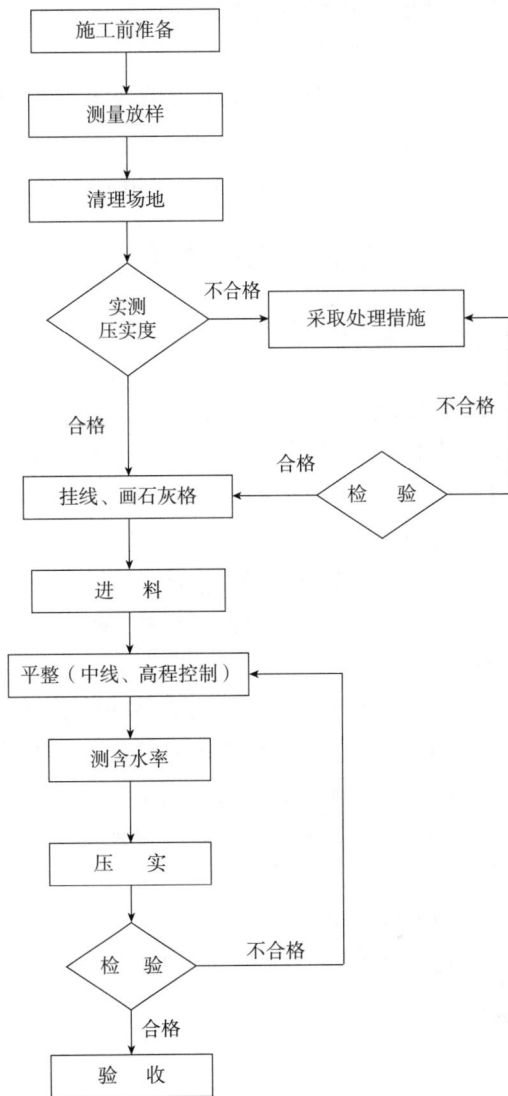

图2-9　零填地段施工工序

3)施工技术

(1)认真清理半填断面的原地面,将半填断面原地面表面翻松80cm并回填碾压密实,压实度不小于96%,每层挖成台阶,台阶宽度不小于2m,挖方一侧在行车道范围之内的宽度不足一个行车道宽度时,应挖够一个行车道宽度,属上路床范围的,应按上路床要求处理,再进行分层填筑。

(2)填筑时,必须从低处往高处分层摊铺碾压,特别要注意填、挖交界处的拼接,碾压要做到密实无拼痕。

(3)在山区,当填挖交界面为陡峻山坡时,应先全坡面彻底清表,再分层严格挖台阶处理。

半填半挖路基填方区每层均应在填挖交界处挖出临时排水沟,保持排水畅通,避免雨水涌入已填路基内。

(4)半填半挖路段的开挖,必须待下半填断面的原地面处理好并经检验合格后,方可开挖上挖方断面。对挖方中非适用材料必须废弃,严禁填在半填断面内。

(5)若图纸对半填半挖路基采用土工合成材料加筋时,则土工材料的设置部位、层数和材料规格、质量要求应符合有关规定。

4) 施工工艺

如属填土路堤,应符合 2.3.1 节有关要求;如属填石路堤,应符合 2.3.2 节有关要求。

5) 施工质量

参见 2.3.1 节和 2.3.2 节相关内容。

2.4　特殊地区路基处理

2.4.1　软基处理

软土地基处理包括挖除换填、抛石挤淤、设置垫层、袋装砂井、塑料排水板、粉喷桩、碎石桩、砂桩、铺设土工织物等一系列施工方法,在长湘高速公路施工过程中可能应用到的处理方法有挖除换填、抛石挤淤、设置垫层、铺设土工织物等几种。

1) 施工前提条件

(1) 现场安全质量保证体系已建立,明确了工区施工负责人。

(2) 设计图纸及文件已审核,提出的问题已得到相关部门的回复,并对班组和技术员进行了详细的技术交底。

(3) 对原材料、半成品、成品的检验已完成。

(4) 已取得有关软土地基处理试验路段的资料和总结报告。

(5) 沉降所需的观测和测试仪具已落实到位。

(6) 分项工程开工报告已得到批复,施工现场的劳动力、施工机械满足施工进度的要求,施工进度计划及分项工程的施工方案已得到批准。

2) 施工工序

软土地基施工工序见图 2-11。

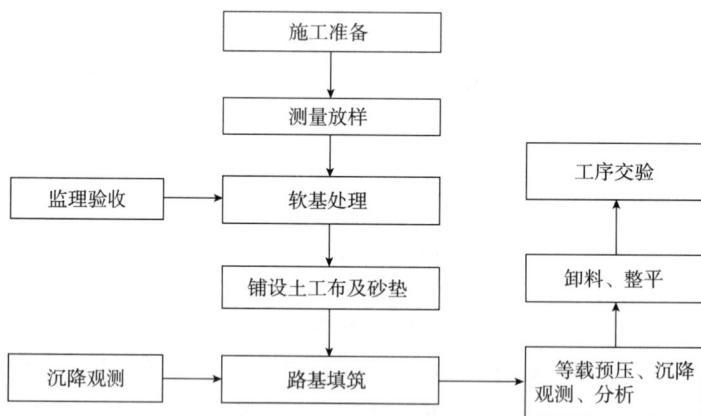

图 2-11　软土地基施工工序

3) 软土地基处理

(1) 软土的判别方法。

① 软土路基施工前 15d 应通过开沟将地表水全部排干。纵向排水沟应沿红线拉通,并与当地水系相连,断面尺寸不小于 80cm×100cm,红线范围内按间距小于 15m 标准开挖断面尺寸不小于 40cm×40cm 的"网络"排水沟。荷兰动力触探试验应在地表水排干后的第三个晴天进行。

② 长湘高速公路软土一般采用荷兰轻型触探仪贯入土中 20cm 所需的锤击数进行判别。

并且仅当采用此法有争议时,应取样进行含水率和孔隙比试验,当同时符合天然含水率大于或等于液限和天然孔隙比大于或等于 1.0 时,应判别为软土。孔隙比大于 1.5 的称为淤泥,孔隙比小于 1.5 的称为淤泥土。

（2）软土深度的确定。

荷兰动力触探试验成果表示方法：贯入深度 h 对应 N（击次）/20cm 大于或等于软土锤击次数标准，此时贯入深度即为软土深度，软土判别标准见表2-5。

软土判别标准　　　　　　　　　　　　　　表2-5

击数/20cm　　限位器下杆数　　填土高度	1	2	3
$h_0 < 2m$	10	11	12
$2m \leq h_0 < 6m$	9	10	11
$6m \leq h_0 < 8m$	10	11	12
$8m \leq h_0 < 12m$	11	12	13
$12m \leq h_0 < 16m$	12	13	15
$h_0 \geq 16m$	14	15	16

注：考虑到荷兰动力触探判断软土深度的误差，必要时采取现场挖探等手段予以确认。

（3）软土路基处理方案确定的原则。

①当软土深度在3m以内，或者软土深度在5m以内，但分布范围较小时，作为一般软土地基对待，采用清除所有软土，回填监理工程师认可的材料进行处理。

②当软土深度大于3m，且分布范围较大时，作为特殊软土地基对待。其处理方案视实地情况并参照设计图纸和软土处理专家小组的建议另行确定。

③任何软土路基的处理方案都必须在施工前获得监理工程师的批准。

（4）软土路基施工及质量控制。

①软土路基填前基底的检验标准：软土路基以基底承载力作为检验标准，根据路堤类别及填土高度不同，基底承载力检验标准见表2-6。

基底承载力检验标准　　　　　　　　　　　表2-6

路堤高度（m）	0~2	2~6	6~8	8~12	12~16	≥16
地基承载力要求 f_0（kPa）	≥130	≥125	≥130	≥145	≥155	≥170
标准轻型动力触探击数 N_{30}（击）	≥18	≥17	≥18	≥20	≥21	≥23

②对于一般软土地基，所有软土必须清除干净。

a. 软土路基施工前，承包人应在监理工程师在场的情况下对原地面进行横断面测量，并填写测量记录表，监理工程师应在测量记录表上签字确认。

b. 软土地段实测横断面纵向间距一般为10~20m，地形变化处应增加测点；每个全幅横断面至少布置5个触探点进行触探，水塘应根据具体情况增加纵向和横向触探点，准确画出软土的平面分界位置和软土深度。根据软土深度确定处理方案，计算软土处理的工程量。

c. 当软土处理的工程量大于设计工程量时，承包人应在软土清除开始前按规定办理设计变更的有关手续，连续地段的变更不得分段呈报。

d. 软土清除后，承包人同样应在监理工程师在场的情况下对回填前的地面进行横断面测量，并填写测量记录表，监理工程师应在测量记录表上签字确认。

e. 根据两次测量的横断面及处理方案计算软土处理的实际工程量，其中清除软土的数量扣除30cm深清除表土的数量后作为挖淤泥的工程量进行计量。

f. 软土路基处理的施工，监理工程师必须进行全过程旁站，对于软土数量超过3 000m³ 的软土处理路段，监理工程师应在施工前通知工作站。

g. 软土清除后,必须及时回填,若因泡水而增加软土开挖数量,其费用由承包人自行负责。

③特殊软土地基,若采用设计图纸的方案,其质量检验标准按《公路工程质量检验评定标准　第一册土建工程》(JTG F80/1—2004)第4章的有关规定执行。若采用设计图纸以外的其他处理方案,方案的设计者应同时提出质量检验标准,并报监理处和总监办批准。

④按图纸或监理工程师的要求,将原地面一定深度和范围内的淤泥挖除,换填符合规定要求的材料,填筑压实等同于土方压实。

⑤抛石挤淤:一般用于处理结合部地基厚度小于3.0m的泥沼及软弱土层。这种方法适用于软土层位于水下,更换土壤施工困难或基底直接落在含水率极高的淤泥中,稠度远超过液限、呈流动状态的路段。

a. 使用不易风化的石料,片石大小随泥炭稠度而定。对于容易流动的泥炭或淤泥,片石宜稍小些,但粒径不宜小于30cm,且小于30cm粒径含量不得超过20%。

b. 当软弱土层平坦时,应沿路基坡脚抛填,再逐渐向拓宽外侧扩展,使淤泥向外挤出。抛石时应从下卧层高的一侧向低的一侧扩展,使低的一侧适当高度范围内多抛一些,并使低侧边约有2m宽的平台顶面,以增加其稳定性。

c. 片石抛出软弱土层面后,应用较小石块填塞垫平,用重型机械碾压密实,抛填片石顶面应高出常水位50cm,然后宜在其上铺设土工织物等反滤层,再填筑路基。

4)砂砾垫层

(1)按图纸或监理工程师的要求,在清理的基底上分层铺筑符合要求的砂或砂砾垫层,分层铺筑厚度不得超过200mm,并逐层压实至规定的压实度,压实的方法应根据地基情况选择振动法(平振、插振、夯实等)、水撼法、碾压法等。若采用碾压法施工时,应控制最佳含水率。砂砾垫层应宽出路基边脚0.5~1.0m,且无明显的粗细料离析现象。两侧端用片石护砌,以免砂料流失。

(2)填筑砂砾垫层的基面和层面铺有土工布时,在砂砾垫层上下各厚100mm层次中不得使用轧制的粒料,以免含有裂口的碎砾石损伤土工布。

(3)施工中应避免砂或砂砾受到污染。如监理工程师认为有严重的污染,承包人应换料重填,并承担其费用。

(4)砂垫层实测项目见表2-7。

砂垫层实测项目　　　　　　　　　　　　　　　　表2-7

项次	检查项目	规定值或允许偏差	检查方法和频率	权值
1	砂垫层厚度	不小于设计	每200m检查4处	3
2	砂垫层宽度	不小于设计	每200m检查4处	1
3	反滤层设置	符合设计要求	每200m检查4处	1
4	压实度(%)	90	每200m检查4处	2

5)铺设土工合成材料

(1)土工合成材料的质量应符合图纸或规范的要求。在采用土工合成材料加筋的路堤填筑正式开工前,应结合工程先修筑试验路段,以指导施工。

(2)铺设土工合成材料应按图纸施工,在平整的下承层上全断面铺设。铺设时,土工合成材料应拉直平顺,紧贴下承层。可采用插钉等措施固定土工合成材料于填土下承层表面。

(3)土工合成材料在铺设时,应将强度高的方向置于垂直于路堤轴线方向。

(4)应保证土工合成材料的整体性,当采用拱接法连接时,搭接长度宜为300~900mm;采用缝接法时,缝接宽度应不小于50mm;采用黏结法时,黏结宽度不应小于50mm,黏合强度应不低于土工合成材料的抗拉强度。

(5)铺设土工合成材料的土层表面应平整,表面严禁有碎、块石等坚硬凸出物;在距土工合成材料层80mm以内的路堤填料,其最大粒径不得大于60mm。

（6）土工合成材料摊铺以后应及时填筑填料，以避免其受到阳光过长时间的直接暴晒。一般情况下，间隔时间不应超过48d。填料应分层摊铺、分层碾压，所选填料及其压实度应符合规范规定的要求。

（7）土工合成材料上的第一层填土摊铺宜采用轻型推土机或前置式装载机。一切车辆、施工机械只容许沿路堤的轴线方向行驶。

（8）对于软土地基，应采用后卸式载货汽车沿加筋材料两侧边缘倾卸填料，以形成运土的交通便道，并将土工合成材料张紧。填料不允许直接卸在土工合成材料上面，必须卸在已摊铺完毕的土面上；卸土高度以不大于1m为宜，以免造成局部承载能力不足。卸土后就立即摊铺，以免出现局部下陷。

（9）施工质量

土工合成材料应拉直平顺，紧贴下承层，铺垫无皱褶，固定处无松动。外观无破损，无污染，无老化。土工合成材料的接缝搭接、黏结强度和长度应符合设计要求，上、下层土工合成材料搭接缝应交替错开。实测项目见表2-8和表2-9。

加筋工程土工合成材料实测项目　　　　　　　　　　　　　　表2-8

项次	检查项目	规定值或允许偏差	检查方法和频率	权值
1	下承层平整度、拱度	符合设计施工要求	每200m检查4处	1
2	搭接宽度（mm）	+50,0	抽查2%	2
3	搭接缝错开距离（mm）	符合设计施工要求	抽查2%	2
4	锚固长度（mm）	符合设计施工要求	抽查2%	3

隔离工程土工合成材料实测项目　　　　　　　　　　　　　　表2-9

项次	检查项目	规定值或允许偏差	检查方法和频率	权值
1	下承层平整度、拱度	符合设计施工要求	每200m检查4处	1
2	搭接宽度（mm）	+50,0	抽查2%	2
3	搭接缝错开距离（mm）	符合设计施工要求	抽查2%	2
4	搭接处透水点	不多于1个点	每缝	3

6）反压护道

（1）施工前应对路堤两侧地面进行清理。

（2）反压护道与相连的路堤同时填筑。填料应符合图纸要求。填筑时应分层，层松铺厚度不大于30cm，逐层压实，压实度不低于90%。

7）路堤填土及等载预压和超载预压

（1）对于等载预压与超载预压土方，应分层填筑，逐层压实至要求的压实度。等载预压或超载预压土方的顶部应平整，并设2.5%~3%横坡。

（2）等载预压和超载预压路段，在预压期内当预压高程低于设计高程10cm，应立即补至设计要求的施工预压高程，直至预压期结束。

（3）好的路段，亦可对有要求预压的路段，尤其是桥头路段和箱涵路相接路段，在施工安排上应尽早地堆载预压。堆载顶面要平整密实有横坡。在工期限制较严、预压时间较短时，也可采用超载预压的方法来加快预压期的沉降量。

（4）预压或超预压沉降后应及时补方，一次补方厚度不应超过一层填筑厚度，并适当压实，对地基稳定性较好的路段，亦可按预测沉降量随路堤填筑一次完成到位。对于在预压期间高程低于图纸规定预压高程的，均需及时补填，严禁在预压期不补填，而在预压后期或在路面施工时一次补填的做法，以避免引起过大的沉降。

8）沉降与稳定观测

（1）应在施工过程中进行沉降观测和稳定性观测，并根据观测结果对路堤填筑速率和预压期做必要调整。

（2）沉降和稳定观测点设在同一横断面上，并且保护好测点。

（3）具体参见 2.11 节相关内容。

2.4.2　不良土地区路基施工

（1）不良土路基的处理包括换填土（或碎、砾石）、石灰改良土、水泥改良土、碎石改良土等一系列的处理方法。承包人应按图纸或监理工程师批准的处理方法进行施工。

（2）填土高度不足 1m 的不良土填方路段，必须对地表 300～600mm 范围内的不良土进行换填或改良处理；对于地表潮湿地段，必须挖除湿软土层，换填碎砾石土、砂砾、坚硬岩石碎渣或将土翻开掺石灰改良，换填或改良深度由监理工程师确定，一般控制在 1.2m 左右。

（3）不良土不得直接用于填筑路堤；不良土用作路床填料时，应进行改良处理。

（4）不良土地区挖方及填挖交界路段，应对路床顶面以下一定深度范围内进行换填或改良处理，换填或改良深度由监理工程师确定，一般控制在 300～800mm。

（5）不良土地区路基施工，应避开雨季作业，路堤填筑尽可能连续进行。边坡防护必须及时完成，做好路基防水、排水工作。

（6）试验路段：承包人应在不良土地区路基施工前，按图纸和监理工程师的要求，修筑不小于 200m 全幅路基宽度的试验路段，以确定改良土的石灰（水泥、碎石、砂砾）的掺量、松铺厚度、最佳含水率、施工机具的配备及全部施工工艺。试验结果报监理工程师批准后方可进行规模施工。

（7）改良土施工前，应对路基平面位置、高程、横坡度、宽度、压实度等进行验收，符合要求的前提下才能进行改良土施工。

（8）改良土应采取分层法施工，每层压实厚度为 20～25cm。

（9）根据试验路确定的松铺系数确定松铺厚度，用平地机将填土均匀地摊铺在预定的宽度和长度内，并按规定形成路拱。摊料过程中，应将土块中超尺寸（>15mm）的土粒及其他杂物清除。

（10）根据批准的配合比和不同压实区的干土重度及层厚计算每平方米外掺水泥（石灰、碎石、砂砾）重量，在摊铺平整的土基摊铺水泥（石灰、碎石、砂砾）。必须确保水泥（石灰、碎石、砂砾）掺量准确。

（11）采用符合要求的路拌机进行拌和，拌和遍数不少于试验路确定的最少拌和遍数，施工中要确保拌和深度和均匀性，避免出现在拌和层底部留有素土夹层。

（12）压实机具应选用重型压路机或振动压路机，碾压时，直线段由两边向中央、超高段由内侧向外侧碾压。采用水泥或石灰改良时，必须严格控制从拌和到碾压的终止时间。

（13）改良土施工在碾压完成后，如不能继续进行上一层的施工，必须进行洒水养护，养护期内，应禁止一切机动车通行，雨天应禁止所有车辆通行。

（14）做好施工记录。对起讫桩号、改良土类型、厚度、配合比、石灰（水泥、碎石、砂砾）用量、拌和遍数、碾压遍数等均应做详细记录。

（15）不良土地区路基压实标准，应符合《公路工程质量检验评定标准　第一册　土建工程》（JTG F80/1—2004）。

2.4.3　高液限土填筑施工

（1）高液限土填筑施工前，必须进行室内试验。通过室内试验，得出最佳含水率、干密度、饱和度、CBR 值等控制参数，并在试验路段做不同碾压参数的碾压试验，找出与室内相匹配的施工控制参数及检验标准后，方可指导现场填筑施工。

（2）施工单位应严格根据试验路段所提供的施工控制参数控制高液限土填筑施工。

（3）为加快填方土料水分的挥发，施工单位宜配备旋耕机（带打土装置）。

（4）非超高路段路基每层应设置 4% 的双向路拱，超高路段路基每层应设置 4% 的单向路拱，保证排水顺畅。

（5）对已碾压的路基,雨季要封闭交通,避免出现车辙或者弹簧。

（6）高液限土填筑应连续施工,压完一层经检测合格后必须马上进行下一层的摊铺,以防本层土晒干后开裂。

（7）施工单位应备足塑料、彩条布等防雨材料,雨前及时覆盖填筑路基作业面,防止雨水浸泡,保证连续施工。应在下雨时派专人进行巡查,检查塑料薄膜、彩条布等防雨材料覆盖情况及临时急流槽的排水情况,确保设置的防雨材料起到防雨的作用。

2.4.4 河、塘、湖(库)、海地区路基施工

1）施工前提条件

（1）现场安全质量保证体系已建立,明确了工区施工负责人。

（2）设计图纸及文件已审核,提出的问题已得到相关部门的回复,并对技术员及班组进行了详细的技术交底。

（3）山坡地质、路基基底、水文条件、洪水影响等情况已查清,并采取了相应措施。

（4）分项工程开工报告已得到批复,施工现场的劳动力、施工机械满足施工进度及质量要求。

2）施工工序

河、塘、湖(库)、海地区路基施工工序见图 2-12。

3）施工技术与工艺

（1）填料与取土:宜设置集中取土场。常水位以下路堤的施工材料,宜选用矿渣、块石、砾石等水稳性良好的材料,其粒径不宜大于 30cm。

（2）受水位涨落影响的部分,也宜选用水稳性好的材料,如具有天然级配的砂砾、卵石、粗(中)砂,石质坚硬不宜风化的片、碎石等。

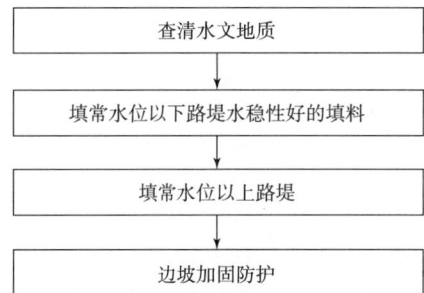

图 2-12　河、塘、湖(库)、海地区路基施工工序图

（3）严格按设计图纸及文件并根据水流对路基破坏作用的性质、程度进行防护和加固施工。当施工现场的实际情况与设计防护形式不符时,应提请监理工程师设计代表变更设计。防护方式一般可采用植物防护、石砌防护、混凝土板防护、石笼、抛石、挡土墙等措施或综合采用两种及两种以上的措施。

（4）山区沿河路基,应针对水流冲刷情况进行加固和防护,施工期间注意防洪,防洪工程宜在洪水期前完成;穿越地质不良陡峻沟谷时,还应查清有无泥石流影响,并相应采取排导、拦截措施。

4）施工质量

（1）必须确保路基稳定,路基施工已充分考虑地质、水文、洪水等对路基的破坏。

（2）路基施工的各项实测项目符合《公路工程质量检验评定标准　第一册　土建工程》(JTG F80/1—2004)。

2.4.5 滑坡地段路基施工

1）施工前提条件

（1）设计图纸及文件已审核,提出的问题已得到有关部门的回复,并对现场技术人员及班组进行了详细的技术交底。

（2）滑坡的性质和原因及地质情况已查明。

（3）滑坡地段的动态监测网已建立,并有专人负责。

（4）滑坡地段的地表排水系统已做好,没有场地积水和漫流等情况。

（5）现场的安全质量保证体系已建立,明确了工区施工责任人。

（6）分项工程开工报告已得到批复,施工现场的劳动力、机械设备满足施工进度的要求,施工进度计划

及分项工程的施工方案已得到批准。

2）施工工序

滑坡地段路基施工工序见图 2-13。

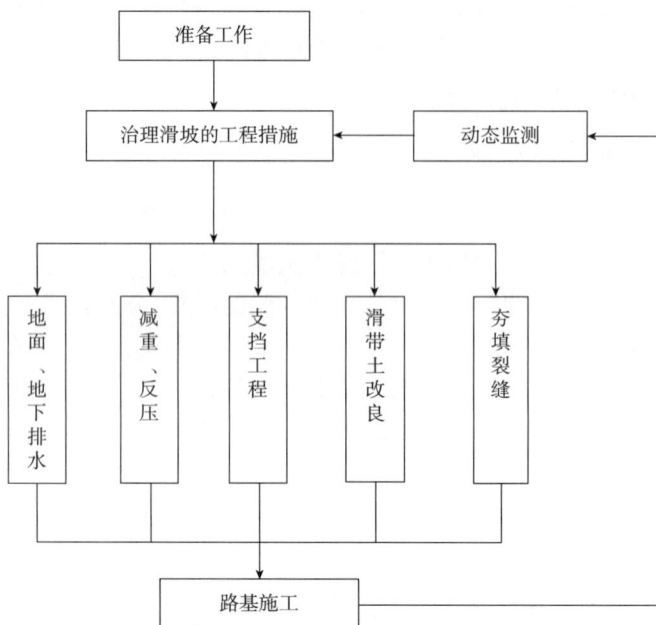

图 2-13　滑坡地段路基施工工序

3）施工技术与工艺

（1）滑坡处理前，禁止滑坡体上增加荷载。

（2）结合滑坡地段的自然排水沟及永久性排水工程，施作临时排水工程；把滑坡体内的水疏通到自然沟与桥涵处排出，不使地表水下渗进入滑体，加剧滑坡的产生。

（3）根据滑坡处治设计图、滑坡地段的实际地质地形情况及该滑坡地段上的结构物工程，选择合适的施工方案与施工组织设计进行处治。滑坡处治应遵守以下原则：先应急工程，后永久工程；尽量选择旱季施工；应先做好地面排水系统，不使场地积水和漫流；场地堆料和弃土及排水不应影响滑坡的稳定性；支挡工程的施工应从滑坡两侧开始向主轴靠近，并应跳槽开挖，随挖随支挡，使工程尽快发挥作用；切忌在滑坡前缘大拉槽，不加支挡大放坡，加剧滑坡的滑动；特别注意施工中的验槽，若滑动面位置与设计有出入，应及时提醒监理工程师和设计代表变更设计；加强施工过程中滑坡的动态监测，保证施工安全；抗滑桩等的施工应连续浇灌，不留接缝；一旦出现接缝，应做特别处理，不能造成薄弱截面，特别是在滑动面附近。滑坡处治中采用具体的工程措施，如抗滑桩、锚索框架梁、锚杆等，其施工技术与工艺详见相应的章节。

（4）滑坡地段进行高路堑边坡开挖，应自上而下进行，每开挖一台就应对裸露边坡进行地质分析，重新对边坡的稳定性进行评价。确实需要采取边坡加固时，应停止开挖下级边坡，待加固工程起到稳定边坡作用后，方可进行下级边坡开挖，使后续施工对滑坡稳定性可能造成的影响降到最小。

（5）及时对滑坡范围内的排水系统和路基排水系统进行完善；及时清理和疏通排水沟，破损处要及时修补，防止地表水集中灌入滑体。

（6）通过监测掌握滑坡动态。

（7）其他未尽事宜详见"一般路基施工技术与工艺"。

4）施工质量

（1）保证滑坡地段的路基不再产生滑动，使滑坡地段的工程长期有效地工作，确保公路运营安全。

（2）实测项目参见《公路工程质量检验评定标准　第一册　土建工程》（JTG F80/1—2004）有关规定。

2.5 冬、雨季路基施工

（1）冬、雨季施工应根据季节特点和施工段地质地形条件，制订合理的施工方案。

（2）冬、雨季施工应做好临时排水，并与永久性排水设施衔接顺畅。

（3）在反复冻融地区，昼夜平均温度在 −3℃ 以下，且连续 10d 以上，或者昼夜平均温度虽在 −3℃ 以上，但冻土没有完全融化时，均应按冬季施工，高速公路不宜冬季施工，冬季过后必须对填方路基进行补充压实，压实度应达到相关规范要求。

（4）路堤填筑的每一层表面应设 2%~4% 排水横坡。

（5）在已填路堤、路肩处，应设置纵向临时挡水土埂，且每隔一定距离设置出水口和排水槽，引排雨水至排水系统。

（6）雨季路堑施工宜分层开挖，每挖一层应设置纵横排水坡，使水排放畅通。

（7）填料应选用透水性好的碎（卵）石土、砂砾、石方碎渣和砂类土等。利用挖方土作填料，含水率符合要求时，应随挖填及时压实。含水率过大、难以晾晒的土不得用作雨季施工填料。

（8）雨季开挖路堑，当挖至路床顶面以上 300~500mm 时应停止开挖，并在两侧挖好临时排水沟，待雨季过后再施工。

（9）结构物基坑在雨季开挖后未能及时施工时，应采取防浸泡措施，必要时雨后应对基坑地基承载力再次检测，以确定是否满足设计要求。

（10）制订冬、雨季施工安全预案，做好防洪抢险准备工作，避免灾害和事故发生。

2.6 路基排水

2.6.1 边沟、排水沟、截水沟

1）施工前提条件

（1）设计图纸及文件已审核，提出的问题已得到相关部门的回复，并对班组进行了详细的施工技术交底。

（2）所需要的材料如砂、片块石、水泥已进场并检测合格，砂浆配合比已确定。

（3）所需的机械设备、人员已准备就绪。

（4）现场的安全质量保证体系已建立，分项工程责任牌已制作，明确了各工点、工序负责人。

（5）根据图纸要求，边沟、排水沟的现场放样完成，并经复核与现场地形符合，与桥涵、结构物及线外排水系统或自然水系能平顺衔接，能够形成完整的排水系统。

（6）分项工程开工报告已得到批复，施工现场的劳动力满足施工进度要求，施工进度计划及分项工程的施工方案得到批准。

2）施工工序

（1）一般要求：根据设计图纸要求，确定各施工工序，如对于软基地段需增加土工布铺设的工序，并且如设计为干砌排水沟，应先干砌后勾缝处理。

（2）施工工序。

边沟、排水沟、截水沟施工工序见图 2-14。

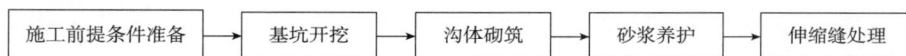

施工前提条件准备 → 基坑开挖 → 沟体砌筑 → 砂浆养护 → 伸缩缝处理

图 2-14 边沟、排水沟、截水沟施工工序图

3）施工技术与工艺

（1）排水沟、边沟、截水沟的测量放样统一采用红外线测距仪精确放样，确保沟体线形美观，直线线形顺直，曲线线形圆滑。

（2）放样一般以两个结构物之间的长度为一个单元，以确保边沟、排水沟与结构物的进出水口顺利连接。

（3）截水沟顶面应略低于自然坡面，若遇冲沟应设缺口将水导入截水沟。

（4）基坑开挖根据土质情况，可采用机械开挖和人工开挖配合完成，也可采用人工开挖成型。如采用机械开挖，应防止超挖，应留出 5 ~ 10cm 左右富余，由人工修整成型，确保边沟、排水沟的边坡平整、稳定，严禁贴坡。基坑开挖后，需进行沟底高程复测。

（5）基坑开挖土方应堆置在与路堑边坡顶一侧并予以夯实或运出场外，禁止堆放在排水沟外侧，影响场地的外观及排水效果，或回流至排水沟内影响正常排水。

（6）石料应选用未风化的硬质石料，砌筑紧密，错缝，砂浆饱满，每 10 ~ 15m 设置伸缩缝，缝宽 20 ~ 30cm，勾缝平顺、无脱落、密实、美观，缝宽均衡协调，砌体咬扣紧密，抹面平整，压光，顺直，无裂缝、空鼓。

（7）采用干砌片石铺筑时，应选用有平整面的片石，各砌缝要用小石子嵌紧，采用浆砌片石铺砌时，砌缝砂浆应饱满，沟身不漏水，若沟底采用抹面时，抹面应平整压光。

（8）边沟、排水沟的进出水口，应妥当加固，以防水流危害路基。

（9）截水沟出水口一般应设深度不小于1m的截水墙或消能设施，以免出水口在水流作用下冲毁。

4）施工质量

（1）排水设施要求纵坡顺适，沟底平整，排水畅通。

（2）边沟要求线形美观，直线线形顺直，曲线线形圆滑。

（3）构造物要求坚实、稳定。

（4）基础伸缩缝应与墙身伸缩缝对齐。

（5）砌体抹面应平整、压光、直顺，不得有裂缝、空鼓现象。

（6）实测项目参见表 2-10。

浆砌排水沟、截水沟、边沟施工质量标准　　　　　　　　　　　　　　表 2-10

项次	检查项目	规定值或允许偏差	检查方法和频率
1	砂浆强度	符合设计要求	同一配合比，每台班 2 组
2	轴线偏位（mm）	50	经纬仪：每 200m 测 8 处
3	墙面直顺度（mm）或坡度	30 或符合设计要求	20m 拉线、坡度尺：每 200m 测 4 处
4	断面尺寸（mm）	±30	尺量：每 200m 测 4 处
5	铺砌厚度	不小于设计值	尺量：每 200m 测 4 处
6	基础垫层宽度、厚度	不小于设计值	尺量：每 200m 测 4 处
7	沟底高程（mm）	±15	水准仪：每 200m 测 8 点

2.6.2　跌水、急流槽

1）施工前提条件

施工前提条件见 2.6.1 节相关内容。

2）施工工序

跌水、急流槽施工工序有测量放样、基坑开挖、墙体砌筑。

3）施工技术与工艺

（1）跌水与急流槽必须用浆砌圬工结构，跌水的台阶高度可根据地形、地质等条件确定，多级台阶的各级高度可以不同，其高度与长度之比应与原地面坡度相适应，台阶高度一般应不大于 0.5 ~ 0.6m，通常为 0.3 ~ 0.4m。

（2）跌水可用浆砌片石或水泥混凝土浇筑，沟槽壁及消力池的边墙厚度：浆砌片石为 0.25 ~ 0.4m，混凝土为 0.2m，高度应高出计算水位至少 0.2m，槽底厚度为 0.25 ~ 0.4m，出口设置隔水墙。

（3）跌水一般设有消力槛，设置时槛的顶宽不小于 0.4m，并设有尺寸（5cm × 5cm）~（10cm × 10cm）的泄水孔,以便水中断时,排除消力池内的积水。

(4)跌水槽一般筑成矩形,但跌水高度不大、槽底纵坡较缓,亦可采用梯形断面,梯形跌水槽身,应在台阶前0.5~1.0m和台阶后1.0~1.5m范围内加固。

(5)急流槽的纵坡,一般不宜超过1:1.5,可用浆砌片(块)石砌筑或混凝土浇筑。

(6)为防止滑动,可在斜坡急流槽背砌防滑平台,以阻止下滑。

(7)进水槽和出水槽底部应用片石铺砌,水泥浆勾缝,长度一般不小于10m,个别情况应在下游铺设厚0.2~0.5m、长2.5m的防冲铺砌。

(8)急流槽很长时,应分段砌筑,每段长不宜超过10m,接头处以防水材料填缝,密实无空隙。

(9)急流槽宜砌成粗糙面,或嵌入约10cm×10cm坚石块,用以消能,减小流速。

(10)对于汇水面积较大的路堑边坡急流槽,应考虑加大、加深急流槽尺寸,并在底部设消能设施后,导入路基排水系统。

4)施工质量

(1)急流槽所用的混凝土及砌筑砂浆强度应满足图纸要求,配合比准确,砌缝隙砂浆饱满,槽内抹面平整、直顺。

(2)进口汇集水流设施、出口设备消力槛等应砌筑牢固,不得有裂缝、空鼓现象。

(3)槽内抹面平顺、无裂纹。

(4)坡度设置顺直,无折坡现象。

2.6.3 盲沟、渗沟

1)施工前提条件

施工前提条件参见2.6.1节相关内容。

2)施工工序

盲沟、渗沟施工工序见图2-15。

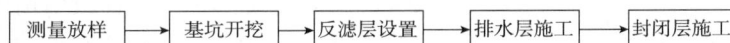

测量放样 → 基坑开挖 → 反滤层设置 → 排水层施工 → 封闭层施工

图2-15 盲沟、渗沟施工工序

3)施工技术与工艺

(1)盲沟、渗沟的基坑开挖宜自下游向上游进行,并应随挖随即支撑和迅速回填,暴露时间原则上不超过7d,以免造成坍塌,支撑渗沟应间隔开挖。

(2)当渗沟开挖深度超过6m时,须选用框架式支撑,在开挖时自上而下随挖随加支撑,施工回填时应自下而上逐步拆除支撑。

(3)盲沟的埋置深度,应满足渗水材料的顶部(封闭层以下)不得低于原有地下水位的要求。当排除层间水时,盲沟底部应埋于最下面的不透水层上。

(4)当采用无纺土工布作反滤层时,应先在底部及两侧沟壁铺好就位,并预留顶部覆盖所需的土工布,拉直平顺,紧贴下垫层,所有纵向或横向的搭缝应交替错开,搭接长度均不得小于300mm。

(5)盲沟的底部和中部用较大碎石或卵石(粒径30~50mm)填筑,在碎石或卵石的两侧和上部,按一定比例分层(层厚约150mm)并填较细颗粒的粒料(中砂、粗砂、砾石)做成反滤层,逐层的粒径比例大致按4:1递减。砂石料颗料粒径小于0.15mm的含量不应大于5%。在盲沟顶部做封闭层,用双层反铺草皮或其他材料(如土工合成的防渗材料)铺成,并在其上夯填厚度不小于0.5m的黏土防水层。

(6)渗沟的出水口宜设置端墙壁,端墙下部留出与渗沟排水通道大小一致的排水沟,端墙排水孔底面跨排水沟沟底的高度不宜小于0.2m,端墙出口的排水沟应进行加固,防止冲刷。

(7)填石渗沟只宜用于渗流不长的地段,且纵坡不能小于1%,宜采用5%,出水口底面高程,应高出沟外最高水位0.2m。

4）施工质量

（1）反滤层应层次分明，出水口应排水通畅。

（2）实测项目参见《公路工程质量检验评定标准 第一册 土建工程》（JTG F80/1—2004）。

2.7 路基防护与支挡

2.7.1 铺种草皮防护

1）施工前提条件

（1）铺种草皮防护适用于稳定的、宜于草木生长的土边坡。

（2）结构物尺寸、形状和基础高程与工程所处位置的图纸设计实际要求相符，设计图纸存在的问题已得到相关部门的回复。

（3）分项工程开工报告等技术资料已报批，施工技术交底、安全交底已完成。

（4）在需要施工的区域内，已按设计图纸要求对基面或坡面整修完毕。

（5）施工所需各种合格材料已进场，相关配合比已确定和批准。

（6）已明确现场各部位的施工管理人员、技术负责人、各班组成员、机械设备已到位，且设备状况良好。

（7）已设置施工控制基线和施工水准点，施工放样已完成。

（8）准备工作经监理工程师认可后，即铺设表土，铺设厚度符合图纸要求。当表土过分潮湿或不利于铺设时，不应进行铺设。

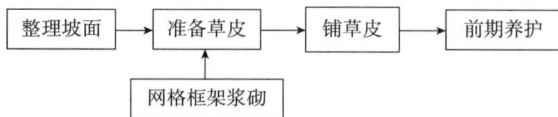

整理坡面 → 准备草皮 → 铺草皮 → 前期养护

网格框架浆砌

图 2-16　铺种草皮防护施工工序图

2）施工工序

铺种草皮防护施工工序见图 2-16。

3）施工技术

（1）清除坡面所有石块及其他一切杂物，翻耕 20～30cm 深，若土质不良，则需改良，增施有机肥，耙平坡面，形成草皮生长床，铺草皮前拍实坡面，并洒水湿润坡面。对网格骨架、土工格室绿化防护，应首先完成浆砌圬工施工。

（2）应建立绿化材料供应基地，实现因地制宜，确保种苗的适应性和规格性。在草皮生产基地起草皮前一天需浇水，起取草皮应切成 30cm×30cm 大小的方块，或宽 30cm、长 20cm 的长条形，草皮块厚度为 2～3cm。为保证土壤和草皮不破损，起出的草皮放在用 30cm×30cm 的胶合板制成的托板上，装车运至施工地，长条形草皮可卷成地毯卷，装车运输。

（3）铺草皮应选择适宜季节，把运来的草皮块顺次平铺于坡面上，草皮块与块之间应保留 5mm 的间隙填入细土。铺好的草皮在每块草皮的四角用尖桩固定，尖桩应与坡面垂直，露出草皮表面不超过 2cm，尖桩为木质或竹质，长 20～30cm，粗 1～2cm，草皮应铺过坡顶肩部 100cm 或铺至天沟。草皮铺好后，每告一段落要用木锤将草皮全面拍打一遍，以使草皮与坡面密贴。

（4）草皮从铺装到适应坡面环境健壮生长期间都需要及时洒水，每次洒水量以保持土壤湿润为原则，每日洒水次数视土壤湿度而定，同时要加强病虫害防治，及时施肥补苗，直至出苗成坪。

（5）表土铺设达到要求厚度后，其完成的工程应符合所要求的线形、坡度、边坡。铺设表土的材料及施工要求应按图纸及绿化工程的规定执行。

4）施工质量

（1）边坡的坡度、高程应符合设计要求，锥坡、护坡填土压实度应达到设计要求。

（2）坡面覆盖率应大于 93%，病虫害发生率小于 20%，绿颜色应大于 85%，根系应纵横交错，大量根系扎入岩层裂隙。

（3）其余参见《公路工程质量检验评定标准 第一册 土建工程》（JTG F80/1—2004）有关规定。

2.7.2　三维挂网喷播草籽防护与客土喷播

1）施工前提条件

（1）适用于易风化的岩石边坡和不利于草类生长的坡面。

（2）适用于易风化的岩石边坡和不利于草类生长的 4~5 阶路堑边坡及 2 阶以内的路堤边坡。

2）材料

（1）客土须包含以下五种成分：岩石绿化料（有机质含量大于 80%，氮、磷、钾含量小于 50%，pH 值：5.6~6.5）、特制绿化剂（保水剂、高分子凝结剂、植物生长剂等）、长效复合肥（肥效 2~3 月）、有机无机草坪复合专用肥、当地土料。客土须颗粒均匀，土壤团粒结构好，呈粉细壤土状，无石块和其他杂物存在；客土必须具有足够的肥力，有利于草籽生长。

（2）铁丝网为双扭结六边形机编镀锌铁丝网，网目应符合图纸要求，铁丝应符合《一般用途低碳钢丝》（YB/T 5294—2006）的规定。镀锌网质量不小于 1.8kg/m²，网丝直径不小于 2mm。

（3）主铆钉及辅助钉（锚钉、锚杆）的材料及尺寸均应满足图纸规定。

（4）草籽配方应符合图纸要求。应选择适合于当地自然条件、易于生长的草种，或经监理工程师同意或指示的其他混合草种。混合草种应测试其萌芽情况，其纯度和萌发率均应达到 90% 以上。

（5）肥料应优先使用经过沤制的农家肥。如使用化肥，应为标准农用化肥，并按袋装提供，除非图纸及监理工程师要求，肥料应满足如下规定：化学肥料应含有不少于 10% 的氮，15% 的磷酸盐和 10% 的碳酸钾；或根据土壤肥力状况选定。混合肥料由 10% 的有机肥、20% 的化肥、70% 的表土均匀拌和而成。含有不低于上述有效营养成分的液体化肥也可使用。

（6）三维土工网的质量应符合图纸要求。

3）施工要求

（1）三维土工网植草护坡。

①在三维土工网正式施工之前 60d，应在相同地质情况的上下边坡各选 3 000m² 的边坡进行试验段施工，试验段经监理工程师验收质量合格后，方可进行全面施工。

②三维土工网植草护坡的边坡高程、坡度、尺寸及密实度均应符合图纸要求，并经监理工程师检验合格后，方可开始施工。

③对于土石混填路堤、填石路堤以及石质较多的路堑边坡，在挂三维土工网之前须先在坡面填 30~50mm 厚客土，客土与坡面应充分结合，并保证其平整性。

④三维土工网铺设位置、高程、尺寸应按图纸要求施工。坡顶的三维土工网埋置固定好后，自上而下铺设，三维土工网铺设应平整，防止中部打折。前后两片三维网之间搭接长度不宜小于 100mm。

⑤三维土工网用钢筋固定时，应将网拉紧，避免出现空网包。钢筋的布置间距等应符合图纸要求，保证三维网紧贴坡面。

⑥承包人宜在线路附近选择客土料场，承包人应向监理工程师提供取土场位置及土样和理化指标检验结果，经监理工程师批准后，方可采用该取土场材料。

⑦回填土应具有足够的肥力，若客土肥力不足时，应根据客土肥力情况，适量加入复合肥或泥炭肥，有利于草籽生长。

⑧回填土施工方法有泥浆覆盖法及干土覆盖法两种，挖方边坡应采用泥浆覆盖法施工，填方边坡可根据施工条件采用二者之一。回填土施工应注意如下事宜。

a. 泥浆覆盖法。

ⓐ泥浆覆盖法采用黏性土、肥料及水混合料搅拌成泥浆状，自上而下覆盖在三维网上，分多次覆盖，直到坡面泥浆厚度符合图纸要求。

ⓑ泥浆应在泥浆拌和车中拌和，不允许直接在路基上拌和泥浆，以免损坏和污染已成型路基。

ⓒ承包人应采取必要措施确保泥浆覆盖后的通透性，以利于草籽生长。

b. 干土覆盖法。

ⓐ干土覆盖法将土和肥料拌和呈粉末状,分敷设于三维土工网上,每层厚度不宜超过10mm,每层敷设后,淋水使其沉降,再敷设下一层,直至达到图纸要求厚度为止。

ⓑ干土拌和后应进行筛分,剔除大于10mm粒径的颗粒,保证干土顺利进入网包。

ⓒ承包人应采取必要措施确保填土与边坡结合紧密。

⑨喷播植草应采用经监理工程师批准的专门的液压喷播技术及机械进行。

a. 喷播施工前按一定的程序将附着剂、纸纤维、复合肥、保湿剂及水等材料定量地加入喷播机的搅拌料箱中,混合搅拌,待物料搅拌均匀后,通过机械的喷射系统,将混合物喷敷在绿化施工的坡面上。

b. 上下边坡的草籽配方应符合图纸及经监理工程师批准的喷播植草设计为准。

c. 喷播植草施工完成之后,须在边坡表面覆盖无纺布,以保持坡面水分,并减少降雨对种子的冲刷。

⑩三维土工网植草后还应进行以下养护管理工作。

a. 三维土工网植草施工完成后应定期进行养护。养护内容包括浇水、施肥、补种、除杂草、除虫等。养护管理期限至工程竣工验收为止。

b. 在养护期内,应保持坡面表土湿润,在干旱季节,应适当增加浇水次数,雨季可适当减少浇水次数,使草种苗全、苗齐。六周以后,根据苗生长情况浇水和施肥。后期浇水应遵循"多量少次"的原则。

c. 待植草生长高度50mm左右时,应揭开无纺布,以免阻止植物生长。

d. 施工完成一个月后,应全面普查生长情况,对于生长明显不均匀的位置应予以补种,并除杂草和喷农药除虫,对重点位置应加强养护。

(2)挂网客土喷播。

①在风化岩石挖方段挂镀锌网喷混植草前,应按图纸或监理工程师指示做好如下准备工作。

a. 清理防护岩面杂物,清除浮石及松动的岩石。

b. 用高压水冲洗坡面,并使岩面保持一定湿度。

②在岩面上按图纸确定锚杆孔位,进行钻孔,孔深及孔径应符合图纸要求。钻孔完毕,应将孔内岩粉吹干净。如果坡面稳定性差,经监理工程师同意,可适当加密主铆钉。

③铆钉杆体使用前应平直、除锈、除油,注浆用水泥砂浆配合比及强度等级应符合图纸及规范有关规定。

④砂浆应拌和均匀,随拌随用,一次拌和的砂浆应在初凝前用完,并严防石块、杂物混入。

⑤铆钉体插入孔内长度不应小于图纸规定值,铆钉安装后,不得随意敲击,3d内不得悬挂重物。

⑥铆钉杆注浆水泥砂浆强度达到设计要求并经监理工程师批准后,将镀锌铁丝网挂在铆钉杆上,并用铁丝绑扎为一体。挂网时网面应尽量紧贴岩面,两张网重叠部分不小于100mm,局部岩面不平整处应加密铆钉固定,网面铺设应保持坡顶处及坡体两侧覆盖宽度不小于1m,小于1m应用更多铆钉固定。

⑦喷植生混合料由土质砂、水泥、锯末、有机肥、复合肥、过磷酸钙、改良液、草籽及水组成,其配合比应符合图纸要求或按监理工程师的指示适当调整。

⑧客土喷播混合料由岩石绿化料、特制绿化剂、长效复合肥、有机无机草坪复合专用肥、当地土料、土壤改良剂、稳定剂、侵蚀防止剂、微生物菌剂、根瘤菌剂、着色极、种子等组成。喷播基材应根据岩面的物理化学指标、当地的气候条件合理选择品种和剂量进行搭配,基材配合比应符合图纸要求或按监理工程师的指示适当调整。

⑨喷植层含2~4种草籽,按图纸规定厚度分两次喷植,承包人应采用经监理工程师认可的施工工艺、配料比及喷射机具进行喷播作业。

⑩路基红线内土石裸露部分和红线外由于承包人原因破坏了原有生态部分以及取(弃)土场,不论是土质还是石质,原则上都必须进行生态防护(进行特殊设计的除外)。

⑪生态防护,其施工工艺应满足施工图和招标文件的要求。

⑫柔性防护系统的施工应遵循图纸的有关规定。

4)质量要求

(1)挂网客土喷播。

外观鉴定如下:

①表面平整,无钢筋、铁丝外露现象。

②用于客土喷播的铆钉杆体露出岩面的长度不应大于喷射混凝土的厚度。

③防护的表面平整、密实、无脱落现象。

(2)三维植被网。

①基本要求。

a. 三维植被网应具有产品出厂检验合格证,各合同段材料进场后应进行1次质量指标检测,产品的各项性能指标应符合图纸要求。

b. 客土、草籽、锚钉等材料的质量指标应符合图纸要求,每一施工合同段应进行不少于1次的质量指标检测。

c. 施工过程中对各项工序应经常进行检验,检验项目次数不应少于下列规定。质量不合格者,经返工后须重新检验。

ⓐ施工前的坡面高程检验,每级每50m不少于1次。

ⓑ坡面处理的质量检验,每级每20m不少于1次。

ⓒ挂网质量检测,每50m×50m不少于1次。

ⓓ回填土质量检验,每50m×50m不少于1次。

ⓔ喷播植草质量检验,施工完成2周内不少于1次,施工完成2个月内不少于2次。检验内容包括坡面稳定情况、植草的成活率和生长情况。

②质量技术标准。

三维植被网植草施工完成后质量应达到如下标准。

a. 完工后5~10d,植物陆续发芽;三周后发芽率应在85%以上,喷播区域坡面呈浅绿色。

b. 完工后60d,草坪覆盖率在75%以上,植物平均高度50~100mm,可初步防止普通降雨对表土造成冲刷。

c. 完工后90d,草坪生长旺盛,覆盖率达到90%以上,草坪根须长达100~150mm。

d. 完工后300d,草坪可通过自身的方式获取营养物质,以供其生长,从而达到边坡防护和绿化的目的。

③外观鉴定。

三维植被网植草工程检验以施工完成后2个月的质量为准。

a. 坡面平整。

b. 植草覆盖度在90%以上。

c. 植草生长均匀、颜色正常,植物平均高度达100mm。

④植草护坡应符合《公路工程质量检验评定标准 第一册 土建工程》(JTG F80/1—2004)第12章环保工程的相关规定,植树成活率100%,草坪覆盖率≥95%。

2.7.3 浆砌片(块)石或混凝土预制块防护

1)施工前提条件

适用于易风化的岩石边坡和不利于草类生长的坡面。

2)施工工序

浆砌片(块)石或混凝土预制块防护施工工序见图2-17。

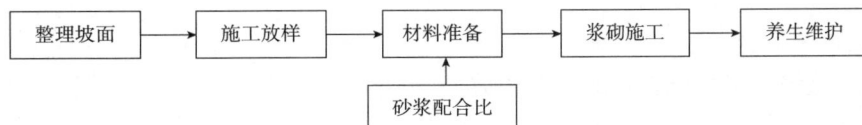

整理坡面 → 施工放样 → 材料准备 → 浆砌施工 → 养生维护

材料准备 ← 砂浆配合比

图2-17 浆砌片(块)石或混凝土预制块防护施工工序

3）施工技术与工艺

（1）路堤边坡防护在完成刷坡后由下往上分级砌筑施工，路堑边坡防护的砌筑应在每级边坡完成后由下往上砌筑施工。

（2）对软弱地基段落，路堤边坡浆砌片（块）石或预制块施工必须在路基稳定沉实后砌筑。

（3）浆砌护坡砌筑前，须将坡面整平、拍实，不得有凹凸现象或在低洼处用小石子垫平等情况，形成护坡厚度不均等弊端。

（4）砌筑石料表面应干净，无风化、裂缝和其他缺陷。片石的厚度要求不应小于150mm，镶面石料应具有较平整表面；块石应大致方正，上下面大致平行，石料厚度不应小于200～300mm；砌筑时应平铺卧砌，石料的大面朝下，坡脚坡顶等外露面应选用较大的石块，并加以修整。

（5）石料的质量必须满足设计和施工规范要求。石料应堆放有序；禁止随意堆放，石料不得直接与地面泥土接触，承包人应采取相应的隔离措施。单块石料应有良好的表面，至少应保证外露圬工表面是平整的，天然无面的应予以人工修凿成面。用于沉降缝和拐角点等部位的定位石应人工修凿整齐。石料砌筑之前应洒水使之湿润。

（6）混凝土预制块应集中统一预制，护坡逐段成型后进行安装。

（7）每个段落施工的浆砌砌体砂浆应集中用砂浆拌和机拌和，随拌随用，保持适宜的和易性和流动性。

（8）下基础之前和以后各施工接茬面应先满铺一层水泥砂浆后方可开始砌筑石料。圬工砌筑必须制作和安装样架且挂线施工，以保证大面平顺和坡率正确，石料应大面朝下，用坐浆法砌筑，严格灌浆码砌。同时应做好丁顺施工。

（9）严禁出现水平和竖直通缝及假缝。沉降缝应内外上下垂直贯通，断缝宽窄一致，内用黏土或砂浆填塞封闭。圬工背后需设置反滤层的必须按要求的材料和尺寸设置。泄水孔间距应均匀，并保证有良好的排水效果。临时施工支架走道等必须安全稳固。应加强对圬工的洒水养护，干旱季节施工或缺水的工点应进行覆盖养护。本项目的圬工砌体勾缝为凹缝或平缝，严禁勾凸缝。

（10）路堤边坡铺砌时，铺砌层的砂砾垫层材料，粒径一般不大于50mm，含泥量不宜超过5%，垫层应与铺砌层配合铺砌，随铺随砌；铺砌时应分段施工，按图纸要求设置伸缩缝沉降缝，并做好泄水孔。

（11）护坡中下部应设置泄水孔，以排泄护坡背面的积水和减少渗透压力，泄水孔的孔径一般为10cm的圆形孔，间距为2～3m，梅花形布设，泄水孔后应设反滤层，在反滤层与土面交界处垫以土工布一层，以利于泄水孔排水顺畅。

（12）骨架防护砌筑完成后，应及时种草或铺种草皮，骨架流水面应与草皮表面平顺。

4）施工质量

（1）使用的砂浆必须有配合比和强度试验，石质强度或混凝土预制块必须符合设计及技术规范要求。

（2）设置的砂砾垫层应符合设计要求。

（3）边坡的坡度、高程应符合设计要求，锥坡、护坡填土压实度应达到设计要求。

（4）锥坡、护坡基础埋深、尺寸及地基应符合设计要求。

（5）锥坡、护坡质量检验标准见《公路工程质量检验评定标准　第一册　土建工程》（JTG F80/1—2004）有关规定。

（6）砌筑时，砌块要错缝，浆砌采用坐浆挤密，嵌缝后砂浆饱满，无空洞现象。

（7）勾缝平顺，缝宽均匀、牢固和美观，无脱落现象。

2.7.4　护面墙防护

1）施工前提条件

适用于各种土质边坡及易风化剥落的岩石边坡。

2）施工技术与工艺

施工技术与工艺同2.7.3节施工技术与工艺。

3）施工技术

（1）坡面应平整密实,线形顺适,局部有凹陷处,应挖台阶后用与墙身相同的圬工找平,不可回填土石或干砌片石,施工时,应立杆挂线或样板控制,并经常复核,以保持线形舒适,砌体平整。

（2）墙基应坚固可靠,当地基软弱时,应采取加深、加强措施或上报有关部门进行变更处理。

（3）墙面及两端要砌筑平顺,墙背与坡面密切结合,墙顶与边坡间缝隙应封严,局部边坡镶砌时,应砌入坡面,表面与周边平顺衔接,墙背后应设反滤层。

（4）砌体石质应坚硬,严禁使用风化石,浆砌砌体砂浆必须紧密、错缝,严禁通缝叠砌、贴砌和浮塞。

（5）砌筑时砂浆应饱满密实,采用坐浆挤密施工,养生及时,砌体勾缝牢固、美观。

（6）浆砌砌体砂浆应集中用砂浆拌和机拌和,严禁人工拌和,且随拌随用,保持适宜的和易性和流动性。

（7）按设计要求设置伸缩缝,间隙2cm,用沥青麻絮填塞;为排水所设置的泄水孔（隔2～3m设一处）位置应有利于泄水流向路侧边沟和排水沟,并保持顺畅,当有潜水露出且边坡流水较多的地方,应引水并适当加密泄水孔。

4）实测项目

实测项目参见表2-11。

浆砌砌体施工质量标准 表2-11

项次	检查项目	规定值或允许偏差		检查方法和频率
1	砂浆强度	不小于设计强度		每1工作台班测2组试件
2	顶面高程（mm）	料、块石	±15	水准仪:每20m抽查5点
		片石	±20	
3	底面高程（mm）	−20		
4	坡度或垂直度（%）	料、块石	0.3	吊垂线:每20m检查5点
		片石	0.5	
5	断面尺寸（mm）	料石、混凝土块	±20	尺量:每20m检查5点
		块石	±30	
		片石	±50	
6	墙面距路基中线（mm）	±50		尺量:每20m检查5点
7	表面平整度（mm）	料石、混凝土块	10	2m直尺:每20m检查5处
		块石	20	
		片石	30	

2.7.5 挡土墙

1）浆砌片（块）石挡土墙、混凝土挡土墙

（1）施工前提条件。

①熟悉施工图设计文件,已做好现场材料,特别是填料的核查工作（质量和数量）,填料质量严格符合设计要求。

②分项工程开工报告已批复。

③根据现场情况、设计文件和工期要求,编制详细的施工组织设计,并已得到有关部门的批复;质量保证体系、安全施工措施已建立。

④临时道路、临时设施、预制场和工地仓库已修建完成,施工用电、用水已敷设完成。

⑤加筋材料、钢筋、水泥、砂、石、防腐材料、反滤材料等已进场,材料的有关性能指标均达到设计要求和符合国家标准或行业规范要求。

⑥施工机械(包括加筋土工程用碾压机、混凝土搅拌机、挖掘机、电焊机、安装机械、钢筋加工机械及运输车辆等)已配备完成。

⑦工地现场管理人员、专业技术人员、技术工人和普通工人已到位,且配备合理。

⑧完成施工技术交底和安全交底工作。

⑨中线、水平测量和横断面复测完成,施工基线和施工水准点已设置完成,并已按规定和图纸要求进行施工测量。

(2)施工工序。

浆砌片(块)石挡土墙、混凝土挡土墙施工工序见图 2-18。

施工准备 → 测量放样 → 基坑开挖 → 基础施工 → 墙身施工 → 其他附属工程

图 2-18　浆砌片(块)石挡土墙、混凝土挡土墙施工工序

(3)施工技术与工艺。

①基坑开挖和检验。

基坑开挖应进行详细的测量定位并标出开挖线,坑壁的暴露时间不超过 20d,基坑开挖完成后,采用轻便触探仪进行基坑承载力检测,当达到设计的基坑承载力要求时,可进行下一道工序施工;若不能达到设计基坑承载力要求,应上报监理工程师,通过变更设计程序,采取措施后方可继续下一道工序的施工。

②挡土墙基础。

a. 挡土墙的基础,应按设计的要求埋入地面以下足够的深度,对山坡挡土墙,基趾部埋入深度和襟边距离应符合设计要求。施工前,应做好场地临时排水,土质基坑应保持干燥,雨天施工坑内积水应随时排除,受水浸泡的基底土应全部予以清除,并以好土回填(或以砂、砾石夯填)至设计高程。

b. 墙基础直接置于天然地基上时,应经监理工程师检验同意后,方可开始砌筑,当有渗透水时,应及时排除;在岩体或土质松软、有水地段,应选择旱季分段集中施工。

c. 墙基础采用倾斜地基时,应按设计倾斜挖凿,不得用填补法筑成斜面。

d. 当墙基础设置在岩石的横坡上时,应清除表面风化层,并做成台阶形,台阶的高度比不得大于 2∶1,台阶宽度不应小于 0.5m;沿墙长度方向有纵坡时,应沿纵坡按图纸要求做成台阶。

③挡土墙墙身。

a. 浆砌片(块)石挡土墙砌筑时必须两面立杆或样板挂线,外面线应顺直整齐,逐层收坡,内外线可大致适顺,在砌筑过程中应经常校正线杆,以保证砌体各部尺寸符合图纸要求。

b. 砌筑墙身时,如基底为基岩或混凝土基础,应先将表面加以清洗、湿润,坐浆砌筑,砌筑工作中断后再进行砌筑时,应将砌层表面加以清扫和湿润。

c. 砌体应分层坐浆砌筑,砌筑上层时,不应振动下一层,不得在已砌好的砌体上抛掷、滚动、翻转和敲击石块。砌筑完后,应进行勾缝。

d. 挡土墙应分段砌筑,工作段的位置宜在伸缩缝或沉降缝之处,各段水平缝应一致,分段挡土墙时,相邻段的高差不宜超过 1.2m。

e. 挡土墙在砌筑过程中,必须随时掌握砌至一定高度后,按设计要求的尺寸位置设置泄水孔,并在进水孔墙背做好反滤防渗隔水设施,第一排泄水孔应高于边沟底 0.3m 设置,浸水挡土墙应用砂、砾回填,最低一排泄水孔应高出常水位 0.3m。

f. 砌体石块应互相咬接,砌缝砂浆饱满,砌缝宽度一般不大于 3cm(浆砌块石),上下层错缝(竖缝)距离不小于 8cm,并应尽量使每层石料顶面自身形成一个较平整的水平面,或通过适当的调整,每隔 70~120cm 找平一次,作为一个较平整的水平层;砌石时,一般应按平面上先砌角石,再砌面石,最后砌填腹石的顺序进行,其空隙必须用砂浆挤填密实,严禁通缝、叠砌、贴砌和浮塞。

g. 砌体出地面后,浆砌强度容许,即可及时回填,回填材料应尽量采用粗粒料,如砾石、碎石或矿渣,不用或少用细砂、粉土或软塑型黏土,不允许夹有木屑、树根、杂草等;严禁用淤泥、腐殖土、膨胀土。

h. 混凝土挡土墙的浇筑应符合图纸和规范要求。

（4）施工质量。

①砌体表面平整,砌缝完好、无开裂现象;勾缝平顺、无脱落现象,泄水孔坡度向外,无堵塞现象;沉降缝整齐垂直,上下贯通。

②混凝土的表面应平整,表面的蜂窝、麻面不得超过该面积的 0.5%,深度不超过 8mm。

③位于弯道处的挡土墙应平顺、圆滑、美观。

④实测项目参见表 2-12。

砌体挡土墙实测项目   表 2-12

项次	检查项目	规定值或允许偏差		检查方法和频率	权值
1	砂浆强度（MPa）	在合格标准内		按《公路工程质量检验评定标准　第一册 土建工程》（JTG F80/1—2004）附录 F 检查	3
2	平面位置（mm）	50		经纬仪:每 20m 检查墙顶外边线 3 点	1
3	顶面高程（mm）	±20		水准仪:每 20m 检查 1 点	1
4	竖直度或坡度（%）	0.5		吊垂线:每 20m 检查 2 点	1
5	断面尺寸（mm）	不小于设计		尺量:每 20m 量 2 个断面	3
6	底面高程（mm）	±50		水准仪:每 20m 检查 1 点	1
7	表面平整度（mm）	块石	20	2m 直尺:每 20m 检查 3 处,每处检查竖直和墙长两个方向	1
		片石	30		
		混凝土块、料石	10		

2）加筋土挡土墙

（1）施工工序

加筋土挡土墙施工工序见图 2-19。

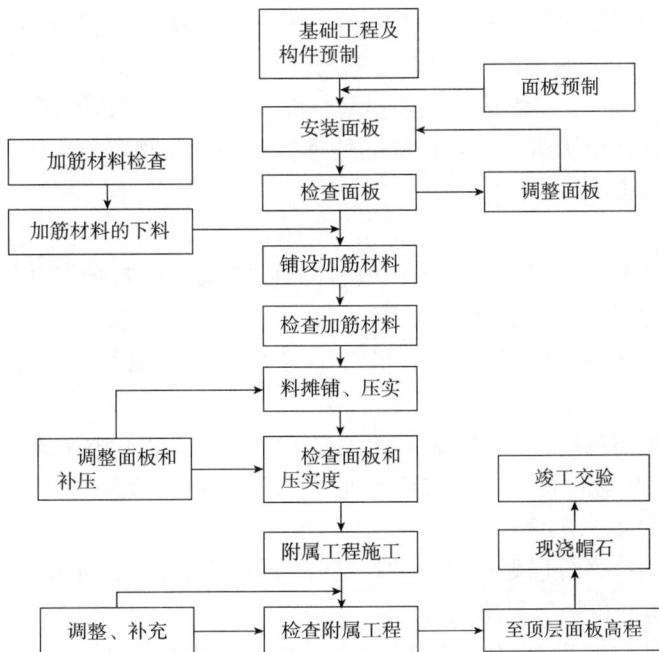

图 2-19　加筋土挡土墙施工工序图

（2）施工技术与工艺。

墙面板和筋带的堆放及运输过程中应侧面竖向堆放或平放，应防止角隅处碰损，平放堆放时，其高度不宜超过5层板，且板间应用垫木支垫。面板在搬运过程中应轻搬轻放。

①基础施工。

a. 开挖基坑应严格按图纸和监理工程师的指示分段进行，控制好基础位置和垫层基底设计高程，对基底分段整平压实，检测地基承载力，满足设计要求，并经监理工程师检验同意后，进行下一道工序。

b. 垫层材料应分层填筑，分层夯实，垫层厚度及压实要求应符合图纸和监理工程师的指示。

c. 砌筑浆砌片石基础或浇筑混凝土基础时，必须分段进行，浇筑混凝土和浆砌片石的施工工艺应符合规范要求，浆砌片石顶面用水泥砂浆予以整平，符合施工高程，基础施工时，应按图纸要求设置沉降缝，用沥青木板填塞，深度不宜小于80mm。

②安装面板。

a. 当基础施工后强度、高程、尺寸符合图纸要求，经监理工程师检验合格，预制的墙面板质量符合图纸规定时，便可进行安装工作。

b. 在清洁的条形基础顶面上，准确画出面板的外缘线，曲线部分应加密控制点。

c. 按图纸要求的垂度、坡度挂线安装，安装缝宜小于10mm。

d. 安装时用低强度砂浆砌筑调平，同层相邻面板水平误差不大于10mm，轴线偏差每20延米不大于10mm。

e. 面板安装可人工或机械吊装就位，安装时单块面板倾斜度一般可内倾（1/100）～（1/200），作为填料压实面板外倾的预留度。

f. 当填料为黏性土时，宜在面板后不小于0.5m的范围内填砂砾材料，在筋带近旁的填料最大粒径不宜大于50mm，不含有锋利的碎砾石。

g. 墙面板的安装方法、措施、要求等应按相关规定进行。

③铺设筋带。

a. 铺设筋带应与墙面板垂直，上下筋带位置应错开，按图纸所示进行。

b. 铺设筋带的层面应平整，并在一个水平高程上。

c. 聚丙稀土工带与墙面板的拉环连接，不得直接接触，应有间隔处理，连接后用拉具拉直拉紧。

d. 钢筋混凝土带与面板拉环的连接，以及每节钢筋混凝土带之间的钢筋连接，可采用焊接、扣环或螺栓连接，平铺及拉直在填筑的平面上，其焊接方式和焊缝长度应符合技术规范的要求。

e. 外露钢筋的防锈处理及土工带与拉环的间隔处理应符合相关规定要求。

f. 严禁车辆或行人扰动筋带。

④填筑和碾压。

a. 碾压前应进行压实试验。根据碾压机械和填料的性质，确定填料分层摊铺厚度和碾压遍数，以指导施工。压实时，应随时检查含水率是否满足压实要求。

b. 卸料时机具与面板距离不应小于1.5m，机具不得在未覆盖填料的筋带上行驶，并不得扰动下层筋带。

c. 可采用人工摊铺或机械摊铺，摊铺厚度应一致，表面平整，并设不小于3%横坡；用机械摊铺时，摊铺机械距面板不应小于1.5m，机械运行方向应与筋带垂直，并不得在未覆盖填料的筋带上行驶或停车；距面板1.5m的范围内，应用人工摊铺。

d. 加筋土工程的填料应严格分层碾压，碾压时一般应先轻后重，严禁使用羊足碾，压路机不得在未经压实的填料上急剧改变方向运行和紧急制动。

e. 压实作业应先从筋带中部开始，逐步碾压至筋带尾部，再碾压靠近面板部位。压实机械距面板不得小于1.0m。

⑤墙面封顶。

a. 顶面墙面板安装后,所形成的墙面纵向高低不平,应用砂浆找平,严格注意控制设计高程及位置偏差。

b. 找平砂浆经养生达到一定强度后,即可现浇帽石,并将预制的栏杆固定在正确的位置上,浇筑在帽石中,按设计每隔5m设一泄水管。

⑥防水和排水。

a. 加筋土工程施工应先完成场地排水,以保证正常的施工。

b. 加筋土工程区域内出现层间水、裂隙水、涌泉等时,应先修筑排水构造物再进行加筋土工程施工。

c. 加筋土工程施工的反滤层、透水层、防水层等防排水设施,应按设计要求与加筋体施工同步进行。

(3)施工质量。

①预制面板表面平整光洁,线条顺直美观,不得有破损、翘曲、掉角、啃边等现象。

②蜂窝、麻面面积不得超过该面面积的0.5%,混凝土表面非受力裂缝宽度不得超过设计规定,若设计未规定,不得超过0.1mm。

③墙面直顺,线形顺适,板缝均匀,伸缩缝贯通垂直。

④露在面板外的锚头应封闭密实、牢固,整齐美观。

⑤实测项目参见表2-13。

筋带实测项目　　　　　　　　　　　　　　　　　　　　表2-13

项次	检查项目	规定值或允许偏差	检查方法和频率	权值
1	筋带长度或直径	不小于设计	尺量:每20m检查5根(束)	2
2	筋带与面板连接	符合设计	目测:每20m检查5处	2
3	筋带与筋带连接	符合设计	目测:每20m检查5处	1
4	筋带铺设	符合设计	目测:每20m检查5处	1

3)锚杆挡土墙

(1)施工工序。

锚杆挡土墙施工工序见图2-20。

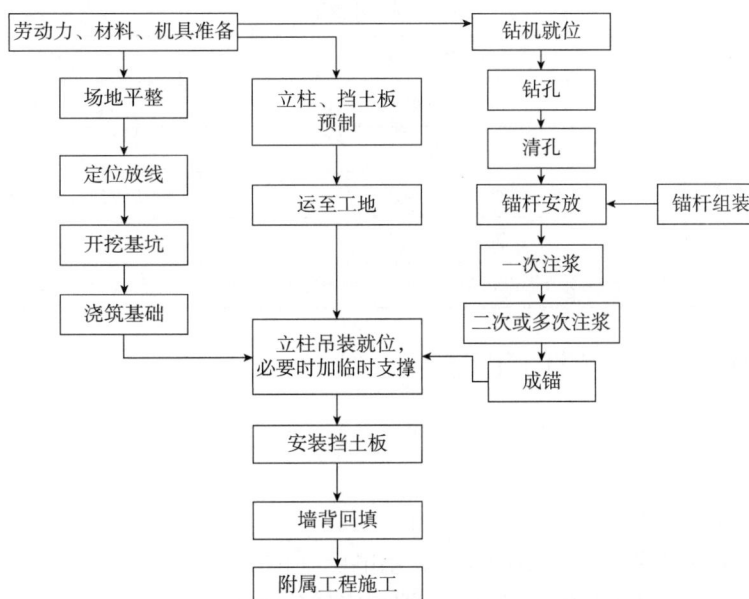

图2-20　锚杆挡土墙施工工序图

(2)施工技术与工艺。

①锚杆挡土墙施工前,应进行场地清理,平整夯实,场内注意排水畅通,锚孔孔位正确,并经监理工程师检验认可后,方可进行下一道工序。

②锚杆挡土墙的施工,应由有经验的施工人员主持,掌握锚孔处地质和水文情况,钻孔设备完好,施工时作好记录。

③锚孔轴线应准确,孔位直径及锚孔深不应小于图纸规定。孔口位置允许偏差为+50mm,钻孔轴线与设计轴线的偏差应小于3%的孔长,孔深允许偏差为+200mm;相邻锚孔间距应符合图纸规定。

④锚孔钻孔时,不应损伤岩体结构,以避免岩层裂隙扩大,造成坍塌和灌浆困难。

⑤锚孔成孔后,应将孔内岩粉碎屑等杂物排除干净,保持孔内干燥及孔壁干净粗糙。

⑥为增加锚杆的抗拔能力,在钻孔过程中,可将锚固部分或锚孔底部用小药量爆破成葫芦状。

⑦锚杆挡土墙不宜在雨天施工,锚孔钻孔、放置锚杆、锚孔灌浆各工序应连续完成,以一根桩、一个孔为工作单元。锚杆放入锚孔后,应检查灌浆孔及排气孔是否顺畅、完好。

⑧锚孔的灌浆工艺影响锚固能力,灌浆前应用水冲洗孔壁,清除孔中碎渣岩粉。灌浆时在孔口深0.5m范围内先用1:3水泥砂浆封闭。灌浆过程中,应随时注意排气孔不被堵塞,待灌满浆,抽出灌浆管,封闭排气孔及灌浆孔。

⑨锚孔灌浆应符合图纸要求,采用抗拔强度30MPa以上水泥砂浆,水泥砂浆配合比应经试验确定,细集料粒径不宜大于2mm。为加快进度、提高砂浆强度,可适当掺加外加剂,掺加品种和数量应经试验确定。

⑩为判定锚杆能否满足图纸要求,应进行锚杆确认试验。锚杆极限抗拔力试验数量不少于锚杆总数量的5%,且不得少于3根,应在灌浆后水泥砂浆强度达到设计强度后进行。试验中若变位量不断增加,直到2h后仍不稳定,即认为该锚杆已被破坏;或变位过大,超过图纸规定控制的变位值,或者极限抗拔力小于图纸规定值,也可认为锚杆已被破坏。试验可使用YC-60型穿心千斤顶或其他适宜的设备。

⑪立柱、挡土板及锚杆按图纸要求安置完毕,墙背应立即进行回填,填料宜选择砂类土、碎砾石土,严禁使用腐殖土和树皮、草根等杂物,并按图纸要求的压实度进行碾压和夯实。墙背回填时,应特别注意不得将锚杆钢筋压弯,造成立柱、挡土板损坏。

⑫墙背回填时,应按图纸规定的位置和要求设置防、排水设施。

(3)施工质量。

施工质量检查参见表2-13;实测项目参见表2-14。

锚杆、拉杆实测项目　　　　　　　　　　　　　　　　　表2-14

项次	检查项目	规定值或允许偏差	检查方法和频率	权值
1	锚杆、拉杆长度	符合设计要求	尺量:每20m检查5根	2
2	锚杆、拉杆间距(mm)	±20	尺量:每20m检查5根	1
3	锚杆、拉杆与面板连接	符合设计要求	目测:每20m检查5处	2
4	锚杆、拉杆防护	符合设计要求	目测:每20m检查10处	2
5	锚杆抗拔力	抗拔力平均值≥设计值,最小抗拔力≥0.9设计值	抗拔力试验:锚杆数1%,且不少于3根	3

2.8　高边坡防护预应力锚索(杆)工程

2.8.1　施工前提条件

(1)锚固工程计划设计图、边坡岩土性质等资料齐全。

(2)施工场地、临时便道已修建完成,施工用水、用电已到位。

(3)已根据现场的情况、设计文件和工期要求,编制完成施工组织设计,已制订施工进度计划,质量保证体系、安全保证体系已建立。

(4)高边坡开挖及防护工程,施工单位已根据设计要求编制详细的施工组织设计,上报监理工程师审查批准。

(5)工地现场管理人员、专业技术人员、技术工人和普通工人已到位,具有施工经验的专业队伍承担施工。

（6）施工所需机械设备、测量仪器、检测仪器已进场。

（7）施工用材料已进场，并且材料有关性能指标均已达到设计要求和符合国家标准或行业规范要求。

（8）现场各种施工标志牌（工程概况、安全标示、操作规程、材料标示等）已制作完成。

（9）高边坡的防护施工与路堑挖方施工应紧密结合起来，统筹考虑，相互兼顾。

①路堑每一级挖方应同步刷坡到位，为边坡防护施工创造有利条件。

②路堑开挖过程中，承包人和监理工程师应随时注意对已开挖边坡岩性特征进行对照鉴别，如果现场情况与设计有较大出入且可能危及边坡稳定，应及时向设计代表提出，便于调整或变更设计。

③路堑施工前，承包人应先行做好堑顶截水沟，防止地表水下渗。路堑开挖过程中，每一施工层都应有纵向排水坡度和通道，防止雨水浸泡边坡坡脚和下渗。对地下水的出露应采取引流措施往外引排。

④路堑需爆破开挖时，一方面要严格控制装药量，防止爆破作业对上层已完成或正在进行的防护工程造成破坏；另一方面应控制好边坡坡率和超欠挖，有条件的工点应采用光面控制爆破技术进行爆破施工。

⑤路堑开挖应为边坡防护施工及时提交工作面，同时边坡防护施工也应在规定的期限内及时完成作业，为路堑土石方开挖提供条件。

（10）已对边坡进行中线、水平、横断面的复测，并已在边坡上按设计图纸确定预应力锚索（杆）的位置。

（11）锚杆锚索高空作业的机械设备、材料和人员较多，承包人应搭设安全稳固的脚手架（作业平台）和爬梯，并挂设安全防护网，现场作业和检查人员应戴安全帽挂安全绳，在工地醒目位置应设置足够的安全警示标志等。

①锚杆、锚索的制作应搭建高于地面 50cm 以上与锚筋设计长度相适应的制作台及简易防晒、防雨棚。

②框架、地梁等钢筋混凝土结构物的模板应使用拼装式钢模。

③锚筋（锚索或锚杆）的安装和锚孔注浆必须在现场监理旁站下进行。

④锚索（杆）试验孔的具体位置应由监理和设计代表现场确定。

⑤高边坡防护施工过程中，承包人应指派专人负责边坡稳定性的检查与观测，加强对已发生变形或滑塌地段的观测，一旦发生险情，应通知所有施工人员迅速撤离。

2.8.2　施工工序

锚索（杆）施工的内容包括施工准备、造孔、锚索（杆）制作与安装、混凝土结构钢筋安置、注浆、锚索（杆）张拉锁定、验收、封锚等环节。

预应力锚索（杆）施工基本工序见图 2-21。

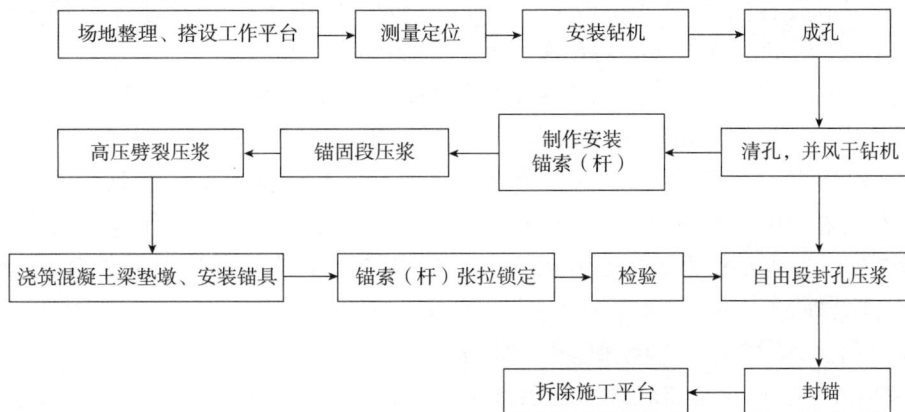

图 2-21　高边坡防护预应力锚索（杆）工程施工工序图

注：本图为使用自由段无套管的预应力筋时采用二次注浆的基本施工工序，若采用自由段带套管的预应力筋，宜在锚固段长度和自由段长度内采取同步一次性全段注浆，并且高压劈裂压浆仅限于设计要求提高地层锚固力或其他特殊要求采用

2.8.3 施工技术与工艺

1）准备工作

（1）设计锚索（杆）工程坡面开挖成形并经验收合格后，应尽快布置锚固工程施工作业，待锚索（杆）工程施工完毕并产生加固作用后，方可进行下级边坡开挖与防护。

（2）施工作业开始之前，应进行预应力锚索（杆）的基本试验，并完成预应力锚索（杆）试验报告，提交给有关监理工程师和设计代表，待试验报告批准、设计锚固参数经确认或调整后，方可进行预应力锚索（杆）工程施工作业。锚索（杆）试验孔的具体位置应由监理和设计代表现场确定，使试验孔可反映工程孔锚固地层实际情况。试验孔自由段不注浆，锚固段与自由段之间设置止浆袋，锚固段外侧应设排气管，排气管伸入锚固段内 5～10cm，其注浆方法和充满标准与工程孔相同。

（3）施工场地整理及搭设工作平台时，应对已施工完成的坡面根据设计图纸进行测量后确定预应力锚索（杆）的位置；在安装钻机时，应按照施工设计图采用全站仪进行测量放线确定孔位以及锚孔方位角（或拉线尺量配合测角仪定位），并做出标记。

2）造孔

（1）锚孔测放：根据具体工点锚固工程施工设计图要求，将锚孔位置准确测放在坡面上，孔位在坡面上纵横误差不得超过 ±50mm。如遇有刷方坡面不平顺或特殊困难场地时，需经设计监理单位认可，在确保坡体稳定和结构安全的前提下，适当放宽定位精度或调整锚孔定位。

（2）钻孔设备：钻孔机具的选择，应该根据锚固地层的类别、锚孔孔径、锚孔深度，以及施工场地条件等来选择钻孔设备。锚孔钻造应采用潜孔钻机或锚杆钻机冲击成孔，未经设计允许不得采用地质钻机成孔。在岩层破碎或松软饱水等易于塌缩孔和卡钻埋钻的地层中应采用跟管钻进技术。

（3）钻机就位：锚孔钻进施工，应搭设满足相应承载能力和稳固条件的脚手架，根据坡面测放孔位准确安装固定钻机，并严格认真进行机位调整，确保锚孔开钻就位纵横误差不得超过 ±50mm，高程误差不得超过 ±100mm，钻孔倾角和方向应符合设计要求，倾角允许误差为 ±1.0°。

（4）钻进方式：锚孔钻进应采用无水干钻，禁止开水钻进，以确保锚固工程施工不至于恶化边坡岩土工程地质条件和保证孔壁的黏结性能。钻孔速度应根据使用钻机性能和锚固地层严格控制，防止钻孔扭曲和变径，造成下锚困难或其他意外事故。

（5）钻进过程：钻进过程中应对每个孔的地层变化、钻进状态（钻压、钻速）、地下水及一些特殊情况做好现场施工记录。如遇塌孔缩孔等不良钻进现象时，应立即停钻，及时进行固壁灌浆处理（灌浆压力 0.1～0.2MPa），待水泥砂浆初凝后，重新扫孔钻进。

（6）孔径、孔深：钻孔孔径、孔深要求不得小于设计值。为确保锚孔直径，要求实际使用钻头直径不得小于设计孔径。为确保锚孔深度，要求实际钻孔深度大于设计深度 0.2m。

（7）锚孔清理：钻进达到设计深度之后，不能立即停钻，要求稳钻 1～2min，防止孔底尖灭，达不到设计孔径。钻孔孔壁不得有沉渣及水体黏滞，必须清理干净，在钻孔完成后，原则要求使用高压空气（风压 0.2～0.4MPa）将孔内岩粉及水体全部清除出孔外，以免降低水泥砂浆与孔壁岩土体的黏结强度。除相对坚硬完整的岩体锚固外，不宜采用高压水冲洗。若遇锚孔中有承压水流出，待水压、水量变小后方可下料与安装锚筋与注浆，必要时在周围适当部位设置排水孔处理。如果设计要求处理锚孔内部积聚水体，一般采用灌浆封堵二次钻进等方法处理。

（8）锚孔检验：锚孔钻造结束后，须经现场监理检验合格后，方可进行下道工序。孔径、孔深检查一般采用设计孔径钻头和标准钻杆在现场监理旁站的条件下验孔，要求验孔过程中钻头平顺推进，不产生冲击或抖动，钻具验送长度满足设计锚孔深度，退钻要求顺畅，用高压风吹验不存在明显飞贱尘渣及水体现象。同时要求复查锚孔孔位、倾角和方位，全部锚孔施工分项工作合格后，即可认为锚孔钻造检验合格（锚孔底部的偏斜应满足设计要求，可用钻孔测斜仪控制和检测）。

3）锚索（杆）制作与安装

（1）锚筋体材料：在边坡锚固工程中，锚筋体材料一般有预应力锚索、预应力锚杆和非预应力锚杆等几种。预应力锚索宜选用钢绞线或高强钢丝，一般适用于预应力值较大和锚固较深的工程情况。预应力锚杆宜选用高强精轧螺纹钢筋，当预应力值较小或锚固深度较小时，可采用 HRB335 或 HRB400 钢筋；非预应力锚杆宜选用满足设计强度要求的 HRB335 钢筋。对因锚固地层松散破碎而导致成孔困难的情况，宜采用自钻式锚杆，即杆体材料一次性钻进植入，内空反压注浆。自钻式锚杆可以设计为预应力和非预应力两种。

（2）锚筋体组装：锚筋体的组装应遵守下列规定。

①当采用锚杆（钢筋）作为锚筋体时，锚杆组装前钢筋应平直，并经除油和除锈处理合格。锚杆接头应采用专用锚杆连接接头或其他保证强度和质量要求的连接技术。如采用焊接的搭接接头，焊接长度为 $30d$，但不得小于 500mm，并排锚杆钢筋的连接也应采用焊接。精轧螺纹钢筋杆体一律不得采用焊接。沿锚杆体轴线方向每隔 1.0~2.0m 应设置一个对中支架，必要时设排气管，并与锚杆体绑扎牢固。锚杆体自由段应按设计要求采用塑料套管，与锚固段连接处应用铅丝绑牢和封扎严实，并按设计要求进行防腐处理。

②当采用钢绞线或高强钢丝做锚筋体时，锚索编束前，要确保每根钢绞线或高强钢丝顺直，不扭不叉，排列均匀，严格按照设计尺寸下料，每股长度误差不大于 ±50mm。钢绞线要求采用机械切割，严禁采用电弧切割，并经除油和除锈处理合格，对有死弯、机械损伤及锈坑材料应剔除。钢绞线或高强钢丝应按设计要求平直编排，沿锚索体轴线方向自由段每 1.5~2.0m 设置一个隔离支架，锚固段每 1.0~1.5m 设置一个隔离支架，并在锚固段两隔离支架之间中部设置一道紧箍环，采用 16 号铁丝绕制，不得少于两圈，保证锚索体保护层厚度不小于 20mm。锚索编束（包括注浆管）应捆扎牢固，捆扎材料不宜用镀锌材料。锚索体自由段应按设计要求采用塑料套管，与锚固段相交处的塑料管管口应密封，并用铅丝绑牢。同时，要求按设计要求进行防腐处理。若采用压力分散型锚索或其他荷载分散型锚索，应严格按照设计相关要求下料和编制。

③在锚索体完成隔离支架和紧箍环的组装之后，应在锚索体底端接装导向帽，以便下锚顺利。导向帽尺寸应严格按设计要求制作，尺寸制作误差为 ±5mm，接装定位误差为 ±20mm。导向帽宜采用铁丝绑接牢固，不宜采用焊接。

④当采用二次补充注浆的锚筋体组装时，应同时装放二次注浆管和止浆密封装置。止浆装置应设在自由段和锚固段的分界处，并具有良好可靠的密封性能。宜用密封袋做止浆密封装置，密封袋两端应牢固地绑扎在锚筋体上。当采用高压劈裂注浆提高地层锚固力时，要求用浆体强度控制开始劈注时间（一次浆体强度为 5MPa），并注意二次注浆管之锚固段内设花孔和封塞。

⑤压力分散型锚索的锚固段钢质承载板与挤压套之间要求采用对拉栓接固定措施，所有钢质材料外露部分表面要求涂刷防锈漆保护。锚固段与自由段所设架线环间距为 1m，最大不得超过 1.5m。架线环材料强度不得低于浆体强度。压力分散型预应力锚索内锚头所使用挤压套要求进行现场挤压抽样试验，一般抽样数量为 1%~2%，并要求试验荷载不小于 200kN；外锚头所用锚具也必须进行抽样试验，一般抽样数量为 3%~5%，并满足相关技术指标。对于压力分散型锚索，各单元锚索应有明确可靠标记，以便采用差异分步张拉。

（3）锚筋体防腐：锚筋体自由段的防腐与隔离应严格按照设计要求施作。当前锚筋体防腐与隔离一般采用首先刷防锈油漆，然后涂脱水黄油，最后外套塑料套管处理。刷防锈油漆要刷盖均匀，不见黑底，待油漆干洁后方可进行下道工序。涂脱水黄油要求完全覆盖和填充锚筋材料与外环层之间的空间。外套塑料套管的内端，即自由段与锚固段分界处，应缠绕胶布进行固接和密塞处理，缠绕长度伸入两侧不得小于 100mm，以防止注浆时浆液进入（对锚筋体的防腐宜采用无黏结预应力筋和压力分散型锚头等新技术，提高自由段的防腐等级，改善锚固段的工作状态）。

（4）隔离支架：隔离支架应由钢质、塑料或其他对锚筋体无损害的材料制作，不得使用木质隔离支架。

（5）塑料套管：塑料套管的材质、规格和型号应满足设计要求，具有足够强度，保证其在加工和安装过程中不致损坏。尽量避免剪断和接头，如有接头应绑接牢固并做密封处理，确保不产生拉脱和破损现象。塑料套管内径宜大于筋股外径 5~10mm，确保穿套顺利、编束方便和防止张拉胀裂。塑料套管应具有抗水性和化学稳定性，与水泥砂浆和防腐剂接触无不良反应。

(6)注浆管:注浆管应满足设计要求,具有足够强度,保证在注浆施工过程中注浆顺利,不堵塞、爆管或破损拉断。一次注浆管捆扎在锚筋体中轴部位,注浆管头部距锚筋体末端宜为 50～100mm。若采用二次注浆,须另置注浆管。二次补充注浆管捆扎在防腐塑料套管外侧,二次高压注浆管与一次注浆管一起捆扎或采用同一管路,管口要求用胶布封堵严实,并按设计要求预留花管孔眼和安放止浆装置。

(7)锚筋体长度:锚筋体长度应严格按照设计要求制作,锚固段长度制作允许误差为 ±50mm,自由段长度除满足设计要求外,应充分考虑张拉设备和施工工艺要求,一般预留超长 1.0～1.5m。

(8)锚筋体检验:在锚筋体制作完成后,应进行外观检验和锚筋体各部件检查。锚筋应经除油除锈处理,无油污和锈斑,筋股顺直完好,无死弯硬折或严重碰割损伤。锚筋筋股的排列分布与编束绑架应符合设计要求,筋股顺直,不扭不叉,互不贴接,排列均匀,绑架牢固。锚筋自由段防锈漆、防腐油和各项缠绕密封措施应符合设计要求,防锈漆刷盖均匀,不见黑底;防腐油完全覆盖和填充锚筋材料与外环层之间的空间;缠绕密封牢固严实。锚筋自由段塑料套管、注浆套管、隔离(对中)支架、紧箍环,以及导向尖壳绑扎捆架应符合设计要求,塑料套管绑扎稳固密塞,具有足够强度,外观完好,无破损修补痕迹;注浆管安装位置正确,捆扎匀称,松紧适度;隔离(对中)支架、紧箍环和导向尖壳等分布均匀、定位准确,绑扎结实稳固,并且应按锚筋体长度和规格型号进行编号挂牌,使用前需经现场监理工程师认可。

(9)锚筋体的储存、运输与吊装:锚筋体的储存、运输与吊装应因地制宜拟订方案。组装完成的锚筋体应顺直地分开摆放在通风干燥处,露天储存或制作时,不得直接与地面接触,并应采取覆盖措施。水平运输时,各支点间距不得大于 2m,锚筋体的弯转半径不宜太小,以不改变和损伤钢筋体结构为限。垂直运输时,除主吊点外,其他吊点应使锚筋体快速、安全脱钩。在运输和吊装过程中,应细心操作,不得损伤锚筋体及其防护介质和组成部件。

(10)锚筋体安装:锚筋体入放锚孔前,应检查锚筋体制作质量,确保锚筋体组装满足设计要求,并经现场监理工程师认可。锚孔内及孔外周围杂物要求清除干净。锚筋体长度应与设计锚孔深度相符,锚筋体应无明显弯曲、扭转现象,锚筋防护介质无损伤,凡有损伤的必须修复。入孔安放锚筋体时,应防止锚筋体挤压、弯曲或扭转,锚筋体入孔倾角和方位应与锚孔的倾角和方位一致,要求平顺推送,严禁抖动、扭转和串动,防止中途散束和卡阻。锚筋体入孔长度应满足设计要求,锚筋体安装完成后,不得随意敲击,不得悬持重物。

4)注浆施工

锚孔钻造完成后,应及时安装锚固体并进行锚孔注浆,原则上不得超过 24h。锚筋(锚索或锚杆)的安装和锚孔注浆必须在现场监理旁站下进行。

(1)注浆设备:注浆设备应根据设计要求采用的注浆材料、注浆方式和注浆压力,并结合实际锚固地层情况,综合确定选用相应注浆设备。

(2)注浆材料:注浆材料应按照设计要求确定,一般宜选用灰砂比(1∶1)～(1∶2),水灰比 0.38～0.45 的水泥砂浆或水灰比 0.4～0.45 的纯水泥浆,必要时可以加入一定量的外加剂或掺加剂。

(3)原材料要求:水泥宜使用普通硅酸盐水泥,必要时采用抗硫酸盐水泥,不得使用高铝水泥。细集料应选用粒径小于 2mm 的中细砂;砂的含泥量按重量计不得大于 3%;砂中所含云母、有机质、硫化物及硫酸盐等有害物质的含量,按重量计不宜大于 1%。拌和水中不应含有影响水泥正常凝结与硬化的有害物质,不得使用污水;永久性锚固工程不得使用 pH 值小于 4.0 的酸性水和硫酸盐含量按 SO_4^{2-} 计算超过水重 1% 的水。必要时,水泥浆中可加入控制泌水或延缓凝结等外加剂,但必须符合产品标准;水泥浆中氯化物的总含量不得超过水泥重量的 1%;除二次高压注浆(劈裂注浆)和自由段二次注浆(补充注浆)外,一般不宜采用膨胀剂。

(4)注浆准备:除严格认真备制原材料配合比和必要设备外,在注浆作业开始和中途停止较长时间再作业时,宜用水或水泥浆润滑注浆泵及注浆管路。

(5)注浆浆液:注浆浆液应严格按照配合比搅拌均匀,随搅随用,浆液应在初凝前用完,并严防石块、杂物混入浆液。注浆浆体强度不应低于 20MPa。

(6)注浆结束:锚孔灌浆作业一般宜为孔底返浆方式注浆,直至锚孔孔口溢出浆液或排气管停止排气时,方可停止注浆。注浆结束后,应将注浆管、注浆枪和注浆套管清洗干净。

（7）注浆记录与试验：注浆作业过程应做好注浆记录。同时，每批次注浆都应进行浆体强度试验，且不得小于两组，保证满足设计浆体强度要求。

（8）一次常压注浆：一次常压注浆分为锚固段注浆和全段一次性注浆两种注浆方式，一般常采用全段一次性注浆。

（9）二次补充注浆：二次补充注浆适用于一次常压锚固段注浆的情况，即在预应力张拉锁定工序完成之后，对锚固体的自由段进行补充充填注浆。其优点是可使施加预应力尽量传递至锚固段，但其施工工艺和工序相对复杂，非设计特殊要求情况，一般不予采用。

（10）二次高压注浆（劈裂注浆）：根据设计要求，为提高锚固段的抗拔能力，宜采用二次高压注浆，即劈裂注浆。二次高压注浆的注浆材料宜选用水灰比 0.45～0.5 的纯水泥浆。一次常压注浆作业从孔底开始，直至孔口溢出浆液，即全段一次性注浆；一次常压注浆结束后，应将注浆管、注浆枪和注浆套管清洗干净。对止浆密封装置的注浆应待孔口溢出浆液后进行，注浆压力不宜低于 2.5MPa。对锚固体的二次高压注浆应在一次注浆形成的水泥结石体强度达到 5.0MPa 时进行，注浆压力、注浆数量和注浆时间可根据锚固体的体积及锚固地层情况确定，并分段依次由下至上进行。

5）张拉锁定

（1）张拉锁定设备：锚筋的张拉必须采用专用设备，并在张拉作业前对张拉机具设备进行标定，锚筋锁定工作应采用符合技术要求的机具。对锚杆的张拉锁定，根据设计要求，亦可使用简易张拉方式和相应锁定器具。

（2）锚筋张拉：锚筋张拉应遵守下列规定。

①锚斜托台座的承压面应平整，并与锚筋的轴线方向垂直。

②锚具安装应与锚垫板和千斤顶密贴对中，千斤顶轴线与锚孔及锚筋体轴线在一条直线上，不得弯压或偏折锚头，确保承载均匀同轴，必要时用钢质垫片调整满足。

③锚固体与台座混凝土强度均达到设计强度的 80% 以上时，方可进行张拉（如为抽验锚孔，应在达到设计强度的条件下，待验收试验结束后进行）。

④锚筋张拉应按一定程序进行，锚筋张拉顺序，还应考虑邻近锚孔的相互影响。

⑤锚筋正式张拉之前，应取 0.1～0.2 倍设计张拉力值对锚筋进行 1～2 次预张拉，确保锚固体各部分接触密贴，锚筋体顺布平直。

⑥永久锚筋张拉控制应力不应超过其极限应力值的 0.6 倍，临时锚筋张拉控制应力不应超过其极限应力值的 0.65 倍。

（3）锚筋张拉程序：锚筋张拉程序应严格按照设计要求作业，常用张拉作业顺序和技术要求如下。

①边坡锚固工程中锚筋张拉宜采用超张拉，超张拉力值为设计拉力值的 1.1～1.2 倍。锚筋张拉力值宜分两次张拉作业施加，第一次张拉作业力值为设计张拉力值的一半，第二次张拉作业力值至超张拉力值。每次张拉宜分为 5～6 级进行，除第一次张拉需要稳定 30min 外，其余每级持荷稳定时间为 5min，并分别记录每级荷载对应锚筋体的伸长量，做好记录。张拉时锚筋体受力要均匀，发现异常情况应分析原因，并及时处理解决。若为压力分散型预应力锚索或荷载分散型预应力锚索，应按照设计张拉要求对各单元锚索分别进行张拉，当各单元锚索在同等荷载条件下因自由段长度不等而引起的弹性伸长差得以补偿后，再同时张拉各单元锚索。

②对同一结构单元上的锚筋张拉原则要求同步进行，确保结构受力均匀，避免局部变化和相互影响。如果因施工设备和结构条件限制，亦应结合上述两次张拉作业，根据结构单元受力特点与规律，按照合理的方式进行循环张拉。

③如采用循环张拉，在第一次张拉作业时，宜按照先左右后中间，先上下后中间和先对角后中间的作业原则进行，结合具体结构单元受力特点和锚孔布置情况，合理拟订张拉方案，报请设计和监理部门审核认可后，方可作业施工。第二次张拉作业，即按照第一次张拉作业顺序循环张拉作业，直至张拉满足设定最大张拉荷载值。

（4）锚筋锁定：锚筋张拉至设定最大张拉荷载值后，应持荷稳定 10～15min，然后卸荷进行锁定作业。锁定使用锚具和夹片应符合技术标准与质量要求。若发现有明显预应力损失,应及时进行补偿张拉。

6)锚孔验收

在锚筋锁定前施工单位必须进行验收试验。

(1)验收试验设备和方法。

①试验设备包括张拉千斤顶、油压表、油泵和用于连接它们的高压油管,以及相关变形量测系统和固定设施。张拉设备投入正式使用前,应由具有相应资质的计量单位进行标定,且在有效期内,应绘制压力表读数与系统出力曲线。

②验收试验对张拉系统的精度要求一般较高,试验时对锚索施加应力和变形需要几种设备同时进行测定,如精度较高的油压表、压力传感器、千分表、游标卡尺、挠度计等。

③验收试验应按有关规范和规定要求认真做好记录,并提交试验报告,供工程验收使用。

(2)验收试验的规定和要求。

①验收试验锚索(杆)数量不少于工程锚索(杆)总数的5%,且不得少于3根。验收试验锚索(杆)孔位应在指定边坡或项目工程全部工程锚索(杆)范围内由业主、监理和设计代表根据普遍性和代表性原则进行随机抽样。

②验收试验应分级加荷,起始荷载宜为锚索(杆)设计荷载的30%,分级加荷值分别为设计荷载的0.5、0.75、1.0、1.2、1.33 和1.5 倍,最大试验荷载不能大于锚筋承载力标准值的0.8 倍。对于压力分散型锚索,要求以设计最大试验张拉荷载计算补足差异伸长量(张拉荷载)后,同步张拉至锚索(杆)设计荷载的30%,则以最大差异张拉荷载作为起始荷载。

③验收试验中,当荷载每增加一级,均应持荷稳定10min,并记录位移读数。最后一级试验荷载也应持续10min。如果在历时10min 内位移超过1mm,则该级荷载应再持续50min,并在15min、20min、25min、30min、45min 和60min 时记录其位移量。

④验收试验中,从50% 设计荷载到最大试验荷载之间所测得的总位移量,应当超过该荷载范围内锚筋自由段长度的预应力筋理论弹性伸长量的80%,且小于自由段与1/2 锚固段长度之和的预应力筋的理论弹性伸长值。对于压力分散型锚索,锚固段应视为零,其自由段应分单元按实际全长计算。大量的工程实践表明,对于土质或类土质及破碎锚固地层,考虑锚孔轴向压缩与锚固段孔壁剪切变形特性,其实测上限值一般比理论上限值偏大5% ~10%,应具体情况具体分析。

⑤在最后一级荷载作用下的位移观测期内,锚头位移稳定,即在历时10min 内位移不超过1mm,或者2h 蠕变量不大于2mm。

⑥如果试验结果同时满足上述④、⑤两款条件,则认为验收试验锚索(杆)合格;如发现一孔试验锚索(杆)不能同时满足上述④、⑤两款条件,则需增加抽样三孔锚索(杆)进行验收试验,直至验收试验锚索(杆)全部同时满足上述④、⑤两款条件,方可认为验收试验锚索(杆)合格。不合格锚孔数不得超过工程锚孔总数的5%。

如果发现验收试验锚索(杆)不合格,则应及时上报监理工程师处理。

7)锚孔封锚

(1)在全部工程锚索(杆)经抽样进行验收试验并符合上述有关规定和要求条件后,方可按照有关设计要求张拉锁定程序进行张拉锁定和封锚工作。对验收试验锚索(杆)一般应从1.50 倍设计荷载全部退荷至零后,再重新进行张拉锁定作业之后进行封锚处理。

(2)锚索(杆)张拉完成后应及时对锚头进行补浆和封锚,外锚头应用与锚梁同强度等级的混凝土封头,以防锈蚀破坏。对于锚具和锚梁等空隙的补浆应作为锚头防腐的一项关键工序在现场监理旁站的条件下认真进行,补浆管应插入锚梁底面以下进行返式补充注浆,直至补浆孔溢浆为止。

(3)锚筋锁定后,须用机械切割余露锚筋,严禁电弧烧割,并应留长5 ~10cm 外露锚筋,以防拽滑。最后用水泥净浆注满锚垫板及锚头各部分空隙,并按设计要求封锚处理,宜用强度不低于20MPa 的混凝土封闭,防止锈蚀和兼顾美观。

2.8.4 施工质量

(1)锚固工程开工前应对锚索(杆)进行性能试验(破坏性抗拔试验),以确定锚索(杆)的极限承载力,检验锚索(杆)在超过设计拉力并接近极限拉力条件下的工作性能和安全程度,以便在正式使用前调整锚索(杆)结构参数或改进锚索(杆)的制作工艺,保证施工质量。

(2)进场的钢绞线(钢筋)必须验明其产地、生产日期、出产日期、型号规格,并核实生产厂家的资质证书及其各项力学性能指标,同时必须进行抽样检验,确保其各项参数达到锚固施工要求。

(3)锚索体钢绞线表面应没有损伤、锈蚀。

(4)按设计要求选择水泥浆体材料,并对进场水泥复查力学性能。

(5)锚孔检验标准见表2-15。

锚孔检验标准 表2-15

项次	检验项目		规定值或允许偏差	检验方法及频率
1	孔位(mm)	坡面纵向	±50	用经纬仪或拉线和尺量检查
		坡面横向	±50	
		孔口高程	±100	用水准仪或拉线和尺量检查
2	孔向	孔轴线倾角(°)	±0.5	用测角仪或地质罗盘检查
		孔轴线方位(°)	±1.0	用测角仪或地质罗盘检查
		孔底偏斜	锚孔深度的3%	用钻孔测斜仪检查
3	孔径		设计孔径的+5%,0	验孔或尺量检查
4	孔深		大于设计深度200~500mm	验孔或尺量检查

(6)锚索张拉前应对张拉设备进行鉴定,孔口支撑墩尺寸和混凝土强度应满足张拉要求,张拉过程中应仔细观察锚索应力的变化,如发现明显的松弛,应分析原因并采取措施。

(7)压浆过程中应详细地记录水泥浆用量,一般实际用量应高于计算用量的20%,孔口应流出灰浆。如用浆量太大,应做好记录,根据实际情况,判别是否由岩层裂隙或空洞造成。

(8)张拉施加荷载和观测变形的时间见表2-16。

张拉施加荷载和观测变形的时间 表2-16

张拉荷载分级	观测时间(min)		张拉荷载分级	观测时间(min)	
	砂质土	黏性土		砂质土	黏性土
$0.10N_t$	5	5	$1.00N_t$	5	5
$0.25N_t$	5	5	$(1.10 \sim 1.20)N_t$	10	10
$0.50N_t$	5	5	锁定荷载	10	10
$0.75N_t$	5	5			

注:N_t 为锚索设计拉力,即最终锁定荷载。

2.9 涵洞和通道工程

2.9.1 圆管涵

1)施工前提条件

(1)根据设计资料进行完现场涵洞位置等核对,发现的问题已得到监理工程师批复。

(2)相关的设计图纸和文件已经过详细审核,提出的问题已得到相关部门的批复,并对有关作业班组做了详细的技术交底。

（3）所需的材料已进场并检验合格，管涵基础混凝土配合比已完成。如用外购圆管涵，已取得监理工程师批复；如为自制管涵，已完成混凝土管的配合比批复，并已完成各种试验检测，开始生产。

（4）分项工程开工报告已得到批复，施工进度计划及分项工程的施工方案得到批准，所需的机械设备、人员已进场到位，施工现场的设备、劳动力满足施工进度要求。

2）施工工序

圆管涵施工工序见图2-22。

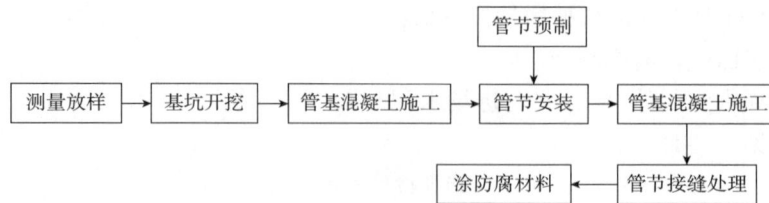

图2-22　圆管涵施工工序

3）施工技术与工艺

（1）圆管涵基坑的开挖应采用机械开挖。基坑开挖前放出基坑的开挖线，用白灰撒出作为标志。开挖时测量人员跟随配合观测，机械基底开挖后的高程应比设计高出10~20cm，采用人工开挖整修。

（2）圆管涵管节端面应平整，并与其轴线垂直，斜交管涵进出口管节的外端面，应按斜交角度进行处理。

（3）管节外壁应注明适用的管顶填土高度，相同的管节应堆放在一起，以便于取用，防止弄错。

（4）管节在运输、装卸过程中，应采取防碰措施，避免管节损坏。

（5）基坑开挖后，必须根据地质情况，采用轻便触探仪检测基底承载力，符合设计要求方可进行下道工序的施工，如不能符合要求，则必须上报有关部门采用合适的方法处理。

（6）各管节应顺流水坡度安装平顺，当管壁厚度不一致时应调整高度使内壁齐平，管节必须垫稳坐实，管道内不得遗留泥土等杂物。

（7）对插口管、接口应平整，环形间隙应均匀，并应安装特制的胶圈或用沥青、麻絮等防水材料填塞，不得有裂缝、空鼓漏水等现象，对平接管，接缝宽度应不大于10~20mm，禁止用加大接缝宽度来满足涵洞长度要求。接口表面应平整，并用有弹性的不透水材料嵌塞密实，不得有间断裂缝、空鼓和漏水等现象。

（8）用于灌溉、水电设施的管涵，进水口管涵底高程应低于渠道高程$(1/4~1/5)R$（R为圆管涵半径）。

4）施工质量

（1）洞身顺直，进出口、洞身、沟槽等衔接平顺，无阻水现象。

（2）帽石、一字墙或八字墙等平直，与路线边坡、线形匹配，棱角分明。

（3）涵洞处路面平顺，无跳车现象。

（4）外露混凝土表面平整，颜色一致。

（5）实测项目见表2-17~表2-19。

涵洞总体实测项目　　　　　　　　　　　　　　　　　　　　表2-17

项次	检查项目	规定值或允许偏差	检查方法和频率	权值
1	轴线偏位（mm）	明涵20，暗涵50	经纬仪：检查2处	2
2	流水面高程（mm）	±20	水准仪、尺量：检查洞口2处，拉线检查中间1~2处	3
3	涵底铺砌厚度（mm）	+40，-10	尺量：检查3~5处	1
4	长度（mm）	+100，-50	尺量：检查中心线	1
5	孔径（mm）	±20	尺量：检查3~5处	3
6	净高（mm）	明涵±20，暗涵±50	尺量：检查3~5处	1

涵台实测项目　　　　　　　　　　表 2-18

项次	检查项目		规定值或允许偏差	检查方法和频率	权值
1	混凝土或砂浆强度(MPa)		在合格标准内	按《公路工程质量检验评定标准　第一册土建工程》(JTG F80/1—2004)附录 D 或 F 检查	3
2	涵台断面尺寸(mm)	片石砌体	±20	尺量:检查 3~5 处	1
		混凝土	±15		

管座及涵管安装实测项目　　　　　　　　　　表 2-19

项次	检查项目		规定值或允许偏差	检查方法和频率	权值
1	管座或垫层混凝土强度		在合格标准内	按《公路工程质量检验评定标准　第一册土建工程》(JTG F80/1—2004)附录 D 检查	3
2	管座或垫层宽度、厚度		≥设计值	尺量:抽查 3 个断面	2
3	相邻管节底面错台(mm)	管径≤1m	3	尺量:检查 3~5 个接头	2
		管径>1m	5		

2.9.2　倒虹吸

1)施工前提条件

施工前提条件参见 2.9.1 节相关内容。

2)施工工序

倒虹吸施工工序见图 2-23。

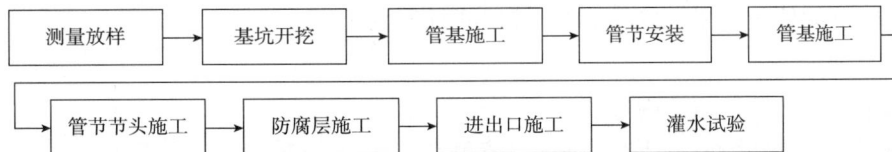

图 2-23　倒虹吸施工工序

3)施工技术与工艺

(1)倒虹吸管施工与圆管涵的施工技术与工艺基本一致,但倒虹吸重点处理在管节之间的接缝处理。

(2)倒虹吸在填土覆盖前必须做灌水试验,符合要求后,方可填土。

4)施工质量

倒虹吸施工质量检查项目见表 2-20。

倒虹吸竖井砌筑实测项目　　　　　　　　　　表 2-20

项次	检查项目	规定值或允许偏差	检查方法和频率	权值
1	砂浆强度(MPa)	在合格标准内	按《公路工程质量检验评定标准　第一册土建工程》(JTG F80/1—2004)附录 F 检查	3
2	井底高程(mm)	±15	水准仪:测 4 点	2
3	井口高程(mm)	±20	—	1
4	圆井直径或方井边(mm)	±20	尺量:检查 2~3 个断面	1
5	井壁、井底厚(mm)	+20,−5	尺量:检查井壁 4~8 点,井底 3 点	1

2.9.3　盖板涵

1）施工前提条件

施工前提条件见 2.9.1 节相关内容。

2）施工工序

盖板涵施工工序见图 2-24。

测量放样 → 基坑开挖 → 基础砌筑 → 涵身砌筑 → 盖板支架安装 →

→ 模板安装 → 钢筋绑扎 → 混凝土浇筑 → 混凝土养生 → 进出口施工

图 2-24　盖板涵施工工序

3）施工技术与工艺

（1）盖板涵的基坑开挖应采用机械开挖，人工配合成型。挖掘机开挖距基底高程 5～10cm，人工修整基底确保不扰动基底地质土层。

（2）在开挖基坑时一般在基坑两侧留出临时排水沟，以降低基坑水位，以免让地表水或地下水浸湿基底土质。

（3）基坑开挖完成后应采用轻便触探仪或其他有效方法检测基底承载力，在基底承载力符合设计要求的情况下，进行下一道工序的施工。

（4）盖板涵的基础、涵身如采用片块石砌筑，砌筑施工应严格按照砌体的有关规范要求进行。

（5）盖板涵的盖板分为先预制后安装以及就地现浇等多种方法施工。采用预制的方法必须严格控制预制板的长度与现场的沉降缝位置对应。就地现浇法的关键是搭设的支架必须有足够的强度和刚度，同时现场采用泡沫板隔开沉降缝，浇筑时可"跳节"施工，以便加固沉降缝处模板，确保沉降缝顺直。

（6）盖板混凝土浇筑完成后必须及时养生，同时做两组试块与其同条件养生，强度达到设计规范要求时方能拆除支架。

（7）盖板涵沉降缝的处理均采用沥青麻絮处理，必须塞满填实。

4）施工质量

（1）施工质量参见 2.9.1 节相关内容。

（2）混凝土表面平整，棱线顺直，无严重啃边、掉角。

（3）蜂窝、麻面面积不得超过该面面积的 0.5%，混凝土表面出现非受力裂缝不得超过 0.1mm。

（4）板的填缝应平整密实。

2.9.4　箱涵通道、涵洞

1）施工前提条件

施工前提条件见 2.9.1 节相关内容。

2）施工工序

箱涵通道、涵洞施工工序见图 2-25。

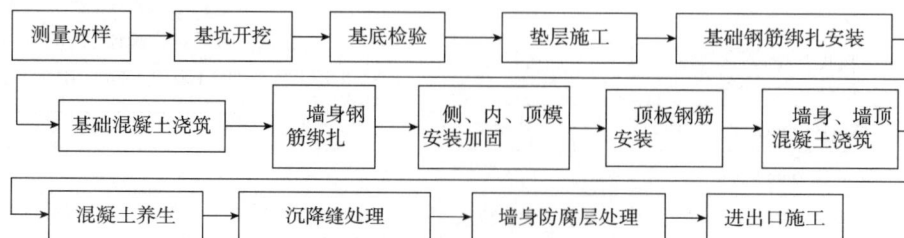

测量放样 → 基坑开挖 → 基底检验 → 垫层施工 → 基础钢筋绑扎安装 →

→ 基础混凝土浇筑 → 墙身钢筋绑扎 → 侧、内、顶模安装加固 → 顶板钢筋安装 → 墙身、墙顶混凝土浇筑 →

→ 混凝土养生 → 沉降缝处理 → 墙身防腐层处理 → 进出口施工

图 2-25　箱涵通道、涵洞施工工序

3）施工技术与工艺

（1）基底开挖要求见 2.9.1 节 3）中（1）、（5）。

（2）在浇筑底板混凝土之前，应清除基底上的杂物，然后按图纸立模板，绑扎钢筋，浇筑混凝土。

（3）底板混凝土强度达到设计强度的 70% 后，方可在底板上立模浇筑侧板及顶板。

（4）箱涵通道、涵洞按沉降缝的位置分成几个单元进行浇筑，以利于侧墙沉降缝处模板的加固，确保沉降缝顺直。

（5）箱形通道、涵洞的侧墙、顶板模板架设支架采用满堂式支架，一般采用门型支架或碗扣式支架搭设，必须保证有足够的强度和刚度。对于现浇模板拉杆，应采用 PVC 套管，拆模后拉杆应予以拔除。

（6）内模板的接缝采用腻子处理，模板接缝应确保平整，严格要求选用大面积胶合板，减少混凝土的接缝，保证外侧质量。

（7）沉降缝必须按图纸规定填塞嵌缝或采用监理工程师批准的加氟化钠等防腐掺料的沥青浸过的麻絮或纤维板紧密填塞，用有纤维掺料的沥青嵌缝膏或其他材料封缝。

（8）沉降缝处应加铺抗拉强度较高的卷材，如沥青玻璃纤维布或油毡，加铺的层数及宽度按图纸所示。

（9）箱形通道、涵洞混凝土顶板侧板外表面在填土前应涂刷沥青胶结材料或其他材料，以形成防水层。

4）施工质量

施工质量参见 2.9.3 节相关内容；实测项目见表 2-21。

箱涵浇筑实测项目

表 2-21

项次	检查项目		规定值或允许差	检查方法和频率	权值
1	混凝土强度（MPa）		在合格标准内	按《公路工程质量检验评定标准》（JTG F80/1—2004）附录 D 检查	3
2	高度（mm）		+5，-10	尺量：检查 3 个断面	1
3	宽度（mm）		±30	尺量：检查 3 个断面	1
4	顶板厚（mm）	明涵	+10，-0	尺量：检查 3~5 处	2
		暗涵	不小于设计值		
5	侧墙和底板厚（mm）		不小于设计值	尺量：检查 3~5 处	1
6	平整度（mm）		5	2m 直尺：每 10m 检查 2 处×3 尺	1

2.10 路基整修

2.10.1 路堤整修

1）施工前提条件

（1）路基土石方、排水沟及边沟已施工完成，压实度、弯沉值符合要求。排水沟及边沟的断面、边坡坡度、纵坡坡度和排水系统符合设计图纸要求。

（2）承包人应恢复各项标桩，按设计图纸要求和《公路工程质量评定标准 第一册 土建工程》（JTG F80/1—2004）规定其路基的中线位置、路基宽度、纵坡、横坡、边坡及相应的高程。

（3）路基现状全面检查后，承包人编制整修计划和方案报监理工程师审批，在批复后才可实施路基整修工作。

路基全面检查

编制整修方案和计划 → 监理工程师审批

路堤顶层整修 → 平整度、横坡整修

路堤边坡整修 → 路堤防护

路基排水沟整修

线外排水系统连通

其他相关工程整修

路堤交验

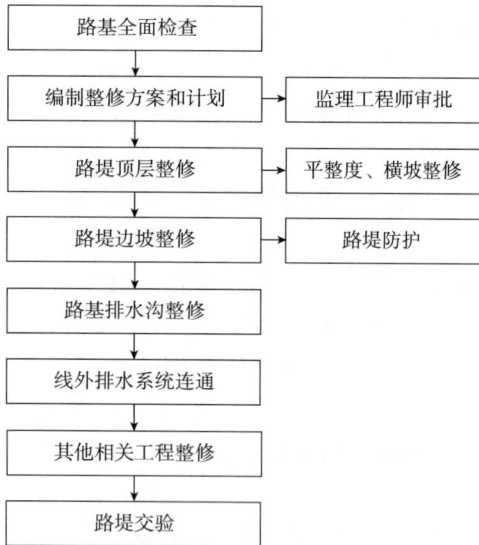

图 2-26　路堤整修施工工序图

2）施工工序

路堤整修施工工序见图 2-26。

3）施工技术

（1）填土路堤应用机械刮土或补土的方法整修成型，配合压路机碾压，当铲下的土不足以填补凹陷时，应采用与路基表面相同的土填平夯实。石质路基表面应用石屑嵌缝紧密、平整，不得有坑槽和松石。

（2）整修坡面需将超宽路基采用机械粗刷，人工刷坡到位。当坡面填土不足或边坡受雨水冲刷形成冲沟和坍塌缺口时，应自下而上将边坡挖成台阶，分层填补、夯实，再按设计坡面刷坡。

（3）各种水沟的纵坡、断面尺寸应用仪器工具控制，按设计图纸要求对各种边沟的纵坡仔细检查，应使沟底平整，排水通畅，采用人工进行整修，不得随意用土填补沟面缺损或坑洼。

（4）排水沟及边沟断面、路堤边坡坡度等各表面应拍打密实、整齐、光滑。

4）施工工艺

（1）测量放样，撒白灰标示出路堤两侧超填宽度，路堤顶面纵横向坡面高程采用埋砖法控制。

（2）填土路堤两侧超填的宽度应予切除，如遇边坡缺土，必须挖成台阶分层填补夯实。

（3）边沟整修应挂线进行，如遇边沟缺损，不可随意用土贴补。

（4）修整的路基表层厚 150mm 以内，松散的或半埋的尺寸大于 100mm 的石块，应从路基表面层移走，并按规定填平压实。

（5）在路堑边沟和路堤拱形护坡，每隔 20m 应设 20cm×20cm 临时排水孔，排水孔底面低于路床高程 10cm，在凹形竖曲线底部应增设临时排水孔。

（6）在路面施工前，应检查临时排水、永久排水设施是否设置有效。

（7）路基修整完毕后，堆弃路基范围内的废土料应予清除。

5）施工质量要求

（1）平面几何尺寸及线位高差的质量要求见《公路工程质量检验评定标准　第一册　土建工程》（JTG F80/1—2004）。

（2）外观质量要求：

①路堤的顶面路拱、宽度、线形符合图纸要求，表面平整、密实、无局部坑洼，曲线圆滑，边线顺直。

②路堤边坡坡度应符合图纸要求，坡面平顺稳定，不得亏坡。取土坑、护坡道整齐稳定。

③边沟、排水沟沟底无阻水、积水现象，具备铺砌要求；临时排水设施与现有排水沟渠连通。

2.10.2　路堑整修

1）施工前提条件

施工前提条件参见 2.10.1 节相关内容。

2）施工工序

路堑整修施工工序见图 2-27。

3）施工技术

（1）土路基路床应用人工或机械刮土或补土的方法整修成型。深路堑边坡整修应按设计要求的坡度，

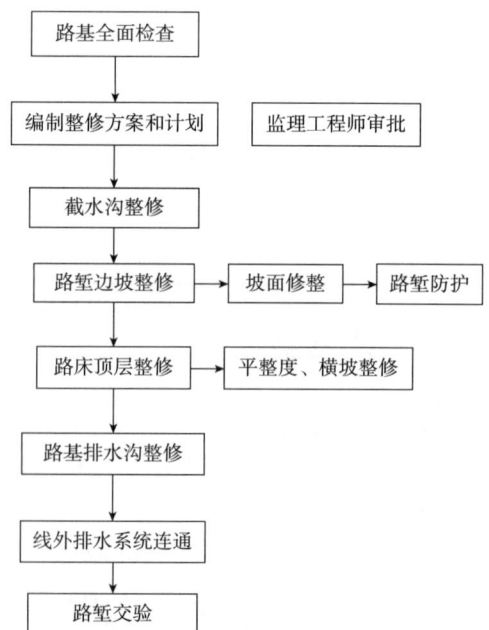

路基全面检查

编制整修方案和计划　　监理工程师审批

截水沟整修

路堑边坡整修 → 坡面修整 → 路堑防护

路床顶层整修 → 平整度、横坡整修

路基排水沟整修

线外排水系统连通

路堑交验

图 2-27　路堑整修施工工序图

自上而下进行刷坡,不得在边坡上以土贴补。

(2)在整修加固的坡面时,应预留加固位置。当边坡受雨水冲刷形成小冲沟时,应将原边坡挖成台阶,分层填补、夯实。如填补的厚度很小(100~200mm),而又是非边坡加固地段时,可用种草整修的方法以种植土填补。

(3)各种水沟的纵坡、断面尺寸应用仪器工具控制,按设计图纸要求对各种边沟的纵坡仔细检查,应使沟底平整,排水通畅,采用人工进行整修,不得随意用土填补沟面缺损或坑洼。

(4)土质路基表面做到设计高程后应采用平地机或推土机刮平,铲下的土不足以填补凹陷时,应采用与路基表面相同的土填平夯实。石质路基表面应采用石屑嵌缝紧密、平整,不得有坑槽和松石。

(5)石质路基边坡,应按设计坡比仔细整修,坡面上的松石、危石必须及时清除。

4)施工工艺

(1)测量放样,对于土质或软石边坡可用人工或机械清刷;对于坚石和次坚石,可使用炮眼法、裸露药包法爆破清刷边坡,同时清除边坡上的危石、松石。

(2)路堑边坡如出现过量超挖,应用浆砌片石填补超挖坑槽。

(3)土质路床顶面高程超出设计部分应用平地机刮除,石质路床顶面高程超出设计部分应用人工凿平,超挖部分应按照与原路床相同的材料回填并碾压密实稳固。

(4)边沟整修应挂线进行,如遇边沟缺损,不可随意用土贴补;沟底凸出部分,人工修平。

(5)修整的路基表层厚150mm以内,松散的或半埋的尺寸大于100mm的石块,应从路基表面层移走,并按规定填平压实。

(6)路基修整完毕后,堆弃路基范围内的废土料应予以清除。

5)施工质量要求

(1)平面几何尺寸及线位高差的质量要求同路堤整修。

(2)外观质量要求如下。

①路基的路床顶面路拱、高程、宽度、线形应符合图纸要求,表面平整、密实、无局部坑洼,曲线圆滑,边线顺直。

②路堑边坡坡度不低于图纸要求,坡面平顺稳定,不得亏坡。石质边坡还要求无险石、悬石和浮石。

③边沟、截水沟、排水沟沟底无阻水、积水现象,排水良好,具备铺砌要求;临时排水设施与现有排水沟渠连通。

2.11　监测工程

2.11.1　软基工程观测

(1)在软基地段路堤完工到路面铺筑之前,应有路堤预压期。预压期应按图纸规定;如无规定,一般应为一年或按监理工程师指示办理。

(2)沉降期内,没有监理工程师的批准,不得在预压路堤上修筑任何工程,但可加填由于沉降引起的附加填土。

(3)预压期内,应按本条的规定或监理工程师的要求进行沉降监测。在预压期完成前14d,应将监测原始记录、沉降记录汇总表、沉降曲线等资料以及完成预压期的分析报告报监理工程师批准。预压期可根据沉降监测结果在监理工程师的指示下确定是否应予延长。

(4)路堤沉降变形达到设计预期值后,经监理工程师批准,始允许铺筑路面。有超出路床以上多余填料时,承包人应在路面即将铺筑之前,将路堤超出的多余填料卸除,并将路堤整修到路床面高程和满足压实要求。

(5)在软基地段路堤施工前,将用于沉降监测的记录表和报表格式报监理工程师批准。

(6)填筑路堤前,应在清理好的地表上安装沉降板。沉降板应符合图纸或监理工程师的要求。如果监理工程师认为在某些桥头高路堤需要同时监测孔隙水压力时,应按监理工程师的要求埋设孔隙水压力计及其观测设备,并与沉降同步观测。

（7）在超载预压路段，沉降板应安装在路基顶部中心线上，纵向间距为200m。桥头引道路堤，第一块沉降板从距桥台台背10m处开始，按路基中心线、左右两侧路肩内缘设置，其后，以50m的间距设置沉降板（图2-28）。施工过程中，应对沉降板采取可靠的保护措施，不使其变形和损坏。

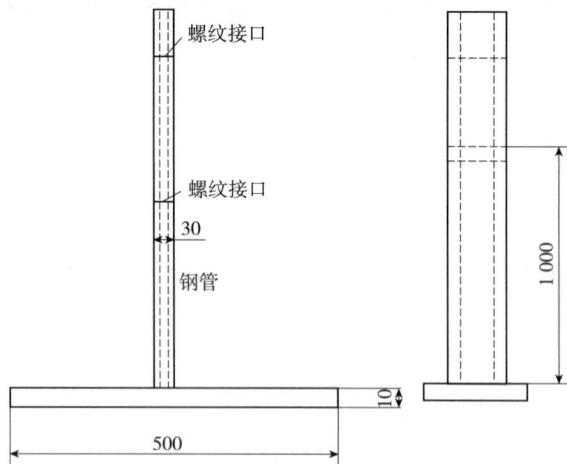

图2-28　沉降板构造(尺寸单位:mm)

（8）施工期间，每填筑一层填料进行一次观测。如果两次填筑间隔时间较长，应每3d观测一次。路堤填筑完毕后，应每14d进行一次定期观测，直到预压期完成、多余填料卸除为止。

（9）在路堤两侧趾部及距路堤两侧趾部5m处设置混凝土侧向变位桩。其纵向间距不得超过100m，桥头引道地段不得超过50m。对侧向变位桩按三维控制，与沉降同步观测。

（10）路基加载速度应控制为：路堤中心线地面沉降速率每昼夜不大于10mm；坡脚水平位移速率每昼夜不大于5mm。将观测结果结合沉降和位移发展趋势进行综合分析。其填筑速率，应以水平位置控制为主，如超过此限应立即停止填筑。

（11）在每次观测后及时整理、汇总测量结果，并报监理工程师。

沉降与稳定观测的项目、目的、仪表见表2-22。

沉降与稳定观测项目及目的　　　　　　　　　　　　表2-22

观测项目	仪表名称	观测目的
地表沉降量	地表型沉降计（沉降板）	用于沉降管理。根据测定数据调整填土速率；预测沉降趋势，确定等载预压卸载时间；提供施工期间沉降土方量的计算依据
地表水平位移及隆起量	地表水平位移桩（边桩）	用于稳定管理。检测地表水平位移及隆起情况，以确保路堤施工的安全与稳定
地下土体分层水平位移量	地下水平位移计（测斜管）	用于稳定管理与研究。用作掌握分层位移量，推定土体剪切破坏的位置；软土指标较差，填土较高，填方路基在施工过程中易失稳时采用
地下土体分层水平位移量	地下水平位移计	用于稳定管理与研究。用作掌握分层位移量，推定土体剪切破坏的位置；必要时采用

2.11.2　路堑边坡或滑坡监测

（1）沉降与稳定监测的项目、目的、仪表见表2-23。

路堑边坡或滑坡监测项目及目的　　　　　　　　　　　　表2-23

观测项目	监测方法	监测目的
地表沉降量	全站仪、光电测距仪	观测裂缝发展情况
	水准仪	
	标桩、直尺或裂缝计	地下位移监测
地下位移监测	测斜仪	探测相对于稳定地层的地下岩体位移，证实和确定正在发生位移的构造特征，确定潜在滑动面深度，判断主滑方向，定量分析评价边（滑）坡的稳定状况，评判边（滑）坡加固工程效果
地下水位监测	人工测量	观测地下水位变化与降雨关系，评判边坡排水措施的有效性
支挡结构变形、应力	测斜仪、分层沉降仪压力盒、钢筋应力计	支挡构造物岩土体的变形观测，支挡构造物与岩土体间接触压力观测

（2）观测点的位置、数量及埋设按设计或合同文件要求。

（3）在施工期间应严格按设计或合同文件要求同步进行沉降和稳定的跟踪观测。一般要求施工期每三天观测一次，雨季期间加密，施工结束后前三个月，每周观测一次，雨季期间加密。三个月以后每月观测一次。在观测过程中，如出现异常情况，应立即进行检查，处理完毕后，方能继续观测。观测成果及时整理，第一年内的观测成果将作为工程验收的资料。

每次观测均应按规定格式做好记录，并及时整理、汇总观测结果。

2.11.3 高路堤稳定和沉降观测

（1）沉降与稳定观测的项目、目的、仪具见表2-24。

高路堤稳定和沉降观测项目及目的   表2-24

观测项目	仪具名称	观测目的
地表水平位移量及隆起量	地表水平位移桩（边桩）	用于稳定监控，确保路堤施工安全和稳定
地下土体分层水平位移量	地下水平位移计（测斜管）	用于稳定监控和研究，掌握分层位移量，推定土体剪切破坏位置，必要时采用
路堤顶沉降量	地表型沉降计（沉降板或桩）	用于工后沉降监控，预测工后沉降趋势，确定路面施工时间

（2）观测点的位置、数量及埋设按设计或合同文件要求。

（3）在施工期间应严格按设计或合同文件要求同步进行沉降和稳定的跟踪观测。一般要求施工期每3d观测一次，雨季期间加密，施工结束后前三个月，每周观测一次，雨季期间加密。三个月以后每月观测一次。在观测过程中，如出现异常情况，应立即进行检查，处理完毕后，方能继续观测。观测成果及时整理，第一年内的观测成果将作为工程验收的资料。

每次观测均应按规定格式做好记录，并及时整理、汇总观测结果。

2.11.4 预应力锚固工程监测

（1）预应力锚固工程监测的项目及内容见表2-25。

预应力锚固工程观测项目及内容   表2-25

预应力锚杆工作阶段		监测内容	监测项目
施工阶段	锚杆体	锚杆工作状态及锚杆的施工质量	锚杆张拉力，锚杆伸长值，预应力损失
	锚固对象	加固效果	被锚固体的位移及变化
工程运营阶段	锚杆体	锚杆的工作状态	预应力值变化
	锚固对象	锚固工程安全状况	被锚固体的位移及变化

（2）观测点的位置、数量及埋设按设计或合同文件要求。

（3）锚杆张拉锁定后第一个月内每日观测一次；2～3个月内每周观测一次；4～6个月内每月观测3次；7个月至1年内每月观测两次；1年以后每月观测一次。在观测过程中，如出现异常情况，应立即进行检查，处理完毕后，方能继续观测。观测成果及时整理，第一年内的观测成果将作为工程验收的资料。

（4）坡体位移监测：在路堑高边坡防护加固工程施工过程中一般都要求对其坡体进行变形控制与监测，以便进行动态设计和确保施工安全，并检验工程效果。高边坡的坡体位移监测方法一般可分为简易观测法和专业仪器监测法，对于一般的高边坡均要求实施简易观测，简易观测由施工单位现场技术人员负责完成；对于重点复杂的路堑高边坡或滑坡病害除要求采用简易观测外，还必须对其坡体变形进行专业仪器监测，专业仪器监测主要是指坡体深部位移监测，一般采用钻孔测斜仪监测，要求委托专业单位承担。坡体深部位移监测期限一般一年以上，其监测周期为每月一次，雨季或坡体变形较大等特殊情况与要求应加密监测，遇有坡体变形不稳定应延长监测期限，直至坡体稳定、变形终止或在安全的限值范围内。

（5）监测指标见设计要求。

2.12　取、弃土场的整治

2.12.1　取土场

（1）路线两侧的取土场，应按设计规定的位置设置，取土深度根据用土量和取土场面积确定。取土场应有规则的形状及平整的底部，不积水，边坡应设计坡率修整。

（2）取土场原地面如果属于耕地种植土，应先挖出堆置一边备用，工程完工后，恢复植被。

（3）当设计未规定取土场位置或储土量不足另寻土源，集中取土时，其土质应符合路基填筑要求，同时考虑经济合理和利用荒山、山地的可能性，兼顾农田、水利、鱼池建设和环境保护，力求少占农田。

2.12.2　弃土场

（1）路基弃土应堆放规则，按设计要求进行整平碾压，不得任意倾倒，并按设计进行排水、防护和绿化施工。

（2）山坡上不允许乱弃土，废方不得破坏或掩埋路基下侧的林木、农田及其他工程设施。

（3）沿河不得乱弃土，弃方应弃至指定地点，弃土不得堵塞河道、挤压桥孔，或引起水流冲毁农田、房屋等。承包人应做好弃土场周围和作业面的防排水设置，确保排水畅通。

（4）弃土场应分层压实，做好防护工程，保护边坡的稳定，防止泥石流、滑坡等危害。

（5）弃土场的防护、绿化工程应及时进行。弃石场表面应覆盖不少于80cm厚的土，以便恢复植被。

（6）弃土场的位置宜设置在高速公路行车视线之外。

2.13　质量保证措施

2.13.1　质量保证体系组成

该体系由组织保证、工作保证和制度保证三部分组成。组织保证就是成立以项目经理、总工程师、质检工程师组成的质量领导小组，全面负责工程质量的管理和创优工作；工作保证就是选派高素质的施工队伍，依靠科学管理和科技进步，配备先进的机械设备，以优良的工艺和高效务实的工作作风，保证较高的工作质量，以工作质量保证工序质量；制度保证就是建立各项严格的规章制度，以 ISO 9002 为标准，以各项施工技术规范、检验标准、长湘公司有关规定为依据，促进检查各项工作的落实情况，确保施工工序质量，以工序质量保证工程质量。

2.13.2　组织措施

1）工程质量实行领导责任终身制

从项目经理部到各工程施工队实行领导责任终身制，质量目标层层分解，终身责任，一级包一级，一级保一级，从严格技术把关入手，抓好施工生产全过程的质量管理，做到"六不施工、三不交接"。"六不施工"是："不进行技术交底不施工，图纸和技术要求不清楚不施工，测量和资料未经审核不施工，材料无合格证或试验不合格不施工，隐蔽工程未经检查签证不施工，未经监理工程师认可或批准不施工"。"三不交接"是："无自检记录不交接，未经监理工程师或技术人员验收不交接，施工记录不全不交接"。

2）健全质量检查机构，加强质量监督检查

在项目经理部设置项目质检科，由专职质检工程师对整个工程进行全方位施工检测。同时各工区质检员、各班组有专人兼职质检工作。施工时坚持自检、互检、交接制度，使工程质量在施工全过程都处于受控状态之中。

2.13.3　管理措施

（1）开展全面质量管理。

（2）开展标准化作业。

（3）积极开展 QC 小组活动。

（4）严格技术标准、尊重监理。

（5）严格把好材料关。

2.13.4　技术措施、质量保证措施

1）测量放样与控制

（1）制订好切实可行且能够满足精度要求的施工放样、观测控制和检查验收的测量方案。安排有专业知识和测量经验丰富的技术人员按拟订好的方案进行测量工作。

（2）放样时首先将设计提供的测设基准资料和测量标志按国家三级测量标准恢复定线测量,将测量结果提交监理工程师核查,以此作为施工放样的依据,并对所有的标志加以保护。

（3）平面控制:根据监理工程师核查过的平面控制桩,用平面四边网法,加放中心桩,进行二次校核无误后,便可以此为放样时的后视点。以上的施工放样测量时间一般安排在 7～9 点、16～18 点的时间段,而施工验收和施工观测则随施工进度而进行。

2）填筑材料试验

在路基填筑前,填方材料按《公路土工试验规程》(JTG E40—2007)规定的方法进行颗粒分析、含水率、密实度、液限、塑限、承载比试验和击实试验等,不满足规范要求的填料禁止直接使用。

3）试验路段的施工

路基工程施工前,先在选好的路段进行试验段施工,取得符合设计及规范要求的技术参数以及合理的工艺流程后,编写试验总结报告,得到批准后,再全面施工,所用填料和机具应与试验段施工所用材料和机具相同。

4）严格按照技术规范施工

路基铺设过程中应设专人检查,质检工程师抽检摊铺厚度,不大于规范及试验段确定的松铺厚度,试验段确定的机械组合不能随意改变,若填料和机械组合发生变化,重新进行试验段施工,检验确定多项施工技术参数,保证路基填筑质量。每层填料的铺设宽度,每层应超出路堤设计宽度 50cm,以保证修整路基边坡的路基边缘有足够的压实度。路基施工期间保证排水畅通,在雨后填筑路基,下层表面的湿土应予清除,表面重新压实后作压实度检测。

2.14　工期保证措施

建立强有力的指挥机构,选派指挥能力强、决策水平高、富有开拓精神和管理经验的干部进入各级管理层。选调具有丰富施工经验、有良好信誉、能打硬仗的专业工程队伍进行施工;编制科学、严密、切实可行的实施性施工组织设计,优化施工方案,按网络计划组织施工。

进度计划安排合理、周密、留有余地,切实考虑冬季、雨季和汛期等因素的不利影响,抓好黄金季节施工,施行倒班作业。各个作业区形成各个工序、各环节流水作业;按网络计划节点组织安排施工,确保重点工程、难点工程、关键工程的工期,以日产量保月产量,以月产量保年产量,从而保证总工期。配全配足性能良好的机械设备。

在施工过程中,加强对施工机械设备的维修保养,落实"清洁、润滑、紧固、调整、防腐"机械现场保养十字作业法,保证设备的性能完好,充分发挥机械化程度高的优势,以先进的机械设备保工期;加强物资供应管理,保证物资供应。严把建筑材料的进料、检验和发放使用关,严格执行物资管理规定,确保施工顺利进行;选派敬业精神强、业务精、技术熟的工程技术人员和技术工人参加该工程施工。所有参加施工的人员均先培训后上岗,以高素质人员保工期;制订科学的施工方案,积极研究新技术、新工艺、新材料、新机具,采用先进的施工方法和合理工艺流程,缩短工期;实现目标管理,奖惩分明。做到长计划、短安排。切实制订各个阶段的生产计划和保证完成措施,使施工人员明确目标,提高生产的主动性、积极性,并定期进行考核、评比、奖惩。

对前期计划未完成的项目,在安排后期施工计划时,及时调整,保证阶段工期,从而确保总工期;搞好成本核算工作,落实经济承包责任制,将个人收入与工程进度和工程质量挂钩,激发施工人员的生产主动性和积极性,保证工期;工程试验源于工程,并先于工程。各种原材料的检验、土工试验先期完成,不影响工程正常施工;确保工程质量和施工安全,不因质量和安全问题而影响工期。

严格按照设计要求和施工技术规范组织施工,推行全面质量管理,针对技术和质量问题,开展 QC 小组公关活动。全面实行"自检、互检、专检"的质量"三检"制度,杜绝质量事故,杜绝返工浪费,保证各项工程、各个工序按工期要求有条不紊地进行;加强资金管理,合理运筹资金,搞好资金调控,确保重点工程和关键工程的正常施工;协调好各种关系,维护监理工程师的权威,尊重其正确意见和建议,执行监理工程师指令。

发现设计文件、图纸有误或在施工过程中发现与设计不符、可能影响工程质量、导致影响工期问题时,及时报请工程师和设计人员研究解决。处理好与当地各级政府及农民的关系,主动反映情况,虚心听取意见,通过友好协商妥善解决问题,承担合理费用,杜绝扯皮现象,尊重业主,服从监理,对业主做出的节点计划调整坚决响应,保证工程顺利施工。

2.15　安全生产、文明施工保证措施

2.15.1　安全生产保证体系

1)安全施工组织机构与保证体系

(1)安全施工组织机构。

项目部应成立以项目经理为首的安全生产领导小组,小组办公室设在安全环保部,全面负责本项目的安全生产工作。安全施工组织机构框图见图 2-29。

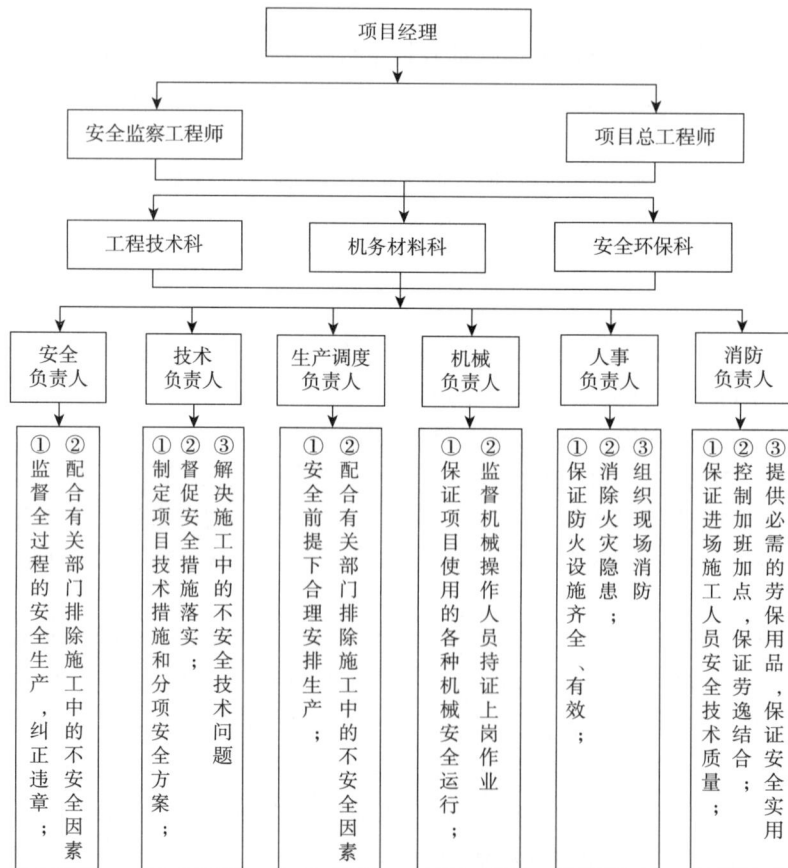

图 2-29　安全施工组织机构框图

（2）安全施工保证体系。

项目部在工程施工前要求建立并健全安全生产管理制度,提取的专项安全生产经费百分之百做到专款专用。安全施工保证体系分组织保证、工作保证、制度保证三个方面。影响因素有人为因素、客观因素。保证范围分为人身安全保证、结构安全保证、施工安全保证。工程安全施工保证体系框图见图2-30。同时认真地编制安全施工保证计划和各项专项施工组织设计,并严格按保证计划和专项施工组织设计的要求进行管理、实施。

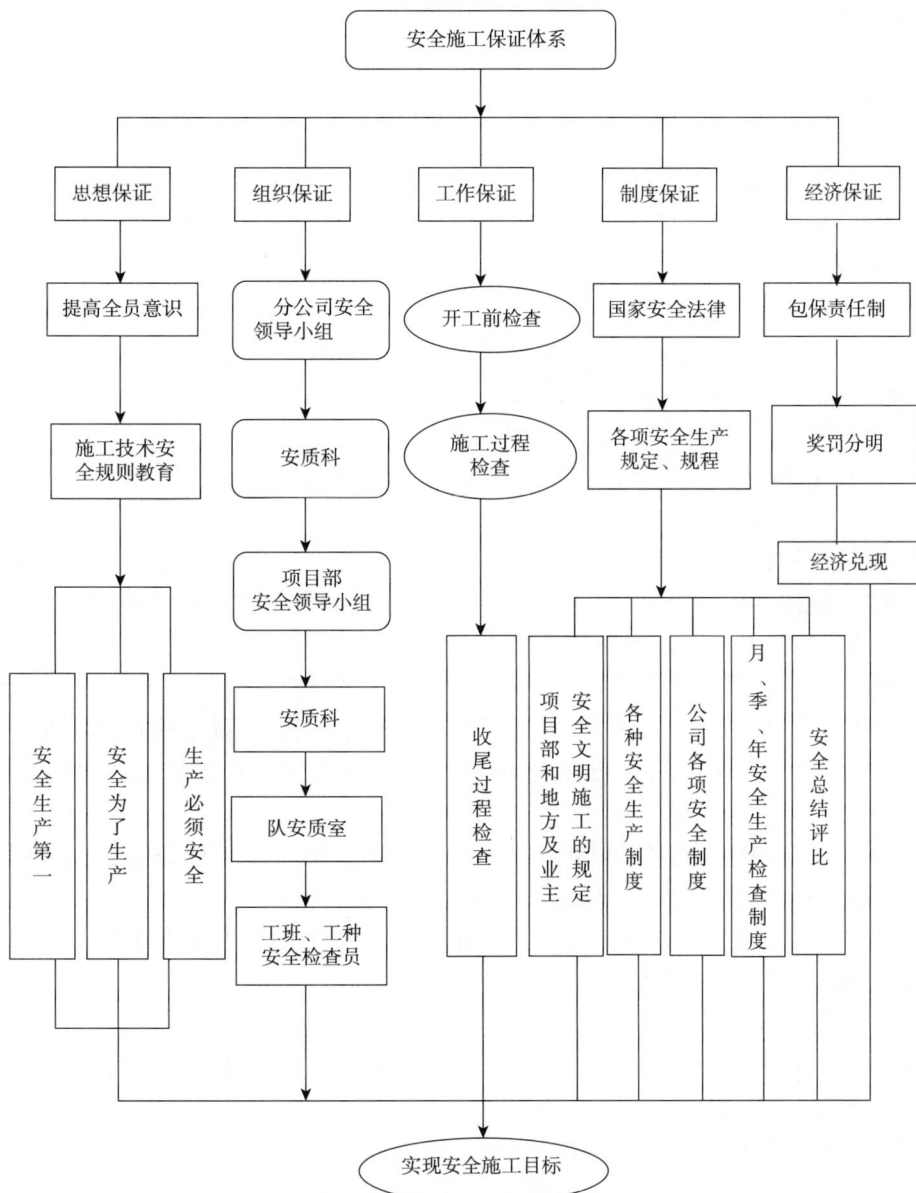

安全施工保证体系

思想保证　　组织保证　　工作保证　　制度保证　　经济保证

提高全员意识　　分公司安全领导小组　　开工前检查　　国家安全法律　　包保责任制

施工技术安全规则教育　　安质科　　施工过程检查　　各项安全生产规定、规程　　奖罚分明

项目部安全领导小组　　　经济兑现

安全生产第一　　安全为了生产　　生产必须安全

安质科

队安质室

工班、工种安全检查员

收尾过程检查　　项目部和地方及业主的规定　　安全文明施工的规定　　各种安全生产制度　　公司各项安全制度　　月、季、年安全生产检查制度　　安全总结评比

实现安全施工目标

图2-30　安全施工保证体系框图

2）安全施工保证措施

（1）施工机械的安全控制措施。

①各种机械操作人员和车辆驾驶员,必须取得操作合格证,不准操作与证不相符的机械,不准将机械设备交给无本机操作证的人员操作,对机械操作人员要建立档案,专人管理。

②操作人员必须按照本机说明书规定,严格执行工作前的检查制度和工作中注意观察及工作后的检查保养制度。

③驾驶室或操作室应保持整洁,严禁存放易燃、易爆物品,严禁酒后操作机械,严禁机械带病运转或超负荷运转。

④机械设备在施工现场停放时,应选择安全的停放地点,夜间应有专人看管。

⑤用手柄起动的机械应注意手柄倒转伤人。向机械加油时要严禁烟火。

⑥严禁对运转中的机械设备进行维修、保养、调整等作业。

⑦指挥施工机械作业人员,必须站在可让人瞭望的安全地点,并应明确规定指挥联络信号。

⑧使用钢丝绳的机械,在运行中严禁用手套或其他物件接触钢丝绳。用钢丝绳拖拉机械或重物时,人员应远离钢丝绳。

⑨起重作业严格按照《建筑机械使用安全技术规程》(JGJ 33—2012)和《建筑安装工人安全技术操作规程》规定的要求执行。

⑩定期组织机电设备、车辆安全大检查,对检查中查出的安全问题,按照"三不放过"的原则进行调查处理,制订防范措施,防止机械事故的发生。

(2)吊装安全技术措施。

①各种设备要置于安全稳定的地基上。

②使用前要对钢丝绳、卡具等进行检查验收,符合要求时才能使用。

③要有统一信号,有专人指挥,下部人员要避让在安全处。

④在吊装施工时,司机要认真操作,严禁与其他物体撞击。

⑤夜间施工必须有充足的照明,遇有暴雨、大风、地面下沉等情况时,停止施工。

(3)施工现场用电安全措施。

①施工现场制订详细的施工用电组织设计,施工组织设计必须经单位总工程师审批和安全监理审核,同时制订电气安全操作规程、电气安装规程、电气运行管理规程和电气维修检查制度,做好交接班、电气维修作业记录和接地电阻、手持电动工具绝缘电阻、漏电开关测试记录。

②施工现场的电气设备均符合建设部《施工现场临时用电安全技术规范》(JGJ 46—2005),输电线路采用三相五线制和"三级配电二级保护"的要求,电线(缆)均按要求架设,不随地拖拉,各类电箱均符合市建委规定的标准电箱,总配电箱和分配电箱安装在适当位置,并有重复接地保护措施,重复接地电阻值不大于 10Ω。严格执行"一机、一闸、一箱"制。

③施工现场专用变压器中性点直接接地的电力线路,均采用 TN-S 接零保护系统,变压器中性点的接地电阻不大于 4Ω,电气设备的金属外壳均与专用保护零线相连接。

④变配电室符合"四防一通"要求,建立相应的管理制度,配置好必要的安全防护用品。

⑤电器设备及输电线路安装完毕后,必须经技术部门验收合格后方可使用。夜间施工有两名电工值班,节假日或工作完毕后要切断电源。

⑥现场的手持电动工具和小型电器设备要有专人负责管理,电气设备进出仓库均要认真检查和验收,做好日常的检查、维修和保养工作,不准带病运转。

⑦低压线路架设和使用均要符合有关规定,照明线路、灯具等安装高度要符合规定要求。食堂和浴室照明要用防潮灯具,并必须安装漏电保护器,其漏电动作电流不大于 30mA,动作时间不大于 0.1s。易燃易爆场所安装防爆电器。

⑧电工作业时必须穿戴好个人防护用品,并严格执行电气安全操作规程,做到持证上岗。电工作业严格贯彻"装得正确,用得安全,修得及时,拆得彻底"十六字方针。夜间电工值班必须两人同时上岗。

(4)石方施工安全技术控制要点及措施。

①石方爆破作业,以及爆破器材管理、加工、运输、检验和销毁等工作严格遵守《爆破安全规程》(GB 6722—2003),主动接受当地公安机关部门的监督管理。

②选择炮位时,炮眼口应避开正对的电线、路口和构造物。

③凿打炮眼时,坡面上的浮岩危石必须处理。

④凿眼所用的工具和机械要详细检查,确认完好。

⑤严禁在残眼上打孔。

⑥装炮作业必须遵守以下规定:

a. 装药前应对炮眼进行验收和清理。对刚打成的炮眼等待其冷却后装药,湿炮眼擦干后才能装药。

b. 严禁烟火和照明。无关人员远离现场。

c. 应用木质炮棍装药,严禁使用金属器皿装药。

d. 爆破作业必须有专人指挥,并严格执行三遍预警信号。

e. 各类盲炮处理按照现行的《爆破安全规程》(GB 6722—2003)有关规定办理。

f. 石方地段爆破后,必须确认警戒已解除,作业面上危石已处理后,清理石方人员方准进入现场。

⑦项目部针对工程特点,应做如下安全工作:

a. 办理危爆物品领用、储藏证。

b. 建立爆破物品管理制度,对炸药、雷管等爆破物资进行统一管理,严格执行"双人、双门、双锁"。专人负责从公安机关部门领取爆破物品,并严格把关,严格执行领用、运输、使用、退库等相关规定。

c. 制订详细的《爆破施工安全操作规程》,并对全线一线爆破施工员进行技术交底。要求各施工队伍一线爆破员严格遵守《爆破安全规程》(GB 6722—2003),规范爆破施工,杜绝任何安全事故。

(5)土方施工安全技术控制要点及措施。

①开挖土方前,了解土质、地下水等情况,查清地下埋设的管道、电缆和有毒有害气体等危险物以及文物古迹的位置、深度走向,并加设标志,设置防护栏杆。开挖深度超过2m时,其边缘上面作业同样视为高处作业,设置警告标志。

②正式开始破土动工后,对各处土方开挖均做细致详尽的布置。对由于地理原因造成的便道急弯和陡坡,都应在现场设置醒目的安全标志牌、安全隔离墩、安全导向牌以及安全防护栏。

③人力挖掘土方必须遵守下列规定:

a. 对镐、铲、锤等操作工具随时检查,确认木柄结实,连接牢靠。

b. 开挖土方,操作人员之间必须保持足够的安全距离,横向间隔不小于2m,纵向间隔不小于3m。

c. 开挖土方自上而下顺序放坡进行,严禁采用挖空底脚的操作方法。

重视人力开挖土方的安全规定,不定期对各土方施工队伍的施工器具、施工人员安全防护设备以及施工人员安全技术水平进行检查。对各类一线施工人员进行安全生产规程技术交底,使每位一线施工人员牢固树立安全生产意识。

④施工中如发现山体有滑动、坍塌迹象危及施工安全时,应暂停施工,撤出人员和机具,并报告领导处理。

建立详细的安全生产责任制,对各土方、构造物施工员,下达明确的安全责任,要求每位现场施工员对安全生产负责,发现任何安全隐患,立即向项目经理、现场安全员汇报。将安全措施完成情况列入每位施工员每月绩效考核内容中,对于发现安全隐患不汇报的施工员,视情节给予警告、考核降级、停职、辞退的处分。将安全措施作为一项与施工并重的工作列入工作日程。

(6)防护工程安全技术措施。

①边坡防护作业,必须搭设牢固的脚手架。

②拌和机应安置稳妥,开机前必须确认各部装置牢固可靠,操作灵活。

③挡墙挖基应视土质、湿度和挖掘的深度设置安全边坡,否则应设置适应的围壁支撑。

(7)涵洞通道安全技术措施。

①工作人员应持证上岗,挂牌作业。

②开挖现场应有明显标志,与该工作无关的人员严禁入内。

③居民区附近的开挖,应采取有效措施,以保证居民及施工人员的安全,并为附近居民的生活及交通提供有效的临时便道或便桥。

（8）河、塘、湖（库）海区域施工安全技术措施。

①河、塘、湖（库）、海路基施工应特别注意洪水、泥石流及海潮等自然灾害的影响，确保施工人员的人身及财产安全。

②安全人员持证上岗，挂牌作业。

③现场划清施工区，并有明确标志。

（9）吊装安全技术措施。

①将各种设备置于安全稳定的地基上。

②使用前对钢丝绳、卡具等进行检查验收，符合要求时才能使用。

③统一信号，专人指挥，下部人员要避让在安全处。

④在吊装施工时，要求司机认真操作，严禁与其他物体撞击。

⑤夜间施工必须有充足的照明，遇有暴雨、大风、地面下沉等情况时，停止施工。

（10）职工安全劳务管理预防措施。

①参加施工的所有职工，必须在上场前接受安全教育，学习《安全生产法》和《建筑工程安全生产管理条例》中的有关章节，并熟悉高空作业、安全用电、爆破作业基础知识，经考试合格后方可上岗作业。

②参加大桥施工的职工必须年满 18 周岁且不超过 45 周岁，同时无高血压、心脏病、癫痫病和其他妨碍工作的疾病。年老体弱者禁止上岗作业。

③危险施工部位严禁使用女工。

（11）安全防护用品的设置措施。

①安全帽：安全帽质量必须经有关部门检验合格后方能使用；正确使用安全帽并扣好帽带。

②安全带：安全带质量须经有关部门检验后方能使用；安全带使用两年后，按规定抽验一次，对抽验不合格的，必须更换安全绳后才能使用。

③安全网：网绳无破损，并扎系牢固、绷紧、拼接严密；网宽不小于 2.6m，里口离墙不得大于 15cm，外高内低，每隔 3m 设支撑，角度为 45°；立网随施工层提升，网高出施工层 1m 以上。网与网之间拼接严密，空隙不大于 10cm。

（12）安全检查制度。

制订安全生产自查自纠办法，专职安全员日夜巡查，定期召开安全检查会议，发现问题与隐患及时纠正、处理，将安全隐患消灭在萌芽状态。

3）易燃易爆危险品的管理办法

（1）施工现场油库，火工用品库，乙炔气、氧气瓶仓库等易燃易爆地点，应悬挂防火防烟警示牌，并配备相应的灭火器、消防桶、消防斧。

（2）生活办公区应设置消防栓或供消防用水源，配置相应的灭火器，消防逃生通道，并有明确的指示。

（3）施工现场应配备消防灭火器，防爆装置，消防水源，乙炔气、氧气分开放置，远离火源严禁烟火。

（4）爆破施工用的火工材料设立专门的仓库，仓库应远离建筑物及人群，密封性好，防火、防爆、防潮，由专人保管、收发，严格领用制。

2.15.2 文明施工管理措施

1）文明施工目标

创文明施工工地。

2）施工现场场容管理

（1）按要求将拟建的道路等临时工程的详细设计与说明，提交监理工程师批准。

（2）修建的道路等临时工程包含标志、护栏、警告等安全设施的设置。

（3）工程施工与现有的道路发生冲突和干扰时，要在工程施工前完成经监理工程师批准的改道施工或修建临时道路。

（4）如果利用现有的道路作为临时道路,要防止运输车辆因超过载重限制而损坏或损伤道路。大型施工设备和超重件的运输,应事先取得道路部门的许可方能启运。必要时要对道路进行修整、加宽、加固及设置必要的交通标志。

（5）工程施工期间,要配备人员对临时道路进行养护,以保证临时道路和结构物的正常使用。

3）驻地建设文明要求

（1）按施工组织设计合理布置生产、生活设施。设置施工与管理所需的办公室、住房、医疗卫生、车间、工作场地、仓库与储料场及消防设施。

（2）为了工程免遭损坏及保障附近过往群众的安全与方便,在驻地和施工现场适当的地方,设必要的照明、警卫、围栏、警告标志等安全防护设施。

4）卫生与供水

（1）采取应有的卫生防护措施,经常保持现场及驻地整洁和卫生,保护职工的健康。

（2）工程施工期间,设置必要的医务人员和配备必要的医疗设施(包括房间、器械、药品、急救车辆等),为工地人员(包括监理人员)提供必要的医疗和急救服务。

2.16　环境保护措施

2.16.1　水土环境保护

严格执行当地政府有关河道管理方面的政策、标准和要求:工程施工污水、废水采取有效措施加以处理,严禁直接排入河道;施工机械设备的废油、废水采取有效措施加以处理,不超标排放;生活污水经过严格净化处理并经检验符合环保标准后再排入河道。

2.16.2　生态环境保护

（1）严格执行当地政府有关园林管理方面的政策及规定。确保沿线的植被及古树名木不受到破坏,拆迁范围内的植物应征求园林管理部门的意见,采取移植或其他保护措施、不超范围作业。

（2）及时对现场进行清理,恢复原有的地形地貌,保持生态环境不变。

（3）生活垃圾均集中存放,按当地政府要求运至指定地点处理,防止污染水源和环境。

2.16.3　大气环境保护

拌和设备应设有较好的密封或防尘设备,施工便道设在下风向;施工便道勤洒水,配备必需的劳保用品,保护工人的健康,工程料运输过程中用篷布进行遮盖,且装料适中,不得超限,对车辆外表及时进行清理,储存粉末状材料及其他特殊易挥发的材料进行封闭性遮盖。

2.16.4　降低噪声环境保护

严格执行当地政府有关噪声环保管理方面的政策及规定。工程机械设备及运输车辆注意维修和正常操作,尽量使筑路机械的噪声保持其最低声级水平,大型机械设备采取一定的消音措施,以降低机械噪声污染和保护施工人员健康。施工区域采用隔离板实施封闭施工,修建临时隔音屏障,尽量减少施工机械噪声对附近居民生活造成的影响,合理安排施工作业时间,适当控制机械布置密度,尽量降低夜间机械施工及运输车辆出入的频率。

2.16.5　水土保护措施

（1）施工过程中最大限度地避免对树木和其他植被的破坏。

（2）筑路或切割地形时,对切割的坡面进行防护处理。

（3）对取土坑，尽可能提早恢复，以防止水土流失。

（4）保持排水系统的通畅。

（5）不良地质地段的路基施工尽量避开雨季。

2.17　质量保修期管理

2.17.1　质量保修期质量保证承诺

在签订合同时即与业主签订质量保修合同，并按照法律、行政法规或国家关于工程质量保修的有关规定，对交付业主使用的工程在质量保修期内承担质量保修责任。

2.17.2　质量保修期内的维护措施

（1）制定质量回访计划，按计划进行质量回访，及时了解掌握用户对该工程的意见和质量要求。

（2）保持与业主的沟通渠道，及时对用户反馈信息处理。

（3）属于保修范围、内容的项目，在接到维修通知之日 7d 内立即派遣机构精干、技术力量雄厚的队伍进行维修。

（4）发生紧急抢修事故的，在接到事故通知后，立即到达事故现场抢修。

（5）对因工程质量和工程缺陷造成而需保修的，编制可行有效的施工方案报业主审批实施，并严格按照施工规范和设计规范要求进行施工。

（6）对于涉及结构安全的质量问题，按照工程质量保修办法的规定，立即向当地建设行政主管部门报告，采取安全防范措施；并由原设计单位或具有相应资质等级的设计单位提出维修方案，实施维修。

3　路面标准化施工管理

3.1　工程简介

长湘高速公路路基横断面采用设计速度 120km/h 的六车道高速公路标准,整体式路基全幅宽 34.5m,中央分隔带宽 3m,行车道宽 2×3×3.75m,土路基宽各 0.75m。

路面是高速公路耐久的关键,结合本路段高温多雨的气候特点和超载超重现象普遍比较严重的现状及长湘高速的实际情况,从材料组成设计与施工工艺多方面开展攻关,提出了沥青路面典型结构(连续配筋混凝土复合式沥青路面结构、组合式基层沥青路面层结构、混合式基层沥青路面结构),经过优化的 YATB-25 与 YAC-20 级配,解决了沥青路面早期破坏与耐久性的问题,延长路面使用寿命。

主线采用的路面结构为:上面层为 5cm 厚沥青玛蹄脂碎石,SMA-16;中面层为 6cm 厚中粒式沥青混凝土,AC-20;下面层为 10cm 厚密级配沥青碎石,ATB-25;封层为 SBS 改性沥青同步碎石;底基层为 20cm 厚水泥稳定碎石;垫层为 20cm 厚粒料。

桥面铺装层路面结构为:上面层为 5cm 厚沥青玛蹄脂碎石,SMA-16;中面层为 6cm 厚中粒式沥青混凝土,AC-20。

隧道路面结构为:上面层为 5cm 厚沥青玛蹄脂碎石,SMA-16;中面层为 6cm 厚中粒式沥青混凝土,AC-20;封层为 SBS 改性沥青同步碎石;水泥混凝土上基层为 26cm 厚连续配筋混凝土;下基层为 15cm 厚水泥混凝土。

路面施工用集料采用石质坚硬、洁净、干燥、无风化、无杂质、近正方体、有棱角的优质石料颗粒,必须严格限制集料的针片状颗粒含量,并且具有足够的强度,足够的耐磨耗性,粒径应大于 2.36mm,粗集料必须与沥青有很好的黏附性。上面层采用玄武岩集料。中下面层沥青混凝土以及封层和桥面防水黏结层均采用石灰岩集料。细集料采用坚硬、洁净、干燥、无风化、无杂质并有适当级配的人工轧制的玄武岩或石灰岩石料,粒径小于 2.36mm,细集料不能采用石屑,严禁采用山场下脚料。矿粉采用石灰岩或岩浆岩中的强基性岩石等憎水性石料经磨细得到的矿粉,原石料中的泥土等杂质应除净。矿粉要求干燥、洁净,严禁使用拌和机回收的粉尘。基层、底基层选用强度等级不低于 32.5 级硅酸盐水泥,禁止使用受外界影响而变质的水泥。水泥各龄期强度、安定性等应达到相应指标要求;水泥初凝时间 3h 以上、终凝时间不小于 6h。

路面施工所需集料,均采用厂拌集中运输方式,以确保路面质量。路面施工应优先采用全机械化施工方案,应引进高效的宽幅摊铺机和配套搅拌设备,实现全集中拌和,严格控制材料用量和材料组成,实现严格的工序管理,做好现场监理和工序监测,确保施工质量。路面施工前应做好各项室内试验工作,获取经验后推广应用。

路面排水设施有:路肩沟、中央分隔带渗沟和中央分隔带超高段排水体系;此外还有路面结构层间排水体系。

3.2　水泥稳定碎石基层

3.2.1　施工准备工作

1)施工设备配置

水泥稳定碎石基层的施工应配备足够的且成套的施工设备,不应低于招标文件的要求,同时每个标段的设备应满足以下要求。

（1）拌和设备：应采用具有带自动计量和打印功能的专用稳定土集中厂拌设备，产量不小于500t/h。

（2）摊铺机：2台相同型号的沥青混凝土摊铺机或稳定土摊铺机。

（3）压路机：3台自重18t以上的振动压路机（也可采用1台自重12t以上的双钢轮压与2台18t以上的振动压路机），1~2台30t以上的重型轮胎压路机，2台振动夯。

（4）其他设备应配套，装载机数量应满足拌和机产量的要求，6 000L以上洒水车4台。

2）试验检测设备

试验检测设备见表3-1。

试验检测设备　　　　　　　　　　　　　　　　　　　　　表3-1

序号	设备名称	单位	最低数量要求
1	标准养护室	m²	20
2	500kN以上压力机	台	1
3	振动压实机或电动击实仪	台	1
4	电动脱模器	台	1
5	路面材料强度试验仪	台	1
6	台秤（100kg）	台	1
7	电子天平（15kg/0.1g、5kg/0.01g）	台	各1台
8	振动摇筛机	台	1
9	方孔筛	套	1
10	液塑限联合测定仪	台	1
11	电热恒温干燥箱 （带温度控制装置；101-2型以上）	台	3
12	水泥标准稠度仪	台	1
13	水泥胶砂搅拌机	台	1
14	水泥胶砂振实台	台	1
15	标准恒温恒湿养护箱	台	1
16	电动抗折试验机	台	1
17	EDTA滴定法仪器	套	1
18	压碎值测定仪（配金属标定桶）	台	1
19	路面取芯机（取芯深度不少于60cm）	台	1
20	3m、6m直尺	根	各1根
21	灌砂筒、标定灌	套	1
22	路面弯沉仪	台	1
23	全站仪	台	1
24	水准仪	台	1

3）施工组织

（1）在路面基层开工前，业主应组织设计、施工、监理单位进行技术交底。

（2）承包人应根据设计图纸、合同文件、现场施工条件等，按合同文件规定的人员配置、施工方式、机械设备、日期等进场，并应确定路面基层施工工艺流程、施工方案，编制详细的施工组织设计，并报监理和业主批准。

（3）在基层开工前，施工单位应对原材料仓库、拌和场、施工、试验、机械等岗位的技术人员，各工种工人以及相关管理人员进行上岗培训，未经培训人员不得单独上岗操作。

（4）开工前，承包人应复测水准基点与导线点，并按四等水准精度适当加密水准点，经监理工程师验收批准。然后，必须复测和恢复中心桩号。

（5）施工工地必须建立较完善的工地实验室。承包人在备料和施工过程中，应对路面基层原材料进行调查取样、定期抽检和试验分析，提供符合要求的原材料和配合比试验报告，提供压实度、抗压强度、钻芯芯样、平整度、纵断高程、宽度、厚度、横坡度等自检结果。

（6）在进行路面基层施工前，应保证施工道路的基本平整、畅通，对确有困难不能通行的路段，应修筑施工便道，不得延误运输时间。在施工组织设计中应对混合料和原材料的运输车辆配备专人进行交通管制，做好运输车辆的交通分流工作，使之不形成渠化交通的轮迹，防止破坏已完成的路基精加工层、底基层和出现交通安全事故。

（7）应建立摊铺现场和拌和站之间的快捷有效的通信联络。在施工进行中，指挥台必须有人不间断值班，随时联络，及时进行生产调度和指挥。

（8）每铺完一段基层，应立即在左侧边缘用红油漆标出百米桩和起讫桩号，并注明施工时间，以便检查养护时间。

（9）为防止路面原材料运料车和混合料运料车对底基层的破坏，施工单位应对已交接的底基层进行日常养护外，还应加强工地现场的交通组织和交通管制，不允许外来车辆进入施工现场，对工程自有的运料车应加强管理，控制载货质量，对驾驶员进行必要的技术指导，要求所有的运料车（包括原材料运料车和混合料运料车）尽可能地在硬路肩部位行驶，以避免重载车破坏行车道部位的底基层。

4）建立切实可行的施工质量保证体系

（1）建立健全质量管理制度：路面基层施工应根据全面质量管理的要求，建立健全完善的质量保证体系，实行严格的质量、工期和投资控制、工序管理与岗位责任制度，对施工各阶段的质量应进行检查、控制、评定，达到所规定的质量标准，确保施工质量及其稳定性。

（2）全面质量管理内容：施工全过程中的全面质量管理应包括施工准备，铺筑试验路段，施工过程中质量控制与管理，各项技术指标的检验、交工、竣工检查，出现施工技术问题的汇报、商议和解决等。应深入进行全员技术培训，提高施工操作及管理水平，严格质量检查、验收等关键环节。

（3）路面基层施工过程中，拌和站、摊铺现场、试验室等应有旁站监理工程师旁站，除承包人应按规定项目、批量或频率进行自检外，监理应按有关规定进行质量抽查与认定。基层施工的全过程，均应接受质量监督站及业主的监管。

3.2.2　原材料技术要求

（1）水泥：可采用普通硅酸盐水泥、矿渣硅酸盐水泥和火山灰质硅酸盐水泥。水泥的初凝时间不得少于3h，终凝时间不宜少于6h。不得使用快硬水泥、早强水泥以及已受潮变质的水泥。所用水泥的强度等级不应高于42.5级，宜采用32.5级（当采用32.5级的水泥，用设计水泥剂量不能满足基层的强度要求时，可考虑采用强度等级为42.5级的水泥）。

如果采用散装水泥，在水泥进场入罐时，要详细了解其出炉时间。刚出炉的水泥要停放7d以上，且安定性合格后方可使用；夏季高温作业时，散装水泥入罐温度不得高于50℃，如果高于这个温度又必须使用时，应采取降温措施。

（2）水：凡是饮用水（含牲畜饮用水）均可用于水泥稳定碎石结构层的施工，遇到可疑水源时，应进行试验鉴定，方可使用。

（3）集料：用于水泥稳定碎石基层中的碎石应质地坚硬、耐久、洁净、有良好的级配。用于底基层与基层的碎石最大粒径为31.5mm，碎石颗粒应接近立方体；细集料质地应坚硬、耐久、洁净，并具有良好级配。其合成级配应符合表3-2的要求，其技术指标要求应符合表3-3的要求。

水泥稳定碎石基层的集料级配范围　　　　　　表3-2

孔径(mm)	31.5	26.5	19	9.5	4.75	2.36	0.6	0.075
通过百分率(%)	100	90~100	68~86	38~58	22~36	16~28	8~15	0~3

注:粒径0.5mm以下细料无塑性指数时,0.075mm的通过率可放宽至5%。

水泥稳定碎石基层用集料技术要求　　　　　　表3-3

项目	最大粒径(mm)	轧制岩石强度	压碎值(%)	有机质含量(%)	硫酸盐含量(%)	液限(%)	塑性指数
技术要求	31.5	不低于2级	≤28	≤2	≤0.25	<25	<6

(4)水泥稳定碎石基层用碎石均应分四级备料,其参考分级(即规格)及各级料的预估大致比例如表3-4所示。并应特别注意防止粗集料的离析。

基层用碎石分级及各级料的预估比例　　　　　　表3-4

分级粒径(规格) (方孔筛,mm)	19~31.5	19~26.5	9.5~19	4.75~9.5	0~4.75
预估大致比例(%)	—	22	30	19	29

注:生产基层集料时,建议碎石场采用6mm、11mm、22mm和30mm四种方孔振动筛进行筛分。

(5)水泥稳定碎石基层用的各级料的规格应符合表3-5的要求。

基层用各级集料的规格要求　　　　　　表3-5

规格(mm)	通过下列筛孔(mm)的质量百分比(%)						
	31.5	26.5	19	13.2	9.5	4.75	0.075
19~26.5	100	90~100	0~15	—	—	—	—
9.5~19	—	100	90~100	—	0~15	—	—
4.75~9.5	—	—	—	100	90~100	0~15	—
0~4.75	—	—	—	—	100	90~100	0~10

3.2.3　混合料配合比设计

(1)承包人应按照《公路路面基层施工技术规范》(JTJ 034—2000)与《公路工程无机结合料稳定材料试验规程》(JTG E51—2009)的有关规定进行混合料的配比试验。

(2)承包人在基层开工之前,应将混合料配合比试验报告提交监理工程师批准。混合料配合比报告中应注明原材料的技术指标、来源和混合料的技术指标。材料来源变化时,应重做配合比试验报批。

(3)承包人应在所定料场选取有代表性的样品进行下列项目的试验。

①筛分。

②液限和塑性指数。

③碎石的压碎值试验。

④有机质含量(必要时做)。

⑤硫酸盐含量(必要时做)。

⑥水泥强度等级和初、终凝时间。

各项试验应按《公路工程无机结合料稳定材料试验规程》(JTG E51—2009)、《公路土工试验规程》(JTG E40—2007)、《公路工程水泥及水泥混凝土试验规程》(JTG E30—2005)进行试验,样品必须经试验证明合格后,才能采用。并对料场的各级料进行筛分,确定合适的掺配比例,使混合级配达到表3-5的规格要求。

(4)混合料配合比试验的试验步骤。

①备同一种样品、不同水泥剂量的混合料(水泥宜使用强度等级为32.5的)。

②通过振动压实成型试验,确定各种混合料的最佳含水率和最大干密度,应至少做三个不同水泥剂量,

根据经验可考虑采用 3.5%、4.0%、4.5%,如果是水泥混凝土路面的基层可考虑采用 4.5%、5%、5.5%,进行混合料的振动压实成型试验。

③按工地预定达到的压实度,分别计算不同水泥剂量的试件应有的干密度。

④按最佳含水率和计算得的干密度制备试件(采用振动压实成型方法),进行强度试验时,作为平行试验的最少试件数量应符合下列要求:当偏差系数 ≤15% 时,为 9 个;当偏差系数 ≥15%,但 ≤20% 时,为 13 个;当偏差系数 >20% 时,则应重做试验,并找出原因,加以解决。如不能降低偏差系数,则应增加试验数量。

⑤试验在规定温度[(20±2)℃]下保湿养生 6d、浸水 1d 后,按《公路工程无机结合料稳定材料试验规程》(JTG E51—2009)进行无侧限抗压强度试验。

⑥计算试验结果的平均值和偏差系数。

⑦水泥稳定碎石的 7d 浸水平均抗压强度 $R_平$ 应符合下式的要求,且 $R_平$ 不应大于 6MPa。

$$R_平 \geqslant R_设/(1 - Z_a C_v) \tag{3-1}$$

式中:$R_设$——设计抗压强度,在本项目中取 4.5MPa;

C_v——试验结果的偏差系数(以小数计);

Z_a——标准正态分布表中随保证率(或置信度 α)而变的系数,长湘高速公路应取保证率为 95%,即 $Z_a = 1.645$。

(5)在完成水泥稳定碎石基层配比试验后,还应进行水泥稳定碎石基层延迟时间(从加水拌和到试件成型所需的时间)对水泥稳定碎石性能达到的干密度和强度的影响试验。采用设计级配、设计水泥剂量与最佳含水率,拌和后分别延迟 1h、1.5h、2h、2.5h、3h 后进行制件,养生后进行无侧限抗压强度试验,来确定延迟时间对强度的影响。根据拟定水泥剂量的混合料的延迟时间与强度的关系曲线和要求达到的强度,确定施工时的容许延迟时间,并指导施工时间控制;或根据施工现场所需要的延迟时间和要求达到的强度确定是否需要调整拟定的水泥剂量(或水泥的品种、强度等级)。需要特别注意的是,混合料的施工容许延迟时间与施工气温是有很大关系的。气温越高,混合料的施工容许延迟时间就越短。因此,确定混合料的施工容许延迟时间必须考虑气温因素。高温施工时,务必要进行该项试验,以便指导施工。

(6)当试验确定施工时的容许延迟时间大于 2h 时,施工时应将 2h 作为容许延迟时间进行施工质量控制。

(7)水泥稳定碎石基层施工水泥剂量的确定。

①若配比试验确定的基层水泥剂量 ≤4.5%,且按照第(5)项的要求经延迟时间试验,在施工所需最长延迟时间(不大于 2h)的情况下,其无侧限抗压强度的代表值仍 ≥4.5MPa 时,工地实际采用的水泥剂量应比配比确定的水泥剂量多 0.5%。

②若配比试验确定的基层水泥剂量大于 4.5%,则必须改善集料的级配,或采用强度等级较高的水泥(如 42.5 级),再采用 4.5% 的水泥剂量重新进行试验,直至满足设计抗压强度和最小延迟时间要求时为止,而工地实际采用的水泥剂量应为 5.0%。

3.2.4 试验路段的铺设

(1)在正式开始铺筑水泥稳定碎石基层之前,应铺筑长度不少 100m 的试验路段。

(2)试验路开始前至少 14d,承包人应提出一个完整的试验路施工方案报监理工程师审批。施工方案内容包括试验人员、机械设备、施工工序和施工工艺等详细说明。试验路的开工必须在按要求的所有设备、人员、经批准使用的材料全部到位后方可进行,否则监理工程师不应批准。

(3)试验路的施工应在监理工程师的监督下进行。如果试验成功,试验路可作为永久工程的一部分。否则,应移出重做试验,直至成功为止。

(4)试验路段修筑成功后,承包人应进行总结,确定基层的施工方案,提出书面报告,书面报告中应包括以下内容。

①用于施工的配合比。

②材料的松铺系数。

③确定标准的施工方法。

a. 集料数量的控制。

b. 摊铺方法和适用机具。

c. 合适的拌和机械、拌和方法、拌和机械打印系统。

d. 混合料含水率的增减和控制方法。

e. 整平和整形的合适机具和方法。

f. 压实机械的选择和组合,压实的顺序、速度和遍数。

g. 拌和、运输、摊铺和碾压机械的协调和配合。

h. 确定质量控制及试验检测的方法等。

i. 覆盖养生方法。

j. 养护 7d,钻芯取样,检查芯样的完整性及其强度。

④确定每一作业段的合适长度。

⑤确定控制水泥剂量和拌和均匀性的方法。

⑥确定如何通过严密组织拌和、运输、摊铺、碾压等工序,缩短延迟时间。

(5)试验路完成后,应编写"试验路总结报告"。通过试验路确认的拌和方法、拌和机类型、压实方法、压实机械类型、压实系数、碾压遍数、压实厚度、最佳含水率及养护方法等均作为今后施工现场控制的依据。

3.2.5　施工工艺及技术要求

(1)水泥稳定碎石基层必须采用中心站集中厂拌法施工,拌和设备应采用带自动打印功能的专用稳定土集中厂拌机械设备。摊铺必须采用 2 台沥青摊铺机或稳定土摊铺机进行摊铺,不允许采用人工或平地机铺筑。

(2)只有当气温在 5℃以上且小于 35℃和非雨天时,才可进行水泥稳定碎石基层的施工,降雨时应停止施工,但已经摊铺的水泥稳定碎石混合料应尽快碾压密实。

(3)水泥稳定碎石基层厚 40cm,必须分为上、下两层进行施工,上层与下层压实厚度各为 19cm。

(4)在验收合格的水泥稳定碎石底基层或下基层上铺筑水泥稳定碎石下基层或上基层时,应先将底基层或下基层顶面清扫干净,洒水湿润,并在其表面撒铺干水泥或压力喷洒水泥浆,要求在摊铺前放样,打格子放置袋装水泥(水泥浆用搅拌器制作,采用压力罐喷洒,水泥用量一般不低于 1.5kg/m²),再进行水泥稳定碎石下基层或上基层的铺筑。水泥浆(或水泥)的洒布长度以不大于摊铺机前 30～50m 为宜;不得一次洒布过长,影响上下层的黏结强度。

(5)在生产能力较大,不用重型振动压路机碾压能够达到压实度要求的前提下,上、下基层可考虑采用连续施工的工艺,即在下层分段摊铺和碾压密实后,立即摊铺上一层。两层施工的时间间隔不超过水泥的终凝时间。采用重型振动压路机碾压施工,下层施工完后,应养生 7d 后方可按照第(4)项的要求铺筑上一层。

(6)中心站集中拌和应符合以下要求。

①应分级备料。在定购集料之前,应对料场每种不同规格(或粒级)的集料进行取样做筛分试验。在确保能够配制符合表 3-5 级配要求的前提下,按筛分情况计算出每种规格集料的备料比例。如果不能配制出符合表 3-5 级配要求的混合料时,应向材料供应商提出改进意见或更改料源。订货时,应向材料供应商提出各规格集料的颗粒组成要求,即对每种规格的集料,要规定 3～4 个筛孔的通过量的允许误差,如粗集料可考虑 ±4%～±8%,细集料可考虑 ±3%～±5%。该步工作应与混合料配合比设计工作紧密配合。

②建立不同规格集料的进场验收制度。材料进场时,要有专人验收,凡不符合规定的集料应拒收。

③对于土质场地,应事先整平、碾压,并做适当硬化处理,排水要畅通,避免雨季场地坑洼、泥泞和污染集料。

④不同粒级的集料应隔离,分别堆放,并设置醒目标志牌,注明材料品名、来源、规格、用途等信息。应事先计算各种不同粒级的集料需要量,计划进料时间,并计算各种不同粒级集料所需堆放场地的面积。避

免料多时互相交错,保持同一粒级集料颗粒组成无大的变化。在场地上堆放集料时,要一车一车集料先在预定面积上平放一层,然后往上平放一层,这样一层一层向上堆放可以减少集料堆放过程中的离析现象,保持同一粒级集料的均匀性。或者,料车在计划堆料场的一端堆料,然后用推土机在场地上摊开,并一层一层向上堆放。

⑤粒径 4.75mm 以下集料应设置遮雨设施,以防雨淋。如果粒径 4.75mm 以下集料在进场时含水率过大,比较潮湿,那么,堆放之前应当进行晾晒处理。

⑥为避免料斗中的集料串料,料斗上口之间要用隔板隔开,或料斗的上口不要紧靠在一起,要有一定距离,同时上料用的装载机的装料斗的宽度应明显小于料斗的上口宽度。

⑦对配料设备,必须在监理参与或见证的情况下,进行计量标定。或请技术监督局标定。

⑧在正式拌制混合料之前,必须先调试所用的设备,使混合料的颗粒组成和含水率都达到规定要求。原材料的颗粒组成发生变化时,应重新调试设备。

⑨拌和时应根据集料和混合料含水率的大小,及时调整加水量。拌和机加水装置处应有人严格管理。

⑩拌和配料应准确,严格控制水泥剂量,并应有容易控制的准确度高的加水计量装置。拌和时间宜尽量长些,保证混合料拌和均匀,拌和时间宜不小于 1min。

⑪每天开始拌和后,出料时应取样检查混合料是否符合设计的配合比,正常生产后,每 1～2h 应检查一次拌和情况,抽检其配比、含水率;高温作业时,早晚与中午要有所区别,要按温度变化进行适当的调整。拌和时的外加水与集料天然含水率之和比最佳含水率略高,潮湿天气时宜高 0.5%～1.0%,干燥、高温、风大天气时宜高 1%～2% 左右,以弥补混合料在延迟时间内的水分损失,使碾压时混合料的含水率在最佳含水率与最佳含水率加 1% 之间。

⑫装料时,自卸车应来回挪动车位,以尽量减小离析。卸料落差不应大于 2m。

⑬运料车装料出厂时,为防止表层混合料含水率损失过多,特别是在气温较高、阳光大和有风的气候条件下,车厢必须覆盖,并应尽快将拌和的混合料运送到铺筑现场,减少水分损失,保证在容许的延迟时间内能压实好。

(7)摊铺前的准备工作。

①水泥稳定碎石基层的下承层表面存在松散、孔洞等损坏时,要提前处理。

②提前放样布点,布点一般为 10m 一个桩,一次挂线一般以 100～150m 长为宜,钢丝张紧力应不小于 100kg,要使"基准钢丝"在两桩之间产生的最大挠度值不超过 2mm,必要时要加密支撑杆。装模固定后,调好摊铺机,检查摊铺机的油料是否充足,各施工岗位的人员是否到位,钢尺、测绳、补料的斗车钢筛等设备是否准备好。接头松散材料是否铲除。

③检查拌和楼、装载机、车队、电源以及原材料是否达到要求。

④水泥浆(或水泥)的撒布:水泥稳定碎石基层施工前,应先划分网格,并根据网格面积,计算撒布水泥量,在网格内摆放水泥,经监理工程师验收后,方可进行水泥的撒布,并保证水泥的撒布均匀。对于水泥浆的喷洒,也应根据洒布长度计算水泥用量,并摆放在路旁,经监理验收后,加入水泥浆搅拌设备内拌和,施工前洒布均匀。

(8)拌和机与摊铺机的生产能力应互相匹配,摊铺机宜连续摊铺,拌和机的产量宜大于 500t/h。如拌和机的生产能力较小,摊铺机应采用较低速度摊铺,减少停机待料的情况。

(9)水泥稳定碎石的摊铺应采用两台摊铺机作梯队摊铺,两台摊铺机前后相距 5～8m,保证摊铺速度一致、摊铺厚度一致、松铺系数一致、路拱坡度一致、摊铺平整度一致、振动频率一致。摊铺施工过程中,现场施工员应不时地进行横向平整度的检查,要求横向平整度小于 8mm。对超出 8mm 的部位,应采用必要的措施解决。摊铺时应尽量避免粗细集料离析现象,发现有离析现象时,应设专人及时处理,特别是局部粗集料窝应该铲除,并用新拌混合料填补。上、下基层摊铺的纵向接缝应错开 50～100cm。两幅搭接处应避开车道轮迹带位置。

(10)及时进行碾压,碾压过程中,混合料表面应始终保持湿润,如水分蒸发过快,应及时喷洒少量水。水泥稳定碎石层采用重型振动压路机配合重型胶轮压路机进行碾压。碾压顺序为:钢轮压路机稳压(即静压 1~2 遍)—胶轮碾压—轻振压—重振压—最后胶轮压路机碾压,必要时用钢轮压路机静压收光,直到无轮迹为止。经拌和的水泥稳定碎石混合料宜在 1h 以内碾压完成,并达到要求的密实度。碾压过程中,如有"弹簧"、松散、起皮等现象,应及时处理。为及时指导现场压实工作,现场应配备核子密度仪进行压实度快速检测。另外,在碾压过程中应进行标高、平整度的及时跟踪检测(平整度采用 6m 直尺检查),如发现严重超标,应及时修整。

(11)如果水泥稳定碎石层的上部分密实,下部分松散,说明压实不到位。水泥稳定碎石层的碾压过程为:应先用钢轮压路机静压 1 遍后,进行平整度修正合格后再静压 1 遍,然后用重型胶轮压路机碾压 2~3 遍,再用重型钢轮振动压路机由弱振到强振共 3~5 遍,直至压实度合格为止,最后静压收光。每摊铺完20~30m 后压路机开始碾压,碾压时,轮迹重叠为 30~50cm,碾压段落必须层次分明、设置明显的分界标志、有监理旁站。

压路机倒退换挡要轻且平顺,不要拉动下卧层,在第一遍初步稳压后,倒车时尽量原路返回;换挡位置应位于已压好的段落上。压路机手在停车之前必须先停振,每个碾压段落的终点呈斜线错开状,检查平整度时压路机宜停在已压好的地段;压路机禁止急停、急转弯。

(12)用摊铺机摊铺混合料时,不宜中断。如因故中断,且在混合料的施工容许延迟时间之内不能恢复正常摊铺时,应设置横向接缝。接缝面垂直于路基顶面。横向接缝应符合下列要求。

①摊铺机驶离混合料的末端。

②人工将末端含水率合适的混合料修饰整齐,可紧靠混合料放置方木,方木的高度应与混合料的压实厚度相同,整平紧靠方木的混合料。

③方木的另一侧用碎石回填约 3m 长,其高度应高出方木几厘米。

④将混合料碾压密实。

⑤在重新开始摊铺混合料之前,将碎石和方木除去,并将下承层顶面清扫干净。

⑥摊铺机返回到已压实层的末端,重新开始摊铺混合料。

(13)如果摊铺中断后,混合料未在其施工容许延迟时间内完成压实工作,又未按上条进行横向接缝处理,则应将摊铺机附近及其下面未经压实的混合料铲除,并将已碾压密实且高程和平整度符合要求的末端挖成与路中心线和上一层顶面均垂直的断面,然后再摊铺新的混合料。

(14)不得设置纵向接缝。混合料摊铺应采用两台摊铺机一前一后相隔约 5~8m 同步向前摊铺,并一起进行碾压。

(15)其他应注意的问题。

①接头的施工技术:摊铺开始时接头可适当加点水泥灰,喷少量的水增加黏结力,摊铺机离开 2~3m 后开始用直尺纵向搭接于新旧基层上,用平整度塞子检查,不符合要求时人工立即铲修接头,压路机横向碾压数遍,致使新旧基层平整度保持一致。

②高程的控制:技术人员要经常检查挂线是否牢靠,摊铺每前进 3m 测一次布线常数,及时调整传杆器的高度。

③基层两侧处理:人工布料,高程适当高 1cm 左右,压路机碾压完后用平板振动器夯实,边模拆模后,有松散的、掉角的、空洞的需用细料及时补平。

(16)施工完毕后的组织。

①摊铺完毕,摊铺机驶离接头部位,作接头,用 6m 直尺纵向检查,最端头处大于 8mm 处切除,个别人工重新补料夯实,民工队收理工具,采用大片麻袋或薄膜满铺覆盖养生(最好采用保湿养生膜),封闭交通。并对摊铺机、拌和设备、运输车辆等进行清理,残余的混合料应废弃。

②水泥稳定碎石基层应半幅施工,并保证上、下基层半幅全部施工完毕后,且养生完成能保证运料车的通行后,才可进行另外半幅的施工。下基层原则上不允许除洒水车外的其他任何车辆通行。

③上基层养生完成后,可开放施工车辆通行,包括运料车的通行,但施工单位应加强交通组织和交通管制,应保证重型运料车仅在硬路肩或超车道上行驶。

3.2.6　养生

(1) 水泥稳定碎石基层在碾压完成并经压实度检查合格后,应立即开始养生。

(2) 养生宜采用保湿养生薄膜或大片麻袋满盖并洒水保湿的方法进行。在整个养生期内,必须始终保持处于湿润状态。加水保湿养生时,洒水车应做成喷头形式,且向上喷洒,使水成雾状自由下落到基层表面,禁止用压力水或水流直接洒向基层表面。

(3) 水泥稳定碎石上基层也可采用沥青养生。水泥稳定碎石基层在碾压完成并经压实度检查合格后,待表面稍干,立即浇洒透层油、铺筑沥青封层。

(4) 水泥稳定碎石养生期间,除洒水车以外,应封闭交通。确实不能封闭时,应限制重型车辆通行,其他车辆也应限制在硬路肩上行驶,行驶速度不应超过30km/h,且不得转弯、调头及急刹车。

(5) 养生期不得少于7d。养生期结束后,表面完全干燥后,应彻底清扫干净,并尽快进行煤油稀释沥青透层的施工。

3.2.7　施工质量检查与验收

1) 取样和检验

承包人在施工过程中应加强基层的外形尺寸与质量的控制和检查,并按《公路路面基层施工技术规范》(JTJ 034—2000)规定的外形尺寸管理和质量控制的项目、检查频率进行。

(1) 施工过程中,承包人应对基层原材料进行试验检验,其检验的方法与频度见表3-6。

(2) 承包人应按表3-7中规定的频率和质量标准进行水泥稳定碎石基层的外形管理。

(3) 承包人应按表3-8规定的质量控制项目、频率和质量标准进行质量控制和管理。

水泥稳定碎石基层原材料的质量检验　　　　　　　　　　　表3-6

试验项目	频度	标准	试验方法
含水率	每天使用前测2个样品	确定加水量	烘干法、酒精燃烧法等
颗粒分析	每2 000m³测2个样品,碎石种类变化时必须做	级配符合订货时提出的要求	筛分法
液限、塑限	每种细集料使用前测2个样品,使用过程中每2 000m³测2个样品	液限与塑性指数符合要求	液限塑限联合测定法测液限,滚搓法塑限试验测塑限
压碎值	每2 000m³测2个样品,碎石种类变化必须时做	≤30%	集料压碎值试验
水泥强度等级和初、终凝时间	必要时测	强度等级为32.5或42.5;初凝时间≥3h,终凝时间≥6h	水泥胶砂强度检验方法,水泥凝结时间检验方法

水泥稳定碎石基层的外形管理　　　　　　　　　　　表3-7

项目		频率	质量标准	
			底基层	基层
纵断高程(mm)		每20延米一个断面,每断面3~5点	+5,-15	+5,-10
厚度(mm)	均值	每1 500~2 000m²测6点	-10	-8
	极值		-25	-15
宽度(mm)		每40延米1处	+0以上	+0以上
横坡度(%)		每100延米3处	±0.3	±0.3

项目	频率	质量标准	
		底基层	基层
平整度(mm)	每 200 延米 2 处,每处连续 10 尺(3m 直尺)	12	8
	连续式平整度仪的标准差(mm)		3.0

水泥稳定碎石基层的质量管理　　　　　　　　　表 3-8

项目	频率	质量标准	达不到要求时的参考处理措施	备注
级配	每作业段或不超过 2 000m² 检验 1 次,异常时随时试验	符合表 3-5 要求	调查原材料,按需要修正配合比	在现场摊铺、整平过程中取样
水泥剂量	每作业段或不超过 2 000m² 1 次,至少 6 个样品	不小于设计值 -1.0%	检查原因,进行调整	在现场摊铺、整平过程中取样
含水率	观察异常时随时试验	拌和时:$w_0 + 1\% \sim w_0 + 2\%$;碾压时:$w_0 \sim w_0 + 1\%$(w_0 为最佳含水率)	含水多时,进行晾晒;过干时补充洒水	拌和过程中,开始碾压时及碾压过程中检验。注意规定的延迟时间
拌和均匀性	随时观察	无灰条、灰团色泽均匀,无离析现象	补充拌和,处理粗集料窝和粗集料带,通知拌和场,增加拌和时间	
压实度	每一作业段或不超过 2 000m² 检查 6 处以上	基层≥98%	在延迟时间内,继续碾压,局部含水率过大或材料不良地点,挖除并换填符合要求的混合料	以灌砂法为准。每个点受压路机的作用次数力求相等。碾压过程中,应用核子密度仪进行压实度快速检测,以及时指导现场压实工作
抗压强度	每一作业段或不超过 2 000m² 取 13 个试件	代表值≥4.5MPa	调查原材料,按需要增加结合料剂量,改善材料颗粒组成或采取其他措施(提高压实度)	整平过程中随机取样,一处一个样品,不应混合,制作时不再拌和,试件密度与现场达到的密度相同
延迟时间	每个作业段 1 次	符合根据 3.2.3 节(5)和(6)条确定的时间	适当改进施工方法与加强组织	记录从加水拌和到碾压结束的时间

2)检查验收

(1)基本要求。

集料性能、级配符合要求;水泥剂量、质量符合设计和规范要求;混合料拌和均匀,无粗细颗粒离析现象。养生符合规范要求,高程、平整度符合要求。板结性好,钻芯取样检查,芯样完整,级配均匀且无较大的空洞,且底基层、下基层、上基层三层的芯样应连接成一个整体。

(2)实测项目。

水泥稳定碎石基层的允许偏差及检验方法见表 3-9(表中规定频率为验收时取样和试验的最低频率)。

（3）外观鉴定。

①表面平整密实、无坑洼、无明显离析、边线整齐、无松散、软弹现象。

②施工接头平顺。

水泥稳定碎石基层实测项目 表 3-9

项次	检查项目		规定值或允许偏差	检查方法和频率
1	压实度（%）	代表值	≥98	每 200m 每车道 2 处
		极值	94	
2	平整度（mm）		8	3m 直尺：每 200m 测 2 处×10 尺
3	纵断高程（mm）		+5~10	水准仪：每 200m 测 4 断面
4	宽度（mm）		不小于设计值	尺量：每 200m 测 4 处
5	厚度（mm）	代表值	-8	每 200m 每车道 1 点
		极值	-15	
6	横坡（%）		±0.3	水准仪：每 200m 测 4 点
7	强度（MPa）		代表值≥4.5MPa	
8	钻芯取样		完整均匀及上基层、下基层、底基层连续的芯样	每个车道 500m 钻芯 1 个

（4）不合格工程处理。

①若水泥稳定碎石基层存在水泥剂量不够、碾压完成之前超过延迟时间导致板结不良、厚度不够、试件强度不够或钻芯取不出完整芯样等问题，均应清除重铺。

②水泥稳定碎石基层的顶面高程偏差、平整度、宽度、厚度等应严格符合表 3-9 的要求，对不符合表 3-9 要求的下基层，应报监理工程师批准，采取监理工程师批准的方法进行局部处理。

上基层的高程偏差应严格控制在 -10~5mm，禁止上基层高程偏差超过 5mm，若出现上基层高程偏差超过 5mm 的情况，应采取精整机将超高部分铣削至低于 5mm，并保证基层的厚度在容许偏差范围内，以及不破坏基层结构，否则应清除重铺。基层平整度超过 8mm 时，也应采用精整机铣削表面并保证基层的厚度在容许偏差范围内，以及不破坏基层结构，否则应清除重铺。

③对水泥稳定碎石底基层、基层的局部损坏进行修补时，应清除全厚的损坏部分底基层、基层，并用相同的、合格的材料进行修补，严禁采用不同的材料或表面粘贴薄层的修补方法；对修补部位，应进行充分的压实，压实度应达到规范的要求，并进行不少于 7d 的覆盖保湿养生，养生期间必须进行交通管制。

（5）基层表面裂缝的处理：在水泥稳定碎石基层施工过程中应及时碾压、及时养生，以减少水泥稳定碎石的收缩裂缝，在铺筑沥青封层或沥青底面层之前，应仔细检查水泥稳定碎石基层是否存在收缩裂缝，如果发现收缩裂缝，为防止或延缓沥青路面产生反射裂缝，对基层上的收缩裂缝，首先应采用改性沥青进行灌缝，然后在裂缝上采取必要的防裂处理措施后，方可进行封层或沥青下面层的施工。

3.3　连续配筋混凝土基层

3.3.1　施工组织与质量保证体系

1）施工组织及前期准备工作

（1）连续配筋混凝土开工前，业主应组织设计、施工、监理单位进行技术交底。

（2）承包人应根据设计图纸、合同文件、施工条件等，按规定的施工方式、机械设备、日期等进场，由于隧道路面有其特殊性，承包人应确定完善的隧道路面施工工艺流程、施工方案，编制详细的施工组织设计。充分做好隧道路面的施工前期准备工作。

（3）在连续配筋混凝土开工前,承包人应对施工、试验、机械、管理等岗位的技术人员和各工种技术工人进行培训。未经培训的人员不得单独上岗操作。

（4）承包人应重视拌和场的场地建设和管理。

①拌和场场地应宽阔、平整,场地应硬化,尽量远离居住区,应符合《公路环境保护设计规范》(JTG B04—2010)的有关要求。

②四周和场地内必须做好排水,场地内不得有积水。

③储料堆之间必须设置足够高度、足够结实的隔离墙,分隔墙顶面高度应高于料堆坡脚至少50cm以上,料堆形状为梯形。

④储料仓应设置抗风的钢结构雨棚,特别是细集料储料仓,起遮荫遮阳避雨之用。

⑤确保进出场道路和场内道路有序、畅通、安全,各种运料车和装载机各行其道,尽量避免交叉。

（5）施工工地必须建立工地实验室。承包人在备料和施工过程中,应对路面原材料进行调查取样、定期抽检和试验分析,提供符合要求的原材料和配合比试验报告;控制拌和物工作性;提供抗压强度、弯拉强度、钻芯劈裂强度、平整度、板厚等自检结果。

（6）在连续配筋混凝土开工前,应对其下承层的贫混凝土基层表面进行验收,保证其高程符合设计和验收规范的要求,平整度应控制在8mm以内(3m直尺),不合格的路段要进行局部处理。

（7）在连续配筋混凝土基层开工前应对混合料与原材料运输车辆配备专人进行交通管制,做好运输车辆的交通分流工作,使之不形成渠化交通的轮迹,防止破坏下承层和出现交通阻塞与安全事故。

（8）应建立混凝土浇筑现场和拌和站之间的快捷有效的通信联络。在施工进行中,指挥台必须有人不间断值班,随时联络,及时进行生产调度和指挥。

（9）每次铺连续配筋混凝土,应立即在左侧人行道用红油漆标出百米桩和起讫桩号,并注明施工时间,以便检查养护时间。

（10）承包人应按照《湖南省高速公路精细化施工细则》的附件"湖南省高速公路施工标志牌制作手册",准备和布置拌和场、道路上的各种施工标志牌。

2）质量保证体系

（1）建立健全质量管理制度:路面施工应根据全面质量管理的要求,建立健全质量保证体系,实行严格的质量、工期和投资控制、工序管理与岗位责任制度,对施工各阶段的质量应进行检查、控制、评定,达到所规定的质量标准,确保施工质量及其稳定性。

（2）全面质量管理内容:施工全过程中的全面质量管理应包括施工准备,铺筑试验路段,施工过程中质量控制与管理,各项技术指标的检验、交工、竣工检查,出现施工技术问题的汇报、商议和解决等。应深入进行全员技术培训,提高施工操作及管理水平,严格质量检查验收等关键环节。

（3）路面施工过程中,拌和站、摊铺现场、试验室和施工现场等应有旁站监理工程师,除承包人应按规定项目、批量或频率进行自检外,监理应按有关规定进行质量抽查与认定,质量监督站及业主应对工程质量进行监督。

3.3.2　原材料技术要求

1）水泥

（1）应采用抗折强度高、收缩性小、耐磨性强、抗冻性好的水泥。应优先采用旋窑道路硅酸盐水泥,其次采用旋窑硅酸盐水泥或普通硅酸盐水泥。水泥强度等级要求不低于42.5,28d抗折强度不低于7.0MPa。水泥抗折强度、抗压强度以及化学成分、物理性能等路用品质要求应符合《公路水泥混凝土路面施工技术规范》(JTG F30—2003)的规定。其他技术指标应符合《通用硅酸盐水泥》(GB 175—2007)和《道路硅酸盐水泥》(GB 13693—2005)的规定。

（2）同一路段应使用同一生产厂家同一品牌与强度等级的水泥。未经批准的任何厂家和品牌的水泥均不得使用。

(3)任何品牌的水泥(即使是免检产品),不论厂家检验单如何记载,承包人均应对每批水泥取样检验其质量(包括强度等级、凝结时间、安定性、组成成分),并向工程师提供一份清单,同时说明厂家名称、品牌、水泥种类及数量,并附上厂家的检验单,以证实该批水泥已经过试验分析,在各方面均符合规范要求,以便工程师核查审批。不合格的水泥不得用于混凝土路面,其处理应经工程师同意。

(4)承包人应在适当地点修建完全干燥、通风良好、能防雨防水,并有足够容量的工棚,以储存及处置水泥。水泥的存放期不得超过三个月。

(5)承包人选用水泥时,水泥的各项路用品质必须合格,并应通过混凝土配合比试验,根据其试配强度、耐久性和工作性确定可使用水泥的品种、强度等级及生产厂家。不同品种、牌号、强度等级、厂家的水泥,严禁混装和混合使用。散装水泥的夏季出厂温度,控制不大于65℃,混凝土搅拌时的水泥温度不宜大于60℃,冬季施工不宜低于10℃。

2)粗集料

(1)粗集料必须采用洁净、耐久、质地坚硬的碎石,宜采用石灰石碎石,不得含有泥块。粗集料级别不应低于Ⅱ级,其技术要求应符合表3-10的要求。粒径<0.075mm的石粉含量不宜超过1%。

混凝土路面用碎石技术要求   表3-10

项目	技术要求
石料强度(MPa)	水成岩≥60;变质岩≥80;火成岩≥100
压碎值(%)	<15
针、片状颗粒含量(%)	<15
硫化物及硫酸盐含量(折算为SO_3)(%)	<1.0
含泥量(冲洗法)(%)	<1.0
有机物含量(比色法)	合格
坚固性(按质量损失计)(%)	<8

注:压碎值按《公路工程集料试验规程》(JTG E42—2005)T 0316"粗集料压碎值试验"进行,压碎值利用$y=0.816x-5$换算得到(y为压碎值,x为试验值)。

(2)粗集料不得使用不分级的统料,应按4.75~9.5mm、9.5~19mm和19~26.5mm三级备料(规格应符合表3-11的要求),碎石场的振动筛分机应配备相应的筛网(可考虑安装6mm、11mm、22mm和30mm四种筛网)。采用二级或三级破碎工艺,粗破可以使用颚式破碎机,细破应采用反击式、锤击式破碎机,控制针片状颗粒含量。其级配应符合表3-12的要求。

各种规格碎石的规格要求   表3-11

规格 (mm)	通过下列筛孔(mm)的质量百分比(%)						
	31.5	26.5	19	16	9.5	4.75	2.36
19~26.5	100	90~100	0~15	0~5	—	—	—
9.5~19	—	100	85~100	50~70	0~15	0~5	—
4.75~9.5	—	—	—	100	85~100	0~20	0~5

混凝土路面粗集料级配范围   表3-12

级配	通过下列筛孔(mm)的质量百分比(%)						
	31.5	26.5	19	16	9.5	4.75	2.36
4.75~26.5	100	95~100	60~75	30~50	10~30	0~10	0~5

3)细集料

(1)细集料应采用质地坚硬、耐久、洁净的天然砂,级别不应低于Ⅱ级,优先采用河砂,砂的硅质含量不应低于25%。技术要求应符合表3-13的要求。

混凝土路面用砂的技术要求 表 3-13

项目	技术要求	项目	技术要求
含泥量(%)	<2.0	轻物质含量(按质量计)(%)	<1.0
泥块含量(%)	<1.0	氯化物(按氯离子质量计)(%)	<0.02
有机物含量	合格	硫化物及硫酸盐含量(按SO_3质量计)(%)	<0.5
云母含量(%)	<2.0	坚固性指标(%)	<8.0

(2)砂按细度模数分为粗砂、中砂、细砂,本项目使用的天然砂宜为中砂,也可使用细度模数在 2.3 ~ 3.2 的砂,但尽可能采用细度模数在 2.5 以上的砂。同一配合比用砂的细度模数变化范围不应超过 0.3,否则应分别堆放,并调整配合比中的砂率后使用。

(3)细集料的级配应满足表 3-14 的规定。

细集料的级配范围 表 3-14

砂分级	方孔筛尺寸(mm)					
	4.75	2.36	1.18	0.6	0.3	0.15
	累计筛余(%)					
粗砂	90 ~ 100	65 ~ 95	35 ~ 65	15 ~ 29	5 ~ 20	0 ~ 10
中砂	90 ~ 100	75 ~ 100	50 ~ 90	30 ~ 59	8 ~ 30	0 ~ 10
细砂	90 ~ 100	85 ~ 100	75 ~ 100	60 ~ 84	15 ~ 45	0 ~ 10

4)水

混凝土搅拌和养护及清洗集料用水应清洁,不应含有影响混凝土质量的油、酸、碱、盐类,宜采用饮用水。使用非饮用水时,应按《公路工程水质分析操作规程》(JTJ 056—84)进行水质化学分析,其硫酸盐含量(按 SO_3^{2-} 计)不得超过 2.7mg/cm^3,含盐量不得超过 5mg/cm^3,pH 值不得小于 4。

5)外加剂

(1)外加剂的产品质量应符合表 3-15 的要求。供应商应提供国家或省级外加剂检测机构的检验报告,并应在充分试验和实地试用后使用。对钢筋有锈蚀作用与混凝土有腐蚀作用的外掺剂不得使用。外掺剂的使用必须经批准后方可使用。

(2)宜选用减水率大、坍落度损失小、可调控凝结时间的复合型减水剂。

混凝土外加剂的技术性能指标 表 3-15

试验项目		普通减水剂	高效减水剂	早强减水剂	缓凝高效减水剂	缓凝减水剂	引气减水剂	早强剂	缓凝剂	引气剂
减水率(%),≥		8	15	8	15	8	12	—	—	6
泌水率比(%),≥		95	90	95	100	100	70	100	100	70
含气量(%)		≤3.0	≤4.0	3.0≤	<4.5	<5.5	>3.0	—	—	>3.0
凝结时间	初凝	−90 ~ +120	−90 ~ +120	−90 ~ +120	> +90	> +90	−90 ~ +120	−90 ~ +120	> +90	−90 ~ +120
	终凝				—	—				
抗压强度比(%)≥	1d	—	140	140	—	—	—	135	—	—
	3d	115	130	130	125	100	115	130	100	95
	7d	115	125	115	125	110	110	110	100	95
	28d	110	120	105	120	110	100	100	100	90
收缩率比(%),28d,≤		120	120	120	120	120	120	120	120	120
抗冻标号		50	50	50	50	50	200	50	50	200
对钢筋的锈蚀作用		应说明对钢筋无锈蚀作用								

6）钢筋

（1）连续配筋混凝土路面所用钢筋应顺直,不得有裂纹、断伤、刻痕、表面油污和锈蚀。

（2）钢筋的质量技术要求应符合《钢筋混凝土用钢　第 1 部分:热轧光圆钢筋》（GB 1499.1—2008）和《钢筋混凝土用钢　第 2 部分:热轧带肋钢筋》（GB 1499.2—2007）和《钢筋混凝土用钢　第 3 部分:钢筋焊接网》（GB/T 1499.3—2010）等现行的国家有关标准。

3.3.3　配合比设计

（1）连续配筋混凝土配合比设计与普通水泥混凝土基本相同。

（2）承包人至少应在混凝土路面摊铺之前 28d 进行混凝土混合料的配合比设计,它应包括原材料标准试验、混凝土的抗折强度和抗压强度值、原材料的来源和集料级配要求、每立方米混凝土中各种材料的质量、水灰比、外掺剂的百分比及使用方法、坍落度、拌和方法、质量控制手段等详细资料以及工程师要求的任何其他资料。承包人应备足够数量的各种试验用原材料,以便在工程师认为需要做对比试验时,免费提供各种原材料。

（3）混凝土的配合比设计应满足下列四项技术经济要求。

①弯拉强度。

28d 设计弯拉强度 f_r 不小于 5.0MPa,并检验抗压强度,其抗压强度要求不小于 40MPa。

试配弯拉强度 f_c 应按下式确定:

$$f_c = \frac{f_r}{1 - 1.04C_v} + ts \tag{3-2}$$

式中:s——弯拉强度试验样本的标准差（MPa）;

　t——保证率系数,样本数 n 为 3、6、9、15、20 组时,t 分别取 1.36、0.79、0.61、0.45 与 0.39;

　C_v——弯拉强度变异系数,应根据施工单位以往的施工质量控制水平,按统计数据在 0.05~0.1 取值,无统计数据时,取为 0.1。

②工作性。

连续配筋混凝土的混合料摊铺坍落度要求为 20~40mm,三辊轴机组摊铺混凝土最大单位用水量不得大于 153kg/m³。

③耐久性。

a.混凝土路面的水泥混凝土应使用引气剂,本项目的混凝土含气量应控制在 3.5%±1.0%。

b.水灰（胶）比不大于 0.44。最小水泥用量不少于 360kg/m³,如果掺用粉煤灰时,其掺量不得大于水泥用量的 12%。

④经济性。

在满足上述三项技术要求的前提下,以单位重量水泥获得的弯拉强度最大为经济性评价标准。混凝土路面最大水泥用量不宜大于 400kg/m³,掺用粉煤灰时,最大胶材总量不宜大于 420kg/m³。

（4）路面混凝土中掺外加剂应符合下列要求。

①在最大水灰（胶）、合适的水泥用量、最大单位用水量等条件限制下,当只掺引气剂无法配出工作性满足要求的混凝土时,应掺减水剂或掺具有引气、减水等多功能复合型外掺剂。混凝土拌和物高温施工时的初凝时间不得小于 3h,小于 3h 应采取缓凝或保塑措施,可使用引气缓凝型减水剂;低温施工时的终凝时间不得大于 10h,大于 10h 时,亦采取必要的促凝或早强措施,可使用引气早强型减水剂。

②外加剂掺量应通过适应性检验,并由混凝土试配试验确定。各种外加剂应以溶液加入,其稀释用水和原液中用水量,应从拌和时的加水量中扣除。引气剂的适宜掺量应通过拌和物含气量测定进行控制。

③引气剂与减水剂或其他外加剂复配在同一水溶液中时,应注意它们的可共溶性,防止外加剂溶液发生絮凝、沉淀现象。如产生絮凝现象,应分别稀释并分别加入搅拌机。有沉淀的液体或粉末外加剂,应每 1d 清除一次稀释池中的沉淀物。

（5）连续配筋混凝土配合比计算参数的确定及配比确定与普通水泥混凝土相同，参见《公路水泥混凝土路面施工技术规范》（JTG F30—2003）。

3.3.4　施工准备

1）施工机械与设备要求

（1）搅拌设备。

连续配筋混凝土施工必须配备满足施工速度及工期要求的具有足够生产容量的自动重量计量的双卧轴或行星立轴强制式的自动搅拌楼，且要求具有二级以上计算机控制加水量装置，最小生产容量不得小于 $50m^3/h$，不得使用以体积计量砂石料的自落式滚筒小搅拌机，严禁使用人工控制加水量。

（2）运输设备。

当混凝土外掺高性能减水剂时，可使用水泥混凝土搅拌罐车；采用 $5\sim20t$ 的自卸汽车，自卸汽车后挡板应关闭紧密，运料时不漏浆撒料，车箱板应平整光滑。严禁拌和物硬化在车厢或罐内。用自卸汽车运输时，应架设临时搭板，以便汽车行走卸料。

（3）摊铺设备。

考虑到长湘高速公路隧道路面施工的实际情况，应采用三辊轴机组施工。因此，应配备一套三辊轴机组以及与之相配套的振捣设备（排振）。长湘高速公路隧道连续配筋混凝土板厚24cm，宜采用直径168mm的辊轴。

（4）其他振捣设备、洒水车等其他施工辅助配套设备应满足相关规范的规定以及本工程实际的需要。

（5）搅拌站设置。

搅拌站应根据本合同隧道布置情况，尽可能缩短最大运距与平均运距。搅拌站内部布置应满足原材料储运、混凝土运输、供水、供电、钢筋加工等使用要求，并尽量紧凑，减少占地。搅拌楼宜安装在上风头。确因地形等条件限制，砂石料堆场面积不足时，可在搅拌站附近设置砂石料储备转运场。搅拌站应有充足的水、电供应，同时，保证原材料运输车辆和混凝土运输车辆的交通组织顺畅。

（6）试验检测设备见表3-16。

需配备的试验设备　　　　表3-16

序号	设备名称	单位	最低数量要求
1	标准养护室［温度（20±2）℃，相对湿度≥95%］	m²	30
2	200t 以上压力机	台	1
3	100kg 台秤	台	1
4	水泥净浆搅拌机	台	1
5	水泥标准稠度仪	台	1
6	雷氏夹	台	1
7	煮沸箱	台	1
8	水泥胶砂搅拌机	台	1
9	水泥胶砂振实台	台	1
10	标准恒温恒湿养护箱	台	1
11	电动抗折试验机	台	1
12	负压筛析仪	台	1
13	针片状规准仪	台	1
14	压碎值测定仪	台	1

序号	设备名称	单位	最低数量要求
15	容量桶	套	1
16	台秤(100kg)	台	2
17	电子天平(15kg/0.1g、5kg/0.01g)	台	1
18	烘箱	台	2
19	电动切石机	台	1
20	砂轮磨平机	台	1
21	水泥混凝土搅拌机	台	1
22	水泥混凝土标准振动台	台	1
23	抗折试验夹具	套	1
24	劈裂试验夹具	套	1
25	坍落度筒	台	1
26	含气量测定仪	台	1
27	平整度仪	台	1
28	构造深度仪	套	1
29	回弹模量测定仪	台	1
30	路面取芯机 (φ150mm、取芯深度不少于30cm)	台	1

2)施工前材料与设备检查

(1)路面开工前,承包单位试验室应对计划使用的原材料进行质量检验和混凝土配制优选,监理应对原材料抽检和配合比试验验证,与符合质量要求的原材料厂商签订供应合同。

(2)原材料进场以及施工过程中发生材料来源或规格等发生变化时应将相同料源、规格、品种的原材料作为一批,分批量分别检验,并储存。原材料的检验项目和批量应符合表3-17的规定。

混凝土原材料的检测项目和频率   表3-17

材料	检查项目	检查频度
水泥	抗折强度、抗压强度、安定性	机械摊铺1 500t,小型机具500t 1批
	凝结时间、标准稠度用水量、细度	机械摊铺2 000t,小型机具500t 1批
	CaO、MgO、SO$_3$含量,铝酸三钙、铁铝酸四钙含量,干缩率,耐磨性、碱度,混合材料种类及数量	必要时随时检测,每标段不少于3次
	温度、水化热	冬、夏季施工随时检测
粉煤灰	细度、烧失量	机械摊铺1 500t,小型机具500t 1批
	需水量比、SO$_3$含量	每标段不少于3次
碎石	针片状、超径颗粒含量、级配	机械摊铺2 500m^3,小型机具1 000m^3 1批
	含泥量、泥块含量、压碎指标、岩石抗压强度	机械摊铺1 000m^3,小型机具500m^3 1批
	坚固性	每种碎石或每标段不少于3次
	含水率	随时测
	表观密度、堆积密度、空隙率	试验及施工需要时测

材料	检查项目	检查频度
砂	细度模数、级配	机械摊铺 2 000m³，小型机具 1 000m³ 1 批
	含泥量、泥块含量	机械摊铺 1 000m³，小型机具 500m³ 1 批
	坚固性	每种砂或每标段不少于 3 次
	云母含量	目测有云母时测
	轻物质与有机物含量	机械摊铺 1 000m³，小型机具 500m³ 1 批
	含盐量（硫酸盐、氯盐）	必要时测
	含水率	随时测
	表观密度、堆积密度、空隙率	试验及施工需要时测
外加剂	减水剂、减水率、液体外加剂含固量和比重、粉状外加剂的不溶物含量	机械摊铺 5t，小型机具 3t 1 批
	引气剂引气量，气泡细密程度和稳定性	机械摊铺 2t，小型机具 1t 1 批
养生剂	有效保水率、抗压强度比、含固量、膜水溶性、耐磨性	开工前或有变化时测，每标段不少于 3 次
	成膜时间	施工需要时测
水	pH 值、含盐量、硫酸根及杂质含量	开工前和水源有变化时测

注：①所有项目开工前，均应检验。
　　②数量不足一批时，按一批检验。
　　③当原材料规格、品种、生产厂家、来源发生变化时，必须检验。

（3）施工前必须对机械设备、测量仪器、基准线或模板、机具、工具及各种试验仪器及拌和站的所有计量系统等进行全面检查、调试、校核、标定、维修和保养，并试运行正常。对机械化施工主要设备的易损零部件应有适量储备。

3）贫混凝土基层的检查与修整

（1）连续配筋混凝土板浇筑前，应对贫混凝土基层进行全面的破损检查。对已损坏的贫混凝土基层，应挖除，采用相同材料进行修补。对平整度不合格的，应采用磨平、铣刨等方式处理，并经验收合格，旁站监理签认后，方可开始摊铺连续配筋混凝土结构层。

（2）连续配筋混凝土板浇筑前，对干燥的贫混凝土基层表面应进行彻底清扫和洒水湿润处理，并扫除局部积水。

3.3.5　试验路段铺筑

（1）在正式摊铺连续配筋混凝土板前，必须铺筑试验路段。试验路段长度不应小于 200m。

（2）试验路段的铺筑目的。试验路段分为试拌及试铺两个阶段，通过试验路段应达到下述目的。

①检验机械系统配套和生产能力：试拌检验拌和楼性能及确定合理搅拌制度；试铺检验机械或机具摊铺系统全部主要机械的性能和生产能力，检验辅助施工机械种类、数量、实际生产能力配套及组合的合理性。提供主要机械性能和生产能力检验结果和改进措施。

②检验适宜摊铺的拌和物施工参数：搅拌楼上料速度、拌和容量、搅拌均匀所需时间、新拌混凝土坍落度、振动黏度系数、含气量、泌水量、离析性和生产使用的混凝土配合比等。

③检验路面摊铺工艺和质量：模板架设固定方式或基准线设置方式，摊铺机械（具）的适宜工作参数，包括摊铺速度、振捣与滚压遍数、频率调整范围等。

④熟悉施工操作：使全体工程技术、施工及设备操作人员熟悉并掌握各主要机械（具）正确的操作要领和所有工序、工种正确的施工方法。检验整套施工工艺流程。

⑤检验施工组织：确定人工辅助施工的修整机具、工具、模具种类和数量，以及发电机、电焊机、钢筋工、混凝土工、拉毛方式及劳动力数量和定员位置等。按施工工艺要求确定施工组织形式和人员编制。

⑥掌握所有质量指标检验方法：通过试铺应建立健全混凝土原材料、新拌混凝土坍落度、含气量、泌水

量,路面混凝土弯拉强度、平整度、构造深度、板厚、接缝顺直度等全套技术性能检验手段,熟悉检验方法,建立路面铺筑系统的全面质量管理体系。

⑦制订进度计划:确定现有配套机械系统的生产能力、搅拌产量和铺筑进度,制订施工进度计划。与所要求的生产进度相对照,不达标时,应提出适宜的按期保质保量完成生产任务的新增设备、人员及施工方案和措施。

⑧检验生产调度与管理体系:检验无线通信和快速生产调度指挥系统,确定施工管理体系。

(3)试铺效果总结。

在试铺中承包人应认真做好记录,监理工程师或质监站应监督检查试验段施工质量,及时与承包人商定有关问题。试验段铺筑结束后,应由业主、承包人和监理会商讨论试验结果,提出改进意见和注意事项,承包人应对各项试验结果、改进的措施和注意事项提出试验路段总结报告,报监理和业主批复,取得正式开工资格。

3.3.6　混凝土拌和物的搅拌与运输

1)连续配筋混凝土拌和技术要求

(1)每台搅拌机楼在投入生产前,必须通过法定计量部门标定,并试拌正常。在标定有效期满或搅拌楼搬迁安装完毕,均应重新标定。搅拌楼配料计量误差不得超过表3-18的规定。施工中应每15d校验一次搅拌楼计量精度。采用有计算机自动称料和含水率自动反馈系统的搅拌楼拌和时,不得使用手动配料生产。严禁使用沥水的砂石料拌和混凝土。可按需要打印每天(周、旬、月)对应路面摊铺桩号混凝土配料的统计数据及计量精度。当出现配料不满足表3-18计量精度要求时,应分析原因,排除故障,确保拌和误差。

搅拌楼混凝土拌和计量的允许误差(单位:%)　　　　　　　　　　表3-18

材料名称	水泥	掺和料	砂	粗集料	水	外加剂
每盘	±1	±1	±2	±2	±1	±2
累计每车	±1	±1	±2	±3	±1	±1

(2)应根据拌和物的黏聚性、均质性及强度稳定性,由搅拌楼试拌确定最短拌和时间。一般情况下,行星立轴和双卧轴式搅拌机总拌和时间为60～90s,最短纯拌和时间不宜短于30s。最长总拌和时间不宜超过高限值的2倍。

(3)当混合料掺加外加剂时,应以(稀释)溶液加入搅拌锅,其稀释用水和原液中的水量,应从总加水量中扣除。外加剂溶液浓度,应根据配合比试验确定的外加剂掺量,在间歇搅拌楼上,按所配备的外加剂溶液筒的容量和每盘水泥用量计算得出;连续式搅拌楼按流量比例控制加入外加剂,加入搅拌锅的外加剂应充分溶解,不得分层富集。外加剂稀释池中的沉淀,应每天清除一次。纯拌和时间宜比不掺外加剂的混凝土延长5～10s。

(4)搅拌楼一次搅拌容量不应大于其额定搅拌量的90%。

(5)粉煤灰应与水泥以相同的输送、计量方式加入搅拌锅,掺粉煤灰的混凝土的纯拌和时间应比不掺粉煤灰延长10～15s。

(6)拌和物质量检验与控制应符合下列要求:

①监控项目:施工开始及搅拌过程中都应按表3-19规定的项目和频率进行检测。按标准方法预留规定数量的弯拉强度(抗压强度)试件。低温或高温天气施工,混凝土拌和物从搅拌机出料时的温度宜控制在10～35℃,并应测定原材料温度、拌和物的温度、坍落度损失率和凝结时间等。

②匀质性要求:混凝土拌和物均匀一致,不得有生料、干料和离析现象,也不得有外加剂、粉煤灰成团现象,有这些现象的混凝土拌和物严禁用于路面摊铺。一台搅拌楼每盘之间和其他搅拌楼之间,混凝土拌和物的坍落度最大允许误差为±10mm。出搅拌机时的坍落度,应考虑当时气温下运输所耗时间的坍落度损失值。

混凝土拌和物的质量检验项目和频率　　　　　　　　表 3-19

检查项目	检查频度
水灰比及稳定性	每周抽检 1 次,有变化时随时测
坍落度及其均匀性坍落度损失率	每工班测 3 次,开工、气温较高和有变化时随时测
含气量	每工班测 1~2 次
泌水率	必要时测
重度	每工班测 1 次
温度、凝结时间、水化发热量	冬、夏季施工,必要时抽检
离析	随时观察

2)运输技术要求

(1)隧道路面混凝土的运输应考虑隧道路面混凝土运输的特点,结合连续配筋混凝土布料特点,充分利用隧道横洞进行合理规划。保证运料车安全、及时。

(2)应根据施工进度、运量、运距及路况,按照本指南的规定配备车型和车辆总数。总运力应比总拌和能力略有富余。总运力应按路况好坏,运距长短适当增减,最少车数不得少于 3 辆。确保新拌混凝土在运输规定时间内运到摊铺现场。

(3)运输到现场的拌和物坍落度将有所损失,但必须适宜摊铺。铺筑完毕允许最长时间,宜短于拌和物初凝时间 1h。普通混凝土运输允许最长时间宜短于摊铺允许最长时间 0.5h,混凝土拌和物从搅拌机出料到运输、铺筑完毕的允许最长时间,应符合表 3-20 的规定。当混凝土拌和物不满足上述规定的运输及铺筑完毕时间要求时,应经试验采取加(大)缓凝剂或保塑剂(剂量)等措施。

混凝土拌和物运输、铺筑完毕允许最长时间　　　　　　　　表 3-20

施工气温(℃)	到运输完毕最长时间(h)	到铺筑完毕允许最长时间(h)
5~9	1.5	2.0
10~19	1.0	1.5
20~29	0.75	1.25
30~35	0.50	1.0

注:施工温度指施工时的日间平均气温,使用缓凝剂延长凝结时间后,本表数值可增加 0.25~0.5h。

(4)混凝土运输除应满足上述规定外,还应符合下列技术要求。

①装料:运送混凝土的翻斗车,在每次装料前,应将车厢清洗干净,并洒水湿润;采用搅拌输送车时,每次清洗罐车时,应将罐中水彻底排除干净。装料时,翻斗车每装 1 盘料应挪动一下车位;输送车应转动入料。搅拌楼卸料落差高度不得大于 2m。

②运输:混凝土运输过程中要防止漏浆、漏料和污染路面。混凝土拌和物运输途中不得随意耽搁和逗留。翻斗车运输应尽量减小颠簸,防止拌和物离析。车辆起步和停车应平稳。

③应急措施:驾驶员必须了解表 3-20 规定的拌和物运输、铺筑完毕的允许最长时间,超过铺筑允许最长时间的混凝土不得用于路面摊铺,应移作它用。混凝土一旦在车内停留超过初凝时间,应采取紧急措施处置,防止混凝土硬化在车厢内或车罐内。

④覆盖规定:烈日、大风、雨天和冬天施工,应遮盖自卸车上的混凝土。

⑤最远运距:使用翻斗车运输混凝土最远运距不宜超过 20km,超过时,宜采用输送车运输。

⑥防碰撞:运输车辆在模板或导线区调头或错车时,应缓慢操作,防止碰撞模板或基准线,一旦碰撞,应告知测量工重新测量偏。

⑦卸料:车辆倒车及卸料时,应有专人指挥,除卸料应到位外,严禁碰撞摊铺设备、前场施工设备及测量仪器。卸料完毕,车辆应迅速离开。翻斗车卸料不畅时,可用长柄铲辅助卸料。

3.3.7 连续配筋混凝土板的浇筑

1）模板及其架设与拆除

（1）长湘高速公路连续配筋混凝土拟采用三辊轴机组浇筑,其侧模和端模应根据连续配筋混凝土的配筋设计进行制作,可采用在模板上打孔方法,以便于纵横向钢筋穿过,也可以采用上、下两块模板进行拼装等方式,应保证混凝土浇筑过程中钢筋的设置位置和不漏浆。

（2）施工模板的技术要求。

①边侧模板。应采用足够的槽钢或钢制模板,钢模的高度可比路面设计厚度低 1~3mm,长度不得短于3m。边模上应根据设计规定的横向钢筋直径和间距开槽或打孔,以利于横向钢筋穿过。并宜焊接长度为5cm 左右的定位套管,插入孔和套管孔的直径应大于横向钢筋外缘 3mm。每米模板应设置 1 根支撑固定装置,模板垂直度用垫木楔调整,用钢钎固定。模板接头处应焊接宽度 5cm、厚度 2mm 的钢板,模板基本校正完成后,上下左右使用木楔钉紧纵向连接平顺。模板的精度应符合表 3-21 的规定。

模板加工允许偏差   表3-21

施工方式	高度偏差（mm）	局部变形（mm）	垂直边夹角（°）	顶面平整度（mm）	侧面平整度（mm）	纵向变形（mm）
三辊轴机组	±1	±2	90±2	±1	±2	±2
小型机具	±2	±3	90±2	±2	±3	±3

②施工缝端模。应采用焊接牢固的钢制或槽钢端头模板,端模上应根据设计规定的纵向钢筋直径和间距开槽或打孔,也可采用上、下两块模板拼装的方式,以利于纵向钢筋穿过。

③模板的数量应根据施工进度和施工气温确定,并应满足拆迁周期内周转需要。

（3）模板架设和安装应符合下列规定。

①立模前应进行准确的测量、放样,每 20m 应设置中心桩,每 100m 应设临时水准点,并核对路面高程、路面厚度、面板分块、胀缝及构造位置等,以保证符合设计要求。

②模板架设应支立稳固,足以承受摊铺、振实、整平设备的冲击和振动而不移位。每延米模板不宜少于 1根固定钢钎,钢钎直径不应小于 20mm,尖端 3~5mm。钢钎高度不得高于模板顶面,并不影响施工机械运动。

③模板安装的技术要求:稳固、顺直、平整、无扭曲,相邻模板应平顺,用连接梆扣紧,不得有离缝漏浆、前后错位、高低错台等现象。模板底不应漏浆,漏浆部位可使用水泥砂浆填垫,严禁在模板底部基层上挖槽,嵌入架设模板,模板安装偏差如表 3-22 的规定。

模板安装精度要求   表 3-22

检测项目 ／ 施工方式		三轴仪
平面偏差（mm），≤		10
宽度偏差（mm），≤		10
面板厚度偏差（mm），≥	代表值	−3
	极值	−8
纵断高程偏差（mm），≤		±5
横坡偏差（%）		±0.1
相邻板高差（mm），≤		1
纵向接头平整度（mm），≤		1.5
横板接缝宽度（mm），≤		3
侧向垂直度（mm），≤		3
纵向顺直度（mm），≤		3

④模板应采取防粘措施,与混凝土接触表面应采取涂脱模剂或隔离剂,接头应粘贴胶带或塑料薄膜密封。

⑤模板安装后,应经过测量人员、现场监理的检验,除符合表3-22外,对待摊铺断面也应进行全面测量校验,对贫混凝土基层高出规定部分应打磨(但打磨后基层的厚度不小于设计厚度且不得损伤基层结构,否则基层应返工),低的部分不得使用其他材料填补。

⑥模板安装就位后,禁止扰动,特别是正在摊铺时,严禁碰撞和振动。确保模板的稳定,保持混凝土路面边缘形状与高程准确,确保路面的平整度。

(4)拆除模板应符合下列要求。

①最短允许拆模时间:应根据混凝土立方体抗压强度不小于8MPa,由试验确定。当无试验资料可按表3-23的规定执行,端模除外。

②端模拆除:当昼夜平均气温小于20℃时,可按表3-23执行或按实测混凝土立方体抗压强度8MPa确定,达不到此要求,不能拆除端模时,可留下一块板。

混凝土路面板的允许最早拆侧模时间(单位:h)　　　　　　表3-23

昼夜平均气温(℃)	5	10	15	20	25	≥30
道路硅酸盐水泥,普通硅酸盐水泥	72	40	36	30	24	18
硅酸盐水泥,R型水泥	60	36	34	28	24	18

③拆模时,不得损坏面板边角和损伤传力杆、拉杆周围的混凝土,也不得造成传力杆和拉杆钢筋松动或弯曲变形。拆下的模板应清除黏附的砂浆,有变形或局部损坏应及时矫正,达到表3-21的要求。

2)钢筋布设

铺筑前,应按设计图纸中的钢筋设计平面位置、尺寸、钢筋直径和间距等,准确放样钢筋网设置位置及路面板块和接缝。

(1)钢筋网的焊接与绑扎。

①钢筋网:钢筋网所采用的钢筋直径、间距,钢筋网的设置位置、尺寸、层数等应符合设计图纸的要求。

②钢筋网焊接和绑扎:应符合国家相关标准的规定。

(2)钢筋网的安装。

钢筋网应采用支架钢筋定位且稳固,不得采用混凝土块支撑。

采用活动支架,支架钢筋不得锚入下层中。应保证在拌和物堆压力及水平推力作用下钢筋网基本不下陷、不移位,并能承受施工人员的踩踏,经振捣可弹性恢复到设定位置,否则应采取增加支架数量与用钢钉固定等措施。数量不少于4~6根/m²。

(3)钢筋网的质量检验要求。

①加工精度:混凝土路面钢筋加工尺寸允许偏差为±10mm,钢筋网及钢筋骨架(胀缝、枕梁等)焊接和绑扎的精度应符合表3-24的规定。

混凝土路面钢筋网焊接及绑扎的允许误差(单位:mm)　　　　　　表3-24

项目		焊接钢筋网及骨架	绑扎钢筋网及骨架
网的长、宽		±10	±10
网眼尺寸		±10	±20
骨架宽及高		±5	±5
骨架的长		±10	±10
箍筋间距		±10	±20
受力钢筋	间距	±10	±10
	排距	±5	±5

②搭接长度:纵向钢筋每隔30m采用绑扎方式连接,30m内采用焊接方式连接。双面焊不小于5d(d为钢筋直径),单面焊不小于10d,绑扎搭接长度不小于35d。纵向钢筋在同一横断面上不得有两个焊接或绑扎接头,相邻钢筋的焊接或绑扎接头分别错开50m和90cm。横向钢筋置于纵向钢筋之下,绑扎在一起。钢筋网的定位必须准确,特别是在连续配筋板的厚度方向。

③安装精度:钢筋混凝土路面摊铺前,现场检验绑扎或焊接安装好的钢筋网和钢筋骨架不得有贴地、变形、松脱和开焊现象。路面钢筋网安装位置的允许偏差,应符合表3-25的规定。

表3-25

路面钢筋网安装位置的规定值及允许偏差

项目		允许误差(mm)
受力钢筋排距		±5
箍筋、横向钢筋间距	绑扎钢筋网及骨架	±20
	焊接钢筋网及骨架	±10
路面钢筋预埋位置	中心线位置	±5
	水平高差	±3
钢筋保护层	距表面	±3
	距底面	±5

④质量控制:连续配筋混凝土开铺前,应对其所有布筋,必须按上述要求,经质量检验,并验收合格,旁站监理签字认可后,下达开工令,方可开始铺筑连续配筋混凝土。

3)连续配筋混凝土的浇筑

(1)长湘高速公路连续配筋混凝土应采用三辊轴机组进行现场浇筑。三辊轴机组铺筑面层工艺流程和机械布置依次为:布料机具—密集排式振捣机械—(拉杆安装)—人工补料—三辊轴整平机—(真空脱水)—精平饰面—养生。

(2)三辊轴铺筑时的布料、振实、整平的技术要求。

①布料:应有专人指挥车辆均匀卸料,可用人工配备小推车布料,也可用装载机或挖掘机布料。人工布料宜使用排式振捣机前方的螺旋布料器辅助控制松铺高度。

布料松铺系数K可根据混凝土拌和物的坍落度SL与横坡i确定:坍落度为20~50mm的拌和物,松铺系数为1.08~1.22。坍落度大时取低值;坍落度小时取高值。超高路段,横坡高侧取高值;横坡低侧取低值,但不得低于模板顶面。

②密排振实:混凝土拌和物的布料长度不宜小于10m,开始振捣密实作业。密排振捣棒组间歇插入振实时,每次移动距离不宜超过振捣棒有效作用半径的1.5倍,并不得大于60cm,振捣时间宜为15~30s。插入式振捣机连续拖行振实时,振捣机的移动速度为

$$v = 1.5\frac{R}{t}$$

式中:v——排式振捣机械移动速度(m/s);

t——振捣密实所必需的时间(s),一般为15~30s;

R——振捣棒的有效作用半径(m)。

排式振捣机的行进的速度以拌和物中粗集料停止下沉,液化表面不再冒气泡,并泛出水泥浆为准;排式振捣机应匀速缓慢、不间断地振捣行进。

③三辊轴整平机作业应符合下述要求:

a. 作业单元:三辊轴整平机按作业单元分段整平,作业单元长度宜为20~30m,振捣机振实与三辊轴整平两道工序之间的时间间隔不宜超过10min。

b. 料位高差:可被三辊轴滚压振实料位高差Δh宜控制在高于模板顶面5~20mm,无脚印和分层离析现象,过高时应辅以人工铲除,过低应及时补料。

c. 振动滚压遍数：三辊轴整平机在一个作业长度内，应采用前进振动、后退静滚方式作业，振动和静滚逐遍交叉进行，宜分别 2 ~ 3 遍，不宜超过 3 遍。无施工经验或采用不同型号三辊整平机时，应经过试铺确定滚压遍数。

d. 补料：在三辊轴整平机作业时，应有专人观察混凝土表面的高低情况，过高时，应辅以人工铲除；轴下有间隙时，应采用同一作业单元内的混凝土找补。

e. 静滚：振动滚压完成后，将振动辊轴抬离模板，用整平轴前后静滚整平，直到平整度符合要求，表面砂浆厚度均匀为止。

f. 表面质量控制：表面平均砂浆厚度宜不大于 4mm，最厚不应超过 6mm，三辊轴整平机前方表面过厚的大水灰比砂浆必须刮除丢弃。

④连续配筋混凝土浇筑应注意的其他要求如下：

a. 布料。

ⓐ钢筋网保护：机械化铺筑时，必须配备与所采用的施工方式相适应的布料设备，安装架设好的钢筋网，严禁压坏或压变形，即使拌和物已摊铺好，也不得上机械和车辆。

ⓑ布料方式：卸料时应卸在料斗内，再由机械从侧边运送到摊铺位置；堆放在钢筋网上的料堆不宜过大，并应尽快布均，以减少离析，并防止将钢筋网压变形或压垮。

ⓒ布料高度：拌和物坍落度相同时的布料松铺高度，宜比素混凝土路面规定的高 2 ~ 3cm。

b. 摊铺：摊铺作业除应符合相应施工方式的有关规定外，尚应符合以下补充规定。

ⓐ坍落度：用于连续配筋混凝土的拌和物可比相应素混凝土施工方式规定的混凝土坍落度大 1 ~ 2cm。不应采用泵送混凝土。

ⓑ振捣：连续配筋混凝土的振捣，振捣棒组横向间距宜适当加密。采用插入振捣时，振捣棒间距应按纵向钢筋间距作适当调整，振捣棒不应阻碍、碰撞和扰动钢筋。插入振捣时不宜拖行振捣棒组，宜使用依次逐条分别振捣。振捣棒组应轻插慢提，不得猛插急提。

ⓒ振捣时间：连续配筋混凝土的振捣密实持续时间，拌和物坍落度相同时，应比相应施工方式素混凝土路面的规定时间适当延长 5 ~ 10s。滑模摊铺机摊铺时，推进速度一定，应适当增大振捣频率；频率固定，应适当减速摊铺。

ⓓ防止中断摊铺：连续配筋混凝土摊铺时，应加强对所有机械装备的维修保养，保证关键设备始终处在优良工作状况，将故障率降至最低。钢筋混凝土路面在一块钢筋网连续的面板内，应防止摊铺中断，每段不得有任何接缝，必须摊铺到达钢筋网的端部，方可停止。

ⓔ横向施工缝设置：连续配筋混凝土的摊铺，因不可抗拒因素中断摊铺时，必须设置横向施工缝。可采用平缝，纵向钢筋仍应保持连续，穿过接缝。缝内应加密一纵向抗剪钢筋，具体按设计图施工，横向施工缝到前后最近接缝的距离不应小于 3m。

4）端部处理

隧道路面连续配筋混凝土复合式路面应根据设计要求，在隧道进、出口两端设置端部结构，端部宜采用毛勒缝的形式，如图 3-1 所示。

5）接缝处理

长湘高速公路隧道连续配筋混凝土不切纵缝和横缝。

6）表面粗糙处理

长湘高速公路隧道连续配筋混凝土基层应平整而粗糙。为增强连续配筋混凝土和沥青混凝土层之间的黏结力，混凝土板表面粗糙处理的方法既可做简单糙面处理（可用较重、较粗的湿麻布拖拉），也可采用包括拉毛、抛丸和裸化等技术方法，其构造深度不小于 1mm，若采用裸化方法，其构造深度可不少于 2mm。采用哪种方式，应经业主批准。下面简要介绍混凝土表面裸化技术。

（1）混凝土表面裸化是一种清除水泥混凝土表面浮浆，使碎石露出骨料的一种施工技术。

（2）裸化设备：主要包括路面强力清扫车、洒水车。

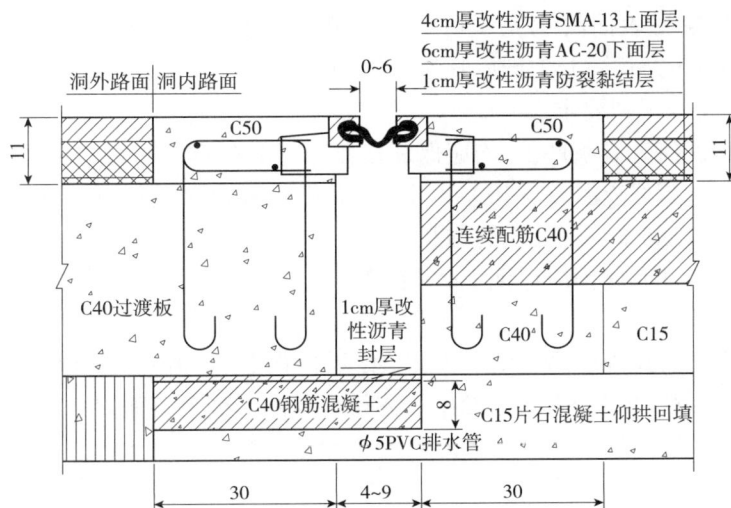

图 3-1　端部处理示意图(尺寸单位:cm)

（3）裸化时间。裸化成功的关键是裸化时间的掌握,时间过早,水泥混凝土强度未形成而导致破坏水泥混凝土的结构;时间过晚,混凝土强度已形成而使裸化难以达到要求的构造深度。通过试验及参照类似工程的经验,一般将裸化时间控制在 160～200(℃·h),建议根据现场试验路段的实际效果而定。

（4）裸化技术(图 3-2)。当混凝土表面达到裸化时间后,可以用路面强力清扫车的钢丝刷刷除混凝土表面的砂浆层,并用高压水枪不断冲去水泥砂浆,使裸露出的碎石表面干净无附着物。

a)裸化中

b)裸化后表面

图 3-2　混凝土表面裸化前后照片

（5）注意事项。裸化深度一般控制在 2～3mm,以露出碎石面为准;控制高压水枪的压力和喷水量,以免破坏混凝土的强度,并保证面层的平整度;考虑混凝土的初凝时间,在混凝土表面喷洒缓凝剂;裸化要均匀、连续、不遗漏,在冲洗过程中要不断清扫,不能有水泥浆残留在混凝土表面。

（6）裸化中产生水泥砂浆不得被水冲洗到隧道边沟中,应清扫干净并收集起来,运到指定的场地堆放。

3.3.8　养生

（1）养生方式。

连续配筋混凝土做面完毕后应及时养生。可立即喷洒养生剂,考虑养生剂的效果问题,本项目规定必须采用节水保湿养护膜覆盖的养生方式。覆盖养生的初始时间,以不压坏细观抗滑构造为准。昼夜温差大时,路面摊铺后当天内宜采取适当覆盖措施。

（2）养生剂喷洒剂量、喷洒厚度、适宜喷洒的时间应通过现场试验确定。

喷洒养生剂的厚度应足以形成完全覆盖的薄膜,喷洒应均匀,成膜厚度应一致,喷洒后的表面不得有颜色差异。喷洒时间为在混凝土表面泌水完毕后进行。喷洒高度宜控制在 0.5～1m。喷洒剂量不应小于 0.30kg/m² 原液。干燥、风大时,喷洒养生剂后宜遮盖雨棚。

（3）其他养生覆盖应符合下列要求。

①覆盖保湿养生。在任何气候条件下,均应保证覆盖物底部在养生期间始终处于潮湿状态。

②覆盖保温保湿养生。当昼夜温差 >10℃ 以上时,面板应采取保温保湿养生措施,即先将路面洒水湿透,始终使保温养护膜或大片麻布一直处于润湿状态。

③连续配筋混凝土的端部和侧面应保证 100% 覆盖。

（4）养生时间。

养生时间应根据混凝土弯拉强度增长情况而定,不宜小于设计弯拉强度80%,一般不少于21d,应特别注意前7d的保温保湿养生,严禁混凝土路面发白。掺粉煤灰的混凝土路面,最短养生时间不宜少于28d,冷天应适当延长。

（5）养生期保护。

混凝土在养生初期,严禁人、畜、车辆通行,在达到设计强度40%,行人方可通行。面板达到设计弯拉强度后,方可开放车辆交通。开放交通前,必须用水稳基层料将上、下混凝土板的端部位置接顺,以防止通行车辆将混凝土板边压坏。

3.3.9 施工质量检查与验收

1）一般规定

（1）施工质量的监控、管理与检查应贯穿整个施工过程,应对每个施工技术环节严格控制把关,对出现的问题立即进行纠正或停工整顿。多方会商寻求解决问题的办法,问题不解决不得开工。

（2）施工质量检查与验收的内容包括施工过程中各项质量控制指标的检查、交工验收,竣工验收阶段的质量检查与缺陷修复,以及施工经验总结等。

2）施工中的质量管理与检查

（1）施工中的质量管理体系和程序应符合下述要求。

①开工许可:混凝土路面铺筑必须得到主管部门的开工令后,方可开工。

②质量自检:承包人应随时对施工质量进行自检。自检项目和频率:原材料按表3-17规定进行;拌和物应按表3-19规定进行;钢筋的检查应按表3-24和表3-25进行检查;混凝土路面应按表3-26和表3-27规定进行检查。监理工程师或质量监督人员应进行抽检或旁站监督,对承包人的检验结果进行检查核定。当施工、监理、监督人员发现异常情况,应加大检测频率,找出原因,及时处理。在恢复正常后,再返回规定的检测频率。

③质量监督:除承包人自检外,监理应按表3-25和表3-26规定频率的1/3频率抽检。钢筋的检查应每个工作日开工前应进行钢筋数量的间距、设置位置等验收。

④控制质量稳定性:搅拌站对每台搅拌楼所生产的拌和物,应按表3-26的要求检测,除了满足各种施工工艺的可摊铺性外,应注意控制拌和物的匀质性和检验其工作性参数的稳定性。现场混凝土路面的铺筑及关键设备如三辊轴整平机等操作应规范稳定。当发现路面平整度、弯拉强度和板厚三大关键质量指标不稳定或有个别数据不达标时,应停止施工,分析原因,并采取有效的改正措施,经监理批准后,方可复工。

混凝土的检验项目、方法和频率 表3-26

检查项目	检验方法和频率
弯拉强度	每班留2～4组试件,日进度<500m取2组,日进度≥500m取3组,日进度≥1000m取4组,测 f_{cs}、f_{min}、C_v
钻芯劈裂强度	每2km每车道钻取1个芯样,每个短隧道半幅至少1个芯样,测平均 f_{cs}、f_{min}、C_v,板厚 h

续表

检查项目		检验方法和频率
平整度	3m 直尺检测	每半幅车道每 100m 测 2 处×10 尺
	平整度仪检测	所有车道连续检测
板厚度		每 100m 路面摊铺宽度内左右各测 2 处,连接摊铺每 100m 边缘测 1 处,参考芯样
横坡度		水准仪:每 200m 测 6 个断面
中线平面偏位		经纬仪:每 200m 测 6 点
纵断高程		水准仪:每 200m 测 6 点
路面宽度		尺测:每 200m 测 6 处
脱皮、露石、裂纹、缺边、掉角		量实际面积,并计算与总面积比

（2）施工中,混凝土路面除应按表 3-27 规定的检查项目和频率检测外,其中平整度、弯拉强度和板厚三大质量指标的检验要求应符合下列规定。

①平整度:3m 直尺检测平整度,作为施工过程中质量控制检测项目;用平整度仪检测的动态平整度结果,作为交工验收时工程质量的评定依据。

②弯拉强度:路面混凝土弯拉强度的施工检验频率见表 3-27。应按照《公路工程水泥及水泥混凝土试验规程》(JTG E30—2005)规定的标准取样方式、模具、制作方法和压断方式测弯拉强度和断块抗压强度。断块抗压强度仅做参考。弯拉强度应采取三参数评价,即平均弯拉强度合格值、最小值和统计偏差系数。

③板厚:三辊轴机组和小型机具铺筑面板时,应在模板架设完毕后,使用与面板设计板厚相同的全断面测板在待摊铺路段推行检验通过,每天施工基准线或模板架设后,须在旁站监理工程师监督下测量待摊铺路面的板厚。监理工程师签字确认预备摊铺路段的板厚合格,方可开始当日摊铺。基层高程偏高部位,可在高程误差允许范围内调整模板或基准线高程,调整最短长度不宜小于 30m。基层高程不够,板偏厚部位,应直接摊铺厚面板,不得在施工中贴补薄垫层或调低面板高程,摊铺后板厚测量可用侧面尺测,当板厚不足时,应以行车道横坡低侧面板钻芯厚度和一块板厚度代表值两项指标均满足设计厚度允许偏差作为返工判定依据。

连续配筋混凝土铺筑质量要求　　　　　　　　　　　表 3-27

项次	检查项目		规定值或允许偏差值
1	弯拉强度(MPa)①		100%符合要求
2	板厚度(mm)		代表值 −5,极值 −10,C_v 值符合设计规定
3	平整度	σ(mm)	≤2.0
		IRI(m/km)	≤3.2
		最大间隙 Δh(mm)	≤5(≥90%)
4	中线平面偏位(mm)		20
5	路面宽度(mm)		±20
6	纵断高程(mm)		±10
7	横坡度(%)		±0.15
8	脱皮、露石、裂纹、缺边、掉角(‰)		≤2

注:①路面钻芯劈裂强度应换算为实际面板弯拉强度进行质量评定。

（3）质量检验技术要求应符合下述规定。

在混凝土路面铺筑过程中,承包人自检的项目、方法和频率应按表 3-26 的规定进行,路面技术指标的质量评定标准应符合表 3-27 的规定。

（4）施工技术资料的整理应符合下述规定。

承包人的质检结果应以 1km 为单位或每条隧道为单位整理成原始记录表格,作为支付依据,对于三辊轴机组机械铺筑混凝土路面的关键工序宜拍摄照片或进行录像作为现场记录保存。

3.4　沥青混凝土路面

3.4.1　施工组织与质量保证体系

1)施工组织

(1)在沥青混凝土面层开工前,业主应组织设计、施工、监理单位进行技术交底。

(2)承包人应按合同文件规定的人员配置、机械设备、日期等进场。根据合同工期、工程项目和数量、设计图纸、现场施工条件等,确定沥青混凝土上、中、下面层的施工工艺流程、施工方案,编制详细的切实可行的施工组织设计,并报监理和业主批准。

(3)承包人应重视拌和场的场地建设和管理。

①拌和场场地应宽阔、平整,场地应硬化,尽量远离居住区,应符合《公路环境保护设计规范》(JTG B04—2010)的有关要求。

②四周和场地内必须做好排水,场地内不得有积水。

③储料堆之间必须设置足够高度、足够结实的隔离墙,一般不低于 2m,2m 以上部分可采用软隔离;分隔墙顶面高度应高于料堆坡脚至少 20cm 以上,料堆形状为梯形。

④储料仓应设置抗风的钢结构雨棚,特别是细集料储料仓,要防止细集料被雨水飘淋。

⑤各个冷料仓之间要防止串料,要求用高 80cm 左右的隔板隔开,冷料仓的开口应比装载机的铲斗宽,以不妨碍进料为原则;条件许可时,封闭各冷料仓左、右、后、上四个面,仅留前面供装载机上料,每个冷料仓形成一个独立的空间。

⑥确保进出场道路和场内道路有序、畅通、安全,各种运料车和装载机各行其道、尽量避免交叉。

(4)在沥青混凝土面层开工前,承包人应对原材料仓库、施工、试验、机械等岗位的技术人员、各工种工人以及相关管理人员进行上岗培训,未经培训人员不得单独上岗操作。上班时间,技术人员和管理人员应佩戴上岗证(上岗证上至少应注明姓名、岗位,粘贴近期半身寸照,并加盖项目经理部公章),便于业主和监理单位的管理。

(5)承包人必须按照《公路水运工程试验检测管理办法》及其实施细则,建立符合要求的工地临时试验室,并取得湖南省交通建设质量监督站颁发的资质证书。承包人在备料和施工过程中,应对沥青混凝土面层原材料进行调查取样、定期抽检和试验分析,并提供符合要求的原材料和混合料配合比试验报告。在施工过程中,应按有关规定及时地对沥青混合料、成品路面进行施工质量检测,提交自检报告。

(6)在进行沥青混凝土下面层施工之前,应对即将施工的已通过监理工程师验收的路段进行检查,如发现局部高程明显偏高,应立即记录桩号、现场做出明显标记,并及时报告监理工程师,及时进行处理,以保证沥青混凝土面层的厚度。

(7)在进行沥青混凝土面层施工之前,应保证施工道路的基本平整、畅通,对确实有困难不能通行的路段,应整修好施工便道,以免延误运输时间。在施工组织设计中应对混合料和原材料的运输车辆配备专人进行交通管制,做好运输车辆的交通分流工作,使之不形成渠化交通的轮迹,防止破坏已完成的基层、封层和出现交通安全事故。

(8)要安排专人在施工中负责统一指挥,随时与摊铺现场及沥青混合料拌和场保持联系,及时了解摊铺现场与沥青混合料拌和场的情况,以确保生产调度、指挥的准确性,确保沥青混凝土面层摊铺的连续性。

(9)承包人应按照《湖南省高速公路精细化施工细则》的附件"湖南省高速公路施工标志牌制作手册",准备和布置拌和场、道路上的各种施工标志牌。

2）建立切实可行的施工质量保证体系

（1）建立健全质量管理制度。

沥青混凝土面层施工应根据全面质量管理的要求，建立健全完善的质量保证体系，实行严格的质量、工期和投资控制、工序管理与岗位责任制度，对施工各阶段的质量应进行检查、控制、评定，达到所规定的质量标准，确保施工质量及其稳定性。

（2）全面质量管理内容。

施工全过程中的全面质量管理应包括备料、施工准备工作、配合比设计、试验路铺设、施工过程中质量控制与管理、各项技术指标的检验、交工与竣工验收检查，以及出现施工技术问题的汇报、商议和解决等。应深入进行全员技术培训，提高施工操作及管理水平，严格控制质量检查验收等关键环节。

（3）实行施工质量动态管理。

在施工过程中，承包人应对原材料、混合料和现场的关键质量控制指标（例如，碎石关键筛孔通过率、针片状含量，改性沥青三大指标、橡胶沥青黏度，混合料油石比、级配，现场的压适度、厚度、平整度等）实行动态质量管理，并根据检测结果绘制平均值和极差管理图 $\bar{X} - R$ 与直方图正态分布曲线。当发现标准差和变异系数有增大倾向时，应分析原因，研究对策，及时采取措施纠正，避免施工质量的下降或不均匀。

（4）施工质量监理与监督。

沥青混凝土面层拌和场、摊铺现场、工地试验室等应有旁站监理工程师旁站，除承包人应按规定项目、批量或频率进行自检外，监理应按有关规定进行质量抽查与认定。沥青混凝土面层施工的全过程，均应接受质量监督站及业主的监管。

3.4.2　原材料要求及管理

1）沥青

（1）中、下面层采用50号A级道路石油沥青，50号A级道路石油沥青主要技术指标应符合表3-28。其沥青产品供应商应提供60℃的动力黏度（Pa·s）、135℃的运动黏度（mm²/s）、薄膜加热试验后的黏度等指标，并在检验报告中注明，以便选择沥青产品时参考。

50号A级道路石油沥青技术要求　　　　　表3-28

试验项目		技术要求
针入度（25℃，100g，5s）（0.1mm）		40~55
针入度指数		-1.5~+1.0
延度（5cm/min，10℃）（cm）		实测记录
延度（5cm/min，15℃）（cm），≥		80
软化点（环球法）（℃），≥		49
60℃动力黏度（Pa·s），≥		240
闪点（COC）（℃），≥		260
含蜡量（蒸馏法）（%），≤		2.2
密度（15℃）（g/cm³）		实测记录
溶解度（三氯乙烯）（%），≥		99.5
TFOT（或RTFOT）后	质量变化（%），≤	±0.8
	针入度比（%），≥	63
	延度（10℃）（cm）	实测记录

（2）沥青混凝土上面层采用 SBS 改性沥青,其基质沥青采用 70 号 A 级道路石油沥青,改性剂宜采用星型 SBS。作为改性沥青的基质沥青 70 号 A 级道路石油沥青的技术指标应符合表 3-29 的要求。SBS 改性沥青的技术指标要求应符合表 3-30 的要求。

基质沥青 70 号 A 级道路石油沥青技术要求　　　　　　　　表 3-29

试验项目	技术要求
针入度(25℃,100g,5s)(0.1mm)	60 ~ 80
针入度指数	−1.5 ~ +1.0
延度(5cm/min,10℃)(cm),≥	20
延度(5cm/min,15℃)(cm),≥	100
软化点(环球法)(℃),≥	46
60℃动力黏度(Pa·s),≥	180
闪点(COC)(℃),≥	260
含蜡量(蒸馏法)(%),≤	2.2
密度(15℃)/(g/cm³)	实测记录
溶解度(三氯乙烯)(%),≥	99.5
TFOT(或 RTFOT)后	质量变化(%),≤	±0.8
	针入度比(%),≥	61
	延度(10℃)(cm),≥	6

SBS 改性沥青技术要求　　　　　　　　表 3-30

试验项目	技术要求
针入度(25℃,100g,5s)(0.1mm)	30 ~ 55
针入度指数 PI,最小①	0
延度 5℃,5cm/min(cm),最小	25
软化点 TR&B(℃),最小	75
运动黏度,135℃(Pa·s),最大②	3
闪点(℃),最小	230
溶解度(%),最小	99
离析,软化点差(℃),最大	2.5
弹性恢复 25℃(%),最小	85
TFOT 后残留物	质量变化(%),最大	±1.0
	针入度比 25℃(%),最小	65
	延度 5℃(cm),最小	15

注:①针入度指数 PI 由 15℃、25℃、30℃等三个以上不同温度的针入度,按式 lgP = AT + k 进行线性回归,在计算获得参数 A 后由下式求得,但直线回归的相关系数 R 不得低于 0.997。

$$PI = \frac{20 - 500A}{1 + 50A}$$

②表中 135℃运动黏度可采用《公路工程沥青及沥青混合料试验规程》(JTG E20—2011)中的"沥青黏度测定方法(勃洛克菲尔德黏度计法)"进行测定。若在不改变改性沥青物理力学性质并符合安全条件的温度下易于泵送和拌和,或经试验证明适当提高泵送和拌和温度时能保证改性沥青的质量,容易施工,可不要求测定。有条件时应测定改性沥青在 60℃时的动力黏度,其可用毛细管法测定。

2）集料

（1）粗集料。

中、下面层用粗集料应采用具有足够强度和耐磨耗性的石灰石碎石，上面层粗集料应采用质地坚硬、表面粗糙、耐磨、具有良好嵌挤能力的玄武岩、安山岩、辉绿岩等石料破碎的碎石。碎石应洁净、干燥、无风化、无杂质，其颗粒形状应具有多棱角，接近立方体。中、下面层粗集料的主要技术指标应满足表 3-31 的要求，上面层用粗集料的主要技术指标应满足表 3-32 的要求。为确保粗集料的颗粒形状符合要求，沥青面层用粗集料在细破作业时，不得采用颚式破碎机加工，必须采用反击式或锤式碎石机破碎或圆锥碎石机破碎，如仍不能满足颗粒形状要求时，应增加整形设备进行整形处理。

沥青中、下面层粗集料质量指标要求　　　　　　　　　　　　　　　表 3-31

指标	技术要求
压碎值（%），≤	24
岩石强度（MPa），≥	80
洛杉矶磨耗损失（%），≤	28
视密度（t/m³），≥	2.5
吸水率（%），≤	2.0
对沥青的黏附性（级），≥	5
坚固性（%），≤	12
针片状颗粒含量（混合料）（%），≤	12
其中粒径大于 9.5mm（%），≤	10
其中粒径小于 9.5mm（%），≤	15
小于 0.075mm 颗粒含量（水洗法）（%），≤	1
软石含量（%），≤	1
杂石含量（%），≤	1

注：①杂石是指石灰岩中的石英石、方解石、煤矸石等。

　　②在没有进行任何处理前，粗集料对沥青的黏附性应不低于 4 级，但达不到 5 级的石料，应采取抗剥离措施，掺加干燥的石灰或水泥以代替等量矿粉，用量分别不超过矿粉总量的 2% 和 3%。

上面层粗集料质量指标要求　　　　　　　　　　　　　　　　　　　表 3-32

指标	技术要求
压碎值（%），≤	24
岩石强度（MPa），≥	100
洛杉矶磨耗损失（%），≤	28
视密度（t/m³），≥	2.6
吸水率（%），≤	2.0
对沥青的黏附性，≥	5 级
坚固性（%），≤	12
针片状颗粒含量（%），≤	12
小于 0.075mm 颗粒含量（水洗法）（%），≤	1
软石含量（%），≤	1
杂石含量（%），≤	1
石料磨光值（BPN），≥	42

注：①在没有进行任何处理前，粗集料对沥青的黏附性应不低于 4 级，但达不到 5 级的石料，必须采取抗剥离措施。不仅要掺抗剥落剂，而且必须掺加干燥的石灰或水泥以代替等量矿粉，用量分别不超过矿粉总量的 2% 和 3%。

　　②杂石是指玄武岩或安山岩、辉绿岩等中的石英等酸性石料。

　　③杂石含量与石料磨光值在路面招标文件未提，但施工中应按表中要求控制。

（2）细集料。

中、下面层用细集料宜采用由石灰石破碎的机制砂,中、下面层也可采用质量良好的石灰石石屑,但必须具有较好的颗粒形状。上面层用细集料必须采用由制砂机专门生产的优质机制砂。细集料应干净、坚硬、干燥、无风化、无杂质和其他有害物质,并有适当的颗粒级配。其主要质量技术指标要求见表3-33,机制砂级配要求见表3-34。

细集料的主要质量技术要求　　　　　　　　表3-33

指标	技术要求	指标	技术要求
岩石强度(MPa),≥	80	砂当量(%),≥	60
视密度(t/m³),≥	2.5	棱角性(s),≥	30
坚固性(%),≤	12		

上面层用机制砂级配要求　　　　　　　　表3-34

规格		通过下列筛孔(mm)的质量百分率(%)						
		4.75	2.36	1.18	0.6	0.3	0.15	0.075
S16	0~3mm	100	80~100	50~80	25~60	8~45	0~25	0~10

（3）填料。

填料必须采用石灰岩经磨细得到的新鲜矿粉,不应含泥土杂质,要求干燥、洁净、不结团,能自由地从矿粉仓流出。不得采用0~2.36mm或0~4.75mm石屑研磨,应采用4.75mm以上石灰石碎石研磨。使用其他强基性岩石等憎水性石料磨制的矿粉,必须书面报监理工程师或建设单位批准,其技术指标必须符合表3-35的要求。为提高沥青混合料的水稳性,可采用水泥或石灰作为填料代替等量矿粉,但石灰用量不宜超过集料总量的2%,水泥用量不宜超过集料总量的3%。

矿粉质量技术指标　　　　　　　　表3-35

指标		技术要求
视密度(g/cm³)		≥2.5
含水率(%)		≤1
粒度范围	<0.6mm(%)	100
	<0.15mm(%)	90~100
	<0.075mm(%)	75~100
外观		无团粒结块
亲水系数		<1
塑性指数		<4

（4）抗剥落剂。

当需要掺加抗剥落剂以提高沥青混合料的水稳性时,应在沥青中添加具有耐热、耐水和长期效果的抗剥落剂,抗剥落剂的选择和掺量由试验确定,并报长湘高速公路路面技术组审批。同时还必须掺加水泥或石灰代替等量矿粉。抗剥落剂应符合表3-36的技术要求。

抗剥落剂的技术要求　　　　　　　　表3-36

指标	技术要求	指标	技术要求
密度	0.95~1.05g/cm³	浸水马歇尔试验残留稳定度	≥6.5kN
pH	≥7	浸水马歇尔试验残留稳定度比	≥85%
凝固点	≤0℃	冻融劈裂试验残留强度比	≥80%
掺后,沥青与石料的黏附性	5级		

（5）材料管理。

①沥青混合料拌和场地必须采用厚度 15cm 以上的水泥混凝土或 20cm 以上的水泥稳定砂砾或水泥稳定碎石进行硬化，并应统一规划，不同材料必须严格分开存放，不得混杂，并保持拌和场进出场道路畅通。正式开工前要储备数量足够、质量合格的碎石、机制砂、质量良好的石屑、矿粉、沥青、改性剂、水泥、石灰等材料。

②材料进场必须制定严格的检查验收制度，专人负责按批或按量进行质量抽检，每天做好检查记录备查，杜绝不合格材料进场。工地现场加工的材料必须经过质量检测合格。所有材料必须经监理签字认可后方能使用。道路石油沥青、改性沥青、水泥、碎石、抗剥落剂、改性剂等由工厂加工的材料必须采用中标且合格的产品。这些材料进场应检查"材料供货合同"所要求的各种证明文件和检测报告（对于成品改性沥青还应提供其基质沥青的质量检验报告），证明文件不齐或检测报告中有不合格指标，一律拒收。

③承包人应建立必要的产量足够的集料水洗设施，清洗不合格的材料。所有不合格材料均应在使用前至少 15d 进行清洗干净。

④沥青混合料用集料应采用分级备料，其分级规格及大致比例如表 3-37 所示。

集料分级及各级料在混合集料中的大致比例　　　　　　　　　　　　　表 3-37

分级粒径 （方孔筛，mm）	19～26.5	9.5～19	13.2～19	13.2～16	9.5～13.2	4.75～9.5	2.36～4.75	0～2.36
下面层 ATB-25（%）	26	32	—			14	8	20
中面层 AC-20C（%）	—	—	32		16	19	9	24
上面层 SMA-16（%）	—	—		23	30	25	2	20
振动筛的配置 （方孔筛，mm）	30	22	22	18	15	11	6	3

注：①本表所提供的各级规格集料的大致比例仅供备料时参考，实际比例应根据试验确定。

②表中 0～2.36mm 料中包括所添加的矿粉，SMA-16 的矿粉添加量约为 8%～9%，其他约为 2%～3%。

③生产上面层集料所需配置的振动筛为 3mm、6mm、11mm、15mm 和 19mm 五种；生产中面层集料所需配置的振动筛为 3mm、6mm、11mm、15mm 和 22mm 五种（13.2～19mm 规格的料可适当偏粗，必要时可将 22mm 的筛换为 23mm 的筛）；生产下面层集料所需配置的振动筛为 3mm、6mm、11mm、22mm 和 30mm 五种。

④表中所配置的振动筛仅作为参考，应以实际生产出的碎石筛分为准进行调整。

⑤粗、细集料应分类堆放并隔开，不应相互交错，取自不同料源的集料应分开堆放，并用砖砌隔离墙隔离。另外，为避免集料冷料斗中的集料出现串料现象，料斗上口之间要加设 80cm 高的隔板隔开，或料斗的上口不要紧靠在一起，要有一定距离，同时上料用的装载机的装料斗的宽度应明显小于料斗的上口宽度。粗集料存放必须分层堆垛，每层设置 10°～15° 倾角，汽车紧密卸料，然后用推土机推平，以减少集料离析。禁止汽车自料堆顶部往下卸料。

⑥对矿粉、石灰、水泥等粉料应建库存放，并保持库房干燥。石屑、机制砂存放处必须设置固定式棚盖，以保证细集料干燥，冷料斗出料时均匀一致。受潮结团的细集料和粉料不得使用。

⑦道路石油沥青和改性沥青质量应严格按照表 3-28～表 3-30 的要求进行控制，任一指标不满足要求，均应视为不合格产品加以拒收。在储存和使用过程中应有良好的防水措施，避免雨水等进入沥青中。

⑧改性剂宜采用星型 SBS。每批材料都应附有生产厂家的证明和出厂试验报告，注明产品的名称、代号、标号与质量检验单，以及运输、储存、使用方法和涉及健康、环保、安全等有关的资料，并说明装运数量、装运日期、订货数量等。

⑨批量沥青由供货商提供产品检验报告及各种证明文件，承包人应在每一批沥青进场前应立即进行随机抽样检查，做全面质量分析；对不合格材料必须拒绝其进入拌和场，并将同一样品留样，以备复查，对质量有争议的沥青样品送有关专业质监部门鉴定。承包人工地试验室对沥青的检验频率必须满足《长湘高速公路路面施工招标文件》和《公路沥青路面施工技术规范》（JTG F40—2004）的要求。当质量偏差较大时应加大抽检频率。

⑩监理部门根据实际情况,随时进行质量抽检或留样检查,而且应现场监督承包人每天的抽样检查。长湘高速公路公司中心试验室与路面技术组巡检人员可随时进行抽检留样,或指定抽查,监督试验。业主、监理、承包人发现某批沥青存在质量问题应及时互相通报,施工单位应通知拌和场停止使用。

⑪粗细集料、矿粉、抗剥落剂的质量严格按照表3-31~表3-33、表3-35和表3-36所示的主要技术指标要求进行质量控制,每批进场材料均应进行抽检,任一指标不满足要求,均应视为不合格产品加以拒收。当粗、细集料表面不洁净或表面裹覆过多粉尘时,应清洗、晾干后方可使用。

⑫碎石加工场应保证原石坯料的质量,保证石质纯净,不得含有石英石、方解石、煤矸石等杂岩,也不得含有泥土、风化石等杂物和软弱颗粒。碎石加工后应分类堆放,不得混杂。

⑬施工单位必须从长湘高速公路有限公司材供部认可的供货单位进料,如果要变更供货厂商应先进行现场质量检验,经检验质量合格,路面技术组同意后,报材供部批准方可使用。

⑭集料加工场取样应在专业人员或质检人员的指导下进行,一般要求用装载机混合处理后再取样,最好在出料口直接接料取样。当料堆有明显的质量偏差时,应分别取样试验进行偏差分析,判断其是否在合格的范围内。严禁以受检单位的一次送样代替抽样检查。

⑮拌和场堆放的集料应由承包人试验人员和监理人员(或巡检人员)在不同部位分别抽样检验。

3.4.3　施工机械和仪器设备要求

1)施工机械和设备

承包单位必须配备齐全的施工机械和配件,并预备足够的易损件,做好开工前的保养、调试和试机,并尽量避免在施工期间发生有碍施工进度和质量的故障。施工机械和设备的型号、数量至少应满足路面施工招投标文件的规定,且相互配套,以保证施工的连续性。

(1)拌和设备。

沥青混合料拌和设备必须采用自动控制的4000型间歇式拌和机,有效拌和能力不小于240t/h,并满足以下要求。

①冷料斗6个,热料仓6个,配备电子重量传感器和红外线温度传感器,能准确控制材料用量和温度。

②配有二次除尘设备,能够除去绝大部分粉尘,而不让有害粉尘逸散到空气中去。回收粉尘严禁接入粉料储罐回收加以利用。

③一个150t以上能保温的储料仓。

④混合料拌和应由计算机控制,能实时逐盘打印集料和沥青的加热温度、混合料的拌和温度和每锅混合料所用集料、矿粉(水泥)、沥青、外加剂及混合料的质量,停机时能自动汇总一个台班所用各种原材料的质量等。

⑤为适应沥青混合料中掺水泥或石灰的需要,必须配有两套粉料加入系统。为防止矿粉出口堵塞,应在粉料储罐底部安装一台附着式振动器。

⑥如果要求添加纤维、抗车辙剂等外掺剂,必须安装带自动计量的添加装置。

⑦拌和楼热料仓振动筛参照表3-38的规格配置。

拌和机热料仓振动筛配置要求　　　　　　　　　　　　　　　　表3-38

面层	振动筛的配置(方孔筛,mm)				
下面层 ATB-25	30	22	11	6	3
中面层 AC-20	22(23)	15	11	6	3
上面层 SMA-16	19	15	11	6	3

(2)沥青储罐。

拌和场应配备不小于300t的沥青储罐。储罐必须能保温和加热,在储罐两端各1/3处分别安装一个搅拌装置。在沥青卸油池处应加装一个搅拌装置,以便抗剥落剂与沥青的混溶。

（3）运输车辆。

根据运距和拌和机生产能力，配备数量足够的自卸汽车，总运力不小于拌和机产量，要超过摊铺机摊铺能力20%以上。要求每台汽车载重量不小于15t。应有紧密、清洁、光滑的金属底板和侧板。并配有保温用的双层覆盖物，下层应采用棉被，上层可采用帆布，车厢四角应密封坚固。在运料车满装混合料的情况下，覆盖物必须下垂至少1/2侧板高度，并绑紧覆盖物以在行驶中不被风吹起。为防止污染路面，还应配有清洗车轮的机具。

（4）摊铺机。

数量不少于3台，且必须型号相同，摊铺宽度为6～9m，性能不低于ABG公司Titan525摊铺机，抗离析、初始平整度和压实度高。安装有可调的活动熨平板或整平组件，熨平板在需要时可以加热，并能按照规定的典型横断面和图纸所示的厚度在车道宽度内摊铺，并备有修边的套筒。摊铺机应有一套夯板和一个可调整振幅的震动熨平板的组合装置，分板与震动熨平板的频率，应能根据需要进行调整。

每台摊铺机应配备两台非接触式平衡梁。

（5）压路机。

①双钢筒双驱双振式压路机：自重13t以上，振幅和频率可调，数量不少于4台（碾压SMA时，不宜少于5台）。

②轮胎压路机：30t以上3台（一般情况下，2台工作，一台备用），复压用。轻型胶轮压路机一台（碾压封层用）。

③1t小型振动压路机或振动夯板：1～2台。

（6）其他设备。

①装载机（3m³以上）：不少于3台。

②洒水车（6 000L以上）：2台。

③路面强力清扫车：1台。

2）试验仪器设备

试验仪器设备质量稳定可靠，精度满足要求。同时，应经过有资质的计量认证单位检定，并出具检定证书和粘贴合格证。主要试验仪器设备列于表3-39。

主要仪器设备 表3-39

序号	仪器名称	数量	备注
1	针入度试验仪（配三根标准针、3个试样杯）	1台	沥青试验
2	针入度循环水浴	1台	
3	软化点试验仪	1台	
4	低温电脑延度试验仪（配6个八字试模、3个一字试模）	1台	
5	道路标准黏度仪（配3mm和5mm孔径）	1台	
6	闪点仪	1台	
7	薄膜烘箱	1台	
8	沥青混合料拌和机	1台	沥青混合料试验
9	马歇尔电动击实仪（配2套底座和套筒，12个以上试模）	1台	
10	马歇尔稳定度试验仪（能打印稳定度—流值曲线）	1台	
11	理论最大相对密度仪	1台	
12	恒温水浴	1台	
13	电动或手动脱模器	1台	
14	打印机（与马歇尔稳定度试验仪配套）	1台	
15	沥青混合料快速分离机（抽提仪）	1台	
16	箱式电阻炉（与抽提仪配套，16和17任选其一）	1台	
17	低速离心机（与抽提仪配套，16和17任选其一）	1台	

续表

序号	仪器名称	数量	备注
18	精密温度计(0~50℃、50~100℃、100~150℃)	各1~2支	精度0.1℃
19	红外线温枪	2把	
20	插入式数显温度计	2把	
21	冰柜或冰箱(能降至-18℃)	1台	
22	电热恒温干燥箱(101-2型以上)	2~3台	
23	电子天平(15kg/0.1g)	1台	
24	静水天平(5kg/0.1g)(配套支架、网篮、溢流水箱)	1台	
25	电子天平(2kg/0.01g)	1台	沥青密度
26	震动摇筛机	1台	
27	标准方孔筛(0.075~37.5mm、筛底、筛盖)	1套	
28	游标卡尺	1把	
29	李氏比重瓶	4个	
30	饱和面干试模	1套	矿料试验
31	容积桶(1L、3L、5L、10L和15L)	1套	
32	砂当量仪	1台	
33	压力机(100~200t)	1台	
34	压碎值试验仪(配金属标定桶)	1台	
35	路面取芯机(钻深60cm以上)	1台	压实度
36	切割机	1台	厚度
37	核子密度仪	1台	检测
38	连续式平整度仪(38和39任选其一)	1台	
39	车载式颠簸累积仪(38和39任选其一)	1台	平整度
40	3m、6m直尺(配塞尺)	各1把	检测
41	构造深度测试仪	1台	抗滑
42	摆式摩擦系数测试仪	1台	试验
43	路面渗水仪	1台	渗水试验
44	路面弯沉仪(5.4m长贝克曼梁、百分表、表架)	2套	弯沉检测
45	标准车	1台	
46	核子法沥青含量测试仪	1台	
47	电炉(1000W)	2台	
48	计算机	1台	
49	混合料保温桶(20~30L/个),沥青取样桶(3~5kg/个)	根据需要	
50	方盘、钢尺、皮尺、化学试剂及其他辅助用品	根据需要	

3)拌和设备的标定与调试

在沥青面层开工前应对拌和设备进行标定和调试,保证其正常运行。拌和楼必须经过有资质的计量单位标定;条件限制时,必须由承包单位和监理单位联合标定,标定的原始资料和整理结果应登记备案并存档,并报送业主和路面技术组各一份以便核查。在施工过程中,根据需要不定期对拌和楼计量系统进行标定。

拌和楼计量检测分两部分内容:其一,对拌和楼热料仓称量系统进行计量检测,确认拌和楼称量的准确性;其二,对冷料仓的上料速度进行测定,以利于在拌制不同级配沥青混合料时,保持冷料供应的平衡与稳定,以保证拌制混合料级配的稳定性。

(1)拌和楼热料仓称量系统的计量检测方法。

①采用编织袋分装碎石,每袋总重为50kg,采用称量精度为0.1kg的磅秤称量,共准备40袋,每袋重量

误差不大于 0.2kg。

②将装好碎石并已称量的碎石袋从拌和楼热料仓口一袋接着一袋地投入拌和楼计量仓中,用拌和楼计量系统称量碎石质量,计算机显示质量应分别为 50kg、100kg、150kg、200kg……2 000kg,要求拌和楼计算机显示质量与实际碎石质量间的误差小于 1.0%。然后一袋一袋取出碎石,显示质量应为 50kg 分级递减。完全取出后,拌和楼计算机显示质量应为 ±10kg。

③用同样的方法对拌和楼的矿粉计量仓及沥青计量罐的计量精度进行检测,要求误差小于 1.0%。

(2)冷料仓上料速度测定方法。

①根据工程需要,首先由拌和楼有经验的操作人员初步确定拌和楼各冷料下料口的开口大小并加以固定。开口尽可能小一些。

②分别采用拌和楼额定的最低转速到最高转速(其间最少分 5 点)对某一冷料仓单独上料 5~10min,采用拌和楼称量系统对所上石料进行称量,从而确定该料仓在该开口大小情况下转速与上料速度的关系曲线。对每一冷料仓均应绘制转速与上料速度的关系曲线。

③当某种级配混合料所需要的某种集料的上料速度所对应的冷料仓输送系统转速高于或低于其允许转速的情况下,应重新调整冷料仓的开口大小,重新进行上述测试,使所有所需要的上料速度所对应的转速均在机械设备允许的范围内。

④根据沥青混合料的配合比,按照拌和楼的拌和能力,计算出所需各种规格集料的供料速度,并从上述转速与上料速度关系曲线中查出所需要的相应转速,并按此速度上料,确保冷料仓上料速度的平衡。

⑤在需要调整上料速度时,应从上述关系曲线中查得相应的各冷料仓上料转速,对转速进行调整,保持冷料仓供料平衡。试验完成后,冷料仓开口大小必须完全固定,一旦改变开口大小,上述曲线必须重新测定。

3.4.4 沥青混合料配合比设计

(1)长湘高速公路沥青上面层采用 SMA-16 结构,中面层采用 AC-20C 结构,下面层采用 AC-25C 结构。上面层改性沥青 SMA-16 的配合比设计见第 8 章,工程级配如表 3-40 所示。

面层混合料矿料级配范围 表 3-40

筛孔(mm)	31.5	26.5	19	16	13.2	9.5	4.75	2.36	1.18	0.6	0.3	0.15	0.075
ATB-25(%)	100	90~100	68~80	56~70	48~62	36~48	23~33	15~25	10~19	7~14	5~11	3~8	2~6
AC-20C(%)	—	100	90~100	75~87	62~74	46~58	28~38	19~29	13~22	9~16	6~12	4~9	3~7
SMA-16(%)	—	—	100	90~100	70~88	40~60	20~30	16~24	14~20	12~17	10~15	9~13	8~12

(2)在沥青上、中、下面层进行配合比设计时,应根据结构层次综合考虑功能性要求。上面层应具有良好的表面功能(抗滑和平整度)、密水、耐久、抗车辙和抗裂性能;中、下面层应重点考虑密水性和抗车辙性能。

(3)上面层采用玄武岩或辉绿岩、安山岩碎石等耐磨性集料和 SBS 改性沥青;中面层采用石灰岩碎石和 SBS 改性沥青;下面层采用石灰岩碎石、50 号 A 级道路石油沥青。

(4)配合比设计采用马歇尔试验配合比设计法,目标配合比控制应符合以下要求。

①沥青中、下面层马歇尔试验指标要求见表 3-41。

沥青混合料马歇尔试验技术指标 表 3-41

试验项目	ATB-25(道路石油沥青)	AC-20C(改性沥青)
击实次数(次)	两面各 75	
稳定度(kN)	≥7.5	≥8.0
流值(0.1mm)	15~40	20~50
空隙率(%)	3~6	4~6
沥青饱和度(%)	55~70	65~75

②长湘高速公路沥青面层混合料水稳定性指标必须符合表 3-42 所列的要求。

沥青混合料水稳定性指标 表 3-42

指标	ATB-25(道路石油沥青)	AC-20C(改性沥青)
浸水马歇尔试验(48h)残留稳定度(%),≥	80	85
冻融劈裂试验的残留强度比(%),≥	75	80

③长湘高速公路沥青面层混合料高低温性能指标应符合表 3-43 所列的要求。每个合同段均必须对沥青混合料做高温稳定性验证试验;有条件时,宜对 AC-20C 沥青混合料做低温抗裂性能验证试验。

沥青混合料高低温稳定性指标 表 3-43

指标	ATB-25(道路石油沥青)	AC-20C(改性沥青)
动稳定度(次/mm)	2 500	5 000
低温弯曲试验破坏应变(με)		2 500

④长湘高速公路 AC-20C、ATB-25 沥青面层应利用轮碾机成型的车辙试件脱膜架起进行渗水试验,其渗水系数要求不大于 120ml/min。

(5)沥青混合料配合比设计分三阶段,即目标配合比设计阶段、生产配合比设计阶段和生产配合比验证阶段。三阶段设计合格后方可开展大规模施工。其中,沥青混凝土上、中、下面层的目标配合比设计及生产配合比设计试验报告必须报长湘高速公路路面技术组审批和备案。

①目标配合比设计阶段。

a. 确定各矿料的组成比例:分别用各施工单位实际使用的矿料进行筛分,用计算机或图解计算各矿料的用量,使合成的矿料级配在给定的级配范围内,特别是 0.075mm、2.36mm、4.75mm、公称最大粒径和中间粒径五档的筛孔通过率宜尽可能在给定级配的中值。并计算矿料混合料的合成毛体积相对密度和合成表观相对密度。

b. 确定沥青混合料拌和、击实温度:对于普通道路石油沥青,沥青产品确定后,先取样进行 60℃、135℃、175℃表观黏度试验,绘制黏度—温度曲线,以黏度(0.17±0.02)Pa·s 时的温度作为拌和温度;以(0.28±0.03)Pa·s 时的温度作为击实温度。在不能作表观黏度时,也可以根据沥青供应商或有条件的沥青试验室推荐的温度范围确定拌和温度和击实温度。对于改性沥青,其沥青混合料拌和和击实温度宜比普通道路石油沥青的高 10~20℃。

c. 根据经验或已建类似工程沥青混合料的标准油石比来预估最佳沥青用量。

d. 确定矿料的有效相对密度。

对于中、下面层普通道路石油沥青混合料,宜以预估的最佳油石比拌和 2 组混合料,采用真空法实测最大相对密度,取平均值,然后根据下式计算合成矿料的有效相对密度,即

$$\gamma_{se} = \frac{100 - P_b}{\dfrac{100}{\gamma_t} - \dfrac{P_b}{\gamma_b}}$$

式中:γ_{se}——合成矿料的有效相对密度;

P_b——试验采用的沥青用量(占混合料总量的百分数)(%);

γ_t——试验沥青用量条件下实测得到的最大相对密度;

γ_b——沥青的相对密度(25℃)。

对于中、上面层改性沥青混合料,有效相对密度宜直接由矿料的合成毛体积相对密度与合成表观相对密度按下式计算,即

$$\gamma_{se} = C \times \gamma_{sa} + (1 - C) \times \gamma_{sb} \tag{3-3}$$

其中
$$C = 0.033w_x^2 - 0.293\,6w_x + 0.933\,9$$

$$w_x = \left(\frac{1}{\gamma_{sb}} - \frac{1}{\gamma_{sa}} \right) \times 100 \tag{3-4}$$

式中：γ_{se}——合成矿料的有效相对密度；

　　　C——合成矿料的沥青吸收系数；

　　　w_x——合成矿料的吸水率；

　　　γ_{sb}——材料的合成毛体积相对密度；

　　　γ_{sa}——材料的合成表观相对密度。

e. 确定沥青的最佳油石比：用以上计算确定的矿料组成和根据经验估计的油石比，按 0.5% 间隔，取 5 个不同的油石比，用试验室小型拌和机在上面确定的拌和温度范围拌和沥青混合料。试模和底座应按规定预热，按规定的击实次数和击实温度范围成型马歇尔试件，当不能绘制沥青黏度—温度曲线时可参照表 3-44 控制试验温度。改性沥青混合料的成型温度宜在其基质沥青的基础上提高 10～20℃。

试验室沥青混合料拌和和成型温度范围（单位：℃）　　　　　　　　　表 3-44

沥青品种	改性沥青	普通道路石油沥青
沥青加热温度	165～175	155～165
矿料加热温度（包括填料）	180～190	170～175
沥青混合料拌和温度	165～175	150～160
试模预热温度	110～130	100～120
试件开始击实温度	160～165	145～150
试件成型终了温度	≥145	≥135

利用理论最大相对密度仪测定混合料的最大理论相对密度（无最大理论密度试验仪可以根据混合料组成计算最大理论相对密度，改性沥青混合料宜采用计算最大相对密度），利用表干法测定马歇尔试件的毛体积相对密度，并根据密度计算空隙率、矿料间隙率、有效沥青饱和度（VFA）等物理指标进行体积组成分析。

f. 进行马歇尔试验，测定马歇尔稳定度及流值等物理力学性质。根据上述试验结果绘制密度、饱和度、空隙率、稳定度、流值-油石比曲线，求出相应于密度最大的沥青用量 a_1，相应于稳定度最大的沥青用量 a_2，相应于目标空隙率（或中值）的油石比 a_3，对应于沥青饱和度范围的中值的沥青用量 a_4，计算最佳沥青用量的初始值 OAC_1，即

$$OAC_1 = \frac{a_1 + a_2 + a_3 + a_4}{4}$$

如果在所选择的沥青用量范围未能涵盖沥青饱和度的要求范围，按上式取前 3 者的平均值作为 OAC_1。

对所选择的试验的沥青用量范围，密度或稳定度没有出现峰值（最大值经常在曲线的两端）时，可直接将目标空隙率 a_3 所对应的沥青用量作为 OAC_1。

g. 根据以上曲线求出满足表 3-41 技术指标的沥青用量范围 $OAC_{min} \sim OAC_{max}$，计算中值 OAC_2，即

$$OAC_2 = \frac{OAC_{min} + OAC_{max}}{2}$$

检查 OAC_1 是否在 $OAC_{min} \sim OAC_{max}$ 范围内，若不在，就应调整级配，重新进行以上试验；若在，根据 OAC_1 和 OAC_2 综合决定最佳油石比 OAC。一般 OAC 可取 OAC_1 和 OAC_2 的中值，必要时可根据气候、交通量等实际情况进行优化选择。同时检验最佳沥青用量时的粉胶比和有效沥青膜厚度。

h. 按照以上方法确定的配合比试拌混合料，检验高温稳定性、水稳定性、低温抗裂性、渗水系数检验。要求用调整后的最佳沥青用量拌制沥青混合料的车辙试验动稳定度、浸水马歇尔试验的残留稳定度、冻融劈裂试验的冻融劈裂残留强度比分别满足表 3-42 和表 3-43 的要求，上面层渗水系数要求不大于

100mL/min，中、下面层渗水系数不大于120mL/min。如果四者均满足要求，就可以此配合比为目标配合比。如果任一指标不满足要求，就应分析原因，调整油石比范围或矿料级配，重新进行以上试验，直至完全合格，找出最佳级配和最佳油石比为止。

②生产配合比设计阶段。

对于间歇式拌和机，必须从二次筛分后的各热料仓分别取样进行筛分，以确定各热料仓的材料比例，使矿料合成级配接近规定级配范围，供拌和机控制室使用，同时反复调整冷料仓进料比例以达到供料均衡。由于不同的拌和机各振动筛孔径不同，以及振动筛的倾角和振动强度均有差别，各相应热料仓的矿料筛分结果也不相同，应对每台拌和机进行沥青混合料生产配合比的设计。并取目标配合比设计的最佳沥青用量、最佳沥青用量 ±0.3% 等三个沥青用量进行马歇尔试验，确定生产配合比的最佳沥青用量。如果以上三个油石比的混合料试件的各项试验结果符合规定，则取 OAC 为生产配合比的最佳油石比；如果其中一个油石比试件不能符合规定，则应再补做油石比相差 ±0.3% 的一组混合料试件进行检验，并取符合规定的中间油石比作为生产配合比的最佳油石比。由此确定的最佳沥青用量与目标配合比设计结果的差别不宜大于 ±0.2%。

③生产配合比验证阶段。

采用生产配合比进行拌和机试拌，铺筑试验段，并用拌好的沥青混合料做马歇尔稳定度试验，计算各种体积指标，并验证浸水马歇尔残留稳定度、高温稳定性、冻融劈裂残留强度比等，检测试验路的剩余空隙率、压实度、渗水系数和平整度等指标，由此确定生产用的标准配合比和目标级配。标准配合比应作为生产控制的依据和质量检验的标准，一旦确定就不应随便更改，只有当材料发生变化时才进行必要的调整。标准配合比的矿料级配应严格控制，即 0.075mm、2.36mm、4.75mm、公称最大粒径和中间粒径五档的筛孔通过率接近要求级配中值。当所有指标经检验均合格后即可正式施工，如果有的指标不合格应分析原因，进行适当调整后再进行验证。

④确定施工级配的允许波动范围：根据目标级配和质量管理要求中"沥青混合料的容许偏差"，确定正式施工用的级配控制范围。

3.4.5　试验路段的施工

（1）在正式开始摊铺沥青面层各层之前，均应修筑不少于200m的试验路段，试验路段宜选在主线直线段。

（2）承包单位应在沥青面层目标配合比设计和生产配合比设计完成后，并在试验路开始前至少14d，承包人应提出一个完整的试验路施工方案报监理工程师审批。施工方案内容包括试验人员、机械设备、施工工序和施工工艺等详细说明。

（3）试验路的施工应在监理工程师的监督下进行。如果试验成功，试验路可作为永久工程的一部分。否则，应铲除重做试验，直至成功为止。

（4）沥青面层试验段铺筑应分试拌及试铺两个阶段，应包括下列试验内容。

①验证沥青面层各层的混合料生产配合比设计，确定正式施工用的标准沥青混合料配合比。

②通过试验路施工确定合理的施工机械型号、数量、组合方式、落实技术培训、技术岗位及最佳工艺流程和生产效率。

③通过试拌确定拌和机的上料速度、拌和数量与时间、拌和温度、沥青和集料变化与波动的调控手段等施工工艺，验证拌和机自动控制系统的可信度。

④通过试铺确定各种混合料的摊铺温度、摊铺速度、摊铺宽度、松铺系数、初步振捣夯实的方法、自动找平方式等施工工艺，避免或减少离析的措施，梯队摊铺时两台摊铺机的摊铺厚度、宽度、协调方式及合理的间距。

⑤通过碾压确定适宜的压路机类型和数量、压路机组合方式，碾压温度、碾压速度和碾压遍数等施工工艺以及纵、横向施工缝的处理方式等。

⑥建立用钻孔法及核子密度仪法测定压实度的相关关系,确定空隙率和平整度的双向控制模式。核子仪等无破损检测在碾压成型后热态测定,取 13 个测点的平均值为 1 组数据,一个试验段的不得少于 3 组。钻孔法在第 2d 或第 3d 以后测定,钻孔数不少于 12 个。

⑦建立核子沥青含量测定仪快速测定油石比与试验室配制的沥青混合料标准样品油石比的相关系数,以便现场快速获得沥青混合料的油石比。

⑧检测试验段的渗水系数。

⑨建立、健全质量保证体系,探索一套有效的质量控制方法。通过试验路面层施工和现场检验对现行路面设计的工艺可行性和各项路用性能予以评估和预测。通过对各道工序的偏差分析,提出合理的工艺控制参数和改进措施。

⑩通过试验段检验各承包人的机械、人员配置,通信和指挥系统是否合理。

(5)在试验路段的铺筑过程中,承包人应认真做好记录分析,监理工程师或工程质量监管部门应监督、检查试验段的施工质量,及时与承包人商定有关事项,明确试验结论。铺筑成功后,承包人应就各项试验内容提出完整的试验路施工、检测报告,报监理和业主批复。并在正式施工时认真参考执行。

3.4.6　热拌热铺沥青混合料施工

1)沥青混合料的拌和

(1)沥青的准备。

沥青应采用导热油加热,要求沥青温度稳定,具有一定的流动性,以能使沥青混合料拌和均匀,出厂温度符合要求,并保证沥青能源源不断地从储罐输送到拌和机内为宜。

(2)集料准备。

①集料铲运方向应与其流动方向垂直,保证铲运材料均匀,避免集料离析。

②每天开工前应检测含水率,以便调节冷料进料速度,并确定集料加热时间和温度。如果集料含水率过大,不得使用。

③集料级配发生变化或换用新材料时,应重新进行配合比设计,确保混合料质量符合要求。

④集料应加热到能使沥青混合料出厂温度符合要求。集料在送进拌和锅中时的含水率不应超过 1%。烤干用的火焰应调节适当,以免烤焦和熏黑集料。

(3)拌和。

①集料和沥青应按工地配合比确定的用量送进拌和机,矿粉直接从窗口加入。拌和机的矿粉仓应配备振动装置,以防矿粉起拱。添加消石灰、水泥时,宜增加粉料仓,也可由专用管线和螺旋升送器直接加入拌和锅。若与矿粉混合使用时,应注意二者因密度不同而离析。

②送入拌和机里的集料温度、沥青温度、混合料出厂温度、摊铺和碾压温度应符合表 3-45 的规定。

沥青混合料的施工温度(单位:℃)　　　　　　　表 3-45

沥青品种		道路石油沥青	测量部位
沥青加热温度		160～170	沥青加热罐
矿料温度		170～190(填料不加热)	热料提升斗
混合料出厂温度		正常范围 160～170,超过 190 废弃	运料车
混合料储料仓储存温度		储料过程中温度降低不超过 10	
混合料运输到现场温度		≥150	
摊铺温度	正常施工	≥145	摊铺机
	低温施工	≥155	
初压温度	正常施工	≥140	摊铺层内部
	低温施工	≥150	

续表

沥青品种		道路石油沥青	测量部位
复压温度	正常施工	≥125	碾压层内部
	低温施工	≥130	
终压温度	正常施工	≥110	碾压层内部
	低温施工	≥110	

试拌过程中,应通过现场温度测量对计算机打印的温度进行检验,并在一段连续施工的工艺流程中保证温度的均衡性,以能保证混合料摊铺温度和碾压温度为宜。

沥青混合料温度应采用具有金属探测针的插入式数显温度计量取,不得采用玻璃温度计测量,在运料车上测量时,宜在车厢侧板下方打一个小孔插入不少于 15cm 量取。碾压温度可借助于螺丝刀分几次在路面上打洞后迅速插入温度计测量得到。

③把规定数量的集料和沥青送进拌和机后,应把这两种材料充分拌和直至所有集料颗粒完全均匀地被沥青膜裹覆,沥青材料也完全均匀分布到整个混合料中,以混合料中无花白石子、无沥青团块,乌黑发亮为宜。每盘的生产周期不宜少于 45s(其中干拌时间不少于 5~10s)。

④对混合料拌和的均匀性应随时进行检查,如果出现花白石子,应停机分析原因予以改进。其原因大致有:搅拌时间不够;细颗粒矿料比例增大,特别是加入矿粉量(包括水泥或石灰等填料)量增多;料门关闭不严;沥青用量不够;矿料或沥青加热温度不够等。可能是其中一项原因,也可能是其中的几项原因。如果混合料颜色枯黄灰暗,可能的原因有:拌和温度过高、沥青用量不够、粉料过多、石料不干、柴油燃烧不透等。对出现花白、枯黄灰暗的混合料必须废弃不用。

⑤沥青混合料拌和机应有储料仓,为保证连续摊铺,可提前拌和混合料,将拌好的沥青混合料送入储料仓中暂存,待开始摊铺后再运至摊铺现场。

⑥沥青混合料配合比控制:拌好的沥青混合料应进行质量跟踪抽检,检查集料级配、油石比等指标,发现问题及时调整生产配合比,集料级配应在生产配合比目标值的容许偏差范围内,并不得超出规定级配的范围。目标值的容许偏差应符合表 3-46 的规定。

沥青混合料的容许偏差　　　　　　　　　　　　　　　表 3-46

项目	容许偏差(%)	项目	容许偏差(%)
4.75mm 筛孔上保存的集料	±5	通过 0.075mm 筛孔的料	±1.5
通过 2.36mm 筛孔的集料	±4	油石比	±0.2

⑦逐盘打印混合料用油量、各热料仓集料用量及沥青混合料重量,绘制油石比波动曲线。

2)沥青混合料的运输

(1)为保证沥青混合料源源不断地运至摊铺现场,必须配备足够的运输车辆,每小时运力必须大于拌和机产量。运输车辆数量 N 可按下式计算,即

$$N = \frac{k(t_1 + t_2 + t_3)}{T}$$

式中:t_1——车辆满载由拌和厂行驶至摊铺现场的行驶时间(min);

t_2——车辆空载由摊铺现场至拌和厂的行驶时间(min);

t_3——在工地卸料以及在拌和厂和工地等待的总时间(min);

T——拌和一车混合料所需的时间(min),$T = 60C/G$;

C——单车装载能力(t);

G——拌和设备生产能力(t/h);

k——安全储备系数,视运输道路上的交通情况而定,一般取 $k = 1.1~1.2$。

(2)运送沥青混合料的卡车载重量宜达到 15t 以上,应有紧密、清洁、光滑的金属底板,底板应涂一薄层

洗衣粉水溶液(不要用油水混合液),以防止混合料粘到底板上,但不得有多余残液积留在车厢底部。装料前,卡车底板应排干积水。车轮胎如有泥土,必须冲洗干净。

(3)施工前应对全体驾驶员进行培训,加强对汽车保养,避免运料途中汽车抛锚,导致混合料冷却受损。装料时汽车应按照前、后、中的顺序来回移动,避免混合料离析。任何情况下,运料车在运输过程中,都应采用双层覆盖措施,同时加盖保温毡和帆布篷(如果内层的保温毡在运输过程中可能被风吹起时,还应在保温毡上配重物施压),以防表面混合料降温结成硬壳。运料汽车应在摊铺机前10～30cm处停住,不得撞击摊铺机;卸料过程中运料汽车应挂空挡,靠摊铺机推动前进,以确保摊铺层的平整度。

(4)混合料装车后应及时测试温度,发现温度过高或过低,混合料有烧焦失黏、花白现象应予废弃。

(5)施工过程中摊铺机前方应有运料车在等候卸料,开始摊铺时在施工现场等候卸料的运料车不宜少于5辆,以保证连续摊铺。注意:连续摊铺对保证平整度是十分重要的。

(6)沥青混合料运至摊铺地点后应凭运料单接收,并检查拌和质量和混合料温度。对不符合温度要求或已经结成团块、已遭雨淋湿的混合料不得铺筑。

(7)运料车辆应行驶在平整坚实的道路上,对行驶路线的坑槽应及时维修,减轻车辆颠簸,以免混合料离析。运料车不得超载运输,不得急刹车、急弯掉头使透层、封层造成损坏。

3)沥青混合料摊铺

(1)下面层正式摊铺前,必须清除封层上多余的石子、泥土、残渣、污物,污染严重时必须冲洗。然后进行中线和高程测量,在摊铺机左右两边每5～10m设置1铁立竿控制桩,超高路段适当加密。按照计算松铺厚度用钢丝绳统一拉线,一端固定,另一端张拉,张拉力不小于100kg。

(2)上层混合料摊铺前,应用竹扫帚或路面强力清扫机清扫路面,有泥土等不洁物质污染时,应采用洒水车和高压水枪冲洗、配合清洗干净。待进入下承层路面内部的水分蒸发掉,表面干燥,喷洒符合要求的乳化沥青或改性乳化沥青黏层油,洒布量以0.4～0.6kg/m² 为宜,待黏层油破乳后方可进行混合料的摊铺。

(3)摊铺前应根据松铺厚度、纵横坡度调整好摊铺机的初始状态。每种摊铺机每种混合料的松铺厚度根据试铺确定。摊铺机开始摊铺前必须提前对熨平板预热至100℃以上,铺筑过程中必须开动熨平板的振动或捶击等夯实装置。

(4)长湘高速公路沥青上、中、下面层均应采用两台同型号的履带式摊铺机成梯队摊铺,两台摊铺机应具有相同的压实能力。两台摊铺前后位置应尽量靠近,宜为3～5m,不得超过10m;两幅之间应有3～6cm的搭接宽度,以确保纵向接缝质量。接缝位置必须避开车道轮迹带,上面层的纵向接缝应位于超车道和行车道之间的路面标线处,中面层的纵向接缝外移15～20cm,下面层的纵向接缝再外移15～20cm,使上下层的纵向接缝错开。在确保施工质量和混合料不离析的前提下,报监理工程师和业主或路面技术组同意后,上面层可以使用一台大功率摊铺机摊铺,避免纵向接缝。

(5)摊铺机应配备容量足以保证均匀连续摊铺作业的受料斗,保证上一车料卸完后,下一车料能及时供料,不致中途停机待料。还应装备自动进料控制器,并适当调节到能在整平板前方保持厚度均匀的沥青混合料。尽量减少收斗次数,避免片状离析。

(6)在有条件的情况下,报监理和业主或路面技术组同意后,可以采用带加热保温装置的沥青混合料转运车,避免混合料离析。

(7)熨平板或整平组件应能有效地摊铺出具有所需平整度和纹理的终饰表面,而不会撕扯、推挤混合料或造成孔洞。

(8)摊铺速度应与拌和机供料速度协调,摊铺机必须缓慢均匀、连续不间断地摊铺,不得随意变换速度或中途停顿,以提高平整度,减少混合料离析。摊铺速度宜控制在2～6m/min 范围内,当发现混合料出现明显的离析、波浪、裂缝、拖痕时,应分析原因,予以清除。

(9)摊铺机应配备整平板自控装置,其一侧或双侧装有传感器,可通过外面的参考线探出纵坡和整平板的横坡,并能自动发出信号操纵整平板,使摊铺机能铺筑出理想的纵横坡度。传感器应制造得能由参考线或滑橇式基准板操作。横坡控制器应能让整平板保持理想的坡度,精度在±0.3% 范围内。

（10）摊铺机应采用自动找平方式，每台摊铺机应配备两台长度大于 16m 的自动找平装置，并牢固地安装在摊铺机两侧，与整平板自动控制的传感器相组合，控制混合料铺面的松铺厚度和平整度。下面层必须采用由钢丝绳引导的高程控制方式；表面层必须采用非接触式平衡梁摊铺厚度控制方式；中面层可根据下面层平整度的实际情况选用找平方式。当下面层的平整度比较差时，中面层应采用由钢丝绳引导的高程控制方式；当下面层的平整度比较好时，中面层可采用非接触式平衡梁摊铺厚度控制方式。

（11）如果自控系统在某天的摊铺过程中出现故障，且短时间内不能修复，承包人必须立即停止拌和楼拌料和出料，可以采用用手控方式摊铺完已运到摊铺现场的混合料，但必须首先确定手控方法能取得满意的效果。在自控系统经过修理，能正常运转，且经监理工程师同意，方能继续正常施工。

（12）在形状不规则地区及次要部位，自控系统不能正常工作时，允许采用人工手控。

（13）路缘石、边沟、积水井和其他结构物的接触面上应均匀涂上一层黏层沥青，然后才能紧靠着这些接触面摊铺沥青混合料。

（14）沥青混合料的摊铺温度应符合表 3-45 的要求，并应根据沥青标号、黏度、气温、摊铺层厚度合理选用。摊铺沥青混合料时，气温宜在 20℃ 以上，当气温低于 10℃ 时，不得摊铺热拌沥青混合料。

（15）摊铺过程中应跟踪检查摊铺层厚度及横坡度，并按《公路沥青路面施工技术规范》（JTG F40—2004）附录 G 所述的总量控制方法，由混合料总量与摊铺面积校验平均厚度，不符合要求时应根据铺筑情况及时进行调整。

（16）在铺筑过程中，料斗进料口应完全打开，摊铺机螺旋送料器应不停顿地转动，速度不宜太慢，并保持有不少于螺旋分料高度 2/3 的混合料，且不应使沥青混合料时多时少，保证在摊铺机全宽度断面上不发生离析。在熨平板按所需厚度固定后，不得随意调整。

（17）用机械摊铺的混合料，不应人工反复修整。当出现下列情况时，可用人工作局部找补或更换混合料。

①横断面不符合要求。

②构造物接头部位缺料。

③摊铺带边缘局部缺料。

④表面明显不平整。

⑤局部混合料明显离析。

⑥摊铺机后有明显的拖痕。

人工找补或更换混合料应在现场主管人员的指导下进行。缺陷较严重时，应予铲除，并调整摊铺机或改进摊铺工艺。当属机械原因引起严重缺陷时，应立即停止摊铺。

（18）在路面狭窄部分、平曲线半径过小的匝道或加宽部分采用小型摊铺机摊铺。小规模工程经路面技术组和监理工程师批准后可用人工摊铺，人工摊铺沥青混合料应符合下列要求。

①半幅施工时，路中一侧宜事先设置挡板。

②沥青混合料宜卸在铁板上，摊铺时应扣锹摊铺，不得扬锹抛洒。

③边摊铺边用刮板整平，刮平时应轻重一致，往返刮 2～3 次达到平整即可，不得反复撒料反复刮平引起粗集料离析。

④撒料用的铁锹等工具宜加热使用，也可以沾洗衣粉水溶液，以防黏结混合料。但不得过于频繁，影响混合料质量。

⑤摊铺不得中途停顿。摊铺好的沥青混合料应紧接着碾压，如因故不能及时碾压或遇雨时，应停止摊铺，并对卸下的沥青混合料覆盖保温；混合料来不及碾压，已冷却时应废弃不用。

⑥低温施工时，卸下的混合料应以苫布覆盖。

4）沥青混合料碾压

（1）热拌沥青混合料充分压实后应符合压实度及平整度双重指标要求，不可过分提高平整度指标而放松压实度要求。

（2）应选择合理的压路机组合方式及碾压步骤，以达到最佳压实效果。沥青混合料压实宜采用钢筒式静态压路机与轮胎压路机、振动压路机组合的方式。

（3）沥青混合料的压实应按初压、复压、终压（包括成型）三个阶段进行。压路机应以慢而均匀的速度碾压，压路机的碾压速度应符合表3-47的规定。

压路机碾压速度（单位：km/h） 表3-47

压路机类型	初压		复压		终压	
	适宜	最大	适宜	最大	适宜	最大
钢筒式压路机	2～3	4	3～5	5	3～6	6
轮胎压路机	—	—	3～5	6	—	—
振动压路机碾压方式	2～3(静压)	3(静压)	3～4.5(振动)	5(振动)	3～6(静压)	6(静压)

（4）沥青混合料的初压应符合下列要求。

初压应紧跟摊铺机后在较高温度下碾压，并保持较短的初压区长度，以尽快使表面压实，减少热量散失，并不得产生推移、发裂等现象，压实温度应根据沥青稠度、压路机类型、气温、铺筑层厚度、混合料类型经试铺试压确定，并符合表3-45的要求。

①压路机应从外侧向中心碾压，在超高路段则由低向高处碾压，在坡道上应将驱动轮从低处向高处碾压，相邻碾压带应重叠1/3～1/2轮宽，最后碾压路中心部分，压完全幅为一遍。当边缘有挡板、路缘石、路肩等支挡时，应紧靠支挡碾压。当边缘无支挡时，可用耙子将边缘的混合料稍稍耙高，然后将压路机的外侧轮伸出边缘10cm以上碾压；也可在边缘先空出宽30～40cm，待压完第一遍后，将压路机大部分重量位于已压实过的混合料面上再压边缘，以减少向外推移。

②应采用钢筒式压路机或关闭振动装置的振动压路机碾压一遍，其线压力不宜小于350N/cm。初压后检查平整度、路拱，必要时予以适当修整。

③碾压时应将驱动轮面向摊铺机。碾压路线及碾压方向不应突然改变而导致混合料产生推移。压路机起动、停止必须减速缓慢进行。

（5）复压应紧接在初压后进行，不得随意停顿，并符合下列要求。

①复压宜采用重型的轮胎压路机、振动压路机。碾压遍数应经试压确定，不宜少于4～6遍，达到要求的压实度，并无明显轮迹。

②当采用轮胎压路机时，总质量不宜小于25t。当碾压厚层沥青混合料，总质量不宜小于30t。冷态时轮胎充气压力不小于0.55MPa，轮胎发热后不小于0.6MPa，且各个轮胎的气压大体相同。相邻碾压带应重叠1/3～1/2碾压轮宽度。

③当采用三轮钢筒式压路机时，总质量宜不小于12t，相邻碾压带应重叠后轮1/2宽度，并不少于20cm。

④当采用振动压路机时，振动频率宜为35～50Hz，振幅宜为0.3～0.8mm，并根据混合料种类、温度和层厚选用。层厚较厚时选用较大的频率和振幅，以产生较大的激振力；厚度较薄时，采用高频率、低振幅，以防止集料破碎。相邻碾压带重叠宽度为10～20cm，振动压路机倒车时应先停止振动，并在向另一方向运动后再开始振动，以避免混合料形成鼓包。

（6）终压应紧接在复压后进行。

终压可选用双轮钢筒式压路机或关闭振动的振动压路机碾压，不宜少于两遍，消除轮迹，提高平整度。路面压实成型的终了温度应不低于110℃的要求。

（7）碾压注意事项。

①压路机的碾压段长度以与摊铺速度平衡为原则选定，并保持大体稳定。气温高，风速小时，碾压段宜长；气温低，风速大时宜短；压路机应紧跟摊铺机碾压。气温低于10℃，一般不宜施工。压路机每次应由两端折回的位置呈阶梯形地随摊铺机向前推进，使折回处不在同一横断面上。在摊铺机连续摊铺的过程中，

压路机不得随意停顿。

②压路机碾压过程中有沥青混合料粘轮现象时,应立即清除。对于钢轮压路机,可向碾压轮喷水以防粘轮(水中可添加少量表面活性剂),但必须严格控制喷水量且必须呈雾状。对于轮胎压路机,开始碾压阶段,可涂刷少量隔离剂或防黏结剂。

③压路机不得在未碾压成型的路段上转向、调头或停车等候。振动压路机在已成型的路面行驶时应关闭振动。

④对压路机无法压实的桥梁、挡土墙等构造物接头、拐弯死角、加宽部分及某些路边缘等局部地区,应采用小型压路机或振动夯板进行压实。对雨水井与各种检查井的边缘还应用人工夯锤等进行补充夯实。

⑤在当天碾压成型路面上,不得停放任何机械设备或车辆,不得散落矿料、油料等杂物。

⑥应随时观察路面早期的施工裂缝,发现因推移产生的裂缝时,应及时调整碾压方式。

(8)特殊路段的碾压。

特殊路段的碾压是指小半径弯道、交叉口、路边、陡坡等处的压实作业。

①弯道或交叉口的碾压:在弯道或交叉口的碾压,应先用铰接转向式压路机作业,先从弯道内侧或弯道较低一边开始碾压(以利于形成支承边)。对急弯应尽可能采取直线式碾压(即缺角式碾压),并逐一转换压道,对缺角处用小型机具压实。压实中应注意转向同速度相吻合,尽可能用振动,以减少剪切力。

②路边碾压:压路机在没有支承边的厚层上碾压时,可在离边缘 30～40cm(层厚较薄时,预留 20cm)处开始碾压作业。这样,就能在路边压实前形成一条支承侧面,以减少沥青混合料碾压时出现塌边现象。在接下来碾压留下的未压部分时,压路机每次只能向自由边缘方向推进 10cm。

③陡坡碾压:在陡坡碾压时,压路机的很大部分作用力将向下坡方向,因而增加了混合料顺坡下移的趋势。为抵消这种趋势,除了下承层表面必须清洁、干燥、喷洒黏层沥青外,压实时应注意先采用轻型压路机预压(轮胎压路机不宜用作预压)。无论是上坡还是下坡,压路机的从动轮始终朝着摊铺机方向,即从动轮在前,驱动轮在后(与一般路段碾压时相反)。这样做,从动轮起到预压作用,从而使沥青混合料能够承受驱动轮产生的剪切力。如果采用振动压路机,则应先静压,待混合料达到稳定后,方可采用低振幅的振动碾压。陡坡碾压中,压路机的起动、停止、变速要平稳,避免速度过高或过低,混合料温度不宜过高。

5)接缝、修边和清场

(1)纵向接缝部位的施工要求。

纵向接缝应与下层的纵向接缝错开 15cm 以上,摊铺时采用梯队作业的纵缝应采用热接缝。施工时应将已铺混合料部分留下 10～20cm 宽暂不碾压,作为后摊铺部分的高程基准面,后面摊铺机的熨平板应重叠先前已摊铺混合料至少 5cm 宽的条带。钢轮压路机应紧跟摊铺机对热接缝部位先进行压实,并用 6m 直尺检查平整度,最后再做跨缝碾压以消除缝迹。

(2)横向接缝的施工要求。

①相邻两幅及上下层的横向接缝均应错位 1m 以上,并采用垂直的平接缝。铺筑接缝时,可在已压实部分上面铺设一些热混合料使之预热软化,以加强新旧混合料的黏结。但在开始碾压前应将预热用的混合料铲除。

②平接缝应做到紧密黏结,充分压实,连接平顺。施工可采用下列方法。

a.在施工结束时,摊铺机在接近端部前约 1m 处将熨平板稍稍抬起驶离现场,人工将端部混合料铲齐后再予碾压。然后用 6m 直尺检查平整度,趁尚未冷透时垂直刨除端部层厚不足的部分,使下次施工时成直角连接。

b.在预定的摊铺段的末端先撒一薄层砂带,摊铺混合料后趁热在摊铺层上挖出一道缝隙,缝隙位于撒砂与未撒砂的交界处,在缝中嵌入一块与压实层等厚的木板或型钢、待压实后铲除撒砂的部分,扫尽砂子,撤去木板或型钢,在端部涂黏层沥青接着摊铺。

c. 在预定摊铺段的末端先铺上一层麻袋或牛皮纸(也可撒一薄层砂带),摊铺碾压成斜坡,在混合料尚未完全冷却结硬之前,将铺有麻袋或牛皮纸或撒有薄层砂带的部分用切割机切除(切缝前用6m直尺检查端部平整度,当平整度不符合要求时,应加长切割范围,直至平整度符合要求的位置),切缝后必须用水冲洗干净。

③从接缝处起继续摊铺混合料前应用6m直尺检查端部平整度,当不符合要求时,应予清除。横向接缝接续施工摊铺前,在接缝端部涂黏层沥青,并用熨平板预热,并在摊铺机整平板下放置起始垫板,垫板的厚度应等于混合料摊铺厚度与已压实路面厚度之差,其长度应超过整平板的前后边距,以调整好预留高度。横向接缝处摊铺混合料后应清缝,然后检查新摊铺的混合料松铺厚度是否合适。清缝时,不得向新铺混合料方向过分推刮。接缝处摊铺层施工结束后再用6m直尺检查平整度,当有不符合要求者,应趁混合料尚未冷却时立即处理。

④横向接缝的碾压应先用双轮或三轮钢筒式压路机进行横向碾压。碾压带的外侧应放置供压路机停顿的垫木,碾压时压路机应位于已压实的混合料层上,伸入新铺层的宽度为15cm。然后每压一遍向新铺混合料移动15~20cm,直至全部在新铺层上为止,再改为纵向碾压。当相邻摊铺已经成型,同时又有纵缝时,可先用钢筒式压路机沿纵缝碾压一遍,碾压宽度为15~20cm,然后再沿横缝作横向碾压,最后进行正常的纵向碾压。

(3)修边。

应将摊铺层的外露边缘准确切割到要求的线位。修边切下的材料及任何其他的废弃沥青混合料均应由承包人按工程师同意的方式从路上清除,妥善处理,不得随地丢弃。

(4)交通管制。

任一沥青混合料结构层应待摊铺层完全自然冷却,混合料表面温度低于50℃后,方可开放交通。承包人还应限制交通重量,以免破坏路面。

3.4.7　改性沥青混合料施工

中面层AC-20C改性沥青混合料的施工,与热拌普通沥青混合料施工基本相同,可参考3.4.6节进行施工,下面几条针对改性沥青不同的特性进行必要的补充和强调。

1)沥青的准备

(1)现场集中制备改性沥青时,应采用一次掺配法,运用高速剪切设备或胶体磨细设备进行加工。通过试验确定合理的改性剂剂量和适宜的加工温度,制定详细的生产工艺和操作规程。改性剂在基质沥青中应分散均匀并达到一定的细度。在现场集中制备的改性沥青宜随配随用,当需要做短时间保存时,应保持适宜的温度,进行不间断的搅拌或泵送循环,以防止改性沥青产生离析,确保使用质量。并随时进行抽样检验,不符合要求的不得使用。

(2)改性剂必须存放在室内,不得受潮,改性剂存放的时间也不宜太长,防止老化,是否老化可以从改性剂的颜色是否发生明显变化作出初步的判断。仓库中改性剂堆放的高度也不宜太高,免得下面的改性剂受压成块、成团。

(3)成品改性沥青应附有产品的说明书,并注明产品名称、代号、标号、运输及储存条件、使用方法、生产工艺、安全须知等。在使用前应按规定的技术要求进行质量检验,尤其是改性沥青的稳定性(软化点差),确定无明显分离、凝聚现象,且各项性能指标均满足规范要求,不符合要求的不得使用,同时应提供基质沥青的型号、产地、改性剂型号、改性剂掺量以及质量检验报告。

2)改性沥青混合料生产运输

(1)生产改性沥青混合料时,应按监理工程师批准的SBS改性沥青所要求的工艺条件和生产方法进行。当需要改变生产条件或生产方法时,应通过试验研究确定。

(2)集料和沥青应按工地配合比确定的用量送进拌和机,矿粉、水泥等粉料直接从窗口加入。送入拌和机里的集料温度、沥青温度、混合料出厂温度、摊铺和碾压温度应符合表3-48的规定。

改性沥青混合料的施工温度(单位:℃)　　　　　　　　　表 3-48

沥青品种		改性沥青	测量部位
改性沥青加热温度		165 ~ 170	沥青加热罐
矿料温度		180 ~ 200	热料提升斗
混合料出厂温度		正常范围 170 ~ 180,超过 190 废弃	运料车
混合料运输到现场温度		不低于 165	
摊铺温度	正常施工	不低于 160	摊铺机
	低温施工	不低于 165	
初压温度	正常施工	不低于 150	摊铺层内部
	低温施工	不低于 155	
复压温度	正常施工	不低于 135	碾压层内部
	低温施工	不低于 140	
碾压终止温度		不低于 115	碾压层内部

试拌过程中,应通过现场温度测量对计算机打印的温度进行检验,并在一段连续施工的工艺流程中保证温度的均衡性,以能保证混合料摊铺温度和碾压温度为宜。

(3)改性沥青混合料的运输应符合 3.4.6 节相关内容的要求。

(4)改性沥青混合料应随拌随用,储存时间不得超过 6h,储存期间温度下降不得超过 10℃,且结合料不得老化、滴漏及粗细料离析,否则应废弃。

3)改性沥青混合料的摊铺要求

改性沥青混合料的摊铺要求与普通沥青混合料基本相同,应采用两台同型号的履带式摊铺机成梯队摊铺,两台摊铺机应具有相同的压实能力。两台摊铺前后位置应尽量靠近,一般为 5 ~ 10m;两幅之间应有 5 ~ 10cm 的搭接宽度,以确保纵向接缝质量。接缝位置必须避开车道轮迹带,并与下层的纵向接缝错开 15cm 以上。由于改性沥青混合料黏度较高,摊铺温度较高,摊铺阻力大,相对于普通沥青混合料应采用较慢一些的摊铺速度,一般宜采用 1 ~ 3m/min。当发现混合料出现明显的离析、波浪、裂缝、拖痕时,应分析原因,予以消除。

4)改性沥青混合料的压实

(1)改性沥青混合料的压实应在高温下进行初压,并不得产生推移,压实温度应符合表 3-48 的要求。

(2)改性沥青混合料的压实应根据路面宽度、厚度,改性沥青与混合料类型,混合料温度,气温,拌和、运输、摊铺能力等条件,综合确定压路机数量、质量、类型,以及压路机的组合、编队等。

(3)压路机碾压速度的选择应根据压路机本身的能力、压实厚度、在压路机队列中的位置等确定。

(4)采用振动压路机时,压路机的振动频率、振幅大小应与路面铺筑厚度相协调,宜采用高频低振幅,终压时不得振动。

(5)采用振动压路机压实时,压路机轮迹的重叠宽度不应超过 20cm,用静载钢轮压路机时,压路机轮迹的重叠宽度不应小于 20cm。

(6)在较低温条件下进行碾压施工时,应根据混合料和降温速度掌握好碾压的时间,应在混合料温度降低到 115℃前结束碾压作业。

(7)当改性沥青混合料路面由于在碾压过程中操作不当而造成损坏时,或达不到要求时,应予铲除并分析原因,采取措施纠正。

5)接缝

(1)混合料摊铺时,应尽量减少纵、横缝。

(2)纵向接缝部位的施工。

①当采用两台摊铺机并列成梯队方式进行摊铺作业时,纵向缝应采用热接缝,两台摊铺机相距宜为

5~10m,整平板设置在同一水平面上。

②当不得不采用冷接时,必须采用平接缝。铺另半幅前必须将缝边缘清扫干净,并涂洒少量黏层沥青,摊铺时,搭接宽度不应大于10cm;新铺层的厚度应通过松铺系数计算获得。当摊铺搭接宽度合适时,可将搭接部分新摊铺的热混合料回推,在缝边形成一个小的凸脊形。如果搭接材料过多,则应直接用平头铲沿缝边刮齐,刮掉的多余混合料应废弃,不得抛洒于尚未压实的热混合料上。

③横向接缝部位的施工。

a. 改性沥青混合料路面铺筑期间,当需要暂停施工时,必须采用平接缝,宜在当天施工结束后切割、清扫、成缝。

b. 接续摊铺前应先用6m直尺检查接缝处已压实的路面,如果不平整、厚度不符合要求时,应切除再摊铺新的混合料。

c. 从横向缝处接续施工前应涂刷黏层油,并用熨平板预热。

d. 重新开始摊铺前,应在摊铺机的整平板下放置起始垫板;垫板的厚度应等于混合料松铺厚度与已压实路面厚度之差,其长度应超过整平板的前后边距。

e. 横向接缝处摊铺混合料后应先清缝,然后检查新摊铺的混合料松铺厚度是否合适。清缝时不得向新铺混合料方向过分推刮。

f. 横向接缝碾压时宜按垂直车道方向沿接缝进行,并应在路面纵向放置支撑木板,其长度应足够让压路机轮子驶离碾压区。

④为保证纵、横向接缝的压实度与平整度符合规定要求,检测人员应随时检查摊铺厚度,用6m直尺检查平整度,检查渗水性。对以上检查逐一做好记录。

3.4.8 改性沥青 SMA-16 的配合比设计及施工

(1)改性沥青 SMA-16 混合料的施工要求与重交沥青混合料、改性沥青混合料的施工要求在许多方面是一致的,施工时可参考 3.4.6 节和 3.4.7 节。下面一些条款是针对 SMA 的不同特性进行的必要补充和强调。

(2)加入 SMA 混合料中的纤维稳定剂应符合以下技术要求。

①用于改性沥青 SMA 混合料的纤维稳定剂应采用絮状木质素纤维。当采用预先将纤维与沥青混合制成的颗粒状纤维时,必须确认纤维颗粒在沥青混合料拌和过程中能均匀地分散开。

②纤维应能短时间承受 250℃的施工温度,对环境不造成公害。

③纤维应存放在室内或有棚盖的地方,在运输及使用过程中应防止受潮、结团,颗粒纤维不得堆码受压。

纤维稳定剂的掺加比例以沥青混合料总量的质量百分率计算,木质素纤维宜采用 0.4%,掺加纤维的质量允许误差为 ±5%。

(3)改性沥青 SMA-16 混合料的配合比设计。

①SMA-16 的矿料级配采用间断级配,其级配范围应符合表 3-49 的要求。

SMA-16 矿料级配要求 表 3-49

孔径(mm)	19	16	13.2	9.5	4.75	2.36	1.18	0.6	0.3	0.15	0.075
通过百分率(%)	100	90~100	70~88	40~60	20~30	16~24	14~20	12~17	10~15	9~13	8~12

②SMA-16 的配合比设计指标应符合表 3-50 的技术要求。

SMA-16 混合料配合比设计指标要求 表 3-50

试验项目	单位	技术要求
马歇尔试件击实次数	次	两面击实 75 次
空隙率 VV	%	3~4.5
矿料间隙率 VMA	%	≥17.0

试验项目		单位	技术要求
粗集料骨架间隙率 VCA_{mix}		—	$\leqslant VCA_{DRC}$
沥青饱和度 VFA		%	$75 \sim 85$
最小油石比	合成集料毛体积 相对密度	2.9 %	$\geqslant 5.6\%$
		2.8 %	$\geqslant 5.8\%$
		2.7 %	$\geqslant 6.0\%$
		2.6 %	$\geqslant 6.2\%$
马歇尔稳定度		kN	不宜小于 6.0

注:SMA 试验粗集料骨架间隙率 VCA 的关键性筛孔为 4.75mm。

③长湘高速 SMA-16 沥青混合料配合比设计检验应符合表 3-51 各项指标要求。

SMA-16 混合料配合比设计检验要求　　　　　　　　　　　　表 3-51

检验项目		单位	技术要求	试验方法
谢伦堡沥青析漏试验的结合料损失		%	不大于 0.1	T 0732
肯塔堡飞散试验的混合料损失(20℃)		%	不大于 15	T 0733
车辙试验动稳定度		次/mm	> 5 000	T 9719
水稳定性	残留马歇尔稳定度	%	85 以上	T 0709
	冻融劈裂试验残留强度比	%	80 以上	T 0729
渗水系数		mL/min	< 20	T 0730
低温弯曲试验破坏应变		$\mu\varepsilon$	2 500	T 0728
构造深度		Mm	$0.8 \sim 1.5$	T 0731

注:①谢伦堡沥青析漏试验在施工最高温度下进行,一般 SMA 沥青混合料的试验温度为 185℃。

②车辙试验试件不得采用经二次加热重塑成型的试件。

③渗水系数、构造深度仅适用于配合比设计室内试验的压实检验。

(4)改性沥青 SMA-16 混合料的配合比设计方法与 3.4.4 节不同,其设计步骤如下。

配合比设计应分为目标配合比、生产配合比及试拌试铺验证三个阶段进行。三阶段设计合格后方可开展大规模的施工。

①目标配合比设计。

a. SMA-16 混合料目标配合比设计按图 3-3 所示的步骤进行。

b. 先按试验规程规定的方法精确测定各种原材料的各项性能指标和相对密度,其中粗集料为毛体积相对密度,小于 4.75mm 的集料和机制砂、矿粉及纤维为表观相对密度。各种材料的筛分及小于 0.075mm 的含量必须按照现行试验规程采用水洗法筛分测定。

c. 设计初试级配。

ⓐ调整各种矿料比例设计 3 个不同粗细的初试级配,级配必须位于表 3-51 的标准级配范围之内。3 个级配的 4.75mm 通过率分别处于级配范围的中值、中值 + 3%、中值 - 3% 附近,其矿粉数量宜相同,使 0.075mm 通过率为 10% 左右(其中应有 2% 的消石灰粉或 2% 的水泥)。

ⓑ初试级配的合成毛体积相对密度 γ_{sb} 按下式计算:

$$\gamma_{sb} = \frac{100}{\dfrac{P_1}{\gamma_1} + \dfrac{P_2}{\gamma_2} + \dfrac{P_3}{\gamma_3} + \cdots + \dfrac{P_n}{\gamma_n}}$$

式中:P_1、P_2、P_3……P_n——各种矿料的配比(质量比),其和为 100,相应的毛体积相对密度为 γ_1、γ_2、γ_3……
　　　　γ_n(机制砂可按 T 0330 方法测定,也可以用筛出的 2.36 ~ 4.75mm 部分的毛体积
　　　　相对密度代替,矿粉包括消石灰或水泥采用表观相对密度)。

ⓒ初试级配的合成表观相对密度按下式计算:

$$\gamma_{\mathrm{sa}} = \frac{100}{\dfrac{P_1}{\gamma'_1} + \dfrac{P_2}{\gamma'_2} + \dfrac{P_3}{\gamma'_3} + \cdots + \dfrac{P_n}{\gamma'_n}}$$

ⓓ确定矿料的有效相对密度,按式(3-3)和式(3-4)计算。

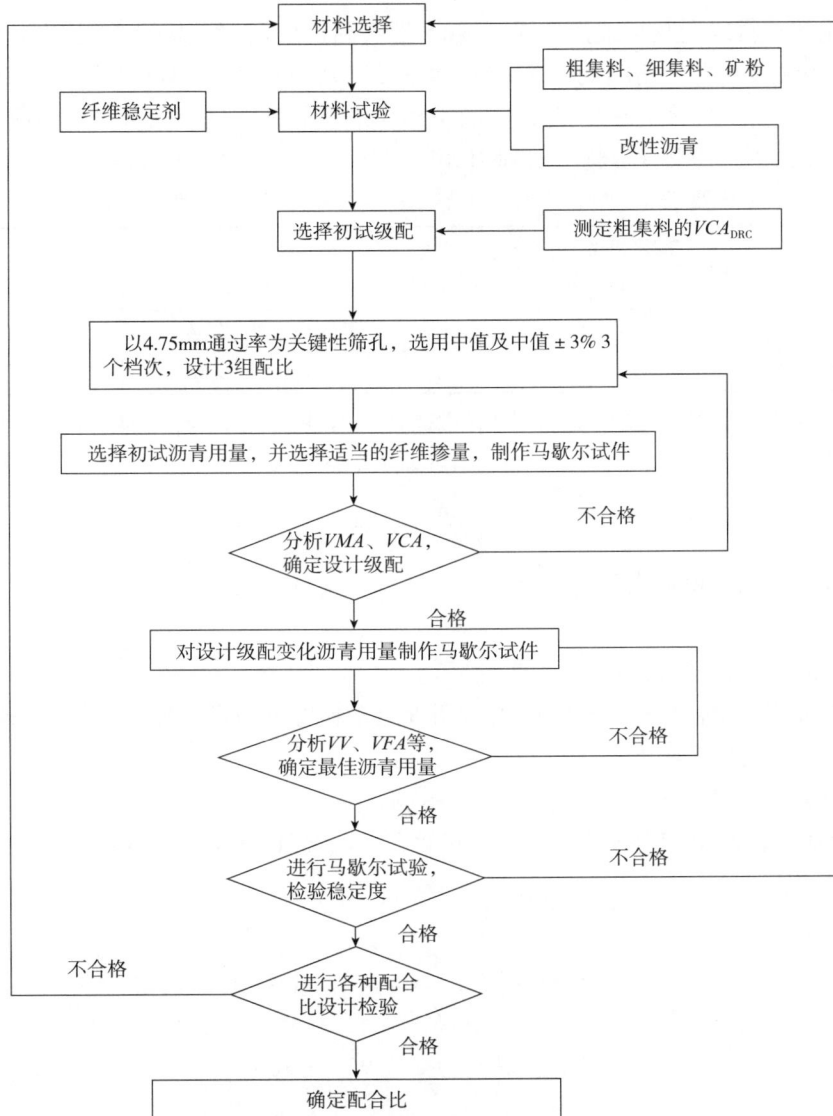

图 3-3 SMA 目标配合比设计流程图

d. 把每个合成级配中小于 4.75mm 的集料筛除,分别测定 4.75mm 以上粗集料骨架的毛体积密度 γ_{CA}。

e. 按《公路工程集料试验规程》(JTG E42—2005)T 0309 的规定,用捣实法测定大于 4.75mm 的粗集料的松方密度 γ_{S},按下式分别计算各组初试级配的捣实状态粗集料骨架的间隙率 VCA_{DRC}。

$$VCA_{\mathrm{DRC}} = \left(1 - \frac{\gamma_{\mathrm{S}}}{\gamma_{\mathrm{CA}}}\right) \times 100$$

式中:γ_{CA}——4.75mm 以上粗集料颗粒的毛体积密度;

γ_{S}——4.75mm 以上粗集料的松方密度。

f. 参考使用经验,根据集料的平均毛体积相对密度 γ_{sb} 选择制作马歇尔试件的初试油石比,并选择适当的纤维掺量(可采用 0.4% 试配),也可按照下式估算初试油石比。

$$P_{\mathrm{ai}} = \frac{122(VMA - VV)}{100\gamma_{\mathrm{sb}} - 1.22(VMA - VV)}$$

式中: P_{ai}——初试油石比(%);

    VV——压实 SMA 试件的空隙率(%);

    VMA——压实 SMA 试件的矿料间隙率(%);

    γ_{sb}——集料的平均毛体积相对密度。

    g. 按初试油石比和矿料级配及纤维掺量拌制 SMA 混合料(还应掺经试验证明具有长期抗水损害能力的抗剥落剂,其掺用量经试验确定,一般不小于沥青用量的 3‰),每种级配的试件数不小于 4 个,标准的马歇尔击实次数为双面各 75 次。试验室 SMA 混合料的拌和与成型温度应根据沥青供应商或有条件的沥青试验室推荐的温度范围加以确定,若没有资料可供利用,可参照表 3-52 控制试验温度。

长湘高速公路 SMA – 16 混合料试验室拌和与成型温度参考范围   表 3-52

项目	参考温度范围(℃)	项目	参考温度范围(℃)
矿料(包括矿粉)加热温度	180 ~ 190	试模预热温度	110 ~ 130
沥青加热温度	165 ~ 175	试件开始击实温度	160 ~ 165
沥青混合料拌和温度	165 ~ 175	试件成型终了温度	≥145

    h. SMA 混合料的理论最大相对密度 γ_{mm} 宜按下式通过计算求得,其中纤维部分的比例不得忽略。

$$\gamma_{mm} = \frac{100 + P_a + P_x}{\dfrac{100}{\gamma_{se}} + \dfrac{P_a}{\gamma_a} + \dfrac{P_x}{\gamma_x}}$$

式中: γ_{mm}——沥青混合料的理论最大相对密度;

    γ_{se}——矿料的有效相对密度;

    P_a——试件的油石比,以矿料质量百分数计(%);

    P_x——纤维用量,以矿料质量百分数计,由占沥青混合料总量的百分数换算得到(%);

    γ_a——沥青结合料的相对密度;

    γ_x——纤维稳定剂的密度,由厂方提供或实测得到。

    i. SMA 试件的毛体积相对密度由表干法测定。试件的 VV、VMA、VCA_{mix}、VFA 按下式计算,即

$$VV = \left(1 - \frac{\gamma_{mb}}{\gamma_{mm}}\right) \times 100$$

$$VMA = \left(1 - \frac{\gamma_{mb}}{\gamma_{sb}} \times P_S\right) \times 100$$

$$VCA_{mix} = \left(1 - \frac{\gamma_{mb}}{\gamma_{ca}} \times P_{CA}\right) \times 100$$

$$VFA = \frac{VMA - VV}{VMA} \times 100$$

式中: VV——压实 SMA 试件的空隙率(%);

    VMA——压实 SMA 试件的矿料间隙率(%);

    VCA_{mix}——压实 SMA 试件的粗集料间隙率(%);

    VFA——压实 SMA 试件的有效沥青饱和度(%);

    γ_{mm}——由计算得到的 SMA 混合料理论最大相对密度;

    γ_{mb}——由表干法测定的 SMA 试件毛体积相对密度;

    γ_{sb}——全部矿料的平均毛体积相对密度;

    γ_{ca}——4.75mm 以上粗集料的平均毛体积相对密度;

    P_S——沥青混合料中全部矿料的比例,即 100/(100 + 油石比)(%);

    P_{CA}——沥青混合料中粗集料的比例,即大于 4.75mm 的颗粒在沥青混合料总质量所占含量,由下式计算(%),

$$P_{CA} = P_S \times \frac{PA_{4.75}}{100}$$

$PA_{4.75}$——矿料级配中粗集料颗粒的含量,即 100 与 4.75m 筛孔通过率之差(%)。

j. 从 3 组初试级配的试验结果中选择符合 $VCA_{mix} < VCA_{DRC}$ 及 $VMA > 16.5\%$ 的要求的级配作为设计级配,当有 1 组以上的级配同时符合要求时,以 4.75mm 通过率大且 VMA 较大的级配为设计级配。

k. 视设计级配用初试油石比试验的空隙率情况,以 0.2% ~ 0.4% 为间隔,调整 3 个以上不同的油石比,拌制混合料,制作马歇尔试件,每一组的试件数不得少于 4 个。若初试油石比的空隙率及各项体积指标恰好符合设计要求时,可直接作为最佳油石比。

l. 进行马歇尔稳定度试验,检验稳定度和流值是否符合表 3-50 的要求。

m. 绘制各项体积指标与油石比的关系曲线,找出设计空隙率 4% 所对应的油石比。如果该油石比所对应的 VMA、VFA、VCA 与马歇尔稳定度均符合表 3-50 的要求,那么该油石比即为设计油石比。

②目标配合比设计检验。

对长湘高速公路 SMA-16 混合料应进行谢伦堡沥青析漏试验(试验温度宜为 185℃)、肯塔堡飞散试验检验、车辙试验、水稳定性试验(必须按试验规程的要求对混合料进行老化处理)、低温抗裂性,并应对采用轮碾法成型的试件进行渗水系数和构造深度检验,其结果均应符合表 3-51 的要求。如果任一指标不满足要求,就应分析原因,重新进行配合比设计。

③生产配合比设计和试拌试铺验证。

a. 长湘高速公路 SMA-16 混合料应根据目标配合比设计的结果,按《公路沥青路面施工技术规范》(JTG F40—2004)规定的方法进行生产配合比设计和试拌试铺检验。

b. 生产配合比应以二次筛分后的热料仓材料级配为基础进行,其中小于 0.075mm 的细粉含量也应采用水洗法测定,配合比设计步骤与目标配合比设计方法相同,矿料级配与沥青含量力求与目标配合比设计相同,以减小试验工作量。

c. 经生产配合比设计确定的配合比必须经过配合比设计检验及试验段铺筑认定。由此确定的标准配合比必须得到监理工程师与长湘高速公路路面技术组的批准。

d. 批准后的标准配合比在生产过程中不得随意变更,如有疑义需要对标准配合比做调整时,必须重新得到监理与长湘高速公路路面技术组的批准。

(5)施工工艺。

①施工温度。

a. SMA 路面应在较高的环境温度下施工,当气温或下卧层表面温度低于 15℃时不得铺筑 SMA 路面。施工温度可参照表 3-53 执行。但经试验段或施工实践证明表中规定温度不符合实际情况时,容许做适当调整。高温施工时,可选低值;当气温或下卧层表面温度较低时,选用高值。

SMA 沥青混合料的施工温度　　　　　表 3-53

项目	温度要求(℃)	测量部位
改性沥青现场制作温度	165 ~ 175	改性沥青车
改性沥青加热温度	165 ~ 170	沥青加热罐
改性沥青加工最高温度	175	改性沥青车或储油罐
集料加热温度	190 ~ 210	热料提升斗
SMA 出厂温度	170 ~ 185	运料车
混合料最高温度(废弃温度)	≤195	运料车
混合料储存温度	降低不超过 10	储料罐及运料车
摊铺温度	≥160	摊铺机
开始碾压温度	≥150	摊铺层内部
碾压终止温度	≥115	碾压层内部
开放交通时的路表温度	≤50	路面内部或路表面

b.沥青混合料温度应采用具有金属探测针的插入式数显温度计量取,不得采用玻璃温度计测量,在运料车上测量时宜在车厢侧板下方打一个小孔插入不少于 15cm 量取。碾压温度时可借助于金属螺丝刀分几次在路面上打洞后迅速插入温度计测量得到。

②SMA 混合料拌和应符合以下要求:

a.集料和沥青应按工地配合比确定的用量送进拌和机,矿粉、水泥等粉料直接从窗口加入。用于 SMA 的矿粉必须存放在室内,保持干燥,呈自由流动状态。拌和时,矿粉投入能力应符合配合比设计数量的需要,为此宜增加投加矿粉的设备,或将普通的矿粉投料口扩大,以减少矿粉投入时间。

b.拌和机必须配备有纤维稳定剂投料装置,不具有纤维投料装置的可在原有基础上加以改进后实现。根据纤维的品种和形状的不同,可采用厂家指定的方式添加,但应能在拌和过程中充分分散,且与沥青混合料拌和均匀。

ⓐ纤维宜采用专用的纤维添加设备自动加入拌和机的拌和锅中,每次添加纤维应与拌和机的拌和周期同步进行,添加纤维在冷态条件下进行。

ⓑ松散的絮状纤维应采用风送设备自动打散上料,并在喷入沥青开始后 1s 一次性喷入拌和锅内,与沥青混合料拌和的时间一般不必延长。

ⓒ颗粒纤维宜采用专用设备自动上料,纤维应在粗细集料投入后立即加入,经 5 ~ 8s 的干拌,再投放矿粉,总的干拌时间应比普通沥青混合料增加 5 ~ 10s。

ⓓ当缺乏机械添加设备时,也可由人工量取一定质量(或换算成体积)的纤维直接投入拌和缸中拌和,人工添加松散絮状纤维时必须预先将纤维制成塑料小包,小包的纤维数量恰好与每一锅混合料需要的添加量匹配(或分成两包)。包装纤维用的塑料袋应能在拌和过程中遇热熔化。

c.喷入沥青后的湿拌时间应增加 5s,保证纤维能充分均匀地分散在混合料中,并与沥青结合料充分拌和,由于增加拌和时间,投放矿粉时间加长,废弃回收粉尘等等原因而减少拌和机生产率的影响,应在计算拌和能力时充分考虑到,以保证不影响摊铺速度,造成停机。

d.试拌过程中,应通过现场温度测量对计算机打印的温度进行检验,并在一段连续施工的工艺流程中保证温度的均衡性,以能保证混合料摊铺温度和碾压温度为宜。

e.拌和的 SMA 混合料应立即使用,需在储料仓中保温存放时,储存时间不得超过 6h,储存期间温降不得超过 10℃,且结合料不得老化、滴漏及粗细料离析。否则应废弃。

f.为保证连续摊铺,必须提前拌和 5 车以上的混合料,将拌好的沥青混合料送入储料仓中暂存,待开始摊铺后再运至摊铺现场。

g.SMA混合料配合比控制:拌好的 SMA 混合料应及时进行质量跟踪抽检,检查集料级配、油石比等指标,发现问题及时调整生产配合比,集料级配应在生产配合比目标值的容许偏差范围内,并不得超出规定级配的范围。目标值的容许偏差应符合表 3-54 的规定。

沥青混合料的容许偏差　　　　　　　　　　　　　　　　　表 3-54

项目	容许偏差(%)	项目	容许偏差(%)
≥9.5mm 的集料	±5	通过 0.075mm 筛孔的料	±1.5
通过 4.75mm 筛孔的集料	±3	油石比	±0.2
通过 2.36mm 筛孔的集料	±3		

h.逐盘打印混合料用油量、矿粉用量、各热料仓集料用量及沥青混合料重量等数据,对每个台班的打印数据进行统计,计算矿料级配、油石比、施工温度、铺装层厚度等指标的平均值、标准差、变异系数,绘制质量控制波动图,进行总量检验,并作为施工质量检测的依据。

③SMA 混合料摊铺应符合以下要求:

a.SMA混合料应采用两台履带式摊铺机进行梯队摊铺。

b.摊铺机开始铺筑前必须对熨平板预热至 100℃以上,铺筑过程中必须开动熨平板的振动或捶击等夯实装置。

c.SMA混合料的摊铺速度应调整到与供料速度平衡,必须缓慢、均匀、连续不间断地摊铺。摊铺过程中不得随意变换速度或中途停顿。由于拌和机生产改性沥青SMA混合料的效率比生产普通沥青混合料低,摊铺机的摊铺速度应相对放慢一些。通常不超过3~4m/min,容许放慢至1~2m/min,摊铺机供料不足时,宜采用运料车集中等候、集中摊铺的方式,尽量减少摊铺机的停顿次数,此时摊铺机每次均应将剩余的混合料铺完,做好临时接头。如等料时间过长,混合料温度降低,表面结硬成硬壳,影响继续摊铺时,必须将硬壳去除。

d.改性沥青SMA混合料的摊铺温度应比普通沥青混合料的摊铺温度高10~20℃,混合料温度在卸料到摊铺机上时测量,当路表温度低于15℃时,不宜摊铺改性沥青SMA混合料。

e.SMA混合料的松铺系数应通过试铺确定,一般为1.08~1.15。

f.SMA混合料在运输、等候及铺筑过程中,应注意观察,如发现有沥青析漏情况,应分析原因,立即采取适当降低施工温度、减少沥青用量或增加纤维数量等措施。

④SMA混合料的压实应符合以下要求:

a.SMA施工必须有足够数量的压路机,一般宜配备5台双钢轮双驱双振动压路机。混合料摊铺后必须紧跟着在尽可能高的温度状态下开始碾压,不得等候,不得在低温状态下反复碾压SMA,防止磨掉石料棱角,压碎石料,破坏集料嵌挤,碾压温度应符合表3-53的要求。

b.SMA路面的初压宜采用刚性碾静压,经试验证明直接使用振动压路机进行初压不会造成沥青混合料推移,并取得熟练操作的经验后,也可直接用振动压路机初压,如发现初压有明显推移,应检查混合料的矿料级配及油石比是否合适。每次碾压必须直至摊铺机跟前,初压区的长度通过计算确定以便与摊铺机的速度匹配,一般不宜为20~30m,在高速公路上铺筑宜采用两台压路机同时进行,初压遍数一般为1~2遍。

c.SMA路面的复压应采用振动压路机,碾压区段可较初压稍长,复压应紧在初压后或与初压交叉进行,复压用压路机的吨位以不压碎集料,又能达到压实度为度,刚性碾不宜小于12t,复压遍数通常为2~4遍。

d.终压采用较轻的刚性碾紧接在复压后进行,以消除轮迹,终压遍数通常为1遍,若复压后已无明显轮迹或终压看不出明显效果时可不再终压。

e.SMA不得采用轮胎压路机碾压,以防搓揉过度造成沥青玛蹄脂挤到表面而达不到压实效果。

f.振动压路机碾压SMA应遵循"紧跟、慢压、高频、低幅"的原则,即压路机必须紧跟在摊铺机后面向前推进地碾压,碾压段长度大体相同,每次碾压到摊铺机跟前后折返碾压,碾压速度要慢,并采取高频率、低振幅的方式碾压。SMA的碾压速度不得超过5km/h。

g.SMA路面应严格控制碾压遍数,在压实度达到98%以上或者现场钻芯取样的空隙率不大于6%后不再过度碾压。如碾压过程中发现有沥青玛蹄脂部分上浮或石料压碎、棱角明显磨损等过碾压的现象时,碾压即应停止。

3.4.9　沥青混凝土面层施工质量管理与检查验收

(1)在沥青面层施工过程中,业主、监理、承包人都应根据全面质量管理的原理和方法建立切实可行的质量管理制度和方法,加强各个工序、各个环节的质量管理,保证沥青面层施工的工程质量。

①工程承包人应针对本项目制订可行的质量管理程序、方法和制度,建立完善的质量保证体系、质量动态控制模式和完整的工艺流程及准确可靠的工艺参数体系。

②监理、承包人对工程的检验频度必须满足本指南的要求。生产试验路应根据试验分析的需要和施工工艺的波动性增加必要的试验内容和频度。

③实行从材料加工、采购、施工到工程成品质量指标评定全过程的质量管理,做到业主、监理、承包人三方管理一体化,三方发现质量问题及时互相通报。每道工序必须当班监理签证,不得补签或漏签。

④每道工序、每一环节、每部门都应专人负责,定责定岗,各司其职,其管理人员、技术人员、关键工序施工的技术工人和民工、监理人员都应针对所承担的工作内容进行系统的岗前培训,做到应知应会。

⑤制订科学合理的施工进度计划和施工技术方案,严格按此计划和方案分期运作,并按照招投标条款和规范的要求进行考核。

（2）沥青混凝土面层施工质量控制包括施工准备阶段的质量控制、施工过程中的质量控制及各工序间的质量检查和验收、完工后的质量检验和评定。

①施工准备阶段的质量检查控制，主要包括以下几个方面：

a.原材料进场前后，均应进行抽样检查，对某些重要试样应进行留存。对不合格的材料严禁运入拌和场，对场内质量不合格的材料应责令立即清除。同时应对材料的来源数量、供应计划、料场堆放及储存条件进行检查。对原材料的质量管理参见 3.4.2 节。

b.对拌和设备、摊铺设备、压实机具等应进行逐一检查，只有经检查合格且其配套情况、性能、计量精度符合本工程要求的设备方可用于木工程，同时其数量、型号也应符合招标文件的要求。

c.对下承层进行检查，下承层可能是封层、下面层、中面层，对于未验收或者已验收但由于某种原因使其表面产生不同程度的损坏的，均应进行处理验收后，方可开工。

d.正式开工前，各种原材料的试验结果，及据此进行的目标配合比和生产配合比设计结果，应在规定的期限内向业主及监理正式报告，待取得正式认可后，方可使用。

e.在沥青混凝土面层施工前，应对施工放样进行检查验收，保证平面位置及高程的准确，保证沥青面层的厚度不低于设计厚度。

②施工过程中的质量检查控制及各工序间的质量检查和验收。

a.承包人在施工过程中应随时对施工质量进行自检，监理应按规定要求自主地进行抽检，并对承包人的试验结果进行认定，如实评定质量，计算合格率。当发现有质量低劣等异常情况时，应立即检查。施工过程中无论是否已经返工补救，所有数据均必须如实记录，不得丢弃。

b.沥青混合料生产过程中，必须按表 3-55 规定的检查项目与频度，对各种原材料进行抽样试验，其质量应符合本指南规定的技术要求。每个检查项目的平行试验次数或一次试验的试样数必须按相关试验规程的规定执行，并用平均值评价是否合格。

c.拌和场的质量管理：沥青混合料拌和厂必须按下列步骤对沥青混合料生产过程进行质量控制，并按表 3-55 规定的项目和频度检查沥青混合料产品的质量，如实计算产品合格率。单点检验评价方法应符合相关试验规程的试样平行试验的要求。

施工过程中沥青混合料材料质量检查的项目及要求　　　　　　　　　　表 3-55

材料	检查项目	频率
粗集料	颗粒组成（筛分）	随时（但至少每 1 500t 要有 1 次）
	针片状颗粒含量	随时（但至少每 1 500t 要有 1 次）
	小于 0.075mm 颗粒含量（水洗法）	随时（但至少每 1 500t 要有 1 次）
	压碎值	必要时，但至少 1 次
	磨光值（仅上面层）	必要时，但至少 1 次
	黏附性	必要时，但至少 1 次
	洛杉矶磨耗值	必要时，但至少 1 次
	坚固性	必要时，但至少 1 次
	表观相对密度	必要时，但至少 1 次
	吸水率	必要时，但至少 1 次
	软石含量	必要时，但至少 1 次
	颗粒组成（筛分）	随时（但至少每 1 500t 要有 1 次）
	杂石含量	必要时，但至少 1 次
细集料	颗粒组成（筛分）	随时（但至少每 1 000t 要有 1 次）
	砂当量	随时（但至少每 1 000t 要有 1 次）
	坚固性	必要时，但至少 1 次
	表观相对密度	必要时，但至少 1 次

续表

材料	检查项目	频率
矿粉	表观相对密度	必要时,但至少1次
	亲水系数	必要时,但至少1次
	粒度范围	随时(但至少每500t要有1次)
	含水率	必要时
沥青	针入度	每1~2d 1次
	软化点	每1~2d 1次
	延度(10℃、15℃及老化后的10℃、15℃、25℃)	每2~3d 1次
	全套指标	每2 000t 1次
SBS改性沥青	针入度	每车1次
	软化点	每车1次
	离析试验(对成品改性沥青)	每车1次
	低温延度(5℃)	必要时
木质素纤维	弹性恢复	必要时
	全套指标	每1 000t 1次
	纤维长度	必要时(至少1次)
	灰分含量	必要时(至少1次)
	pH值	必要时(至少1次)
	吸油率	必要时(至少1次)
	含水率	必要时(至少1次)

注:玄武岩碎石、普通道路石油沥青(包括改性沥青的基质沥青)、改性沥青除按本表要求进行质量控制外,还需要按相关材料采购招标文件的要求进行质量检验。

检验原材料的质量是否经试验确认符合规定的要求,并注意检查其含水率。

在拌和厂生产过程中,要经常注意冷料仓供料是否正常和热料仓受料和供料是否均衡,并从料堆和皮带运输机随机目测各种材料的质量和均匀性,检查泥块及超粒径碎石,检查冷料仓有无窜仓。目测混合料拌和是否均匀、有无花白料、油石比是否合理,检查集料和混合料的离析情况。

配合比的计量,检查控制室拌和机各项参数的设定值、控制屏的显示值,核对计算机采集和打印记录的数据与显示值是否一致。按《公路沥青路面施工技术规范》(JTG F40—2004)附录G的方法进行沥青混合料生产过程的在线监测和总量检验,按附录F的方法进行沥青混合料质量动态管理。

检测沥青混合料的材料加热温度、混合料的出厂温度,取样抽提、筛分检测混合料的矿料级配、油石比。抽提筛分应至少检查0.075mm、2.36mm、4.75mm、公称最大粒径及中间粒径5个筛孔的通过率。

控制好拌和时间,以混合料拌和均匀,所有矿料颗粒全部裹覆沥青结合料为度。

取样成型试样进行马歇尔试验,测定空隙率、稳定度、流值,计算合格率。对VMA、VFA指标只做记录。沥青混合料的存放时间对体积指标有一定的影响,施工质量检验的马歇尔试验以拌和厂取样后立即成型的试件为准,但成型温度和试件高度必须符合试验要求。

d. 摊铺过程中的质量检查主要包括以下几个方面:

ⓐ对沥青混合料进行外观检查,正常的沥青混合料又黑又亮,在运料车上或在摊铺机受料斗中会产生"蠕动"。对于过于黑亮、呈褐色、暗而脆、受料斗的混合料不"蠕动"等现象,表明沥青过多或过少,或拌和温度过高,或拌和不充分。

ⓑ在摊铺过程中,应用温度计进行温度检查,通常在运料车到达和摊铺开始时各测一次温度。在摊铺过程中,若发现温度较低现象或压路机未及时碾压,也应测量温度。

ⓒ在摊铺过程中,应经常检测摊铺厚度,并与拟定的松铺厚度相比较,发现问题及时处理。

ⓓ未压实混合料表面结构，无论是纵向或横向都应平整、均匀而密实，并无局部粗糙、小波浪、撕裂或拉沟等现象，否则应查明原因及时处理。

e.碾压过程中的质量检查，应注意以下几点：

ⓐ合理控制压实温度，保证在较高的温度下压实成型，沥青混合料的压实温度应控制在表3-56、表3-57、表3-59要求的范围内，普通沥青混合料终压终了温度不应低于110℃（改性沥青混合料终压终了温度不低于115℃）。

热拌沥青混合料的频度和质量要求   表3-56

项目		检查频率	质量要求或允许偏差	试验方法
混合料外观		随时	观察集料粗细、均匀性、离析、油石比、色泽、冒烟、有无花白料、油团等各种现象	目测
拌和温度	沥青、集料的加热温度	逐盘检测评定	符合本章节的规定	传感器自动检测、显示并打印，或温度计测量
	出厂温度	逐车检测评定	符合本章节的规定	传感器自动检测、显示并打印，出厂时逐车人工温度计测量
		逐盘测量记录，每天取平均值评定	符合本章节的规定	传感器自动检测、显示并打印
矿料级配（方孔筛）	≤0.075mm	逐盘在线检测	±1.5%	计算机采集数据计算
	≤2.36mm		±4%（SMA-16：±3%）	
	≥4.75mm		±5%（SMA-16：±3%）	
	≤0.075mm	逐盘检查，每天汇总1次取平均值评定	±1%	总量检验
	≤2.36mm		±2%	
	≥4.75mm		±2%	
	≤0.075mm	每台拌和机每天2次，以2个试件的平均值评定	±1.5%	拌和厂取样，用抽提后的矿料筛分，应至少检查0.075mm、2.36mm、4.75mm、公称最大集料粒径及中间粒径5个筛孔与标准筛孔的差
	≤2.36mm		±4%（SMA-16：±3%）	
	≥4.75mm		±5%（SMA-16：±3%）	
沥青用量		逐盘在线监测	±0.2%	计算机采集数据计算
		逐盘检查，每天汇总1次取平均值评定	±0.1%	总量检验
		每台拌和机每天2次，以2个试样的平均值评定	±0.2%	抽提 T 0722、T 0721
马歇尔试验：稳定度、流值、密度、空隙率、VMA、VFA		每台拌和机2次/日，以4~6个试件的平均值评定	符合本章节的规定	T 0702、T 0709
浸水马歇尔试验		每种混合料至少3次（开始一次，施工中间2次）	符合本章节的规定	T 0702、T 0709
车辙试验				T 0719
冻融劈裂试验				T 0729

续表

项目	检查频率	质量要求或允许偏差	试验方法
谢伦堡沥青析漏试验的结合料损失(仅对 SMA-16 上面层)	每合同段检测 2~3 次	≤0.1%	T 0732
肯塔堡飞散试验的混合料损失(仅对 SMA-16 上面层)	每合同段检测 2~3 次	≤15%	T 0733

注:热料仓集料筛分试验在正常状态下至少每天做 1 组。

ⓑ选择合理的碾压组合方式,保证合理的碾压速度。复压时采用振动压路机,应选择合理的振频和振幅。

ⓒ及时进行试验检测,保证足够的压实度、平整度和合理的现场空隙率。

f. 沥青混合料抽样检验方法。

ⓐ混合料应按统计法取样,施工中每日必须测定混合料的集料级配和沥青含量、稳定度、流值、标准密度、饱和度、空隙率等物理力学指标,每层不少于 3 次检验动稳定度、残留稳定度和残留强度比。应用随机数技术来确定取样时间和取样地点,并应在监理工程师的监督下采样。取样后应及时进行全部试验,并将试验结果及时报给监理工程师和路面技术组。

ⓑ集料的验收点和取样点应在即将把沥青掺入集料前的热拌设备旁。这个点随着拌和机的造型不同而变化。工程师应在投产前检查设备,并用书面通知确定取样点。在对拌和机性能不完全了解的情况下,每天拌和前可以不掺沥青结合料进行试拌和,然后检验拌和的集料级配是否满足要求,如果不满足要求,应调整热料仓的材料比例重新试拌,直到满足要求为止。

ⓒ沥青含量的验收点和取样点应是在摊铺机后面及压路机前面,从路上未碾压的混合料中取样。

ⓓ混合料取样后应及时进行试验分析,并将试验结果输入计算机数据库,对油石比、稳定度、流值、空隙率、饱和度等指标定期绘制工程质量管理图和直方图,进行质量动态控制。当某一指标超出允许范围时,即施工不合格应分析原因,并对施工路段进行处理。对于生产试验路应建立油石比和矿料级配偏差与沥青路面主要质量指标偏差的相互关系,并根据路面质量指标的允许偏差确定配合比容许的波动范围,以便于进行质量控制。

g. 压实度验收取样和试验方法。

ⓐ沥青路面压实效果的检测采取压实度和现场空隙率双重控制:沥青中、上面层压实度要求≥98%,下面层压实度应≥97%(相对于试验室标准密度)。现场空隙率不得大于 6%。测定当天沥青混合料的标准密度的马歇尔试件成型温度应严格控制在沥青黏度—温度曲线确定的范围内。测定空隙率的理论密度应采用最大理论密度试验仪的实测值,无最大理论密度试验仪时可采用当天混合料配合比的计算值(改性沥青混合料、SMA 混合料应采用理论计算法计算的最大理论密度)。

实测最大理论密度时,混合料应在摊铺温度——出料温度范围内保温(2 ± 0.5)h,然后将混合料完全分散开来,冷却到 25℃。再将混合料放在盛水容器中,水面高于混合料 2cm 左右,封闭容器抽气,使容器中气压不大于 30mmHg①,直到无气泡为止(一般 15min 左右)。然后称量混合料的水中重,据此计算最大理论密度。

ⓑ混合料应按统计法取样,以测定压实度。应采用随机数技术来确定取样位置。承包人应从压实的路

---

① 1mmHg = 133.322Pa。

面上钻取样芯,直径为100mm,验收点及取样点应在竣工的路面上,在碾压结束,路面已冷却到足以取样的时候采样。按《公路工程沥青及沥青混合料试验规程》(JTG E20-2011)对试件做密度试验。钻孔后应及时将孔中的灰浆淘尽,吸净余水,待干燥后用相同的沥青混合料分层填充夯实。

ⓒ当标准层厚等于或大于40mm时,为提高检测速度,可使用核子密度仪检测现场密实度,以代替钻取样芯作密度试验。但必须对核子仪进行标定,用于核子仪标定的样本数不少于13个。

ⓓ检验试件密度采用表干法,试验路的检验测试应采用毛体积密度和表干密度的平均值做对比试验,从而确定大面积施工检验的准确计算方法。

ⓔ试验路施工时应进行平整度和压实度的跟踪相关性试验,确定双重合格的最佳工艺参数。

h.层厚的验收取样和试验方法。

ⓐ本项试验的取样与压实度验收取样相同。

ⓑ摊铺厚度应用游标卡尺逐一量取3个点钻取的样芯,然后计算其平均值。

ⓒ施工过程中,利用摊铺过程在线控制,即不断地用插尺或其他工具插入摊铺层测量松铺厚度。

ⓓ利用拌和厂沥青混合料总生产量与实际铺筑的面积计算平均厚度进行总量检验。

i.终压以后,应检验面层的平整度。所有有缺陷的地方均应纠正,包括由承包人自费清除和更换不合格的材料。检验面层平整度应用颠簸仪、断面仪或连续式平整度仪测定,平整度均方差目标为下面层不大于1.4mm、中面层不大于1.1mm、上面层不大于0.8mm。施工过程中应用6m直尺跟踪检查,通过试验路建立6m直尺所测最大间隙值与均方差的对应关系,从而确定6m直尺所测最大间隙值的允许值。

j.施工过程中沥青混合料的质量检查项目及频率要求见表3-57。

k.承包人应对每天摊铺的沥青混凝土面层的原材料、沥青混合料及现场摊铺情况等按规定的频率进行自检,并将检验结果每48h汇总一次及时报送给路面技术组,至少必须包括表3-58所列检验项目。

沥青面层施工过程中工程质量检查内容及标准　　　　　　　　　　　　　　　表3-57

项目		检查频率及单点检验评价方法	质量要求或允许偏差	试验方法
外观		随时	表面平整密实,不得有轮迹、裂缝、推挤、油斑、油包、离析、花白料现象	目测
接缝		随时	紧密平整、顺直、无跳车	目测、6m直尺测量
		逐条缝检测评定	3mm	T 0931
施工温度	摊铺	逐车检测评定	符合表3-45、表3-48、表3-53的规定	插入式温度计测量
	碾压	随时		
厚度	每一层次松铺厚度	随时	上面层: -5mm;中面层: -6mm;下面层: -10mm	施工时插入法量测松铺厚度及压实厚度
	每一层次压实厚度	1个台班的平均值	上面层: -3mm;中、下面层: -5mm	总量检验
	总厚度	每2 000m² 一点单点评定	代表值: -11mm;合格值允许偏差: -21mm	T 0912
	上面层	每2 000m² 一点单点评定	代表值: -5mm;合格值允许偏差: -10mm	
压实度、现场孔隙率		每2 000m² 检查1组逐个试件评定并计算平均值	符合3.4.8节(5)④条的要求	现场钻孔试验

续表

项目	检查频率及单点检验评价方法	质量要求或允许偏差	试验方法
抗滑表层构造深度（仅对于表面层）	每200m一处	0.8～1.5mm	砂铺法
摩擦系数摆值（仅对于表面层）	每200m一处	≥45BPN	摆式仪
平整度（最大间隙）	随时，接缝处单杆评定	上面层：3mm 中、下面层：5mm	T 0931，采用6m直尺
平整度（标准差）	对每日铺筑的路段全线每车道连续测定，按每100m计算 σ	上面层：0.8mm 中面层：1.1mm 下面层：1.4mm	T 0932
宽度	检测每个断面	±20mm	T 0911
纵断面高程	检测每个断面	±15mm	T 0911
横坡度	检测每个断面	±0.3%	T 0911
渗水系数	每半幅每200m测一个断面，每断面测3个点取平均值	SMA-16表面层：≤80mL/min AC-20中面层：≤120mL/min ATB-25下面层：≤120mL/min	渗水仪检测3个测点分别布置在距摊铺带外侧50cm、摊铺机中心线与这两点的中间位置。当采用两台摊铺机进行梯队摊铺时，以外侧摊铺机为准

承包人每48h必须汇总报送一次的检验项目　　　　　　表3-58

序号	试验项目	序号	试验项目
1	针入度、软化点、延度	8	沥青路面施工温度测量
2	粗集料针片状含量试验	9	钻芯检测（密度、孔隙率、厚度）
3	冷集料筛分试验	10	路面现场渗水试验
4	热料仓集料筛分试验（并绘级配计算表）	11	路面平整度测量
5	沥青混合料最大理论密度试验	12	路面现场表面构造深度测量试验
6	沥青混合料沥青含量和矿料级配试验	13	路面现场表面抗滑系数试验
7	沥青混合料马歇尔试验		

③完工后的质量检查和评定。

完工后的沥青面层应平整密实，不应有明显的轮迹、裂缝、推挤、油斑、油包等缺陷，且无明显离析，接缝处应紧密、平顺、烫缝不枯焦；面层与路缘石及其他构筑物应接顺。并应按照表3-59所示项目和频率进行检查验收。

沥青混凝土面层实测项目　　　　　　表3-59

项次	检查项目		规定值或允许偏差	检查频率	检查方法
1	外观		表面平整密实，不得有明显的轮迹、裂缝、推挤、油斑、油包等缺陷，且无明显离析	随时	目测
2	面层总厚度	代表值	−11mm	每千米5点	T 0912
		极值	−21mm		

续表

项次	检查项目		规定值或 允许偏差	检查频率	检查方法
3	上面层厚度	代表值	−5mm	每千米5点	T 0912
		极值	−10mm		
4	压实度(%)	代表值	中、上面层98%,下面层97%	每千米5点	T 0924
		极值	中、上面层97%,下面层96%		
5	现场空隙率(%)		3～6	每千米5点	
6	平整度	σ(mm)	0.8	全线连续	T 0932
		IRI(m/km)	1.3		T 0933
7	路表渗水系数		不大于80mL/min	每千米不少于5点	T 0971
8	宽度		±20mm	每千米20个断面	T 0911
9	纵断面高程		±15mm	每千米20个断面	T 0911
10	中线偏位		±20mm	每千米20个断面	T 0911
11	横坡度		±0.3%	每千米20个断面	T 0911
12	弯沉值		18.2(0.01mm)	每车道每20m1点	T 0951
13	构造深度		0.8～1.5mm	每千米5点	T 0961/62/63
14	摩擦系数摆值		≥45BPN	每千米5点	T 0964

3.4.10　沥青混凝土面层施工监理

监理人员要坚持独立公正的原则,严格监理、热情服务、秉公办事、一丝不苟,实行全天候、全方位、全过程的监理。

1)开工监理要点

(1)沥青面层开工应该向监理处打分项工程开工报告。

(2)各种材料必须认真取样、试验、审定及验收。

(3)检查施工机械及质量检测仪器的状态和到位情况,以及施工人员的到位情况及资质水平。

(4)做好测量与放样复核工作。高程、中线、导线点、水准点的复核由测量组完成。

(5)参与组织施工前技术交底会,明确各种技术指标及施工要点。

(6)对照有关质量、进度的要求认真审核技术方案、施工组织和进度计划。

(7)认真完善沥青混合料的配合比设计工作,严格审核目标配合比设计、生产配合比设计和生产配合比验证的各项要求。

(8)督促检查施工单位建立健全完善的质量保证体系和各种规章制度,随时检查执行情况。

(9)按期上报质量检查日报或旬报。

2)拌和厂监理要点

(1)每天开始拌和时,检查场内的各种材料是否符合质量要求。督促施工单位对沥青、碎石、机制砂、石屑、矿粉等材料进行质量检测,发现不合格材料,通知施工单位停止使用并清除出场或采取其他措施予以处理。

(2)现场检查上料方法是否规范合理,拌和机工作状态是否正常。

(3)在工地实验室监督当日的标准密度试验、马歇尔试验、混合料油石比和筛分试验。有疑问时,自行取样送总监代表处进行核实。

(4)到拌和机操作室察看计算机屏幕显示配合比数据和各种温度,并核实数据是否准确。

（5）抽查混合料出厂温度，察看是否有花白料、色泽灰暗等问题。若发现花白料或温度过高、过低现象，通知施工单位废弃不用。

（6）检查拌和机打印数据、马歇尔试验打印数据以及燃烧炉打印数据，即"三个打印"数据。

3）摊铺现场监理要点

（1）检查下承层表面是否清洗干净，是否需要洒黏层油；封层和透层是否完好；裂缝是否进行处理。

（2）测量混合料到场温度、摊铺温度、碾压温度。

（3）察看摊铺方法是否正确，如下面层是否挂线摊铺，摊铺机进料斗是否能连续进料，是否有停机现象、螺旋推进器是否有一定埋入深度等。

（4）察看压路机型号和数量是否符合要求，是否能紧跟摊铺机碾压，压实方法是否正确。

（5）察看摊铺机后的混合料是否有离析现象，对局部离析严重的督促换料或撒细混合料。严重离析时应通知施工单位停机分析原因，找出处理办法。

（6）督促工地试验室在已摊铺的离析和非离析部位抽取混合料试样，并按要求的频率自行抽样送总监办试验。

（7）督促并察看施工单位质检人员进行压实度、平整度跟踪测试，分析是否合乎要求；监理人员也应按要求的频率进行质量抽检。

（8）对透层、封层、黏层洒布量检验。

4）半成品路监理及资料处理

（1）实施各项半成品检验，统计每天工程进度。

（2）调查记录各类缺陷面积，并提出处理意见。

（3）向路面组上报各种质量报表。

（4）建立计算机质量统计数据库，分期进行质量动态分析。

（5）随时检查施工单位质量控制分析情况。

5）监理要点提示

（1）"一个重要指标"——按照沥青的黏温曲线进行室内试验和现场施工的温度控制。

拌和温度和压实温度的确定按照《公路工程沥青及沥青混合料试验规程》（JTG E20—2011）执行。无黏度测试方法时，以沥青供应商提供的黏度—温度曲线为准，一般不宜任意从参考表中选择，以保证试验、施工的统一性。

（2）"两个重点试验"——动稳定度试验和冻融劈裂试验。

目标配合比和生产配合比必须经过上述两项试验过关，才能投入正式生产使用，以保证沥青路面的高温稳定性和水稳定性。无试验条件的应该送往有关部门进行试验。生产试验路中抽取的正常波动范围内的混合料，其试验结果必须满足合格要求。二次加温的混合料，应考虑与新拌混合料进行对比试验修正。

（3）"三个打印"——沥青混合料拌和机、马歇尔试验、油石比燃烧炉要有自动的打印数据装置，出示每盘拌和及每次试验结果及每天拌和混合料总量。

拌和机的计量打印数据能够较为全面地反映混合料的质量和工序的波动状态及拌和混合料总量，是进行监理控制的重要依据。凡是没有打印数据的应视作违规操作。监理人员察看马歇尔试验和油石比燃烧炉打印数据，有利于监督施工单位，保证试验数据的真实性和准确性。马歇尔试验的流值读数要通过打印曲线加以修正。对各项数据应该进行动态统计分析，并进行全面的质量评估。出现异常的波动应该进行调整，以克服凭单个数据判断合格与否的简单做法。要监督施工单位按照时间的序列将打印的数据绘成控制图，每天进行统计分析。监理人员要定期将数据进行统计汇总，按质量报表要求分期和累计计算出平均值、标准偏差、变异系数以及评价值，要求保证率不得低于95%，并将此资料随计量资料上报，供业主或总监代表处巡检人员抽查核对。

拌和机打印数据的主要统计指标为油石比，控制的中值应为设计油石比，上波动界线应不大于设计油石比加0.2%，下波动界线为设计油石比减0.2%。

马歇尔试验结果的主要控制指标为空隙率、稳定度、流值。应将每天的数据绘入 $X - R$ 管理图,企业管理目标的允许范围不应低于规范要求。

油石比燃烧炉在使用前要对每一种集料做对比试验,在偏差合乎要求时,对比次数一般为 6 ~ 10 次,用不同油石比对比时,采用直线回归方法修正,用相同油石比(一般采用设计值)对比时采用平均修正系数修正,用平均值计算上下置信界线(取保证率95%)值小于 0.1 为宜,应对每天的检验油石比与拌和机打印油石比进行比较,出现系统性误差时,应予以及时纠正。

(4)"四个必须"——每天确定混合料标准密度时,其油石比、级配、击实温度、马歇尔试验指标都必须在允许偏差范围内才能认可。

当天的混合料密度与油石比、级配、击实温度都有很大的关系,如果相关的指标不合要求,那么其密度不能作为压实度检测的标准。如果油石比、级配不当,击实的温度低,就会出现密度偏低,应该引起足够的重视。击实温度应该采用固定的黏度—温度曲线确定值。否则,几乎可以通过人为因素使标准密度任意改变。为此,应该同时采用实际测定的理论相对最大密度对压实路面的空隙率进行计算,如空隙率过大,则应该加大压实度检验频率,重新检定、调整配合比。

国内许多高速公路修建经验证明,采用当天混合料击实密度作为压实度检验标准,如实反映了材料和现场计量的变化性,但如果不以"四个必须"为前提就等于被动地服从不正常变化,造成假象的压实度合格。所以,以实测的理论相对最大密度作为评定标准时,也要以"四个必须"为前提。

确定的标准密度应在空隙率等于4%左右。相差太大不得采用。真空法实测最大理论相对密度出现小于计算最大理论相对密度的可能性较大,当差别很大时,应考虑采用当天检验级配的计算值或者采用溶剂法进行核实。

改性沥青混合料的最大理论相对密度不采用真空实测法确定,而采用计算值。

(5)"五个不可忽视"——在进行常规材料检验的过程中,对于沥青的含蜡量、用于改性的基质沥青质量、粗集料的针片状、细集料的砂当量、集料的粉尘含量等要求不可忽视。在日常的检验过程中,应该随时进行抽检,达不到要求的材料应立即停止使用。

(6)"六个成品检验"——对于碾压成型的路面进行厚度、压实度、平整度、空隙率、渗水系数、防滑性能检验。

以上六个成品检测,直接反映出路面的使用性能,是各项中间检测的集中反映,经过分段评估,做出相应的技术决策。

施工过程中的压实度用核子仪跟踪监控。其检验结果仅供分析自控使用。质量评估应采用钻芯法测试。测试前,试件应充分干燥,雨后钻取的试件应抽样烘干测试其是否至恒重,附着于芯样上的基层材料、封层油、黏层油应锯除,钻孔时应在粗细离析部位分别取样试验。

核子仪跟踪检测压实度应在充分压实的基础上进行,如果计算的空隙率偏小,应进行级配调整。不应在压实遍数上达不到要求的情况下,只要空隙率合适,就停止碾压。也不应该降低碾压温度求得合适的空隙率。

(7)"七个是否"——对施工单位内部质量管理、必备条件进行审核。

①是否有健全合理的质量保证体系。

②主要技术人员是否熟悉施工规程。

③是否进行了层层技术交流。

④是否有完善的检测仪器。

⑤是否能够按照监理程序办事。

⑥是否有主要质量指标控制范围。

⑦是否有克服质量通病的攻关目标及对策。

"七个是否"反映了施工企业的基本素质,各级监理人员要经常检查、督促。企业素质太差,无论如何强化质量监督,质量还是无法保证。

(8)"讲求八化"——监理人员要注重自身工作质量,不断对施工单位施加质量管理影响力。

①宣传精品工程的经常化。

②整体质量控制的系统化。

③质量监督的程序化。

④控制指标的标准化。

⑤工艺作业的规范化。

⑥信息传递的表格化。

⑦工作方案的优选化。

⑧服务指导的具体化。

(9)"注意九个偏差"——路面的局部损坏,主要来源于施工质量偏差,主要有以下十个方面。

①外购材料偏差:注意抽查验收把关,防止购买不合格的材料。

②试验偏差:注意试验误差的纠正以及相关对比试验。

③施工机械偏差:注意针对不同机械性能提出工艺细则。

④集料离析偏差:注意摊铺离析最严重处的检验指标必须满足最低质量要求。

⑤计量偏差:注意定期对拌和搂热料仓称量系统与冷料仓上料速度进行检测。

⑥温度离析偏差:注意分段碾压,及时碾压,保持碾压温度达到要求。

⑦油石比偏差:注意由集料离析引起的油石比变化,保证混合料的油膜厚度,提高路面的耐久性。

⑧基层质量偏差:注意基层表现状况、高程、平整度等不同情况对路面质量的影响。

⑨气候环境偏差:注意根据不同的施工季节采取相应技术措施。如低温施工调整混合料温度等。

(10)"十个问题"——长湘高速公路路面设计和施工要求充分吸收了国内外的成功经验,有些与常规做法有所不同,必须在认识上引起重视。

①为什么要将基层表面冲洗、清扫至露骨?

②为什么强调透层、封层施工的质量?

③为什么强调洒黏层油的污染条件?

④为什么要求细集料部分防雨存储?

⑤为什么要用核子沥青含量测定仪现场跟踪快速测定油石比?

⑥为什么在生产试验段进行摊铺后要在不同位置进行取样?

⑦为什么用核子仪跟踪进行压实度检验?

⑧为什么施工中初始阶段,要求施工检验频率高于规范要求?

⑨为什么改性沥青混合料贮存时间不得超过6h?

⑩为什么不允许在运料车厢与压路机轮上使用柴油配制的油水混合液?

4 桥 梁 工 程

4.1 工程概况

长湘高速公路全线设桥梁 14 326.9m/27 座,其中特大桥 9 813.5m/2 座(湘江特大桥全长 8 301.5m),大桥 3 994.8m/18 座。

湘江特大桥是长湘高速公路的控制性、标志性工程。主桥为(115 + 195 + 115)m 连续刚构,桥面宽度 38m,是目前湖南高速公路中最长的桥梁。铁弓洲特大桥是全线另一重点控制性工程,全长 1 512m,30m、50m 两种跨径的 T 梁交替架设,采用先简支后连续上部结构。大桥桩基础引进采用旋挖钻机施工,成孔速度快、质量高、投入设备少。施工中采用大型海上设备混凝土,进行桥梁灌注桩施工,实现混凝土不间断浇筑。采用预应力智能张拉仪,实现张拉全过程跟踪控制。大桥施工还引进桥梁视频监控系统,对施工现场的情况进行实时监控和动态管理;因地制宜,改进优化传统施工工艺,采用多台连续千斤顶下放钢套箱、长线台模法加工钢筋笼、液压挂篮等新工艺;使用聚丙烯纤维材料、新型预应力管道压浆剂等新材料,达到节约资源、保护环境的目标。

4.2 施工准备

4.2.1 施工场地规划

(1)承包人进场后应立即进行现场踏勘,收集气象、水文及地质等资料,了解现场施工材料供应和交通等施工条件,并写出调查报告,供项目部施工决策和进行施工场地规划。

(2)施工现场布置。

①在施工期间,承包人应在桥梁的显著位置悬挂安全文明生产、质量管理、廉政建设等标牌标语。

a. 工程简介牌:对工程的主要构造,地质情况、施工方案、分阶段的工期计划等做一简要介绍。

b. 安全质量保证牌:明确对该项工程的安全质量保证体系及措施。

c. 施工场地布置牌:采用计算机绘制,对施工现场的布置采用图示方式表达,注明位置、面积、功能。每个拌和站、预制场的入口显著位置应当设置拌和站和预制场的标志牌,并附拌和站、预制场的场地平面图。平面图尺寸为 0.8m × 1.2m。

d. 创优规划标志牌:主要明确该工程的创优目标及创优措施。

e. 安全生产操作规程牌:主要明确施工各工序的安全生产操作规程。

f. 廉政监督牌:主要明确施工廉政制度、廉政领导小组、廉政监督小组和廉政监督电话等。

g. 工程责任人标志牌:明确建设单位、设计单位、监理单位、施工单位的项目经理、项目总工、质检工程师、分项工程负责人、质检员,现场监理工程师、监理员。

h. 各种标志牌按矩形定制,板面采用蓝底白字,边框为黑色。各标志牌规格按长湘公司要求定制。

i. 施工标志牌汇总。

ⓐ长湘高速公路告示牌。

ⓓ长湘高速公路工程概况标志牌。

ⓒ长湘高速公路桥梁施工标志牌。

ⓓ长湘高速公路拌和站标志牌。

ⓔ长湘高速公路预制场标志牌。

ⓕ长湘高速公路材料标志牌。

ⓖ长湘高速公路混凝土配合比标志牌。

ⓗ长湘高速公路交通禁止标志。

ⓘ长湘高速公路交通警示标志。

ⓙ长湘高速公路交通指示标志。

ⓚ道路施工安全标志。

ⓛ施工安全设施设置示例。

ⓜ文字说明辅助标志。

ⓝ文字说明警示标志。

ⓞ安全生产各类标志。

ⓟ指路牌、起(终)点标志牌。

ⓠ项目经理部标志牌。

ⓡ桌牌、工作牌。

②现场机械设备布置有序,必要时应悬挂安全操作规程,尺寸参照 0.6m×0.8m,白底黑字。

③现场各种防火、防高空坠落、安全帽等安全标志牌按照国家有关规定统一制作,悬挂于工地醒目位置。

④现场的周转材料、半成品材料的堆放严格按照有关材料堆放的规定进行,并按照 0.6m×0.4m 牌面,采用白底蓝字,分材料名称、产地、规格型号、质检状态、用途五项内容进行标志。

4.2.2 三通一平建设

1)施工便道、便桥

(1)施工便道、便桥的技术质量要求。

①主要便道的修筑应满足设备、材料运输的需要,对表面进行厚度不少于 8cm 的 C15 混凝土硬化。条件允许时,宽度应保证双向通行,一般情况下应视地形条件和视距要求在合适位置设错车道,相邻错车道设置不宜大于 200m。

②便道的两侧应设置边沟和排水沟。

③便道急弯、陡坡地段设置安全护栏和醒目的安全警示标志,岔路口设置方向指示牌。

④便桥应满足载重和排洪要求,汽车便桥桥面宽度不小于 3.5m,设置防护栏杆和超限标牌。

(2)施工期间应指定专人(队)负责对施工便道(便桥)进行日常检查和养护、洒水,做到雨天不泥泞,晴天少粉尘。

(3)各施工便道从起点依序编号,设便道标志牌于路口处,标志牌按照 0.8m×0.6m 尺寸制作,蓝底白字,标明便道序号、方向(通往××)、陡弯段里程、注意安全驾驶等内容。

(4)利用地方道路作为施工便道,承包人应提前与有关部门签订好协议,待工程完工后按照协议进行补偿或修复。

(5)工程完工后,承包人应将施工便道及便桥予以拆除。当地部门要求保留时,要与相关部门签订好协议,否则应予以复耕或对河道进行清理。

2)施工临时用电

(1)承包人向业主申请用电应包括以下内容:临时用电负荷的计算,临时用电线路的平面布置图,临时用电的安全使用方案,临时用电的安全组织机构。

(2)引入工地的电力线路的架设和变压器的安装应严格按照电力施工的有关规范和要求进行施工。线路原则上应在施工便道或通道的一侧临空架设,架设高度必须符合安全要求。

(3)项目部应配有专职电工若干名,负责与地方供电部门的协调联系,对本标段施工用电进行统一管理,以及对各种用电设备进行日常维护管理。

(4)各工点的配电箱一律采用铁制,分大小两种。大型配电箱,尺寸不小于1.0m×0.8m×0.2m,内设各个分线闸刀、漏电保护器、电表等相关设备,必须建立配电房封闭管理,坚持一机一闸用电。小型配电箱采用当地电力部门统一的农用配电箱。变压器和配电箱等应设置明显的安全警示标志。

(5)根据工地现场的实际布置情况,在拌和站、预制场及各个桥梁工地应配备可靠的备用电源,以备急用。

(6)所有动力设备应有可靠的接地保护和防雷措施。

3)施工临时用水

(1)承包人进场后15d内应完成对施工现场(周围)的水源调查,必要时进行水质检测。

(2)根据项目工程的大小计算项目的生产、生活及消防等用水量,合理地提出施工用水计划。

(3)有条件时应独立安设用水专线或打井,与居民生活用水分开。

(4)设置足够的蓄水池,蓄水池应加盖并有安全警示标志,防止人员进入。

4)施工场地平整

(1)施工场地平整主要有生活区、拌和场、堆料场、预制场、加工场、弃土场等,场地平整的机械应先进场,以便完成征地后立即开展平整压实工作。

(2)施工场地平整工作应一次到位,做好防排水设施,以免影响场地和后续工作。所有清表、弃方应规范堆弃,不得影响周围环境。

4.2.3　驻地建设

承包人自进场之日起30d以内必须完成驻地建设。

1)项目经理部

(1)驻地的选址应尽量靠近施工现场,交通方便,远离山洪、泥石流、山坡塌方等自然灾害易发点,驻地面积应满足工作、生活各方面需要。

(2)项目经理部应有适当的办公场所,其会议室应能容纳至少30人开会的需要,内贴工程简介,组织机构框图,线路平纵面图,桥梁立面图、平面图和断面图,进度图,质量目标,安全质量保证体系,廉政制度,晴雨表,总体工期安排网络图等。会议室还应有不小于2m²的写字板。

(3)项目经理部机构设置。项目经理部组织机构设置应符合业主有关项目机构设置的要求,确保本项目的质量、进度、安全、环保和投资等各项目标得以顺利实现。项目部各机构门前悬挂岗位牌,其岗位职责及工作制度一律上墙,主要包括:

①项目经理室:施工总体形象进度图、年度计划进度曲线和实际对比图、项目经理职责等。

②工程技术部门:各个结构物的施工形象进度图、施工总体平面布置图及施工总体进度计划网络图等。

③安全质量监控部门:安全质量保证体系、各级安全质量人员的岗位职责等。

④物资设备部门:材料物资的进货、检验、发放流程图、设备管理的动态图等。

⑤计划财务部门:计量形象进度图、年度计划进度曲线等。

(4)项目部应做好以下规章制度的建立。

①施工计划管理制度:确保合同工期的顺利实现。

②技术管理制度:技术责任制、设计文件审查制、技术交底制。

③工程成本管理制度:保证工程投资的有效控制。

④施工安全管理制度:确保施工在安全健康的环境中进行,要包括安全生产责任制、安全检查教育及事故处理报告制、安全设施、设备的检查验收制等。

⑤物资采购与发放制度:保证建设物资的顺利供应。

⑥试验检测管理制度:确保工程质量在受控状态下进行。

(5)对项目部主要人员的有关要求。

①项目部主要人员的资历、数量应与合同谈判承诺人员一致。项目经理、总工、试验室主任等主要管理人员应保持稳定,若需更换,应按规定程序报业主批准。

②项目管理人员上班时间必须佩戴统一的胸牌,特殊工种人员须持证上岗。

③项目部应设有专职资料档案员,资料员必须由专业档案人员或工程类技术员担任,各种技术资料应填写规范,归档及时,数据准确,手续完备,分类清晰,查阅方便。文件资料的编制整理应符合交通运输部、省厅局有关竣工文件的编制办法的要求。

2)工地试验室

(1)试验室的周边场所、通道均应进行硬化。

(2)仪器设备在合同谈判后30d内必须全部到位,45d内完成安装、调试、标定和临时资质申请。

(3)试验室各室面积:力学室不小于 $20m^2$,土工室不小于 $30m^2$,水泥室不小于 $20m^2$,养护室不小于 $20m^2$,集料室不小于 $30m^2$,办公室不小于 $15m^2$ 。总面积不低于 $150m^2$ 。

(4)试验室所有从事试验工作的人员都必须持证上岗,并保持稳定,不得随意更换。

(5)试验规章制度及操作规程(试验室工作岗位责任制,试验检测工作程序,试验仪器设备操作规定,试验仪器的定期标定、保养、维修制度,试验室安全和卫生管理制度,试验资料管理的台账制度,标准养护室的管理检测制度,取样要求和样品管理制度,试验报告表格填写要求等)上墙。

(6)各种试验资料应记录完整、及时,真实有效,严禁造假。

3)档案资料室

(1)档案资料室应不小于 $20m^2$,所有档案资料宜保存在专用金属柜(架)内,专人负责收发登记。

(2)从事档案工作人员应具备相应专业技术知识,人数 $1 \sim 3$ 人。

(3)档案资料室应能防潮、防火、通风,配备消防设备。

4)工地临时房屋

(1)临时生产生活用房应认真选址(避开滑坡、冲沟、泛洪等险地)、合理规划、布局有序,生产和生活用房应分开搭设。

(2)房屋搭设稳固,室内地面采用5cm厚的C15混凝土硬化。

(3)工房不提倡搭通铺,一室不得超过8人,人均居住面积不少于 $2m^2$ 。

(4)做好安全用电和防火工作,按有关规定配备消防器材。雨季应做好防雨、防潮、防洪等准备工作。

(5)做好生活区的环境卫生工作,对生活垃圾和污水进行集中合理处置,保证周围环境整洁卫生。

4.2.4 拌和站

拌和站应合理划分为生活区、拌和作业区、材料计量区、材料库及运输车辆停放区,以及混凝土试件制作室和标准养护室,并设立其平面布置示意图。

1)拌和站的场地处理

(1)拌和站的所有场地必须进行混凝土硬化处理,要求使用 20cm 厚片、碎石垫层,12 ~ 15cm 厚的 C15 混凝土作为面层。

(2)场地硬化按照四周低、中心高的原则进行,面层排水坡度不应小于 1.5% ,场地四周应设置排水沟,排水沟底面采用 M7.5 砂浆进行抹面。

(3)在场地外侧合适的位置设置沉砂井及污水过滤池,严禁将站内生产废水直接排放。

（4）拌和站应采用封闭式管理,四周设置围墙,进出场设置大门,并悬挂安全、生产标语。

2）拌和站生产能力和规模

（1）所有桥梁拌和站必须达到三仓式自动计量标准,单机生产能力和规模应根据现场施工情况选定,可参照表4-1。

拌和站生产能力和场地规模

表4-1

类型	单机生产能力（m³/h）	场地规模（m²）
大型	50 以上	6 000 以上
中型	25 以上	4 000 以上
小型	15 以上	2 000 以上

（2）拌和站使用之前,承包人施工临时工程必须配备相应混凝土拌和设备。所有永久工程必须实现混凝土集中拌制。以管道泵送或混凝土罐车运输。

（3）拌和站建设完成后,需根据拌和机的功率配备相应的备用发电机,确保拌和站有可靠的电源使用。

（4）拌和站的计量设备应通过当地政府计量部门标定后方可投入生产,使用过程中应不定期进行复检,确保计量准确。

3）拌和站的混凝土配合比标志牌

拌和站操作房前醒目位置应悬挂混凝土配合比标志牌,标志牌采用镀锌铁皮制作,尺寸为0.6m×0.4m,白底蓝字,油漆喷涂确保不褪色,数字采用彩色笔填写,字迹工整清晰。标志牌内应包括以下内容:混凝土设计与施工配合比（含外掺剂）,粗细集料的实测含水率及各种材料的每盘使用量等。

4）水泥及外加剂库房

（1）承包人原则上应使用散装水泥,在不具备使用散装水泥的情况下使用袋装水泥,应建造库房存放,库房面积按照1.5t/m²的标准搭建。

（2）库房中外加剂与水泥应分开存放,存放高度不应超过1.5m;不同批次、不同品种、不同生产日期的水泥应分区堆放,并根据不同的检验状态和结果采用统一的材料标志牌进行标志;库房应设置进库门和出库门,确保水泥的正常循环使用。

（3）水泥库房原则上采用钢材、砖石等材料搭建,周围封闭,顶篷为石棉瓦或油毛毡等防水耐晒材料,四周做好排水沟,确保库房不漏水。

（4）库房尽量靠近拌和站,地面采用C15混凝土进行硬化,上铺2层油毡,然后利用方木或砖砌上搭5cm木板,铺设油毡,使水泥储存离地30cm。各个分区的水泥存放应远离四周墙体30cm以上。

（5）水泥库房内应建立详细的调拨台账,使物资的使用具有可追溯性。

（6）混凝土必须使用旋窑水泥。

（7）使用散装水泥的拌和站,要设水泥储存罐,根据用量选定水泥罐容量,配合计算机自动输入。

5）砂石料场

（1）凡用于正式混凝土工程的砂石料应按三仓式配料要求,不同粒径、不同品种分仓存放,不得混堆或交叉堆放,分料仓应采用"37"墙砌筑1.5m高,采用石灰或水泥砂浆抹面,仓内地面设不小于4%的地面坡度,分料墙下部预留孔洞,避免积水。料仓应搭设顶棚。

（2）砂石料应按规格、计量单位、材料来源、炉号（批号）、质量状况五项内容进行标志。

（3）料仓的容量应满足最大单批次混凝土连续施工的需要,并留有一定的余地,另外还应满足运输车辆和装载机等作业要求。

（4）桥梁上部用碎石应采用反击破设备生产的碎石。混凝土用碎石使用前应用水冲洗,确保在不污染情况下方可用于施工。

4.2.5 预制场

1) 预制场

(1) 桥梁预制场利用桥台后的挖方路基时,路堑边坡的防护及排水设施应提前完成。

(2) 桥梁预制场设置在填方路堤或线外填方场地时,应对场地分层碾压密实,防止产生不均匀沉降变形而影响桥梁预制的质量。

(3) 场地全部采用 C15 混凝土进行硬化,混凝土厚度不小于 10cm。

(4) 预制场应合理设计排水方案和油、污水处理措施。

(5) 预制场地应采用隔离栅等进行隔离。

2) 预制梁的台座设置

(1) 预制梁的台座强度应满足张拉后的承压要求,台座尽量设置于地质较好的地基上,否则应进行加固处理;台座与施工主便道及路基边坡要有足够的安全距离。

(2) 底模采用钢板,不得采用混凝土底模,钢板厚度应不小于 10mm,并确保钢板平整、光滑,及时涂脱模剂,防止吊装梁体时由于黏结而造成梁底蜂窝、麻面。

(3) 反拱度应满足设计和线形要求,台座的侧边应顺直,要有防止漏浆的有效措施。对于有纵坡的支座预埋钢板位置设有三角形楔块的梁体,台座设置时应考虑张拉时预埋钢板的活动量。

(4) 预制台座、存梁台座间距应大于 1.5 倍模板宽度,以便吊装模板。预制台座与存梁台座数量应根据梁板数量和工期要求来确定,并要有一定的富余度。

(5) 预制梁的台(底)座数量应与预制梁的数量以及总工期要求相适应,并报监理工程师批准。

3) 预制梁的模板

(1) 预制梁的模板采用整体钢模,钢板厚度不小于 6mm,侧模长度一般要比设计梁长 1‰。模板必须设计合理并由专业工厂进行加工生产。承包人应指派专人负责对模板的加工质量进行中间检验,加工完成后出厂前应在厂家进行试拼和交工检验,确保其结构强度、刚度、材质、平整度、光洁度、连接件和各部尺寸符合设计要求。

(2) 经长途运输运抵工地的模板,模板在吊装与运输过程中,承包人应采取有效措施确保装卸和运输过程中模板不受损变形。

(3) 承包人应加强对模板使用过程中的维修保养。每次拆模后将其安放平稳,指派专人负责除锈去污和上油,之后用防雨布覆盖,防雨防尘和防锈。

(4) 模板安装后梁体混凝土浇筑前,承包人和监理工程师应按照有关规范要求进行模板安装质量的检查,尤其要防止拼缝不严和各种预留孔洞封堵不密实造成漏浆而影响梁体质量。

(5) 承包人必须购买和使用经实践证明效果良好的混凝土专用脱模剂,不得使用废机油及其混合物作为脱模剂。

(6) 梁板钢筋保护层应推广使用专用塑料垫块,其形状以马鞍形较好。

(7) T 梁横隔板底模不应与侧模联成一体,必须采用独立的圬工底模,以保证在先拆除侧模后,横隔板的底模仍能起支撑作用,避免横隔板与翼缘、腹板交界处出现因横隔板混凝土过早悬空而引起的裂纹。

4) 钢筋、钢绞线棚

(1) 钢筋、钢绞线棚应能满足材料存放、防雨防潮、通风的要求,禁止钢材露天堆放或仅用彩条布等简单覆盖。

(2) 钢筋棚宜修建在地势较高处,四周开挖排水沟,保证排水畅通,棚内地面应高出棚外地坪 20 ~ 30cm,确保棚内地面干燥。

(3) 棚内地面应用 5cm 厚 C15 混凝土进行硬化,有车辆行驶区混凝土硬化厚度为 12 ~ 15cm。棚内按照其使用功能分为原材料堆放区、钢筋下料区、加工制作区、半成品堆放区。

（4）钢筋棚的面积总体上应满足各功能分区的要求，如原材料堆放区、加工制作区、半成品、成品堆放区、钢筋棚内的空间高度应大于 3m，车辆运输装卸作业所必需的空间等。

（5）在加工制作区应悬挂钢筋的大样设计图，确保下料及加工准确。

（6）各种原材料、半成品或成品应按其检验状态与结果、使用部位等进行标志。标志牌采用镀锌铁皮制作，白底蓝字，用油漆喷涂而成，彩笔填写，标志牌应用铁架吊挂于醒目处。

（7）钢筋、钢绞线棚必须建立材料调拨台账，使之具有可追溯性。

（8）承包人应加强钢筋棚（材料库）的防火工作。

（9）钢筋的焊接、合理分区，加强防火、防水工作及注意用电安全。

5）波纹管等材料

波纹管、锚具、支座等其他材料必须按相关要求建库保管和加工，做到有物必有区，有区必有牌，做好防锈、防腐、防火、防盗工作。

6）机械设备

（1）进场机械设备必须能满足工程质量和施工进度要求；安装调试简便，容易操作、维修方便，可靠性高，安全性能好；对环境不会造成污染和破坏，如油、声污染。

（2）严格遵守持证上岗制度，机械操作人员必须熟悉本机的构造、性能及保养规程，熟练掌握机械设备的操作规程。

4.2.6　技术资料准备

（1）在开工前，应组织经验丰富的技术人员对设计文件进行审查和现场核对，对设计中存在的问题及时提请设计单位解决，并做好设计技术交底。

（2）完成试验室临时资质申报和材料的试验、混凝土配合比的设计、实施性施工组织设计编制及报批。

（3）承包人接桩后，应在 28d 内完成导线、水准点的复测、原地面复测和加密测量工作，并做好各桩点的保护措施直到工程竣工。

（4）实施性施工组织设计的编制。承包人在签订合同协议书后的一个月内完成编制实施性施工组织设计，其内容包括详细的施工组织、现场布置、施工方案、工程进度计划、资源供应计划、资金流量计划、质检体系与质量保证措施、安全体系与安全保证措施、廉政建设、文明施工与环境保护等。

（5）总体开工报告。开工前应向监理工程师报批，主要内容包括：施工机构、质检体系、安全体系的建立和劳动力安排，材料、机械及检测仪器设备进场情况，水电供应，临时设施的修建，施工方案准备情况等。

（6）分部或分项工程开工报告。分部或分项工程开工前 14d 向监理工程师提交开工报告，其内容包括：施工地段与工程名称；现场负责人名单；施工组织和劳动力安排；材料供应、机械进场等情况；材料试验及质量检查手段；水电供应；临时工程的修建；施工方案进度计划以及其他需要说明的事项等。

4.2.7　施工测量及质量要求

（1）平面控制网可采用三角测量和 GPS 测量。三角测量和 GPS 测量等级的确定应符合表 4-2、表 4-8 的规定。

平面控制测量等级　　　　　　　　　　　　　　　　　表 4-2

等级	桥位控制测量	等级	桥位控制测量
二等三角	>5 000m 的特大桥	一级小三角	500～1 000m 的特大桥
三等三角	2 000～5 000m 的特大桥	二级小三角	<500m 的大、中桥
四等三角	1 000～2 000m 的特大桥		

①三角测量的技术要求应符合表 4-3～表 4-6 的规定。

三角测量的技术要求 表4-3

等级	平均边长（km）	测角中误差（"）	起始边边长相对中误差	最弱边边长相对中误差	测回数			三角形最大闭合差（"）
					DJ$_1$	DJ$_2$	DJ$_6$	
二等	3.0	±1.0	≤1/250 000	≤1/120 000	12	—	—	±3.5
三等	2.0	±1.8	≤1/150 000	≤1/70 000	6	9	—	±7.0
四等	1.0	±2.5	≤1/100 000	≤1/40 000	4	6	—	±9.0
一级小三角	0.5	±5.0	≤1/40 000	≤1/20 000	—	3	4	±15.0
二级小三角	0.3	±10.0	≤1/20 000	≤1/10 000	—	1	3	±30.0

水平角方向观测法的技术要求 表4-4

等级	仪器型号	光学测微器两次重合读数之差（"）	半测回归零差（"）	一测回中2倍照准差较差（"）	同一方向值各测回较差（"）
四等及以上	DJ$_1$	1	6	9	6
	DJ$_2$	3	8	13	9
一级及以下	DJ$_2$	—	12	18	12
	DJ$_6$	—	18	—	24

注：当观测方向的垂直角超过±3°的范围时，该方向一测回中2倍照准差较差，可按同一观察时段内相邻测回同方向进行比较。

测距的主要技术要求 表4-5

平面控制网等级	测距仪精度等级	观测次数		总测回数	一测回读数较差（mm）	单程各测回较差（mm）	往返较差
		往	返				
二、三等	I	1	1	6	≤5	≤7	
	II			8	≤10	≤15	
四等	I	1	1	4~6	≤5	≤7	
	II			4~8	≤10	≤15	
一级	II	1	—	2	≤10	≤15	
	III			4	≤20	≤30	
二级	II	1	—	1~2	≤10	≤15	
	III			2	≤20	≤30	

注：①测回是指照准目标1次，读数2~4次的过程。
②根据具体情况，测边可采取不同时间段观测代替往返观测。

测距的主要技术要求 表4-6

测距仪精度等级	每千米测距中误差 m_D（mm）	
I级	$m_D \leq 5$	
II级	$5 < m_D \leq 10$	$m_D = \pm(a + b \cdot D)$
III级	$10 < m_D \leq 20$	

注：a 为标称精度中的固定误差（mm）；b 为标称精度中的比例误差系数（mm/km）；D 为测距长度（km）。

②三角网平差一般按角度以条件观测平差为主。平差计算结束后,验算精度应符合表4-3的规定。

a. 三角网测角中误差按式(4-1)计算。

$$m_\beta = \sqrt{\frac{(WW)}{3n}} \qquad (4\text{-}1)$$

式中:m_β——测角中误差(″);

W——三角形闭合差(″);

n——三角形的个数。

b. 测边单位权中误差按式(4-2)计算。

$$\mu = \sqrt{\frac{(Pdd)}{2n}} \qquad (4\text{-}2)$$

式中:μ——测边单位权中误差;

d——各边往、返距离的较差(mm),应不超过按仪器标称精度的极限值(2倍);

n——测距的边数;

P——各边距离测量的先验权,其值为$1/\delta_D^2$,δ_D为测距的先验中误差,可按测距仪的标称精度计算。

c. 任一边的实际测距中误差按式(4-3)计算。

$$m_{Di} = \mu\sqrt{\frac{1}{P_i}} \qquad (4\text{-}3)$$

式中:m_{Di}——第i边的实际测距中误差(mm);

P_i——第i边距离测量的先验权。

当网中的边长相差不大时,可按式(4-4)计算平均测距中误差。

$$m_D = \sqrt{\frac{(dd)}{2n}} \qquad (4\text{-}4)$$

式中:m_D——平均测距中误差(mm)。

(2)桥位测量的精度要求见表4-7。

桥轴线相对中误差　　　　表4-7

测量等级	桥轴线相对中误差	测量等级	桥轴线相对中误差
二等	1/130 000	一级	1/20 000
三等	1/70 000	二级	1/10 000
四等	1/40 000		

注:对于特殊的桥梁结构,应根据结构特点确定桥轴线控制测量的等级与精度。

(3)GPS测量控制网的设置精度和作业方法应符合《公路勘测规范》(JTG C10—2007)的规定。

控制网相邻点间弦长标准差按式(4-5)确定。

$$\sigma = \sqrt{a^2 + (bd)^2} \qquad (4\text{-}5)$$

式中:σ——弦长标准差(mm);

a、b、d——见表4-8。

GPS控制网的主要技术指标　　　　表4-8

级别	每对相邻点平均距离d(km)	固定误差a(mm)	比例误差b(mm/km)
一级	4.0	5	1
二级	2.0	5	2
三级	1.0	5	2

注:各级GPS控制网每对相邻点间最小距离不应小于平均距离的1/2,最大距离不宜大于平均距离的2倍。

（4）高程控制测量。

①水准测量等级的确定应符合下列要求:2 000m 以上的特大桥一般为三等,1 000~2 000m 的特大桥为四等,1 000m 以下的桥梁为五等。水准测的等级划分及主要技术要求见表4-9。

水准测量的主要技术要求　　　　　　　　　　　　表4-9

等级	每公司高差中数中误差(mm)		水准仪的型号	水准尺	观测次数		往返较差、附合或环线闭合差(mm)
	偶然中误差 M_Δ	全中误差 M_W			与已知点联测	附合或环线	
二等	±1	±2	DS1	因瓦	往返各一次	往返各一次	$±4\sqrt{L}$
三等	±3	±6	DS1	因瓦	往返各一次	往一次	$±12\sqrt{L}$
			DS3	双面		往返各一次	
四等	±5	±10	DS3	双面	往返各一次	往一次	$±20\sqrt{L}$
五等	±8	±16	DS3	单面	往返各一次	往一次	$±30\sqrt{L}$

注:L 为往返测段、附合或环线的水准路线长度(km)。

②水准测量精度计算应符合表4-9的规定。

a. 高差偶然中误差 M_Δ 按式(4-6)计算。

$$M_\Delta = \sqrt{\left(\frac{1}{4n}\right)\Big/\left(\frac{\Delta\Delta}{L}\right)} \tag{4-6}$$

式中:M_Δ——高差偶然中误差(mm);

　　　Δ——水准路线测段往返高差不符值(mm);

　　　L——水准测段长度(km);

　　　n——往返测的水准路线测段数。

b. 高差全中误差 M_W 按式(4-7)计算。

$$M_W = \sqrt{\left(\frac{1}{N}\right)\left(\frac{WW}{L}\right)} \tag{4-7}$$

式中:M_W——高差全中误差(mm);

　　　W——闭合差(mm);

　　　L——计算各闭合差时相应的路线长度(km);

　　　N——附合路线或闭合路线环的个数。

当二、三等水准测量与国家水准点附合时,应进行正常水准面不平行修正。

③特大、大、中桥施工时设立的临时水准点,高程偏差(Δh)不得超过按式(4-8)计算的值,即

$$\Delta h = ±20\sqrt{L}(mm) \tag{4-8}$$

式中:L——水准点间距离(km)。

对单跨跨径≥40m 的 T 形刚构、连续梁、斜拉桥等的偏差(Δh)不得超过按式(4-9)计算的值,即

$$\Delta h_1 = ±10\sqrt{L}(mm) \tag{4-9}$$

式中:L——水准点间距离(km)。

在山丘区,当平均每千米单程测站多于 25 站时,高程偏差(Δh)不得超过按式(4-10)计算的值,即

$$\Delta h_2 = ±4\sqrt{n}(mm) \tag{4-10}$$

式中:n——水准点间单程测站数。

高程偏差在允许值以内时,取平均值为测段间高差,超过允许偏差时应重测。

④当水准路线跨越江河(或湖塘、宽沟、洼地、山谷等)时,应采用跨河水准测量方法校测。跨河水准测量方法可按照《公路勘测规范》(JTG C10—2007)执行。

4.3 桥梁总体施工工序

4.3.1 基本要求

（1）必须做好施工前的准备工作和施工中的技术管理工作，严格执行技术规范和有关技术操作规程的规定，保证工程质量优良。

（2）施工每道工序必须严格实行检验制度，每道工序必须检验合格，资料签证完整后方能进入下道工序施工。

（3）应积极推广使用经过鉴定的新技术、新工艺、新结构、新材料、新设备，以加快实现公路桥梁施工现代化。

（4）应节约用地，少占农田，并按国家有关规定防止环境污染和破坏。

（5）应充分考虑施工过程中，对陆上和水上交通的影响，特别是主航道和陆上主要交通干线不得中断。

（6）做到文明施工，安全生产，严格遵守安全操作规程，加强安全生产教育，建立和健全安全生产管理制度。

（7）桥梁工程竣工前，应对临时辅助设施、临时用地和弃土等及时进行处理，做到工完场清。

4.3.2 总体工程质量要求

1）线形

竣工后的桥梁应线形平顺，内外轮廓线条应顺滑清晰，外形美观，弯度、坡度、超高、加宽要做到流畅顺适。桥面、缘石、栏杆、护栏等的高程、线形符合图纸要求。

2）外观

（1）同一或相邻结构物表面、纹理和颜色应均匀一致，应采用同一类型的模板和修饰方法，使用同一种模板脱模剂等。结构物所用的水泥及外加剂应采用同一厂家产品。

（2）一种结构形式与另一种结构形式连接过渡段应匀称、协调、自然，赋予美感。

（3）结构物外露面的表面应平整，外观整齐，没有蜂窝、麻面、露筋及空洞。分段浇筑时，段与段之间不得有错台。预制构件尺寸准确，拼装时接头平顺。

（4）桥梁的内外轮廓线条顺滑清晰。

（5）桥面铺装防水混凝土表面不得有蜂窝、麻面和裂纹，施工缝处不得出现裂缝。泄水管周围不允许漏水，进水口应略低于桥面面层。

（6）伸缩装置的伸缩性能有效，无阻塞、渗漏、松脱和开裂现象。车辆通过时不存在跳车现象。

（7）支座受力均衡，无脱空、无裂纹、无污染、无扭曲、无堵塞。

3）桥梁总体质量要求

桥梁总体实测项目见表4-10。

桥梁总体实测项目 表4-10

项次	检查项目		规定值或允许偏差	检查方法和频率
1	桥面中线偏位（mm）		20	全站仪或经纬仪检查3~8处
2	桥宽（mm）	车行道	±10	用钢尺量，每孔3~5处
		人行道	±10	
3	桥长（mm）		+300，-100	全站仪或经纬仪、钢尺检查中心线
4	引道中心线与桥梁中心线的衔接（mm）		20	分别将桥梁和引道的中心线延长到两岸桥长端部，比较其平面位置
5	桥头高程衔接（mm）		±3	水准仪：在桥头搭板范围内顺延桥面纵坡，每米1点测量高程

桥梁总体外观质量评定标准见表4-11。

桥梁总体外观质量评定标准　　　　　　　　　　　表4-11

项次	检查项目	外观质量要求	备注
1	线形	内外轮廓线顺滑清晰、无突变、明显折或反复	
2	附属	栏杆、防护栏、灯柱和缘石的线形顺滑流畅,无折弯	
3	其他	踏步顺直、与边坡一致	

4) 桥梁荷载试验

结构复杂的大桥、特大桥,应根据设计要求的荷载测试项目进行桥梁荷载试验。

4.3.3 桥梁施工工序流程

常见桥梁施工工序见图4-1。

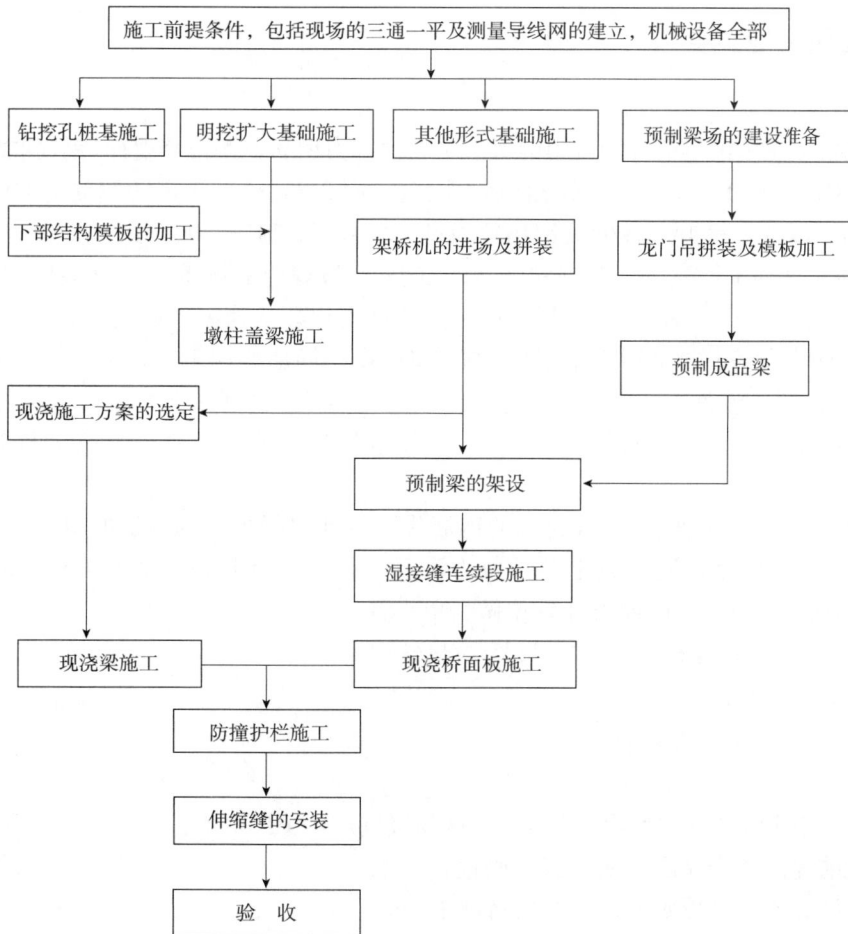

图4-1　常见桥梁施工工序图

4.4 钢筋制作、安装工程施工

由于钢筋及混凝土工程贯穿桥梁作业的始终,为了避免每道工序对钢筋、模板、混凝土工程的重复要求,在此对钢筋、模板、混凝土工程做统一要求。

4.4.1 钢筋制作要求及控制要点

(1)承包人应对照设计图纸,根据规范和评定标准要求,重点检查钢筋数量、间距、规格、长度、所在位置、绑扎和焊接质量。

（2）应检查钢筋、焊条等的品种、规格、钢筋焊接的接头形式、焊接方法、适用范围，是否符合设计和规范要求。

（3）试验室应取样试验检测钢筋的技术、力学性能和冷拉钢筋的机械性能及焊接接头等是否符合规范和标准及设计要求。

（4）目测检查受力钢筋是否平直，钢筋表面是否有裂皮和油污及其他损伤。

（5）检查受力钢筋同一截面的接头数量、搭接长度和焊接质量等是否符合规范要求。

（6）检查钢筋在模板内定位及牢固情况，钢筋与模板间是否设置了垫块，垫块应与钢筋扎紧，以保证混凝土保护层的厚度。

（7）检查预制钢筋骨架或钢筋网是否具有足够的刚度和稳定性。

（8）除上述各项检查之外，还应量测钢筋骨架尺寸和高程是否符合要求。

（9）在浇筑混凝土前，还应对已安装好的钢筋及预埋件（钢板、锚固钢筋等）进行检查。

4.4.2　钢筋工程质量检查要求

1）钢筋材料检查

（1）应检查钢筋混凝土中的钢筋和预应力混凝土中非预应力钢筋是否符合现行《钢筋混凝土用钢　第 1 部分：热轧光圆钢筋》（GB 1499.1—2008）、《钢筋混凝土用钢　第 2 部分：热轧带肋钢筋》（GB 1499.2—2007）、《冷轧带肋钢筋》（GB 13788—2008）、《低碳钢热轧圆盘条》（GB/T 701—2008）的规定。

（2）进场的钢筋应具有出厂质量证明书和试验评定表，应按规定的频率对每批进场钢筋进行检验，检验的项目包括：强度、延长量（延伸率）、冷弯、焊接试件和监理工程师认为需要而定的试验项目。检验合格后，报监理工程师抽检，抽检合格并批准材料申报后，方可将该批钢筋加工用于工程上。

（3）按要求对钢筋按不同钢种、等级、牌号、规格及生产厂家分批验收，分别堆存，不得混杂，且应设立识别标志。钢筋在运输过程中，应避免锈蚀和污染。钢筋宜堆置在仓库（棚）内，露天堆置时，应垫高并加遮盖。

（4）施工中如需以另一种强度、牌号或直径的钢筋代替设计中所规定的钢筋时，应了解设计意图和代用材料性能，并须符合现行《公路钢筋混凝土及预应力混凝土桥涵设计规范》（JTG D62—2004）的有关规定。重要结构中的主钢筋在代用时，应由原设计单位做变更设计。

（5）预制构件的吊环应采用未经冷拉的 R235 级热轧钢筋。

2）各种钢筋加工与接头的检查

（1）镦粗直螺纹钢筋接头检查验收。

①基本要求。

a. 本工程要求采用 I 级接头，使用的带肋螺纹钢筋级别应为 HRB335。

b. 厂家必须提前提供该产品的有效型式检验报告。

c. 加工操作人员必须经过技术考核合格后持证上岗。

d. 现场应有专职检查人员负责质量检查和管理。

e. 连接套筒必须有出厂合格证书，材质证书。

②端头镦粗要求。

a. 镦粗前用切割机将钢筋端面切平，且与钢筋轴线垂直。端部不直的钢筋应先调直后再切割下料。

b. 镦粗后钢筋直径应满足螺纹加工的要求，长度大于 1/2 套筒长度，对于 $\phi28$ 的螺纹钢，镦粗后直径应为（32 ± 0.5）mm。

c. 镦粗头后面的过渡段坡度应小于 1:5。

d. 镦粗设备的压力必须符合要求，不合格时应及时调整。

e. 镦粗端允许有少量纵向裂纹,但禁止出现横向裂纹,否则切除重镦。

f. 对不合格的镦粗端必须切掉重镦,严禁二次镦粗。

③丝头要求。

a. 丝头加工时,应采用水溶性切割液。

b. 螺纹应与连接套筒的螺纹相匹配,螺纹精度可选用6f。

c. 螺纹应能通过通规,而用螺纹止规检查时拧入部超过3扣。

d. 螺纹有效部分的长度不少于1/2套筒长度,公差为 $+1p(p$ 为螺距)。

e. 螺纹牙形应饱满,秃牙累计长度不得超过一个螺纹周长,此时应检查镦粗后的直径是否合格,墩头有无偏斜,或检查刀具是否磨损。

f. 对不合格螺纹,应切除,重新镦粗加工。

g. 每次装刀、调刀后,应对前5个丝头逐个检查,连续合格后才能正式生产。

h. 检查合格的丝头应套上连接套筒或塑料保护帽,防止碰伤变形。

④套筒要求。

a. 应按批检查出厂合格证和材质证明。

b. 抽查套筒外形尺寸、螺纹规格及精度等级,必须符合要求。

c. 套筒表面无裂纹和其他缺陷。

⑤钢筋连接。

a. 检查钢筋规格与套筒规格是否一致。

b. 检查丝扣是否完好、清洁。

c. 接头缝必须位于套筒中央位置。

d. 接头拼接时必须拧紧,对于 $\phi28mm$ 螺纹钢,扭力为 $300N \cdot m$。

⑥检查办法。

a. 厂家必须提供该产品的有效形式检验报告。

b. 强度检验。

ⓐ现场检验以500个接头为一批,不足500个也作为一批。

ⓑ每批随即抽取3个接头及3根母材(与街头时同一根钢筋)进行抗拉强度试验。要求接头抗拉强度大于母材标准抗拉强度的1.10倍,尚不小于母材实际抗拉强度的0.95倍。

ⓒ若3个接头抗拉强度均合格时,视该批接头为合格,若有1个试件强度不合格时,再取6个试件检验,复检中若有1个试件仍不合格时,视该批接头验收为不合格。

ⓓ监理实验室按施工单位20%的比例抽检抗拉强度。

ⓔ现场连续10个验收批均一次全部合格时,验收批数量可扩大一倍。

c. 丝头检验(表4-12、表4-13)。

现场钢筋丝头加工质量检验记录 表4-12

合同段		工程部位		钢筋规格		生产日期	
本班数量		抽检数量		抽检结果		检验人	
序号	钢筋直径	螺纹		外观			结果
		通规	止规	螺纹有效长度	秃牙长度	外观	

注:合格项目打"√",不合格项目打"×"。

镦粗直螺纹有关数据参考　　　　　　　　表 4-13

钢筋直径(mm)	φ20	φ22	φ25	φ28	φ32	φ36
套筒外径(mm)	32	34	39	43	49	55
套筒长度(mm)	40	44	50	56	64	72
螺纹规格	M24	M25	M29	M32	M36	M40
螺距长度(mm)	2.5	2.5	3.0	3.0	3.0	3.5
丝头长度(mm)	20	22	25	28	32	36
镦粗压力	17~19	21~23	22~24	24~26	29~31	26~28
镦粗直径(±0.5)	24	25	29	32	36	40
镦粗长度(mm)	20~23	22~25	25~28	28~31	32~35	36~39
最小扭矩(N·m)	180	240	240	300	300	360

ⓐ加工人员应逐个目测丝头质量,每 10 个为一批,用环规抽验 1 个丝头,若不合格,该 10 个丝头全部逐个检查。不合格丝头应重新返工,并调整设备至加工丝头合格为止。加工人员填写自检表。

ⓑ自检合格后,施工方质检员对一个工作班的钢筋丝头随机抽查 10%,检查外观、丝头长度和螺纹中径(用环规检查),合格率应不小于 95%,否则加倍抽检。若仍小于 95%,则对所有丝头逐个检验,合格者才能使用。不合格者切去丝头,重新镦粗加工丝头,重新检验。

ⓒ现场监理工程师对自检合格的丝头随即抽查 5%(不少于 20 个),若有 1 个不合格,加倍抽检,若发现仍有 1 个不合格,责令施工方全部重新抽检,直至合格,否则该批钢筋不准进入下道工序。

(2)钢筋使用前应将钢筋表面的浮皮、油渍、铁锈清除干净。

(3)钢筋安装前应平直,无局部弯折,成盘的钢筋和弯曲的钢筋均应调直。

(4)采用冷拉方法调直钢筋时,Ⅰ级钢筋的冷拉率不宜大于 2%;HRB335、HRB400 牌号钢筋的冷拉率不宜大于 1%。

(5)钢筋的弯制和末端的弯钩应符合设计要求,如设计无规定时,应符合规范规定。

(6)箍筋弯钩的叠合处,在梁中应沿梁长方向置于上面并交错布置,在柱中应沿柱高方向交错布置,若是方柱则必须位于箍筋与柱角竖向钢筋交接点上。但有交叉式箍筋的大截面柱,其接头可位于箍筋与任何一根中间纵向钢筋的交接点上。圆柱螺旋形箍筋的起点和终点应分别绑扎在纵向钢筋上。

(7)对于钢筋的焊接与绑扎接头应按下述要求检查。

①轴心受拉和小偏心受拉杆件中的钢筋接头,不宜绑接。普通混凝土中直径大于 10mm 的钢筋,宜采用焊接。

②钢筋的纵向焊接应采用闪光对焊(HRB500 钢筋必须采用闪光对焊)。当缺乏闪光对焊条件时,可采用电弧焊、气压焊。钢筋的交叉连接,无电阻点焊机时,可采用手工电弧焊。各种预埋件 T 形接头钢筋与钢板的焊接,也可采用预埋件钢筋埋弧压力焊。

③钢筋焊接前,必须根据施工条件进行试焊,合格后方可正式施焊。焊工必须持考试合格证上岗。

④钢筋接头采用搭接或帮条电弧焊时,宜采用双面焊缝,双面焊缝困难时,可采用单面焊缝。

⑤钢筋接头采用搭接电弧焊时,两钢筋搭接端部应预先折向一侧,使两接合钢筋轴线一致。接头双面焊缝的长度不应小于 $5d$,单面焊缝的长度不应小于 $10d$(d 为钢筋直径)。

⑥凡施焊的各种钢筋、钢板均应有材质证明书或试验评定表。焊条、焊剂应有合格证,各种焊接材料的性能应符合现行《钢筋焊接及验收规程》(JGJ 18)的规定。

⑦受力钢筋焊接或绑扎接头应设置在内力较小处,并错开布置,对于绑扎接头,两接头间距离不小于 1.3 倍搭接长度。对于焊接接头,在接头长度区段内,同一根钢筋不得有两个接头,配置在接头长度区段内的受力钢筋,其接头的截面面积占总截面面积的百分率应符合表 4-14 的规定。对于绑扎接头,其接头的截

面面积占总截面面积的百分率,亦应符合表 4-14 的规定。

接头长度区段内受力钢筋接着面积的最大百分率　　　　　表 4-14

接头形式	接头面积最大百分率(%)	
	受拉区	受压区
主钢筋绑扎接头	25	50
主钢筋焊接接头	50	不限制

注:①焊接接头长度区段内是指 35d(d 为钢筋直径)长度范围内,但不得小于 500mm,绑扎接头长度区段是指 1.3 倍搭接长度。
　　②在同一根钢筋上应尽量少设接头。
　　③装配式构件连接处的受力钢筋焊接接头可不受此限制。
　　④绑扎接头中钢筋的横向净距不应小丁钢筋直径,且不应小于 25mm。
　　⑤环氧树脂涂层钢筋绑扎搭接长度,对受拉钢筋应至少为涂层钢筋锚固长度的 1.5 倍,且不小于 375mm;对受压钢筋为无涂层钢筋锚团长度的 1.0 倍且不小于 250mm。

　　⑧电弧焊接和绑扎接头与钢筋弯曲处的距离不应小于 10 倍钢筋直径,也不宜位于构件的最大弯矩处。

　　⑨受拉钢筋绑扎接头的搭接长度,应符合表 4-15 的规定;受压钢筋绑扎接头的搭接长度,应取受拉钢筋绑扎接头搭接长度的 0.7 倍。

受拉钢筋绑扎接头的搭接长度　　　　　　　　表 4-15

钢筋类型		混凝土强度等级		
		C20	C25	高于 C25
HPB235 钢筋		35d	30d	25d
月牙纹	HRB335 钢筋	45d	40d	35d
	HRB400 钢筋	55d	50d	45d

注:①当带肋钢筋直径 d 不大于 25mm 时,其受拉钢筋的搭接长度应按表中值减少 5d 采用;当带肋钢筋直径 d 大于 25mm 时,其受拉钢筋的搭接长度应按表中值增加 5d 采用。
　　②当混凝土在凝固过程中受力钢筋易受扰动时,其搭接长度宜适当增加。
　　③在任何情况下,纵向受拉钢筋的搭接长度不应小于 300mm;受压钢筋的搭接长度不应小于 200mm。
　　④当混凝土强度等级低于 C20 时,HPB235、HRB335 钢筋的搭接长度应按表中 C20 的数值相应增加 10d;HRB500 钢筋不宜采用。
　　⑤对有抗震要求的受力钢筋的搭接长度,当抗震烈度为七度(及以上)时应增加 5d。
　　⑥两根不同直径的钢筋的搭接长度,以较细的钢筋直径计算。

　　⑩受拉区内 HPB235 钢筋绑扎接头的末端应做弯钩,HRB335、HRB400 钢筋的绑扎接头末端可不做弯钩。

　　⑪直径等于和小于 12mm 的受压 HPB235 级钢筋的末端,可不做弯钩,但搭接长度不应小于钢筋直径的 30 倍。钢筋搭接处,应在中心和两端用铁丝扎牢。

4.4.3　钢筋加工和安装实测项目检查

　　钢筋加工及安装的基本要求应符合规范和评定标准的要求,只有当符合基本要求后,才可进行实测项目的检查。钢筋加工和安装实测项目应按表 4-16 ~ 表 4-18 进行检查。

加工钢筋的允许偏差　　　　　　　　表 4-16

项目	允许偏差(mm)
受力钢筋顺长度方向加工后全长	±10
弯起钢筋各部分尺寸	±20
箍筋、螺旋筋各部分尺寸	±5

项次	检查项目			规定值或允许偏差	检查方法和频率
1△	受力钢筋间距（mm）	两排以上排距		±5	尺量：每构件检查 2 个断面
		同排	梁、板、拱肋	±10	
			基础、锚碇、墩台、柱	±20	
		灌注桩		±20	
2	箍筋、横向水平钢筋、螺旋筋间距（mm）			±10	尺量：每构件
3	钢筋骨架尺寸	长		±10	尺量：按骨架总数 30% 抽查
		宽、高或直径		±5	
4	弯起钢筋位置（mm）			±20	尺量：每骨架抽查 30%
5△	保护层厚度（mm）	柱、梁、拱肋		±5	尺量：每构件沿模板周边检查 8 处
		基础、锚碇、墩台		±10	
		板		±3	

注：①小型构件的钢筋安装按总数抽查 30%。
　　②在海水或腐蚀环境中，保护层厚度不应出现负值。
　　③表中标"△"者为关键项目。

项次	检查项目	规定值或允许偏差	检查方法和频率
1	网的长、宽（mm）	±10	尺量：全部
2	网眼尺寸（mm）	±10	尺量：抽查 3 个网眼
3	对角线差（mm）	15	尺量：抽查 3 个网眼对角线

4.5　支架、拱架和模板工程施工

4.5.1　模板工程

1）模板工程质量控制要点

（1）桥梁墩柱、系梁、盖梁和预制梁、防撞护栏等结构物的模板应采用拼装式整体新钢模，钢板厚度不小于 6mm，并应保证模板的局部和整体强度与刚度，原则上应采用大块模板（每块模板的面积不小于 1.2m²），以期减少因模板接缝多易漏浆所产生的混凝土外观缺陷。

（2）无论自制还是外委加工的桥梁模板，承包人都应加强对模板加工过程中的质量检查和加工完成后的试拼（如结构尺寸、平整度、光洁度、刚度等），避免给现场使用过程中带来难以克服的缺陷和困难。

（3）应加强对模板的施工设计和配置工作，尽量将小块或"非标"模板配置在结构物的下部（隐蔽部位）。

（4）模板安装与加固中的拉筋应采用塑料套管予以保护，混凝土拆模后将拉筋抽出，残留的孔洞用同强度等级混凝土填塞封闭，并及时用湿抹布擦去孔洞周围残留的混凝土。

（5）应根据具体情况科学掌握混凝土的拆模时间，严防拆模时间控制不当造成结构物缺边掉角等外观缺陷。

（6）应加强对模板的去污、除锈、防锈等维修保养。模板应编号清楚，堆放有序，避免移运和存放过程中受损变形。

（7）必须购买和使用经实践证明效果良好的混凝土专用脱模剂，严禁使用废机油及其混合物等作为脱模剂，保证混凝土结构物外观色泽良好。

（8）模板进场后，应逐块检查模板是否平整，边角是否整齐；大型桥梁边、角的位置宜制作特殊型式的模板。

（9）模板拼装时，提示施工人员设板错缝。

（10）承包人检查拼装就位后的模板，应先核对设计文件，检查总体尺寸及高程；再检查模板支撑、节点联系、定位牢固情况；然后看各细部拼缝情况，表面平整度以及涂刷脱模剂情况等均符合要求后方准进入下道工序。

（11）必须保证模板在灌注混凝土过程中不变形、不松动、不沉降，施工用的脚手架不应与模板相连，以防止模板松动变形。

（12）应特别注意外露面模板以及脱模剂是影响桥梁工程外观的重要环节。

（13）桥梁扩大基础、承台，无论其他地质情况如何隐蔽，不得以"土模"代替模板灌注混凝土施工。

（14）注意预埋件及预留孔道设置。

2）模板安装的技术要求

（1）模板与钢筋安装工作应配合进行，妨碍绑扎钢筋的模板应待钢筋安装完毕后安设。模板不应与脚手架连接（模板与脚手架整体设计时除外），避免引起模板变形。

（2）安装侧模板时，应防止模板移位和凸出。基础侧模可在模板外设立支撑固定，墩、台、梁的侧模可设拉杆固定。浇筑在混凝土中的拉杆，应按拉杆拔出或不拔出的要求，采取相应的措施。

（3）所有的模板的连接缝，空隙必须堵塞严实和平整，采取措施防止漏浆，以保证外观平整。

（4）模板安装完毕后，应对其平面位置、顶部高程、节点联系及纵横向稳定性进行检查，合格后方可浇筑混凝土。浇筑时，发现模板有超过允许偏差变形值的可能时，应及时纠正。

（5）模板在安装过程中，必须设置防倾覆设施。

（6）当结构自重和汽车荷载（不计冲击力）产生的向下挠度超过跨径的1/1 600时，钢筋混凝土梁、板的底模板应设预拱度，预拱度值应等于结构自重和1/2汽车荷载（不计冲击力）所产生的挠度。纵向预拱度可做成抛物线或圆曲线。

（7）后张法预应力梁、板，应注意预应力、自重和汽车荷载等综合作用下所产生的上拱或下挠，应设置适当的预挠或预拱。

4.5.2 支架工程

1）支架工程质量控制要点

（1）对于一般现浇梁体的支架，尤其是连续梁施工支架设计和施工方案必须报监理工程师审查批准后方可施工。

（2）承包人支架设计和施工方案应重点计算构件和支架整体的强度、刚度和稳定性，以及地基强度验算。

（3）支架宜采用标准化、系列化、通用化的构件拼装。

（4）安装支架前，承包人应对支架立柱和支架支承面进行详细检查，准确调整拱架支承面和顶部高程，并复测跨度，经监理检查确认无误后方可进行安装。各支架在同一节点处的高程应尽量一致，以便于拼装平联杆件。在风力较大的地区，应设置风缆。

（5）支架应稳定、坚固，应能抵抗在施工过程中有可能发生的偶然冲撞和振动。

（6）支架安装完毕后，应对其平面位置，顶部高程、节点连接，以及纵、横向稳定性进行全面检查，符合要求后，方可进行下一工序。

2）支架工程安装的技术要求

（1）支架立柱必须安装在有足够承载力的地基上，立柱底端应设垫木来分布和传递压力，并保证浇筑混凝土后不发生超过允许的沉降量。

（2）支架基底地基处理应满足下述要求。

①根据地基软弱情况，要求在宽出支架基底周边2m范围内换填一定厚度的砂砾，并用压路机碾压密实，如在压实过程中有翻浆成弹簧现象，应重新换填并提高换填厚度。换填砂砾碾压完成后要求检测地基承载力符合设计要求或大于300kPa。

②换填后基底顶面应高出周围原地面至少 30cm,要求顶面平整并留有一定的双向坡度,防止聚水。

③在周边挖设排水沟,使基底周围的积水排至远离支架处。

(3)汽车通行孔的两边支架应加设护桩,夜间应用灯光标明行驶方向。

(4)支架搭设应满足下述要求。

①支架边线要求大于现浇梁轮廓每侧 1.0m 以上,并且支架最窄搭设宽度不得小于 5m,以确保其稳定。

②支架底座不得直接坐落在地面上,要求垫设方木或混凝土预制块或宽度大于 15cm 的反扣槽钢。

③支架立杆间距与横杆步距经计算确定;对于高度大于 5m 的立杆,要求在纵横方向每 5 排设置剪刀式撑拉杆固定,以确保支架稳定。

(5)支架上模板安装满足下述要求。

①如采用组合钢模底模,其方木间距不得大于 1.2m。

②上、下层方木交错处应用耙钉紧固。

③底模、侧模及翼板模平整度用 2m 直尺检查不大于 3mm,模板间错台不大于 2mm,模板接缝要求用腻子打平。

(6)应按下述要求进行预压。

①在底模安装完成后,应按设计要求进行相当于梁体重量的荷载预压,并在预压过程中观测记录加载和卸载时支架的弹塑性变形量。

②梁底高程设置,除考虑设计要求的预拱度外,还应按预压沉降量观测结果的最大值设置预留高度。

3)模板、支架和拱架的拆除

模板、支架和拱架的拆除期限应根据结构物特点、模板部位和混凝土所达到的强度来决定。

(1)非承重侧模板应在混凝土强度能保证其表面及棱角不致因拆模而受损坏时方可拆除,一般应在混凝土抗压强度达到 2.5MPa 时方可拆除侧模板。

(2)芯模和预留孔道内模,应在混凝土强度能保证其表面不发生塌陷和裂缝现象时,方可拔除,拔除时间可按有关规定确定。采用胶囊作芯模时,其拔除时间可按有关规定办理。

(3)钢筋混凝土结构的承重模板、支架和拱架,应在混凝土强度能承受其自重力及其他可能的叠加荷载时,方可拆除。当构件跨度不大于 4m 时,在混凝土强度符合设计强度标准值的 50% 的要求后,方可拆除;当构件跨度大于 4m 时,在混凝土强度符合设计强度标准值的 75% 的要求后,方可拆除。

如设计上对拆除承重模板、支架、拱架另有规定,应按照设计规定执行。

4.5.3　模板、支架和拱架制作

1)模板、支架和拱架的制作要求

模板、支架和拱架制作应根据设计要求确定模板的形式及精度要求,在设计无规定时,可按表 4-19 执行。

模板、支架及拱架制作时的允许偏差　　　　　　　　　　　　　　表 4-19

项目			允许偏差(mm)
木模板制作	模板的长度和宽度		±5
	不刨光模板相邻两板表面高低差		3
	刨光模板相邻两板表面高低差		1
	平板模板表面最大的局部不平	刨光模板	3
		不刨光模板	5
	拼合板中模板间的缝隙宽度		2
	支架、拱架尺寸		±5
	榫槽嵌接紧密度		2

续表

项目			允许偏差（mm）
钢模板制作	外形尺寸	长和高	0，−1
		肋高	±5
	面板端偏斜		≤0.5
	连接配件（螺栓、卡子等）的孔眼位置	孔中心与板面的间距	±0.3
		板端中心与板端间距	0，−0.5
		沿板长、宽方向的孔	±0.6
	板面局部不平		1.0
	板面和板侧挠度		±1.0

注：①木模板中第5项已考虑模板干燥后在拼合板中发生缝隙的可能。2mm以下的缝隙，可在浇筑前浇湿模板，使其密合。

②板面局部不平，用2m靠尺、塞尺检测。

模板、支架和拱架安装的允许偏差，在设计无要求时应符合表4-20的规定。

模板、支架及拱架安装时的允许偏差　　　　　　　　　　　　　表4-20

项目		允许偏差（mm）
模板高程	基础	±15
	柱、墙和梁	±10
	墩台	±10
模板内部尺寸	上部构造的所有构件	+5，0
	基础	±30
	墩台	±20
轴线偏位	基础	15
	柱或墙	8
	梁	10
	墩台	10
装配式构件支承面的高程		+2，−5
模板相邻两板表面高低差		2
模板表面平整		5
预埋件中心线位置		3
预留孔洞中心线位置		10
预留孔洞界面内部尺寸		+10，0
支架和拱架	纵轴的平面位置	跨度的1/1 000或30
	曲线形拱架的高程（包括建筑拱度在内）	+20，−10

2）拆除时的技术要求

（1）模板拆除应按设计的顺序进行，设计无规定时，应遵循先支后拆、后支先拆的顺序，拆时严禁抛扔。

（2）卸落支架和拱架应按拟定的卸落程序进行，分几个循环卸完，卸落量开始宜小，以后逐渐增大。在纵向应对称均衡卸落，在横向应同时一起卸落。在拟定卸落程序时应注意以下几点。

①在卸落前应在卸架设备上画好每次卸落量的标记。

②满布式拱架卸落时，可从拱顶向拱脚依次循环卸落；拱式拱架可在两支座处同时均匀卸落。

③简支梁、连续梁宜从跨中向支座依次循环卸落；悬臂梁应先卸挂梁及悬臂的支架，再卸无铰跨内的支架。

④多孔拱桥卸架时,若桥墩允许承受单孔施工荷载,可单孔卸落,否则应多孔同时卸落,或各连续孔分阶段卸落。

⑤卸落拱架时,应设专人用仪器观测拱圈挠度和墩台变化情况,并做详细记录;另设专人观察是否有裂缝现象。

(3)墩、台模板宜在其上部结构施工前拆除。拆除模板,卸落支架和拱架时,不允许用猛烈的敲打和强扭等方法进行。

(4)模板、支架和拱架拆除后,应维修整理,分类妥善存放。

3)模板、支架及拱架制作、安装的允许偏差检查

模板、支架及拱架制作的允许偏差检查见表4-19,安装的允许偏差检查见表4-20。

4.6 混凝土工程施工

4.6.1 混凝土拌和

1)称量

(1)称量和配水机械装置,应维持在良好状态。其精确度应准确到±0.4%,并应至少每周校核一次。

(2)所有混凝土材料,除水可按体积称量外,其余均应按照质量称量。预制场或搅拌站集中拌制的混凝土,细、粗集料称量的允许偏差为±2%;水、水泥、外加剂的允许偏差为±1%。如在现场拌制混凝土,上述允许偏差可各增(+)或减(-)1%。

2)拌和

(1)混凝土只能按工程当时需用的数量拌和。已初凝的混凝土不得使用,不允许用加水或其他办法变更混凝土的稠度。

(2)大型及特大型桥梁施工用拌和设备应能自动控制混合料的配合比、水灰比以及自动控制进料(各种集料、水泥、水)和出料,并自动控制混合料的拌和时间。所有搅拌设备都应始终保持良好的状况,任何不符合规格及不符合上述规定的完好设备,或有缺陷的搅拌设备均不得用于混凝土的拌和,均须撤出工地。

(3)混凝土拌和工作,应将各种组合材料搅拌成分布均匀、颜色一致的混合物。最短连续搅拌时间(从所有材料进搅拌筒到混凝土从搅拌筒排出),应符合表4-21的要求。

最短拌和时间(单位:min)   表4-21

搅 拌 机 型	搅拌机容量(L)	坍落度(mm)		
		0~30	30~70	>70
自落式	≤400	2.0	1.5	1.0
	≤800	2.5	2.0	1.5
	≤1 200	—	2.5	1.5
强制式	≤400	1.5	1.0	1.0
	≤1 500	2.5	1.5	1.5

(4)搅拌筒的转动速度,应按搅拌设备上标出的速度操作。

(5)每盘混凝土拌和料的体积不得超过搅拌筒标出的额定容量的10%。额定容量每盘少于一袋水泥的搅拌设备不得使用。

(6)在水泥和集料进筒前,应先加一部分拌和用水,并在搅拌的最初15s内将水全部均匀注入筒中。筒的入口应无材料积结。

(7)搅拌筒拌和的第一盘混凝土粗集料数量只能用到标准数量的2/3。

(8)在下盘材料装入前,搅拌筒内的拌和料应全部倒光。搅拌设备停用超过30min时,应将搅拌筒彻底清洗才能拌和新混凝土。如改变水泥类型时,应彻底清洗搅拌设备。

（9）工地现场均应准备应急的完好的备用搅拌设备,以应付随时出现的问题。

4.6.2　混凝土运输

（1）用以运输及存放混凝土的容器应不渗漏、不吸水,必须在每天工作后或浇筑中断超过30min时予以清洗干净。

（2）为了避免日晒、雨淋和寒冷气候对混凝土质量的影响,当需要时,应将运输混凝土的容器加上遮盖物。

（3）当用轻轨斗车运输混凝土时,轻轨应铺设平整,以免混合料因斗车振动而发生离析。

（4）从加水拌和到入模的最长时间,应由试验室根据水泥初凝时间及施工气温确定,并应符合表4-22的规定。

混凝土拌和物运输时间限制　　　　　　　　　　　表4-22

气温（℃）	无搅拌运输（min）	有搅拌运输（min）
20～30	30	60
10～19	45	75
5～9	60	90

注:表列时间是指从加水搅拌至入模间。

（5）用混凝土泵或带式运输机运送混凝土时,应按《公路桥涵施工技术规范》（JTG/T F50—2011）有关规定执行。

4.6.3　混凝土浇筑

1）一般要求

（1）浇筑混凝土前,应对支架、模板、钢筋和预埋件进行检查,并做好记录,符合设计要求后方可浇筑。模板内的杂物、积水和钢筋上的污垢应清理干净。模板如有缝隙,应填塞严密,模板内面应涂刷脱模剂。浇筑混凝土前,应检查混凝土的均匀性和坍落度。

（2）自高处向模板内倾卸混凝土时,为防止混凝土离析,应符合下列规定。

①从高处直接倾卸时,其自由倾落高度不宜超过2m,以不发生离析为度。

②当倾落高度超过2m时,应通过串筒、溜管或振动溜管等设施下落;倾落高度超过10m时,应设置减速装置。

③在串筒出料口下面,混凝土堆积高度不宜超过1m。

（3）混凝土应按一定厚度、顺序和方向分层浇筑,应在下层混凝土初凝或能重塑前浇筑完成上层混凝土。上下层同时浇筑时,上层与下层前后浇筑距离应保持1.5m以上。在倾斜面上浇筑混凝土时,应从低处开始逐层扩展升高,保持水平分层。混凝土分层浇筑厚度不宜超过表4-23的规定。

混凝土分层浇筑厚度　　　　　　　　　　　表4-23

捣实方法		浇筑层厚度（mm）
用插入式振动器		300
用附着式振动器		300
用表面振动器	无筋或配筋稀疏时	250
	配筋较密时	150
人工捣实	无筋或配筋稀疏时	200
	配筋较密时	150

注:表列规定可根据结构物和振动器型号等情况适当调整。

（4）浇筑混凝土时,除少量塑性混凝土可用人工捣实外,宜采用振动器振实。用振动器振捣时,应符合下列规定。

①使用插入式振动器时,移动间距不应超过振动器作用半径的 1.5 倍;与侧模应保持 50～100mm 的距离;插入下层混凝土 50～100mm;每一处振动完毕后应边振动边徐徐提出振动棒;应避免振动棒碰撞模板、钢筋及其他预埋件。

②表面振动器的移位间距,应以使振动器平板能覆盖已振实部分 100mm 左右为宜。

③附着式振动器的布置距离,应根据构造物形状及振动器性能等情况并通过试验确定。

④对每一振动部位,必须振动到该部位混凝土密实为止。密实的标志是混凝土停止下沉,不再冒出气泡,表面呈现平坦、泛浆。

(5)混凝土的浇筑应连续进行,如因故必须间断时,其间断时间应小于前层混凝土的初凝时间或能重塑的时间。混凝土的运输、浇筑及间歇的全部时间不得超过表 4-24 的规定。当需要超过时应预留施工缝。

混凝土的运输、浇筑及间歇的全部允许时间(单位:min)　　　　　　　　　　　　表 4-24

混凝土强度等级	气温不高于 25℃	气温高于 25℃
≤C30	210	180
>C30	180	150

注:当混凝土中掺有促凝或缓凝剂时,其允许时间应根据试验结果确定。

(6)施工缝的位置应在混凝土浇筑之前确定,宜留置在结构受剪力和弯矩较小且便于施工的部位,并应按下列要求进行处理。

①应凿除处理层混凝土表面的水泥砂浆和松弱层,但凿除时,处理层混凝土须达到下列强度:

a. 用水冲洗凿毛时,须达到 0.5MPa。

b. 用人工凿除时,须达到 2.5MPa。

c. 用风动机凿毛时,须达到 10MPa。

②经凿毛处理的混凝土面,应用水冲洗干净,在浇筑次层混凝土前,对垂直施工缝宜刷一层水泥净浆,对水平缝宜铺一层厚为 10～20mm 的 1:2 的水泥砂浆。

③重要部位及有防震要求的混凝土结构或钢筋稀疏的钢筋混凝土结构,应在施工缝处补插锚固钢筋或石榫;有抗渗要求的施工缝宜做成凹形、凸形或设置止水带。

④施工缝为斜面时应浇筑成或凿成台阶状。

⑤施工缝处理后,须待处理层混凝土达到一定强度后才能继续浇筑混凝土。需要达到的强度,一般最低为 1.2MPa;当结构物为钢筋混凝土时,不得低于 2.5MPa。混凝土达到上述抗压强度的时间宜通过试验确定,如无试验资料,可参见《公路桥涵施工技术规范》(JTG/T F50—2011)规定。

(7)在浇筑过程中或浇筑完成时,如混凝土表面泌水较多,须在不扰动已浇筑混凝土的条件下,采取措施将水排除。继续浇筑混凝土时,应查明原因,采取措施,减少泌水。

(8)结构混凝土浇筑完成后,对混凝土裸露面应及时进行修整、抹平,待定浆后再抹第二遍并压光或拉毛。当裸露面面积较大或气候不良时,应加盖防护,但在开始养生前,覆盖物不得接触混凝土面。

(9)浇筑混凝土期间,应设专人检查支架、模板、钢筋和预埋件等稳固情况,当发现有松动、变形、移位时,应及时处理。

(10)浇筑混凝土时,应填写混凝土施工记录。

2)泵送混凝土

(1)泵送混凝土在浇筑之前必须进行配合比及规定的预备试验。混凝土泵送施工工艺见《混凝土泵送施工技术规程》(JGJ/T 10—2011)有关规定。

(2)在浇筑混凝土开始之前,先泵送一部分水泥砂浆,以润滑管道。最先泵出的、受到污染的混凝土应废弃,直到质量一致的、和易性好的混凝土泵出为止。

(3)混凝土的泵送作业,应使混凝土连续不断地输出,且不产生气泡。泵送作业完成后,管道里面残留的混凝土应及时排出,并将全部设备彻底进行清洗。

（4）泵机开始工作后，中途不得停机，如非停机不可，停机时间一般不应超过30min，炎热气候时不能超过10min。停机期间应每隔一定时间泵动几次，防止混凝土凝结堵塞管道。

3）大体积混凝土的浇筑

大体积混凝土的浇筑应在一天中气温较低时进行，应参照下述方法控制混凝土水化热温度。

（1）大体积混凝土材料要求及配合比设计应符合技术规范的有关规定。

（2）减少浇筑层厚度，加快混凝土散热速度。

（3）混凝土用料要遮盖，避免日光暴晒，用冷却水搅拌混凝土以降低入仓温度。

（4）在混凝土内埋设冷却管通水冷却。

（5）混凝土浇筑后要注意覆盖保温，加强养生。遇气温骤降的天气应注意保温，以防裂缝。

4）养生和脱模

（1）应检查养生方法和养生时间。尤其是大面积的重要外露面养生方法，应注意所用养生液对混凝土表面颜色的影响。桥梁墩台每次新浇筑混凝土之前，承包人应用塑料薄膜对已浇筑的结构物下部混凝土进行包裹封闭，达到既保湿养生又防止污染的目的。

注意及时组织养生，即使在模板覆盖阶段，也应及时充分保持湿润状态。

（2）独立直立的墩、柱用塑料薄膜制成完整不透气的套，密封包裹是一种理想养生方法。

（3）按规范要求控制落架时间。

4.6.4 钢筋混凝土工程质量验收

（1）钢筋混凝土工程的钢筋工程部分的质量验收和检查，本项目所有混凝土构筑物外观出现混凝土漏浆、麻面、露骨等外观缺陷，原则上应进行返工，若缺陷面积较小且通过修饰不影响整体外观质量，其修饰方案必须报经监理工程师批准后方可施行，严禁承包人擅自随意涂抹粉饰。施工过程中的外露钢筋都必须采取有效措施防锈（如刷水泥浆、包裹塑料薄膜等）。

（2）混凝土工程质量验收内容应包括：

①工程的平面位置、高程、几何尺寸要求。

②试件的28d强度报告。

③工程的外观质量。

④钢筋、模板以及混凝土施工过程中的自检报告，监理批复意见。

（3）混凝土工程拆模后，未经监理工程师批准，严禁修补涂抹。

4.6.5 热期、雨期混凝土的施工

（1）热期混凝土施工，应制订在高温条件下保证工程质量的技术措施，并应符合如下要求。

①混凝土配制和搅拌。

a. 材料要求：

ⓐ拌和水使用冷却装置，对水管及水箱加遮阳和隔热设施。在拌和水中加碎冰作为拌和水的一部分。

ⓑ水泥、砂、石料应遮阳防晒，以降低集料温度，可在砂石料堆上喷水降温。

b. 配合比设计应考虑坍落度损失。

c. 可掺加减水剂以减少水泥用量和提高混凝土的早期强度。

d. 掺用活性材料粉煤灰取代部分水泥，减少水泥用量。

e. 拌和站料斗、储水器、皮带运输机、拌和楼都要尽可能遮阳。尽量缩短拌和时间。经常测混凝土的坍落度，以调整混凝土的配合比，满足施工所必需的坍落度。

②混凝土的运输及浇筑。

a. 运输时尽量缩短时间，宜采用混凝土运输搅拌车，运输中应慢速搅拌。

b. 不得在运输过程加水搅拌。

c. 热期施工混凝土、钢筋混凝土、预应力混凝土应有全面的组织计划,准备工作充分,施工设备有足够的备件,保证连续进行;从拌和机到入仓的传递时间及浇筑时间要尽量缩短,并尽快开始养护。

d. 混凝土的浇筑温度应控制在32℃以下,宜选在一天温度较低的时间内进行。

e. 浇筑场地应遮阳,以降低模板、钢筋的温度和改善工作条件;也可在模板、钢筋和地基上喷水以降温,但在浇筑时不能有附着水。

f. 应加快混凝土的修整速度,修整时可用喷雾器洒少量水,防止表面裂纹,但不准直接往混凝土表面洒水。

③混凝土的养护。

a. 不宜单独使用专用养护膜覆盖法养护高强度混凝土,除非当地无足够的清洁水用于养护混凝土。

b. 洒水养护宜用自动喷水系统和喷雾器,湿养护应不间断,不得形成干湿循环。

c. 混凝土浇筑完,表面应立即覆盖清洁的塑料膜,初凝后撤去塑料膜,用浸湿的粗麻布覆盖,经常洒水,保持潮湿状态最少7d。如有可能,湿养期间采取遮光和挡风措施,以控制温度和干热风的影响。构造物的竖直面拆模后,宜立即用湿粗麻布把构件缠起来,麻布处整个用塑料膜包紧,粗麻布应至少7d保持潮湿状态,随后可用树脂类养生化合物喷涂。

d. 养生的其他要求可参照本章的有关规定执行。

④热期施工应检查的项目。

a. 砂、石料的含水率,每台班不少于1次。

b. 混凝土浇筑与养护时,环境温度每日检查4次,并做好检查记录;当温度超过热期规定的要求时,混凝土拌和时应采取有效降温、防晒措施,以保证混凝土的浇筑质量,否则应停止施工。

c. 混凝土热期施工,除应留标准条件下养护的试件外,还应制取相同数量的试件与结构在相同的环境条件下养护,检查28d的试件强度以指导施工。

d. 在混凝土浇筑前应通过试验确定在最高气温条件下,混凝土分层浇筑的覆盖时间,施工时应严格控制,不得超过。

e. 在混凝土的浇筑过程中,应严格控制缓凝剂的掺量,并检查混凝土的凝固时间,以防因缓凝剂掺量不准造成危害。

(2)混凝土雨期施工是指在降雨量集中季节且对混凝土的质量造成影响时进行的施工。雨期要按时收集天气预报资料,混凝土施工要尽可能避开大风大雨天气。雨期施工应制订防洪水、防台风措施,施工场地、生活区做好排水措施。施工材料如钢材、水泥的码放应防雨漏及潮湿。建立安全用电措施,防漏电、触电。

①雨期施工准备。

a. 准备雨期施工的防洪材料、机具和必要的遮雨设施。

b. 工程材料特别是水泥、钢筋应防水、防潮;施工机械防洪水淹没。

②施工方法及技术措施。

a. 雨期施工的工作面不宜过大,应逐段、逐片分期施工;对受洪水危害的工程应停止施工,若必须施工时,应有防洪抢险措施。

b. 雨期施工应加强地基不良地段沉陷的观测,基础施工应防止雨水浸泡基坑,若被浸泡,应挖除被浸泡部分,用于基础同样的材料回填。

基坑要设挡水埂,防止地面水流入。基坑内设集水井,配足抽水机,坡道内设接水措施。

基坑挖好后应及时浇筑混凝土或垫层,防止被水浸泡。

c. 施工前对排水系统应进行检查、疏通或加固,必要时增加排水措施。

d. 雨后模板及钢筋上的淤泥、杂物,在浇筑混凝土前应清除干净。

e. 雷区应设置防雷措施,高耸结构应有防雷设计。沿海地区应考虑防台风措施,露天使用的电器设备要有可靠的防漏电措施。

4.6.6 工程质量检验和质量标准

1）混凝土质量控制规定

（1）通过对原材料的质量检验与控制、混凝土配合比的确定与控制、混凝土生产和施工过程各工序的质量检验与控制，以及合格性检验控制，使混凝土的质量符合规定要求。

（2）在施工过程中应进行质量检测，应用各种质量管理图表，掌握动态信息，控制整个生产和施工期间的混凝土质量，制订保证质量的措施，完善质量控制过程。

（3）必须配备相应的技术人员和必要的检验及试验设备，建立和健全必要的技术管理与质量控制制度。

2）质量检验

（1）各种材料、各工程项目和各个工序，应经常进行检验，保证符合设计和施工技术规范的要求。检验项目和次数应符合下列规定。

①浇筑混凝土前的检验包括：

a. 施工设备和场地。

b. 混凝土组成材料及配合比（包括外加剂）。

c. 混凝土凝结速度等性能。

d. 基础、钢筋、预埋件等隐蔽工程及支架、模板。

e. 养护方法及设施，安全设施。

②拌制和浇筑混凝土时的检验包括：

a. 混凝土组成材料的外观及配料、拌制，每一工作班至少2次，必要时随时抽样试验。

b. 混凝土的和易性（坍落度等）每工作班至少检测2次。

c. 砂石材料的含水率，每日开工前1次，气候有较大变化时随时检测；当含水率变化较大、将使配料偏差超过规定时，应及时调整。

d. 钢筋、模板、支架等的稳固性和安装位置。

e. 混凝土的运输、浇筑方法和质量。

f. 外加剂使用效果。

g. 制取混凝土试件。

③浇筑混凝土后的检验包括：

a. 养护情况。

b. 混凝土强度、拆模时间。

c. 混凝土外露面或装饰质量。

④结构外形尺寸、位置、变形和沉降。

（2）隐蔽工程检查、分部工程检查、工程变更设计、施工技术修改、施工方案变更、质量事故的发生和处理等事项，应按有关规定及时通知有关人员。

（3）对混凝土的强度，应制取试件检验其在标准养护条件下28d龄期的抗压极限强度。试件制取组数应符合下列规定。

①不同强度及不同配合比的混凝土应分别制取试件，试件应在浇筑地点或拌和地点随机制取。

②浇筑一般体积的结构物（如基础、墩台等）时，每一单元结构物应制取2组。

③连续浇筑大体积结构物混凝土时，每80~200m³或每一工作班应制取2组。

④每片梁长16m以下应制取1组，16~30m制取2组，31~50m制取3组，50m以上者不少于5组。

⑤就地浇筑混凝土小桥涵，每一座或每一工作班试件制取不少于2组；当原材料和配合比相同，并由同一拌和站拌制时，可几座合并制取2组。

（4）应根据施工需要，制取与结构物同条件养护的试件作为考核结构混凝土在拆模、出池、吊装、预施应力、承受载荷等阶段强度的依据。

3）质量标准

（1）混凝土抗压强度应以标准条件下养护28d龄期试件的抗压强度进行评定,其合格条件如下。

①应以强度等级相同、龄期相同以及生产工艺条件和配合比相同的混凝土组成同一验收批,同一验收批的混凝土强度应以同批内所有各组标准尺寸试件的强度测定值(当为非标准尺寸试件时应进行强度换算)为代表值。

②大桥等重要工程及中小桥、涵洞工程的试件大于或等于10组时,应以数理统计方法按下述条件评定:

$$R_n - K_1 S_n \geq 0.9R \tag{4-11}$$

$$R_{\min} \geq K_2 R \tag{4-12}$$

式中: R_n ——同批 n 组试件强度的平均值(MPa);

n ——同批混凝土试件组数;

S_n ——同批 n 组试件强度的标准差(MPa),当 $S_n < 0.06R$ 时,取 $S_n = 0.06R$;

R ——设计的混凝土强度等级(MPa);

$R_{\min}$ —— n 组试件中强度最低一组的值(MPa);

K_1 、 K_2 ——合格判定系数,见表4-25。

K_1 、 K_2 的值 表4-25

n	10 ~ 14	15 ~ 24	≥25
K_1	1.70	1.65	1.60
K_2	0.9	0.85	

③中小桥及涵洞等工程,同批混凝土试件少于10组时,可用非统计方法按下述条件进行评定:

$$R_n \geq 1.15R \tag{4-13}$$

$$R_{\min} \geq 0.95R \tag{4-14}$$

（2）当混凝土强度按试件强度进行评定达不到合格条件时,可采用钻取试样或以无损检测法查明结构实际混凝土的抗压强度和浇筑质量,如仍有不合格,应由有关单位共同研究处理。

（3）结构混凝土应符合下列规定。

①表面应密实、平整。

②如有蜂窝、麻面,其面积不超过结构同侧面积的0.5%。

③如有裂缝,其宽度不得大于设计规范的有关规定。

④预制桩桩顶、桩尖等重要部位无掉边或蜂窝、麻面。

⑤小型构件无翘曲现象。

⑥对蜂窝、麻面、掉角等缺陷,应凿除松弱层,用钢丝刷清理干净,用压力水冲洗、湿润,再用较高强度的水泥砂浆或混凝土填塞捣实,覆盖养护;用环氧树脂等胶凝材料修补时,应先经试验验证。

⑦如有严重缺陷,影响结构性能时,应分析情况,研究处理。

（4）混凝土和钢筋混凝土结构物的位置及外形尺寸应符合设计图纸和技术规范的要求。

（5）抹灰工程应符合下列规定。

①一般抹灰成分、颜色必须一致,黏结牢固,不得有脱层、空鼓、掉角等现象。

②水刷石必须石粒清晰、分布均匀、平整密实,不得有掉粒和接茬痕迹。

③水磨石必须表面平整、光滑,石子显露均匀,格条位置正确,不得有砂眼、磨纹和漏磨。

④剁斧石必须剁纹均匀,深浅一致,棱角完整。

⑤干粘石必须石粒分布均匀,黏结牢固,不露浆,不漏粘,阳角处不得有明显的黑边。

⑥拉毛灰必须花纹、斑点分布均匀,同一平面上不显接茬。

⑦抹灰允许偏差见表4-26和表4-27。

一般抹灰允许偏差 表 4-26

项目	允许偏差（mm）	项目	允许偏差（mm）
平整度	5	墙面平整度	5
阴阳角方正	5		

装饰抹灰允许偏差 表 4-27

项目	允许偏差（mm）			
	水磨石	水刷石	剁碎石	干黏石
平整度	2	4	4	5
阴阳角方正	2	4	4	4
墙面平整度	3	5	5	5
分格条子直	2	5	5	5

4.7 桥梁明挖基础施工

4.7.1 明挖基坑

1）开挖前的准备

（1）设计图纸及技术资料经过审核，分项工程开工报告已批复。

（2）现场的劳动力满足施工进度的要求。对班组进行了详细的技术交底。

（3）水泥、砂、碎石、钢筋等材料已全部进场，并且通过检验。

（4）所需的各种车辆、振捣器、开挖机具等已到位，测量放样已完成。

（5）安全质量保证体系已确立，明确了工点及工序负责人。

（6）明挖基坑开挖前，应先进行测量放样。

（7）清理施工现场及四周的杂质、杂物，保持施工现场及四周的整洁。设置完备的安全保证设施，设立警示标志，保证安全。

（8）配合能满足施工需要的机械设备，设备必须性能良好，部件齐全。上料设备必须经法定计量监督部门标定。

（9）承包人在完成材料、场地、机械设备等准备工作后，提交开工报告。

2）施工工序

明挖基坑施工工序见图 4-2。

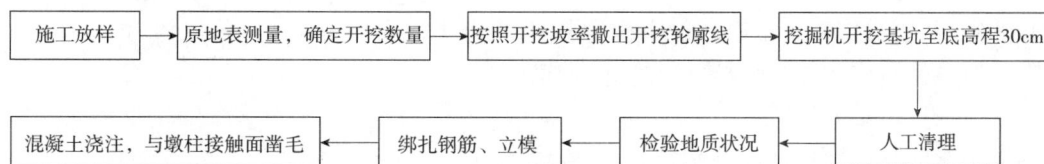

图 4-2 明挖基坑施工工序

3）施工一般要求

（1）开挖基坑前施工一般要求如下。

①明挖基坑顶面应设置防止地面水流入基坑的措施，基坑顶如有动荷载时，坑边与动荷载间应留有不小于 1m 的护道，如动荷载过大宜增宽护道。如工程地质和水文地质不良，应采取加固措施。

②基坑坑壁坡度不易稳定并有地下水影响,或放坡开挖场地受到限制,或放坡开挖工程量大,应根据设计要求进行支护。设计无要求时,施工单位应结合实际情况选择适宜的支护方案。如未采取支护措施而危及人身安全时,应暂停施工,待加固防护后再恢复施工。

③如果基坑较深,应视基坑深度和地质情况对基坑壁放坡,当基坑土层较稳定,无水时,可按表4-28确定放坡坡度,如地层情况不稳定,应视具体情况加固。

基坑坑壁坡度　　　　　　　　　　　　　　　　　表4-28

坑壁土类	坑壁坡度		
	坡顶无荷载	坡顶有静荷载	坡顶有动荷载
砂类土	1:1	1:1.25	1:1.5
卵石、砾类土	1:0.75	1:1	1:1.25
粉质土、黏质土	1:0.33	1:0.5	1:0.75
极软岩	1:0.25	1:0.33	1:0.67
软质岩	1:0	1:0.1	1:0.25
硬质岩	1:0	1:0	1:0

注:①坑壁有不同土层时,基坑坑壁坡度可分层选用,并酌设平台。
　　②坑壁土类按照现行《公路土工试验规程》(JTG E40—2007)划分。
　　③岩石单轴极限强度小于5.5MPa、5.5~30MPa、大于30MPa时,分别定为极软、软质、硬质岩。
　　④当基坑深度大于5m时,基坑坑壁坡度可适当放缓或加设平台。

④需进行喷射及锚杆加固的坑壁,设计有要求时,严格按设计要求施工,如设计未明确的,应逐层加固,锚杆的锚固端应进入稳定层,钢筋网和喷射混凝土应符合设计要求。

⑤基坑开挖后,在基坑四周应设置防护栏杆和警示标志,防止坠物和人员、车辆误入基坑。

⑥基坑尺寸应符合设计要求,一般基底应比基础的平面尺寸宽0.5~1.0m。

⑦基坑开挖至设计高程后,必须进行基底地基承载力检测。

⑧基坑开挖后,不得长时间暴露,防止受雨水浸泡,影响地基承载力。如果基坑尺寸、承载力等均符合设计要求,应予及时验收,签认后进行混凝土浇筑。

(2)如土的湿度有可能使坑壁不稳定而引起坍塌时,基坑坑壁坡度应缓于该湿度下的天然坡度。

(3)当基坑有地下水时,地下水位以上部分可以放坡开挖;地下水位以下部分,若土质易坍塌或水位在基坑底以上较深时,应加固开挖。

4.7.2　挖基和排水

1)基坑开挖及排水要求

(1)挖基施工宜安排在枯水或少雨季节进行,开工前应做好计划和施工准备工作,开挖后应连续快速施工。

(2)基础的轴线、边线位置及基底高程应精确测定,检查无误后方可施工。

(3)在附近有其他结构物时,应设置可靠的防护措施。

(4)挖基废方应按指定的位置处治。

(5)排水应不影响基坑安全,应不影响农田和周边环境。

2)基坑开挖施工

(1)基坑开挖。当基础平面位置处于旱地时,则在清理场地后直接采用挖机开挖至基底设计高程以上30cm,然后再采用人工突击修整。基坑是石方则采用小型松动爆破,挖机开挖至基底高程,再采用人工修整凿平,并立即用水泥混凝土封底。如坑壁或基底有渗水,则沿基坑四周挖集水沟,并将全部渗水汇集于一集水坑内排出。为便于基坑内人员操作方便,要求基坑平面比最下一层基础的每边多于0.5m,坑壁采用放坡开挖,并适当支撑。基坑上部四周应挖沟,防止雨水汇入基坑。当基础处于水中时,则采用围堰将基坑与水隔开,其他施工方法与旱地一致。

(2)应避免超挖。如超挖,应将松动部分清除。

(3)挖至高程的土质基坑不得长期暴露、扰动或浸泡,并应及时检查基坑尺寸、高程、基底承载力,符合要求后,应立即进行基础施工。

(4)排水困难或具有水下开挖基坑设备,可用水下挖基方法,但应保持基坑中的原有水位高程。

3)集水坑排水

基坑开挖中,如基坑有渗水,应在坑底基础范围之外设置集水坑并沿坑底周围开挖排水沟,使水流入集水坑内,排出坑外。集水坑宜设在上游,尺寸视渗水的情况而定。

排水设备的能力宜大于总渗水量的 1.5～2.0 倍。

4)井点降水

(1)井点降水法适用于粉、细砂或地下水位较高、有承压水、挖基较深、坑壁不易稳定的基坑。井点类别的选择,宜按照土壤的渗透系数、要求降低水位深度以及工程特点而定,见表4-29。在无砂的黏质土中不宜使用。

井点法的适用范围 表 4-29

井点类别	土壤渗透系数(m/d)	降低水位深度(m)	井点类别	土壤渗透系数(m/d)	降低水位深度(m)
一级轻型井点法	0.1～80	3～6	电渗井点法	<0.1	5～6
二级轻型井点法	0.1～80	6～9	管井井点法	20～200	3～5
喷射井点法	0.1～50	8～20	深井泵法	10～80	>15
射流泵井点法	0.1<50	<10			

注:①降低土层中地下水位时,应将滤水管埋设于透水性较大的土层中。

②井点管的下端滤水长度应考虑渗水土层的厚度,但不得小于1m。

(2)井管的成孔可根据土质分别用射水成孔、冲击钻机、旋转钻机及水压钻探机成孔。井点降水曲线至少应深于基底设计高程0.5m。

(3)井点的布置应随基坑形状与大小、土质、地下水位高低与流向、降水深度等要求而定。

(4)应做好沉降及边坡位移观测,确保水位降低区域内建筑物的安全。必要时应采取防护措施。

5)喷射混凝土加固坑壁施工

喷射混凝土加固坑壁施工适用于渗水较小的地层,当基坑壁自稳时间较短且基坑较深时采用,其施工顺序如下。

(1)在基坑口按施工方案的尺寸挖环形沟槽作土模浇筑 C15 混凝土坑护筒,护筒厚度 15～40cm,由土质而定,护筒应高出地面20cm。

(2)护筒浇筑后3～5d 方可开挖基坑,从中心向外开挖,周边要求平顺,尽量不扰动坑壁,有松动应清除,一般每0.5～1.5m 高度喷射一次混凝土,如此直至设计高程。

(3)喷射混凝土厚度可根据坑壁的径向压力和混凝土的早强强度通过计算确定,必要时可加铺 ϕ6mm 钢筋网。喷射作业应分段分片自下而上成环形进行,并以适当厚度喷射,初喷射厚度不得小于4cm,不大于8cm,后一层喷射应在前一层混凝土终凝以后进行,喷射厚度应符合设计要求。

(4)喷射混凝土终凝2h 后应喷水养护,养护时间为3～5d。基坑挖至设计高程经验收合格后,应立即进行基础施工。

6)双壁钢围堰施工

双壁钢围堰适用于深水基础施工,其制作和定位应符合以下要求。

(1)双壁钢围堰应进行专门设计,其强度、刚度及结构稳定性、锚碇系统、使用期等应满足施工要求。

(2)双壁钢围堰宜在工厂中按互换件或对号入座的办法制成块件,其分节分块的大小应按工地吊装、浮运设备确定。各节、块间安设防水胶条。

（3）围堰内外壁应满缝施焊，无伤痕、无漏焊、无砂眼。组装成型后应对其尺寸、高度、倾斜角、焊接质量进行检查验收。

（4）围堰定位和着床受水流速度、河床土质、河床冲刷等因素影响，着床前可采取仓内对称注水、灌砂砾、浇混凝土，冲刷区抛撒碎石等措施。采用吸泥下沉时，应向堰内补水，保持堰内水位不低于堰外，防止吸泥机直接伸到刃脚下吸泥过深。

（5）注意各阶段堰内外的水面高差平衡，防止出现翻砂现象。

（6）封底混凝土施工时，要根据封底面积设计好导管的布置及灌注顺序，应防止灌注的混凝土表面高差太大而出现进水。

（7）围堰应在汛期、台风季节前下沉完毕且封底，必要时应成桩若干，确保安全度汛、度台。

4.7.3　明挖基坑的地基处理

1）一般要求

（1）基坑挖至设计高程后需进行基底承载力试验，如基底承载力达不到设计要求，必须进行基底处理。

（2）地基处理应根据地基土的种类、强度和密度，按照设计要求，结合现场情况，采取相应的处理方法。

（3）地基处理的范围至少应宽出基础之外 0.5m。

（4）符合设计要求的细粒土、特殊土基底，修整妥善后，应尽快修建基础，不得使基底浸水和长期暴露。

2）地基处理的一般方法

（1）承载力达不到要求的基底处理一般采取干砌片石、浆砌片石、片石混凝土等方法进行处理，不得用土回填。

（2）细粒土及特殊土地基的处理。

属细粒土或特殊土类的饱和软弱黏土层、粉砂土层及湿陷性黄土、膨胀土和黏土及季节性冻土，强度低，稳定性差，处理时应视该类土的处治深度、含水率等情况，按基底的要求采取固结处理，以满足设计要求。

（3）粗粒土和巨粒土地基的处理。

对于强度和稳定性满足设计要求的粗粒土及巨粒土基底，应将其承重面平整夯实，其范围应满足基础的要求。基底有水不能彻底排干时，应将水引至排水沟，然后在其上修筑基础。

（4）岩层基底的处理。

①风化的岩层，应挖至满足地基承载力要求或其他方面的要求为止。

②在未风化的岩层上修建基础前，应先将淤泥、苔藓、松动的石块清除干净，并洗净岩石。

③坚硬的倾斜岩层，应将岩层面凿平。倾斜度较大，无法凿平时，则应凿成多级台阶。台阶的宽度宜不小于 0.3m。

（5）溶洞地基的处理。

①影响基底稳定的溶洞，不得堵塞溶洞水路。

②干溶洞可用砂砾石、碎石、干砌或浆砌片石及灰土等回填密实。

③基底干溶洞较大，回填处理有困难时，可采用桩基处理，桩基应进行设计，并经有关单位批准。

（6）泉眼地基的处理。

①可将有螺口的钢管紧紧打入泉眼，盖上螺母并拧紧，阻止泉水流出；或向泉眼内压注速凝的水泥砂浆，再打入木塞堵眼。

②堵眼有困难时，可采用管子塞入泉眼，将水引流至集水坑排出或在基底下设盲沟引流至集水坑排出，待基础圬工完成后，向盲沟压注水泥浆堵塞。采用引流排水时，应注意防止砂土流失，引起基底沉陷。

③基底泉眼，不论采用何种方法处理，都不应使基底饱水。

4.7.4 明挖基坑的基底检测

1)检验内容

检查基底平面位置、尺寸大小、基底高程。

检查基底地质情况和承载力是否与设计资料相符。

检查基底处理和排水情况是否符合本规范要求。

检查施工记录及有关试验资料等。

2)检验方法

按桥梁大小、地基土质复杂(如溶洞、断层、软弱夹层、易熔岩等)情况及结构对地基有无特殊要求,可采用以下检查方法。

(1)小桥的地基检验。可采用直观或触探方法,必要时可进行土质试验。

(2)大、中桥和地基土质复杂、结构对地基有特殊要求的地基检验,一般采用触探和钻探(钻深至少4m)取样做土工试验,或按设计的特殊要求进行荷载试验。

(3)特大桥按设计要求处理。基底平面位置和高程允许偏差规定如下。

①平面周线位置不小于设计要求。

②基底高程:土质±50mm;石质+50mm,-200mm。

4.7.5 明挖基坑的混凝土施工

(1)钢筋安装。钢筋的数量、规格、间距、保护层厚度必须符合设计和规范要求,钢筋不得污染和严重锈蚀。

(2)模板安装:钢筋制作好,经检查合格后,按图纸尺寸安装模板。模板采用新钢模,钢板厚度不小于6mm,并应保证模板的局部和整体强度与刚度,原则上应采用大块模板(每块模板的面积不小于1.2m²),以期减少因模板接缝多易漏浆所产生的混凝土外观缺陷。模板安装与加固中的拉筋应采用塑料套管予以保护,混凝土拆模后将拉筋抽出,两侧模板间以φ16mm的对拉螺杆连接,模板外侧加以支撑,残留的孔洞用同强度等级混凝土填塞封闭,并及时用湿抹布擦去孔洞周围残留的混凝土。

(3)混凝土浇筑:混凝土逐层浇筑,每层层厚不超过30cm,混凝土浇筑工艺按4.6.3节的要求施工。浇筑成型后,及时养生。

4.7.6 质量标准

外观质量鉴定见表4-30和表4-31。

(1)混凝土表面平整,无明显施工接缝,线形流畅。

(2)混凝土无蜂窝、麻面。

扩大基础实测项目　　　　　　　　　　　　　　　　表4-30

项次	检查项目	规定值或允许偏差		检查方法和频率
1	混凝土强度(mm)	在合格标准内		按《公路工程质量检验评定标准　第一册　土建工程》(JTG F80/1—2012)附录D检查
2	平面尺寸(mm)	±50		尺量:长宽各检查3处
3	基础底面高程(mm)	土质	±50	水准仪:测量5~8处
		石质	+50,-200	
4	基础顶面高程(mm)	±30		水准仪:测量5~8处
5	轴线偏差(mm)	25		全站仪或经纬仪:纵、横各检查2点

桥梁扩大基础工程外观质量评定　　　　　　　　　　表 4-31

项次	检查项目	外观质量要求	备注
1	基础	混凝土表面应平整,无明显施工裂缝;不得出现漏筋、空洞现象	
2	其他	表面应平整、无明显施工接缝	

4.7.7　安全文明

（1）基坑四周应做好排水设施,距离开挖线边缘 1m 以外搭设高度不小于 1.2m 的防护栏杆,栏杆上挂设明显的防坠落、防触电等安全警戒标记。

（2）对于基坑深度超过 2m 以上的情况,坑内应设置供人员上下的爬梯。

（3）基坑开挖出的废渣及时清理运走,运至指定的弃土场。

（4）基坑所需爆破开挖安全措施参照桥梁施工技术规范有关条款的规定。

4.7.8　注意事项

（1）地基承载力的检查,明挖基础的施工,对地基承载力的检查应予高度重视,特别是有的同一个基坑,其地质情况差异较大,必须认真观察,查清楚每一个部位,确保地基承载力符合设计要求。

（2）基坑四周的防护。当基坑开挖后,其四周必须设置安全防护栏杆和警示标志,有的承包人可能不予重视,监理人员必须督促其设置,防止车辆、人员误入基坑造成伤亡。

4.8　人工挖孔桩施工

4.8.1　一般要求

（1）挖孔灌注桩适用于无地下水或少量地下水,且较密实的土层或风化岩层。摩擦桩采用挖孔工艺应经过设计同意,否则不得进行人工挖孔施工。当挖孔内的空气污染物超过现行《环境空气质量标准》（GB 3095）规定的各项污染物的浓度限值的三级标准时,如没有确保人身安全的可靠的通风措施,不得采用人工挖孔作业。人工挖孔深度超过 10m 时,应采用机械通风。人工挖孔孔深不宜大于 15m。挖孔斜桩仅适用于地下水位低于孔底高程的黏性土。各项污染物的浓度限值见表 4-32。

各项污染物的浓度限值　　　　　　　　　　表 4-32

污染物名称	取值时间	浓度限值（mg/m^3）（标准状态）		
		一级标准	二级标准	三级标准
二氧化硫 SO_2	年平均	0.02	0.06	0.10
	日平均	0.05	0.15	0.25
	1h 平均	0.15	0.50	0.70
总悬浮颗粒物 TSP	年平均	0.08	0.20	0.30
	日平均	0.12	0.30	0.50
可吸入颗粒物 PM_{10}	年平均	0.04	0.10	0.15
	日平均	0.05	0.15	0.25
氮氧化物 NO_x	年平均	0.05	0.05	0.10
	日平均	0.10	0.10	0.15
	1h 平均	0.15	0.15	0.30

续表

污染物名称	取值时间	浓度限值（mg/m³）（标准状态）		
		一级标准	二级标准	三级标准
二氧化氮 NO₂	年平均	0.04	0.04	0.08
	日平均	0.08	0.08	0.12
	1h 平均	0.12	0.12	0.24
一氧化碳 CO	日平均	4.00	4.00	6.00
	1h 平均	10.00	10.00	20.00
臭氧 O₃	1h 平均	0.12	0.16	0.20

（2）挖孔的平面尺寸，不得小于桩的设计断面。在浇筑混凝土时不能拆除的临时支撑及护壁所占的面积，不应计入有效断面。

（3）应保存每根桩的全部施工记录。

4.8.2 支撑及护壁

（1）挖孔施工应选择合适的孔壁支护类型，一般可采用木框架、竹篱、柳条、荆笆、预制混凝土或钢板制成的井圈支护，也可以采用现浇或喷射混凝土护壁。本项目必须采用混凝土护壁。

（2）如以现浇或喷射混凝土护壁作为桩身的一部分时，须根据图纸规定或经监理工程师书面批准，且仅适用于桩身截面不出现拉力的情况。护壁混凝土的级别不得低于桩身混凝土的级别。

4.8.3 施工准备

（1）施工前人员组织，技术资料准备和交底，材料进场与检验。

（2）平整场地，清除坡面危石浮土，坡面有裂缝或坍塌迹象者应加设必要的防护，铲除松软土层并夯实，施测墩台十字线，确定桩孔准确位置，设立搭好孔口雨棚，安装提升设备，布置好出渣道路，合理布置材料和机具，不使增加孔壁压力和影响施工。

（3）井口周围需用木料或型钢制成框架予以围护，其高度应高出地面 30~50cm，防止土石杂物滚入孔内伤人。若井口地层松软，为防止孔口坍塌，需在孔口用混凝土护壁，高约 2m。

（4）修建施工便道，要考虑大型机械通行和至少 16t 吊车的停放及使用。

（5）准确施放桩基中心线，合理确定开孔高程。在孔周围确立十字线四点并设置护桩，以及时检查及纠正偏位情况；挖孔作业的高程水准点由控制水准点引至护壁顶。

（6）对空压机、卷扬机和焊机等用电量大的设备，应设专线供电；需要下护筒的孔桩要根据振动锤的电流电压设置合适的变压器。

（7）劳动组织：必须集中力量连续作业，组织四班制作业为宜。每班 3~4 人开挖，每 4 组配备一名电工，井上井下人员应该交替更换。

4.8.4 工序

在工程施工前，承包人应编制工序流程，作为各工序施工操作、保证施工进度的依据，并向班组交底。挖孔灌注桩工序流程参照图 4-3。

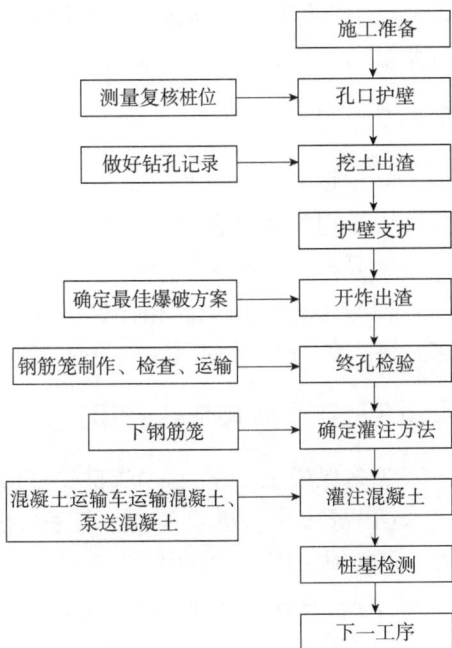

图 4-3 挖孔灌注桩工序流程图

4.8.5　挖掘

（1）挖掘方法：一般组织三班制连续作业，绞车提升，条件具备时，也可采用0.3~0.5t小卷扬机或少先吊之类的设备。

（2）挖掘程序视土层性质及桩孔布置而定。土层紧密、地下水不大者，一个基础的所有桩孔可同时开挖，便于缩短工期，但渗水量大的一孔应超前开挖、集中抽水、降低其他孔水位。土层松软、地下水较大者，宜对角开挖，避免孔间间隔层太薄造成坍塌。若桩孔为梅花形布置，易先挖中孔。挖掘时不必将孔壁修成光面，要使孔壁有凹凸不平，以增加桩的摩阻力。

（3）挖孔过程中，须经常检查桩孔尺寸和平面位置，孔的中线误差不得大于0.5%，截面尺寸须满足设计要求。

（4）挖孔时如有渗水，应及时支护孔壁，防止水在孔壁浸流造成坍孔。渗水应予以排除，或用井点法降低地下水位。

（5）桩孔挖掘及支撑护壁两个工序，按相邻两孔交替作业，以防坍孔。

（6）孔深超过10m时，应经常检查孔的CO_2浓度，如有超过0.3%，应增设通风设备。挖孔工作暂停时，孔口必须罩盖。

4.8.6　护壁

（1）每挖掘0.8~1.0m深时，即立模灌注混凝土护壁，遇松散土层，每挖掘0.3m及0.5m，就安护壁，厚度10~15cm。其强度等级不低于桩身。两节护壁之间留20~30cm空隙，以便灌注施工。空隙间宜用短木支撑，为加速混凝土凝结，可掺入速凝剂。在松软土层，可在护壁内设置钢筋。

（2）对岩层、较密实坚硬的土层，不透水，开挖后短期内不会坍塌的，可不设支撑。其余土质条件下，应设混凝土护壁，以策安全。

（3）遇到有特别松散的土层或流沙时，为防止土壁坍落及流沙事故，可采用钢护筒作为护壁，用振动锤振动下沉，待穿过松软土层或流沙层并嵌入岩石或坚硬土层1~1.5m后，再按一般方法边挖掘边筑混凝土护壁。

（4）桩孔挖掘及支撑护壁两道工序必须连续作业，不宜中间停顿，以防坍孔。

（5）挖孔时如有水渗入，应及时支护孔壁，防止水在孔壁流淌浸泡造成坍孔。如孔内水量较大时应及时抽水。若土层松软，地下水较大者，应对角开挖，避免孔间隔层太薄造成坍塌。

4.8.7　排水

除挖掘顺序中述及的有关排水要求外，还应注意下列事项：除在地面墩台位置四周挖截水沟外，还应将从孔内排出的水妥善引流远离桩孔。孔内渗水量不大时，可用铁皮桶盛水，人工提升排走，渗水量大时，可用小水泵排走。孔深小于水泵吸程时，水泵可设在孔外，若孔深大于水泵吸程，须将水泵吊入孔内抽水。

在灌注混凝土时，若相邻数孔内均只有小量渗水，应采取措施同时灌注，以免将水集中一孔增加困难。若多孔渗水量均大，影响灌注质量时，则应于一孔集中抽水降低其他各孔水位，此孔最后用水下灌注混凝土施工。

4.8.8　孔内爆破应注意事项

为确保施工安全，孔内爆破作业应提前报当地公安部门批准。

（1）导火线起爆须有工人迅速离孔的设备，导火线应做燃烧速度试验，以决定导火线所需长度。孔深超过5m必须采用电雷管引爆。

（2）岩石开挖必须打眼放炮，严禁裸露药包，对于软岩石炮眼深度不超过0.8m，对于硬岩石炮深不超过0.5m。炮眼数目、位置和斜插方向，应按岩层面方向来定，中间一组集中掏心，四周斜插挖边。

（3）严格控制用药量，以松动为主。一般中间炮眼装硝铵炸药1/2节，边眼装药（1/3~1/4）节。

(4)有水眼孔要用防水炸药,尽量避免瞎炮,如有瞎炮要按安全规程处理。

(5)炮眼附近的支撑应加固或设防护措施,以免支撑炸坏引起坍孔。

(6)孔内放炮后须迅速排烟,可采用铁筒生火放入孔底促进空气流通,用高压风管或电动鼓风机放入孔底吹风等措施。

当孔深大于 12m 时,每次放炮后应立即测定孔内有毒气体浓度,无仪表测定时,可将敏感性强的小动物先吊入孔底试验,数分钟取出观察,活动正常者,人员方可下孔施工。

4.8.9　挖孔出渣

施工时应按照施工组织设计的要求进行打眼放炮,严格控制用药量,以松动为主,孔深大于 5m 时,必须采用电雷管引爆,经过几轮次的爆破后,总结炮眼布置朝向、用药量的数据,确定最佳爆破方案。孔内放炮后应立即排烟,并经检查孔内无有害气体后,人员方可下孔施工。挖掘时不必刻意修光孔壁,以增加桩的摩擦力。在挖孔过程中,须经常检查桩径尺寸、平面位置和倾斜度。挖孔掘进和护壁这两道工序必须连续工作,尽量不停顿,以防坍孔。出渣时卷扬机应慢速提升。

4.8.10　终孔检查处理

挖孔达到设计高度后,应进行孔底处理。必须做到平整,无松渣、污泥及沉淀等软层。嵌入岩层深度应符合设计要求。开挖过程中应经常检查了解地质情况,倘与设计资料不符,应提出变更设计。若孔底地址复杂或开挖中发现不良地质现象(如溶洞、薄层泥岩、不规则的淤泥分布等)时,应钎探查明孔底以下地质情况。

4.8.11　钢筋骨架的制作及安装

挖孔灌注桩钢筋骨架要求在孔外焊接经监理验收后吊入孔内,有关钢筋笼制作按设计和规范要求实施。安放时应控制钢筋笼的垂直度和平面位置,垂直度偏差、平面偏位均按规范要求。个别孔桩因地形限制,可在孔内绑扎。钢筋笼的制作、存放、运输、吊放、就位的基本要求同钻孔桩一样。

4.8.12　灌注混凝土

(1)从孔底及附近孔壁渗入的地下水的上升速度较小(<6mm/min)时,可认为是干桩,可采用在空气中灌注混凝土桩的办法。混凝土的坍落度宜控制在 7~9cm,桩身混凝土应从导管式串筒自由倾落,分层振捣高度不超过 1.0m,混凝土灌注应连续进行。

除按一般混凝土灌注有关规定办理外,还应注意以下事项。

①混凝土坍落度,当孔内无钢筋骨架时不宜小于 6.5cm,当孔内设置钢筋骨架时,宜为 7~9cm。如用导管灌注混凝土可在导管中自由坠落,导管应对准孔中心。开始灌注时,孔底积水深不宜超过 5cm。灌注速度应尽可能加快,使混凝土对孔壁压力尽快地大于渗水压力。

②灌注的混凝土均应用插入式振捣棒捣实。

③混凝土灌注到桩顶以后,应立即将已离析的混合物及水泥浮浆等清除干净。

(2)当孔底渗入的地下水上升速度较大时(每分钟上升速度超过 6mm),应作为有水桩按导管法在水中灌注混凝土。灌注混凝土之前,孔内的水位应灌到与孔外自然地下水位同样高度,使孔内外水压平衡。

4.8.13　桩基检测

混凝土灌注桩完毕后,采用水下浇筑混凝土要清除桩头混凝土,当进行桩位恢复测量检验时,待混凝土龄期达到至少 7d(一般 14d)进行超声波检测。

4.8.14　安全措施

(1)人工挖孔,对孔壁的稳定及吊具设备(提取土渣的吊桶、吊钩、钢筋丝绳、卷扬机)等,必须经常检查。

孔顶出土机具应有专人管理,并设置高出地面的围栏;孔口不得堆积土渣及沉重机具;作业人员的出入,配备滑车、粗绳或绳梯,供停电时应急使用。夜间作业悬挂示警红灯;挖孔暂停时,孔口置盖及标志。在井下设100W防水带罩灯泡照明,并用36V低压电。

(2)孔内挖土人员必须配有安全帽、安全绳,必要时设置掩体。取土吊斗升降时,挖土人员暂时避开或在掩体下面工作。吊斗不使用时,及时摘下,不得悬挂。相邻两孔中,一孔进行浇筑混凝土时,另一孔的挖孔人员停止作业,并撤出井孔。

(3)人工挖孔经常检查孔内的气体情况,挖孔人员下孔作业前,先用鼓风机将孔内空气排出更换,二氧化碳含量超过0.3%时,采取通风措施,当含量虽不超过规定,但作业人员有呼吸不适感觉时,采取通风或换班作业等措施。若用化学分析方法检测有困难时,可将小动物送入孔底数分钟后提出检查,如无异状,工人才可下井工作。

(4)人工挖孔深度超过10m时,采用机械通风。当使用风镐凿岩时,加大送风量,吹排凿岩产生的石粉。

(5)爆破时,装药与钻孔不应平行作业。爆破作业和爆破器材加工人员严禁穿着化纤衣物。装药前,炮眼内的泥浆、石粉吹洗干净,刚打好的炮眼热度过高,不得立即装药。如果遇有照明不足,发现流沙、流泥未经妥善处理,或可能有大量溶洞涌水时,严禁装药爆破。

(6)火花起爆时,严禁明火电炮,其导火索的长度应能保证点完导火索后,人员能撤至安全地点,但不得短于1.2m。起爆主导线宜悬空架设,距各种导电体的间距必须大于1m。

(7)爆破后必须经过15min通风排烟后,检查人员方可进入工作面,检查有无"盲炮"及可疑现象,有无残余炸药或雷管,在妥善处理并确认无误后,其他工作人员才可进入工作面。

(8)人工挖孔时,除了必须严格按照设计和施工规范要求进行施工外,孔内出渣应该采取机械或其他安全可靠的提升方法。无人施工时应将孔口覆盖,防止人畜和其他杂物掉入孔内。

4.8.15　挖孔过程控制

(1)挖孔过程中,每节检查桩孔尺寸、平面位置和竖轴线倾斜情况,如有偏差应随时纠正。

(2)桩底要支撑在设计要求的持力层上,并清除底部虚土,要逐根进行隐蔽检查。

(3)在开挖工程中,及时加强孔壁支护。每挖掘0.8~1.0m深时,即立模灌注混凝土护壁,过松软土层,每挖掘0.3~0.5m就要护壁,厚度10~15cm,其强度等级与桩身相同。

(4)在软土质地层,在同一墩台内不能相邻孔同时开挖,以防互相干扰,造成塌孔。

(5)当孔底岩倾斜时,凿成水平或台阶,为了防止孔底承载力产生水平分力。桩嵌入岩层不小于1.0m。

(6)如地基强度不够,可将桩尖尺寸扩大,以提高桩的承载力。

(7)基底处理彻底,桩尖不存在软垫层问题,在无水或抽水条件下灌注桩身混凝土,质量容易保证。

4.8.16　桩基质量评定标准

桩基质量评定标准详见表4-33和表4-34。

挖孔桩实测项目　　　　　　　　　　　　　　　　表4-33

项次	检测项目			规定值或允许偏差	检测方法和频率	权值
1	混凝土强度(MPa)			在合格标准内	按《公路工程质量检验评定标准 第一册　土建工程》(JTG F80/1—2004)附录D检查	3
2	桩位(mm)	群桩		100	全站仪或经纬仪:每桩检查	2
		排架桩	允许	50		
			极值	100		

续表

项次	检测项目	规定值或允许偏差	检测方法和频率	权值
3	孔深(m)	不小于设计	测绳量:每桩测量	3
4	孔径(mm)	不小于设计	探孔器:每桩测量	3
5	钻孔倾斜度(mm)	0.5%桩长,且不大于200	垂线法:每桩检查	1
6	钢筋骨架底面高程(mm)	±50	水准仪:测每桩骨架顶面高程后反算	1

梁桩基础外观质量评定　　　　　　　　　　　表 4-34

项次	检查项目	外观质量要求	备注
1	钢筋	嵌入承台的锚固钢筋长度不得低于设计规范规定的最小锚固长度要求	
2	其他	凿除桩头预留混凝土后,桩顶应无残余的松散混凝土;桩顶面应平整	

4.9　钻孔灌注桩施工

4.9.1　施工准备

(1)有关技术文件和施工方案编制已完成并经审核。

(2)施工技术人员与工人已全部到位,并进行技术交底,明确了质量、安全、工期、环保等要求;钢筋、水泥、砂、碎石、泥浆等材料均已到场并通过检验。

(3)施工放样已完成,且经过检验,精度满足规范要求。

(4)泥浆循环系统已完成,拌制的泥浆经检验符合规范要求。

(5)按照设计资料提供的地质剖面图,选用适当的钻机和泥浆;钻机就位前,应对包括场地布置与钻机坐落处的平整和加固,主要机具的安装,配套设备的就位及水电供应的接通等钻孔各项准备工作进行检查。

(6)钢筋笼加工机具、班组已到位,制作技术要求已进行交底。

(7)混凝土施工配合比已调配完成,混凝土拌和站调试完毕,可随时供应混凝土。

(8)沿桥走向设置一条施工便道,每个墩位设一工作平台,须能满足钻机就位和吊放钢筋笼的平面要求和混凝土运送要求。

4.9.2　施工工序

在施工前,承包人应编制工序流程图,作为各工序施工操作、保证施工进度的依据,并悬挂在现场。钻孔灌注桩工序流程参照图 4-4。

4.9.3　场地平整和桩位放样

首先对桩场地采用推土机整平,并碾压密实;然后根据设计图纸的测量坐标及现场三角控制网,用全站仪和经过检定的钢尺,定出桩位中心,测放出孔位桩及护桩。经复核无误,用表格形式交钻孔组,并注意保护现场桩位。特别注意桩的钻孔和开挖,应在中距5m内的任何混凝土灌注桩完成后24h,才能开始,以避免

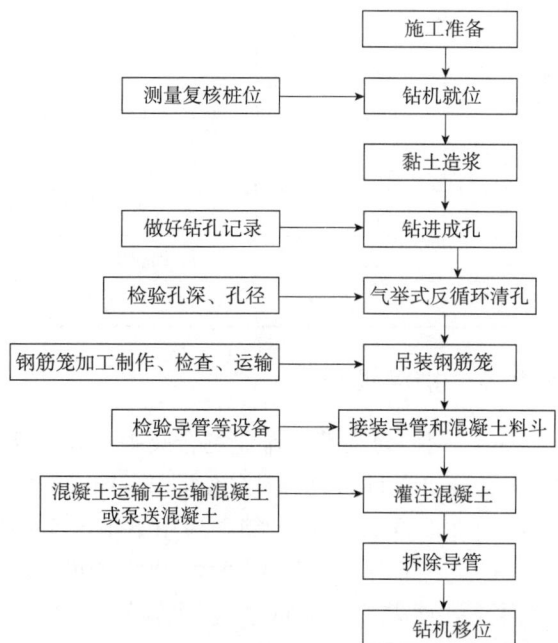

图 4-4　钻孔灌注桩工序流程

干扰邻桩混凝土的凝固。施工场地或工作平台应充分考虑施工期间当地的洪水情况,浅水区域平台应高出高水位 0.5 ~ 1.0m;潮水区域平台应高出最高水位 1.5 ~ 2.0m,并有稳定护筒内水头的措施。

钻机种类及适用范围参照表 4-35。

钻机种类及适用范围 表 4-35

编号	钻孔机具	适用范围			
		土层	孔径(cm)	孔深(m)	泥浆作用
1	长、短螺旋钻机	地下水位以上的细粒土、砂砾土、极软岩	长螺旋钻 30 ~ 80;短螺旋钻 50	26 ~ 70	干作业不需泥浆
2	机动推钻(钻斗机)	细粒土、砂类土、卵石粒径小于 10cm,含量少于 30% 的卵石土	80 ~ 200	30 ~ 60	护壁
3	正循环回转钻机	细粒土、砂类土、卵石粒径小于 2cm,含量少于 20% 的卵石土、软岩	80 ~ 300	40 ~ 100	悬浮钻渣,并护壁
4	反循环回转钻机	细粒土、砂类土、卵石粒径小于钻杆内径 2/3,含量少于 20% 的卵石土、软岩	80 ~ 250	泵吸 <40,气举 150	护壁
5	正循环潜水钻机	淤泥、细粒土、砂类土、卵石粒径小于 10cm,含量少于 20% 的卵石土	80 ~ 200	50 ~ 80	悬浮钻渣,并护壁
6	反循环潜水钻机	细粒土、砂类土、卵石粒径小于钻杆内径 2/3,含量少于 20% 的卵石土、软岩	80 ~ 200	100(泵吸 <气举)	护壁
7	全护筒冲抓和冲击钻机	各类土层	80 ~ 200	30 ~ 60	不需泥浆
8	冲抓锥	淤泥、细粒土、砂类土、砾类土、卵石土	80 ~ 200	30 ~ 50	护壁
9	冲击实心锥	各类土层	80 ~ 200	100	短程浮渣,并护壁
10	冲击管锥	淤泥、砂类土、砾类土、松散卵石土	60 ~ 150	100	短程浮渣,并护壁
11	旋挖钻机	淤泥、细粒土、砂类土	80 ~ 200	30 ~ 80	护壁
12	行星式钻机	各类土层	280 ~ 600	—	护壁

4.9.4 护筒埋设

(1)钢护筒在普通作业场合及中小孔径条件下,一般使用不小于 6mm 厚的钢板制作;在深水、复杂地质及大孔径等条件下,应用厚度为 12 ~ 16mm 的钢板卷制,为增加刚度,可在护筒上下端和接头外侧焊加劲肋。护筒顶部设置护筒盖,护筒盖应用不小于 5cm 厚的木板制作。

(2)护筒内径宜比桩径大 200 ~ 400mm。护筒中心竖直线应与桩中心线重合,除设计另有规定外,平面允许误差为 50mm,竖直线倾斜不大于 0.5%,干处可实测定位,水域可依靠导向架定位。陆上钻孔桩直接放样桩中心,依据桩中心在四周施放护桩;需搭设水上平台的桩基应先对护筒导向架进行精确放样,导向架内径一般较护筒外径大 5cm。护筒埋设后应核对桩位,桩位偏差不大于 5cm,倾斜度不大于 1%。

(3)当护筒长度小于 6m 时,有钻杆的正反循环钻护筒内径必须大于桩径 20cm;无钻杆导向的正反潜水电钻和冲抓、冲击锥护筒内径必须大于桩径 30cm;深水或感潮区且无钻杆导向的护筒内径必须比桩径大 40cm。

（4）护筒顶端高度。

①旱地、筑岛处护筒采用挖坑埋设法,护筒底部和四周所填黏质土必须分层夯实。水域护筒设置,应严格注意平面位置,竖向倾斜和两节护筒的连接质量均需符合上述要求,沉入时可采用压重、振动锤击,并辅以筒内除土的方法。

②当采用反循环回转法钻孔时,护筒顶端应高出地下水位2.0m以上,使护筒内水头产生20kPa以上的静水压力。

③采用正循环回转法钻孔时,当地质良好、不易坍孔时,宜高出地下水位1.0~1.5m以上;当地质不良、容易坍孔时,应高出地下水位1.5~2.0m以上。

④采用其他方法钻孔时,护筒顶端宜高出地下水位1.5~2.0m。

⑤孔内有承压水时或处于潮水影响地区时,护筒顶端高度按规范执行。

（5）护筒的埋置深度。

①旱地或浅水处,对于黏质土不小于2m,对于砂类土应将护筒周围0.5~1.0m范围内土挖除,夯填黏质土至护筒底0.5m以下。

②深水及河床软土、淤泥层较厚处,应尽可能深入到不透水层黏质土内1~1.5m;河床下无黏质土层时,应沉入到大砾石、卵石层内2~3m;河床为软土、淤泥、砂类土时,护筒底埋置深度要能防止护筒内水头降低(如桥位处于潮水区)时产生的涌砂现象,而使护筒倾陷。

③有冲刷影响的河床,应埋入局部冲刷线以下不小于1.5m。

④灌注桩完成后,除设计另有规定外,护筒应拆除。

⑤护筒高度宜高出地面0.3m或水面1~2m。当钻孔内有水压时,应高于稳定后的承压水位2.0m以上;当处于潮水影响地区时,应高于施工水位1.5~2.0m,并应采用稳定护筒内水头的措施。

⑥护筒埋置深度应根据设计要求或桩位的水文地质情况确定,一般情况埋置深度为2~4m,特殊情况应加以保证钻孔和灌注混凝土的顺利进行。护筒连接处要求筒内无突出物,应耐拉、压,不漏水。

4.9.5　开挖泥浆池,制备泥浆,钻机就位

（1）泥浆池或沉淀池每墩或数墩设置一处,利用人工或机械挖坑,并于护筒口处开挖泥浆沟通至沉淀池。

（2）制浆前,先把黏土尽量打碎,使其在搅拌中容易成浆,缩短成浆时间,提高泥浆质量。制浆时,可将打碎的黏土直接投入套管内,使用冲击锥冲击制浆,待黏土已冲搅成泥浆时,即可进行钻孔。多余的泥浆用管子导入钻孔外泥浆池储存,以便随时补充孔内泥浆。

（3）泥浆的比重应根据钻进方法、土层情况适当控制,一般不超过1.2,冲击钻孔一般不超过1.4,尤其要控制清孔后的泥浆指标。泥浆的具体性能指标参照《公路桥涵施工技术规范》(JTG/T F50—2011)有关规定。

（4）泥浆用水必须使用不纯物含量少的水,没有饮用水时,应进行水质检查。

（5）在护筒底下的复杂覆盖层施工大直径钻孔桩时,选用泥浆应根据地质情况、钻机性能、施工经验等确定,宜参照钻井采用的泥浆或添加剂。

（6）钻机就位后,要将钻头的钻尖准确对准孔位中心。具体做法是在护筒的刻痕处,用小线连成十字,钻头中心对准小线十字交叉点。

4.9.6　泥浆的循环和净化处理

（1）深水处泥浆循环、净化方法:在岸上设黏土库、泥浆池,制造或沉淀净化泥浆,配备泥浆船,用于储存、循环、沉淀泥浆。

（2）旱地泥浆循环、净化方法:制浆池和沉淀池大小视制浆能力、方法及钻孔所需流量而定,及时清理池中沉淀,运至弃土场摊铺、晾晒、碾压。

4.9.7　钻进和终孔

开孔的孔位必须准确。开孔时均应慢速钻进,待导向部位或钻头全部进入地层后,方可加速钻进。钻孔时需预防坍孔,因此必须在孔内保持足够的水头。水头的高度适中,施工中应采取稳定水头装置,钻孔过程中泥浆护壁对防止渗水坍孔非常重要,因此要控制泥浆的各项指标,如相对密度、黏度、失水率、含砂率、胶体率、泥浆厚度等,在钻孔过程中要随时检查、调整。为保证较高的钻进效率和质量,应采用合适的钻进参数。在钻孔前,应检查监控钻杆、钻头等工具,要做金属探伤,连接螺纹要加预防扣帽,防止钻具脱落。钻孔时,发生异常或坍孔时要及时研究,查清原因,采取对策。

采用正循环钻孔(含潜水钻)均应采用减压钻进,即钻机的主吊钩始终要承受部分钻具的重力,而孔底承受的钻压不超过钻具重力之和的80%。

用全护筒法钻进时,为使钻机安装平正,压进的首节护筒必须竖直,钻孔开始后应随时检测护筒水平位置和竖直线,如发现偏移,应将护筒拔出,调整后重新压入钻进。

在钻孔排渣,提钻头除土或因故停钻时,应保持孔内具有规定的水位和要求的泥浆相对密度和黏度。处理孔内事故或因故停钻,必须将钻头提出孔外。

钻孔时须及时填写钻孔记录,在土层变化处捞取渣样,判明土层,以便与地质剖面图相核对。

4.9.8　常见的钻机成孔方法

1)正循环回转法

(1)首先将钻机调平并对准钻孔,装上转盘,要求转盘中心同钻架上的起吊滑轮在同一铅垂线上,钻杆位置偏差不得大于2cm。钻进过程中要经常检查转盘,如倾斜或位移,应及时纠正。

(2)初钻时先启动泥浆泵和转盘,使之空转一段时间,等泥浆输进钻孔中一定数量后方可开始钻进。接、卸钻杆的动作要迅速,应尽快完成,以免停钻时间过长,增加孔底沉淀,甚至塌孔。

(3)开始钻进时,进尺应适当控制,在护筒刃脚处,应低挡慢速钻进,使刃脚处有坚固的泥皮护壁。钻至刃脚下1m后,可按土质以正常速度钻进。

(4)在黏质土中钻进,由于泥浆黏性大,钻锥所受阻力也大,易糊钻,宜选用尖底钻锥、中等转速、大泵量、稀泥浆钻进。在砂类土或软土层钻进时,易坍孔,宜选用平底钻锥、控制进尺、轻压、低挡慢速、大泵量、稠泥浆钻进。在低液限黏土或卵、砾石夹土层中钻进时,宜采用低挡慢速、优质泥浆、大泵量、两级钻进的方法钻进。

2)反循环回转法

(1)接长钻杆时,法兰接头之间垫3~5mm厚的橡胶圈,拧紧螺栓,以防漏气、漏水;钻头插入距孔底约20~30cm,注入泥浆,启动钻机时慢速开始钻进。

(2)在硬土中钻进时,用一挡转速,自由进尺;在高液限黏土、含砂低液限黏土中钻进时,可用二、三挡转速,自由进尺。在砂类土或含少量卵石中钻进时宜用一、二挡转速并控制进尺。在进入岩层后,必要时应根据地质情况增加配重,增强钻头的稳定和钻进强度。

3)冲击钻孔

(1)开钻时应先在孔内灌注泥浆,如孔内有水,可直接投入黏土,用冲击锥以小冲程反复冲击造浆。

(2)开孔及整个钻进过程中,应始终保持孔内水位高出地下水位1.5~2.0m,并低于护筒顶面0.3m,掏渣后应及时补水。

(3)在淤泥层和黏土层冲击时,钻头应采用中冲程(1.0~2.0m)冲击,在砂层冲击时,应添加小片石和黏土采用小冲程(0.5~1.0m)反复冲击,以加强护壁,在漂石和硬岩层时可采用大冲程(2.0~4.0m)冲击。在石质地层中冲击时,如果从孔上浮出石子钻渣粒径在5~8mm,表明泥浆浓度合适;如果浮出的钻渣粒径小又少,表明泥浆浓度不够,可从制浆池抽取合格泥浆进入循环。

(4)冲击钻进时,机手要随进尺快慢及时放主钢丝绳,使钢丝绳在每次冲击过程中始终处于拉紧状态,既不能少放,也不能多放。放少了,钻头落不到孔底,打空锤,不仅无法获得进尺反而可能造成钢丝绳中断、掉锤;放多了,钻头在落到孔底后会向孔壁倾斜,撞击孔壁造成扩孔。

(5)在任何情况下,最大冲程不宜超过6.0m,为正确提升钻锥的冲程,应在钢丝绳上做长度标志。

(6)深水或地质条件较差的相邻桩孔,不得同时钻进。

4)旋挖钻成孔

旋挖钻成孔施工法,又称钻斗施工法。成孔原理是在一个可闭合开启的钻斗的底部及侧边,镶焊切削刀锯,在伸缩钻杆旋转驱动下,旋转切削挖掘土层,同时使切削挖掘下来的土渣进入钻斗内,钻头装满后提出孔外卸土,如此循环形成桩孔。旋挖钻机成孔施工具有低噪声、低振动、扭矩大、成孔速度快、无泥浆循环等优点;缺点是在黏性较大的淤泥土层中施工,回转阻力大,钻进效率低,容易糊钻。其适用于填土层、黏土层、粉土层、淤泥层、砂土层以及短螺旋不易钻进的含有部分卵石、碎石的地层。

(1)钻孔前施放桩位点,放样后四周设护桩并复测,误差控制在5mm以内。进一步确定是否有障碍物,必须待监理验收合格后方可进行成孔施工。

(2)钻机就位应保持平稳,不发生倾斜、位移,钻头对准孔位开启电机进行开孔。

(3)设置护筒:根据桩位点设置护筒,护筒的内径应大于钻头直径100mm,护筒位置应埋设正确稳定,护筒中心和桩中心偏差不得大于50mm,倾斜度的偏差不大于1%,护筒与坑壁之间应用黏土填实。施工中,护筒的埋设采用旋挖钻机静压法来完成。首先正确就位钻机,使其机体垂直度、钻杆垂直度和桩位钢筋条三线合一,然后在钻杆顶部带好筒式钻头,再用吊车吊起护筒并正确就位,用旋挖钻杆将其垂直压入土体中。护筒埋设后再将桩位中心通过4个控制护桩引回,使护筒中心与桩位中心重合,并在护筒上用红油漆标志护桩方向线位置。护筒的埋设深度:在黏性土中不宜小于1m,在砂土中不宜小于1.5m。护筒应高出地面20~30cm,随即注入稳定液,并应保证孔内稳定液面高于地下水位1m以上。

(4)钻机就位:旋挖钻机底盘为伸缩式自动整平装置,并在操作室内有仪表准确显示电子读数,当钻头对准桩位中心十字线时,各项数据即可锁定,勿需再作调整。钻机就位后钻头中心和桩中心应对正准确,误差控制在2cm内。

(5)钻进:当钻机就位准确,泥浆制备合格后即开始钻进,钻进时每回次进尺控制在60cm左右,刚开始要放慢旋挖速度,并注意放斗要稳,提斗要慢,特别是在孔口5~8m段旋挖过程中要注意通过控制盘来监控垂直度,如有偏差及时进行纠正,而且必须保证每挖一斗的同时及时向孔内注浆,使孔内水头保持一定高度,以增加压力,保证护壁的质量。

(6)清孔:钻进至设计孔深后,将钻斗留在原处机械旋转数圈,将孔底虚土尽量装入斗内,起钻后仍需对孔底虚土进行清理。一般用沉渣处理钻斗(带挡板的钻斗)来排出沉渣,若沉淀时间较长,则应采用水泵进行浊水循环。

(7)钢筋笼制作应符合设计要求,钢筋笼存放场地应平整,钢筋笼应先进行隐蔽工程验收方能下放,下放时应保证钢筋笼顺直,严禁摆动碰撞孔壁,就位后焊制定位钢筋。

(8)钢筋笼下放至设计深度后,立即下放混凝土输送导管,避免导管与钢筋笼碰撞,遇导管下放困难应及时查明原因。导管一般由直径为200~300mm的钢管制作,内壁表面应光滑并有足够的强度和刚度,管段的接头应密封良好和便于装拆。

(9)二次清孔:将头部带有1m长管子的气管插入导管内,气管底部与导管底部最小距离2m,压缩空气从气管底部喷出,如能使导管底部在桩孔底部不停地移动,就能全部排出沉渣,对深度不足10m的桩孔,须用空吸泵清渣。灌注混凝土前的孔底沉渣厚度应满足要求。

(10)护筒埋设:护筒既保护孔口壁,又是钻孔的导向,则护筒的垂直度要保证。为防止跑浆,护筒周围土要夯实,最好黏土封口。在上层土质较差时,将护筒加长至4~6m,提高护壁效果。在松散的杂填土层和流沙层成孔时,加大泥浆相对密度,增加黏度,以便形成较好的孔壁。

(11)对稳定液的要求:一要控制泥浆的相对密度,二要控制泥浆的黏度和含砂率,定期测试稳定液的各项技术指标,出现问题及时解决。钻孔泥浆性能指标参照表4-36选用。

钻孔泥浆性能指标选择 表 4-36

钻孔方法	地层情况	泥浆性能指标							
		相对密度	黏度 （Pa·s）	含砂率 （%）	胶体率 （%）	失水率 （mL/30min）	泥皮厚 （mm/30min）	静切力 （Pa）	酸碱度 （pH）
正循环	一般地层	1.05~1.20	16~22	8~4	≥96	≤25	≤2	1.0~2.25	8~10
	易坍地层	1.20~1.45	19~28	8~4	≥96	≤15	≤2	3~5	8~10
反循环	一般地层	1.02~1.06	16~20	≤4	≥95	≤20	≤3	1~2.5	8~10
	易坍地层	1.06~1.10	18~28	≤4	≥95	≤20	≤3	1~2.5	8~10
	卵石土	1.10~1.15	20~35	≤4	≥95	≤20	≤3	1~2.5	8~10
推钻冲抓	一般地层	1.10~1.20	18~24	≤4	≥95	≤20	≤3	1~2.5	8~11
冲击	易坍地层	1.20~1.40	22~30	≤4	≥95	≤20	≤3	3~5	8~11

（12）孔底沉淤控制：旋挖钻斗的切削、提升上屑的机理与常见回转钻进的正、反循环成孔的切削、提升形式完全不同。前者是通过钻斗把孔底原状土切削成条状载入钻斗提升出土；后者是通过钻头把孔底原状土打碎由泥浆循环带出土面。前者底部面缓，钻至设计高程对土的扰动很小，没有聚淤漏斗，所以要加强稳定液的管理，控制固相含量，提高黏度，防止快速沉淀，还要控制终孔前二钻斗的旋挖量。

（13）成孔时，发生斜孔、弯孔、缩孔和坍孔或沿护筒周围冒浆以及地面沉陷等情况，应停止钻进，经采取措施后，方能继续施工。

（14）钻进硬层，回次进尺深度太小，斗内钻渣太少时，可换用小直径筒形齿状钻斗，先钻一小孔，然后再用钻斗扩孔钻进，也可换用短螺旋钻进，然后再下钻斗捞渣。钻进速度，应根据土层情况、孔径、孔深、钻机负荷以及成孔质量等具体情况确定，在砂砾、砂卵、卵石地层中钻进时，为保护孔壁稳定，可事先向孔内投入适量黏土球，下入孔内的钻头，其底盘进渣口必须装闭合阀板，以防提钻时砂砾石从底部漏落孔内。

4.9.9 清孔

（1）钻孔深度达到设计高程后，应对成孔质量进行检查，符合要求并经监理工程师批准后方可进行清孔。清孔的目的是抽换孔内的泥浆，清除钻渣和沉淀层，防止桩底存留过厚沉淀土而降低桩的承载力。此外，清孔还为灌注水下混凝土创造良好的条件，使测深准确、灌注顺利。清孔方法应根据设计要求、钻孔方法、机具设备和地质情况而定。除了在终孔时应认真进行清孔外，当安放钢筋笼骨架和装设混凝土下料导管后，还应探测孔底沉淀厚度，使用砂石泵或吸泥泵进行二次清孔，最后按清孔质量验收。

（2）清孔排渣时，必须注意保持孔内水头，防止坍孔。清孔时，应将附着于护筒壁的泥浆清洗干净，并将孔底钻渣及泥砂等沉淀物清除。同时，孔内水位应保持在地下水位或河流水位以上1.5~2m，以防止钻孔的任何塌陷。清孔次数按图纸要求和清孔后孔底钻渣沉淀厚度符合图纸规定值进行，大桥基础钻孔后一般需进行两次清孔，不得用加深孔底深度的方法代替清孔。清孔时逐步加水调稀泥浆，使孔内悬浮的钻渣充分置换并沉淀。清孔后的泥浆性能指标控制在表4-36范围内。清孔后可先停止循环泥浆2~3h，检查孔底沉淀是否符合设计要求或施工规范要求，合格方可进行下道工序施工，否则应采取措施，优化泥浆性能。钻孔在终孔和清孔后，对孔径、孔形和倾斜度进行检查，整个检查过程中均要求监理工程师到场，以确保检查结果的可信度。

（3）清孔后孔底沉淀物厚度应按图纸规定值进行检查，如图纸无规定时，对于直径等于或小于1.5m的摩擦桩的沉淀厚度应等于或小于300mm；当桩径大于1.5m或桩长大于40m或土质较差的摩擦桩的沉淀厚度应等于或小于500mm。

清孔前后要对钻孔进行检查，孔的平面位置在各方的误差均为50mm，钻孔直径应不小于桩的直径，倾斜应大于竖孔深的1/100，井底沉淀不超过直径的0.4倍。

(4)清孔时应注意事项。

①清孔方法有换浆、抽浆、掏渣、空压机喷射、砂浆置换等,可根据具体情况选择使用。

②不论采用何种清孔方法,在清孔排渣时,必须注意保持孔内水头,防止坍孔。

③无论采用何种方法清孔,清孔后应从孔底提出泥浆试样,进行性能指标试验,试验结果应符合现行《公路桥涵施工技术规范》(JTG/T F50—2011)的规定。灌注水下混凝土前,孔底沉淀土厚度应符合表4-37的规定。

④不得用加深钻孔深度的方式代替清孔。

灌注桩实测项目　　　　　　　　　　　　　　　　　　　　　　　　　表4-37

项次	检测项目			规定值或允许偏差	检测方法和频率	权值
1	混凝土强度(MPa)			在合格标准内	按《公路工程质量检验评定标准　第一册 土建工程》(JTG F80/1—2004)附录 D 检查	3
2	桩位(mm)	群桩		100	全站仪或经纬仪:每桩检查	2
		排架桩	允许	50		
			极值	100		
3	孔深(m)			不小于设计	测绳量:每桩测量	3
4	孔径(mm)			不小于设计	探孔器:每桩测量	3
5	钻孔倾斜度(mm)			1%桩长,且不大于500	用侧壁(斜)仪或钻杆垂线法:每桩检查	1
6	沉淀土厚度(mm)	摩擦桩		符合设计规定,设计未规定时按施工规范要求	沉淀盒或标准测锤:每桩检查	2
		支承桩		不大于设计规定		
7	钢筋骨架底面高程(mm)			±50	水准仪:测每桩骨架顶面高程后反算	1

4.9.10　钻孔、清孔检查的项目

(1)检查孔深(桩长)。在钻进过程中应注意地层变化,在地层发生变化时,应测孔深和推算地层界面的高程。在终孔后,应测孔深推算桩长。桩长应不小于设计要求,终孔测深时应检查护筒高程。

(2)检查孔径。终孔后,应用检孔器(孔规)检查孔径,检孔器为一钢筋制作的圆柱体,长度为4～6倍孔径,检孔器直径与设计孔径相同。能把检孔器沉到孔底(设计底高程位置),即可认为孔径合格。

(3)检查孔径偏差。孔径的准确位置应标在护筒周边上,并用十字线的交点显示孔的中心位置,检孔器的中心点与十字线的偏移即为孔位偏差。孔位的允许偏差见表4-37。

(4)检查孔底沉淀层厚度。终孔后,每个桩在灌注前都必须检查沉淀厚度。沉淀层厚度用测绳栓上测锤检查,其允许偏差见表4-37。

(5)检查泥浆相对密度。泥浆相对密度应随时检查,在终孔后最终检查,以满足混凝土灌注的要求为准。

(6)钻孔灌注桩实测项目见表4-37。

4.9.11　常见的钻孔(清孔)事故预防处理

1)钻孔偏斜

(1)安装钻机时要使转盘、底座水平,起重滑轮缘、固定钻杆的卡孔和桩孔中心三者在一条直线上,并经常检查校正。

(2)钻架导向架能控制钻杆上的提引三通,使其沿导向架中心钻进。

(3)钻杆、接头逐个检查,及时调正。未经调正的钻杆不能使用。

(4)倾斜过大的岩面(岩面高差超过1m时),需先填片石找平,经冲击钻机处理后再用旋转钻机钻进。

（5）钻孔形成后，经检孔器查明钻孔偏斜的位置，钻机反复扫孔，使钻孔正直。

2）掉钻落物

（1）开钻前应清除孔内落物，在护筒口加盖。

（2）经常检查钻具、钻杆、钢丝绳和联结装置。

（3）配备打捞工具，打捞在钻进过程中掉入的螺栓等铁件及钻头。

3）扩孔和缩孔

（1）在倾斜岩面和岩性不均的岩层中钻进时，严格按减压、低转速、慢进尺钻进，保证钻机在稳定状态下钻进，防止过分扩孔。

（2）经常检查外圈牙轮磨损状态，加强修补，必要时更换最外圈牙轮，保证钻孔直径，防止缩孔。在软土中钻进时，要注意控制钻速和进尺速度，充分护壁，防止软土缩孔。

4）卡钻

卡钻后不能强提，以免发生坍孔埋钻的严重事故，应查清情况或局部提升，潜水用小型吸泥机吸泥，正、反方向小幅度转动钻机，或下放专用工具局部提升，最后可用微型爆破局部震松钻头，恢复正常钻进。

5）钻杆折断

（1）不得使用弯曲严重的钻杆，严格遵循操作规程，连接好每一个钻杆接头。

（2）在坚硬、复杂地层要仔细操作，严格控制进尺。

（3）经常检查钻具各部分的磨损情况，损坏的要及时更换、维修。

（4）如发生钻杆折断事故，应及时组织打捞。

4.9.12 钢筋笼安装及混凝土灌注

1）钢筋笼制作与安装（图4-5）

钢筋笼严格按照设计图制作，采用汽车吊分节吊装，焊接牢固，应保证在吊运过程中钢筋笼不发生变形，预埋的检测管随钢筋笼一次就位，钢筋笼就位后应予以固定，避免灌注混凝土时，钢筋笼上浮。

图4-5 钢筋笼制作与安装

具体方法是：钢筋笼加工采用现场加工，分节制作，按设计图纸的规定制作相应的加强筋，然后按规定的根数布置主筋与加强筋，排列好后将主筋按规定的间距焊接在加强筋上，加劲筋点焊在主筋内侧，制作时校正好加劲筋与主筋的垂直度，然后焊接牢固，布好螺旋筋。大直径钻孔桩钢筋笼根据需要每隔2m在内箍内侧设置"△"内撑，以防止钢筋笼存放、转运、吊装时变形；每节钢筋笼的吊点位置还要设特别加强撑沿圆周方向在主筋上分段焊接4个保护层耳环。钢筋接头加工要确保主筋在同一搭接区断面内接头率不大于50%，主筋搭接采用套管挤压接头。套管挤压质量须满足规范要求。

2）钢筋笼安装

钢筋笼分节采取两端起吊，即同时使用吊机主副钩（或用两台吊车抬吊）先将钢筋笼水平吊起，离开地面后再一边起主钩、一边松副钩，在空中将整节钢筋笼吊至竖直，严禁单钩吊住钢筋笼一端在地上拖曳升高来吊起钢筋笼，以防止骨架变形。钢筋笼竖直后，检查其竖直度，进入孔口时扶正缓慢下放，严禁摆动碰撞孔壁，边下放边拆除内撑。钢筋笼采用套管挤压连接，并保证各节钢筋笼中心在同一竖直轴线上。钢筋笼下放到设计高程后，定位于孔中心，将主筋或其延伸钢筋焊接在护筒或支架平台上，以防骨架在浇筑混凝土时上浮及移位。桩基础超声波检测管同时固定在钢筋笼上下放，其上下两端要用钢板封牢，以免漏进泥浆。筋笼下放完成后，立即下放导管进行二次清孔，并做好灌注水下混凝土的准备。

钢筋笼下沉完毕后,要检查钢筋笼的顶面高程和中心位置,位置调整后应将其固定。防止受混凝土上托漂浮或不适宜的下沉。

4.9.13　声测管埋设要求

(1)桩内预埋管采用内径5.5cm以上钢管,壁厚不小于3mm。

(2)预埋管从桩底开始设置,直到高出地面50cm,管底用铁板电焊(或管帽)封闭,上端管口要设帽,以防杂物堵塞,检测时要便于打开。

(3)钢管驳接时宜用套管螺纹连接,接口处要求密封平整。

(4)预埋管数应根据设计而定。

(5)预埋管应固定在钢筋笼内侧,垂直均匀分布,管与管之间互相平行。在无钢筋笼部分,用$\phi18mm@500$钢筋箍焊牢固定。

(6)各预埋管管底应平齐。

4.9.14　灌注混凝土

钻孔应经成孔质量检验合格后,方可开始灌注工作。混凝土的配制除应符合设计要求和现行《公路桥涵施工技术规范》的规定外,从气温、水泥品种、混凝土强度等级、水灰比、坍落度、外加剂等方面控制混凝土的初凝时间,使每根导管的混凝土灌注工作在该根导管首批灌注的混凝土初凝以前完成。混凝土罐车运输,泵送灌注。

灌注前,对孔底沉淀层厚度须应再进行一次测定,使之满足规定要求,然后立即灌注首批混凝土。灌注过程中,应紧凑、连续地进行,严禁中途停工。同时注意观察管内混凝土下降和孔内水位升降情况,及时测量孔内混凝土面高度,以便及时提升或拆除导管。

在灌注混凝土时,每根桩均按规定制作混凝土试块,并妥善养护,强度测试后,填写试验报告表。有关混凝土灌注情况,各灌注时间、混凝土面的深度、导管埋深、导管拆除以及发生的异常现象等,指定专人进行记录,以便及时总结经验,指导下一根桩的施工。桩的荷载试验应按监理工程师的要求编制施工设计及工艺,经监理工程师审批后方可实施。

混凝土浇筑时,混凝土的温度不应低于5℃,当气温低于0℃时,灌注混凝土应取保温措施。

灌注混凝土的具体步骤为:

①钻孔终孔、放置钢筋笼后即可进行水下混凝土灌注。在进行水下混凝土灌注前,首先应检测孔底泥浆沉淀厚度,如大于现行《公路桥涵施工技术规范》清孔要求,应再次清孔直至符合要求(在吊入钢筋骨架后,灌注水下混凝土之前,再次检查孔内泥浆指标和孔底沉淀厚度,如超过规定,可用高压风管通过混凝土导管送入孔底进行换浆、浮渣)。

②混凝土采用自动计量拌和站拌和、混凝土罐车运输、混凝土输送泵输送。混凝土坍落度控制在18～22cm。灌注水下混凝土的搅拌机能力,应能满足桩孔在规定时间内灌注完毕。灌注时间不得长于首批混凝土初凝时间。若估计灌注时间长于首批混凝土初凝时间,则应掺入缓凝剂。水下灌注混凝土的泵送机具宜采用混凝土泵,距离稍远的宜采用混凝土搅拌运输车。

③混凝土灌注采用钢导管灌注,导管内径为200～350mm,视桩径大小而定。导管使用前应进行水密承压和接头抗拉试验,严禁用压气试验。进行水密试验的水压不应小于孔内水深1.3倍的压力,也不应小于导管壁和焊缝可能承受灌注混凝土时最大内压力P的1.3倍,P可按下式计算。

$$P = \gamma_c h_c - \gamma_w H_w \tag{4-15}$$

式中:P——导管可能受到的最大内压力(kPa);

γ_c——混凝土拌和物的重度,取24kN/m³;

h_c——导管内混凝土柱最大高度(m),以导管全长或预计的最大高度计;

γ_w——井孔内水或泥浆的重度(kN/m³);

H_w——井孔内水或泥浆的深度(m)。

接口连接牢固,封闭严密,同时检查拼装后的垂直情况与密封性;根据桩孔的深度,确定导管的拼装长度;吊装时导管应位于桩孔中央,并在灌注前进行升降试验。

④第一盘混凝土可用同等的水灰比多制备一些砂浆(如10%),使要使用的各项工具都沾满水泥浆。浇筑时首先在导管末端加以封闭,封闭可用导管防水切断器,也可用木球、混凝土球以8号铅丝吊住,球用混凝土压下去,铅丝的强度应能承受满导管混凝土重量,导管底部至孔底应有250~400mm的空间。开盘时在导管及其上面灌漏斗所装混凝土的数量应保证一次性地将导管口淹没不小于1m,剪断铅丝使混凝土压球从导管底部输出,导管中不允许水进入,导管的所有连接头垫有橡胶片,因此导管是不透水的。随后应连续注入混凝土,使导管和漏斗总是充满混凝土,并随时检查导管外的混凝土面,保持导管出口始终埋在混凝土中的长度不小于2m,以防止泥浆及水冲入管内,但埋深不得大于6m。随着混凝土面的升高,不断拔起并拆除导管的分节。同时经常量测孔内混凝土面的高程,及时调整导管出料口与混凝土表面的相应位置,并始终予以严密监视,孔内混凝土应在导管内无水进入的状态下填充。如为泵送混凝土,泵管应设底阀或其他装置,以防水和管中混凝土混合。泵管应在桩内混凝土升高时,慢慢提起。管底在任何时候,应在混凝土顶面以下2m。输送到桩中的混凝土,应一次连续操作。头几盘混凝土经水浸后质量较差,应始终浮在上面,直至混凝土浇出水面50~100cm,劣质混凝土应当全部出水,并在初凝前将这部分混凝土剔掉。

首批灌注混凝土的数量应能满足导管首次埋置深度(≥1.0m)和填充导管底部所需混凝土数量(图4-6),可参考式(4-16)计算。

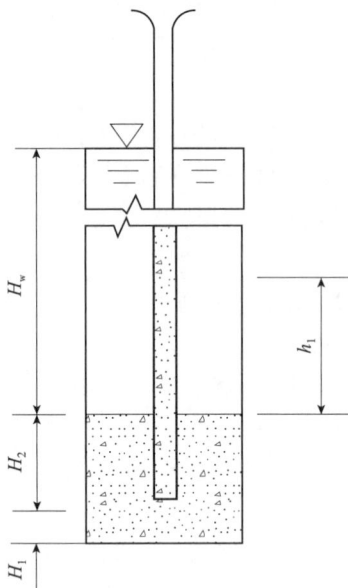

图4-8　首批混凝土数量计算

$$V = 3.14D^2(H_1 + H_2)/4 + 3.14d^2h_1/4 \qquad (4\text{-}16)$$

式中:V——灌注首批混凝土所需数量(m³);

D——桩孔直径(m);

H_1——桩孔底至导管底端间距,一般为0.4m;

H_2——导管初次埋置深度(m);

d——导管内径(m);

h_1——桩孔内混凝土达到埋置深度H_2时,导管内混凝土柱平衡导管外(或泥浆)压力所需的高度(m),即$h_1 = H_w \gamma_w / \gamma_c$。

⑤混凝土的浇筑一经开始就不能中断。因此,必须备有足够的原材料、搅拌运输设备及工具等,并应准备发电机,以防中途停电。在进行水下混凝土灌注时,必须集中力量一气呵成,保证桩身混凝土结构的连续性。边灌注混凝土,边提升导管,边拆除上一节导管,使混凝土经常处于流动状态,提升速度不能过快,提升后导管的埋深不小于2m。在浇筑混凝土过程中,随时检查混凝土的坍落度,对于混凝土的原材料要检查砂的细度模数,石子的最大粒径和级配均应符合配合比要求,用小黑板写明混凝土的坍落度,保证混凝土的和易性,符合设计要求。

⑥灌注到桩身上部5m以内时,可以不提升导管,待灌注至规定高程才一次提出导管,拔管时注意提拔及反插,保证桩芯混凝土密实度。在灌注到近桩顶时,下料导管上口超出护筒内水面的高度不小于2m,促使混凝土向四周翻涌,顶托泥浆上升,保证桩头质量。在灌注水下混凝土过程中,要加强水下混凝土灌注深度的测量工作,及时把握下料导管埋入混凝土面的深度,防止下料导管提出混凝土面,造成断桩事故,或下料导管埋入混凝土面过深导致埋管事故。

⑦从钻孔、成孔、浇筑水下混凝土至成桩都必须有完整的记录。

⑧灌注混凝土时,溢出的泥浆应引流至适当地点处理,以防止污染或堵塞河道和交通。

⑨处于地面或桩顶以下的井口整体式刚性护筒,应在灌注混凝土后立即拔出;处于地面以上或埋入不深的护筒,须待混凝土抗压强度达到5MPa后拆除。当使用全护筒灌注混凝土时,应随混凝土灌注逐步提升护筒,护筒底面应保持在混凝土顶面以下1~2m。

⑩灌注的桩顶高程应比设计高出一定高度,一般为 0.5~1.0m,以保证桩身混凝土强度。受污染的多余部分混凝土应在接桩或施工承台前予以凿除,破除后的桩头应无松散层。

4.9.15 混凝土浇注过程的注意事项

(1)灌注开始后,应紧凑连续进行,并注意观察管内混凝土下降和孔内水位升降情况,及时测量孔内混凝土面高度,正确指挥导管的提升和拆除。导管在混凝土内埋深控制在 2~6m 左右。

(2)混凝土浇注面上升到钢筋骨架下端时,为防止钢筋骨架被混凝土顶托上升,浇注速度适当放缓,而当混凝土进入钢筋骨架 4~5m 以后,适当提升导管,减小导管在钢筋骨架下的埋置深度。

(3)混凝土灌注过程中,后续混凝土要沿导管壁徐徐灌入,以免在导管内形成高压气囊。另外为保证桩基础的密实,要及时抽插导管。

(4)为确保桩顶质量,混凝土浇注高程应比设计桩顶高出 50cm,在浇注完成后挖除多余混凝土,但应留出≮20cm 左右在桩基础达到强度后用风镐凿除至设计高程。

4.9.16 混凝土浇注过程可能遇到的问题及其处理方式

(1)首批混凝土灌注失败:用带高压射水的 $\phi300mm$ 吸泥机将已灌混凝土吸出,重新按要求浇筑。

(2)导管进水:如因导管埋深不足而进水,则将导管插入混凝土中,用小型潜水泵抽干导管内的积水,再开始灌注,如因导管自身漏水或接头不严而漏水,则应迅速更换已经拼接检查好的备用导管,然后按前面做法处理。如上述两种方法处理不能奏效,则应拆除灌注设备,用带高压射水的 $\phi300mm$ 空气吸泥机将已灌注混凝土吸出清孔后,再重新浇注混凝土。

(3)卡管:初灌时隔水栓卡管,或因混凝土自身卡管,可用长杆冲捣导管内混凝土,用吊绳抖动导管,或在导管上安装附着式振捣器使隔水栓下落。如仍不能下落,则将导管连同其内混凝土提出钻孔,另下导管重新开灌。如因机械发生故障或因其他原因使混凝土在导管内停留时间过大,孔内首批混凝土已初凝,宜将导管拨出,用吸泥机将孔内表层混凝土和泥渣吸出重下新导管灌注。灌注结束后,此桩宜作断桩予以补强。

(4)埋管:若埋管事故已发生,初时可用链滑车、千斤顶试拔。如仍拔不出,已灌表层混凝土尚未初凝时,可加下一根导管,按导管漏水事故处理后继续开灌混凝土。当灌注事故发生处距桩顶混凝土面小于 3m 时,可考虑终止灌注混凝土,待护筒内抽水后按施工缝处理,接长桩身。

4.9.17 质量标准

(1)成孔质量见表 4-38。

钻(挖)孔成孔质量标准 表 4-38

项目	允许偏差
孔的中心位置(mm)	群桩:100;单排桩:50
孔径(mm)	不小于设计桩径
倾斜度	钻孔:小于 1%;挖孔:小于 0.5%
孔深	摩擦桩:不小于设计规定;支承桩:比设计深度超深不小于 50mm
沉淀厚度(mm)	摩擦桩:符合设计要求,当设计无要求时,对于直径≤1.5m 的桩,≤300mm;对于桩径>1.5m 或桩长>40m 或土质较差的桩,≤500mm;支承桩:不得大于设计规定
清孔后泥浆指标	相对密度:1.03~1.10;黏度:17~20Pa·s;含砂率:<2%;胶体率:>98%

(2)水泥强度等级不宜低于 42.5MPa,用量不宜低于 350kg/m³,混凝土的抗渗性能不低于设计要求。混凝土坍落度宜为 18~22cm。

(3)粗集料最大粒径不应大于 40mm,细集料宜采用级配良好的中砂,混凝土配合比含砂率宜采用 0.4~0.5,水灰比宜采用 0.5~0.6。

（4）钢筋笼制作与吊放偏差。主筋间距 ±10mm；箍筋间距 ±20mm；骨架外径 ±10mm；骨架倾斜度 ±0.5%；骨架保护层厚度 ±20mm；骨架中心平面偏差 20mm；骨架顶面高程 ±20mm；骨架底面高程 ±50mm。

（5）所有桩基必须进行无破损检测，对检测结果怀疑有缺陷的桩应进行抽芯检验，若抽芯桩存在重大质量问题，应加倍扩大钻芯数量。

（6）桩基Ⅰ类桩不低于 90%，检测出现Ⅲ类桩应原桩位冲孔恢复。

4.9.18　钻孔灌注桩注意事项

1）在桩基混凝土灌注过程中，避免出现的问题

（1）导管漏气，易造成断桩。

（2）清孔不干净，影响桩端承载力。

（3）导管埋得太深，易出现烂桩。

（4）泥浆密度太大，易造成烂桩。

（5）混凝土浆太稀，造成混凝土离析，影响桩身完整性和强度。

（6）出现突发事情，如停电、机械故障等，易造成断桩。

（7）拆导管时没有预先设置支承导管的支架，造成导管掉落到桩孔内而断桩。

（8）浇筑时没有在护筒上设置固定钢筋笼的措施，造成钢筋笼上浮或下落。

（9）使用凝结时间短的水泥或结块的水泥，易造成"塞管"而断桩。

2）软基段桥梁桩基施工应注意的问题

（1）当桥两端处在软基预压（如加载加塑料排水板等处理措施）段时，靠近预压的桩基不可先行施工，应待预压沉降观测稳定后（宜采取反压措施）再进行桩基施工。

（2）要严格按设计与规范的要求分层、分级加载，做好沉降观测，在无现场试验数据时可参照以下数据进行：一般每 7d 加载厚度为 30～40cm，沉降速率控制在 10mm/d 以内，位移控制在 3mm/d 以内。

（3）对已施工完成的桥墩和基础，在加载的同时应进行变形观测，每 1～3d 观测一次，发现问题，立即停止加载。

4.9.19　安全文明

（1）建立现场安全监督、检查小组，针对各工序特点，进行安全交底，做到遵守水上作业，戴安全帽、穿救生衣、系安全带、穿防滑鞋；水上作业平台必须设照明、梯子、栏杆、安全网、风雨篷等，平台地板平整、牢固；坚持每天班前安全讲话制，对易出安全事项进行提醒、警告；特种工人（起吊、机手、电焊工、潜水员等）应接受操作及安全培训，持证上岗，确保操作人员熟悉、掌握施工机械设备的性能及操作规程。

（2）所使用的机械设备如钻机、起吊设备等都应在显著位置悬挂操作规程牌，规程牌上应标明机械名称、型号种类、操作方法、保养要求、安全注意事项及特殊要求等。

（3）禁止随地排放泥浆，水上桩基应配备专用的泥浆船或泥浆输送管泵，用来造浆循环及运送废弃泥浆；所有泥浆循环池及沉淀池均应设置防护栏杆，在显著位置设置安全警示牌，防止人员落入池内。

（4）沉淀池禁止设在正线路基上，其开挖深度不得超过 2m，以便于晾晒处理。循环池位置选择应在征地线以内，且不影响施工便道；桩基施工完毕，施工现场的循环池和沉淀池应清淤回填，分层碾压。

（5）起吊设备应经常进行安全检查，对破损部件及时更换，确保安全。

（6）在有通航要求水域，应按要求做好通航导航标志。

（7）桩基施工阶段，应在其桩位醒目位置立标示牌，标明桩位、桩长、桩径、施工状态等内容，尺寸为 40cm×60cm，白底宋体黑字。

4.10　深水桩基础施工

本节主要明确钢管桩支架平台法施工桥梁深水钻孔桩工序作业、分项工程的相关质量要求和现场安全

文明施工,规范现场的管理和指导施工。

4.10.1 施工准备

组织技术部门认真研究设计图纸及其提出的有关要求,结合地质资料、施工工期,编制实施性施工组织设计,内容应包括:各种机械设备到场安排、性能、状况,克服水文、地质等条件所采取的施工技术和工艺措施,人员及各班组组织安排,材料进场和检验计划安排,质量、安全保证体系,工期计划等。

4.10.2 施工工序

水中施工常用方法有沉箱法、钢围堰法、平台法、便桥法等,钢管桩水中平台的方案适合于跨度小,墩柱分散,施工方便,充分利用浮吊,发挥运输船的作用,既解决了施工平台的问题,又解决了运输问题。

钢管桩水中平台的施工工序(图4-7)为:以浮箱和工字钢、角钢组成的导向船为导向框架,将浮箱、工字钢、桁架、卷扬机、卷扬机带动的旋转底座和起重机大臂等拼装组成浮吊,使用浮吊依靠导向船打设钢管桩,搭设水中平台,以水中作业平台为依托,钻孔,下放钢筋笼,灌注混凝土。

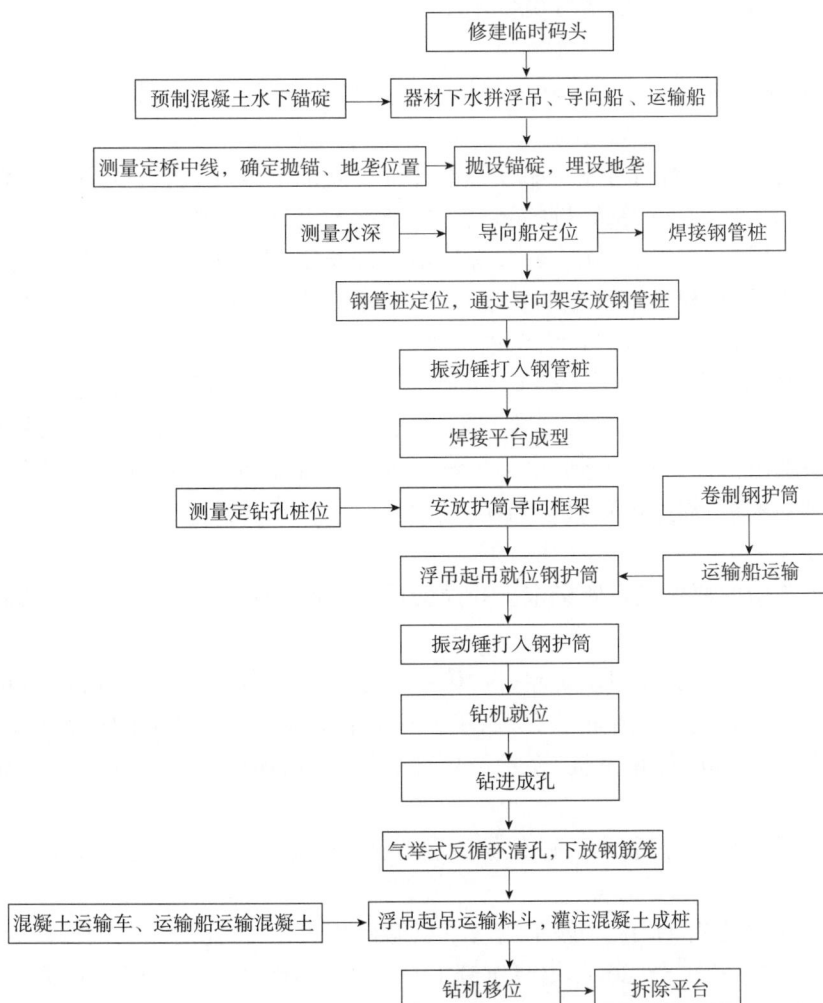

图4-7 深水桩基施工工艺流程

首先要修建临时码头,以便于运输船、浮吊的停泊,码头距离桥位不可过远或过近,以200m为宜;各种器材下水,并在码头边利用吊车拼装浮吊;浮吊拼装完毕埋设地垄、锚碇,抛锚定位;测量水深定位导向船;打设钢管桩;拼装平台;下放钢护筒;吊拼钻机,钻机就位;钻孔;终孔后反循环清孔;下放钢筋笼;灌注混凝土。

4.10.3　施工技术

根据桩位情况（以一排 2 根桩为例），确定钢管桩支架平台的布置形式，根据不同桩间距调整内侧两排管桩间距；水中平台由 12 根 φ720mm 的钢管桩、两根 I40a 工字钢纵梁、四根 I40 工字钢横梁、角钢斜撑若干根组成。

4.10.4　施工工艺

（1）根据现场地形情况选择合适地点制作临时码头，组织各种器材下水，拼装浮箱、浮吊及导向船等。

（2）钢管桩及钢护筒的制作。

钢管桩选用 10mm 厚的钢板，钢护筒选用 12mm（上部）和 14mm（底部两小节）厚的两种钢板，卷板机的最大卷板幅宽 1.8m。14mm 厚的钢板宽度为 1.8m，卷成后每小节护筒长度为 1.8m；12mm 厚的钢板宽度为 1.5m，卷成后每小节护筒长度为 1.5m；10mm 厚的钢板宽度为 1.3m。卷成小节后，将小节焊接成大节，根据水深决定护筒的节数。

每节钢管之间采用内外周圈焊接，焊缝宽度不小于 2cm。

（3）搭设水中平台。

首先使用浮吊将锚碇在距设计桩位 60 ~ 100m 处进行抛锚（锚碇为一块 4m³ 的混凝土预制块，重约 10t），并用浮筒作为标志。

导向船定位时，首先使用机动船将导向船推至设计桩位处加以锚碇，然后利用导向船上的卷扬机，在测量指挥下定位，在导向船上根据每根钢管桩的布设位置准确放出每根钢管桩的桩位，并依次安装定位框架。

根据测量水深及预计打入深度，一次或分段焊接钢管桩长度，在钢管上做好长度标记，起吊钢管从定位框架中插入，靠自重缓缓下沉，根据钢管上的长度标记确认入河床后再检查垂直度，起吊电动振动锤，对钢管桩进行振动下锤，直至钢管反弹，方可认为已进入风化岩，可停止振动下沉。

（4）钢管桩打设完毕，根据水位落差变化较大的情况，确定平台的高程，按照此高程切割钢管，使钢管桩顶部齐平，在每排外侧两根顶面切割企口，安装 I40a 工字钢横梁，纵向铺桥面工字钢，横向焊固工字钢分配梁，并根据钻孔桩桩位留出护筒位置。然后由浮吊配合进行平台顶面布置及水下斜撑的连接。平台搭设完成后，在工字钢顶面满铺木板，周边设置双层钢筋防护栏杆。

（5）埋设钢护筒。

平台搭好后，按护筒精度要求经过测量定出导向架位置，导向架是角钢焊成的钢框架，中间为桩径大小的空间。

在每大节护筒顶部对称打孔，经扁担梁起吊护筒穿过导向架靠自重缓缓下沉，在导向架上放稳后，两节护筒在外侧采用单面焊接，焊完后补好底节孔眼，将整个护筒吊起，切除底节的小钢板，护筒继续下沉。护筒依自重缓缓进入覆盖层 1.0m 停止下沉，在护筒顶部焊接替打，加振动锤振动下沉，护筒继续下沉反弹明显时持续 5min 后停止下沉。

（6）钻孔桩施工。护筒埋设好后，即可就位钻机进行钻孔桩钻孔施工，详见 4.9 节。

（7）清孔。

①水中桩因为钢护筒的护壁作用，一般采用气举反循环法清孔，将孔内泥浆全部换为清水。

②主要设备为 9m³ 空压机 1 台，20cm 出浆钢管 1 套及 3cm 射风软管 1 套，泥浆泵 2 台。

③在钢管上距钢管底口 40cm 处向上开一斜口，接射风软管，清孔时，将出浆钢管下至距孔底 40cm，往孔内抽清水，待空压机储气压力达 0.6MPa 左右时，开始射风，利用反循环原理从出渣钢管上口喷出。空压机储气压力下降，将压力控制在 0.4MPa 进入正常循环，施工过程中要使泥浆泵不停，保证孔内水头在河面水位以上 1.5 ~ 2.0m，以减小护筒壁所受外压力。

④清孔应认真操作，钻孔底沉淀物厚度不得大于 5cm。清孔彻底的标志是反复清孔，再无任何泥浆、石块喷出。根据孔深不同，一般 3 ~ 5h 可将孔内泥浆全部换完，达到沉淀要求。清孔完成后准确量测孔深，孔

深应比设计超深不小于5cm。在灌注前(导管安装完毕后)检查孔内沉淀情况,如果大于设计要求,可按相同办法进行二次清孔,确保沉淀厚度小于规范要求值。

(8)混凝土的运输及灌注。

钻孔桩所用混凝土采用拌和场集中拌制,由混凝土罐车运到临时码头旁。在临时码头处设滑槽一个,运输船一艘,运输船上装有料斗若干个,混凝土由滑槽滑至运输船料斗内,由运输船将料斗拖至墩旁,浮吊吊灌。

灌注过程中要确保混凝土在运输船上的停留时间不能超过40min。

(9)平台拆除。桩基施工完毕,由上至下拆除平台。横纵梁、斜撑拆除后进行管桩拔除。

浮吊起吊振动捶直接夹住管壁,启动振动捶,边振动边缓缓起钩,可将管桩拔除。

4.10.5 施工质量

(1)钢管桩及钢护筒制作中,焊缝要内外侧双面焊接。

(2)钢管桩施打过程中,技术人员全过程指挥,根据施打时间与下沉量决定停止时间,保证管桩嵌入强风化一定深度;测量人员全过程观测,检查钢管桩垂直度。

(3)管桩间的横纵向剪刀撑要焊接牢固。

(4)管桩顶面的横纵连系梁要连接紧密,空隙处要加垫密实,将管桩与横纵梁焊接成整体。

(5)钢护筒架扁担梁起吊,护筒内侧加十字横撑,保证护筒不变形。

(6)钻孔桩施工过程中,各项作业严格按规范要求进行检查,严格控制。

4.10.6 安全文明

(1)施工前必须进行安全交底,组织全体人员详细讨论,明确各施工工序的施工特点,安装方法与步骤和注意事项,以免因顺序错误而发生事故。

(2)浮吊起吊各种重物时,应先提升10~20cm,检查尾部浮箱配重合适,吃水在警戒线以下,其他各部分良好后,方可继续起吊,起吊杆件必须有固定的信号指挥,旗语准确,传闻迅速,吊件下严禁站人。

(3)起吊钢管桩钢管时,切记钢丝绳绑在正中位置,钢丝绳卡子最少保证3个,呈捆绑式,但要预留滑移量,从中部缓缓提起,在钢管桩基中垂直后,方可入管。

(4)导向船与机动舟,导向船与浮吊,机动舟与浮吊,浮吊与运输船,以及机动舟、浮吊、运输船之间相互傍靠时,要用钢丝绳在船上绑好,确保工作人员上下安全,并使工作平台保证相对稳定。相互停靠时要引起碰撞,所以被靠机械上要有人指挥停靠,不可随意停靠,而增加施工难度和留下安全隐患。

(5)钢管桩方正后,钢丝绳要缓慢沿钢管提起至水面,人下去将浮吊吊钩挂在钢丝绳上,人切记站稳,系好安全带,并有人在旁边监护,以防落水。

(6)钢管桩平台搭设完毕之前不得撤离导向船,导向船可作为工作平台。

(7)采用反循环清孔时,由于喷出浆液的速度快且含有石块,为避免伤人,伤机械设备,出浆软管口尽量伸入水中,且用钢丝绳固定在平台架上,使所出浆液全部射入水中。

(8)泥浆池设置:泥浆池是一个钢板加工成的钢箱,焊挂在平台上,在护筒口加工,泥浆槽放置在平台上。禁止随意向河内排放泥浆,应配备专用的泥浆船,用来造浆循环及运送废弃泥浆。

4.11 承台、系梁施工

4.11.1 准备阶段工作

承台、系梁施工准备阶段工作与明挖基础相同。

4.11.2 施工

承台、系梁施工见图4-8。

图4-8　承台、系梁施工

通过平整场地后,进行测量放样;放出系梁中心线,经复核无误进行下道工序,具体按如下步骤施工。

(1)将桩头混凝土下凿到均匀密实的混凝土面,大面平整,高程符合设计要求,松散混凝土要清理干净。

(2)基础开挖应设置地面防水措施,防止地面水流入基坑,基坑顶如有动荷载时,坑顶边与动荷载间应留有不小于1m宽的护道,如动荷载过大应加宽护道。当基坑为渗水地基时,应采取排水措施。基坑尺寸必须满足设计和排水需要加宽。

(3)基坑开挖时,按设计要求控制好底高程。开挖至设计高程后,应在坑底铺设一层砂浆,防止在安装钢筋时造成钢筋的污染。砂浆垫层要求平整,高程符合要求,尺寸满足支立承台及系梁模板要求。砂浆垫层应较桩头混凝土顶面略低 3~5cm。

(4)基坑开挖完后,即进行钢筋制作与安装,在安装钢筋前,先检查桩头浮浆是否凿除干净,如未凿除干净时,必须重凿并冲洗干净。

(5)钢筋、模板安装按规范及设计图纸进行制作与安装。绑扎钢筋时应根据设计,下料绑扎,绑扎要牢固,位置准确,确保钢筋混凝土保护厚度,下垫混凝土垫块,保证钢筋骨架的加工质量及结构钢筋的整体性。由于墩柱钢筋需预埋在承台及系梁内,制作安装承台、系梁钢筋时必须还要制作安装好墩柱钢筋笼,特别是要注意桩柱钢筋的焊接质量。伸入承台或系梁部分的钢筋应弯成喇叭形,同时按设计调整好角度,并用螺旋筋绕好。

(6)安装模板:钢筋骨架绑扎完毕,经检查合格后安装模板,模板表面均匀涂抹脱模剂,模板安装牢固,不允许有丝毫移动,以防止漏浆,接缝处夹一层海绵条,模板安装完毕用外向锤球调整模板竖直,调整完毕用经纬仪复测,合格后将模板完全固定。系梁及承台模板支立要求位置、几何尺寸、保护层厚度等符合设计要求,大面平整,接缝严密,支撑牢靠。

(7)模板安装好后,混凝土浇筑前,必须检查材料、配合比、称量设备,不符合设计与规范要求的不得使用。

(8)浇筑前应对模板、支架、钢筋和预埋件进行检查,符合设计要求后方可浇筑。

(9)混凝土拌和与运输:混凝土按工程需用的数量拌和,已初凝的混凝土废弃处理。混凝土拌和设备自动控制混合料的配合比、水灰比,以及自动控制进料和出料,自动控制混合料的拌和时间,每盘混凝土拌和料的体积不得超过搅拌缸标出的额定容量,在水泥和石料进缸前,先加一部分拌和料,混凝土拌和站设置专职试验员,与质检员经常进行粗、细集料级配检查分析,对集料进行含水率分析并相应地修正配合比。混凝土在运输时要避免振动产生的离析。

(10)混凝土浇筑:浇筑混凝土时先在底部打一层高强度等级砂浆垫层,然后先将拌好的混凝土按一定厚度、顺序和方向,自下而上、水平地分层浇筑,每层30cm,在下层混凝土初凝前浇筑完成上层混凝土。上下层同时浇筑混凝土时,从低处开始,逐层扩展升高,保持水平分层,上层与下层前后浇筑距离应保持1.5m以上。振捣时振动器移动间距不应超过振动器作用半径的1.5倍,与侧模应保持50~100mm距离,避免振动器碰撞模板、钢筋。用插入式振捣,振捣由专人负责,振捣至不冒气泡、泛浆,表面平坦为止。在浇筑过程中随时检查混凝土的坍落度、和易性等指标,并按规范要求制作试件。

(11)混凝土浇筑过程中,倾落高度超过2m时,应通过串筒、溜管或振动溜管措施下落;倾落高度超过10m时,应设置减速装置。浇筑混凝土前要用清水润湿桩头,施工过程中控制混凝土坍落度符合要求,混凝土和易性要好,分层浇筑,振捣密实,不漏振不过振;观察模板定位情况;随机制备混凝土试件;浇筑完成后接柱混凝土面要求拉毛,混凝土面密实平整。

(12)当混凝土浇筑面积较大,不能连续浇筑完成时,应预留施工缝,施工缝留置在结构物受剪力和弯矩较小且便于施工的部位。在下次继续施工时,对施工缝进行凿毛清洗处理。在浇筑次层混凝土前,对垂直施工缝宜刷一层水泥净浆,对平缝宜铺一层厚为9~20mm的1:2的水泥砂浆。施工次层混凝土时,上层混凝土的强度一般需达到1.2MPa,钢筋混凝土需达到2.5MPa才能继续施工。

(13)脱模、养生:在混凝土初凝后即洒水养生,为防止发生收缩裂缝现象,在承台、系梁顶覆盖麻袋等不褪色的保水材料进行养生,等混凝土强度达0.2~0.5MPa时开始拆除模板,如表面有缺陷,应及时予以处理。对于体积较大的承台,应采取措施控制水化热引起的混凝土内最高温度,同时控制内外温差在允许范围内,防止出现温度裂缝。

(14)承台系梁施工完毕,其外观质量,结构尺寸轴线偏位,高程等各项技术指标均符合要求,资料必须齐全。

4.11.3　质量标准

1)外观鉴定(表4-39)

(1)混凝土表面平整、棱角平直,无明显施工接缝。

(2)无蜂窝、麻面。

(3)混凝土表面无裂缝。

(4)边桩外侧与承台边缘的净距不得小于设计规定的最小值。

(5)伸入承台的墩柱与台身钢筋准确预埋到位,并与桩主筋进行焊接,预埋筋轴线偏位不超过10mm,对柱或台身范围内的混凝土表面应进行拉毛,其余部分顶面应抹平压光。

桥梁承台、系梁工程外观质量评定　　表4-39

项次	检查项目	外观质量要求	备注
1	混凝土	混凝土表面平整、棱角平直、无明显施工接缝;蜂窝、麻面面积不得超过该面面积的0.5%,深入不超过1cm;混凝土表面不出现非受力裂缝	
2	钢筋	无锈蚀	
3	其他	不得出现露筋和空洞	

2)承台实测项目

承台实测项目见表4-40。

承台实测项目　　表4-40

项次	检测项目	规定值或允许偏差	检查方法和频率
1	混凝土强度(MPa)	在合格标准内	按《公路工程质量检验评定标准　第一册　土建工程》(JTG F80/1—2004)附录D检查
2	尺寸(mm)	±30	尺量:长、宽各检查2点
3	顶面高程(mm)	±20	水准仪:检查5点
4	轴线偏位(mm)	15	全站仪或经纬仪:纵、横各检查2点

4.11.4　大体积混凝土结构

1)施工准备

(1)大体积混凝土施工前,要制订好详细的施工方案,特别是要采取有关导热降温措施。

(2)所用的水泥、砂、石、水、外掺剂及混合材料的质量和规格必须符合大体积混凝土施工要求。

(3)大体积混凝土应进行专门的配合比设计,配合比应满足大体积混凝土施工的要求。

（4）必须控制水化热引起的混凝土内最高温度,同时控制内外温差在允许范围内,防止混凝土构件出现温度裂缝,可按下述方法控制混凝土的水化热温度。

①用改善集料级配、降低水灰比、掺加混合料、掺加外加剂等方法减少水泥用量。

②采用水化热低的大坝水泥、矿渣水泥、粉煤灰水泥或低强度水泥。

③减小浇筑层厚度,加快混凝土散热速度。

④混凝土用料要遮盖,避免日光曝晒,并用冷却水搅拌混凝土,以降低入仓温度。

⑤在混凝土内埋设冷却管通水冷却。

（5）大体积混凝土的浇筑应在一天中气温较低时进行。

2）质量要求

大体积混凝土结构质量须符合评定标准要求,实测项目按表 4-41 检查。

大体积混凝土结构实测项目　　　　　　　　　　　　表 4-41

项次	检查项目	规定值或允许偏差	检查方法和频率
1△	混凝土强度（MPa）	在合格标准内	—
2	轴线偏位（mm）	20	全站仪或经纬仪
3	断面尺寸（mm）	±30	纵、横各测量 2 点
4	结构高度（mm）	±30	尺量:检查 1～2 个断面
5	顶面高程（mm）	±20	尺量:检查 8～10 处
6	大面积平整度（mm）	8	水准仪:测量 8～10 处

注:表中标"△"者为关键项目。

3）注意事项

（1）注意检查新老混凝土结合部位的凿毛清洗情况。

（2）钢筋网与下部锚固钢筋有效结合。

（3）注意桩基伸入承台的长度检查,防止伸入承台长度不足,使桩顶区域与混凝土结构不好而形成薄弱面,影响承载力。

（4）注意承台钢筋网安装的高度,以及双层钢筋网间距的检查,防止保护层过厚,引起混凝土开裂。

（5）注意立柱钢筋的埋入深度,防止过浅影响立柱锚固。

（6）水中承台在水面以下时,需要吊模施工,吊模整个模板要求整体性好,便于使用混凝土封水。封底时,采用水下混凝土施工,混凝土厚度宜根据水泥情况确定,一般为 1.0～1.5m。当混凝土达到一定强度后,必须检查抽水后模板是否符合要求,模板是否漏水,确认无误后方可进行钢筋施工。由于承台较大,施工时应严格控制水泥用量,控制施工及养生过程混凝土的温度。当采用冷却时,要及时通水,防止混凝土过热而引起开裂,混凝土强度不足而影响工程质量。

4）安全文明

（1）钢套箱围堰的水中运输及下沉抽水速度应严格按照设计方案进行,现场设置专门的指挥船。

（2）在深水中采用钢套箱围堰施工时,承包人应编制详细的施工安全保障方案,上报驻地监理工程师批准后方可实施。

（3）深水承台施工所需的运输船、浮吊等设备应经资质单位检查验收后方可使用,并应取得相应航道管理部门的许可。

4.12　桥台、墩柱、盖梁施工

4.12.1　桥台、墩柱、盖梁的特点

（1）墩、台身和盖梁均为外露结构,为此,外观要求较高特别是墩、台身形状差异较大,异形立柱较多,美

观问题尤为突出。

（2）墩、台身和盖梁为下部结构的主要结构,对强度、刚度和稳定性均有很高的要求。墩、台身空间位置,钢筋制作、安装,混凝土的内在质量等均直接影响墩台的承载能力,要严格控制。

（3）本段现有的结构物、跨越管线较多,如高压线、各种电线、电缆,以及公路等,影响施工的展开,要采用相应的技术和安全措施。

（4）部分墩、台身结构高度相对较高,施工中有平面位置控制难度,要采用相应技术措施,保证墩台身施工质量和安全。

（5）与上道工序间的施工缝,墩、台身与基础,盖梁与立柱的交接面必须凿除全部浮浆,直至密实混凝土面为止。施工前,监理一定要进行仔细的检查,防止界面出现薄弱环节。

4.12.2　施工准备

（1）现场安全质量保证体系已建立,明确了工点、工序负责人。

（2）所需机械、设备等已准备就绪。

（3）水泥、砂、碎石、钢筋等材料已全部进场,配合比已确定。

（4）桥梁的基础已检测完成,桥墩、盖梁的测量放样已经完成。

（5）设计图纸及文件已审核,提出的问题已得到相关部门的回复,并对班组进行了详细的技术交底。

（6）分项工程开工报告已得到批复,施工现场的劳动力满足施工进度的要求,施工进度计划及分项工程的施工方案已得到批准。

4.12.3　桥台施工（U形桥台及肋板式台）

1）施工总体要求

（1）墩台身模板采用大面积组合钢模,单块面积大于 $1.2m^2$,模板间用对拉螺栓紧固,施工时预埋塑料管,螺杆插在塑料管中,拆模后拔除螺杆再堵眼。

（2）大体积桥台混凝土浇筑应选择适合天气,一天中气温较低中进行,配合比中应适当控制水化热速度。

（3）混凝土浇筑:U形桥台、肋板台均采取一次性浇筑方案,按技术规范要求严格施工,混凝土分层浇筑振捣。混凝土浇筑完毕,洒水养生。

2）施工质量要求

（1）桥台的模板安装允许偏差必须遵照下列条件执行。模板高程: $\pm10mm$;模板的内部尺寸: $\pm20mm$;轴线偏位:8mm。

（2）对于桥台侧墙混凝土浇筑时注意防撞护栏钢筋的预埋位置准确,与将来预制梁的防撞护栏预埋钢筋处于同一条线上;桥台背墙顶面的伸缩缝钢筋预埋高度、间距等应严格按照图纸执行;桥台顶帽支座钢板的预埋,应保证位置准确,钢板预埋采用与顶帽钢筋固定等方式保持钢板顶面水平。

（3）混凝土的坍落度宜控制在 $5\sim8cm$。

（4）混凝土表面无蜂窝、麻面,水气泡小而少,无裂纹、表面平整、密实、光洁,混凝土色泽均匀一致,混凝土表面不漏筋、不露垫块。

4.12.4　柱式墩、柱式台施工

1）墩台身施工工艺

墩台身施工工艺见图4-9。

2）墩台身施工（图4-10、图4-11）

高度在 10m 以下的墩柱一次浇筑完成至盖梁地面,超过 10m 的分节进行浇筑,施工拟采用定性模板,每墩两个墩柱同步浇筑,四周搭设双钢管脚手架,墩柱施工人员用脚手架搭设的人行扶梯上下。

```
┌──────────┐
│  平整场地  │
└────┬─────┘
┌────┴─────┐
│  测量放线  │
└────┬─────┘
┌────┴─────┐
│  基础凿毛  │
└────┬─────┘
┌────┴─────┐
│ 绑扎墩台身钢筋 │
└────┬─────┘
┌────┴─────┐
│ 立墩台身模板 │
└────┬─────┘
┌────┴─────┐       ┌──────┐
│ 灌注墩台身混凝土 ├──────▶│ 取试件 │
└────┬─────┘       └──────┘
┌────────┐ ┌────┴─────┐
│ 混凝土养护 ├─│   拆模   │
└────────┘ └────┬─────┘
┌────┴─────┐
│   复测    │
└────┬─────┘
┌────┴─────┐
│  绑扎钢筋  │
└────┬─────┘
┌────┴─────┐
│ 立 上 部 模 板 │
└────┬─────┘
┌────┴─────┐       ┌──────┐
│ 灌注上部混凝土 ├──────▶│ 取试件 │
└────┬─────┘       └──────┘
┌────┴─────┐
│ 混凝土养护 │
└────┬─────┘
┌────┴─────┐
│   拆模    │
└──────────┘
```

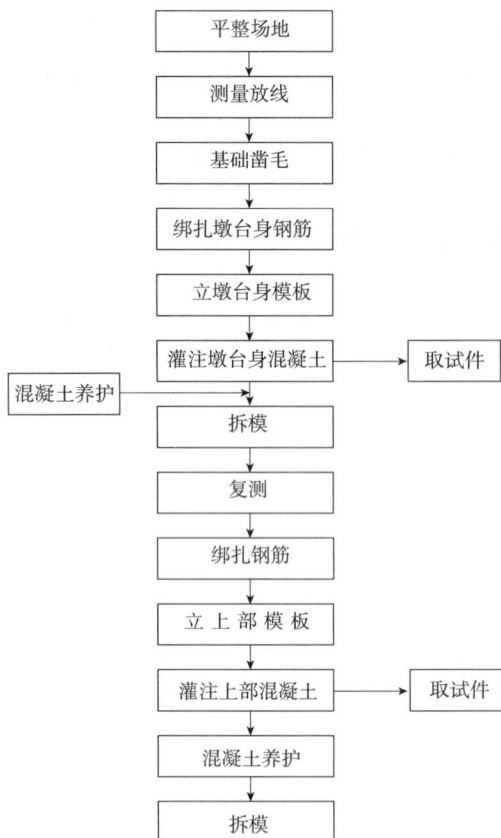

图 4-9　墩台身施工工艺框图

图 4-10　墩柱施工现场

（1）测量控制。

墩柱施工、墩身垂直度及高程控制是施工技术控制的关键环节。墩柱中心用全站仪坐标法放样，测设墩柱中心点位置，同时在墩柱沿桥梁纵横轴线位置，每测设 3 个护桩，用 5cm×5cm×35cm 的木桩埋设，桩顶钉小铁钉确定中心位置，四周用混凝土进行保护。

墩柱中心位置及垂直度控制：挖孔桩破坏桩头后，用全站仪坐标法测设墩柱中心点，并用经检验过的钢尺复核墩间跨径是否准确无误，然后支立模板，底节模板垂直度用吊线控制。每浇筑一节混凝土用全站仪在墩顶侧设墩柱中心点，检查柱顶中心位置偏差，支立上节模板时，相应进行纠偏，用吊线检查垂直度，并利用墩柱纵横轴线护桩用全站仪竖丝进行检查，控制柱顶中心位置偏差在 1cm 之内。

墩柱施工高程控制：在墩柱地面系梁施工后，在系梁顶测设临时高程控制点，每浇筑一节柱身，用钢尺将高程点上引，每到柱间系梁和盖梁位置用水准仪进行复核。

在墩柱施工期间，定期对平面及高层控制桩进行复核，在桩接柱地面系梁、盖梁、支座放样关键工序施工时，必须进行复核，保证准确无误后，方能进行下步施工。

（2）墩柱模板。

为保证墩柱混凝土外观，安装立柱模板，注意其刚度及竖直度，模板采用组合钢模，各种螺栓连接符合《组合钢模板技术规范》（GB 50214—2001）。墩柱模板统一采用工厂定制的定型钢模板，圆形模板采用两半圆块进行拼装，用螺栓连接，模板分节度 4~5m，面板钢板厚度不小于 6mm，根据设计柱间系梁距离配成模数，柱模与柱间系梁连接处配成固定单元以便于模板定型安装，节间模板采取法兰连接。每节墩柱模板底部，对称设两个 20cm×30cm 钢制活动牛腿，用螺栓与每节柱身混凝土浇筑时预埋的铁件连接，作为目标底支撑。加工好的目标在运输过程中，上下端用角钢撑条固定，避免在运输过程中变形，运至工地现场后，检查长度、直径、顺直度、端口法兰与模板的垂直度等，并在地面进行试拼装，检查模板缝是否拼装严密，合格后用于墩柱施工。

模板拼缝夹 3mm 厚橡胶条贴泡沫止浆条，以防止漏浆影响美观。钢模板内表面安装前用手持磨光机进行除锈处理，用干净棉纱均匀涂一薄层色拉油做隔离剂，以润湿模板表面没有明显油珠为准。

（3）施工用脚手架的搭设。

为便于墩柱钢筋及模板安装作业，在墩柱四周搭设双排钢管脚手架，脚手架由具有上岗证的架子工进行搭设,搭设作业时带好安全帽并挂好安全带,严禁不带安全防护用具作业。搭设时,先将地面平整并夯实,根据情况用 10~15cm 的素混凝土硬化处理,脚手架搭设的立杆间距和横杆步距根据搭设高度及施工荷载,按碗扣式脚手架安全技术规范经验算后确定,按要求做好剪刀撑和抛撑,四周用绿色安全密目网进行围护,作业面上满铺脚手板,注意不得有探头板,用铅丝将脚手架板与脚手架钢管捆扎固定,作业面下方挂好白色安全防落网。为保证搭设高度较高的脚手架的稳定性,每隔 2m 左右高度与已浇筑墩柱用卡具连接,并对卡具处墩柱四周垫木板或麻袋片等保护措施,避免损坏已完成的墩柱混凝土表面。施工用人行扶梯的搭设,其坡度不大于 1:1.5,不超过 6m 高度设一处休息平台,两侧设扶手,扶手高度 1.2m,并用绿色安全网围护,上满铺木板并加订防滑条,下方挂白色防落网。

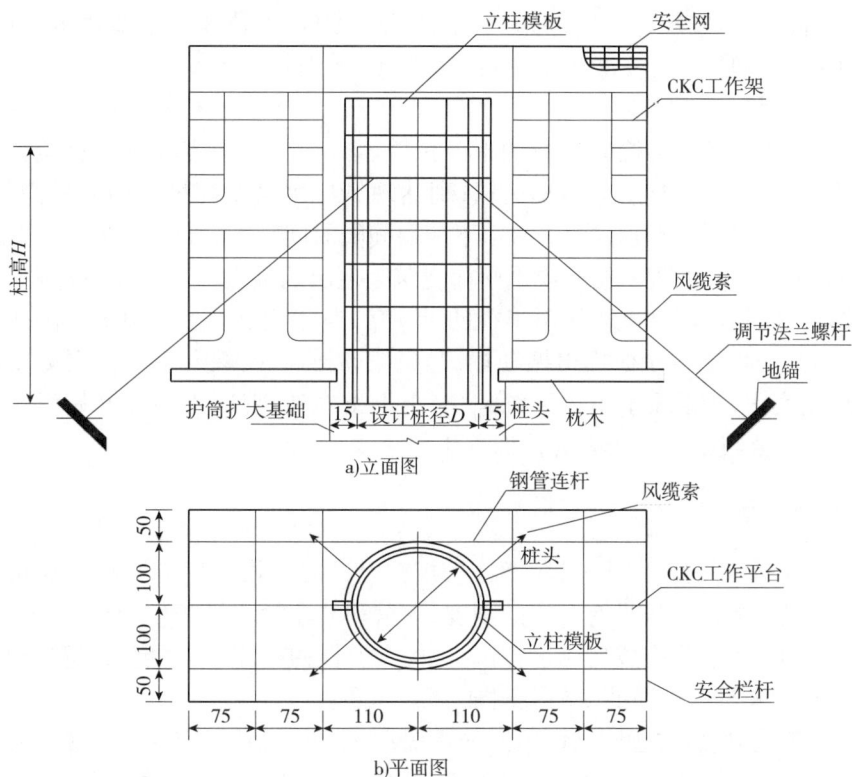

图 4-11 桥墩施工设计图(尺寸单位:cm)

搭设好的脚手架经专职安全员验收合格后,方可挂牌投入使用。为确保施工安全,未经验收合格的脚手架,施工人员不得上去进行墩柱钢筋、模板及混凝土施工。

(4)墩柱钢筋安装。

墩台钢筋加工在加工棚下料及弯制成形,人工运至现场绑扎安装。钢筋往墩上运输用墩顶扒杆或缆索吊机起吊至墩顶安装,材料吊运时,由专职人员进场指挥,并由专职安全员负责警戒安全,起重回转半径下方不得有人员停留。钢筋采用对焊或搭接焊接头,相邻钢筋接头距离错开 50 倍钢筋直径,同一断面内钢筋接头数量不得超过钢筋根数的 50%。钢筋绑扎安装在搭设的脚手架上进行,每浇筑墩柱混凝土时,正确预埋上节墩柱钢筋位置。

(5)模板安装。

①模板安装前的准备工作。

a. 检修、除锈、清洗及均匀地涂刷脱模剂(干净的机油)。

b. 模板应已试拼并一一编号。

c. 模板按编号进行拼装。模板与模板之间设置橡胶带,防止浇筑混凝土时漏浆。

d. 为了保证立柱模板的垂直度,在系梁顶铺垫一圈 C25 砂浆,用水准仪严格操平,并利用垂线进行校验。

②模板安装。

在已完成工的承台上用全站仪测设墩柱中心点及纵横十字中心线,将安装模板部位砂浆找平,底节模板先在地上拼装成圆模,用搭吊或扒杆起吊安装,利用承台上预埋钢筋固定下部位置准确,上部用缆风索拉紧固定并调整垂直,再安装上节模板。没有柱间连系梁的普通高度的墩柱模板一次支到顶,混凝土一次浇筑完成,高墩施工底节模板一次支立到第一道柱间连系梁底面下30cm位置,以确保混凝土墩柱的外观质量。系梁上下30cm范围墩柱与系梁模板加工成固定单元,一次支立浇筑,两道系梁间墩柱分两次支立模板。支立模板时,保持上节柱身模板不拆除,用墩顶扒杆吊起吊住下层模板,卸去上下节模板间、模板与活动牛腿间连接螺栓,使下节模板与上节模板及墩柱脱离,起吊至墩顶,清理残留混凝土,涂刷隔离剂,起吊安装在上下模板上,临时固定,再安装另半块,拼成整体,用钢丝绳拉索拉紧在下节模板伸出的钢牛腿上调整垂直度准确。安装上节模板时,注意安装固定模板钢牛腿的预埋件。

(6)混凝土浇筑。

模板安装完毕以后,请监理现场检验模板的平面位置、顶部高程、节点联系及稳定性。检验合格后,混凝土均采用拌和站集中拌和,由混凝土运输车运输,到达现场后用吊车配吊斗吊入模内。混凝土要连续灌注,水平分层、一次灌成,每层厚度不超过30cm,上下两层间隔时间为:当气温在30℃以下时不得超过1.5h,在30℃以上时不得超过1h。在混凝土初凝或重塑前浇筑完上层混凝土。采用插入式振动器振动,振动时宜快插慢拔,振动棒移动距离不得超过该棒作用半径的1.5倍;与模板保持5~10cm的距离;插入混凝土5~10cm;每一处振动完毕后边振动边徐徐提出振动棒;避免振动棒碰撞模板、钢筋。混凝土的振动时间,应保证混凝土获得足够的密实度,当混凝土不再下沉、混凝土不出气泡、混凝土表面开始泛浆时,表示该层振捣适度。待混凝土达到一定强度后拆除模板并注意养生。

4.12.5 施工技术与工艺

(1)墩柱、盖梁模板应采用定型大块钢模,墩柱模板在设计时面板厚度应不小于6mm,盖梁模板面板厚度应不小于8mm,肋板设计应使模板具有一定的刚度,起吊和灌注时不易产生变形,面板的变形量最大不应超过1.5mm。墩柱、盖梁模板制作完成后应进行试拼,检查模板的刚度、平整度、接缝密合性及结构尺寸等,以避免给现场使用过程带来难以克服的缺陷及困难。

(2)对于固结墩施工盖梁,应注意固结墩钢筋的预埋;对于非固结墩,应注意支座钢板的预埋,保证位置准确。钢板的预埋采用与盖梁固定等方式保持钢板顶面水平。

(3)模板与钢筋的安装工作应配合进行,模板不应与脚手架进行连接,避免引起模板变形。板式桥墩的模板可采用拉杆固定,也可采用无拉杆模板,拉杆直径不应小于16mm,外侧套PVC管。拆模后应抽出拉杆,PVC套管沿墩柱表面切除。

(4)墩柱和系梁应同步浇筑,混凝土灌注完成后,应立即进行表面覆盖洒水养生,拆模后对结构物应立即进行养生,达到既保湿又防止污染的目的。混凝土的洒水养护时间一般为7d,可根据空气的湿度及周围环境情况适当增加或缩短;当气温小于5℃时,应采取蓄热养生。

(5)模板及支架的拆除应遵循先支后拆,后支先拆的顺序进行,严禁随地乱扔,应及时对模板进行除污、除锈和防锈等维修保养。拆除的脚手架及模板等应码放整齐、堆码有序。

(6)系梁、盖梁的施工若采用剪力销方案,剪力销的预埋应注意埋设顺直,有规则,施工完毕后应采用细石混凝土对预留孔洞进行封堵,严禁用土或砂填补,外侧应与混凝土颜色保持一致。

(7)墩柱及盖梁搭设的脚手架应采用扣碗脚手架或φ40mm钢管脚手架,脚手架下部地基应密实,设有方木垫板,脚手架搭设应考虑人员上下的扶梯,扶梯设有护栏,扶梯的爬升角度不应超过45°。脚手架的搭设应随同施工进度进行搭设,顶部设有工作平台,四周挂设安全网及护栏。下铺不小于5cm厚的木板。

(8)每座桥梁墩柱开工前,应先做试验墩,以检查模板质量、混凝土外观质量、色泽等,获得批准后方可进行全面施工。

(9)用于墩柱、盖梁的HRB335钢筋直径超过25mm以上的连接不宜采用焊接,应采用机械连接,接头必须按照有关试验规范进行试验和验收。

（10）采用镦粗直螺纹钢筋接头时，首先，应根据不同品牌的钢筋原材料直径负偏差来控制镦粗机压模内径、滚丝机滚丝轮直径和细微调整螺纹套筒的内径；其次，在砂轮切割机上切头0.5～10mm，达到端部平整，将钢筋端头放入模腔中，调整镦粗机压泵压力进行镦粗操作；再根据钢筋规格选取相应的滚丝轮，装在滚丝机上，将钢筋镦粗头由内尾座卡盘的通孔中插入至滚丝机轮的引导部分并夹紧，然后开动自动滚丝成丝头。

柱式墩身实测项目见表4-42，墩、台身实测项目见表4-43。

柱式墩身实测项目 表4-42

项次	检查项目	规定值或允许偏差	检查方法和频率
1	混凝土强度（MPa）	在合格标准内	按《公路工程质量检验评定标准　第一册土建工程》（JTG F80/1—2004）附录D检查
2	相邻间距（mm）	±20	尺或全站仪测量：检查顶、中、底3处
3	竖直度（mm）	0.3%H且不大于20	吊垂线或经纬仪：测量2点
4	柱（墩）顶高程（mm）	±10	水准仪：测量3处
5	轴线偏位（mm）	10	全站仪或经纬仪：纵、横各测量2点
6	断面尺寸（mm）	±15	尺量：检查3个断面
7	节段间错台（mm）	3	尺量：每节检查2～4处

墩、台身实测项目 表4-43

项次	检查项目	规定值或允许偏差	检查方法和频率
1	混凝土强度（MPa）	在合格标准内	按《公路工程质量检验评定标准　第一册土建工程》（JTG F80/1—2004）附录D检查
2	断面尺寸（mm）	±20	尺量：检查3个断面
3	竖直度或斜坡（mm）	0.3%H且不大于20	量垂线或经纬仪：测量2点
4	顶面高程（mm）	±10	水准仪：测量3处
5	轴线偏位（mm）	10	全站仪或经纬仪：纵、横各测量2点
6	节段间错台	5	尺量：每节检查4处
7	大面积平整度（mm）	5	2m直尺：检查竖直、水平两个方向，每20m²测1处
8	预埋件位置（mm）	符合设计规定，设计规定：10	尺量：每件

注：H为墩、台身高度。

4.12.6　盖梁施工作业

1）盖梁施工（图4-12）

（1）模板制作。委托专业厂家加工制作模板。

（2）测量放样。放出墩顶中心线，经复核无误进行下道工序。

（3）安装支架及底模。桥墩盖梁模板采用定型钢模，梁底支撑采用抱箍，抱箍上面用砂箱支撑40工字钢，工字钢用拉杆拉紧，工字钢上面铺设10cm×10cm的方木，然后铺底模。底模安装好后进行检测，位置、高程均无误后，进行下道工序。

（4）绑扎钢筋。钢筋绑扎要求同墩柱，特别注意预留孔的设置。若有钢筋妨碍，适当调整钢筋位置。

（5）混凝土浇筑。要求基本同墩柱，浇筑时必须派测量人员随时观测模板支架的变形情况，及时消除施工隐患。混凝土施工及钢筋绑扎参照墩身施工,施工过程中要确保盖梁底及盖梁顶面高程准确,支座垫石顶面一定要抹光滑,以利于支座与盖梁的密贴。

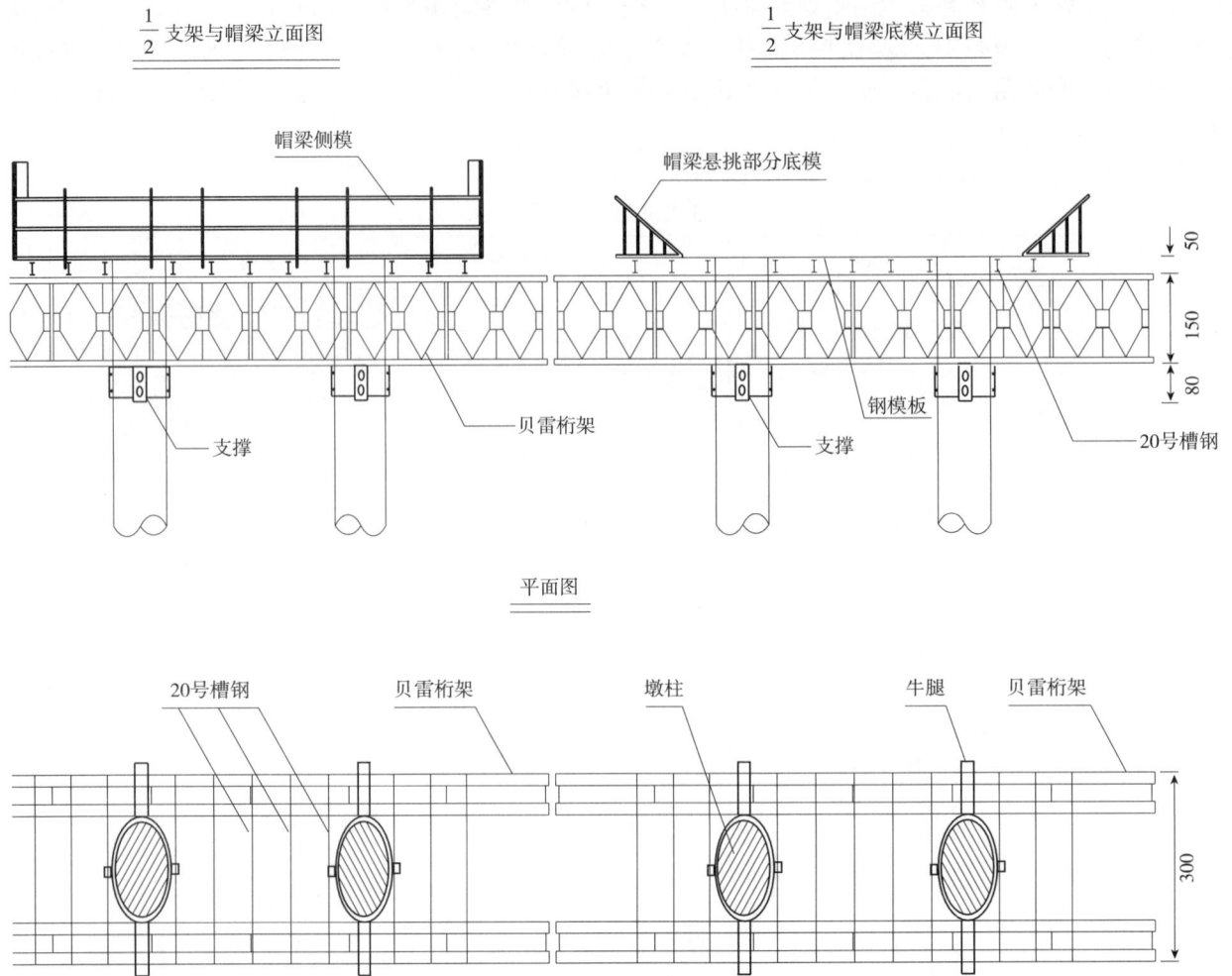

图 4-12　盖梁施工设计图(尺寸单位:cm)

(6)拆模、养生。混凝土浇筑完成后,初凝前及时进行二次收浆,防止盖梁产生收缩裂缝,初凝后立即养生,并覆盖保水材料,当混凝土强度达 2.5MPa 时拆除侧模,混凝土强度达设计强度 80 % 时落架拆除底模。

(7)盖梁施工因高空作业,须做好安全网,支架严格设计和检测,保证有足够的强度,防止出现坍落和下挠现象。

2)施工质量要求

(1)墩柱、盖梁的模板安装允许偏差必须遵照下列条件执行。模板高程:±10mm;模板的内部尺寸:±20mm;轴线偏位:8mm。

(2)混凝土坍落度可根据现场气温适当控制,一般情况混凝土在入模保持在 5 ~ 7cm,混凝土泵送可保持在 12 ~ 14cm。

(3)混凝土表面不出现裂缝,无蜂窝、麻面,水气泡很少,表面平整、密实、光洁,混凝土色泽均匀一致,无成片花纹,模板接缝或施工缝无错台,不漏浆,接缝数量做到最少。

(4)使用塑料专用垫块,确保钢筋保护层符合要求,混凝土表面无漏筋和露块现象。

(5)混凝土外形轮廓清晰,线条直顺,无胀模翘曲现象。

(6)墩柱及盖梁混凝土原则上不允许进行修饰,但施工过程确因混凝土表面存在缺陷不影响主体结构时,应报监理工程师同意后方可进行修饰,修饰前拍照存档,修饰材料应确保色泽与结构一致。

(7)墩柱混凝土浇筑的质量检验项目按照评定标准按《公路工程质量检验评定标准　第一册　土建工

程》(JTG F80/1—2004)执行。

（8）镦粗直螺纹钢筋接头,应满足以下要求。

①螺纹套筒长度比《镦粗直螺纹钢筋接头》(JG 171—2005)规范的最短长度大1cm,其两端应有塑料保护塞保护,出厂合格证应规范,内螺纹不得有缺牙、错牙、污染、生锈、机械损伤等严重现象。

②钢筋下料时,应确保切口端面平整,不得有马蹄形、挠曲、缺角和与钢筋轴线不垂直的现象,确保钢筋端部顺直。

③钢筋镦粗头形成圆柱形的回转体,表面光滑,不得有明显的肋痕突起;标准型镦粗头长度大于1/2套筒长度,加长型镦粗头长度大于套筒长度,钢筋镦粗头过渡段坡度应符合规范不大于1/3的要求。

④丝头螺牙不得有掉角、凹突现象,牙形应饱满,牙顶宽超过0.6mm秃牙部分累计长度不得超过一个螺纹周长;丝头螺纹直径和长度应满足规范要求,丝头螺纹直径应与连接套筒的螺纹内径相吻合,标准型丝头长度为1/2套筒长度、公差+1P(P为螺纹间距),加长型丝头长度为套筒长度、公差为+1P;丝头应有塑料保护套,不得有污染、生锈、机械损伤现象。

⑤在套筒的标准型钢筋丝头端不得有一扣以上的完整丝扣外露,加长型丝头的外露丝扣数不受限制,但丝头的外露长度不能超过1/2套筒长度,以保证上、下部钢筋丝头的接触面在套筒的居中位置。

⑥严格按照《镦粗直螺纹钢筋接头》(JG 171—2005)规定的方法和要求,确保接头性能检验、套筒检验和丝头检验的抽查验收频率、取样送检的接头数量和批次。

3）质量检查

实测项目见表4-44～表4-46。

盖梁实测项目　　　　　　　　　　　　　　　　　　表4-44

项次	检查项目	规定值或允许偏差	检查方法和频率
1	混凝土强度(MPa)	在合格标准内	按《公路工程质量检验评定标准　第一册　土建工程》(JTG F80/1—2004)附录D检查
2	断面尺寸(mm)	±20	尺量:检查3个断面
3	轴线偏位(mm)	10	全站仪或经纬仪:纵、横各测量2点
4	顶面高程 (mm)	±10	水准仪:检查3～5点
5	支座垫石预留位置(mm)	10	尺量:每件

墩、台帽或盖梁实测项目　　　　　　　　　　　　　　表4-45

项次	检查项目	规定值或允许偏差	检查方法和频率
1	混凝土强度(MPa)	在合格标准内	按《公路工程质量检验评定标准　第一册　土建工程》(JTG F80/1—2004)附录D检查
2	断面尺寸(mm)	±20	尺量:检查3个断面
3	轴线偏位(mm)	10	全站仪或经纬仪:纵、横各测量2点
4	顶面高程(mm)	±10	水准仪:检查3～5处
5	支座垫石预留位置(mm)	10	尺量:每个

桥梁墩、台身和盖梁工程外观质量评定　　　　　　　　　表4-46

项次	检查项目	外观质量要求	备注
1	混凝土	混凝土表面平整、棱角平直、施工接缝平顺;蜂窝、麻面面积不得超过该面面积的0.5%,深入不超过1cm;混凝土表面不出现非受力裂缝	
2	其他	不得出现露筋和空洞;施工临时预埋件或其他临时设施处理完毕	

4）墩台身、盖梁应注意事项

（1）要严格控制现场施工配合比,每次混凝土浇筑前,对配合比进行检查,测试坍落度,严禁随意调整配合比。

（2）盖梁混凝土完成后，混凝土强度必须大于80%以上才可以拆除底模，并且养护时间不小于5d，因此必须制备足够数量的同步养生混凝土试块，以测定实体结构的强度。

（3）在施工中随时检查立柱的垂直度、中心位置，有变化或异动必须采取有效措施保证立柱中心和垂直度符合要求。

（4）桥梁墩台施工完毕后，承包人应将系梁、墩台顶面等部位的建筑垃圾和杂物清扫干净。

（5）混凝土构筑物外观出现混凝土漏浆、麻面、露骨等外观缺陷，原则上应进行返工，若缺陷面积较小且通过修饰不影响整体外观质量，其修饰方案必须报经监理工程师批准后方可施行，严禁承包人擅自随意涂抹粉饰。

（6）桥梁墩台施工时，无论墩台高度如何，承包人都必须搭设安全稳固的支架和人行爬梯，确保安全。

（7）施工过程中的外露钢筋都必须采取有效措施防锈，如刷水泥浆、包裹塑料薄膜等。

（8）盖梁顶面的支座垫石位置，高程控制要求准确，垫石顶面必须保持平整、清洁。

5）安全文明

（1）建立健全各项安全制度，坚持班前安全讲话制，落实安全生产责任制，现场设置专职安全员，项目部坚持安全定期检查和不定期抽检制度。

（2）桥梁墩柱、盖梁施工的脚手架的搭设方案需经过监理工程师的批准，每隔5m应设置45°斜向剪力撑，每个桥墩灌注混凝土前顶部应设置不小于3m²的作业平台，四周搭设防护栏杆，挂设安全网。

（3）工地现场使用的模板、脚手架、木材等周转材料应码放整齐，保持施工现场整洁文明。

（4）施工现场人员必须戴安全帽，高空作业人员必须佩戴安全带。

（5）模板的吊装需专人指挥，吊装作业时闲杂人员应撤离现场。

（6）墩柱施工完成后，系梁、盖梁及承台四周的建筑垃圾应及时清理，运至弃土场。

（7）拆模时严防因时间控制不当或操作粗犷造成结构物缺棱掉角。

（8）桥梁墩柱、盖梁在施工过程中应设置临时标志牌，标志牌大小为0.3m×0.5m，白底黑字，包括墩台编号、墩高、结构类型、混凝土强度等级、施工班组等内容。

（9）每个墩台施工完毕后，应及时编墩、台号。将其标注在左、右幅外侧墩柱、台身上，具体要求如下：

①编号沿路线里程增长方向分左、右幅从起点桥台、墩柱到终点桥台按数字从0、1、2、3……进行编号；

②墩柱、台身上编号外圆圈直径为40cm，中文字体为印刷黑体，规格为10cm×15cm，采用红色油漆标注于距底梁3m处。

4.13　支座垫石和挡块施工

4.13.1　施工过程

（1）首先按设计图纸对支座垫石位置逐个测量放线，然后按设计图纸制作、安装钢筋，最后安装模板，支座垫石和挡块支模要求定位准确，尺寸符合设计要求，要标出混凝土面位置。边挡块模板支设不能有任何扭曲，防震挡块要用定型模板。

（2）由于支座垫石及挡块混凝土为小体积混凝土，混凝土浇筑时先用小型振捣棒振捣，然后用平板振捣器振捣，收面时采用水平尺检查。浇筑完成后及时覆盖多层麻袋洒水养生。每工作班制取一组混凝土试件。

（3）养生3d后，逐个进行检查。要求混凝土面密实，无蜂窝、麻面，边角整齐，无裂缝，位置、四角高程符合设计要求。如有不满足上述情况的，立即凿除重新浇筑。

4.13.2　支座垫石和挡块质量检验要求

支座垫石和挡块质量检验基本要求须符合评定标准要求，实测项目支座垫石按表4-47检查，挡块质量按表4-48检查。

支座垫石实测项目 表 4-47

项次	检查项目	规定值或允许偏差	检查方法和频率
1△	混凝土强度（MPa）	在合格标准内	—
2△	断面尺寸（mm）	5	全站仪或经纬仪：支座垫石纵横方向检查
3	轴线偏位（mm）	±5	尺量：检查 1 个断面
4△	顶面高程（mm）	±2	水准仪：检查中心及四角
	顶面四角高差（mm）	1	
5	支座垫石预留位置（mm）	5	尺量：每件

注：表中标"△"者为关键项目。

挡块实测项目 表 4-48

项次	检查项目	规定值或允许偏差	检查方法和频率
1△	混凝土强度（MPa）	在合格标准内	—
2△	平面位置（mm）	5	按《公路工程质量检验评定标准　第一册 土建工程》（JTG F80/1—2004）附录 D 检查
3	断面尺寸（mm）	±10	全站仪或经纬仪：每块检查
4△	顶面高程（mm）	±10	尺量：每块检查 1 个断面
5	与梁体间隙（mm）	±5	水准仪：每块检查 1 点

注：表中标"△"者为关键项目。

4.13.3 支座安装

1）支座安装施工要求

（1）首先，应查看支座的产品合格证书中注明的有关技术性能指标是否与设计相符，检查支座的材料、规格和质量是否满足设计和有关规范的要求。对于橡胶支座的质量标准，板式橡胶支座应符合《公路桥梁板式橡胶支座规格系列》（JT/T 663—2006）的规定；盆式橡胶支座应符合《公路桥梁盆式支座》（JT/T 391—2009）的规定。

（2）其次，检查支座位置放样、高程是否准确，垫石顶面是否水平。

2）支座安装施工

（1）支承垫石的混凝土强度应符合设计要求，不得用砂浆找平，顶面高程精确且平整。架梁前应进行检查，避免安装后支座与梁底发生偏歪、不均匀受力或脱空现象。梁板安放后，还应再次检查，使梁、板就位准确且与支座密贴，就位不准确时，或支座与梁板不密贴时，必须吊起，采取措施，使梁就位准确、支座受力均匀。

（2）支承垫石内或梁底有钢板的，务必保证钢板的型号和表面高程。钢板底部的混凝土必须振捣密实，不得出现钢板悬空现象。

（3）支座安装时，上下各部件纵轴线必须对正，对水平面应仔细检查校核，支座不得发生偏歪、不均匀受力和脱空现象。

（4）检查支座安装位置是否准确，支座中心线同支承垫石中心线相重合。并应安装平整，且盆式橡胶支座应注意使其滑动方向符合设计要求。当安装时温度与设计要求不同时，应通过计算设置支座顺桥向预偏量。检查支座是否发生偏歪。

（5）滑动面上的四氟滑板和不锈钢板不得刮、碰伤，安装前必须涂上硅脂油。

（6）所有自制支座预埋钢板与其钢筋焊好后应进行热浸镀锌；由厂家成套购买的支座，应要求厂家将上下钢板进行热浸镀锌，运输中加以保护；盆式支座的钢、铁件也应要求热浸镀锌。热浸镀锌防锈处理应参照《公路交通安全设施设计规范》（JTG D81—2006）和《公路交通安全设施施工技术规范》（JTG F71—2006）波形梁护栏的要求实行，螺栓、螺母、垫圈采用镀锌处理，并应清理螺纹或离心处理。

（7）支座的上下钢板定位螺栓应切割平齐，不得妨碍支座自由变位。支座防尘罩应及时敷设。

（8）应全面检查支座的各项性能指标，包括支座长、宽、厚、硬度（邵氏）、容许荷载、容许最大温差以及外观检查等，如不符合设计要求时，不得使用。

（9）在桥面铺装层和防撞护栏完成后，还应特别注意检查边梁（板）的支座承压情况，并采取上述措施确保支座均匀受力。

（10）支座安装后要及时清理杂物，拆除临时支座或其他临时固定设施。

4.13.4　支座安装注意事项

1）板式橡胶支座

（1）支座下设置的支承垫石，混凝土强度应符合设计要求，顶面要求高程准确，表面平整，在平坡情况下同一片梁两端支承垫石水平面应尽量处于同一平面内，其相对误差不得超过3mm，避免支座发生偏歪、不均匀受力和脱空现象。

（2）安装前应将墩、台支座垫石处清理干净，顶面高程符合设计要求。

（3）吊装梁、板前，抹平的水泥砂浆必须干燥，并保持清洁和粗糙。梁、板安放时，必须仔细，使梁、板就位准确且与支座密贴，就位不准时，或支座与梁板不密贴时，必须吊起，采取措施垫钢板和使支座位置限制在允许偏差内，不得用撬棍移动梁、板。

（4）当墩、台两端高程不同，顺桥向有纵坡时，支座安装方法应按设计规定办理。

2）盆式橡胶支座

（1）支座组装时其底面与顶面（埋置于墩顶和梁底面）的钢垫板，必须埋置密实。垫板与支座间平整密贴，支座四周不得有0.3mm以上的缝隙，严格保持清洁。活动支座的聚四氟乙烯（PTFE）板和不锈钢板不得有刮伤、撞伤。氯丁橡胶板块密封在钢盆内，要排除空气，保持紧密。

（2）活动支座安装前用丙酮或酒精仔细擦洗各相对滑移面，擦净后在四氟滑板的储油槽内注满硅脂类润滑剂，并注意硅脂保洁；坡道桥注硅脂应注意防滑。

（3）盆式橡胶支座的顶板和底板可用焊接或锚固螺栓栓接在梁体底面和墩台顶面的预埋钢板上；采用焊接时，应防止烧坏混凝土；安装锚固螺栓时，其外露螺杆的高度不得大于螺母的厚度；现浇梁底部预埋的钢板或滑板，应根据浇筑时的温度、预应力张拉、混凝土收缩与徐变对梁长的影响，设置相对于设计支承中心的预偏值。

3）聚四氟乙烯滑板式支座、圆形板式橡胶支座

（1）墩台上设置的支承垫石，其高程应考虑预埋的支座下钢板厚度，或在支承垫石上预留一定深度的凹槽，将支座下钢板用环氧树脂砂浆黏结于凹槽内。

（2）在支座下钢板上及四氟滑板式支座上标出支座位置中心线，两者中心线相重合放置，为防止施工时移位，应设置临时固定措施。安装时宜在与年平均气温相差不大时进行。

（3）梁底预埋有支座上钢板，与四氟滑板式支座密贴接触的不锈钢板嵌入梁底上钢板内，或用不锈钢沉头螺钉固定在上钢板上，并标出不锈钢板中心线位置。安装支座时，不锈钢板、四氟板表面均应清洁、干净，在四氟滑板表面涂上硅脂油，落梁时要求平稳、准确、无振动，梁与支座密贴，不得脱空。

（4）支座正确就位后，拆除临时固定装置，采取安装防尘围裙措施。

4.13.5　支座安装的质量检验要求

支座安装的质量检验基本要求须符合评定标准要求，实测项目按表4-49检查。

表 4-49
支座安装实测项目

项次	检查项目	规定值或允许偏差		检查方法和频率
1△	支座中心与主梁中心线偏位(mm)	2		经纬仪、钢尺;每支座
2	支座顺桥向偏位(mm)	10		经纬仪或拉线检查;每支座
3△	支座高程(mm)	±5		水准仪;每支座
4	支座四角高差(mm)	1	水准仪;每支座	尺量;每块检查1个断面

注:表中标"△"者为关键项目。

4.14　预制梁施工

4.14.1　桥梁预制场的选址与设置

(1)首先根据合同段内桥梁的座数、规模和分布情况,以及总工期的要求,结合桥址处的水文、地质、地形地貌、现场设备和桥梁架设方法等情况,尽早确定桥梁预制场的座数和位置。

(2)拟设在桥台后路基上的桥梁预制场宜尽量选择在挖方路基地段,但应视土质情况预留一定的路基土方,待预制梁完成后再开挖到设计高程。在梁场建设前,路堑边坡防护以及防排水设施等尽量提前施作完毕。

(3)如果确因各种条件限制需将桥梁预制场设置在填方路堤或路基外的填方场地上,则应加强对填土的碾压密实,必要时需对场地表面进行土质改良,防止产生不均匀沉降变形而影响桥梁预制施工的质量。

(4)场地全部采用C15混凝土进行硬化,混凝土厚度不小于10cm。

(5)预制场应合理设计排水方案和油、污水处理措施。

4.14.2　桥梁预制场的平面布置

(1)预制场的各种生产生活设施应布局合理,各类机具设备摆放有序,防排水系统完善,道路畅通。

(2)混凝土拌和站、材料库、水泥库、钢筋棚、场地及道路硬化等按照本章的有关条款要求进行执行。

(3)预制场应设立工程简介牌、施工场地平面布置图、工程质量告示牌、安全文明施工标语等。

4.14.3　预制场的台座设置

(1)因为空心板梁梁体自重较大,且有后张预应力,反拱度会较大,所以台座必须牢固,在预制底座时先预埋锚固台座钢筋,台座采用混凝土底座,台座顶面铺一层厚10mm钢板。从吊装考虑,距底座端40~60cm两头各设以开口,设置活动底座,以便吊装时挂索用,底模采用10mm钢板。

(2)预制梁的台座强度应满足张拉后的承压要求,台座尽量设置于地质较好的地基上,否则应进行加固处理;预制台座端部考虑梁体施加预应力后变形上拱形成简支状态,集中荷载对地基承载力要求高,因此在台座端部下方设置扩大基础,拟定尺寸为1.5m(宽)×1m(高)×2m(长)。台座与施工主便道及路基边坡要有足够的安全距离。

(3)底模采用钢板,不得采用混凝土底模,钢板厚度应不小于10mm,并确保钢板平整、光滑,及时涂脱模剂,防止吊装梁体时由于黏结而造成梁底蜂窝、麻面。

(4)反拱度应满足设计和线形要求。台座的侧边应顺直,要有防止漏浆的有效措施。对于有纵坡的支座,预埋钢板位置设计设有三角形楔块的梁体,台座设置时应考虑张拉时预埋钢板的活动量。

(5)预制台座、存梁台座间距应大于1.5倍模板宽度,以便吊装模板。横向相邻台座之间设置汇水沟、模板移动轨道、模板固定装置;台座混凝土浇筑成型,及时养护至设计强度,经验收合格后,接着进行梁的预制。预制台座与存梁台座数量应根据梁板数量和工期要求来确定,并要有一定的富余度。

(6)预制梁的台(底)座数量应与预制梁的数量以及总工期要求相适应。

立面图

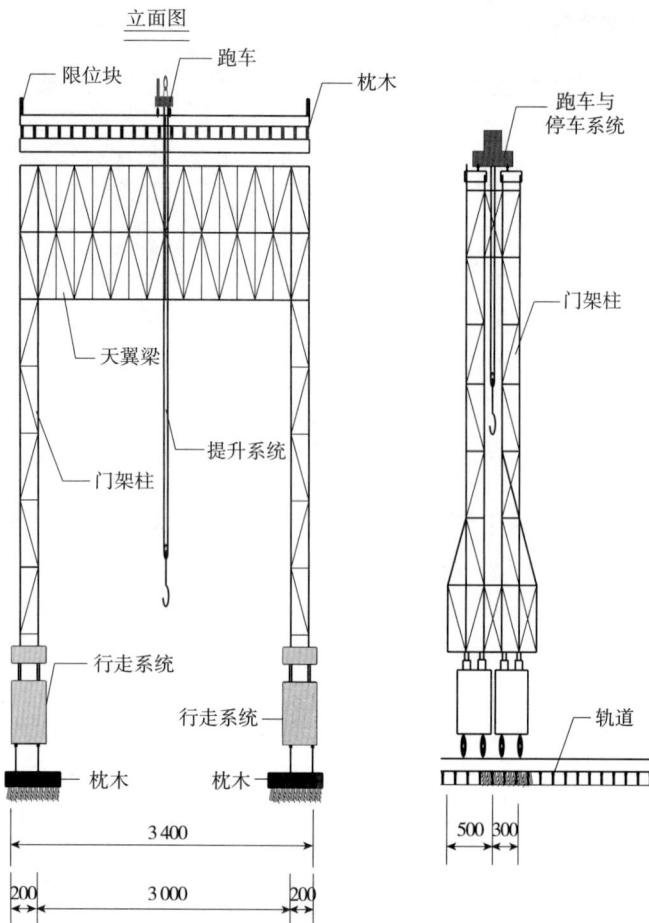

图 4-13　龙门吊方案(尺寸单位:cm)

4.14.4　龙门吊

龙门吊轨道长、跨度、吊重吨位应根据施工需要而确定,由专业厂家生产,双轮双轨变速自动补偿行走系统。跑车在横梁轨道上移动,横梁轨道上同时设置两台 50kN 电动葫芦,便于快捷装卸模板、吊运小型机具。吊点起降均由 5t 慢速卷扬机控制(图 4-13)。

4.14.5　预制梁的模板

(1)预制梁的模板采用整体钢模,钢板厚度不小于 6mm,侧模长度一般要比设计梁长 1‰。模板必须设计合理,并由专业工厂进行加工生产。应指派专人负责对模板的加工质量进行中间检验,加工完成后出厂前应在厂家进行试拼和交工检验,确保其结构强度、刚度、材质、平整度、光洁度、连接件和各部尺寸符合设计要求。

(2)经长途运输运抵工地的模板,在吊装与运输过程中,应采取有效措施确保装卸和运输过程中模板不受损和变形。

(3)应加强对模板使用过程中的维修保养。每次拆模后将其安放平稳,指派专人负责除锈去污和上油工作,之后用防雨布覆盖,防雨防尘和防锈。

(4)模板安装后梁体混凝土浇筑前,应按照有关规范的要求进行模板安装质量的检查,尤其要防止拼缝不严和各种预留孔洞封堵不密实造成漏浆而影响梁体质量。

(5)必须购买和使用经实践证明效果良好的混凝土专用脱模剂,不得使用废机油及其混合物作为脱模剂。

(6)梁板钢筋保护层使用专用的形状为马鞍形的塑料垫块。

(7)T 梁横隔板底模不应与侧模连成一体,必须采用独立的圬工底模,以保证在先拆除侧模后,横隔板的底模仍能起支撑作用,避免横隔板与翼缘、腹板交界处出现因横隔板混凝土过早悬空而引起裂纹。

4.14.6　梁的预制施工

1)钢筋加工及安装

(1)钢筋焊接及绑扎必须符合技术规范要求。

(2)钢筋绑扎及预应力管道布置按设计图纸要求绑扎钢筋及安装预应力管道,空心板梁先扎底板钢筋,再扎腹板钢筋,顶板钢筋要等底板混凝土浇完、安装好内模后再扎。

预应力管道采用波纹成孔。波纹管按设计图纸给出的孔道坐标用钢筋定位钢筋骨架内,孔道曲线部分定位钢筋适当加密。为了确保波纹管不慎损坏后混凝土堵塞管道,波纹管内安装 PVC 管,待混凝土浇筑完成后,将其拔出。

2)预应力钢绞线束

(1)预应力筋加工。

①预应力钢绞线现场存放时,地面应加垫高度在 20cm 以上,临时露天堆放必须加盖。

②钢绞线应进行外观质量检查,及时纠正钢绞线的乱盘、扭结、刺伤等情况;如发现有裂纹、小刺、机械损伤、死弯和油迹等情况应局部剪除,若发现有脆断、劈裂等情况则必须及时反映并复验材质。

③钢绞线切断工序及误差,应满足设计要求及张拉操作需要(考虑张拉端工作长度)。钢绞线的下料使用切割机切割,严禁使用电焊。

④钢绞线用铁线绑扎成束,绑扎间距1.5m,每端距端头5～10cm处用两根铁线绑扎一道,成束后的钢绞线端头应对齐,编号标明钢绞线长度。

⑤编好的钢绞线束存放时,下部必须加垫,垫高不小于20cm。

(2)预应力筋穿束、定位。

①钢绞线的设计高程及位置中心线由测量组精确测放,并标置于骨架钢筋上,波纹管安装按此位置固定。

②每根波纹管,沿管长方向设置定位钢筋和防崩钢筋。井字形定位钢筋每50cm一道,在钢束弯曲段加密为30cm一道,所有定位钢筋均固定于梁体普通钢筋上。

③当预应力或配套的锚杯、螺旋筋等与钢筋的位置发生冲突时,适当调整钢筋的间距,保证预应力筋位置准确。

④绑扎顶板钢筋时,要注意预埋防撞栏杆钢筋,梁端伸缩缝预埋件等需预埋的要预埋。

⑤处理好波纹管和锚垫板的连接,并正确安装压浆管。采取必要的措施保护好压浆管。锚具安装位置要准确,锚垫板承压面、锚环的安装面必须与孔道中心线垂直,锚具中心线必须与孔道中心线重合。

⑥穿束完毕后逐一对钢绞线管道进行检查,若发现波纹管接头有破损,松脱现象应及时进行修补,确定无误后,方可进入下道工序。

4.14.7 模板的安装

装模前先在模板的接缝位置及模板与底座的接缝位置,用强力胶粘贴5mm厚的止漏海绵,用龙门吊起吊安装侧模和端模,用模板上的调节螺栓来支撑并调整模板的垂直度,紧固底部对拉螺杆,在绑扎好翼板钢筋后,紧固顶部对拉螺杆。模板安装时注意保证接缝严密,同时应保证钢筋的保护层厚度。

模板安装时注意在翼板上预留吊孔位置,边梁模板安装时,将外翼板沿桥长每隔2.5m用1cm厚木板设一道断缝,缝长自边缘向内45cm,断缝内的钢筋需割断,这样可避免和减少边梁在施加预应力时产生侧向翘曲。

4.14.8 预制梁混凝土施工

1)空心板预制

(1)模板:每个空心板预制场要求空心板模板制作3套(其中2套中板模,1套边板模),采用立面整体大型模板,纵向分节长度为5m,端部模板根据梁长再进行定制。模板框架采用方钢制作,保证其强度、刚度、平整度满足施工要求,两相邻模板采用螺栓连接,并用橡胶止缝,以防漏浆,模板在拼装之前将表面清理干净,并涂抹同一种脱模剂,空心板内模采用自制定型钢模。侧模板每3m安装一台附着式振动器。

(2)钢筋:钢筋制作好后,在台座现场绑扎成型,施工时必须严格控制好保护层厚度,保证既无露筋现象,又能使相邻钢筋空间足够,以利于预应力管道安装和混凝土的流动。

(3)混凝土施工:预制场混凝土施工分为三大部分,即混凝土制备、混凝土浇筑、混凝土养护,其中混凝土浇筑是关键工序。

混凝土分层浇筑,先浇筑底板混凝土,利用插入式振捣器振捣,并抹平底板顶面,尽快将已准备好的内模送入,并拼装成型,固定其位置后,浇筑侧肋混凝土及顶板混凝土,肋部及顶板混凝土浇筑每30cm一层,从一头向另一头推进。连续浇筑完,中间不允许间隔。在浇筑预应力锚头处混凝土时应特别注意加强振捣。

由于高强度等级混凝土早期水化热大,得当的养护也是确保混凝土质量的重要环节。待表面收水并初凝后,盖上麻(草)袋,洒水养护时间不少于14d或监理工程师指定天数,预应力混凝土养生期须延长至预应力施加完毕,在冬季施工时注意防冻;当混凝土达到设计规定强度或监理工程师认可的强度可拆除相应模板,拆模时应有相应拆模程序,不能使模板发生过大的变形,且应保护梁体使混凝土不被破坏。

2)后张拉法预应力施工

(1)预应力钢材加工在专用台座上进行,下料长度包括锚具长度、张拉工作长度。

(2)预应力束安装就位:空心板采用波纹管成孔,在台座上按设计坐标定位,每隔一定间距施加一道架立钢筋固定预应力管道。注意管道相连必须用特制接头管,接缝处还应用胶布封好,防止漏浆或电焊碰伤预应力管道,成孔后即进行清孔,再穿入预应力钢绞线。

(3)施加预应力应在符合下列要求后方可进行。

①梁体混凝土强度经试验确定已达到设计要求;要求混凝土立方体强度达到设计混凝土强度等级的85%,且混凝土龄期不小于7d后方可张拉。

②张拉设备已校核、张拉操作顺序已文件化,且经工程师认可。

③张拉程序:对于夹片式等具有自锚性能的锚具,低松弛力筋:$0 \rightarrow$ 初应力 $\rightarrow \sigma_{con}$(持荷2min锚固)。

④施加预应力实行应力与延伸量双控,如实际延伸量与理论延伸量误差>正负6%时应查明原因,及时处理。

3)孔道压浆

(1)预应力筋张拉后,孔道应尽早压浆。

(2)孔道压浆宜采用水泥浆,所用材料应符合下列要求。

①水泥:宜采用硅酸盐水泥或普通水泥。采用矿渣水泥时,应加强检验,防止材料性能不稳定。水泥的强度等级不宜低于42.5。水泥不得含有任何团块。

②水:应不含有对预应力筋或水泥有害的成分,每升水不得含500mg以上的氯化物离子或任何一种其他有机物。可采用清洁的饮用水。

③外加剂:宜采用具有低含水率、流动性好、最小渗出及膨胀性等特性的外加剂,它们应不得含有对预应力筋或水泥有害的化学物质。外加剂的用量应通过试验确定。

(3)水泥浆的强度应符合设计规定,设计无具体规定时,应不低于30MPa。对截面较大的孔道,水泥浆中可掺入适量的细砂。水泥浆的技术条件应符合下列规定。

①水灰比宜为0.40~0.45,掺入适量减水剂时,水灰比可减小到0.35。

②水泥浆的泌水率最大不得超过3%,拌和后3h泌水率宜控制在2%,泌水应在24h内重新全部被浆吸回。

③通过试验后,水泥浆中可掺入适量膨胀剂,但其自由膨胀率应小于10%。

④水泥浆稠度宜控制在14~18s。

(4)孔道的准备。

压浆前,应对孔道进行清洁处理。对于抽芯成型的混凝土空心孔道,应冲洗干净并使孔壁完全湿润;金属管道必要时亦应冲洗以清除有害材料;对于孔道内可能发生的油污等,可采用已知对预应力筋和管道无腐蚀作用的中性洗涤剂或皂液,用水稀释后进行冲洗。冲洗后,应使用不含油的压缩空气将孔道内的所有积水吹出。

(5)水泥浆自拌制至压入孔道的延续时间,视气温情况而定,一般在30~45min范围内。水泥浆在使用前和压注过程中应连续搅拌。对于因延迟使用所致的流动度降低的水泥浆,不得通过加水来增加其流动度。

(6)压浆时,对曲线孔道和竖向孔道应从最低点的压浆孔压入,由最高点的排气孔排气和泌水。压浆顺序宜先压注下层孔道。

(7)压浆应缓慢、均匀地进行,不得中断,并应将所有最高点的排气孔依次一一放开和关闭,使孔道内排气通畅。较集中和邻近的孔道,宜尽量先连续压浆完成,不能连续压浆时,后压浆的孔道应在压浆前用压力水冲洗通畅。

(8)对于掺加外加剂泌水率较小的水泥浆,通过试验证明能达到孔道内饱满时,可采用一次压浆的方法;对于不掺外加剂的水泥浆,可采用二次压浆法,两次压浆的间隔时间宜为30~45min。

(9)压浆应使用活塞式压浆泵,不得使用压缩空气。压浆的最大压力宜为0.5~0.7MPa;当孔道较长或采用一次压浆时,最大压力宜为1.0MPa。梁体竖向预应力筋孔道的压浆最大压力可控制在0.3~0.4MPa。压浆应达到孔道另一端饱满和出浆,并应达到排气孔排出与规定稠度相同的水泥浆为止。为保证管道中充满灰浆,关闭出浆口后,应保持不小于0.5MPa的一个稳压期,该稳压期不宜少于2min。

(10)压浆过程中及压浆后48h内,结构混凝土的温度不得低于50℃,否则应采取保温措施。当气温高于35℃时,压浆宜在夜间进行。

(11)压浆后应从检查孔抽查压浆的密实情况,如有不实,应及时处理和纠正。压浆时,每一工作班应留取不少于3组的70.7mm×70.7mm×70.7mm立方体试件,标准养护28d,检查其抗压强度,作为评定水泥浆质量的依据。

(12)对于需封锚的锚具,压浆后应先将其周围冲洗干净并对梁端混凝土凿毛,然后设置钢筋网浇筑封锚混凝土。封锚混凝土的强度应符合设计规定,一般不宜低于构件混凝土强度等级值的80%。必须严格控制封锚后的梁体长度。长期外露的锚具,应采取防锈措施。

(13)对于后张预制构件,在管道压浆前不得安装就位,在压浆强度达到设计要求后方可移运和吊装。

(14)孔道压浆应填写施工记录。

4)后张法预应力施工真空压浆施工工艺

(1)技术要求。

①孔道及两端必须密封,且孔道内无杂物,孔道畅通。

②抽真空时真空度(负压)控制在 -0.08 ~ -0.1MPa。

③水灰比控制在0.3~0.4。

④浆体流动度30~50s。

⑤浆体泌水性小于水泥浆初始体积的2%,四次连续测试的结果平均值<2%,拌和后24h水泥浆的泌水应能吸收。

⑥浆体初凝时间至少6h。

⑦浆体体积收缩率<2%。

⑧浆体强度指标满足规范要求。

⑨浆体对钢绞线无腐蚀作用。

(2)施工要求。

①封锚:预应力钢绞线张拉完成后,切除锚具外露的钢绞线(注意钢绞线的外露量≤30mm)进行封锚。封锚方式采用保护罩封锚,保护罩作为工具罩使用,灌浆后3h拆除。将锚垫板表面清理,保证平整。在灌浆保护罩底面和橡胶密封表面均匀涂一层玻璃胶,装上橡胶密封圈。将保护罩与锚垫上的安装孔对正,用螺栓拧紧。清理锚垫板上的灌浆孔,保证灌浆通道顺畅。

②施工材料:普通硅酸盐水泥、混凝土添加剂、水。最佳的水泥浆配合比需根据具体采用的水泥和当地的气候条件进行配制,根据配合比搅拌的水泥浆水灰比、流动性、泌水性必须达到技术要求指标。

③施工设备准备及调试:真空压浆配套设备准备完好并调试合格,能满足使用。主要设备为排量为2m³/min的SZ-2水环式真空灌浆泵1台、真空压力表1个、QSL-20型空气过滤器一个、5kg左右秤1台、灌浆泵1台及配套高压橡胶管1根、灰浆搅拌机1台。

在抽真空端及灌浆端安装引出管、球阀和接头,并检查其功能是否完好。一般将真空泵端设在高端,压浆端设在低端,有利于压浆质量的保证。

在压浆前,用吹入无油分的压缩空气清洗管道。接着用含有生石灰或氢氧化钙澄清水溶液冲洗管道,直到将松散颗粒除去及清水排除为止。最后以无油的压缩空气吹干管道。

试抽真空:将灌浆阀、排气阀全都关闭,抽真空阀打开;启动真空泵抽真空,观察真空压力表读数,即管内的真空度,当管内的真空度维持在 -0.08 ~ -0.1MPa 时(压力尽量低为好),停泵约1min,若压力能保持不变即可认为孔道能达到并维持真空。

④人员准备:施工人员必须是合格的有经验的优秀施工人员。

(3)真空压浆施工工艺。

①搅拌水泥浆使其水灰比、流动性、泌水性达到技术要求指标。

浆体采用高速搅拌机(1 400r/min)拌和,搅拌前先加水空转数分钟,使搅拌机内壁充分湿润,将积水倒干净;将称量好的水(扣除用于溶化固态外加剂的那部分水)倒入搅拌机,再搅拌 5 ~ 15min,然后倒入盛浆桶;倒入盛浆桶的浆体应尽量马上泵送,否则要不停地搅拌。

②启动真空泵抽真空,使真空度达到 -0.08 ~ -0.1MPa,并保持稳定。

③启动灌浆泵,当灌浆泵输出的浆体达到要求时,将泵上的输送管道接到锚垫板上的引出管上,开始灌浆。

④灌浆过程中,真空泵保持连续工作。

⑤待抽真空端的气流分离器中有浆体经过时,关闭气污分离器前端的阀门,稍后打开排气阀,当水泥浆从排气阀顺畅流出,且稠度与灌入的浆体相当时,关闭抽真空端所有的阀门。

⑥灌浆泵继续工作,压力达到 0.08MPa 左右,持续 1 ~ 2min。

⑦关闭灌浆泵及灌浆端阀门,完成灌浆。

⑧拆卸外接管路、附件、清洗气污分离器及阀泵。

⑨完成当日灌浆后,必须将所有水泥浆的设备清洗干净。

⑩安装在压浆端及出浆端的球阀,应在灌浆后 2h 内拆除并进行清理。

(4)质量控制要点及注意事项。

①锚头一定要密封好,最好在密封后 24h 开始灌浆。

②灌浆管应选用牢固结实的高强橡胶管,抗压强度≥1MPa,带压灌浆时不能破裂,连接要牢固,不得脱管。

③严格掌握材料配合比,否则多加的水会全部泌出,易造成管道顶端有空隙。对于未及时使用而降低流动性的水泥浆,严禁采用加水的办法来增加其流动性。

④水泥浆进入灌浆泵前,应先通过 1.2mm 的筛网进行过滤。

⑤灌浆工作宜在灰浆流动性没有下降的 30 ~ 45min 内进行,孔道一次灌注要连续。

⑥中途换管道时间内,继续启动灌浆泵,让浆体循环流动。

⑦搅拌的水泥浆严格进行流动度和泌水试验,制作试件,检查强度。

(5)质量检验及质量标准。

①对工程质量的检验,除一般混凝土、钢筋混凝土工程的应有检验项目外,应进行钢筋冷拉、预应力钢材编束、孔道预留、施加预应力、孔道压浆等项目的施工检验以及预应力筋、张拉机具、锚夹具的质量检验。

②预应力筋制作安装的允许偏差列于表 4-50。

后张预应力筋制作安装允许偏差 表 4-50

项目		允许偏差(mm)
管道坐标	梁长方向	30
	梁高方向	10
管道间距	同排	10
	上下层	10

③梁体质量应符合下列规定:

a. 混凝土质量检验应符合 4.11 节的有关规定。

b. 混凝土表面应平整、密实,预应力部位不得有蜂窝、露筋现象。

(6)封端。

孔道压浆后,立即将梁端水泥浆冲洗干净,同时清除锚垫板、锚具及端面混凝土的污垢,并将端面混凝土凿毛,绑扎端部钢筋网,拼装端模,立模后校核梁的全长,固定模板,浇筑封端混凝土。

因为封端部位钢筋多,空间小,所以要仔细操作,认真振捣,确保锚具处的混凝土密实。

4.14.9　先张法预应力施工

1)施工准备

(1)审核设计文件,进行技术交底。

(2)做好施工所需的劳动力组织、机械设备组织、材料组织。

（3）做到预制场内清洁,布局合理有序。

2）施工工序

以空心板为例,施工工序为:施工前提条件→涂隔离剂→张拉钢绞线→绑扎钢筋→立侧模、端模→浇筑混凝土→养护→封端混凝土→放张→移梁。

3）施工技术与工艺

（1）为了便于脱模,在浇筑混凝土之前,对台面及模板应先刷隔离剂。预应力筋遭到油污时一定要清除干净。

（2）施加应力所用的机具设备及仪表应专人使用和管理,并应定期维护和校验。千斤顶与压力表应配套检验,以确定张拉力与压力表之间的关系曲线,校验应在经主管部门授权的法定计量技术机构定期进行。张拉机具设备应与锚具配套使用,并应在进场时进行检验和校验。对长期不使用的张拉机具设备,应在使用之前进行全面校验。使用期间的校验期限应视机具设备的情况确定。当千斤顶使用超过6个月或200次或在使用过程中出现不正常现象或检修以后,应重新校验。弹簧测力计的校验期限不宜超过2个月。

（3）预应力筋的张拉应按设计和相关规范要求执行。

（4）浇筑混凝土时先铺底振捣后安装芯模（木模、钢模）,最后浇筑第二阶段混凝土。芯模应涂刷隔离剂,每次使用后,应妥善存放,防止污染,破损及变形。

（5）浇筑时防止空心板芯模上浮、下沉和偏位,措施可参考如下。

①沿梁长度每隔1m绑扎一道 ϕ6mm 定位箍筋,定位箍筋与梁的架立钢筋相连,绑扎牢固。

②在芯模顶部布置2~3根通长钢筋与定位钢筋连为一体。

③在空心板跨中和四分点处设一根长度和顶板厚度相同的 ϕ30mmPVC 管,用以观察芯模上浮、下沉情况。

④对称、平衡地浇筑混凝土,混凝土坍落度宜取4cm左右,可在施工中总结。

（6）预应力筋的放张。

①先张法预应力筋放张时,构件混凝土强度应符合设计与规范要求。放张前,最好在现场先剪断2~3根预应力钢丝,测定钢丝回缩值情况,如钢丝平均回缩值符合要求,再正式进行放张。

②预应力筋的放张顺序应符合设计要求,设计未达到要求时,应分阶段、对称、相互交错地放张。在预应力筋放张之前,应将限制位移的侧模,翼缘模板或内模板拆除。

③对于配筋不多的钢丝,可采用逐根锯割剪断。对于配筋多的钢丝,应采用同时放张,不允许逐根放张,否则最后几根钢丝会由于承受拉力过大而突然断裂,导致构件端部开裂。

④对于张拉力大的多根冷拉钢筋或钢绞线,应采用同时放张。

⑤预应力筋全部放松后,用砂轮切割外露钢筋,并用砂浆封闭或涂刷防蚀材料,防止生锈。长线台座上预应力筋的切割顺序,宜由放张端开始,逐次切向另一端。

（7）空心板梁存放期不宜超过2个月,端头垫枕木平放,不准垒堆,跨中上拱不超过2cm。

4）施工质量要求

（1）应选择品质优良的混凝土,尽量采用大粒径、强度高的集料,严格控制混凝土坍落度,以减少因混凝土收缩和徐变引起的预应力损失。

（2）拌和料中可掺入适量的减水剂,严格控制水、水泥、减水剂用量精确到±1%,集料用量精确到±2%。

（3）振捣棒振捣尽量不碰及钢筋和模板;芯模安装后,其下方不得过振,防止混凝土挤入使芯模上浮。

（4）浇筑混凝土时,应分底板、腹板、顶板顺序进行。

（5）钢筋、钢筋网加工及安装实测项目见评定标准表。

（6）预制梁（板）实测项目见评定标准表。

（7）钢绞线先张法实测项目见评定标准表。

5）安全文明

（1）建立完善的安全责任体系,由专人负责检查。

（2）张拉时严禁台座附近有闲杂人员,所有施工人员必须佩戴安全帽。

（3）张拉台座两端均砌筑高度不小于1.5m的安全防护墙,以保护张拉人员的人身安全。

图 4-14　电线横穿道路

（4）电线横穿道路时应有保护措施（图 4-14）。

6）梁的安装（以 30m 为例）

安装前应对墩台支座垫层表面及梁底面清理干净，并检查支座的中心位置。支座垫石顶面高程应符合图纸规定。空心板的安装采用由专业桥梁机械厂生产的架桥机安装，安装跨径 30m 的 1 台，配有纵向、横向行走装置，以及运梁平车。由轨道平车将空心板梁运至架桥机后跨内，架桥机导梁上的平车将空心板梁吊起运至架设孔位，由导梁的横向行走装置将空心板梁送至安装位置就位。当该孔空心板梁安装完成后，在桥面上延伸轨道平车的钢轨，将导梁上的平车退到导梁后面，再将架桥机移至下一孔，安装下一孔空心板梁。梁板安装绝不允许板式支座出现脱空现象，并应逐个进行检查，吊装时安排安全员和熟练的吊装工，保证整个过程的安全（图 4-15 和图 4-16）。

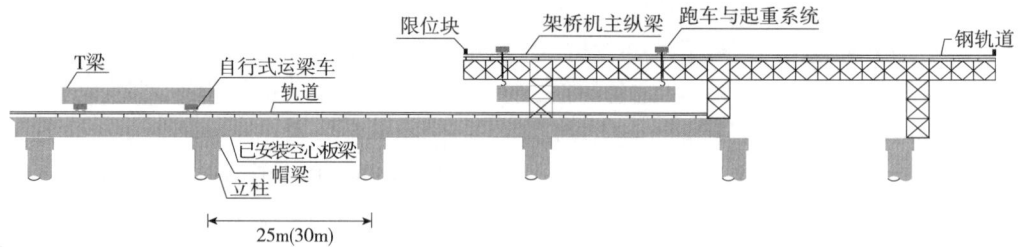

图 4-15　运梁、架梁示意图

4.14.10　预应力 T 梁施工

本项目有 25m、30m、35m、40m、50mT 梁，考虑上部构造数量大，要求所有 T 梁采用集中预制，然后逐孔安装，预制采用龙门吊施工，安装 T 梁采用架桥机，其施工要点如下。

1）预制场的布设

依据桥梁的分布情况，为便于施工管理，合理选择预制场，尽可能设置在桥头，底座数量根据实际施工需要设置。图 4-17 为 35m 预制场平面布置图，仅供参考。

2）预制台座

（1）由于 T 梁自重较大，反拱度也会较大，且为后张预应力，所以台座必须牢固，在预制底座时先预埋锚固台座钢筋，从吊装考虑，距底座端 40～60cm 两头各设以开口，设置活动底座，以便吊装。台座下 5～7cm 处隔 0.8m 预埋对拉孔位，横隔板位置加设对拉杆，底模采用 10mm 厚钢板。

（2）为了防止预制梁上拱过大，预制梁与桥面现浇层由于龄期差别而产生过大收缩差，存梁期不超过 90d，若累计上拱值超过计算值 10mm，应采取控制措施。预制梁应设置向下的二次抛物线反拱。预制 T 梁在钢束张拉完后，各存梁期跨中上拱度计算值及二期恒载所产生的下挠值如表 4-51 和表 4-52 所示，施工单位可根据工地的具体情况（如存梁期、混凝土配合比、材料特性及地区气候等）以及经验设置反拱。反拱值的设计原则是使梁体在二期恒载施加前上拱度不超过 20mm，桥梁施工完成后桥梁不出现下挠。施工设置反拱时，预应力管道也同时反拱。

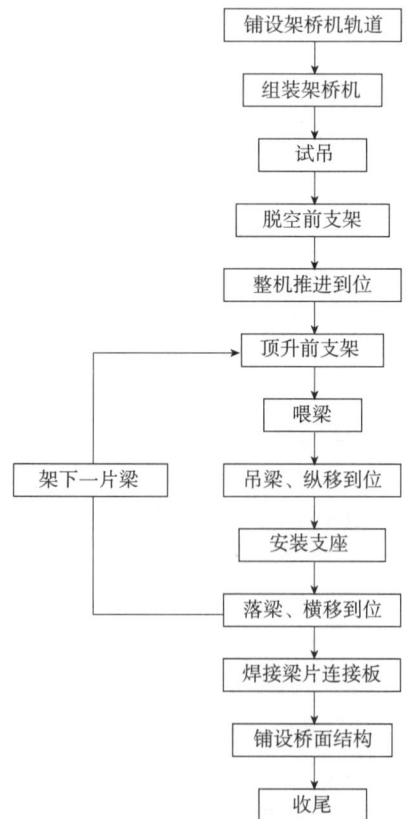

铺设架桥机轨道
↓
组装架桥机
↓
试吊
↓
脱空前支架
↓
整机推进到位
↓
顶升前支架
↓
喂梁
↓
吊梁、纵移到位
↓
安装支座
↓
落梁、横移到位
↓
焊接梁片连接板
↓
铺设桥面结构
↓
收尾

架下一片梁

图 4-16　梁体安装施工工艺框图

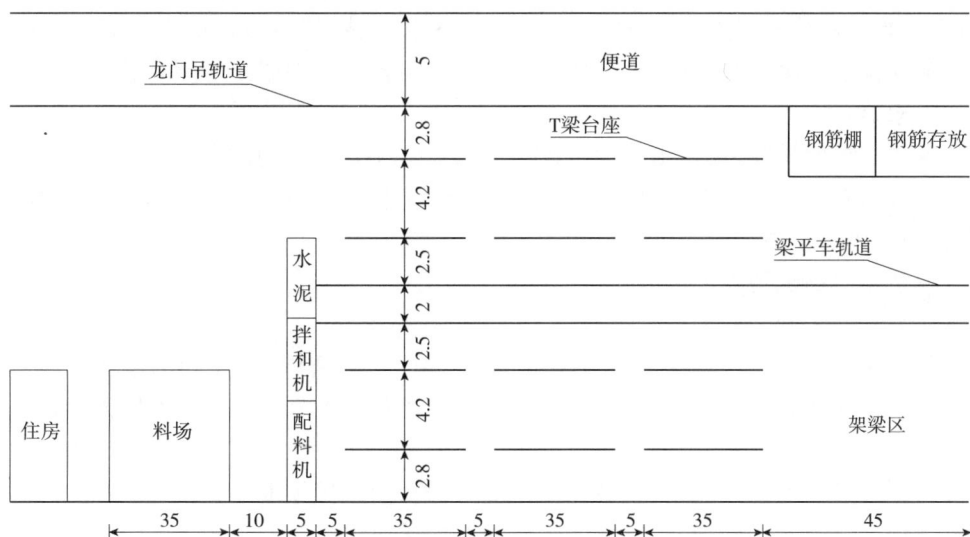

图 4-17 T梁预制场平面布置图(尺寸单位:m)

35mT 梁预加力引起的上拱度及二期恒载产生的下挠度　　表 4-51

位置		钢束张拉完上拱度 (mm)	存梁 30d 上拱度 (mm)	存梁 60d 上拱度 (mm)	存梁 90d 上拱度 (mm)	二期恒载产生的下挠度 (mm)
边梁	边梁	28.4	47.5	50.3	51.7	−6.6
	中梁	24.3	40.8	43.3	44.5	−1.9
中梁	边梁	22.9	38.8	41.1	42.2	−5.1
	中梁	18.6	31.7	33.6	34.6	−1.4

注:正值表示位移向上,负值表示位移向下。

25mT 梁预加力引起的上拱度及二期恒载产生的下挠度　　表 4-52

位置		钢束张拉完上拱度 (mm)	存梁 30d 上拱度 (mm)	存梁 60d 上拱度 (mm)	存梁 90d 上拱度 (mm)	二期恒载产生的下挠度 (mm)
边梁	边梁	28.4	40.4	42.1	42.9	−4.1
	中梁	21.4	30.7	32.0	32.7	−1.1
中梁	边梁	23.1	33.0	34.4	35.1	−2.2
	中梁	18.2	26.1	27.2	27.7	−0.6

注:正值表示位移向上,负值表示位移向下。

3)模板加工

模板采用整体钢模。模板加工时不但要满足强度、平整度等设计要求,而且要考虑模板安装、拆卸的方便,同时按最佳位置布设高频附着式振动器支架(图 4-18)。

4)梁的预制施工

(1)钢筋绑扎及预应力管道布置。

按设计图纸将 T 梁腹板和横隔板钢筋骨架绑扎好,置于预制底座上,翼板钢筋则在 T 梁侧模安装好后再绑扎。

预应力管道采用波纹管成孔。波纹管按设计图纸给出的孔道坐标用钢筋定位在 T 梁腹板钢筋骨架内,孔道曲线部分定位钢筋适当加密。预应力管道的位置必须严格按坐标定位并用定位钢筋固

图 4-18 模板加工现场

定,定位钢筋与空心板腹板箍筋点连接,严防错位和管道下垂,如果管道与钢筋发生碰撞,应保证管道位置不变而适当挪动钢筋位置。浇筑前应检查波纹管是否密封,防止浇筑混凝土时阻塞管道。

(2)穿预应力钢绞线束。

将预应力钢绞线按设计长度下料,用扎丝捆绑成束,绑扎时按一定的间距,要求牢固,保证在穿束时不会松散。穿束工作采用人工直接穿束,为保证穿束顺利,在钢束端头用胶布适当包扎或绑扎一个带锥形的套头,以减小束头与孔道的阻力。

钢绞线的下料使用切割机切割,严禁使用电焊。

(3)模板的安装。

T梁装模前先在模板的接缝位置用强力胶粘贴5mm厚的止漏海绵,用龙门吊起吊安装侧模和端模,用模板上的调节螺栓来支撑并调整模板的垂直度,紧固底部对拉螺杆,在绑扎好翼板钢筋后,紧固顶部对拉螺杆。

由于横隔板的连接采用湿接头,在安装横隔板模板时需预留连接钢筋。

模板安装时注意保证接缝严密,同时应保证钢筋的保护层厚度。

模板安装时注意在翼板上预留吊孔位置,边梁模板安装时,将外翼板沿桥长每隔2.5m用1cm厚木板设一道断缝,缝长自边缘向内45cm,断缝内的钢筋需割断,这样可避免和减少边梁在施加预应力时产生侧向翘曲。

(4)混凝土浇筑工艺。

T梁混凝土配合比由试验室确定。混凝土浇筑时采用龙门吊配合料斗浇筑,附着式振动器与插入式振动器相结合振捣。

T梁混凝土的浇筑工艺主要控制浇筑方法和混凝土的振捣。

T梁混凝土采用一气呵成的连续浇筑法,并采用水平分层浇筑,浇筑方法如下:

浇筑方向从梁的一端循序进展到另一端,在将近另一端时,为避免梁端混凝土产生蜂窝等不密实现象,应改从另一端向相反方向投料,而在距该端4~5m的位置合龙。

分层下料、振捣,每层厚度不超过30cm,上下层浇筑时间相隔不超过1h(当气温在30℃以上时)或1.5h(当气温在30℃以下时),上层混凝土在下层混凝土振捣密实后方能浇筑,以保证混凝土有良好的密实度。

T梁的马蹄部分钢筋和预应力管道比较集中,为保证质量,可先浇筑完马蹄部分,后浇筑腹板。横隔板与腹板同时浇筑,浇筑时应分段分层,平行作业。

为避免腹、翼板交界处因腹板混凝土沉落而造成纵向裂纹,可在腹板混凝土浇筑完成后略停一段时间,使腹板混凝土能充分沉落,然后再浇筑翼缘板。但必须保证在腹板混凝土凝结前将翼板混凝土浇筑完毕,并及时整平、收浆。

当混凝土浇筑的间歇时间超过规定时间,或前层混凝土已凝结,则要待前层混凝土具有不小于1.2MPa强度时,才能浇筑下一层混凝土。重新浇筑时,先要对前层混凝土进行凿毛及清理或做台阶处理等。

T梁混凝土浇筑时,应特别注重混凝土的振捣,振捣由专人负责,附着式与插入式振捣器相结合。预应力锚具位置的预埋件和加固钢筋很多,应特别注意混凝土的密实性,细心振捣,必要时可使用小集料混凝土浇筑。

施工中应严格控制混凝土的拌和质量和坍落度。为减少T梁混凝土的待强时间,混凝土拌和时,可按试验室确定的比例加入减水剂。

(5)张拉工艺。

按设计要求,当预制T梁混凝土强度达到设计强度的85%且混凝土龄期不小于7d时,才能进行预应力张拉,预应力张拉采用两端同时张拉的方法,张拉时采用"张拉力、延伸量"双控制。具体操作严格按照《公路桥涵施工技术规范》(JTG/T F50—2011)的相关章节执行,规范安全操作。

首先重新标定,根据标定值及张拉力确定油表读数,计算伸长值。千斤顶、油表、油泵配套使用,使用200次以后重新标定。锚具、钢绞线在使用前进行检验。同时,正式张拉前还应进行管道摩阻系数测试,准备工作完成后进行张拉,首先穿索,为防止钢绞线在孔道内缠绕,穿束端用胶带缠紧,长度不小于50cm,其他部位用 22 号铅丝绑扎,使整束保持顺线,穿束完成后,安装千斤顶、锚具,进行张拉。为使钢绞线在孔道内充分舒展而施加预应力,其伸长值为邻级伸长值,然后分段张拉到控制应力再超张拉一定量值,测得伸长值。张拉采用两端张拉、双控,应力控制为主,钢绞线伸长值作为校核,伸长值偏差控制在 ±6% ,超过 ±6% 查明原因,再进行张拉。

夹片式锚具钢绞线束张拉顺序为:

普通松弛力筋　0 ——→初应力——→1.03σ_{con}(锚固)

低松弛力筋　0 ——→初应力——→σ_{con}(持荷 2min 锚固)

理论伸长值的计算及实际伸长值的量测方法如下。

①预应力筋理论伸长值

$$\Delta l = P \times L / A_y \times E_g \tag{4-17}$$

式中:P——预应力筋的张拉力(kN);

$\quad L$——从张拉端至计算截面孔道长度(cm);

$\quad A_y$——预应力筋截面面积(mm^2);

$\quad E_g$——预应力筋的弹性模量。

②实际伸长值的量测

实际伸长值为

$$\Delta l = \Delta l_1 + \Delta l_2 \tag{4-18}$$

$$\Delta l_1 = P \times L / (A_y \times E_g)$$

式中:Δl_2——初应力 σ_0 时推算的伸长值,$\Delta l_2 = \sigma_0 \times L / (A_y \times E_g)$;

$\quad \Delta l_1$——从初应力至最大张拉应力间的实测伸长。

因摩阻取自实测,E_g 取自钢绞线检测报告,故每组中只列出计算公式。具体张拉伸长值在实施张拉前进行摩阻实测,然后计算伸长值,把伸长值计算书上报经批准后实施。

(6)孔道压浆。

压浆工艺详见4.14.8节相关内容。

(7)封端。

孔道压浆后,立即将梁端水泥浆冲洗干净,同时清除锚垫板、锚具及端面混凝土的污垢,并将端面混凝土凿毛,绑扎端部钢筋网,拼装端模,立模后校核梁的全长,固定模板,浇筑封端混凝土。

由于封端部位钢筋多、空间小,要仔细操作,认真振捣,确保锚具处的混凝土密实。

4.14.11 预应力施工注意事项

(1)单孔跨径40m 及以上的预应力连续梁桥,应采用真空压浆工艺。真空压浆工艺见4.14.8节相关内容。

(2)承包人在张拉开始前,应向监理工程师提交详细说明、图纸、张拉应力和延伸量的静力计算,请求审核。

(3)张拉设备应定期成套(千斤顶和相配套的油压表)进行标定,根据工程需要,编制所需各种张拉力值相应的每台千斤顶的油压表示值数汇总表供现场施工查用。

(4)张拉全过程采用张拉力和延伸量两指标双控操作,初始张拉力为张拉力的10% ~15% ,初始拉力推算伸长值取张拉力的10%~20%实测伸长值,故实际张拉过程中还应准确读取20%张拉力的延伸量值。

(5)在张拉完成以后,测得的延伸量与计算延伸量之差应在 ±6% 以内,否则,查明原因并进行妥善处理。

(6)预应力钢材张拉后,应测定预应力钢材的回缩与锚具变形,对于夹片式锚具,不得大于6mm。如果大于上述允许值,应重新张拉,或更换锚具后重新张拉。

(7)预应力钢材的断丝、滑丝,不得超过规定,如超过表 4-53 限制数,应进行更换。

后张预应力筋断丝、滑移限制数 表 4-53

类别	检查项目	控 制 数
钢丝束和 钢绞线束	每束钢丝断丝或滑丝	1 根
	每束钢绞线断丝或滑丝	1 丝
	每个断面断丝之和不超过该断面钢丝总数的	1%
单根钢筋	断丝或滑移	不容许

（8）张拉后 48h 内必须压浆,压浆前应提前 12h 以上将锚具周围的钢丝间隙和孔洞填封,以防冒浆。

（9）水泥砂浆或净浆应采用强制拌和机械拌和,且应具有拌和用水的准确计量装置,每盘外掺剂应准确添加,确保浆体质量符合技术规范要求。

（10）预应力张拉和压浆均应在现场监理旁站下进行施工。

4.14.12　移梁和存梁

（1）梁体移动时,必须在张拉压浆完成且压浆砂浆达到规定的强度后进行。

（2）梁体起吊时应严格按照设计规定的吊点位置进行捆梁和吊装,千斤绳与梁体接触部位应用木板、麻袋、橡皮、角钢等垫衬护角。

（3）梁体落放时必须待梁体安放平稳和支撑牢固后方可松开吊绳。

（4）梁体存放场地应平整夯实,四周开挖排水沟,确保场地内不积水。

（5）梁体存放时应放置在枕梁或垫木上,支垫的位置应与设计临时支座位置相符。

（6）梁体分层堆放时,最多不超过两层,并注意按架设的先后顺序堆放。上层梁体的重心应位于下层梁体的腹板范围之内,并且及时支撑牢固。

（7）预制梁板不得长时间存放,最长不得超过 60d,以免预拱度过大,预制梁板与现浇段结合部宜在混凝土终凝前彻底凿毛。

（8）梁片编号。梁体预制完成后,应在各梁片上标注梁片号（T 梁在腹板侧面、预制板梁和箱梁在梁底）,其具体要求如下。

①标明桥名、编号、制作日期及施工单位和监理单位名称。

②标注梁片编号沿路线里程增长方向按左、右幅分别从右侧向左侧第一片梁片编起。

③编号标志规格宽度为 90cm、高度为 48cm（平均每行 12cm）,中文字体为印刷黑体,规格为 5 cm × 8cm,采用红色油漆标注于梁片跨中处,见表 4-54。

梁片标志 表 4-54

桥名	×××大(中、小)桥	梁 号	左(右)×—×
施工单位			
监理单位			
浇筑日期	××年×月×日	张拉日期	××年×月×日

4.14.13　T 梁的安装

架桥机由专业桥梁机械厂生产,起吊能力及安装跨径根据设计图纸计算确定,配有纵向、横向行走装置,以及运梁平车。结构连续一联上部结构施工顺序为:主梁预制→架梁,浇筑墩顶现浇连续段及翼缘板、横隔板及湿接缝,张拉中墩顶 T 梁负弯矩钢束→形成连续体系→浇筑桥面现浇层混凝土→安装护栏,浇筑沥青混凝土铺装、安装附属设施→成桥。

1）安装程序

由轨道平车将 T 梁运至架桥机后跨内,架桥机导梁上的平车将 T 梁吊起运至架设孔位,由导梁的横向行走装置将 T 梁送至安装位置就位;在 T 梁就位准确后,将 T 梁横隔板的预留钢筋与相邻 T 梁焊接,同时在

T梁的另一面用型钢或枕木将T梁支撑稳定在盖梁上,防止T梁倾覆。至此,一片T梁便安装完毕。当该孔T梁安装完成后,在桥面上延伸轨道平车的钢轨,将导梁上的平车退到导梁后面,再将架桥机移至下一孔,安装下一孔T梁。梁的架设一般先安装其中一片边梁,再安装其他梁。每跨第一片边梁安装就位时,应做可靠的临时支撑,待与其相接的下一片梁安装就位后,再将两片梁横隔板上的钢筋互相焊接。同时在架桥机飘架和吊运梁之前,应将前一跨所有梁的横隔板钢筋焊接,以增加桥面的整体性,防止已吊装的T形梁倾倒(图4-19)。

图4-19　T梁安装

2)安全操作注意事项

(1)梁起吊、放落均应平稳操作,避免大的冲击和振动,造成其他质量、安全事故。

(2)梁起吊和安装有专人指挥,严禁盲目施工、擅自操作;T梁吊装时,严禁下方站人。

(3)定期检查起吊设备和钢丝索具,使之始终处于安全、良好的状态,避免安全事故发生。

(4)桥梁架设若采用架桥机吊装。只有主梁间横隔板的连接和翼板湿接缝混凝土浇筑后,且达到混凝土设计等级的85%并采取压力扩散措施后,方可在其梁上运输。架桥机在桥上行驶时必须使架桥机重量落在梁肋上,施工单位应按所采用的架桥机型号对主梁进行施工荷载验算,验算通过后方可施工。梁随架桥机纵移和横移时应仔细观察架桥机的行走情况,如果发现不正常,应立即停机,待处理恢复正常后,才能继续施工。

(5)预制梁采用设吊孔穿束兜梁底的吊装方法。预制梁运输、起吊过程中,应注意保持梁体的横向稳定,架设后应采取有效措施加强横向临时支撑,连接现浇连续段连接钢筋和翼缘板、横隔板接缝钢筋等,以增加梁体的稳定性和整体性。

(6)架桥机跨墩纵移时,可在后端吊挂一片梁作配重,以增加架桥机抗倾覆的安全系数。

4.14.14　质量评定

梁(板)质量评定如表4-55~表4-57所示。

梁(板)预制实测项目　　　　　　　　　　　　　　　　　表4-55

项次	检查项目			规定值或允许偏差	检查方法和频率
1	混凝土强度(MPa)			在合格标准内	按《公路工程质量检验评定标准　第一册　土建工程》(JTG F80/1—2004)附录D检查
2	梁(板)长度(mm)			+5,−10	尺量:每梁(板)
3	宽度(mm)	干接缝(梁翼缘、板)		±10	尺量:检查3处
		湿接缝(梁翼缘、板)		±20	
		箱梁	顶宽	±30	
			底宽	±20	
4	高度(mm)	梁、板		±5	尺量:检查2个断面
		箱梁		0,−5	
5	断面尺寸(mm)	顶板厚		+5,0	尺量:检查2个断面
		底板厚			
		腹板或梁肋			
6	平整度(mm)			5	2m直尺:每侧面每10m梁长测1处
7	横系梁及预埋件位置(mm)			5	尺量:每件

梁(板)预制与安装工程外观质量评定　　　　　　　　　　　表 4-56

项次	检查项目	外观质量要求	备注
1	混凝土	混凝土表面平整、棱角平直、无明显施工缝;蜂窝、麻面面积不得超过该面面积的 0.5%,深入不超过 1cm;混凝土表面不出现非受力裂缝	
2	封锚	封锚混凝土密实、平整	
3	填缝	梁板的填缝平整密实	
4	其他	梁体内不应遗留建筑垃圾、杂物、临时预埋件	

梁(板)安装实测项目　　　　　　　　　　　表 4-57

项次	检查项目		规定值或允许偏差	检查方法和频率
1	支承中心偏位(mm)	梁	5	尺量:每孔抽查 4~6 个支座
		板	10	
2	倾斜度(%)		1.2	吊垂线:每孔检查 3 片梁
3	梁(板)顶面纵向高程(mm)		+8,-5	水准仪:抽查每孔 2 片,每片测 3 点
4	相邻梁(板)顶面高差(mm)		8	尺量:每相邻梁(板)

4.14.15　梁湿接头的施工

T 梁的湿接头包括翼板湿接头和横隔板湿接头,即在横隔板接头处预埋一定数量的钢筋,在焊接后再装模浇筑接口混凝土。T 梁就位后,按设计绑扎翼板接头钢筋及焊接横隔板预留钢筋,然后装模浇筑混凝土。

4.14.16　负弯矩预应力施工

(1)负弯矩预应力施工时间相对靠后,应做好孔道封口保护及锚垫板的防锈处理。

(2)不得先穿束后浇筑梁端连续段混凝土,梁端连续段混凝土强度必须达到设计要求后方可穿束进行负弯矩预应力施工。

(3)张拉前对预留孔道应用通孔器或其他可靠方法进行检查。

(4)预应力筋的张拉顺序应符合设计要求。设计无规定时,按先短束后长束并待短束封锚混凝土强度达到 85% 以上方可张拉长束的顺序进行。

(5)端部预埋板与锚具和垫板接触处的焊渣、毛刺、混凝土残渣等应清除干净,封端混凝土槽口清理合格后方可填筑混凝土。

4.14.17　预制梁板注意事项

(1)混凝土配合比由试验室确定。混凝土浇筑时采用龙门吊运输,插入式振动器振捣。T 梁在马蹄部位以 1.5m 的间距梅花形布置附振。附振功率 1.1kW。

(2)混凝土浇筑按水平分层、纵向分段进行,混凝土分层浇筑厚度不超过 30cm。上下层间距 1.5m 以上,混凝土浇筑至梁端 4m 时,掉头从梁端向已浇筑混凝土的部位施工,以确保梁端混凝土密实。施工工艺需满足技术规范要求,掌握好混凝土振捣的程度,既不漏振也不过振,同时应加强对预留和预埋件的保护,确保其位置的正确性。

(3)由于梁体截面较小,各种钢筋和预应力管道密布,预留孔洞和预埋件较多,混凝土浇筑前应特别注意对预应力管道和锚头位置的检查,施工过程中对其加强保护,确保其定位准确。

(4)拆模时根据具体情况掌握混凝土拆模的时间,严防拆模时间控制不当造成梁体掉边缺角后再行修补所带来的外观缺陷。

(5)预制梁顶、预制梁端面与连续结构的端横隔板侧面混凝土表面应进行严格的凿毛处理,最好在浇筑

T梁后及时进行。为了保证凿毛的效果并减轻劳动强度,拆模后应及时组织人员对梁体端部、翼板外边等需要凿毛的部位按施工规范要求进行凿毛处理。

(6)需要封端的梁体,在预应力张拉和压浆封锚后应在梁场进行封端,不得待架梁后进行,确保封端质量。

(7)横隔板钢筋骨架的位置,施工时应准确放样,以期给搭接钢筋的顺利焊接及绑扎创造条件。

(8)浇筑桥面现浇层混凝土前应将梁顶浮浆、油污清除干净,以保证新、老混凝土良好结合。

(9)预制梁简支安装时,应设置临时支座,待桥面现浇层混凝土施工完成后才能拆除。

(10)斜交桥梁预制时应注意桥梁斜交方向。

(11)浇筑空心板时,用槽钢制作压内模的压板,在顶部每隔5m放置一道,以防止因芯模上浮导致顶板厚度不足,施工时每片梁板顶在跨中预留圆形检测孔,孔径2~3cm,以便检查梁体顶板厚度。

4.14.18 安全文明

(1)为保证架梁的质量和安全,操作人员应为专业队伍。架梁现场应有明显标志,与该工作无关的人员严禁入内。

(2)使用钢轨的,钢轨的两侧必须设置限位装置,并经常检查限位装置的完好性。

(3)滑轮运转不正常情况下,应立即停止进行检查。钢丝绳必须每天检查。

(4)作为架梁时工作人员行走的"天桥",必须设置严格、规范的防护栏杆,确保施工安全。

(5)加强起重吊装设备检修,对所有起重、运输工具设备,使用前应进行全面的检修,特别是重型吊装机械,必须经过荷重试吊合格后,方可正式使用,在统一指挥下进行作业。

4.15 支架式现浇连续梁施工

4.15.1 施工前准备

(1)审核设计文件,现浇施工方案已经审批,对施工班组进行技术交底。

(2)人员到位,并配置合理,支架现浇施工中应有测量员、架子工、木工、钢筋工、混凝土工、电工、电焊工等。

(3)支架现浇施工中的支架、模板、起吊等设备耗用量大,钢筋、水泥预压材料等用量多,应组织材料、设备提前进场。

4.15.2 施工技术与工艺

支架现浇施工大体分为四个阶段,即支架的拼装与预压、模板的安装、钢筋的加工与安装、混凝土浇筑。由于支架法施工支架和模板用量较大,工期较长,故施工组织显得很重要,应该制订详实可行的施工用料、用人计划,并考虑一些突发性的天气如暴雨、强风、大雪等自然因素的影响。

4.15.3 地基处理

连续梁施工前,首先将桥跨处场地推平、碾压,压实度达到96%以上,个别软弱地基填以灰或砂砾,分层夯实,确保地基承载能力200kN/m²。确保现浇施工安全。地基的处理范围至少应宽出搭设支架之外0.5m,地基处理妥善后,应尽快修整排水设施,防止雨水或混凝土浇筑和养生过程中滴水对地基的影响。

4.15.4 支架

(1)支架的类型。支架按其构造分为支柱式、梁式和梁柱式支架,其适用范围参照表4-58;按材料分为木支架、钢支架、钢木混合支架和万能杆件拼装的支架。各种类型之间应结合具体的施工情况选择。

支架的适用范围		表 4-58

支架类型	适用范围
立柱式支架	用于陆地或不通航河道以及桥墩不高的小跨径桥梁施工
梁式支架	根据跨径不同,梁可采用工字钢、钢板梁或钢桁梁。工字钢适用于跨径小于 10m,钢板梁适用于跨径小于 20m,钢桁梁适用于跨径大于 20m 的情况
梁柱式支架	用于桥梁较高、跨径较大或必须在支架下设孔通航或排洪时的情况

（2）预应力混凝土连续梁的现浇支架采用贝雷支架及钢管支架相结合的施工方式,支架的布置根据梁截面大小并通过计算确定,以确保强度、刚度、稳定性满足要求。

支架应根据技术规范的要求进行预压,以收集支架、地基的变形数据,作为设置预拱度的依据,预拱度设置时要考虑张拉上拱的影响。预拱度一般按二次抛物线设置。

（3）搭设支架时应做到横杆水平、立杆竖直,还应加设剪刀撑以增加整个支架的稳定性。

架式现浇梁施工工序见图 4-20。

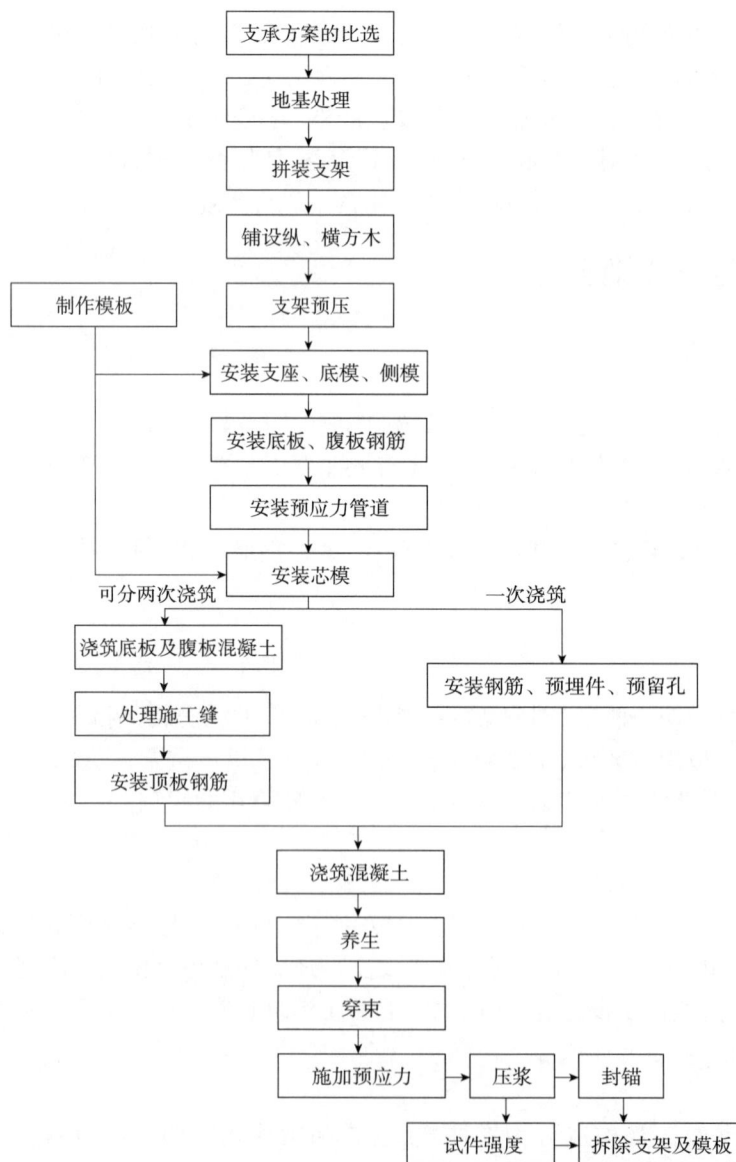

图 4-20　架式现浇梁施工工序图

4.15.5 模板

模板由底模、侧模及内模三个部分组成,一般预先分别制作成组件,在使用时再进行拼装,外模板以钢模板为主,内模板、齿板、堵头或棱角处采用竹胶板。

模板的椤木采用方钢、槽钢方木组成,布置间距以 75cm 左右为宜,具体的布置需根据连续梁截面尺寸确定,并通过计算对模板的强度、刚度进行验算。

模板的支撑应该牢固,对于翼板或顶板,采用框架式木支撑。对于一次性浇筑混凝土的连续梁,内模框架由设置在底模板上的预制块支撑,预制块混凝土强度同梁体强度等级。对于腹板模板,应根据腹板高度设置对拉性杆,对拉性杆宜采用塑料套管,以便拉杆取出,不得用气割将拉杆割断。连续梁混凝土是外露混凝土,要注意混凝土外观,各种接缝要紧密不漏浆,必要时在接缝间加密缝条。混凝土的脱模剂应采用清洁的机油、肥皂水或其他质量可靠的脱模剂,不得使用废机油。

4.15.6 支架的预压与预拱度

1)预拱度设置

(1)预拱度设置应按设计要求考虑。若设计未特别注明,可按照有关规范方法或参照以下方法计算,其考虑的主要因素有:

δ_1——卸架后上部结构自重及 50% 活载所生的竖向挠度;

δ_2——支架在荷载作用下的弹性压缩;

δ_3——支架在荷载作用下的非弹性压缩;

δ_4——支架在荷载作用下的非弹性沉陷。

其中,δ_3、δ_4 两项是非弹性变形,通过预压即可消除。δ_1 可在梁混凝土浇筑完毕成型后按结构力学的方法求算出。δ_2 可按如下的方法求出。

因为 δ_2 是荷载作用下的弹性变形,故可认为 $\delta_2 = H_{卸载后} - H_{卸载前}$,使 δ_2 更具有普遍意义。

$$\delta_2 = \frac{\sum_{i=1}^{n} \Delta h_i}{n}$$

其中 $\Delta h_i = H_{i卸载后} - H_{i卸载前}$,$H_{i卸载后}$ 为第 i 个观测点最终卸载后的高程,$H_{i卸载前}$ 为最终卸载前的高程,n 为布置观测点的数目。注意在选取观测点值时,经分析原因后删除那些明显不符合逻辑的测量值。

由此混凝土浇筑施工前的支架预拱度应为:$f_拱 = \delta_1 + \delta_2$。

(2)根据上述方法计算出跨中预拱度,其他各点的预拱度以此点按直线或二次抛物线进行分配。

2)支架的预压

现浇结构施工前必须进行支架预压,以检验支架设计的合理性和支架结构的可靠性,并可校验支架变形情况。

(1)加载的方法:支架的预压方式可用土袋或砂袋预压,也可采用水箱预压等。预压的重量和时间应能满足设计和规范的要求,预压前应对临时荷载的重量进行检验。

(2)布点及观测:从开始加载就应布设好观测点,观测点的布设要上下对应,目的是既要观测地基的沉降量(垫木上),又要观测支架、方木的变形量(底模上)。观测点的数量应为横、纵向每 2m 一个,即每 4m² 上下各一个点。观测次数一般为加载前、加载完毕、加载 12h、加载 24h、加载 48h 和加载完毕,共 6 次。应按时、准确、认真地测量数据。最后综合分析这些数据,删除不合理的值,为施工预拱度提供准确可靠的数据。

(3)支架的预压应加强稳定性观测,确保安全,一旦发现变形量不收敛则立即采取卸载或紧急撤离等措施。

(4)加载和卸载程序都须严格根据结构特点和监理工程师的批准进行。

4.15.7　普通钢筋和预应力筋

在安装并调好底模及侧模后,开始底、腹板普通钢筋绑扎及预应力管道的预设,混凝土一次浇筑时,在底、腹板钢筋及预应力管道完成后,安装内模,再绑扎顶板钢筋及预应力管道。

普通钢筋及预应力筋按规范的要求做好各种试验,并报请工程师批准,严格按设计图纸的要求布设,对于腹板钢筋,一般根据其起吊能力,预先焊成钢筋骨架,吊装后再绑扎或焊接成型,钢筋绑扎、焊接要符合技术规范的要求。

预应力管道采用镀锌钢带制作,预应力管道的位置按设计要求准确布设,并采用每隔50cm一道的定位筋进行固定,接头要平顺,外用胶布缠牢,在管道的高点设置排气孔。

锚垫板安装前,要检查锚垫板的几何尺寸是否符合设计要求,锚垫板要牢固地安装在模板上。要使垫板与孔道严格对中,并与孔道端部垂直,不得错位。锚下螺旋筋及加强钢筋要严格按图纸设置,喇叭口与波纹管道要连接平顺,密封。对锚垫板上的压浆孔要妥善封堵,防止浇筑混凝土时漏浆堵孔。

4.15.8　混凝土的浇筑

(1)混凝土应尽量采用一次性浇筑。混凝土的配合比应由试验室提前试配,并经监理工程师批复。混凝土的拌和应严格按施工配合比控制。

(2)混凝土浇筑前应用高压风将模板吹干净,对掉入钢筋架的任何杂物都要清理干净。对浇筑范围内的模板应洒水湿润,浇筑到下一段时再湿润,以防新浇筑的混凝土失水较快影响胶结硬化。

(3)混凝土浇筑完毕,待收浆后用土工布覆盖洒水养护。养护时间不得小于7d。

(4)现浇空心板、现浇箱梁内模定位措施可参照:

①内模避免漏浆,内模与底模之间每隔1.0m按底板厚度设置垫块。

②分层、对称浇筑,分层、对称振捣。

连续梁施工前,应做混凝土的配合比设计及各种材料试验,并报请工程师批准,并根据实际情况进行综合比较确定连续梁混凝土采用一次浇筑。

混凝土拌和采用拌和站拌和混凝土罐车运输,混凝土泵车泵送入模,混凝土浇筑前必要对拌和站、泵车等设备进行认真的检修,确保机况良好,必要时要备有应急设备,以防设备障碍造成混凝土浇筑过程中断。

混凝土浇筑时要安排好浇筑顺序,混凝土浇筑采用水平分层,斜向分段,横桥向全断面(以均匀消除沉降)推进式从低端向高端纵桥向连续浇筑;对于箱形梁同一截面,浇筑混凝土时应先浇筑腹板处,再从工作口浇筑底板处,最后再浇筑顶板混凝土。其浇筑速度要确保下层混凝土初凝前覆盖上层混凝土。一般为防止桥墩与支架发生沉降差而导致墩顶处梁体混凝土产生裂缝,应自跨中向两边墩台连续浇筑。

混凝土的振捣采用插入式振捣器进行,振捣器移动间距不超过其作用半径的1.5倍,并插入下层混凝土5~10cm。对于每一个振动部位,必须振动到该部位混凝土密实为止,不可漏振或过振。振捣时要避免振捣棒碰撞模板、钢筋,尤其是波纹管,不得用振捣器运送混凝土。对于锚下混凝土及预应力管道下的混凝土振捣要特别仔细,保证混凝土密实,由于该处钢筋密、空隙小,振捣棒一般要选用小直径的。

4.15.9　张拉

在进行张拉作业前,必须对千斤顶、油泵进行配套标定,并每隔一段时间进行一次校验。有几套张拉设备时,要进行编组,不同组号的设备不得混合。同时,T梁及箱梁预应力正式张拉前应进行管道摩阻系数测试。

当梁体混凝土强度达到设计规定的张拉强度(试压与梁体同条件养生的试件)时,方可进行张拉。

连续梁预应力的张拉采用双控,即以张拉力控制为主,以钢束的实际伸长量进行校核,实测伸长值与理论伸长值的误差不得超过规范要求,否则应停止张拉,分析原因,在查明原因并加以调整后,方可继续张拉。

后张法预应力筋张拉时的理论伸长值为 $\Delta L = PL/A_yE_g$，P 为预应力筋的平均张拉力。由于预应力筋张拉时，应先调整到初应力，再开始张拉和量测伸长值，实际伸长值由两部分组成：一是初应力至张拉控制应力部的实测伸长量；二是初应力时推算的伸长值，实际伸长值为两者之和。

张拉程序按技术规范的要求进行，张拉过程中的断丝、滑丝不得超过规范或设计的规定，如超过应更换钢丝或采取其他工程师同意的补救措施。

张拉顺序按图纸要求进行，无明确规定时按分段、分批、对称的原则进行张拉。

4.15.10 压浆、封锚

压浆与封锚施工工艺及技术参数同4.14.8节相关内容。

4.15.11 模板拆除及卸架

（1）当混凝土强度达到2.5MPa后，方可拆除非承重模板。当混凝土强度不小于设计强度标准值的75%时，方可拆除承重模板。拆模时应小心，不得有震动、重敲、强扭，防止薄板、变截面处混凝土产生裂缝。

（2）对于预应力梁，应在预应力筋张拉完毕后或张拉到一定数量之后，再拆除承重模板，以免梁体混凝土受拉造成不良影响。

（3）梁的落架程序应从梁挠度最大处的支架节点开始，逐步卸落相邻两侧的节点，并要求对称、均匀、有顺序地进行；同时要求各节应分多次卸落，以使梁的沉降曲线逐步加大。通常简支梁和连续梁可从跨中向两端进行；悬臂梁则应先卸落挂梁及悬臂部分，然后卸落主跨部分。此项工作宜在白天进行，且卸落支架时应由专人负责指挥以策安全。

4.15.12 施工质量要求

（1）模板接缝紧密，拆模后不漏浆，无蜂窝、麻面，表面光洁。
（2）线条清晰直顺，无掉块。
（3）集料不外露，不露筋，钢筋保护层厚度符合要求。

4.15.13 安全文明

现浇支架施工为高空、双层作业，必须有完善的安全防范措施。

（1）组织施工人员进行安全教育和安全学习。对整个施工工序及操作要点进行全面的技术交底，使所有的操作人员和管理人员掌握操作技术。该项工作应由主管工程师亲自安排，专职安全员监督落实，并做好记录。

（2）设立安全领导小组，制订安全规章制度，由专职安全员现场监督落实。

（3）所有进入工地人员必须戴安全帽。高空作业人员必须带安全带和防滑鞋。设上下扶梯，扶梯周围挂安全网。

（4）支架的两侧应有工作平台，边侧设高度不小于1.80m的安全防护栏，侧面满挂安全网。梁翼缘下的支架上应铺脚手板，并与支架连成整体，不得留有空头板，脚手板的端头设有栏杆和安全网。安全栏杆、脚手板、爬升梯和安全网等必须经专门设计，各种安全防护材料要经过检验合格后方可使用。防护设施完成后经安全领导小组验收合格后方可投入使用。

（5）对于跨路时封闭的道路，要根据现场实际情况，设置隔离栏杆和醒目的标志牌、限速牌，夜间要设置指示灯。对于要在支架中设行车通道的，则行车道两旁的支架要设置防撞设施，两头要有专人指挥交通。通道顶部要设置一层隔离板，侧面挂设安全防护屏，使施工材料、机具不能落到行车道上，以策安全。

（6）现场布置应有序、整洁，避免施工废物、噪声污染周围环境。
（7）箱体内杂物、垃圾清理干净，不积水，设好通气孔。

4.16　悬臂浇筑施工

4.16.1　施工准备

（1）做好0号块、悬浇段施工组织设计,分段安排材料、人员、设备的投入,环环紧扣,确保施工有条不紊地进行。

（2）提前做好各预埋件和挂篮的加工;检修混凝土拌和楼、输送泵、备用电等相关机械设备。

（3）钢绞线、千斤顶等材料设备完成试验和标定。

（4）箱梁混凝土配合比及7d、28d强度和弹性模量数据齐全。

（5）0号块、悬浇段施工技术交底完成,技术交底工作应面及技术管理人员、施工班组、测量班组、试验室、拌和楼等。

（6）挂篮制作并预压,数据采集完毕。成立悬浇监控部门,形成数据采集(测量)→数据整理→确定立模高程→签发的工作程序。

（7）确定边跨、中跨合龙段方案。

4.16.2　施工工序

总体工序:托架预埋→0号块施工→挂篮安装→1号块浇筑→挂篮前移→循环作业至倒数第二块悬臂段→完成边跨现浇段→最后一次悬臂浇筑→同时对称拆除所有挂篮→边跨合龙→张拉后拆除合龙吊架及桥台旁支架→中跨合龙→张拉完成后拆除吊架。

各分项工序流程(0号段):施工前提条件→支架安装→底模安装→侧模支架及模板安装→底板钢筋安装→横隔板、腹板钢筋和竖向预应力筋、纵向预应力管道安装→内模及支架安装→顶板钢筋及纵向预应力管道安装→混凝土浇筑。

悬浇段施工工序图详见图4-21。

4.16.3　施工挂篮

施工挂篮采用全液压式菱形挂篮,挂篮承载能力和刚度均应满足设计要求,且行走方便快捷、拆装灵活、安全可靠。挂篮主要由主桁架、行走及锚固系统、吊带系统、底平台系统、模板系统五大部分组成。

（1）主桁架系统。

主桁架是由两片外型呈菱形的桁片在其横向设置前后横梁组成一空间桁架,并在前后横梁上设置上下两层平面联结杆件以提高主桁的稳定性和刚度。主桁杆件采用H型钢两侧焊钢板,杆件间采用30CrMnTi销子销接,前后横梁桁片及其平联采用焊接薄壁方钢管和角钢。在前后横梁下方设置分配梁,用于悬挂底篮、模板。为改善露天施工条件,桁架顶部设置遮雨棚。

（2）行走及锚固系统。

挂篮在悬浇完一段箱梁,混凝土强度达到50MPa,预应力筋张拉完毕后开始前移。挂篮前移时,通过后锚千斤顶将上拔力转换到行走小车上,由反扣于工字型钢轨道上的行走小车来平衡倾覆力矩,前支点采用底贴四氟板组合滑船,由液压油缸顶推前移。采用焊接型钢的轨道分为长轨

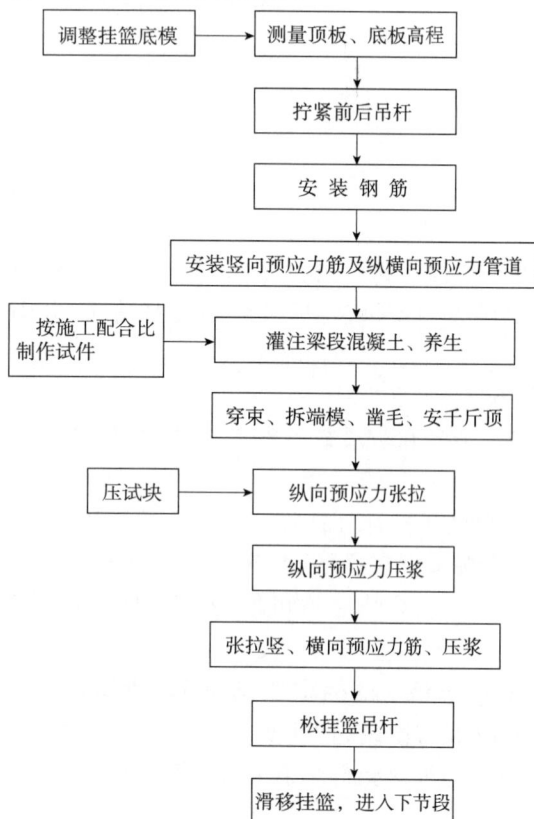

图4-21　悬浇段施工工序

和短轨两种,由锚固梁与箱梁竖向预应力筋连接并锚固。浇筑混凝土时,需通过箱梁顶板上预留的孔道,穿锚杆与主桁后结点锚固。

(3)吊带系统。

用以连接挂篮主桁架和底模平台,吊带用 $\phi70mm$、$\phi60mm$ 的 35CrMo 圆钢及 16Mn 钢带加工组成,上端在悬吊于前后横梁桁片上,下端与底平台或侧模分配梁连接,用液压提升装置来调节底模系统的高程。

(4)底平台系统。

底平台系统由底篮前后横梁、纵梁等组成,模板直接铺于底平台上,前后横梁悬吊于主桁架,浇筑混凝土时,后横梁锚固于前段已完箱梁底板。

(5)模板系统。

模板结构包括外模、内模、堵头模板等。

①外模分模板、骨架及滑梁,外模模板由 6mm 钢板加型钢带组成,与内模模板用对拉螺杆连接,外加支撑固定。支承模板及滑架的滑梁前端悬吊于主桁。内侧滑梁后端悬吊于已浇箱梁翼板,外侧滑梁后端悬吊于主桁,浇筑混凝土时均锚于前段已完箱梁翼板,拆模时放松锚固端,随平台下沉和前移。

②内模亦由模板、骨架、滑梁组成。支承模板、骨架的滑梁前端悬吊于主桁,后端悬吊于前段已浇箱梁顶板。拆除的内模板落于滑梁上,挂篮行走时,滑梁同时随挂篮前移。内模板由组合钢模和型钢带组成,与外模对拉,内支撑固定。内支撑设调节螺栓支撑,在角隅处,型钢骨架设螺栓连接,用以调整内模宽度适应腹板厚度变化,内侧设有收分模板,以适应后面每一段箱梁高度变化。

③堵头模板因有钢筋和预应力管道伸出,其位置要求准确,采用钢模板,根据钢筋布置分块拼装,随后和内外模连接成整体。

4.16.4 挂篮加载试验

挂篮制作完毕后及时进行检测,检查挂篮结构各构件是否按照设计图纸及有关技术规范、规程进行选材、加工、制作,发现问题要及时纠正和整改。检测合格后在加工现场进行结构试拼装,并进行荷载试验以测定挂篮的实际承载能力和梁段荷载作用下的变形情况。

荷载试验时,加载时按施工中挂篮受力最不利的梁段荷载进行等效加载。试验过程中加载分级进行,测定各级荷载作用下挂篮产生的挠度和最大荷载作用下挂篮控制杆件的内力。根据各级荷载作用下挂篮产生的挠度绘制挂篮的荷载—挠度曲线,由曲线可以得出使用挂篮施工各梁段时将产生的挠度,为大桥悬臂施工的线性控制提供可靠的依据。根据最大荷载作用下挂篮控制杆件的内力,可以计算挂篮的实际承载能力,了解挂篮使用中的实际安全系数,确保安全可靠。挂篮在墩顶、相邻第一梁段上拼装完毕后,对挂篮施加梁段荷载进行预压,充分消除挂篮产生的非弹性变形。悬臂浇筑施工过程中,将挂篮的弹性变形量纳入梁段施工预拱度计算中。

4.16.5 挂篮拼装

挂篮结构构件运达施工现场后,安排在已浇好的墩顶、相邻第一梁段顶面拼装,挂篮构件利用塔吊吊至已浇梁段顶面,再进行组装。挂篮结构拼装的主要流程见挂篮拼装流程(图 4-22)。

1)主桁结构拼装

(1)在箱梁墩顶、相邻第一梁段顶板面轨道位置处进行砂浆找平,测量放样并用墨线弹出箱梁中线、轨道中线和轨道端头位置线。以经纬仪和垂线相互校核主桁拼装方位,并控制挂篮行走时的轴线位置。

(2)利用吊装设备起吊轨道,对中安放,连接锚固梁。安装轨道锚固筋,将锚梁与竖向预应力筋连接后,对每根锚筋施以 250~300kN 的锚固力,在轨道顶安装前支点滑船,后结点处临时设置支承垫块。

(3)利用箱梁墩顶、墩顶相邻第一梁段顶面作工作平台,水平组拼主桁成菱形体。利用塔吊起吊安装主桁片就位,并采取临时固定措施,保证两主桁片稳定。

(4)安装主桁后结点处的分配梁、(后)千斤顶、后锚杆等,将主桁后结点与分配梁连接并通过锚固筋与顶板预留孔锚固。

（5）在箱梁墩顶（0 号）、墩顶相邻第一（1 号）梁段顶面组拼形成后横梁桁片的三个单元（中片及两侧片）。按先中片后两侧片的顺序将后横梁桁片分段起吊安装就位。同样方式组拼前横梁桁片，整体起吊安装就位。

（6）按先下后上的顺序安装上、下平联杆件。

（7）安装吊带、分配梁、吊杆以及液压提升装置等，前后横梁桁片与吊带的销接处必须照图设置限位钢管。

（8）拆除后锚临时支承垫块。

2）底平台和模板结构拼装

挂篮拼装流程见图 4-22。

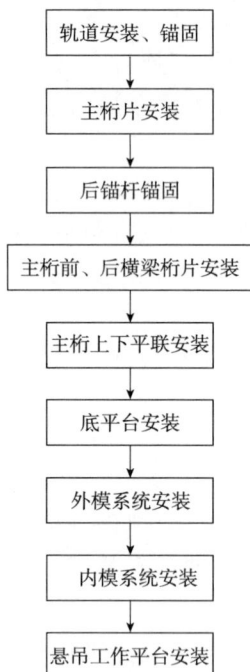

图 4-22　挂篮拼装流程

（1）底平台的拼装。

①将墩顶（0 号）梁段浇筑时使用的大梁两悬臂端用工字钢接长，将底篮前、后横梁吊放于大梁接长的悬臂端，前、后横梁吊杆与主桁连接，用葫芦倒链将底篮前、后横梁与吊杆连接固定。再安装底篮纵梁、分配梁等。其后安装底平台两侧及前、后端工作平台。

②在箱梁墩顶相邻第一（1 号）梁段底板预留孔附近，以砂浆找平，安装卸载千斤顶、分配梁、底模等，将底篮后横梁锚固于 1 号梁段底板。

（2）外侧模拼装。

①利用外模前、后吊带将外模滑梁吊起。

②在桥下将侧模骨架连接成一个整体，用塔吊将骨架整体吊装，悬挂在外模滑梁上。

③将面板逐块安装在侧模骨架上、检查并调整侧模位置。

④安装侧向工作平台。

（3）内模拼装。

①在桥下将内模滑梁和横梁、斜撑连接成一个整体，用塔吊起吊通过内模前吊点和内模锚杆悬吊。

②在桥下将内模骨架拼装成一个整体，用塔吊吊装将其悬挂于内模滑梁上。

③将内模顶板垫木和模板安装在滑梁骨架上，调整模板。

（4）张拉工作平台拼装。

在桥下将工作平台组装成一个整体，用倒链悬挂于主桁系统上，以便随施工需要进行升降。

（5）模板系统浇筑梁段的尺寸参数变化。

①模板骨架的安装，除顶板和腹板的横肋须一次拼装就绪外，腹板部分的竖肋按箱梁块件长度拼装。

②当梁段长由 3m 增加到 3.5m，板面在挂篮未前移到下个梁段时，将模板加长拼装形成。

③每个梁段施工前调整内模的横向位置，使之满足箱梁腹板厚度的线性变化。

（6）拼装过程注意事项。

①在墩顶相邻第一（1 号）梁段施工完毕、模板拆除后才开始拼装挂篮。

②拼装时在 T 构两端的 1 号梁段上同时对称拼装两台挂篮，以保证 T 构两端对称平衡。

③挂篮的拼装是高空作业，每道工序务必经过认真的检查无误后方可进行下一道工序，确保施工安全。

（7）挂篮的移动。

在每一梁段混凝土浇筑及预应力张拉完毕后，挂篮将移至下一梁段位置进行施工，直到悬臂浇筑梁段施工完毕。挂篮前移时工作步骤如下。

①当前梁段预应力张拉、压浆完成后，进行脱模（脱开底模、侧模和内模）。

②当前梁段为 2 号梁段时，用千斤顶将挂篮前支点顶起，将短轨 F4 换成长轨 F5，将长轨锚固，落下千斤顶，滑船压在轨道上，安装水平顶推千斤顶。当前梁段为 3～13 号梁段时，用千斤顶将挂篮前支点顶起，拖动轨道至下一梁段位置就位，锚固轨道，落下千斤顶，滑船压在轨道上。

③挂篮后结点进行锚固转换,将上拔力转给后锚小车。

④拆除底模后锚杆,此时底篮后横梁仅用吊带吊住。

⑤拆除侧模后端的内吊杆,用后滑梁架后端吊住。此时内滑梁架的上端固定在桥面上。

⑥拆除内模滑梁的后吊杆,用特制的后滑梁架将内模滑梁后端吊住,上端固定在桥面上。

⑦检查。

⑧用水平千斤顶顶推挂篮前移,将底模、侧模、主桁系统及内模滑梁一起向前移动,直至下一梁段位置。

⑨挂篮就位后,用挂篮后结点千斤顶进行锚固转换,将上拔力由锚固小车转给主桁后锚杆。

⑩安装底模后锚杆。

⑪安装侧模、内模后吊杆,调整后滑梁架。

⑫调整模板位置及高程。

⑬待梁段底板及腹板钢筋绑扎完毕后,将内模拖动到位,调整高程后,即可安装梁段顶板钢筋。

⑭梁段混凝土浇筑及预应力张拉完毕后,进入下一个挂篮移动循环。

挂篮行走时,内外模滑梁必须在顶板预留孔处及时安装滑梁吊点扣架,保证结构稳定;移动必须匀速、平移、同步,采取画线吊垂球或经纬仪定线的方法,随时掌握行走过程中挂篮中线与箱梁轴线的偏差,如有偏差,使用千斤顶逐渐纠正;为安全起见,挂篮尾部用钢丝绳与竖向蹬筋临时连接,随挂篮前移缓慢放松。

3)挂篮结构拆除

箱梁悬臂浇筑梁段施工完毕后,进行挂篮结构拆除。拆除时,先在最后浇筑梁段的位置按拼装时的相反顺序拆除挂篮的底篮及模板系统,然后将挂篮主桁后退至墩顶位置,按拼装时的相反顺序拆除挂篮主桁杆件。挂篮的拆除在 T 构的两悬臂端对称地进行,使 T 构平衡受力,保证施工安全。

4.16.6　普通钢筋及预埋件施工

所有普通钢筋的施工,安装均严格按照《公路桥涵施工技术规范》(JTG/T F50—2011)有关规定进行。除 T 构最后一节悬灌梁施工时增设合龙段施工所需预埋件外,其余梁段埋置以下三种预埋件:挂篮安装预留孔、挂篮锚固预埋粗钢筋、施工监测用梁段高程控制点预埋钢筋头。

(1)悬浇段的普通钢筋均采用现场绑扎,相邻段间的钢筋连接采用焊接时,焊接长度必须满足施工技术规范要求,焊接时必须注意不能损坏预应力管道。

(2)当上、下层钢筋间距太大时,在两层之间设置架立钢筋。

(3)当钢筋和预应力管道在空间发生干扰时,可适当移动普通钢筋的位置,以保证预应力管道位置的准确。钢束锚固处的普通钢筋如影响预应力施工时,可适当弯折,但待预应力施工完毕后及时复原。在钢筋施工过程中如发生钢筋空间位置冲突,可适当调整其布置,但确保钢筋的根数和净保护层厚度。

(4)如因浇筑或振捣混凝土需要,可对钢筋间距做适当调整。

(5)如锚下螺旋筋与分布筋相干扰时,可适当移动分布钢筋或调整分布钢筋的间距。

(6)埋置预埋件时严格保证位置准确,当预埋件位置与普通钢筋位置发生冲突时,可适当调整普通钢筋的位置。在混凝土浇筑前仔细检查预埋件,确保其数量及位置的正确。

4.16.7　预应力工程

1)箱梁预应力管道施工

纵向和竖向预应力钢束管道均采用金属圆波纹管,横向预应力管道采用金属扁形波纹管道。

(1)从堆场把管道运输至现场,注意不能使波纹管变形、开裂,并保证尺寸,管道存放要顺直,不可受潮和雨淋锈蚀。

(2)准备按设计图纸所示的位置布设波纹管,并用定位筋固定,安放后的管道必须平顺、无折角。

(3)管道所有接头长度以 $5d$(d 为管道直径)为准,采用大一号的波纹管套接,要对称旋紧,并用胶带纸缠好接头处,以防止混凝土浆掺入,当管道位置与非预应力钢筋发生矛盾时采取以管道为主的原则,适当移动钢筋保证管道位置的正确。

（4）施工中人员、机械、振动棒不能碰撞管道。

（5）纵向预应力管道，管道中穿入外径为$\phi80mm$的PVC管保持管道顺直，在混凝土浇筑过程中，经常转动PVC管，以预防应力波纹管漏浆"凝死"PVC管。

浇筑混凝土之前对管道仔细检查，主要检查管道上是否有孔洞，接头是否连接牢固、密封，管道位置是否有偏差，严格检查无误后，采用空压机通风的方法清除管道内杂物，保证管道畅通。

2）箱梁预应力筋安装

（1）纵向钢绞线穿束。

纵向预应力钢束采用$\phi15.4mm$钢绞线，分以下几种方法穿束。

①穿束机穿束，因穿束能力有限，只能单根穿顶板短束和底板束，底板纵束穿束时，钢绞线端部套上弹性钢套。

②卷扬机穿束可穿纵向长束，采取整束牵引的方法，即制作一套架子，立于悬臂两端，通过架子上的滑车，先使钢绳穿入管道内，钢丝绳在另一端穿出后绑上钢绞线接头，用卷扬机通过滑车慢慢把钢绞线引进管道内。

③纵向底板束在箱室内穿束。

（2）横向预应力钢束穿束。

横向预应力钢束采用扁锚体系，在竖向和纵向预应力管道安装完毕后安装。采用人工穿束，把钢绞线一头用P型锚具挤压锚固，另一头慢慢穿入扁形波纹管道内。

（3）竖向预应力粗钢筋安装。

①竖向预应力钢筋严禁电气割，必须用切割机切割，钢筋端部用砂轮修平，以便上锚。

②严格按要求下料，下料尺寸误差不大于$\pm10mm$。

③预应力钢筋位置按设计要求安装，并且要垂直。钢筋下螺帽旋进后露头不小于3.5cm，并用环氧树脂将螺帽垫板、波纹管固定在一起，并防止漏浆，上端必须深入混凝土下预埋至少8.5cm。

3）预应力张拉及锚固

（1）纵向预应力。

在浇筑完毕混凝土初凝后抽出PVC管，将设计在1号梁段张拉锚固的几束纵向预应力钢绞线穿入相应的波纹管，待混凝土达到设计规定的龄期及张拉要求的强度后，对相应几束钢绞线进行张拉。

纵向预应力采用高强度低松弛钢绞线，采用张拉力与伸长量双控，以张拉力为主，伸长量为辅，实际伸长量与计算伸长量之差值在$\pm6\%$以内。张拉时箱梁混凝土强度必须达到设计规定强度。

在初始张拉力70%σ_K状态下注出标记，以便直接测定伸长量，对伸长量不足的查明原因，采取补张拉措施，并观察有无滑丝、断丝现象，做好张拉记录。

（2）横向预应力。

横向预应力钢束的锚固端为P型锚具，采用挤压机挤压锚固，张拉端为扁锚具，采用YCW100型千斤顶张拉，采用张拉力与伸长量双控，以张拉力为主，伸长量为辅，实际伸长量与计算伸长量之差值在$\pm6\%$以内。张拉时箱梁混凝土强度必须达到50MPa，由0号段中心向两侧单向逐束交错张拉，张拉步骤为：$0\rightarrow70\%\sigma_K\rightarrow100\%\sigma_K\rightarrow105\%\sigma_K\rightarrow$持荷2min$\rightarrow100\%\sigma_K$锚固。

在初始张拉力70%σ_K状态下注出标记，以便直接测定伸长量，对伸长量不足的查明原因，采取补张拉措施，并观察有无滑丝、断丝现象，做好张拉记录。

（3）竖向预应力。

竖向预应力钢筋在安装前均按设计张拉力在台位上进行预拉。其锚固端在施工前先将螺母及垫板用环氧树脂将螺母下端与粗钢筋固定。

预应力张拉由0号段向两边与桥轴线对称单向张拉，张拉采用YG70型千斤顶，采用张拉力与伸长量双控，以张拉力为主，以伸长量为辅，实际伸长量与计算伸长量之差值在6%以内。张拉时箱梁混凝土强度必须达到50MPa，张拉步骤为：$0\rightarrow20\%\sigma_K\rightarrow100\%\sigma_K\rightarrow105\%\sigma_K\rightarrow$持荷2min$\rightarrow100\%\sigma_K$锚固。

在初始张拉力20%σ_K状态下注出标记,以便直接测定伸长量,对伸长量不足的查明原因,采取补张拉措施,并观察有无滑动、断筋现象,作好张拉记录。

4)压浆及封锚

压浆与封锚施工工艺及技术参数同4.14.8节相关内容。

4.16.8 混凝土工程

1)混凝土的性能要求

(1)初始坍落度控制在18～22cm。

(2)混凝土的保水性良好。

(3)混凝土要求早强,3d强度达到设计强度的80%,28d内达到设计强度以上。张拉前的混凝土强度测定由试验测定,按试块强度测定梁体混凝土强度。

(4)缓凝时间不小于15h。

2)混凝土拌和

(1)混凝土配合比由试验室提供,在拌制时由试验人员控制水灰比、坍落度。

(2)拌和机计量准确,拌和时间符合要求。

3)混凝土的运输

(1)每T构配备一台混凝土输送泵泵送。

(2)混凝土在泵送过程中必须防止堵管现象的发生,在施工时注意以下几点:①泵送前用水泥砂浆湿润输送管道,混凝土坍落度控制在18～22cm;②停泵时间不宜超过30min,备用混凝土泵救急(泵送保证措施完备见后);③为了方便分层浇筑混凝土,在泵的出口处安装水平软管道输送混凝土。

4)混凝土的浇筑

(1)混凝土浇筑前应对立模高程、预应力筋管道、钢筋、预埋件、配合比、混凝土接缝处理情况等进行全面检查。

(2)浇筑前,必须对材料(水泥、石子、砂)及各岗位的人员、机械的备用一一落实。

(3)浇筑前,必须对梁段间的接缝面进行认真凿毛,满足规范要求。

(4)浇筑时,T构两悬臂端对称浇筑,两悬臂端平衡重严格控制在设计允许范围内。

(5)梁段混凝土浇筑时,应由前端向后端浇筑。箱梁腹板较高时,应在底部安附着式振动器振动。人员不能进入腹板振捣时,应开观察孔,监控混凝土的浇筑与振捣。混凝土每层浇筑厚度不大于30cm,腹板最多不大于50cm。

(6)混凝土的振捣,严格按振动棒的作用范围进行,严防漏捣、欠捣和过度振捣,在腹板顶部及顶板处,预应力管道密集,空隙小,配备小直径的插入式振捣器。振捣时不可在钢筋上平拖,不可碰撞预应力管道、模板、钢筋、辅助设施(如定位架等)。

(7)顶板面混凝土应采用平板振动器振捣,浇筑完进行抹平后进行横向拉毛,底板顶面进行抹面处理。施工时应确保箱梁顶面横坡的准确。

顶板混凝土进行二次抹面,第二次抹面在混凝土近初凝前进行,以防早期无水引起表面干裂。

(8)正常浇筑速度不小于20m³/h。

5)混凝土的养护

混凝土浇筑完成并初凝后,应立即开始养护,养护采用覆盖式,箱梁内部底板顶面必须养护。顶面采用薄膜覆盖或浇水养护,洒水不少于3d,箱内及侧墙用流水养护。冬季宜采取温水蓄热养护。

悬臂浇筑梁施工周期安排见图4-23。

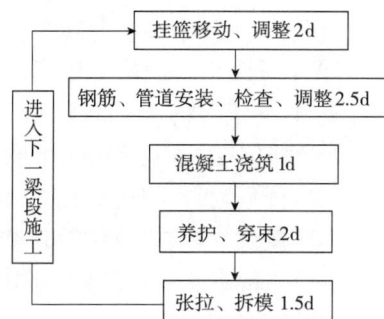

图4-23 悬臂浇筑梁施工周期安排示意图

4.16.9 施工注意事项

1）使用原材料的注意事项

（1）预应力钢筋进行验收，验收包括：

①质量证明书。

②包装标志是否齐全正确。

③是否有损伤，油污，锈蚀。

④对钢材进行原材料检验。

（2）竖向钢筋用的连接器、夹具、锚具进场分批进行外观检查，不得有裂纹、伤痕、锈蚀，尺寸不得超过允许偏差，对其力学性能根据供货情况确定是否复验，对连接器做连接能力试验。

（3）高强钢筋在装卸中尽量避免碰伤螺纹，有效地采取防雨措施，钢筋存放在枕木上，以防钢筋产生弯曲变形，整盘钢绞线存放也采取防雨、干燥措施。

（4）在 T 构一端上，不宜超过规定值过多放置钢绞线和钢筋，以免偏载。

2）管道施工中的注意事项

（1）在制作及管道输送过程中，注意轻放，避免挤、碰变形和开裂，并保证尺寸。

（2）管道存放要顺直，不得受潮和雨淋锈蚀。

（3）准确按照设计高程放置，并用定位钢筋固定，安放后的管道必须平顺，无折角。

（4）施工中人员，机械、振动棒等不得碰撞管道。

（5）管道接头要连接牢固，密封压浆管道要顺直畅通，分级浇筑的混凝土在每次浇筑时，均仔细检查管道的密封强度。

（6）接头长度以 $5d$（d 为管道直径）为准，并用胶布缠紧，钢带平顺，不得翘起。

3）穿束和高强预应力筋的埋设注意事项

（1）整盘的钢绞线要安放在专用线盘上固定后，方可解捆散盘。

（2）切割钢绞线时在切割处两边用铁丝扎好，以防散头。

（3）预应力粗钢筋如有弯曲校正，如有碰伤或缺陷应切除，严禁焊接。

（4）预应力在使用前必须清除泥土、油污，干净后方能使用。

（5）预应力钢绞线和高强钢筋下料用砂轮机切割，严禁电气焊进行切割，切割后磨平去毛刺。

（6）预应力钢筋接长时，应保证接头居连接器之中，为防止松扣，在接头处宜涂上环氧树脂。

（7）预应力钢筋的固定端必须严格按图施工，钢筋螺母垫板和波纹管道用环氧树脂固定在一起。

（8）预应力筋的下料严格按规定长度下料，同时要考虑挂篮施工中临时加长部分而导致预应力筋的长度增加，以便整束牵引。

4）张拉工序的注意事项

（1）为确保预应力张拉力的准确，定期对张拉设备进行检查校正，检验的周期为 6 个月或 200 次为一周期，若施工中发生下列情况重新校验。

①张拉过程中预应力高强粗钢筋或整束钢绞线突然断裂。

②千斤顶发生故障严重漏油。

③油泵压力指针不能退回零点。

④油泵车倒地或重物撞击油压表。

（2）任何时候千斤顶、油泵、油表必须配套，指定配套使用，不得更换变动。

（3）按设计要求，应做管道摩阻试验，以修正张拉力。

（4）当混凝土强度达到 50MPa 时方可施加预应力。

（5）按张拉要求认真做好记录，并应当场计算，如双控伸长值超过规定值（±6%）则暂停，待查明原因采取措施后方可继续张拉。

5）压浆工序的注意事项

（1）预应力钢材张拉后应尽早压浆，一般在48h内完成，如情况特殊不能及时压浆者，采取保护措施，保证锚固装置及钢绞线不被锈蚀，以防滑丝。

（2）压浆要注意尽量避免高温时间进行，拌制的水泥浆温度＜32℃，水泥浆的延续时间控制在30～45min。

（3）压浆要注意是否有串孔现象和漏浆发生。

（4）压浆泵的压力要逐渐加大，加压速度不能过快。

（5）压浆过程中出现异常，如管道堵塞，机械故障不能继续压浆时，立即用清水将管道内的水泥浆冲洗干净，并用空压机吹干积水。

（6）操作完毕后机具和现场及时冲洗干净。

（7）填写压浆原始记录要及时、认真、整洁，试件要按规定制取。

（8）压浆用水泥一次在梁端存放不宜过多，以免偏载。

4.16.10　钢筋

（1）底板上、下层的定位钢筋下端必须与最下面的钢筋焊接联牢。

（2）钢筋与管道相碰时，只能移动，不得切断钢筋。

（3）若挂篮下限位器、下锚带、斜拉带等部件位置影响下一步操作，必须割断钢筋时，待该工序完成后，将割断的钢筋连接好再补孔。

（4）纵向预应力管道随着箱梁施工进展将逐节加长，多数都有平弯和竖弯曲线，所以管道定位要准确牢固，接头处不得有毛刺、卷边、折角等现象；接口要封严，不得漏浆。浇筑混凝土时，管道可内衬硬塑料管芯（混凝土浇筑完成后拔出），这对防止管道变形、漏浆有较好的效果。混凝土浇筑后及时通孔、清孔，发现阻塞及时处理。

（5）竖向预应力管道下端要封严，防止漏浆；上端封闭，防止水和杂物进入管道。压浆管内可穿圆钢芯，混凝土浇筑后拔出，以保证压浆管通畅，并须吹孔，发现阻孔及时处理。

（6）横向预应力管道采用扁平波纹管；安装时一定要防止出现水平和竖直弯曲，严禁人踩和挤压，轧花死锚端管道要封严，避免漏浆，混凝土浇筑后及时吹孔。

4.16.11　边跨现浇段施工

边跨采用满堂支架，使用强力门式支架搭设，模板采用施工挂篮模板。

1）施工方法

边跨现浇段采用在落地支架上施工，支架用门式支架拼装，具体施工过程如下：

铺设底模时按设计在台顶安设支座。

在底模上设临时水箱对支架进行预压，预压重为梁段混凝土重与浇筑时所用模板系统重量的总和，预压可消除支架的非弹性变形。

加载前后及卸载后进行精确的测量，可测出梁段荷载作用下支架产生的弹性变形值和非弹性变形值。将此弹性变形值与施工控制中提出的因其他因素需要设置的预拱度叠加，计算出边跨现浇段施工时应当采用的预拱度，按算出的预拱度调整底模高程。

为避免悬臂端的变位对现浇梁段的支架产生不利影响，在现浇梁段施工时，现浇梁段支架与悬臂端不连接，两者不发生关系。只在边跨合龙段施工时，才在悬臂端间增加吊架。

现浇段在预应力施工时会有一定偏移量，台顶支座的上支座板在安装时在纵向向外设预偏心，以满足合龙段临时束张拉时梁体向跨中方向的纵移，从而保证成桥时支座中心符合设计位置。合龙段施工预埋件按照设计及施工要求设置。

2）支架要求

现浇段支架是现浇段混凝土浇筑的工作平台和承重结构，它的强度、刚度和稳定性直接影响上部梁体的安全、质量及全桥的合龙精度。而现浇段相对于地面位置均较高,整个现浇段支架拼装在高空进行,施工难度较大,因此必须对支架进行详细的设计、检算和精心施工。同时要注意做好地面刚性基础的处理,防止支架下沉。

3)模板工程

(1)底模采用挂篮的底模。底模调模、卸模采用高度调节螺栓完成。

(2)外模(包括纵向、竖向加劲肋)采用挂篮的外模,加固方法同墩顶梁段施工,翼缘底模板采用门式支架支撑,其布置间距与墩顶梁段相同,其调模、卸模采用高度调节螺栓完成。

(3)内模采用组合钢模,加固方式与0号梁段施工时相同,箱梁内顶板采用门式支架支模,门式支架直接支撑在底模板上,脚手架下面用同强度等级的混凝土垫块支垫,其调模、卸模采用木楔完成。

4)普通钢筋施工、混凝土浇筑及预应力施工

箱梁边跨现浇段分段浇筑完成,浇筑时按底板、腹板、顶板的顺序进行。

(1)普通钢筋施工同主桥箱梁其他梁段施工。

(2)混凝土浇筑及养护措施同箱梁其他梁段同施工。

(3)当现浇混凝土强度达到设计规定的强度等级后,先张拉纵向预应力钢筋,横向、竖向预应力的张拉按设计要求施工。预应力施工中的其他事项同箱梁其他梁段施工。

4.16.12　合龙段施工

1)合龙段要求

主桥箱梁左右幅按设计图纸设置合龙段,合龙段采用吊架承重及使用微膨胀混凝土进行浇筑施工。边跨合龙段箱梁截面与现浇段相同,主跨合龙段箱梁截面与现浇段相同。合龙温度应符合设计要求。合龙段两端悬臂高程允许偏差2cm,轴线允许偏差1cm。

箱梁的合龙,即体系转换,是控制全桥受力状态和线形的关键工序,因此箱梁的合龙顺序、合龙温度和合龙工艺都必须严格控制。

箱梁合龙由边至中对称进行,即先合龙边跨,后合龙中跨。

合龙应在设计、监控、监理等部门指导下进行,合龙前应进行48h连续观测,记录悬臂段高程随时间的变化曲线,合龙应在一天中最低气温时完成。合龙时安装合龙吊架,但不得与主梁紧固(务必保持放松状态,纵向钢筋只允许绑扎一端,另一端必须保持自由),合龙段压重必要时根据高程调整,压重的重量高程调整完毕后,在最低温度时焊接合龙临时劲性骨架,紧固模板,绑扎纵向钢筋的另一端,张拉临时合龙预应力筋,浇筑合龙段混凝土应同时卸载减少压重。

2)体系转换

平衡设计:合龙段施工时,每个T构悬臂加载尽量做到对称平衡。合龙前,悬臂受力以弯矩为主,故平衡设计遵循对墩位弯矩平衡的原则。平衡设计中考虑如下几种施工荷载。

(1)合龙吊架自重及混凝土浇筑前作用于合龙吊架的荷载。其中合龙吊架自重包括底篮、内外模、工作平台重量;混凝土浇筑前作用于合龙吊架的荷载包括合龙段普通钢筋、竖向预应力粗钢筋、横向预应力钢绞线。根据吊架及荷载重可计算支点反力$W_{吊}$和对墩位的相应弯矩$M_{吊}$。

(2)直接作用于悬臂的荷载。

直接作用于悬臂的荷载包括底板束及合龙段位置底板束管道芯模重、临时预应力束重、劲性骨架重,根据荷载布置及大小可计算$W_{直}$及对墩位的相应弯矩$M_{直}$。

(3)合龙段混凝土重(50号素混凝土结构重度取为26kN/m³)。

中跨合龙段混凝土在凝结前,其重量由合龙吊架承受。在混凝土浇筑前,其重量由近端配重替代,在混凝土浇筑过程中,根据混凝土浇筑重量逐渐卸去悬臂端的配重。

合龙锁定设计(图4-24)为:合龙锁定中采用又拉又撑的方法,即用劲性骨架承受压力,用临时预应力束承受拉力。

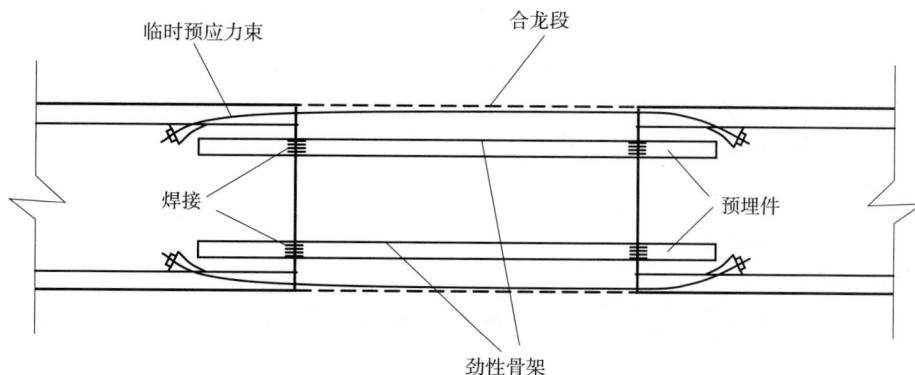

图 4-24 合龙段合龙锁定布置图

劲性骨架根据温度荷载计算其所需截面积,同时验算其压杆稳定性;临时预应力确保降温时劲性骨架中既不出现拉应力,又要满足升温时骨架不致受压过大而失稳,具体张拉吨位根据合龙期间可能出现的温度范围计算。

合龙锁定温度选择在设计要求的合龙最佳温度范围内,如不能在设计的温度范围内合龙锁定,则考虑强迫合龙的措施,报设计单位认可后施工。

3)施工方法

采用合龙吊架施工,合龙吊架利用挂篮的底篮及模板系统,合龙时将两悬臂端临时锁定。

4)合龙段施工工艺(图 4-25)

(1)技术标准。

合龙段施工同其他梁段一样。

悬臂施工时严格控制线形,确保合龙段两端悬臂满足以下条件。

高程差:±10mm;中轴线偏差:5mm。

(2)中跨合龙程序(图 4-26)。

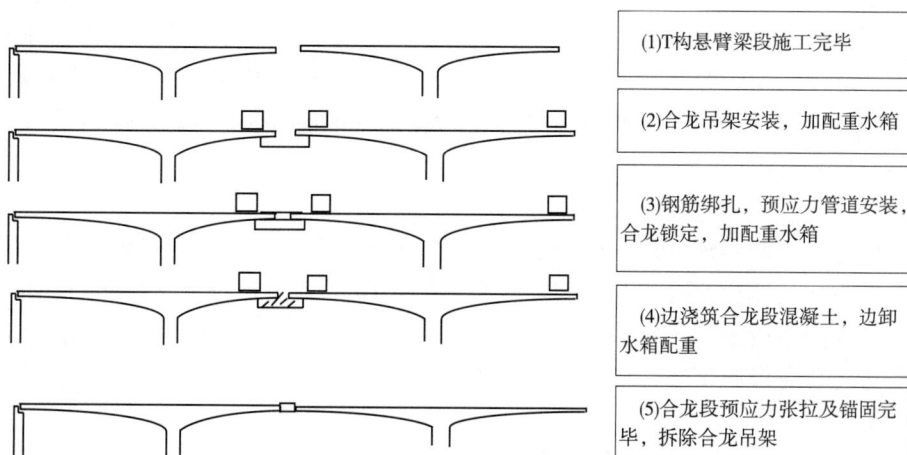

图 4-25 合龙段施工工艺流程

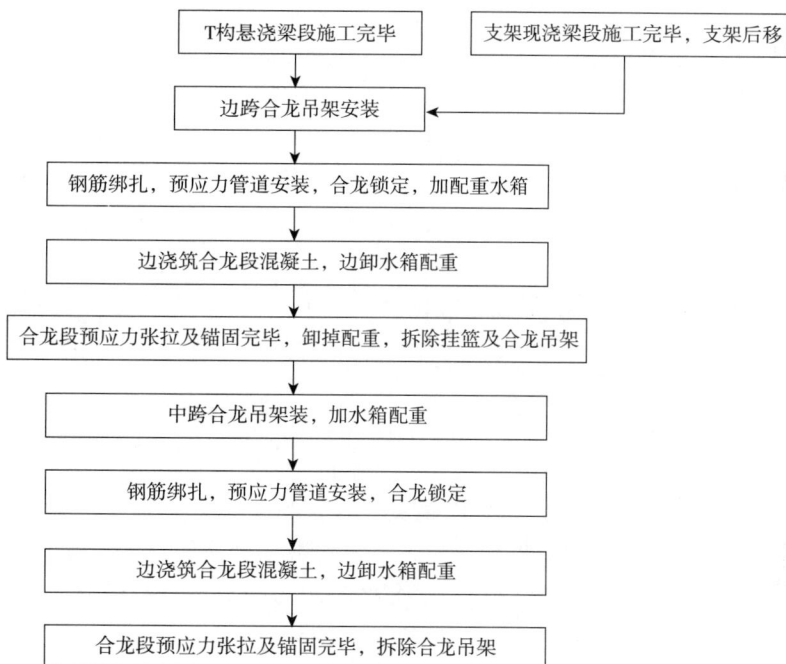

图 4-26 中跨合龙段施工过程示意图

（3）施工准备。

①除中跨及边跨的挂篮，底篮及模板系统安装为中跨、边跨合龙吊架。

②清除箱顶、箱内的施工材料、机具，用于合龙段施工的材料、设备有序放至墩顶或现浇段处。

③箱梁顶板的纵向预应力预备束管道压浆。

④两 T 构各悬臂端准备水箱。

⑤近期气温变化规律测量记录。

（4）吊架及模板安装。

中跨合龙梁段采用合龙吊架施工，合龙吊架和模板采用施工挂篮的底篮及模板系统，施工吊架布置见图 4-27。

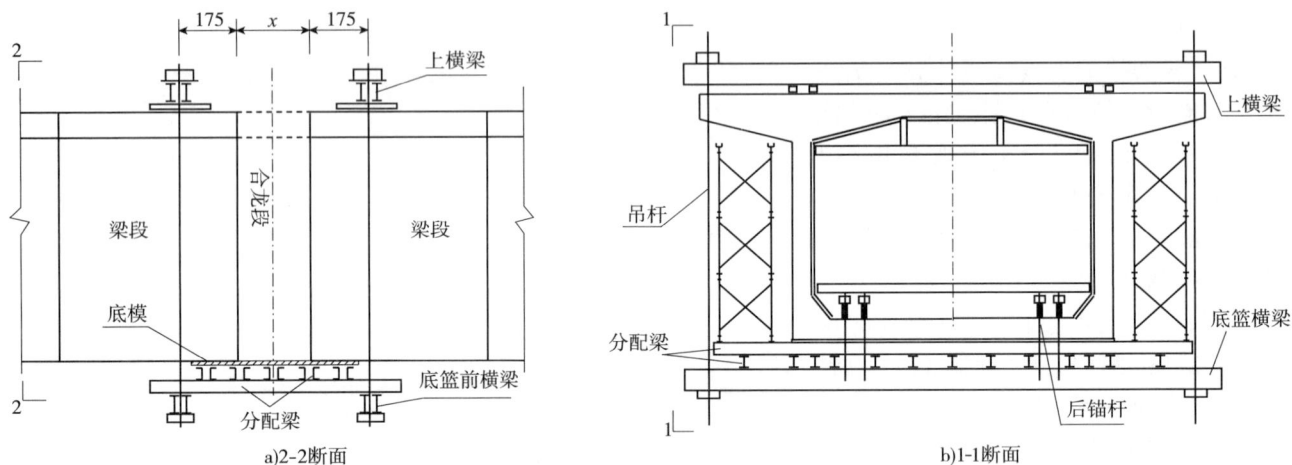

图 4-27　中跨合龙段吊架布置图（尺寸单位：cm）

合龙吊架及模板安装步骤为：

①将挂篮整体前移合龙段另一悬臂端。

②在悬臂端预留孔内穿入钢丝绳，用几组滑车吊起底篮前横梁及内外滑梁的前横梁。

③拆除挂篮前吊杆。

④用卷扬机调整所有钢丝绳，使底篮及内外滑梁移到相应位置，安装锚杆、吊杆和连接器将吊架及模板系统锚固稳定。

⑤将主桁系统退至 0 号梁段后拆除。

a. 设平衡重：采用在悬臂端的水箱中加水的方法设平衡重。

b. 普通钢筋及预应力管道安装。

普通钢筋在地面加工成型，运至合龙段绑扎安装，绑扎时将劲性骨架安装位置预留，等劲性骨架锁定后补充绑扎。底板束管道安装前，试穿所有底板束，发现问题及时处理。合龙段底板束管道采用钢管，或者用双层波纹管替代，管道内穿入钢绞线芯模，以保证合龙段混凝土浇筑后底板束管道的畅通。其余预应力束及管道安装同于箱梁悬臂浇筑梁段。

c. 合龙锁定。

中跨合龙前夕使合龙段两共轭悬臂端临时连接，尽可能保持相对固定，以防止合龙段混凝土在浇筑及早期硬化过程中发生明显的体积改变。合龙前除 T 构悬臂端按平衡要求设置平衡重外，如施工控制有要求时还将对合龙段处采取调整措施。锁定时间按合龙锁定设计执行。合龙段支撑劲性钢骨架施工及临时预应力束张拉施工同边跨合龙段施工。

d. 浇筑合龙段混凝土。

中跨合龙段混凝土浇筑过程中，按新浇混凝土的重量分级卸去平衡重（即分级放水），保证平衡施工。混凝土浇筑时的其他事项与边跨合龙段施工相同。

e. 预应力施工。

合龙段永久钢束张拉前,采取覆盖箱梁悬臂,并洒水降温以减小箱梁悬臂的日照温差。底板预应力束管道安装时要采取措施保证管道畅通,待合龙段混凝土达到设计规定强度和相应龄期后,底板预应力束按照设计要求的张拉吨位及顺序双向对称进行张拉。横向、竖向及顶板纵向预应力施工同箱梁悬臂浇筑梁段施工。边跨底板束张拉完毕后,拆除临时预应力束并对其管道压浆。

f. 卸去 T 构两端配重,拆除模板及吊架。

(5)边跨合龙程序。

①施工顺序(图 4-28)。

a. 安装边跨合龙吊架。

b. 清除箱顶、箱内的施工材料、机具,用于合龙段施工的材料、设备有序放至墩顶或现浇段处。

c. 箱梁顶板的纵向预应力预备束管道压浆。

d. 两 T 构各悬臂端准备水箱。

e. 近期气温变化规律测量记录。

②模板安装。

翼板底模及内顶底模采用门式支架支撑,随内外模安装接高。

③设平衡重。

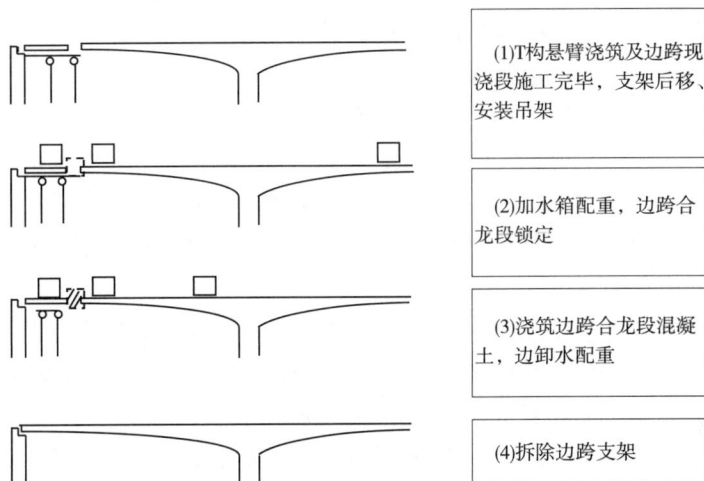

(1)T构悬臂浇筑及边跨现浇段施工完毕,支架后移、安装吊架

(2)加水箱配重,边跨合龙段锁定

(3)浇筑边跨合龙段混凝土,边卸水配重

(4)拆除边跨支架

图 4-28 边跨合龙施工步骤图

采用在悬臂端的水箱中加水的方法设平衡重,近端及远端所加平衡重吨位由施工平衡设计确定。

④普通钢筋及预应力管道安装。

普通钢筋在地面加工成型,运至合龙段绑扎安装,绑扎时将劲性骨架安装位置预留,等劲性骨架锁定后补充绑扎。底板束管道安装前,试穿所有底板束,发现问题及时处理。合龙段底板束管道采用钢管,或者用双层波纹管替代,管道内穿入钢绞线芯模,以保证合龙段混凝土浇筑后底板束管道的畅通。其余预应力束及管道安装同于箱梁悬臂浇筑梁段。

⑤合龙锁定。

合龙前夕使悬臂端与边跨现浇段临时连接,尽可能保持相对固定,以防止合龙段混凝土在浇筑及早期硬化过程中发生明显的体积改变。合龙前除 T 构悬臂端按平衡要求设置平衡重外,如施工控制有要求时还将对合龙段处采取调整措施。锁定时间按合龙段锁定设计执行。

临时"锁定"是合龙的关键,合龙"锁定"遵循又拉又撑的原则,即"锁定"包括焊接劲性骨架和张拉临时预应力束。支撑劲性钢骨架采用"预埋槽钢 + 连接槽钢 + 预埋槽钢"三段式结构,其断面面积及支承位置根据锁定设计确定,合龙时,在两预埋槽钢之间设置连接槽钢,并由连接钢板将连接槽钢与预埋槽钢焊接成整体,同时注意焊缝设在不同截面处。临时预应力束按设计布置,临时预应力张拉吨位按锁定设计确定,劲性骨架顶紧后进行张拉,临时束张拉锚固后不压浆,合龙完毕后将拆除。

⑥浇筑合龙段混凝土。

合龙段混凝土选择在一天中气温较低时进行浇筑,可保证合龙段新浇的混凝土处于气温上升的环境中,在受压的状态下达到终凝,以防混凝土开裂。混凝土的浇筑速度约为 $10\mathrm{m}^3/\mathrm{h}$,$3 \sim 4\mathrm{h}$ 浇完。混凝土浇筑时的其他事项与箱梁悬臂浇筑梁段施工相同。

⑦预应力施工。

边跨合龙段预应力施工同中跨合龙段施工。合龙段施工完毕后,拆除临时预应力束并对其管道压浆。

4.16.13 箱梁预应力施工

1)预应力分类

桥梁上部预应力系统可分为纵向预应力、横向预应力和竖向预应力。纵向预应力可以分成纵向顶板束、纵向底板束和临时束、预备束。横向预应力指顶板横向预应力,竖向预应力指竖向高强钢筋。

2)各类预应力的概况

(1)纵向预应力。

纵向预应力采用高强度钢绞线,纵向钢束及相应的锚具根据设计图纸采用不同的型号,纵向预应力钢束均采用两端张拉方式。每浇一梁段通过平、竖弯在腹板内锚固,每个 T 构还有预备束作为施工意外补救之用,每个合龙段另有临时束。

(2)横向预应力。

顶板横向预应力采用的钢束材料与纵向预应力相同。

3)竖向预应力

箱梁竖向预应力钢筋采用直径为 32mm 的高强精轧螺纹粗钢筋,屈服强度不小于 750MPa,弹性模量 $E = 2.0 \times 10^5 MPa$。由于 T 构箱梁高度呈曲线变化,竖向预应力筋长度也随之要变化。

4)箱梁预应力施工工艺

预应力管道均采用镀锌金属波纹管,卷管钢带厚度为 0.35mm。纵向束预应力管道采用圆形镀锌金属波纹管;横向束波纹管采用扁平镀锌金属波纹管;竖向预应力管道采用 $\phi50mm$ 镀锌金属波纹管。

(1)压浆嘴、排气孔的布置原则。

纵向束原则上全部采用压浆嘴(锚垫板上除外),其布置原则是:压浆嘴距离 <35m,即当管长度 $L < 35m$ 时,只设两端压浆嘴,$35m < L < 70m$ 时中心设置一个,$70 < L < 105m$ 时均匀设置两个,$L > 105$ 均匀设置三个。纵向束压浆嘴的出口,原则上设置在箱梁顶板和底板的顶部,以便于操作。

横向束:压浆嘴在张拉端锚具上,可通过嘴管伸出混凝土顶面,排气管安放在锚固端,可用塑料管代替,但施工时必须保证不漏浆。

竖向预应力粗钢筋:压浆嘴安放在相连两根孔道的其中一根上,排气孔原则上利用锚固螺母和锚垫板,钢筋和管壁的孔隙,不用增设设备。

(2)压浆嘴的安放要求。

①纵向束由于长度 >35m 而增设的压浆嘴均为三通压浆嘴,三通二端接波纹管,其波纹管的大小同波纹管的接头,三通长度要比波纹管接头长 20cm,三通另一端为钢管接塑料胶管,再接钢管(压浆嘴)伸出混凝土表面,每个三通在安放之前必须严格检查,以防接头处漏浆。

②横向预应力管道:在锚垫板处预埋塑料管伸出顶面作压浆嘴,在锚固端用塑料管伸出混凝土面作排气孔。

③竖向预应力筋管道:压浆嘴预先焊成三通状,三通端为 $\phi45mm$ 内镀锌钢管,$L = 20 \sim 30cm$。待安放固定后,用塑料管把压浆嘴引到箱梁顶面,压浆时从一端压入另一端(利用垫板和螺母间的空隙排气)。

④横向预应力钢筋管道压浆嘴:原则上安放在固定端处,从波纹管内用塑料管引出。

⑤压浆嘴安放时必须保证在连接处用塑料胶布密封,不漏浆,混凝土浇筑时接头不破坏。

(3)纵向预应力钢束的穿束。

①穿束机穿束。

穿束机只能单根穿束,因管道是波纹管,又有许多接头,穿束钢绞线一头一定要戴炮弹头,穿束机穿束只适用纵向短束和底板束。

②穿卷扬机牵引穿束。

纵向长束,穿束机已不能适用,必须采用卷扬机整束牵引的方法。具体方法如下:

a. 对于超长(长度 >100m)管道,在悬臂施工时,先埋入 8 号铁丝并随 T 构伸长而伸长。

b. 按图纸要求,另加 50cm 作为下料长度,下料理顺捆成一整体。

c. 端部做成锥形状,并用铜焊焊死后,套上牵引接头。

d. 制作二个专门架子,分别立于悬臂的两端要张拉的孔位附近,钢束通过它进入孔内。

e. 对于要求张拉的孔道,利用已在孔内的 8 号铁丝或用穿束机穿入一根钢绞线,把卷扬机上的钢丝绳拉入孔内。

f. 当钢丝绳从另一端伸出孔道后,通过特殊设备和钢束的牵引接头相连。

g. 用卷扬机缓缓将钢束拉进管内。

③纵向预应力钢筋束的安放。

纵向预应力先将钢绞线穿入波纹管内,锚固端挤压锚固,绑扎钢筋时,按设计位置定位,并检查管道的压浆孔,排气孔的封闭情况。

④竖向预应力钢筋安放。

a. 竖向预应力钢筋在安放前,钢筋端部必须用砂轮机打磨以便能上 YGM 锚具。

b. 严格按设计要求下料,下料尺寸误差不大于 ±1cm。

c. 预应力钢筋位置严格按设计要求安装,并且要垂直,两端必须用环氧树脂将螺母、垫板、波纹管固定在一起,并防止漏浆。

d. 在安放竖向预应力筋时,要注意挂篮要求增加的预应力筋长度及附加的预应力筋,以保证挂篮的锚固。

5)预应力张拉工艺

(1)张拉设备。

①千斤顶。

a. 顶板纵向束采用 YCW350 穿心式油压千斤顶,底板及纵向束采用 YCW250 穿心式油压千斤顶。

b. 竖向预应力粗钢筋采用 YG70 穿心式油压千斤顶。

c. 顶板横向束采用 YCW100 穿心式油压千斤顶。

②油泵压力表随千斤顶配套使用,每油泵两块压力表,一块控制张拉力,一块控制回油力。

③5t 卷扬机用于长束穿束。

④其他附属设备,张拉工作平台纵向横向各 2 个。

(2)张拉顺序。

①先张拉顶板纵向束,纵向束要横向对称双向张拉,但可分先后。

②横向束从墩顶梁块中心向两边逐束单向交错张拉,每束都要对称逐根单向张拉。

③最后张拉竖向预应力筋,竖向预应力从墩顶梁块中心向两边与桥轴线对称单向张拉。

④合龙段临时束张拉,在临时劲性骨架设置后,按设计要求对称张拉,至底板张拉完成后松束。

⑤底板钢束在合龙段完成后,依照先张拉长束后张拉短束的顺序,横向对称,双向张拉,但可以分成前后。

(3)张拉操作。

①钢绞线张拉。

a. 安装工作锚及夹片之前要用高标号石蜡涂沫,以便退卸。

b. 利用工作支架安装千斤顶。

c. 徐徐启动油泵,千斤顶送油工作。

d. 张拉到由试验确定的初始张拉力停止送油,读油表数,量取千斤顶伸长量记录。

e. 按张拉力 0—初应力—100%—105% 分级张拉,如两端张拉时要求张拉速度,伸长尺寸一致,读取各级油表数和相应的伸长量,当张拉至 105% 时,持荷 2min,回油锚固。

f. 检查实际伸长量和理论伸长量,其差值 <6%,则认为通过,否则要查找原因。

g. 开启油阀,退卸千斤顶。

h. 当活塞行程不够可反复数次张拉至设计荷载 105% 后,回油锚固,并做好记录。

i. 记录表签字后交技术员、监理认可。

②高强精轧螺纹钢筋张拉。

a. 在 $\phi32mm$ 钢筋上,安装垫板和螺母,并用扳手扳紧。

b. 将穿心拉杆旋戴在预应力钢筋上,并至少上 6 扣螺纹长度。

c. 千斤顶就位套在穿心拉杆上,持套脚底至垫板链轮套管上,带上并拧紧穿心拉杆螺母。

d. 前油嘴进油,后油嘴回油,活塞向后移动张拉钢筋。

e. 钢筋伸长同时,不断转动拧紧装置拧紧螺母锚固,当油压达到设计控制张拉力,做好 20%、100% 伸长量记录。

f. 前油嘴回油,后油嘴进油,活塞向前移动直至松开。

g. 预应力钢筋一律采用双控制法,但油压表误差不超过 2%,伸长量误差不得超过 6%。

6)预应力管道压浆

(1)压浆顺序。

纵向束原则上从一端向另一端压浆,当管道超过 35m 时,在管道中设置三通,从一端压浆至三通出浆后,再从三通向另一端压浆,依次循环压浆。

竖向钢筋压浆嘴从相连两根的其中一根压浆。

横向束从塑料管一端进浆,另一端出浆。

(2)压浆前的准备工作。

①用空压机吹净管道内积水。

②检查压浆用的材料是否齐全充足。

③检查设备、工具是否配齐,性能良好。

④检查支架是否牢固,安全设施是否有效。

(3)有关水泥浆的技术要求。

①压浆用纯水泥浆,水泥为 52.5 级水泥,高效减水剂。

②水泥浆的性能。

③28d 强度≥50MPa。

④水灰比为 0.35~0.37,稠度控制在 14~18s。

⑤掺入膨胀剂。

⑥水泥浆在拌和 45min 时间内性能不变。

(4)水泥浆的工地配制。

①严格按配合比配料。

②拌和方法:先放入水和减水剂,再加入水泥,最后加入膨胀剂,搅拌均匀,标准搅拌时间为 5min。

③经试验测定符合水泥浆性能要求(稠度为 14~18s)的水泥浆可倒入储浆池。

④倒入储浆池中的水泥浆不停地搅拌。

⑤制取试件,每一班制取 3 组。

(5)压浆操作要求。

①打开全部进浆孔和排气孔。

②用压浆泵将水泥浆从压浆孔中压入。

③当另一端压浆孔流出的浆和压浆孔压入的浆稠度相同时,关闭原先的压浆孔。

④移至新的压浆孔继续送浆,如此不断往前直至到达另一端的排气孔。

⑤关闭排气孔阀门。

⑥逐渐升至 0.6~0.7MPa 时稳定一定时间(2~5min)。

⑦关闭压浆嘴。

⑧填写施工记录并经质检员、监理认可,收存。

7)割束和封锚

(1)割束方法。

①钢绞线割束在压浆后进行,割束必须用砂轮机锯割,任何预应力钢筋均不能用电弧烧割。

②割束的要求:对于钢束切割的余留长度,暂定为砂轮锯割 $L > 10cm$;对于高强粗钢筋,余留长度 $L > 3.5cm$。

（2）封锚。

①封锚前先将锚具周围冲洗干净并凿毛，然后按图纸要求布置钢筋网，浇筑封锚混凝土。

②对于横向预应力钢筋，封锚时还必须注意其颜色，必须与周围混凝土颜色保持一致，保持混凝土表面的美观。

③封锚混凝土强度等级符合规定，不低于设计混凝土的80%，即40MPa。

4.16.14 施工注意事项

（1）悬臂浇筑或合龙段浇筑所用的砂、石、水泥、水及添加剂的质量和规格，必须符合规范和设计要求。

（2）悬浇块件前，必须对桥墩根部（0号块件）的高程、桥轴线做详细复核，符合设计要求后，方可进行悬浇。

（3）悬臂施工必须对称进行，并确保轴线和挠度达到设计要求和在允许误差范围内。

（4）在施工过程中，梁体不得出现受力裂缝。出现裂缝时，必须查明原因，经过处理后方可继续施工。

（5）必须确保接头质量，拆模后立即进行人工凿毛，相邻块段的接缝平整密实，色泽一致，棱角分明，无明显错台。内箱混凝土结构质量、尺寸也应符合要求。

（6）线形平顺，梁顶面平整，每孔无明显折变。

（7）混凝土表面平整密实，蜂窝、麻面的面积不超过该面面积的0.5%，深度不超过10mm。

4.16.15 安全文明

（1）高空作业对人体、扶梯、安全设施的要求必须符合规定，桥面栏杆应随悬浇段同步延伸设置，设置钢架预应力张拉平台。

（2）对0号块托架、挂篮和现浇段支架的设计、施工方案必须有技术部门和安质部门的检算和验收，按要求做好预压试验，各安全系数应满足规范和设计要求。

（3）预埋件必须准确、安全，确保托架安设与设计相符、安全可靠；各连接部件必须保证稳定可靠，采用焊接时必须满足规范。

（4）钢管架的搭接严格按照有关安全操作规程操作。

（5）0号块和悬浇段的施工，应充分考虑混凝土拌和能力、输送能力，宜一次浇筑到位。若分层浇筑，应尽量缩短时间差，确保混凝土收缩变形和混凝土外观一致。

（6）挂篮拆除拼装和前移应按有关要求，保持对称同步进行。

（7）起重工作必须严格按《龙门架及井架物料提升机安全技术规范》（JGJ 88—2010）进行操作。

（8）箱梁悬浇施工过程中遵循对称、纵横均衡、同步进行的施工原则。

（9）张拉工作时千斤顶外不许站人。压浆时佩戴防护镜，出浆应进行收集，不得让浆液直接排到桥面。

（10）做好桥面排水工作，确保桥面不积水，排水孔下端应低于混凝土底面1cm以上，使排水不污染梁体表面。

（11）箱室内的建筑垃圾必须清理。

（12）加强天气预报信息收集工作，遇强风来袭应按规定做好防护工作。

4.17 施工监测

4.17.1 箱梁悬臂施工线形控制

大跨径箱梁悬臂灌注施工中，结构的线形控制直接影响合龙精度及成功与否，是确保梁的施工质量的关键之一。施工中的线形控制要求比较精确［《公路桥涵施工技术规范》（JTG/T F50—2011）规定，合龙时两悬臂端高程允许偏差为±2cm、轴线允许偏差为±1cm］，而影响挠度的因素极为复杂（主要有挂篮变形、箱梁梁段自重、预应力施工、施工荷载、混凝土的收缩与徐变、日照温差与温度变化、结构体系转换等），施工中必须对挠度进行精确的计算和严格控制。

4.17.2　悬臂箱梁施工挠度控制

1) 各参数的测定

根据对影响挠度的各因素及其影响机理的分析,确定施工现场待测参数,各参数及其测定如下。

(1) 挂篮的变形值。

施工挂篮的变形难以准确计算,要通过挂篮荷载试验测定。在挂篮拼装后,采用砂袋试压法进行荷载试验,加载量按各梁段重量计算确定。分级加载,加载过程中测定各级荷载下挂篮前端变形值,可以得到挂篮的荷载与挠度关系曲线。根据挂篮的荷载与挠度关系曲线,可查出悬臂施工中各梁段荷载作用下挂篮将产生的变形。

(2) 施工临时荷载测定。

施工临时荷载包括施工挂篮、人员机具等,所以 T 构两悬臂端施工临时荷载均为挂篮重量与施工人员机具重量之和。

(3) 箱梁混凝土重度和弹性模量的测定。

混凝土重度随着施工的推进采用常规方法测试。混凝土弹性模量主要测定混凝土弹性模量 E 随时间 t 的变化过程,即 E-t 曲线。采用现场取样通过万能试验机试压的方法,分别测定混凝土在 7d、14d、28d、60d 龄期的 E 值,以得到完整的 E-t 曲线。

(4) 预应力损失的测定。

预应力损失分几种,施工中主要测定纵向预应力钢绞线的管道摩阻损失,以验证设计参数取值和实际预应力的建立状况,根据有效预应力计算由预应力施工引起的悬臂挠度。测定时,在预定的测点位置,将波纹管开孔,采用电阻应变片和电阻应变仪测量钢绞线的实际管道摩阻损失。

(5) 混凝土的收缩与徐变观测。

混凝土的收缩与徐变采用现场取样,进行长期观测,在长期观测结果未出来时,采用以前其他桥梁施工中相同或相似条件下同强度等级混凝土的试验数据。

(6) 温度观测。

温度观测分为大气温度观测和箱梁体内部温度观测,大气温度观测与高程测量同时进行,以便主梁高程代表性的确认。箱梁体内温度观测采用预埋元件进行,考虑到各 T 构的温度大致相同,选某个典型的截面作为温度测试对象。

2) 施工预拱度计算

虽然设计文件提供了预拱度,但因实际施工中的施工条件、使用材料及实际工期与设计假定不尽相同,故施工中必须重新计算箱梁节段的预拱度。箱梁预拱度计算根据现场测定的各项参数由 BCCAP 程序计算得出。

(1) 悬臂箱梁的施工挠度控制。

①根据预拱度及设计高程,确定待灌梁段的立模高程,严格按立模高程立模。

②成立专门的观测小组,加强观测每个节段施工中混凝土浇筑前后、预应力张拉前后 4 种工况下悬臂的挠度变化。每节段施工后,整理出挠度曲线进行分析,及时准确地控制和调整施工中发生的偏差值。

③合龙前相接的两个悬臂最后 2~3 个节段在立模时进行联测,以保证合龙精度。

(2) 线形监控测量。

墩顶梁段是整个悬浇箱梁段的起始部位,在其顶布置几个测量控制点(包括墩顶梁段中心点)作为施工测量的基准点,控制整个桥的施工。施工测量中采用的测量仪器必须经过鉴定合格方能使用。

4.17.3　高程监测

1) 高程测点布置与监测安排

在每个箱梁节段上布设两个对称的高程控制点,既可以监测各段箱梁施工的挠度,又可以观测整个箱梁施工过程中是否发生扭转变形。各个梁段在立完模浇筑混凝土前,在距端模 10cm 处预埋 $\phi16mm$ 的钢筋,埋设位置是箱梁腹板外侧对应的箱顶,上端钢筋露出箱梁混凝土。在每个箱梁节段施工中的几种不同工况(立完模浇筑混凝土前、混凝土浇筑后、预应力筋张拉前、预应力筋张拉后)下,对已浇各梁段的控制点高程进行测量,以便观察各点的高程(挠度)变化以及箱梁曲线变化历程。

2)测量仪器选择与测量时间安排

采用 S1 水准仪来进行高程测量监控,每次的读数都采用主尺、辅尺观测,以消除粗差现象产生。测量时间安排在一天温度变化较小的时间段里观测,即每天日出 1h 后观测,以消除大气折光以及日照温差的影响,测量的工作持续时间越短越好。

箱梁悬浇高程控制程序为:

(1)箱梁悬臂施工中高程测量控制程序如图 4-29 所示。

(2)悬臂施工中的中线控制。

在墩顶梁段施工完后,用测距仪将箱梁的中心点放置墩顶梁段上,并在箱梁段未施工前将两墩墩顶梁段上放置的箱梁中心点进行联测,确认各个箱梁中心点在误差精度范围内,才进行下一步的箱梁施工测量。测量仪器采用 J2 级经纬仪。

箱梁中心线的施工测量,首先是将经纬仪安置在墩顶块的中心点,后视另一墩墩顶段中心点,测量采用正倒镜分中法。为使各箱梁段施工误差不累计,各箱梁施工段的拉距均以墩顶梁段中心点作为基点进行拉距,在距离超过钢尺的有效范围后,另外选择基点。

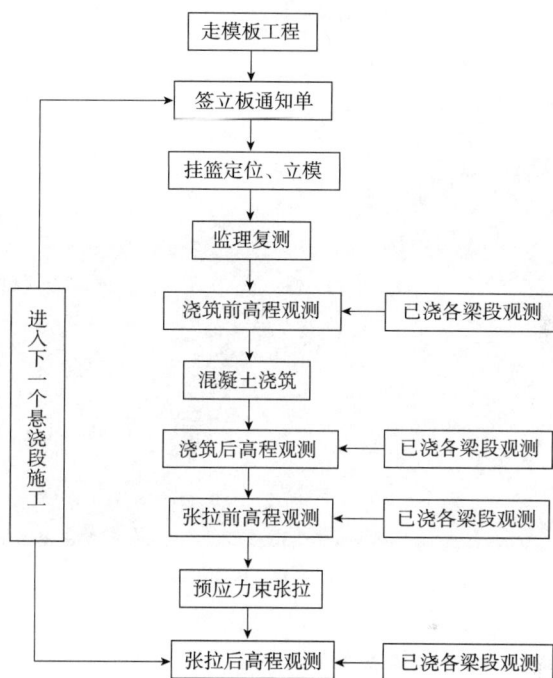

4.17.4 箱梁应力监测

为了确保箱梁悬臂施工安全进行,在施工过程中对箱梁控制截面应力状态进行监测。

1)仪器及元件选择

应力监测采用钢弦应变计作为应力传感元件按测点位置埋置在箱梁混凝土中,其导线引出混凝土面保护好,测量时用频率接收仪测量其频率,将频率换算成应变,最后可得出测点位置混凝土的应力。

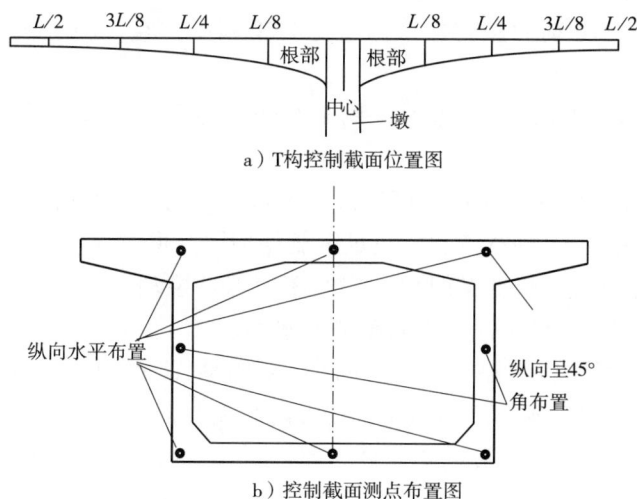

图 4-29 箱梁高程控制程序图

a)T 构控制截面位置图

b)控制截面测点布置图

图 4-30 应力测点布置

2)应力测点布置(图 4-30)

根据大桥的对称性,只测一个 T 构的箱梁控制截面应力,即可了解全桥箱梁的应力状态。选择 6 号墩 T 构作为监测对象,根据经验可知,墩顶梁段(0 号段)中心、箱梁悬臂根部、$L/8$、$L/4$、$L/2$(其中 L 为大桥主跨跨度 100m)截面为控制截面,根据监测结果,可了解施工阶段箱梁的受力状态,保证施工安全。同时,成桥后亦可继续测量各点应力,验证大桥的设计承载能力。

4.17.5 现浇段施工控制检测

边跨现浇段的施工监测除以上箱梁的监测外,还包括施工支架沉降、弹性变形及混凝土徐变等。

4.18　桥面及附属工程施工

4.18.1　桥面系施工

桥面工程部分包括桥面铺装、防水、排水设施、伸缩缝安装、护栏等。

4.18.2　桥面铺装

桥面铺装见图4-31。

1)施工准备

图4-31　桥面铺装

(1)人员。建立有效的组织管理机构,配备精干的管理人员,合理配置施工班组,合理配置劳动力。

(2)材料。根据工程进度需要,制订合理的材料需要量计划,并组织材料采购,按规定地点和指定方式进场储存堆放。做好进场材料的试验工作。

(3)机械。各种设备应提前进场,施工机械设备应在施工前做好安装调试工作。

(4)实行作业交底制度,对桥面铺装的各个工序,各种工班进行详细交底。

2)施工工序

桥面铺装施工工序为:清除桥面浮渣、清洗桥面→精确放样→绑扎钢筋→安装模板并清扫→安装振动梁→混凝土浇筑→整平、拉毛、养生。

3)桥面铺装施工

(1)梁安装好后,先焊接主梁预留的桥面连续钢筋,浇筑梁端连续段混凝土,然后浇筑铰缝混凝土,再浇防水混凝土。

(2)桥面湿接缝施工前后,均应对梁面进行纵、横向联测,并提交梁顶实测高程。凡相邻梁片翼板高差施工误差大于2cm以上,应采取措施调整,并得经监理工程师批准后方可施工,以确保桥面铺装的厚度。凿除浮渣、浮浆,清除杂物,并用高压水枪冲洗干净。浇筑前,梁面应干净且保持湿润,没有积水。

(3)采用四等水准测量将高程控制点布设于桥头、桥中、桥尾稳固处,并与其他水准点联测,确保其准确性。在梁面上,按纵向每5m间距测设中线点(共三条,分别为左右护栏内边缘与单幅中线点),并初测中线点高程。

(4)按设计位置进行钢筋绑扎,严格控制钢筋网高程,钢筋网垫石推荐采用未经磨光的石板片,钢筋网宜采用点焊。

(5)根据对中线点的初测高程,安装模板,模板采用∠40mm角钢作为模板,每85cm间距设置预埋螺栓,作为模板支撑,模板顶面高程作为桥面铺装高程。根据模板高程调整钢筋,满足钢筋保护层要求。

(6)用滚筒进行提浆粗平,有专人检查与混凝土面接触情况,并及时填挖。使滚筒保持滚动状态,而且与混凝土面没有空隙。混凝土的施工要注意平整度的控制,养护采用土工布覆盖洒水养护。

(7)摊铺时混凝土料应略高于模板,采用刮尺刮平,刮尺应紧贴模板,横桥向反复撮动,纵桥向平稳前移,并观察与混凝土面接触情况,及时调整混凝土坍落度,刮尺必须有足够的强度,防止变形。用直尺检查平整度,并由熟练工人精平,采用塑料扫把横向对混凝土进行拉毛,拉毛要顺直。

(8)做一段铺装作为试验段,认真总结,符合要求后方再大面积施工。

(9)夏季施工,避免在11~15点高温天气下施工。做好防雨措施,准备一定长度的人字形避雨篷,遇雨时应立即停止施工,做好已施工段的防雨工作。

(10)根据模板高度合理调整钢筋的高度,合理分配上保护层与下保护层的大小,防止因保护层过小而产生裂缝。

(11)混凝土收浆后立即覆盖土工布养生,严禁此时用流水直接冲刷混凝土,并保持湿润状态满7d。在已浇混凝土初凝后不得采取砂浆或混凝土进行薄层贴补。

(12)对需安装伸缩缝处的水泥混凝土桥面,应先连续浇筑混凝土,然后切缝开槽安装伸缩缝。

(13)混凝土未达到足够强度前,桥头处设警示标志和障碍,禁止车辆通过。

4)施工质量要求

(1)桥面泄水孔的进水口应略低于桥面面层,其数量不得低于设计要求;泄水孔下周围10m范围有房屋、通道的,一律设置引水管道至桥下排水沟。

(2)铺装层表面无脱皮、印痕、裂纹、石子外露等缺陷。

(3)除施工缝外,铺装层面无干缩或湿缩产生的裂纹。

(4)施工接缝密贴、平整、无错台。

(5)钢筋网现场质量检验见表4-59。

钢筋网现场质量检验　　　　　　　　　　　　　　　表4-59

项次	检验项目	规定值或允许偏差	检验方法和频率
1	网的长、宽(mm)	±10	用尺量
2	网眼尺寸(mm)	±10	用尺量:抽查3个网眼
3	对角线差(mm)	15	用尺量:抽查3个网眼对角线

(6)桥面铺装现场质量检验见表4-60。

桥面铺装现场质量检验　　　　　　　　　　　　　　表4-60

项次	检验项目		规定值或允许偏差	检验方法和频率
1	强度或压实度		在合格标准内	按《公路工程质量检验评定标准　第一册土建工程》(JTG F80/1—2004)附录 B 或 D 检查
2	厚度(mm)		+10, -5	对比路面浇筑前后高程检查,每100m测5处
3	平整度	IRI(m/km)	3.0	平整度仪:全桥每车道连续检测,每100m计算 IRI 或 σ
		σ(mm)	1.8	
4	横坡	水泥混凝土	±0.15%	每100m检查3个断面

5)安全文明

(1)建立健全安全保证体系,对现场工作人员进行安全文明教育,强化安全意识。

(2)在桥梁边缘设置安全网,桥头设安全责任、警示标志牌,施工人员进场必须戴安全帽,在桥梁边缘作业的工人配备安全带。

(3)针对桥面钢筋多且面广的特点,设专职电工每天对用电设备、线路进行全面检查。

(4)桥头设栅栏,非施工人员和外来车辆严禁入内。

4.18.3　伸缩缝安装

1)施工准备

(1)建立有效的组织管理机构,配备精干的管理人员,由厂家或专业队伍到现场负责安装施工。

(2)根据工程进度需要,制订合理的材料进场计划,材料应固定平放防变形。伸缩缝产品必须有合格证,经验收后才能用于安装。

(3)检查和整改预留槽宽度,预埋钢筋定位准确,经验收合格。

（4）伸缩缝预留槽在铺设沥青混凝土路面之前，应用 C20 素混凝土填平，缝底垫衬板。

2）施工工序

无论是水泥混凝土还是沥青混凝土桥面，均应采用反开槽施工，其施工工序为：预留槽口放样→切割伸缩缝预留槽→调整伸缩缝预埋钢筋→清除槽口杂物→安放伸缩缝→高程检查→锁定、绑扎钢筋→支模→检查、浇筑混凝土。

3）施工技术与工艺。

（1）应先安装一条工艺试验性伸缩缝，待检验合格后方可大面积施工。

（2）钢制支承式伸缩缝安装技术与工艺。

①施工前必须彻底做好伸缩装置部位的清渣工作，严禁残渣弃留在墩、台帽上影响支座。

②采用焊接接长梳形钢板时，应按设计的锚栓孔位置及平面尺寸弹线定位，并用夹板固定，应对焊后的变形进行矫正。

③按设计高程将锚栓预埋入预留孔内，然后焊接锚板，并调整封头板使之与垫板齐平。

④安装时要将构件固定在定位角钢上，以确保安装精度，同时应防止产生梳齿不平、扭曲及其他变形，要严格控制好梳齿间的间隙。

⑤在钢梳齿根部钻适量小孔，以便浇筑混凝土时混凝土中空气能顺利排出。

⑥混凝土浇筑后，应及时将定位角钢拆除，并做好混凝土养生。

（3）模数式、毛勒式伸缩缝安装技术与工艺。

①伸缩缝安装之前，按照安装时的气温调整安装时的伸缩值，用专用卡具将其固定。

②用水平尺检查伸缩缝顶面高度与桥面沥青铺装高差是否满足要求，一般伸缩缝应比桥面沥青铺装低约 2mm（行车道处）。伸缩缝混凝土模板安装应严格安装，确保不漏浆。

③伸缩缝平面位置及高程调整好后，用两台电焊机由中间向两端将伸缩缝的一侧与纵向预埋筋点焊定位；如果位置、高程有变化，要采取边调边焊，且每个焊点焊长不小于 5cm，点焊完毕再加焊，点焊间距小于 1m；焊完一侧后，用气割解除锁定，调整伸缩缝在某温度下的上口宽度，上口宽度调整正确后，焊接所有连接钢筋。

④浇筑混凝土前将间隙填塞，防止浇筑混凝土把间隙堵死，影响伸缩。采取措施，防止混凝土渗入模数式装置位移控制箱内或密封橡胶带缝中及表面上，如果发生此现象，应立即清除，然后进行正常养护。

（4）开槽及浇筑混凝土。

①铺筑沥青混凝土时要保证连续作业，要求在伸缩缝两边各 20m 范围内不能停机，以免因机器停止、起动影响此段路面平整度，从而影响伸缩缝的安装质量。

②伸缩缝开槽必须顺直，且确保槽边沥青铺装层不悬空，层下混凝土密实。

③混凝土应避免高温下施工，浇筑混凝土时，要振捣密实，不得有空洞。混凝土现场坍落度宜控制在 8～10cm。待混凝土接近初凝时，要及时进行第二次压浆抹面，使混凝土表面平整，二次抹面后用土工布覆盖养生。

④每一条伸缩缝混凝土必须做一组混凝土试块。

4）施工质量要求

（1）伸缩缝锚固牢靠，不松动，伸缩性能有效。

（2）伸缩缝开槽后检验项目见表 4-61。

伸缩缝开槽后检验项目 　　　　　　　　　　　　　　　　　　　　　　　表 4-61

检测项目	规定值和允许偏差	检查方法及频率
预留槽杂物清理	无杂物	目测
预留槽宽度	±2.5cm	尺量：每半幅测 3 点
预留槽深度	±1.0cm	尺量：每半幅测 3 点

续表

检测项目	规定值和允许偏差	检查方法及频率
梁体间隙宽度	±1.0cm	尺量:每半幅测3点
梁体间隙杂物清理	无杂物	目测
墩台帽杂物清理	无杂物	目测
预埋筋方向	符合设计要求	量角器
预埋筋数量	符合设计要求	数量
预埋筋牢固性	牢固	用撬棍撬

（3）伸缩缝安装实测项目见表4-62。

伸缩缝安装实测项目　　　　　　　　　　　　　　　　表4-62

项次	检查项目	规定值或允许偏差		检查方法和频率	权值
1	长度(mm)	符合设计要求		尺量:每道	2
2△	缝宽(mm)	符合设计要求		尺量:每道2处	3
3△	与桥面高差(mm)	2		尺量:每侧3~7处	3
4	纵坡(%)	一般	±0.5	水准仪:测量纵向锚固混凝土端部3处	2
		大型	±0.2	水准仪:沿纵向测伸缩缝两侧3处	
5	横向平整度(mm)	3		3m直尺:每道	1

注:表中标"△"者为关键项目。

5）安全文明

（1）建立安全文明施工体系，对现场工作人员进行安全教育，强化安全意识。

（2）在桥面伸缩缝施工时，应封闭并分左、右幅施工，做好安全警示标志，注意来往施工和过往车辆的安全。所有伸缩缝材料应放置在封闭区内，平放防晒，加设防撞措施。

（3）施工人员进场必须戴安全帽，严禁穿拖鞋进入工地。

（4）为防止施工污染桥面，从伸缩缝槽口两端沿桥纵向应铺上足够长度的彩条布。伸缩缝完成后，应对污染、损坏的桥面系、盖梁、台帽、桥下进行彻底清理、修理。

（5）对已施工完毕的伸缩缝要进行专人看护，在伸缩缝装置两侧混凝土强度满足设计要求后，且不少于7d，方可开放交通。若因条件限制，则必须在缝上设临时行车的钢制桥。

4.18.4　护栏施工

1）施工准备

（1）人员准备。合理配置施工班组，合理配置劳动力。

（2）材料情况。根据工程进度需要，组织材料按规定地点和指定方式进场储存堆放，做好进场材料的检验工作。

（3）设备情况。根据工程需要组织机械设备到位。

2）施工工序

施工工序为:精确放样→凿毛、预埋筋调整→钢筋制作安装→模板安装→浇筑混凝土→拆模→养生。

3）施工技术与工艺

（1）精确放样。

对护栏进行放样，画出其内边线，根据线形进行微调，确保护栏线形顺畅。放样时，对于直线段，每10m测一护栏内边缘点，曲线段根据实际计算确定，确保其误差不得大于4mm。护栏的高程以桥面铺装层作为基准面控制，在此之前，应对桥面铺装层进行检验，保证竖直度，确保顶面高程。

（2）钢筋的制作与安装。

钢筋的骨架按设计要求制作，并与梁面预埋筋连接。安装时，应根据放样点拉线调整钢筋位置，确保保护层。

（3）模板安装。

①模板加工按机械制造的工艺进行，模板交角处采用倒圆角处理，使其线形平顺，尺寸严格按设计要求制作。制作好的模板进行试拼编号，对于有错台和平整度不符合要求的要及时整改，合格后方可使用。模板要求有一定的强度和刚度，确保在施工中不变形。护栏模板的安装应严格按规范要求进行，确保混凝土施工时不出现跑模、错台、变形、漏浆，并保证混凝土的外观质量。

②选用专用脱模剂保证混凝土颜色均匀，表面光滑。

③在距离梁面10cm高的位置预埋40cm的内支撑钢筋，确保其下部的断面尺寸，并用拉杆拉紧。顶面采用17cm钢筋作为支撑，用拉杆拉紧，保证上部断面尺寸。在护栏内侧一定距离预埋钢筋作为顶拉模板的支撑点，牢固支撑护栏模板，确保其牢固稳定性。

④模板接缝采用塑料胶带粘贴于模板接缝处，模板之间采用螺丝扣紧，模板与铺装层接缝采用海绵材料进行填缝，保证接缝严密，不漏浆，不污染。安装模板时，严格控制错台现象。

⑤护栏断缝设置于墩顶及跨中，对于跨径大于30m以上的，可适当加设断缝，防止混凝土在行车荷载下的应力集中混凝土断裂，并保证断缝垂直整齐。断缝采用泡沫材料断开，端头模板要用钢板。

（4）混凝土施工。

①混凝土应将试验取得外观最佳的配合比用于护栏施工，混凝土浇筑采用分部分三层斜向浇筑的方法，第一层控制在25cm左右，第二层浇筑到护栏顶35cm左右，然后浇筑到护栏顶。浇筑时振动棒要快插慢拔，以便使气泡充分逸出。振动棒要插入已振完下层混凝土5cm，从而消除分层接缝；插点要均匀排列，顺序进行，并掌握好振捣时间，一般每插点为30s左右，以混凝土表面平坦泛浆，不出现气泡为准。严禁过振，避免混凝土表面出现鱼鳞纹或流沙、泌水现象而影响外观。另外振捣时应严禁碰撞模板，以免模板损伤，影响外观质量。

②浇筑至顶面时，应派专人进行顶面抹面修整，确保护栏成型后，顶面光洁，线形顺畅。

③护栏底严禁用砂浆支垫，应浇筑同强度等级混凝土。

④夏季施工时宜采用低水化热水泥，尽量不用52.5级水泥。

（5）模板的拆除。模板拆除要务必小心，避免破坏混凝土面和棱角。模板拆除后及时进行整修，保洁。

（6）养生。采用干净的无纺土工布覆盖洒水养生，养生时间不少于7d。

（7）做好试验段工作，做一段护栏作为试验段，认真总结经验加以改进，符合要求后方可进行大面积施工。

（8）夏季施工，避免在11～15点高温天气下施工。雨季施工时，备有塑料膜，遇雨时，应及时覆盖。

4）施工质量要求

（1）护栏混凝土表面的蜂窝、麻面面积不超过该面面积的0.5%，深度不超过10mm。

（2）同一跨内的单侧护栏应一次性浇筑，端头模板应用钢模板，以保证端头外观平齐。

（3）护栏面和接缝处不得有开裂现象。错台、平整度、外观质量问题要及时处理，并保证颜色一致。顶面平顺美观、高度一致。

（4）护栏全桥线形直线段顺直，曲线段弧形圆顺，无折线与死弯。

（5）护栏安装实测项目见《公路工程质量检验评定标准　第一册　土建工程》（JTG F80/1—2004）中的表11.5.2。

5）安全文明

（1）建立健全安全保证体系，制定文明施工的各项规章制度，对现场人员进行安全教育，强化安全意识。

（2）在桥梁边缘设置栏杆，挂安全网，施工人员进场必须戴安全帽，在桥梁边缘作业的工人必须系安全带。

（3）桥头设栅栏，非施工人员严禁入内。

（4）合理布置施工场地，在左右幅中间布设引水管道。材料应分类集中堆放，做到场地整齐。施工废料应单独集中堆放并及时处理。

（5）做好临时泄水孔，让桥面污水直接排入桥下，避免污染梁面。

4.18.5 防水层

铺设防水层的桥面要平整、干燥、干净，防水层边缘要封闭，以免桥面水渗入主体结构，防水层施工严格按照生产厂家的要求进行。

4.18.6 桥头搭板施工

由于搭板均为较短的纵向单块板，只要取消滑模工艺采用人工上料即可，振捣、收面均采用人工操作，采用插入式、平板式震动器相结合的方法。

1) 基本要求

（1）所用的水泥、砂、石、水和外加剂的质量和规格必须符合有关规范的要求，按规定的配合比施工。

（2）搭板下的垫层或路面基层强度和压实度必须满足设计要求。

（3）不得出现露筋和空洞现象。

（4）搭板表面的凹凸构造满足设计要求。

2) 桥头搭板（埋板）施工工序

施工工序为：施工放样→基层高程测量→人工修整底基层、找平→做承载力试验→安装钢筋、立模→检查→混凝土浇筑→拉毛→养生。

3) 搭板施工

（1）在搭板施工前，首先检查其下层的台后填筑是否通过验收。应对桥台台背回填予以严格控制，台背回填必须符合设计和规范要求，如设计未做特殊处理时，应采用砂类土或透水性土为填料，分层压实，每层松铺厚度不宜大于15cm，压实度不小于96%。与路基接头处填筑范围不小于设计或规范要求的长度和宽度。确保沉降量不大于设计允许沉降量。

（2）安装钢筋前应清除搭板下垫层或路面基层上的杂物、杂质和松散层，保证下承层清洁。

（3）施工放样必须准确、平面位置，高程、纵、横向坡度符合设计和规范要求。

（4）检查钢筋安装必须符合设计和规范要求。钢筋安装的数量、规格、间距必须符合设计要求，钢筋不得污染和严重锈蚀。

（5）模板安装线直面平，支撑稳固。

（6）混凝土浇筑按规范施工，所用水泥、砂、石、外加剂等材料应与配合比材料一致，并且计量准确。

（7）混凝土浇筑完毕后，对板面采取拉毛、压槽等抗滑措施，其构造深度一般路段不小于0.7mm且不大于1.1mm，特殊路段不小于0.8mm且不大于1.2mm。

（8）及时进行覆盖和洒水养护，并进行交通管制，等到符合要求后开放交通。

4) 安全文明

（1）现场制定安全文明生产责任制，对现场人员进行安全文明教育，强化安全文明施工意识。

（2）离搭板施工前后20m应设置路障，严禁外来车辆进入，人员进场必须戴安全帽，坡面上施工穿防滑鞋，严禁穿拖鞋进入工地。

5) 质量标准

（1）板的表面平整，边缘顺直。

（2）桥头搭板实测项目（表4-63）。

桥头搭板检查实测项目 表4-63

项次	检查项目		规定或允许偏差	检查方法和偏差
1△	混凝土强度（MPa）		在合格标准内	按《公路工程质量检验评定标准 第一册 土建工程》（JTG F80/1—2004）附录D检查
2	枕梁尺寸（mm）	宽、高	±20	尺量：每梁检查2个断面
		长	±30	尺量：检查每梁
3	板尺寸（mm）	长、宽	±30	尺量：各检查2~4点
		厚	±10	尺量：检查4~8点
4	顶面高程（mm）		±2	水准仪：测量5点
5	板顶纵坡（%）		0.3	水准仪：测量3~5点

注：表中标"△"者为关键项目。

（3）桥梁桥面系及附属工程外观质量评定（表4-64）。

桥梁桥面系及附属工程外观质量评定 表4-64

项次	检查项目	外观质量要求	备注
1	桥面铺装	表面平整、无泛油、裂缝、粗集料集中现象；搭接处紧密、平顺	
2	桥面防水	防水层表面平整、无空鼓、脱落等缺陷，并覆盖整个混凝土表面；泄水孔进水口的布置应有利于桥面和渗水的排除；桥面排水良好	
3	支座垫石及挡块	混凝土表面平整、光洁、棱角线平直；无蜂窝、麻面及裂缝	
4	支座安装	支座不发生偏歪、不均匀受力和脱空现象；表面清洁，支座附近的杂物及灰尘应清除	
5	伸缩缝	伸缩缝无阻塞、渗漏、变形、开裂	
6	桥头搭板	板的表面平整、边线顺直	
7	护栏	顺直美观、表面平整、不出现蜂窝、麻面	

（4）桥梁总体外观质量评定标准（表4-65）。

桥梁总体外观质量评定标 表4-65

项次	检查项目	外观质量要求	备注
1	线形	内外轮廓线顺滑清晰、无突变、明显折或反复	
2	附属	栏杆、防护栏、灯柱和缘石的线形顺滑流畅、无折弯	
3	其他	踏步顺直、与边坡一致	

4.19 安全施工

4.19.1 建立健全安全规章制度

（1）严格遵守国家有关安全生产的法律法规、交通运输厅有关安全生产的规定，认真执行工程承包合同中的有关安全要求。

（2）认真执行ISO 9001标准，深入开展安全标准化工地建设。

（3）建立安全技术奖惩制度。开工前编制施工安全技术措施，经过批准的安全技术措施具有技术法规的作用，在施工中严格执行。对安全技术措施的执行情况，建立严格的奖惩制度。

（4）落实安全负责制。实行安全生产逐级负责制，做到职责明确、权责统一、纵向到底、一环不漏，充分发挥各级职能作用。安全保障体系框图见图4-32。

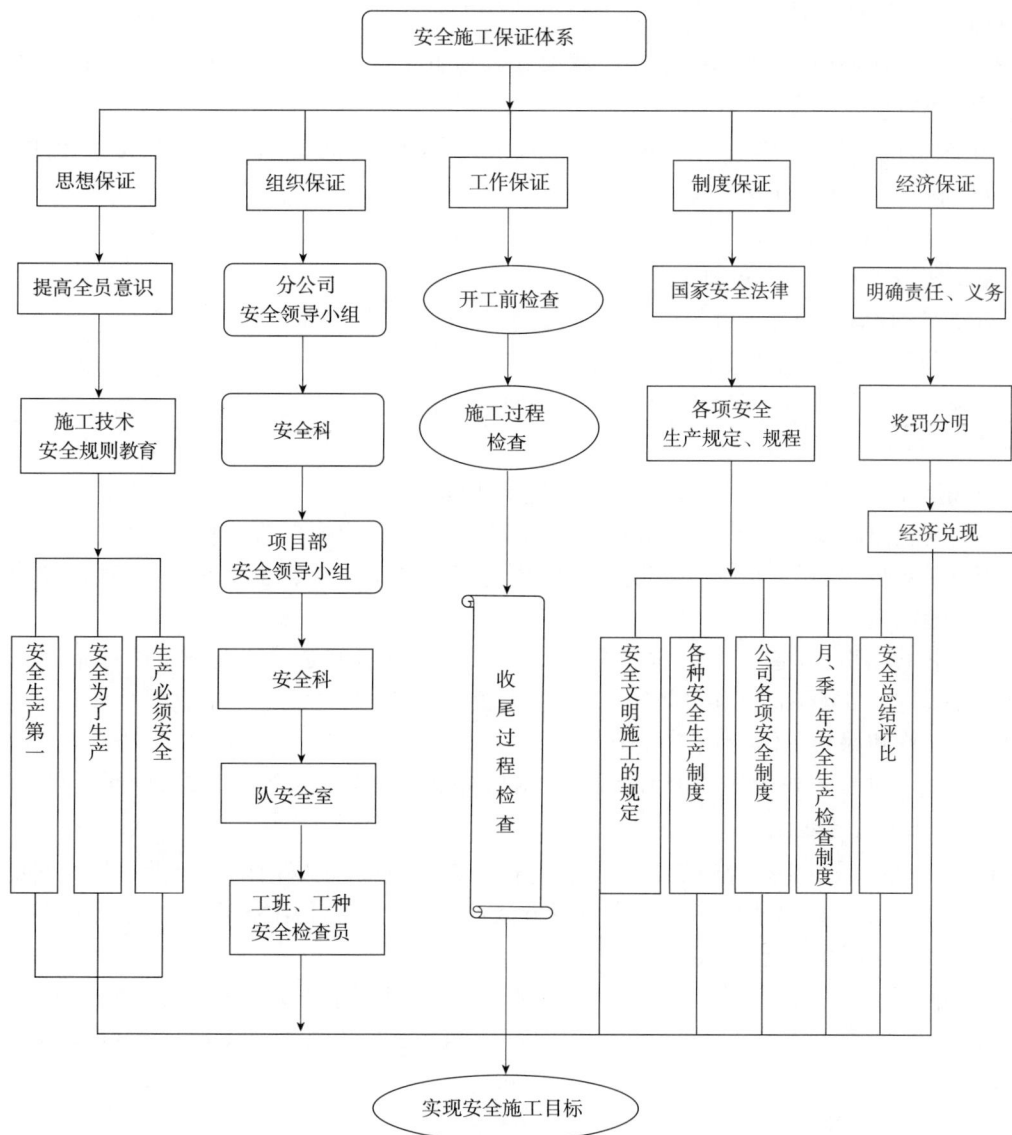

图 4-32 安全保障体系框图

4.19.2 施工安全保证措施

1)施工机械的安全控制措施

(1)各种机械操作人员和车辆驾驶员,必须取得操作合格证,不准操作与证不相符的机械,不准将机械设备交给无本机操作证的人员操作,对机械操作人员要建立档案,专人管理。

(2)操作人员必须按照本机说明书规定,严格执行工作前的检查制度和工作中注意观察及工作后的检查保养制度。

(3)驾驶室或操作室应保持整洁,严禁存放易燃、易爆物品,严禁酒后操作机械,严禁机械带病运转或超负荷运转。

(4)机械设备在施工现场停放时,应选择安全的停放地点,夜间应有专人看管。

(5)用手柄起动的机械应注意手柄倒转伤人。向机械加油时要严禁烟火。

(6)严禁对运转中的机械设备进行维修、保养、调整等作业。

(7)指挥施工机械作业人员,必须站在可让人瞭望的安全地点,并应明确规定指挥联络信号。

(8)使用钢丝绳的机械,在运行中严禁用手套或其他物件接触钢丝绳。用钢丝绳拖拉机械或重物时,人员应远离钢丝绳。

(9)起重作业严格按照《建筑机械使用安全技术规程》(JGJ 33—2012)和《建筑安装工人安全技术操作规程》规定的要求执行。

(10)定期组织机电设备、车辆安全大检查,对检查中查出的安全问题,按照"三不放过"的原则进行调查处理,制定防范措施,防止机械事故的发生。

2)吊装安全技术措施

(1)各种设备要置于安全稳定的地基上。

(2)使用前要对钢丝绳、卡具等进行检查验收,符合要求时才能使用。

(3)要有统一信号,有专人指挥,下部人员要避让在安全处。

(4)在吊装施工时,司机要认真操作,严禁与其他物体撞击。

3)施工现场用电安全措施

(1)施工现场制定详细的施工用电组织设计,《施工组织设计》必须经单位总工程师审批和安全监理审核,同时制定电气安全操作规程、电气安装规程、电气运行管理规程和电气维修检查制度。

(2)施工现场的电气设备均符合《施工现场临时用电安全技术规范》(JGJ 46—2005)的要求,电线(缆)均按要求架设,不随地拖拉。

(3)变配电室符合"四防一遍"要求,建立相应的管理制度,配置好必要的安全防护用品。

(4)现场的手持电动工具和小型电器设备要有专人负责管理,电气设备进出仓库均要认真检查和验收,做好日常的检查、维修和保养工作,不准带病运转。

(5)电工作业时必须穿戴好个人防护用品,并严格执行电气安全操作规程,做到持证上岗。

4)安全防护用品的设置措施

(1)安全帽。安全帽质量必须经有关部门检验合格后方能使用;正确使用安全帽并扣好帽带。

(2)安全带。安全带质量须经有关部门检验后方能使用;安全带使用两年后,按规定抽验一次,对抽验不合格的,必须更换安全绳后才能使用。

(3)安全网。网绳无破损,并扎系牢固、绷紧、拼接严密;网宽不小于2.6m,里口离墙不得大于15cm,外高内低,每隔3m设支撑,角度为45°;立网随施工层提升,网高出施工层1m以上。网与网之间拼接严密,空隙不大于10cm。

5)易燃易爆危险品的管理办法

(1)施工现场油库,火工用品库,乙炔瓶、氧气瓶仓库等易燃易爆地点应悬挂防火防烟警示牌,并配备相应的灭火器、消防桶、消防斧。

(2)生活办公区应设置消防栓或供消防用水源,配置相应的灭火器,消防逃生通道,并有明确的指示。

(3)施工现场应配备消防灭火器、防爆装置、消防水源,乙炔气、氧气分开放置,远离火源严禁烟火。

(4)爆破施工用的火工材料设立专门的仓库,仓库应远离建筑物及人群,密封性好,防火、防爆、防潮,由专人保管,收发,严格领用。

4.19.3 挖孔桩施工安全措施

严格按安全技术操作规程进行施工。

桩基开孔之前,就对所开挖桩基护壁顶高出地面30cm,确保挖孔过程中,泥土、石块、流水等杂物进入桩基孔之内。

下井作业人员必须戴好安全帽,脚穿长筒套鞋,挖掘坚硬岩石时要戴上耳塞、风镜,严禁在孔内吸烟;工地要设置4~5顶供氧防毒面具,供下井救助受毒人员之用,并备有有效的吊人安全设施,供下孔作业人员使用;要设置取用方便的安全爬梯,供下井人员安全上下之用,从孔口到孔底必须常备一条均匀打了结的20mm直径棕绳,供孔内作业人员应急出孔;孔口的电动葫芦或起落台令必须有专人管理和操作,当有人在孔内作业时,严禁擅自离岗,应保持与孔内作业人员的不断联系(设拉铃或哨子),随时做好孔内人员的撤离准备。

孔内作业人员时刻注意孔下周围的动向,加强对渗漏水的观察,发现可疑情况应立即采取必要措施离井并报告有关人员;在未采取有效防护措施前不准下孔作业;工地必须备有至少2个供人员上下使用的铁笼,铁笼大约1.2m高,上部开口,必须经检验人员检查合格后方可使用;准备下孔作业前,必须用鼓风机向孔底送风,孔底的瘴气排出,待检查孔内没有毒气后方可下井作业;每天施工前及作业中,必须对投入使用的机具做全面检查,升降设备应装有必要的安全装置,如刹车、吊钩防脱器、断绳保险器及限位装置等,施工后要对机具进行养护。

每节挖桩孔进尺深度应根据现场实际土质和地下水位确定。一般土质较好,无地下水或地下水位较少时,以每次进尺深度不超过1m为宜;如地下水位较高,土质较软时,每次进尺深度以水超过0.5~0.6m为宜;当遇到流沙或流泥时,进尺深度应控制在0.3m以内。如地下水压力较大,涌沙、涌泥难以进尺时,可先用降水方按降低水位,并用钢筋设护壁插下,然后用草袋之类物品堵住流沙、流泥,然后再清孔、绑筋、支模浇灌混凝土护壁。当孔内无人作业时,孔口必须用强度足够的钢筋网盖盖好,上面加盖木板,以防雨天雨水进入孔内;同时,孔口四周设置高度不低于1.1m的钢管围栏进行防护,并设置安全标志,夜间设置红灯警示。

4.19.4　高空作业安全措施

(1)高空作业脚手架的搭设及拆除必须编制施工方案,脚手架按要求设置围栏,挂安全网。脚手架搭设完毕后必须经验收后方可正式使用。进入施工现场必须佩戴安全帽,穿软底胶鞋,作业中系好安全带,作业前必须保证所用的吊索、榔头、安全带完好无损;作业人员上下墩台设置专门扶梯,禁止沿脚手架攀爬。进行吊装时,设专人指挥,信号明确,吊车在载荷范围内进行作业,严禁超载作业;在高空作业时,注意失足踏空,不得往地面掉落物件,不得在空中抛掷零部件、工具等;高空作业下方半径内,不得无关人员进入,高空作业不得在架上往下扔任何物件,架上物料要放好以防滑落,造成事故。操作中要集中思想,注意操作。从事高空作业的人员要定期或随时体检,发现有不宜登高的病症,不得从事高空作业。高空作业人员必须拴好安全带、戴安全帽、穿防滑鞋。夜间进行高空作业时,必须有足够的照明设备。六级以上大风,为确保施工人员的人身安全,应停止高空作业。

(2)安全网挂设。操作人员必须正确使用好个人防护用品;安全网必须符合有关规定要求;绳子绑扎的要符合要求,绑扎时安全网要拉紧密,每个孔洞必须绑扎一根绳子;绑扎时安全网下口必须先绑扎紧密,不够宽的应留上面;安全网搭接时必须严密不得留有间隙;安全网安装后要经常对安全网进行巡视,对绑扎松动或掉下的及时绑扎紧密牢固;绑扎剩余安全网要搬回仓库,不得乱堆放;安装完毕经过验收合格方可投入使用。

4.19.5　梁体预制安全措施

(1)预应力筋张拉应控制张拉速度,不宜过快。

(2)安装模板时,注意手、脚不能伸到模板下面。

(3)桥梁架设前应由技术人员按图纸核对梁的片数,将钢梁杆件及时编号。架梁使用的材料、工具、脚手板、梯子、安全带、安全帽、安全网等应配足备齐,机械应经试运转。

(4)参加高处作业的人员在架梁前必须进行体检,凡有高血压、心脏病或其他不适宜高处作业的人不得参加架梁作业。

(5)非架梁人员不得进入架梁作业区,桥头应有警卫。

(6)所有施工辅助结构均应按设计施工,应有足够的强度和刚度。

4.19.6　架梁作业安全措施

架梁使用的材料、工具、脚手板、梯子、安全带、安全帽、安全网等应配足备齐,机械应经试运转。参加高处作业人员在架梁前必须进行体检,凡有高血压、心脏病或其他不适宜高处作业的人不得参加架梁作业。

非架梁人员不得进入架梁作业区,桥头应有警卫。有施工辅助结构均应按设计施工,应有足够的强度。

架梁过程中必须坚持统一指挥、人人服从的指导思想,在架梁或运量之前必须先检查钢丝绳的损坏情况,专职安全先进行检查以后,才能开始吊梁和架梁作业。

4.19.7　道路及航道保通措施

积极与交通运输、河道管理部门联系,服从交通运输管理部门和航道管理部门的管理指挥,并派专人协助疏导,确保交通运输及通航不受影响。

河道的通航保证:主桥跨越航道,在进行该墩施工时,必须确保航道的正常通航安全,按以下原则进行组织。

(1)做好施工期间的航道协调工作,与航道管理部门一起,针对施工现场的条件和施工需要,按照国家和地方政府的相关规定,制定施工期间的航运管理规划,使施工和航运有章可行。

(2)充分考虑该特大桥工期长、水中墩施工平台占用河道面积大等的实际影响航运因素,大型的水上单项工程须得到有关部门的同意,并办理施工许可证方可进行施工。

(3)挂篮施工与航运形成交叉立体作业,对挂篮悬灌梁体混凝土必须保证施工及航运的安全,每次灌注梁体混凝土前,报有关部门认可,挂篮采用全封闭施工,防止落物伤及过往船只。

(4)施工作业现场,设置醒目的航道标志,船只通过时要鸣笛警示。

4.19.8　连续箱梁跨堤钢管架安全措施

(1)施工场地内设置交通指示标志。

(2)在满足施工要求的情况下,尽量少占用道路,确保车辆正常通行。

(3)进行梁体施工时,在跨越河堤段用安全网进行封闭,防止落物伤及行人及过往车辆。

(4)在离施工现场50m设置减速标志,控制行车速度。

(5)在跨越河堤处设置警示灯,保证夜间行车安全。

(6)通过地段要有足够照明,确保行人夜间的通行安全。

(7)设置"限高5m"限高标志,用反光漆制作黄底黑字标志牌,保证行车安全。

4.19.9　现场布置的安全措施

(1)搞好施工现场及临时工程的安全控制,施工现场做到布局合理、机械设备安装稳固、材料堆放整齐、设置安全警示标志和照明、防护设施,提醒工作人员注意安全。

(2)运输道路平整、畅通,排水设施良好。油库、材料库选择安全地点设置,配备避雷针、防火防静电设施,并设专人负责维修和管理。施工现场设置足够的消防设备。

4.19.10　安全生产目标

员工因工死亡率、重伤率、轻伤率分别控制在0.17‰、0.6‰、5‰以下;重大事故为零;每年对从事有害作业的人员进行健康检查,员工因工职业病发生率小于0.5‰。

4.20　环境保护施工

施工期间执行《中华人民共和国环境保护法》,采取有效的措施防止施工中的燃料、沥青、化学物质、污水、废料、垃圾等有害物质对河水、池塘、溪流等的污染;防止扬尘、噪声和汽油等物质对大气的污染,并设专人负责协调处理施工过程中产生的环境问题,详见图4-33。

4.20.1　环境目标

(1)施工扬尘、有毒有害气体及大气污染物排放控制在国家或地方排放标准以内。

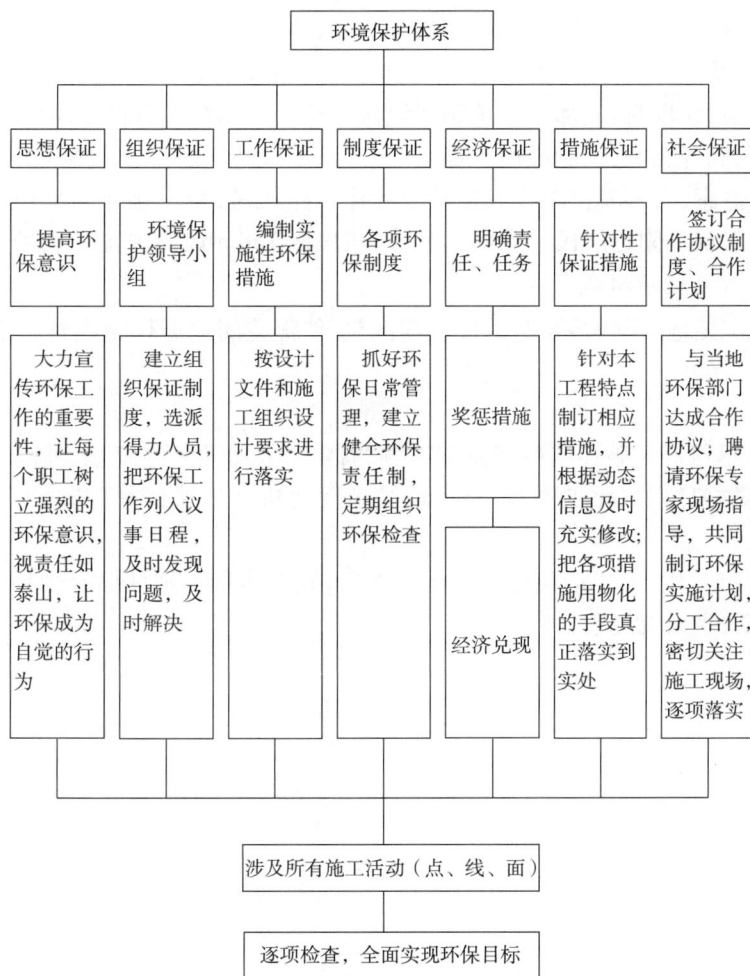

图 4-33　环境保护体系框图

（2）施工污水排放控制在工程所在地环保部门要求标准以内。

（3）环境敏感地区施工现场场界噪声达标排放。

（4）能源和资源消耗逐年减少。

（5）环境污染责任事故为零。

4.20.2　贯彻 ISO 14001 环境管理体系标准

（1）贯彻 ISO 14001 环境管理体系标准，制订环境方针，确定环境管理方案，积极推行环境"评审"或"审核"，以评定自身的环境表现。强化环境管理体系的过程，实现对整体环境表现的持续改进。

（2）成立以项目经理任组长的环境保护领导小组，配备一定数量的环保设施和技术人员，认真学习环保知识，共同搞好环保工作。

4.20.3　防止和减轻水、大气受污染

1）保护水质

凡需进行混凝土、砂浆等搅拌作业的地方，必须设置沉淀池，使清洗机械和运输车的废水经过沉淀后，方可排入污水管线，亦可回收用于洒水降尘。

施工现场临时食堂，用餐人数超过 100 人时，设置简易有效的隔油池，定期掏油，防止污染。

2）控制扬尘

为减少施工作业产生的灰尘，施工便道、拌和站等随时进行洒水或其他降尘措施。对水泥混凝土拌和

站等投料器设有防尘设备。

3）减少噪声、废气污染

各种临时设施和场地,如堆料场、加工厂等距居民区必须大于300m,且设于居民区主要风向的下风处。机械车辆鸣笛,采用低音喇叭,控制噪声污染。

为保护施工人员的健康,合理安排工作人员轮流操作筑路机械,减少接触高噪声的时间,或穿插安排高噪声的工作。为保护施工现场附近居民的夜间休息,对居民区150m以内的施工现场,施工时间加以控制。

4）防止钻孔桩泥浆污染环境措施

按要求设置泥浆池沉淀池,用吸污泵车抽排沉淀泥浆,使泥浆闭路循环净化有利于减少环境污染。

4.20.4　水土保持

（1）妥善处理废料,尽量避免破坏或掩埋路基下侧的林木、农田及其他工程设施。

（2）按照设计要求做好环保绿化工作,临时用地结束后要进行复耕,裸露部分要种草或植树,防止水土流失。

（3）合理布置施工场地,生产、生活设施尽量少占农田,施工尽量不破坏原有植被,不损坏用地范围以外的耕地、树木、果林、堰塘、水渠,保护自然环境。

5　隧　道　工　程

5.1　工程概况

　　长湘高速公路设置分离式隧道五处,折合单洞长6 440m。隧道区属剥蚀丘陵地貌,山体形态不规则,山坡植被茂密,沟谷发育,地形切割强烈,起伏变化较大。洞口位置的确定遵循早进洞晚出洞的原则,尽量减少洞口边仰坡开挖高度,同时兼顾洞口地形、地质条件,以及左右洞口的协调美观等综合因素,选用经济、美观、和谐自然并有利于行车视线诱导的洞门形式。隧道洞身结构按新奥法施工原理进行设计,即以系统锚杆、喷混凝土、钢筋网、钢架等组成的初期支护与二次模筑混凝土相结合的复合衬砌形式。隧道主洞路面上面层为沥青混凝土路面,下面层为24cm厚连续配筋混凝土面层;基层采用C20混凝土,厚度为15cm,基层下设C20混凝土整平层,其平均厚度为15cm。隧道内拱部及边墙喷涂隧道专用防火涂料。

　　施工中应加强监控量测和地质观测,并通过对围岩和支护的量测、监控来指导隧道施工。

5.2　洞口施工

5.2.1　施工方法

　　隧道洞口段工程包括洞口土石方施工、边仰坡施工、明洞及明暗交接处施工、洞门施工等,具体施工方法分述如下。

　　1)洞口土石方的施工

　　施工准备工作完成后,即首先进行洞口土石方的施工。洞门砌筑及边仰坡开挖严格按设计坡度施工。

　　(1)按照图纸的要求,准确测量放样,开挖线整体拉通,在洞口施工的线位上进行边坡、仰坡自上而下的开挖,严禁采用大爆破,采用零仰坡进洞,尽量减少对原地貌的扰动。

　　(2)边仰坡开挖前清除边坡、仰坡上可能滑落的表土、灌木及山坡危石,应结合施工和运营阶段的隧道安全和环境保护等因素确定。

　　(3)洞口端墙处的土石方,结合地层稳定程度、洞门施工季节和隧道施工方法等进行开挖。明洞地段考虑上述条件,确定全段开挖或分段开挖。

　　(4)松软地层开挖边坡、仰坡时,随挖随支护,加强防护,随时监测、检查山坡稳定情况。

　　(5)进洞前必须完成应开挖的土石方。废弃的土石方,应堆放在指定地点,边坡、仰坡上方不得堆置弃土废石方。

　　(6)进出口截水沟由人工开挖施工。截水沟施工完成后,人工配合机械开挖洞口,以尽量减少破坏原有植被和岩体为原则,按设计坡度一次性整修到位,围岩破碎的部位及时上报,通过与业主、设计院、监理处沟通,变更加强支护系数。

　　(7)洞口场地用装载机辅以推土机整平压实;遇坚硬石质地层采用小爆破进行松动,运输采用自卸车,挖方岩土体满足设计及规范要求时可用于路基填筑。洞口段开挖充分考虑洞内施工需要,合理布置供风、供水、供电设施、材料存放及加工场地、机械停放场地。

　　2)洞口边仰坡施工

　　在进行临建施工和场地施工的同时,将洞顶截水天沟及明洞两侧排水沟开挖成型,将仰坡面整修圆顺,洞口开挖自上而下按设计坡比开挖,施工过程中尽量避免扰动土体,以防围岩风化,雨水渗入导致坍塌或滑坡。为保证边坡稳定,在开挖前首先施作好洞顶天沟及仰坡防护。仰坡防护按设计(间距1m×1m,梅花形布置)先打设φ22mm砂浆锚杆或φ42mm注浆小导管,铺设20cm×20cmφ8mm钢筋网,喷射10cm厚C20混凝土。在不改变设计数量的前提下,在拱圈以上1m范围内适当加密锚杆的间距,1m以外适当减稀,以增强洞门仰坡的稳定性。边坡防护按设计(L=4m,间距1m×1m,梅花形布置)打设φ22mm砂浆锚杆,铺设20cm×20cmφ8mm钢筋网,喷射10cm厚C20混凝土,并结合零仰坡设计方案。

为便于管棚钻机安装和打孔,明洞及洞口开挖分台阶进行,第一次开挖至明洞顶,开挖后及时进行边坡防护,第二次开挖至洞顶下2m高程进行管棚施工,第三次完成剩余部分开挖。

5.2.2 明洞及明暗交接处的施工

明暗交接处的施工是隧道施工的重点,必须高度重视,根据全路段各隧道的具体情况拟定如下施工方法及步骤。

(1)明洞采用明挖法,用挖掘机配合自卸汽车装运渣。明洞施工应严格控制质量,各阶段施工质量检查应按表5-1~表5-3执行。

(2)明洞开挖至露出暗洞拱部后,停止明洞开挖。

(3)管棚施作完后,再进行暗洞开挖。

(4)最后进行明暗交接处的整体二次衬砌及明洞防水结构、洞顶回填土夯实的施工。按设计要求做好明暗交界处的防水细部施工。明洞段顶部回填土石方要对称分层夯实,回填至拱顶后分层满铺填筑,洞顶回填面层要严格按要求分层夯实,以防渗水。

(5)暗洞开挖时必须严格按设计进行管棚与超前锚杆施工,在预支护的保护下采用弱爆破、短开挖、强支护的方法施工,严防坍塌冒顶。

明洞浇筑实测项目 表 5-1

项次	检查项目	规定值或允许偏差	检查方法和频率
1△	混凝土强度(MPa)	在合格标准内	按《公路工程质量检验评定标准 第一册 土建工程》(JTG F80/1—2004)附录 D 检查
2△	混凝土厚度(mm)	不小于设计	尺量或地质雷达:每20m 检查一个断面,每个断面至拱顶每 3m 检查 1 点
3△	混凝土平整度(mm)	20	2m 直尺:每10m 每侧检查 2 处

注:表中标"△"者为关键项目。

明洞防水层实测项目 表 5-2

项次	检查项目	规定值或允许偏差	检查方法和频率
1	搭接长度(mm)	≥100	尺量:每环检查 3 处
2	卷材向隧道延伸长度(mm)	≥500	尺量:检查 5 处
3	卷材对基底的横向长度(mm)	≥500	尺量:检查 5 处
4	沥青防水层每层厚度(mm)	2	尺量:检查 10 点

明洞回填实测项目 表 5-3

项次	检查项目	规定值或允许偏差	检查方法和频率
1	回填厚度(mm)	≤300	尺量:回填一层检查一次,每次每侧检查 5 点
2	两侧回填高差(mm)	≤500	水准仪:每层测 5 次
3	坡度	不大于设计	尺量:检查 3 处
4△	回填压实质量	符合设计要求	层厚及碾压遍数

注:表中标"△"者为关键项目。

5.2.3　洞门施工

洞门基础开挖到设计高程后,首先做好防排水工作,清除基底松渣,及时施作洞门混凝土和明洞混凝土,洞门端墙与明洞相邻拱架同时浇筑,洞门拱墙浇捣混凝土前注意安放连接钢筋,洞头顶部混凝土放在拱墙混凝土完成后进行。洞门装饰和隧道名碑在混凝土完工后进行。施工中应按规范要求做好泄水孔。在导坑开挖50m后开始进行明洞混凝土浇筑。明洞混凝土首先浇筑10m,以充分利用明洞场地,浇筑前,做好定型挡头板、外模、骨架,将按设计尺寸加工的钢筋绑扎在施工部位,同时,采用全断面液压衬砌台车立模。混凝土入仓采用泵送形式,采用插入式振动棒振动密实。

5.3　削竹式洞门施工

5.3.1　设计参数

削竹式洞门是一种稳定性好、基础承载力要求不高、自然和谐的轻型洞门。本项目隧道削竹式洞门与明洞衬砌结构自然连接,各长10m。洞门混凝土厚度与明洞一样,均为70cm。洞门斜面比例为1∶1,洞口端两侧设有M7.5浆砌片石洞门挡块,洞门挡块预留ϕ10cm排水孔,排水孔进口处放置无纺布。洞门上端部分覆盖回填土,回填表土分别为20cm厚种植土、10cm厚砂砾垫层、30cm厚黏土隔水层以及夯填土。洞门结构基础应落在稳固的地基上,要求其地基承载力不小于250kPa,当地基承载力不能满足要求时,应对地基进行加固处理使其达到要求。洞门示意图见图5-1。

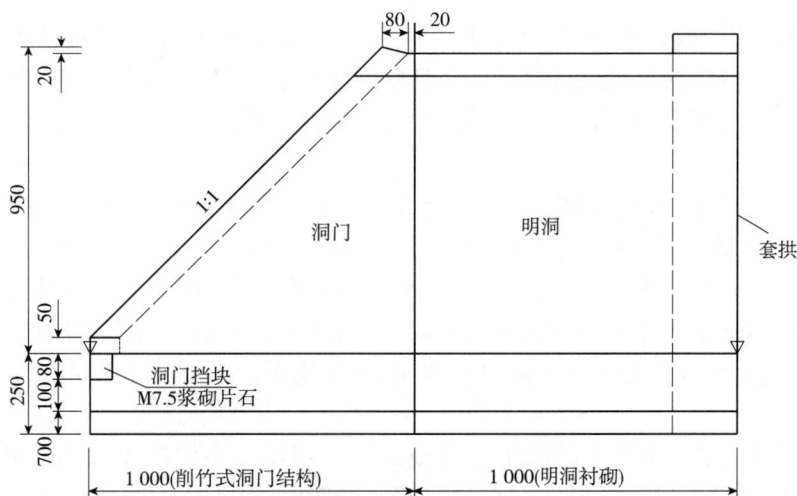

图5-1　削竹式洞门示意图(尺寸单位:cm)

5.3.2　施工工艺与流程

(1)开挖仰坡5m外先行施作洞顶截、排泄水天沟,有效治理地表水,确保边仰坡稳定。截水天沟示意图见图5-2。

(2)削竹式洞门和明洞段一次开挖完成,开挖采用全宽横挖法一次成型。洞口段土方采用反铲挖掘机挖装,石方采用钻爆法开挖,装载机装渣,自卸汽车运输,土石方应自上而下分层开挖(层高2~3m)。

(3)削竹式洞门基础开挖后,基础必须置于稳定的基础上,如果地基不合乎要求,应视具体情况采取换填、注浆加固、CFG桩等方式进行处理,使其达到设计要求。做好排水工作,基础不得被水浸泡,基坑废渣、杂物必须清除干净,报监理工程师验收合格后方可进行

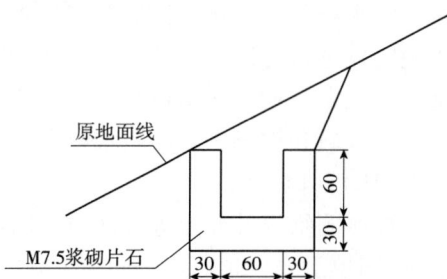

图5-2　截水天沟示意图(尺寸单位:cm)

下道工序施工。削竹式洞门拱墙与明洞拱墙连成整体,连接处设一施工缝。

(4)削竹式洞门应在明洞衬砌做完之后施作,明洞衬砌施作时应该在洞门方向预埋背贴式止水带和带注浆管膨胀止水条,以及预留 ϕ12mm 纵向螺纹钢筋,以便与洞门纵向钢筋搭接。

削竹式洞门仰拱先于洞门混凝土浇筑前施工,仰拱本身为 C25 素混凝土,厚70cm,没有受力钢筋,但为了洞门衬砌钢筋架设方便,固定得更好,在洞门仰拱施作时,应测量放样出洞门衬砌钢筋所在位置,相对应预埋与洞门环向主筋搭接钢筋,预埋钢筋采用 ϕ25mm 螺纹钢筋,钢筋间距应与洞门衬砌环向主筋相一致。

(5)洞门衬砌钢筋绑扎。

具体钢筋布置示意图见图 5-3。洞门钢筋绑扎应从下至上,依次绑扎。由于削竹式洞门有一个 1:1 的斜面,洞门钢筋从洞口往里会逐渐增长,则钢筋下料时,应按设计比例,长度逐渐增加制作模筑钢筋混凝土,包括环向主筋和纵向主筋。

环向主筋为主要受力钢筋,采用 ϕ25mm 螺纹钢筋,纵向间距25cm,两侧对称布置,且环向主筋的净保护层厚度为4cm。纵向连接筋采用 ϕ12mm 螺纹钢筋,环向间距外侧纵向连接筋为31cm,内侧纵向连接筋29cm,均相应布置于环向主筋内侧,且都与环向主筋焊接牢固。洞门两层钢筋之间设有箍筋,箍筋采用 ϕ10mm 圆钢,中至中间距环向为30cm,纵向为25cm,均与环、纵向连接筋搭接点相对应布置,且绑扎牢固。纵向连接筋应与明洞衬砌预留纵向钢筋搭接,且焊接牢固,焊接长度20d,焊缝厚度不得小于4mm。

所有钢筋的铺设均应严格按照设计施作,且焊接到位。两排钢筋之间必须设置 ϕ25mm 固定筋,以保证两层钢筋间的距离符合设计要求,固定筋间距1m×1m。洞门钢筋两侧底部和洞门斜面处均设有加强筋,采用 ϕ25mm 螺纹钢筋,且均与环向主筋焊接牢固,具体样式见图 5-3。

(6)台车定位。

首先测量放样,定隧道中线,然后根据隧道中线铺台车轨道,移动台车至预定位置,台车应与已做好的明洞衬砌搭接 10～15cm。定位前应进行台车打模,且刷好脱模剂。定位台车,定好位后应测量复核,保证台车断面与设计断面一致。测量复核无误后采用轨底垫工字钢和立钢柱等措施来加强台车支撑。

(7)模板立设。

削竹式洞门斜端头模板采用预制钢模,钢模进行相应编号。环向外层模板采用木模板。钢模根据洞门尺寸及斜度由厂家进行预制,根据相应编号进行拼装,采用纵向连接筋抽丝拉杆固定(上高强螺栓)。外层木模板按照设计尺寸进行裁截。配模时,纵向模板接头部位不得大于50%,且要交错接头。环向钢筋固定,固定钢筋与环向钢筋焊接固定。钢模架设前必须打模,刷脱模剂。外层木模板根据设计混凝土厚度进行固定,端头钢模板在二次衬砌台车上经测量放点进行控制,确保模板位置及尺寸无误。

(8)混凝土浇筑。

混凝土由拌和站集中拌制,混凝土运输车运送至现场。现场采用混凝土输送泵将 C25 混凝土泵送入模,且用插入式振动器将混凝土振捣密实,边浇筑边振捣。两侧混凝土应对称交错浇筑,浇筑时两边混凝土高差不得超过1m。控制泵送速度约为10m³/h。拱墙混凝土应一次浇筑成型。外层木模板在浇筑过程中,顶部不封模,等混凝土浇筑到顶部位置,降低混凝土坍落度,使得混凝土不易流动,最后振捣修整成型。拆模后,洞门混凝土应进行洒水养护。

(9)外防水层施工。

防水板与土工布应根据洞门形式进行剪裁。施工前修凿平整混凝土面上的凹凸不平之处,对不平整、尖锐物体进行处理,确保基层的平整度以防损坏防水板。铺设防水层时,应先铺设防水板,再在防水板上面铺设土工布。相邻防水板搭接长度不得小于10cm,且采用双缝焊接,焊缝宽度1cm,焊完后应进行充气检验。对焊破和钢筋刺破的防水板应进行修补,以保证防水板的防水性能。

(10)回填。

按照图纸设计要求进行回填。回填土石,石径不大于10cm,填土夯实度不小于70%,顶层采用黏土层隔水,回填土表面植草皮。回填土施工时,采用人工对称分层回填,逐层夯实。回填过程中精心保护防水层不被破坏。黏土隔水层与边、仰坡搭接良好,封闭紧密,防止地表水渗漏。

图5-3 削竹式洞门配筋图

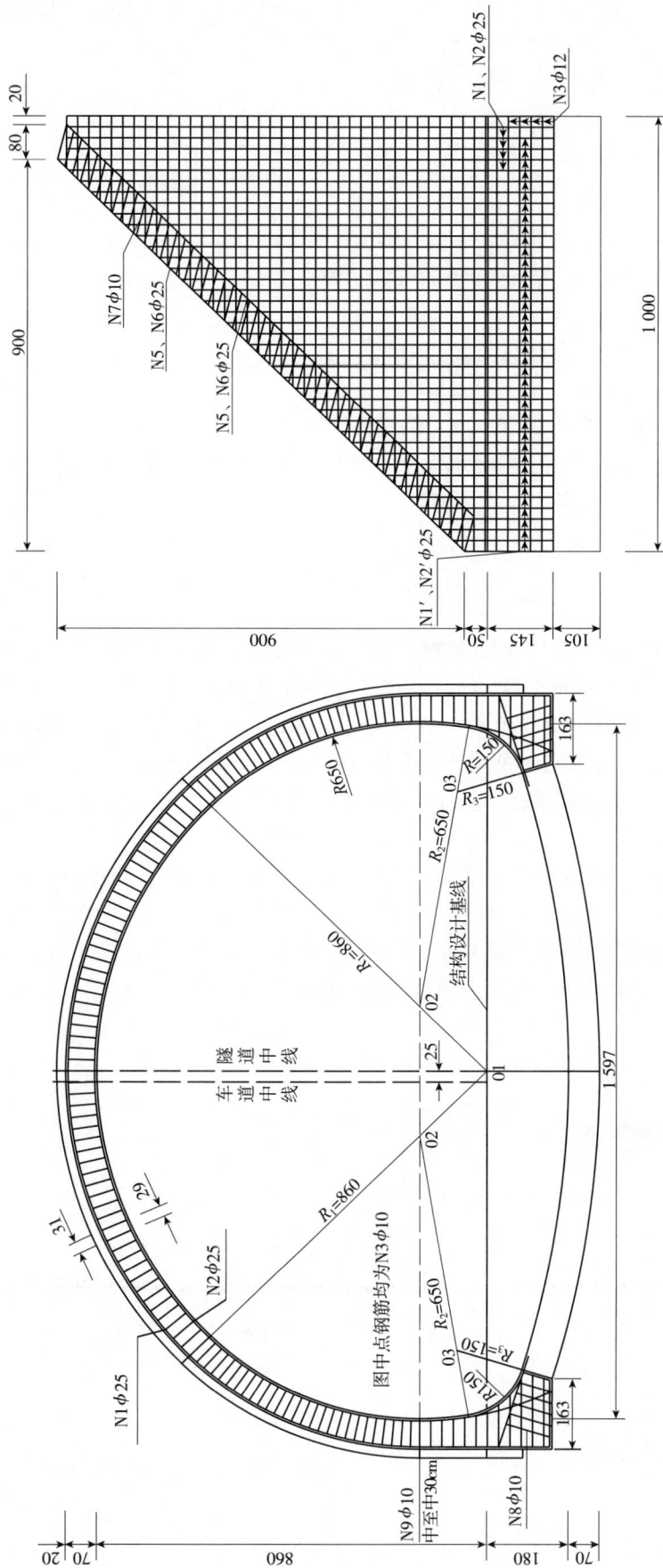

说明：
1.尺寸单位除钢筋直径以毫米(mm)计外，其余均以厘米(cm)计。
2.环向主筋的净保护层厚度4cm。

（11）洞门建筑完成后，洞门以上仰坡坡脚如有损坏，及时修补，并检查与确保坡顶以上的截水沟和墙顶排水沟与路基排水系统的完好与连通，且应修整洞口地形并绿化使之与洞门环境相协调。

（12）装修：洞门斜切面采用白色水泥乳胶漆进行饰面。

5.4　管棚套拱施工

5.4.1　设计参数

（1）钢管规格：热轧无缝钢管 ϕ108mm，壁厚6mm，节长3m、6m。

（2）钢管间距：环向间距40cm

（3）倾角：仰角1°（不包括路线纵坡），方向：与路线中线平行。

（4）钢管施工误差：径向不大于20cm。

（5）隧道纵向同一横断面内的接头数不大于50%，相邻钢管的接头至少须错开1m。

（6）灌注浆液：水泥—水玻璃浆液。注浆参数：水泥浆水灰比为1∶1，水玻璃浓度为35°Bé，水玻璃模数为2.4。注浆压力：初压为0.5~1.0MPa，终压为2.0MPa。

5.4.2　施工方法

1）套拱混凝土施工

洞口开挖至起拱线，采用4环I20a钢架紧贴仰坡放置，每环间距0.6m，I20a工字钢两端均焊接在22cm×22cm×1cm钢板上，支撑均采用双面焊接，焊缝厚度不得小于4mm。工字钢段与工字钢段之间采用螺栓连接，螺栓型号M22×100（GB/T 5782—2000），螺母型号AM22×1（GB/T 6170—2000）。纵向利用 ϕ22mm钢筋连接，连接筋环向间距1m，均采用纵向连接套管 ϕ30mm×2.5mm套管与工字钢架连接，连接处均焊接牢固，焊缝厚度不小于4mm。套拱内侧设置 ϕ18mm单层钢筋网，网格间距20cm×20cm，作为套拱的抗裂构造筋，全部与工字钢架焊接牢固。

套拱混凝土应预埋管棚导向管，导向管采用 ϕ127mm孔口管，长度不小于2m。其环向间距及倾角同设计的管棚环向间距0.4m及外插角1°，经精确计算测量后焊接在钢拱架上固定，一排共计59个。左右侧均设100cm×50cm的托梁。套拱净空满足暗洞和明洞衬砌结构尺寸需求，并预留20cm变形量。安装套拱底模和侧模，浇筑C25混凝土厚60cm，其他详细尺寸见图5-4。套拱施工时，必须对称分段浇筑，以避免钢拱架变形而影响孔口导向管的方向。

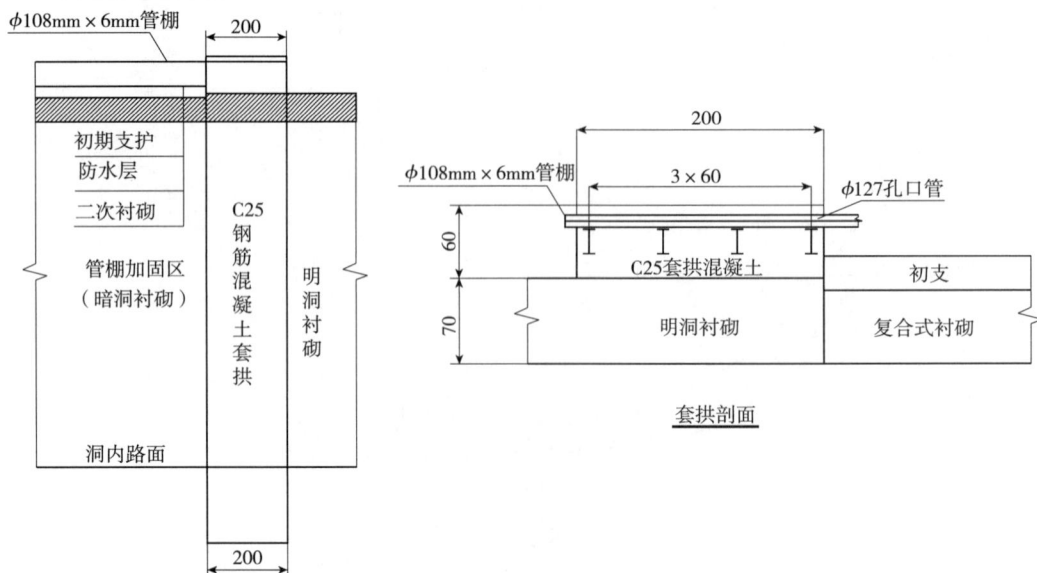

图5-4　套拱布置细部图（尺寸单位：mm）

套拱混凝土施工应注意以下事项:

(1)套拱钢架安装定位,经测量检查后,采用 $\phi25mm$ 固定钢筋与钢架焊接定位,固定钢筋与 I20a 工字钢采用双面焊接,焊缝长度大于 13cm,厚度不得小于 4mm。

(2)管棚注浆孔不准用电、氧焊烧割进行制作,只能采用钻孔。

(3)套拱钢架拱脚应坐于坚固的基底上,确保下沉受控。当地基有空隙时,应用混凝土或其他材料填塞。

(4)套拱内外模均采用 2.5cm 竹夹板,环向支撑采用 10cm×10cm 方木,扇形布置,方木纵横连接,确保混凝土灌注过程中支撑系统稳定。

(5)最后是混凝土的灌注必须对称分段进行,经常检查支撑是否松动,施工结束后注意混凝土的养护。

2)管棚施工

管棚采用节长 3m、6m $\phi108mm×6mm$ 热轧无缝钢管,环向间距 40cm,用 $\phi108mm×6mm$ 丝扣钢管连接,丝扣长 15cm。钢管设置于衬砌拱部,管心与衬砌设计外轮廓线间距 67cm。要求钢管偏离设计位置的施工误差径向不大于 20cm,沿隧道纵向同一横断面内接头数不大于 50%,相邻钢管接头至少须错开 1m。为使钢管接头错开,从左边数起,编号为奇数的钢管第一节均采用节长为 3m 钢管,编号为偶数的钢管第一节均采用节长为 6m 的钢管,以后所有钢管均采用节长 6m 钢管(图 5-6~图 5-8)。

3)管棚注浆

(1)管棚注浆,按固结管棚周围有限范围内设计,浆液扩散半径不小于 0.6m,采用分段注浆。

(2)注浆前应先进行注浆现场试验,注浆参数应通过现场试验按实际情况确定,以利施工。

(3)注浆结束后,应及时清除管内浆液,并用 M30 水泥砂浆紧密充填,增强管棚的刚度和强度。

4)工艺流程

(1)施钻。

钻孔顺序为先从两侧拱脚开始,对称向拱顶钻孔顶管,使下部注浆体有力地支托其上部钻进和顶管,既能防止塌孔,又便于顶管。

施钻时,将减速器升到上限位置,把钻杆旋紧后,开启气动马达,待空载正常后,再慢慢开启推气缸,待钻头置于工作面上,关闭推进气缸,再开启冲击器,徐徐钻进,待钻头钻进 100mm 左右时,再以全风门冲击。在钻进过程中,视进展快慢,慢慢开启或关闭推进气缸,使钻具始终保持一定推进力。

钻完第一根钻杆后,停止气动马达的转动,关闭冲击器停止钻进,将减速器置于下限位置,用叉子把钻杆固定在卡钻器内,反转减速器,使钻杆与减速器的接头脱开,然后将减速器升到上限位置装入第二根钻杆,连接牢固后,方可进行钻孔作业,直到设计深度。

当钻杆到卸杆器与卡杆器接触时,使钻杆尾端的第二个扁槽对正卡杆器的长方槽,插入叉子反转马达,使减速器上的接头与钻杆脱开,再调整到钻杆尾端上的第一个扁槽对上卸杆器的长方槽,插入另一个叉子,然后取出卡杆器的叉子,让卸杆器和另一个叉子带动钻杆后退(可用马达慢慢运转,切不可反转),当下一根钻杆尾端的第二个扁槽与卡钻器的长方槽对正时,插入叉子,反转马达,使上下两钻杆的连接螺纹脱开之后,拿走上一根钻杆,缓缓放下减速器,并使卸杆器的长方槽对正下一根钻杆尾端的第一个扁槽。然后重复以上动作,依次卸下钻杆。

依照上述方法,完成钻孔作业。钻孔时严禁反转,以免钻杆脱扣,加接钻杆时,要特别注意孔内清洁,以避免砂土冲击机器内部,损坏机体引发故障。在钻进过程中,严禁突然快速开启推动气缸,以免顶起钻机,造成事故。钻孔工艺流程见图 5-5。

(2)清孔。

成孔后先利用高压风或高压水进行冲洗,然后用特

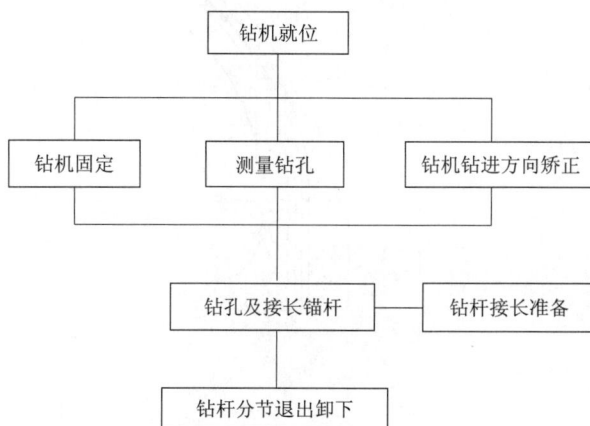

图 5-5 钻孔工艺流程图

制清孔钩认真进行清孔。

（3）管件制作。

管棚 ϕ108mm 无缝钢管,管节长为 3m 和 6m,预制钢管时,第一根钢管前端要焊上合金钢片空心钻头,以防管头顶弯或劈裂,钢管间连接用 ϕ108mm×6mm 丝扣钢管。相邻管的接头应前后错开,避免接头在同一截面上,隧道纵向同一横断面内的接头数不大于 50%,且两相邻管接头必须错开 1m 以上,以满足管棚受力要求(图 5-6～图 5-8)。

（4）顶管。

顶进钢管利用电动机启动液压马达,以及挖掘机配合人工作业。

当第一根钢管推进孔内,孔外剩余 30～40cm 时,人工进行接管,严格控制角度,人工持链钳进行钢管连接,使两节钢管在连接套处联成一体。然后再低速推进钢管,根据管棚设计长度,按同样方法继续接长钢管。管棚检查实测项目见表 5-4。

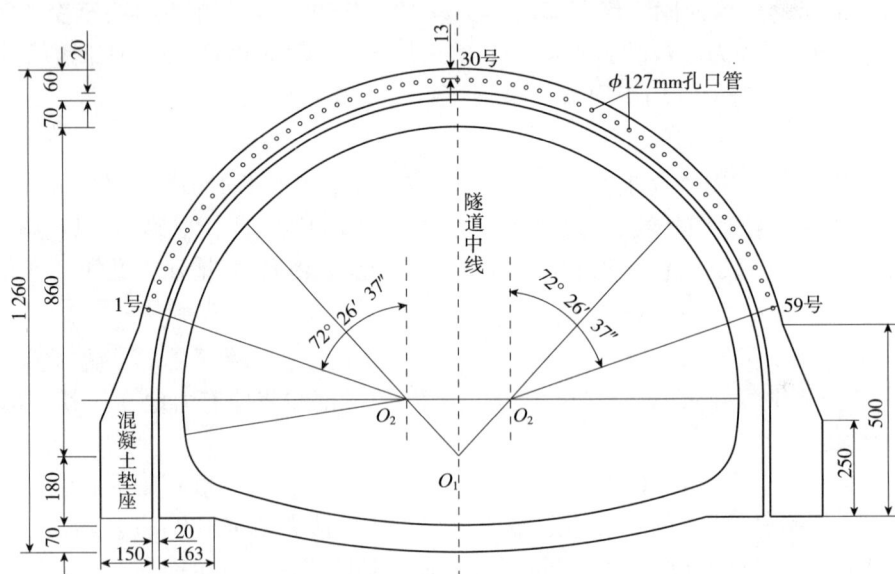

图 5-6　管棚立面图(尺寸单位:cm)

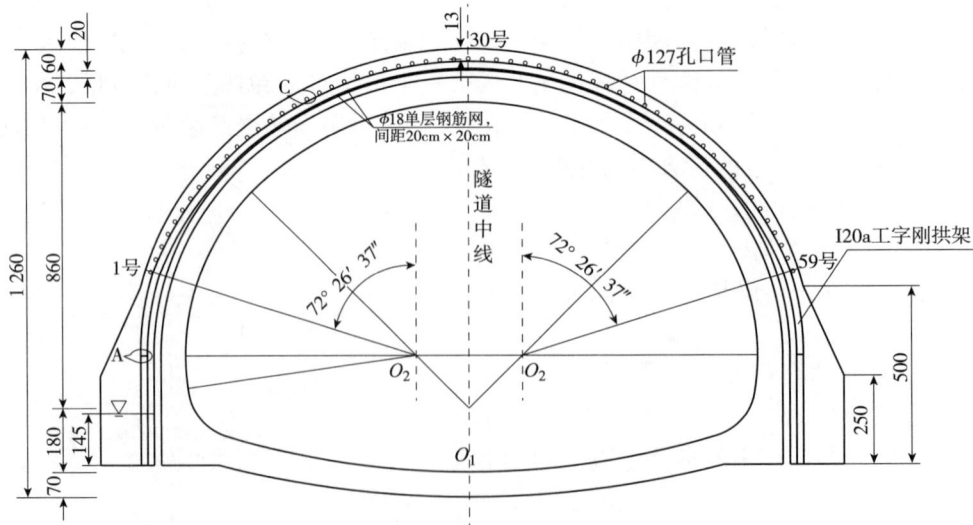

图 5-7　管棚套拱加固立面图(尺寸单位:cm)

管棚实测项目 表 5-4

项次	检查项目	规定值或允许偏差	检查方法和频率
1	长度(m)	不小于设计	尺量:检查10%
2	孔位(mm)	±50	尺量:检查10%
3	钻孔深度(mm)	±50	尺量:检查10%
4	孔径(mm)	符合设计要求	尺量:检查10%

(5)止浆墙制作。

注浆前,必须进行堵露处理。沿插管周围喷射 20cm 厚 C20 混凝土一圈,封闭该工作面,再用木塞和纸塞把无缝钢管未注浆的管头堵死,这样,止浆墙便形成。注浆时,浆液就不会从管壁周围沿掌子面渗漏,也不会从其他管漏出,注浆效果明显提高。由于施工要求,喷射混凝土时加入一定量的速凝剂,以满足施工要求。

(6)注浆。

进行管棚预注浆前,对注浆地段的岩性,涌水量、涌水压力、水温、涌水的化学特性等进行认真研究,据此确定注浆参数。

现场试验确定注浆终压力,以便浆液能够充分扩散填充,从而达到堵水和加固围沿作用。注浆方式采用全孔一次性注浆。

(7)拌浆。

水泥浆液搅拌在拌和机内进行,严格按施工配合比,同时将缓凝剂加入搅拌,待水量加足后继续搅拌 1min,再将水泥投入,搅拌时间不少于 3min,并于注浆过程中不停搅拌。

配制水泥浆时,严防水泥包装纸及其杂物混入。拌好的浆液在进入储浆槽及注浆泵之前均应对浆液进行过滤,未经过滤网过滤的浆液不允许进入泵内。

注浆时要充分考虑浆液扩散半径,凝结时间要先予以确定,然后再做试验调整。采用水泥浆水灰比 1:1。

注浆管路连接好后,先压水检查管路是否漏水,待设备正常后,对围岩做压水试验,以冲洗岩石裂隙,扩大浆液通路,增加浆液扩散密实性,核实围岩的渗透性。注浆时要记录注浆时间及注浆量。

注浆中密切注意注浆压力表,初始阶段压力较低,正常阶段压力和注入量呈小的波浪式起伏,但总的比较平稳,当达到压密性注满阶段,注入量迅速递减,而压力迅速升高,直到达到注浆终压合理范围,则停止该孔注浆,进行封堵后,转注下一孔,直至完成注浆作业。

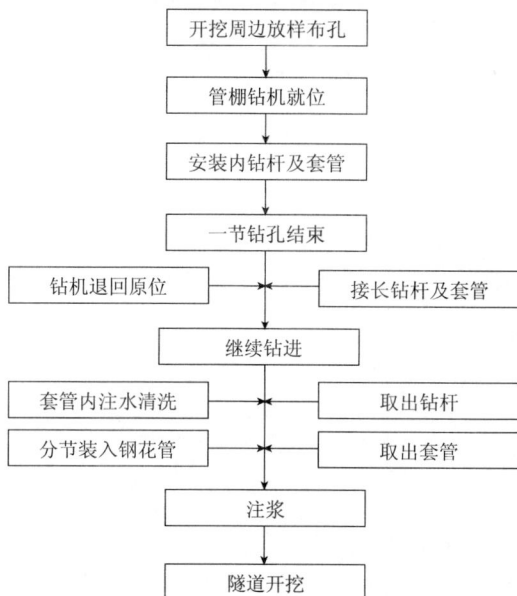

图 5-8 φ108mm 管棚施工工艺框图

5.4.3 主要机具设备

主要机具设备见表 5-5。

主要机具设备 表 5-5

序 号	名 称	规 格	单 位	数 量
1	电动钻机	XY-28-300	台	8
2	注浆泵	BW-250/50	台	2
3	喷射机	PZ-5B	台	2
4	8m 长车床	—	台	2
5	空压机	C-20/B-1	台	2

5.5 二台阶开挖施工

5.5.1 二台阶开挖法施工工艺

根据长湘高速公路隧道断面、地质情况,拟定Ⅲ级围岩全部采用二台阶法施工。

1)施工步骤

二台阶开挖法施工工序见图5-9,即(1)上台阶开挖;(2)上台阶支护;(3)下台阶左马口开挖(围岩较弱侧);(4)下台阶左马口初支;(5)下台阶右马口开挖;(6)下台阶右马口初支;(7)下部核心土开挖;(8)施作仰拱;(9)施作二次衬砌。

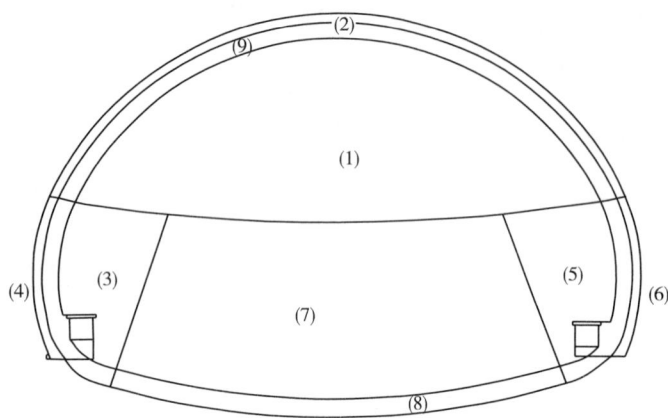

图5-9 二台阶开挖法施工工序

每部开挖后均应及时支护,隧底开挖后应及时施作仰拱,完后及时施作二次衬砌尽早封闭成环。二台阶开挖法的施工工艺流程见图5-10。

2)施工作业

(1)将超前地质预报纳入施工工序,并根据工程水文地质变化情况,及时调整各部台阶长度或施工方法,采取相应的技术措施,及早封闭成环,保证施工安全。

(2)根据工程水文地质条件,按设计要求做好超前支护,防止围岩松动,保证隧道开挖安全。在断层、破碎带、浅埋段等自稳性较差或富水地层中,现场技术干部及技术主管应及时反映现场的围岩情况,项目部及时报告业主、设计院和监理处调整支护系数。

(3)二台阶开挖法施工应符合下列要求。

①上、下台阶开挖采用凿岩机钻眼,塑料导爆管非电起爆系统、毫秒微差有序起爆,光面爆破,每循环进尺2.4m,每天1.5个循环,每月成洞90m。上台阶由挖掘机扒渣,装车,自卸车运渣。施工中合理调整工序,实行"钻爆、装渣、运输"机械化一条龙作业。

②上台阶开挖后及时支护。

③其他分步平行开挖,平行施作初期支护,各分部初期支护衔接紧密,及时封闭成环。

④仰拱紧跟下台阶,及时闭合构成稳固的支护体系。

⑤施工过程通过监控量测,掌握围岩和支护的变形情况,及时调整支护参数和预留变形量,保证施工安全。

⑥完善洞内临时防排水系统,防止地下水浸泡拱墙脚基础。

3)二台阶开挖法施工步骤

第(1)、(2)步,上台阶开挖循环进尺应根据初期支护钢架间距确定,最大不得超过2.4m,开挖后立即初喷3~5cm厚混凝土。上台阶开挖后应及时进行喷、锚、网系统支护,架设钢架,在钢架拱脚以上30cm高度处,紧贴钢架两侧边沿向下打设锁脚锚杆,打设角度与围岩层面呈最大夹角。锁脚锚杆与钢架牢固焊接,再复喷混凝土至设计厚度。

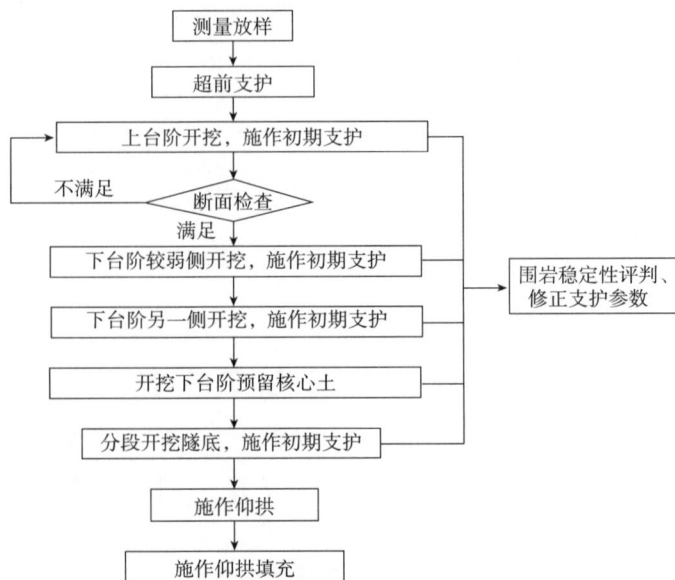

图5-10 二台阶开挖法施工流程

第(3)、(4)、(5)、(6)步,左、右侧下台阶开挖:开挖进尺应根据初期支护钢架间距确定,最大不得超过2.4m,左、右侧台阶错开8~10m,开挖后立即初喷3~5cm混凝土,及时进行喷、锚、网系统支护,接长钢架,在钢架墙脚以上30cm高度处,紧贴钢架两侧边沿向下打设锁脚锚杆,锁脚锚杆与钢架牢固焊接,复喷混凝土至设计厚度。

第(7)步,下台阶预留核心土开挖,开挖进尺与各台阶循环进尺相一致。

第(8)步,隧底开挖。每循环开挖长度宜为2~3m,开挖后及时施作仰拱初期支护,完成两个隧底开挖、支护循环后,及时施作仰拱,仰拱分段长度宜为4~6m,见图5-9。

5.5.2 初期支护

二台阶开挖法的初期支护由喷射混凝土、锚杆、钢筋网和钢架等组成,各部分联合受力。初期支护应在开挖后立即施作,以保护围岩的自然承载力,其施工工艺流程见图5-11。

1)初喷混凝土封闭岩面

初喷混凝土应在开挖后排除危石立即进行。

用高压风自上而下吹净岩面,埋设控制喷射混凝土厚度的标志钉。

工作面滴水或淋水时,应按照设计要求安设弹簧排水管或者塑料排水板。

喷射混凝土必须满足设计强度、厚度及其与岩面黏结力要求。

喷射作业应分段分片依次进行,喷射作业从拱脚或墙脚自下而上进行,应避免上部喷射回弹料虚掩拱(墙)脚;先找平凹洼部分,后喷射凸出部分,各部平顺连接。喷头应与受喷面垂直,喷嘴口至受喷面距离宜保持在1.0~1.2m,沿水平方向以螺旋形划圈移动。

2)系统锚杆(管)、钢筋网施作

初喷3~5cm混凝土后应及时施作系统锚杆,Ⅲ级围岩段采用3m长药卷锚杆,间距1.2m×1.2m,呈梅花形布置。锚杆制作时,在杆体尾部1.2m范围内作M16-2.5螺纹;锚杆必须设置垫板,垫板规格150mm×150mm×6mm,中间钻ϕ22mm圆孔,与锚杆体用M16螺母连接。

钢筋网采用ϕ8mm的HPB235钢制作,网格尺寸宜采用20cm×20cm,搭接长度应为1~2个网格,网片间采用焊接方式连接。

钢筋网随受喷面起伏铺设,其间隙不应大于3cm,钢筋网应与锚杆、钢架连接牢固,且钢筋保护层厚度不应小于4cm。

图5-11 初期支护施工工艺流程图

5.5.3 安装钢架

(1)拱部钢架安装工序为:放样确定钢架基脚位置→施作定位锚杆→架设钢架→布设纵向连接筋。

边墙钢架安装工序为:墙脚部位铺设槽钢垫板→施作定位锚杆→对应拱部钢架设边墙钢架→布设纵向连接筋,拱、墙部钢架须采用螺栓连接。

加强钢架拱(墙)脚锁脚锚杆施工,各台阶每个钢架拱(墙)脚以上30cm高度处,紧贴钢架两侧边沿按下倾角30°打设两根锁脚锚杆,锁脚锚杆与钢架牢固焊接。锁脚锚杆采用ϕ22mm药卷锚杆,长度3.5m,以控制基脚变形。

(2)施工注意事项及要求。

①钢架拱(墙)脚应架设在稳固的基岩上或底部铺垫槽钢,以保证钢架基础稳固。安装前应清除基脚下的虚渣、虚土及杂物。

②钢架安装允许偏差:钢架间距和钢架横向位置与设计位置的偏差不超过±50mm;钢架的竖向位置偏差不得低于设计高程;倾斜度允许偏差为±2°。

③钢架应与纵向连接筋、锁脚锚杆焊接牢固,以增强钢架的整体稳定性。

④锁脚锚杆施工应作为施工质量控制的重点,锁脚锚杆尾部宜加工成"L"形。钢架连接板应采用螺栓

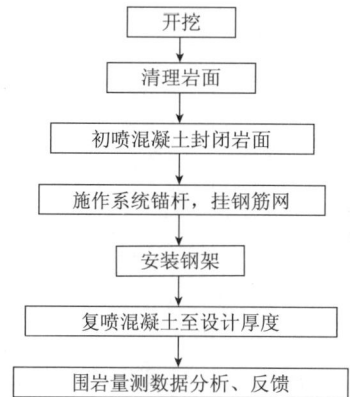

连接牢固。

⑤钢架应紧靠围岩,当钢架和初喷混凝土间有较大间隙时,每隔2m应采用骑马或C20楔形垫块顶紧;钢架与围岩的间隙不得用片石回填,而应喷射混凝土填实。

(3)拱脚高程不足时,不得用块石、碎石砌垫,而应设置钢板进行调整,或用混凝土浇筑,混凝土等级不得小于C20。

5.5.4　仰拱施工

隧底开挖应采用全幅分段施工,上面铺设仰拱栈桥,每循环开挖长度宜控制在2～3m。当仰拱施工滞后下部台阶开挖面30～40m时,应停止前方工作面开挖或短距离跳槽进行隧底开挖(表5-6)。

(1)隧底开挖后,应及时清除虚渣、杂物、泥浆、积水。

表5-6

洞身开挖实测项目

项次	检查项目		规定值或允许偏差	检查方法和频率
1△	拱部超挖(mm)	破碎岩软土等(Ⅳ、Ⅴ级围岩)	平均100,最大150	激光断面仪:每20m抽一个断面,测点间距≤1m
		中硬岩、软岩(Ⅱ、Ⅲ、Ⅳ级围岩)	平均150,最大250	
		硬岩(Ⅰ级围岩)	平均100,最大200	
2	边墙超挖(mm)	每侧	+100,0	
		全宽	+200,0	
3	仰拱、隧底超挖(mm)		平均100,最大250	水准仪:每20m检查3处

注:表中标"△"者为关键项目。

(2)仰拱填充混凝土应在仰拱混凝土终凝后浇筑,浇筑前应清除仰拱表面的杂物和积水,连续浇筑,一次成型,不留纵向施工缝。填充混凝土强度达到5MPa后允许行人通行,达到设计强度的100%后允许车辆通行。仰拱填充表面坡度应符合设计要求,应平顺、排水通畅、不积水。

5.6　三台阶开挖施工

5.6.1　施工步骤及工艺

三台阶七步开挖法可分为以下主要步骤。

(1)上部弧形导坑环向开挖,施作拱部初期支护。

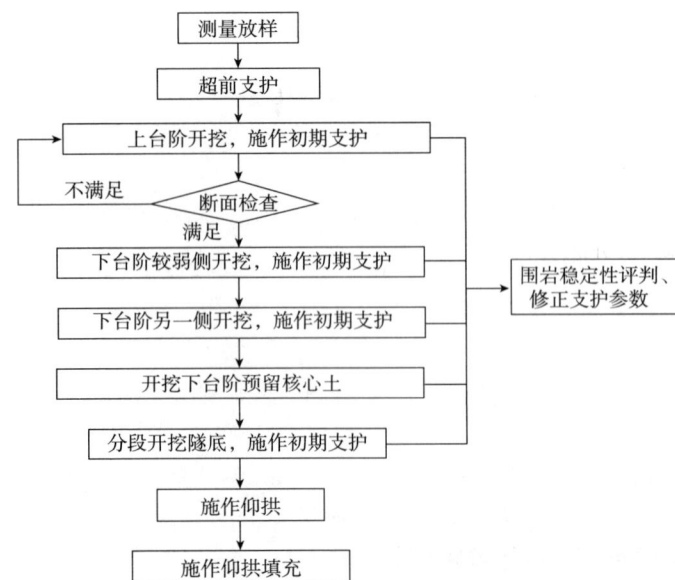

(2)中、下台阶左右错开开挖,施作墙部初期支护。

(3)中心预留核心土开挖,隧底开挖,施作隧底初期支护。

每部开挖后均应及时支护,隧底初期支护后应及时施作仰拱,尽早封闭成环。三台阶七步开挖工艺流程如图5-12所示。

5.6.2　施工工艺

三台阶七步开挖步骤及立面图见图5-13和图5-14。

第(1)步,上部弧形导坑开挖:开挖之前进行超前支护,设置直径φ22mm的超前药卷锚杆,外插角10°～15°,环向间距0.4m,在山体压力大的一侧适当加密。在拱部超前支护后进

```
测量放样
   ↓
超前支护
   ↓
上台阶开挖,施作初期支护  ←────┐
   ↓                          │
断面检查  ──不满足──→──────────┘
   ↓满足
下台阶较弱侧开挖,施作初期支护  ──→ 围岩稳定性评判、
   ↓                               修正支护参数
下台阶另一侧开挖,施作初期支护  ──→
   ↓
开挖下台阶预留核心土
   ↓
分段开挖隧底,施作初期支护
   ↓
施作仰拱
   ↓
施作仰拱填充
```

图5-12　三台阶七步开挖工艺流程

行环向开挖上部弧形导坑,预留核心土,核心土长度宜为 3 ~ 5m,宽度为隧道开挖宽度的 1/3 ~ 1/2。
开挖循环进尺根据初期支护钢架间距确定,钢架为 1 榀/1m,每循环开挖 1m,开挖后立即初喷 3 ~ 5cm
混凝土,及时进行喷、锚、网系统支护,架设钢架,在钢架拱脚处垫设槽钢,在钢架拱脚以上 30cm 高处,
紧贴钢架两侧边沿按下倾角 30°打设锁脚锚杆,锁脚锚杆与钢架牢固焊接,采用双面焊缝,复喷混凝土
至设计厚度。

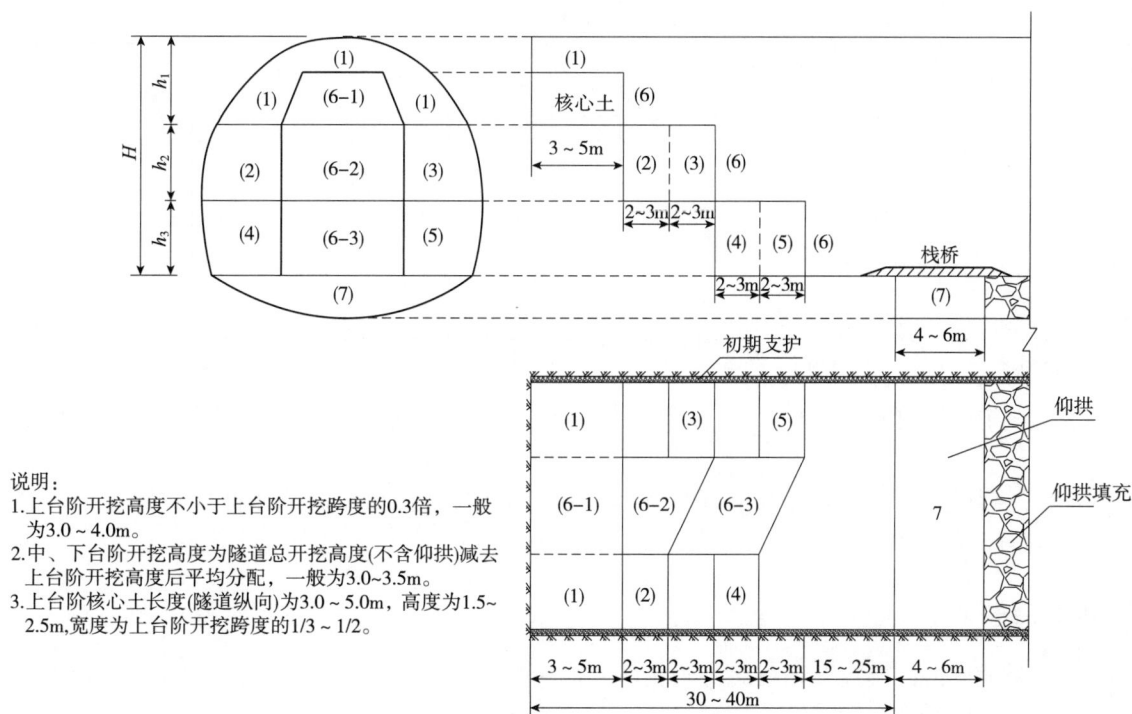

说明:
1.上台阶开挖高度不小于上台阶开挖跨度的0.3倍,一般
为3.0 ~ 4.0m。
2.中、下台阶开挖高度为隧道总开挖高度(不含仰拱)减去
上台阶开挖高度后平均分配,一般为3.0~3.5m。
3.上台阶核心土长度(隧道纵向)为3.0 ~ 5.0m,高度为1.5~
2.5m,宽度为上台阶开挖跨度的1/3 ~ 1/2。

图 5-13　三台阶七步开挖步骤

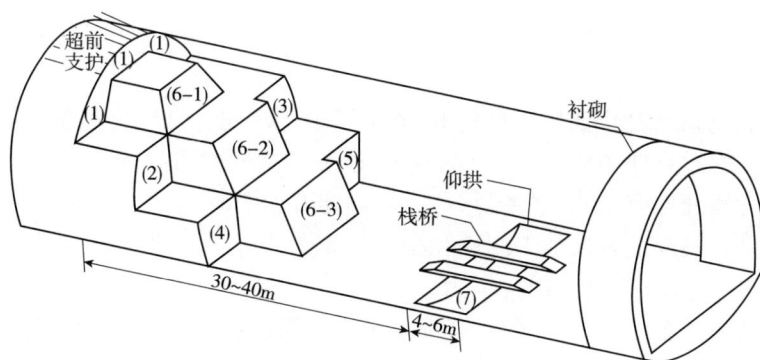

图 5-14　三台阶七步开挖立面图

第(2)、(3)步,左、右侧中台阶开挖:开挖进尺根据初期支护钢架间距确定,钢架为 1 榀/1.0m,每循环
开挖 1.0m,左、右侧台阶错开 2 ~ 3m。开挖后立即初喷 3 ~ 5cm 混凝土,及时进行喷、锚、网系统支护,安装边
墙钢架,并与拱部钢架采用高强螺栓连接,对接不密合部分应焊接牢固,钢架底部处亦垫设槽钢稳固基础,
在钢架墙脚以上 30cm 处,紧贴钢架两侧边沿按下倾角 30°打设锁脚锚杆,锁脚锚杆与钢架牢固焊接,复喷混
凝土至设计厚度。

第(4)、(5)步,左、右侧下台阶开挖:开挖进尺根据初期支护钢架间距确定,钢架为 1 榀/1.0m,每循
环开挖 1.0m,左、右侧台阶错开 2 ~ 3m,开挖后立即初喷 3 ~ 5cm 混凝土,及时进行喷、锚、网系统支护,接
长钢架,并与中导钢架采用高强螺栓连接,对接不密合部分应焊接牢固,钢架底部亦垫设槽钢稳固基础,

在钢架墙脚以上 30cm 处，紧贴钢架两侧边沿按下倾角 30°打设锁脚锚杆，锁脚锚杆与钢架牢固焊接，复喷混凝土至设计厚度。

三台阶七步流水作业循环时间见表 5-7。

三台阶七步流水作业循环时间

表 5-7

工 序	作业时间(min)	循环时间(min)									
		60	120	180	240	300	360	420	480	540	600
测量放线	30	—									
开挖	120		——								
初喷	60			—							
出渣	90				—						
架钢架、挂网、打锚杆	120						——				
喷混凝土	120								——		

注:本作业循环时间不含超前支护工序施工。

第(6)步，上、中、下台阶预留核心土:各台阶分别开挖预留的核心土，开挖进尺与各台阶循环进尺相一致。

第(7)步，隧底开挖:每循环开挖长度视具体岩质情况而定，开挖后及时施作仰拱初期支护。完成两个隧底开挖、支护循环后，及时施作仰拱。

5.6.3 施工控制要点

(1)隧道进洞前应做好洞顶及洞口防排水系统。洞顶及洞口排水沟应铺砌，用砂浆抹面，防止地表水及施工用水下渗，影响结构安全。

(2)三台阶七步开挖法施工应做好工序衔接。工序安排应紧凑，尽量减少围岩暴露时间，避免因长时间暴露引起围岩失稳。

(3)在满足作业空间和台阶稳定的前提下，应尽量缩短台阶长度，核心土长度应控制在 3~5m，宽度宜为隧道开挖宽度的 1/3~1/2。

(4)三台阶七步开挖法施工应严格控制开挖长度，根据围岩地质情况，合理确定循环进尺，每次开挖长度以 0.5~1.0m 为宜;开挖后立即初喷 3~5cm 混凝土，以减少围岩暴露时间。

(5)中、下台阶左、右侧开挖应错开，严禁对开，左右侧错开距离宜为 2~3m。

(6)钢架应严格按设计及规范要求加工制作和架设。钢架应架设在坚实基面上，严禁拱(墙)脚悬空或采用虚渣回填。钢架应与锁脚锚杆(管)焊接牢固。

(7)隧道超挖部位必须回填同等级混凝土，且回填密实，严禁初期支护和二次衬砌背后存在空洞。

(8)施工过程中可采用增加拱(墙)脚锁脚锚杆、增设钢架拱(墙)脚部位纵向连接筋、扩大拱(墙)脚初期支护基础及增设拱(墙)脚槽钢垫板等增强拱(墙)脚承载力等措施控制变形。

(9)应完善洞内临时防排水系统，严禁积水浸泡拱(墙)脚及在施工现场漫流，防止基底承载力降低。当地层含水率大时，上台阶开挖工作面附近宜开挖横向水沟，将水引至隧道中部或两侧排水沟排出洞外。必要时应配合井点降水等措施，降低地下水位至隧道仰拱以下，确保施工顺利进行。反坡施工时，应设置集水坑将水集中抽排。

(10)隧道施工应加强洞内通风，作业环境应符合职业健康及安全标准。

5.6.4 机具设备

(1)施工机具应根据隧道实施性施工组织设计要求，配备污染低、能耗小、效率高的机具。

（2）单作业面施工机具配备参见表5-8，可根据施工现场情况及时调整。

单作业面施工机具配备 表5-8

序号	作业项目	机具设备名称	规格型号	单位	数量	备注
1	开挖	电动压风机	20m³/min	台	5	高压供风
		双液注浆机	4m³/h	台	2	注浆
		风镐	G10	台	8	开挖修边
		风动凿岩机	YT-28	台	15	系统锚杆、超前支护、局部爆破钻眼
		挖掘机	CAT320C	台	1	开挖、装渣
		自卸车	20t	辆	6	出渣
		装载机	小松WA470	辆	2	装渣
		泥浆泵	100m³/h	台	2	排水
2	初期支护	钢筋切断机	QJ40-1	台	1	加工钢筋
		钢筋折弯机	40	台	1	加工钢筋
		电焊机	BX-300	台	5	加工钢架、格栅及其他钢构件
		电焊机	BX-400	台	2	加工钢构件
		台式钻床	SP-25A	台	1	加工钢构件
		搅拌机	JS500	台	2	拌和混凝土
		湿喷机	TK961	台	3	喷射混凝土
3	量测仪器	全站仪	索佳SET2130R	台	1	—
		水准仪	PENTAXAP-128	台	1	—
		铟钢尺	—	个	2	—
4	通风	通风机	SDF-No12.5	台	1	2×110kW

5.7 双侧壁导坑开挖施工

5.7.1 施工工艺

双侧壁导坑法开挖作业自上而下，衬砌施工自下而上。仰拱及二次衬砌及时施工，要求距掌子面距离均不得大于35m。地质情况较弱的部分先进行开挖，开挖完成后及时进行初期支护。

1）施工步骤（以左侧围岩较弱为例）

双侧壁导坑法施工工序如图5-15所示，即（1）开挖左侧导坑上部；（2）左导坑上部初期支护；（3）开挖左侧导坑下部；（4）左导坑下部初期支护；（5）左侧导坑仰拱浇筑；（6）开挖右侧导坑上部；（7）右导坑上部初期支护；（8）开挖右侧导坑下部；（9）右导坑下部初期支护；（10）右侧导坑仰拱浇筑；（11）核心土上部开挖；（12）拱顶初期支护；（13）核心土下部开挖；（14）施作核心土部分仰拱铺底；（15）施作核心部仰拱；（16）施作二次衬砌。每部开挖后均应及时支护，隧底初期支护后应及时施作仰拱，尽早封闭成环。

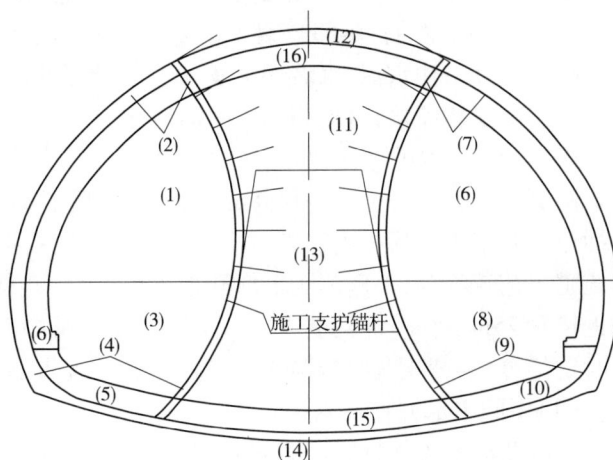

图5-15 双侧壁导坑法施工工序图

2）双侧壁导坑施工方法

（1）侧导洞分上下两个台阶,上台阶土方采用人工风镐开挖土方,并直接翻入下台阶,采用翻斗车外运至垂直提升处,桁架电动葫芦垂直提升。开挖台阶长度 2~3m,初期支护分别进行,两侧洞均设临时钢架横撑,做到步步封闭成环。两洞之间的中间部分开挖作业方式同侧洞,并及时架设拱部和临时横撑及仰拱的拱架,使之与两侧洞及时连接成环。二次衬砌采用输送泵浇筑,先施作隧底仰拱,使其紧跟中部下台阶土体的开挖掌子面,然后施作两侧仰拱,再做两侧拱墙部分,最后施作中部拱圈。二次衬砌仰拱采用自制仰拱底模,边墙与拱圈采用衬砌台架安装钢模,混凝土泵泵送。该段施工过程中,适时进行初支背后注浆,以控制地表沉降。在施工过程中,加强监控量测,实行信息化施工,并根据监测情况,及时拆除临时格栅支撑,施作该段二次衬砌。施工时两侧导坑错开施工,一侧[如第（6）步]的侧导坑落后于另一侧导坑[如第（1）步]3~5m,中间土体部分[如第（11）步]开挖初期支护落后最前面侧导坑开挖面6~10m。

（2）两侧导坑上部开挖及支护。

①上部开挖。超前管棚或超前小导管预注浆对地层进行加固后,采用人工开挖直接开挖翻渣至下台阶,用翻斗车转运至提升架处,采用电动葫芦垂直起吊外运。每一开挖循环进尺为0.75m,由测量人员控制中线水平,施工时保证不欠挖,控制超挖。开挖轮廓线尽可能圆顺,以减小应力集中,另一侧上部开挖落后3~5m。

②上部断面初期支护。初期支护顺序为:喷射混凝土→施作系统锚杆→安设钢筋网→钢架架设→复喷至设计厚度。

a. 初喷:喷射混凝土要求采用湿喷工艺,注意保证工作人员的工作环境,确保人员身体健康;砂层段,在开挖后立即进行,以便尽早封闭拱顶暴露面,喷射混凝土厚4~5cm。黏土层段视开挖后围岩的稳定情况而定。

b. 锚杆:采用 D25 型中空注浆锚杆,$L=400cm$,纵向环向间距为75cm×100cm,梅花形布置。

c. 挂钢筋网:采用 $\phi8mm$ 钢筋,双层铺设,网格间距20cm×20cm,做成 1.5m×0.7m 的网片,铺设在钢架的背后位置,密贴围岩,并与钢架连接牢固。相邻钢筋网应该相互搭接,搭接长度不少于一个网格间距。

d. 型钢钢架:型钢钢架应该符合设计规范,满足施工要求;安设时清除浮土,拱脚夯实或设置垫板,钢架纵向间距按设计要求每榀 0.75m 架设,纵向设 $\phi22mm$ 连接筋,其环向间距为1m,连接钢筋用 $\phi30mm×2.5mm$ 纵向连接套管连接,且焊接牢固。纵向相邻连接钢筋在型钢钢型上均交错布置。

e. 喷射混凝土:采用 TK-961 型湿喷机喷射混凝土,砂层段第一次喷射厚度 3~5cm,架立好钢架后,从各钢架腹部打入下一循环的超前小导管,封好管口,复喷至设计厚度。

f. 锁脚锚杆:在各钢架相连接处分别打设两根 $\phi22mm$ 锁脚药卷锚杆,其尾部与型钢钢架焊接牢固。喷混凝土时注意保护好管口,喷混凝土结束后,及时压浆。

③超前小导管作业。钻孔:超前小导管采用风钻直接顶入,压浆前用高压风清孔。超前小导管规格 $\phi42mm×3.5mm$,长 3.5m。超前小导管按设计范围沿拱部周边轮廓线设置,超前小导管从钢架腹部空间穿过,外插角在 14°左右,尾部与钢架焊接成一体。注浆:为保证注浆质量,注浆前孔口处喷 20cm 混凝土封堵。采用高压注浆泵注水泥、水玻璃浆液,压力控制在 0.5~1.0MPa,浆液配合比视地质情况及现场试验确定,保证浆液扩散互相咬接,以提高围岩的稳定性。

（3）两侧下部开挖及支护。

两侧下部开挖每循环进尺 0.75m,下部落后上部3m。反坡开挖时,在掌子面设集水坑抽排水,从集水坑内抽至竖井集水井后排出洞外。永久与临时初期支护同时施作,并及时封闭环状。其余与上部同。两侧下部施工工艺流程为:一侧侧洞下部开挖落后,另一侧侧洞下部开挖 5m→两侧下部开挖（含两侧仰拱）、每循环进尺 0.75m→初喷混凝土 4~5cm（包括隧底及中间土体侧面）→安钢架、挂钢筋网、焊连接筋（包括中间临时钢架等）→二次复喷混凝土达设计厚度→进入下一循环。

（4）中间上部开挖及支护。

待两侧洞初支作好一定时间后,开挖中间土体,落后一侧侧洞开挖初支3~5m。中间上部施工工艺流程为:施作超前小导管预注浆加固→开挖土石方→初喷混凝土 4~5cm→安设钢格栅,焊纵向连接筋→钢架之间安设钢筋网→复喷混凝土达设计厚度→进入下一循环。

3）中间下部开挖及支护

检查中隔板、中隔壁支撑，分析各部开挖支护后的变形收敛情况，当其处于基本稳定后，开挖中间下部土体，下部开挖落后上部30～50m。施工工艺流程为：中间下部土体开挖→中间底部钢架和钢筋网的安装→喷混凝土封闭底部仰拱→下一循环。

洞身开挖实测项目见表5-9。

洞身开挖实测项目

表5-9

项次	检查项目		规定值或允许偏差	检查方法和频率
1△	拱部超挖（mm）	破碎岩软土等（Ⅰ、Ⅱ类围岩）	平均100，最大150	激光断面仪：每20m抽一个断面，测点间距≤1m
		中硬岩、软岩（Ⅲ、Ⅳ、Ⅴ类围岩）	平均150，最大250	
		硬岩（Ⅵ围岩）	平均100，最大200	
2	边墙超挖（mm）	每侧	+100,0	
		全宽	+200,0	
3	仰拱、隧底超挖（mm）		平均100，最大250	水准仪：每20m检查3处

注：表中标"△"者为关键项目。

5.7.2 施工注意事项

（1）初期支护中，锚杆必须设置垫板，并灌注早强水泥砂浆（等级不得低于M20），锚杆必须在砂浆强度达到5MPa后才能上紧垫板螺母。

（2）在上部断面初期支护基本稳定后，才能进行下半断面开挖。

（3）要切实加固拱脚，保证拱脚位于原状土上，若拱脚处岩石破碎及软弱时，要加临时长垫板。

（4）仰拱开挖前，架设临时横撑顶紧两侧拱脚，防止边墙内挤，待仰拱混凝土强度达到混凝土强度的70%才能拆除。

（5）量测工作必须及时，以观察拱顶、拱脚和边墙中部的位移值，当发现速率增大时，立即采取措施，采用加长锚杆、构件支顶或浇筑二次衬砌。

（6）当围岩压力极大，其变形速率难以收敛时，可先修筑临时仰拱。

（7）小间距隧道施工，先行洞需超前后行洞50m以上。

5.8 中隔墙法（CD法）开挖施工

5.8.1 施工工艺

采用中隔墙法（CD法）开挖施工作业可防止围岩变形过大而失稳的情况发生；便于尽早封闭仰拱，形成封闭环结构，利于围岩稳定；对抑制中夹岩处拱脚至拱腰范围处变形有较大的作用，有利于尽快取得中夹岩初期支护后的变形量测结果，为断面扩挖提供超前预报和预案。

1）施工步骤

中隔墙法（CD法）施工工序如图5-16所示，即（1）先行导坑上部开挖；（2）先行导坑上部初期支护；（3）先行导坑中部开挖；（4）先行导坑中部初期支护；（5）先行导坑下部开挖；（6）先行导坑下部初期支护；（7）后行导坑上部开挖；（8）后行导坑上部初期支护；（9）后行导坑中部开挖；（10）后行导坑中部初期支护；（11）后行导坑下部开挖；（12）后行导坑下部初期支护；（13）仰拱超前浇筑；（14）全断面施作二次衬砌。

每部开挖后均应及时支护，隧底初期支护后应及时施作仰拱，尽早封闭成环。

2）中隔墙法（CD法）施工方法

（1）侧导洞分上下两个台阶，上台阶土方采用人工风镐开挖土方，并直接翻入下台阶，采用翻斗车外运至垂直提升处,桁架电动葫芦垂直提升。开挖台阶长度2～3m,初期支护分别进行,侧洞设临时钢架横撑,做到步步封闭成环。先施作隧底仰拱,二次衬砌仰拱采用自制仰拱底模,边墙与拱圈采用衬砌台架安装钢模,混凝土泵泵送。该段施工过程中,适时进行初支背后注浆,以控制地表沉降。在施工过程中,加强监控量测,实行信息化施工,并根据监测情况,及时拆除临时格栅支撑,施作该段二次衬砌。

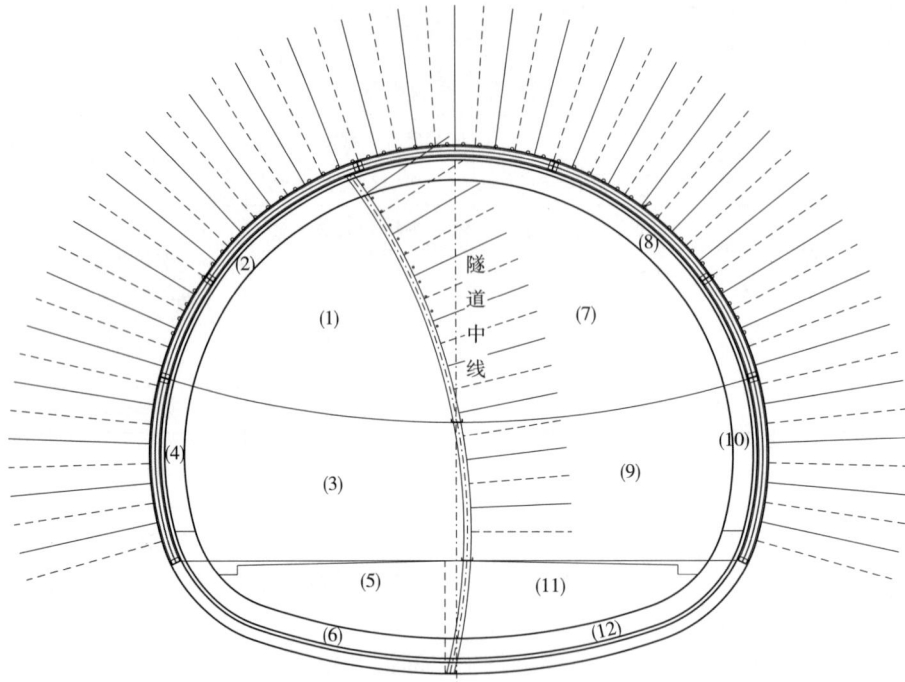

图5-16　中隔墙法(CD法)施工工序

(2)侧导坑上部开挖及支护。

①上部开挖。超前管棚或超前小导管预注浆对地层进行加固后,采用人工开挖直接开挖翻渣至下台阶,用翻斗车转运至提升架处,采用电动葫芦垂直起吊外运。每一开挖循环进尺为0.75m,施工时保证不欠挖,控制超挖。开挖轮廓线尽可能圆顺,以减小应力集中,另一侧上部开挖落后3～5m。

②上部断面初期支护。初期支护顺序为:喷身混凝土→施作系统锚杆→安设钢筋网→钢架架设→复喷至设计厚度。

a.初喷:喷射混凝土要求采用湿喷工艺,注意保证工作人员的工作环境,确保人员身体健康;砂层段,在开挖后立即进行,以便尽早封闭拱顶暴露面,喷射混凝土厚4～5cm。黏土层段视开挖后围岩的稳定情况而定。

b.锚杆:采用D25型中空注浆锚杆,$L=400$cm,纵向环向间距为75cm×100cm,梅花形布置。

c.挂钢筋网:采用ϕ8mm钢筋,双层铺设,网格间距20cm×20cm,做成1.5m×0.7m网片,铺设在钢架的背后位置,密贴围岩,并与钢架连接牢固。相邻钢筋网应该相互搭接,搭接长度不少于一个网格间距。

d.型钢钢架:型钢钢架应该符合设计规范,满足施工要求;安设时清除浮土,拱脚夯实或设置垫板,钢架纵向间距按设计要求每榀0.75m架设,纵向设ϕ22mm连接筋,其环向间距为1m,连接钢筋用ϕ30mm×2.5mm纵向连接套管连接,且焊接牢固。纵向相邻连接钢筋在型钢钢型上均交错布置。

e.喷射混凝土:采用TK-961型湿喷机喷射混凝土,砂层段第一次喷射厚度3～5cm,架立好钢架后,从各钢架腹部打入下一循环的超前小导管,封好管口,复喷至设计厚度。

f.锁脚锚杆:在各钢架相连接处分别打设两根ϕ22mm锁脚药卷锚杆,其尾部与型钢钢架焊接牢固。喷混凝土时注意保护好管口,喷混凝土结束后,及时压浆。

③超前小导管作业。钻孔:超前小导管采用风钻直接顶入,压浆前用高压风清孔。超前小导管规格ϕ42mm×3.5mm,长3.5m。超前小导管按设计范围沿拱部周边轮廓线设置,超前小导管从钢架腹部空间穿

过,外插角在 14°左右,尾部与钢架焊接成一体。注浆:为保证注浆质量,注浆前孔口处喷 20cm 混凝土封堵。采用高压注浆泵注水泥、水玻璃浆液,压力控制在 0.5～1.0MPa,浆液配合比视地质情况及现场试验确定,保证浆液扩散互相咬接,以提高围岩的稳定性。

(3)侧导坑下部开挖及支护。

侧导坑下部开挖每循环进尺 0.75m,下部落后上部 3m。反坡开挖时,在掌子面设集水坑抽排水,从集水坑内抽至竖井集水井后排出洞外。永久与临时初期支护同时施作,并及时封闭环状。其余与上部同。

5.8.2 施工注意事项

(1)开挖应在超前支护注浆浆液固结后才能进行,一般 4～8h。中夹岩超前小导管注浆及该部位的环向中空锚杆注浆施工严格按设计进行,确保注浆加固效果。

(2)正洞、侧壁导坑宜采用台阶法施工,采用微震动光面爆破技术钻爆开挖。

(3)导坑、正洞应采用台阶法进行开挖,台阶长度取 3～5m。

(4)左右洞内侧导坑开挖和初支纵向宜错开 25～30m,二次衬砌可错开 15～20m。

(5)侧壁临时支护宜采用格栅钢拱架支撑 + 挂 ϕ6mm 钢筋网 + 湿喷混凝土(厚度 25cm)联合支护形式。侧壁临时支护拆除在正洞下台阶完成 20～30m 后,二次衬砌开始前进行,临时支撑拆除后,及时进行仰拱回填和拱墙二次衬砌施工。

(6)二次衬砌与开挖面的距离考虑放炮冲击和震动对衬砌的影响,结合爆破震动测试和围岩变形量测工作确定,暂定为 20～30m。

(7)初期支护中,锚杆必须设置垫板,并灌注早强水泥砂浆(等级不得低于 M20),锚杆必须在砂浆强度达到 5MPa 后才能上紧垫板螺母。

(8)当围岩压力极大,其变形速率难以收敛时,可先修筑临时仰拱。

(9)小间距隧道施工,先行洞需超前后行洞 50m 以上。

5.9 超前小导管施工

5.9.1 工艺特点

(1)超前预加固体系,提高岩体自身的稳定性,抑制围岩松弛变形,增强施工的安全性。

(2)加固效果稳妥可靠,注浆质量易于控制。

(3)采用超前预加固手段,通过调整凝固时间,可大大缩短暗挖工序时间。

(4)采用常用小型机械施作,无需配备专用设备,工艺操作简便,一般工人都可掌握。

5.9.2 设计参数

(1)为加固 V 级围岩一般地段拱周软弱岩体,在洞身拱部 120°范围内施作超前注浆小导管。

(2)超前小导管规格:超前小导管采用外径 42mm、壁厚 3.5mm 热轧无缝钢花管,钢管前端呈尖锥状,尾部焊上 ϕ6mm 加劲箍,管壁四周钻 8mm 压浆孔,压浆孔前后间距 15cm,呈梅花形布置,但尾部有 1m 不设压浆孔。

(3)倾角:超前小导管施工时,钢管与衬砌中线平行以 14°左右仰角打入拱部围岩。

(4)超前小导管长度 3.5m,环向间距 40cm,每打完一排钢管注浆后,开挖拱部及第一次喷射混凝土、架设钢架。初期支护完成后,每隔三榀钢架间距再打另一排钢管,前后两排超前小导管保持 1m 以上的搭接长度,每环 51 根注浆管。

(5)注浆材料:采用水泥—水玻璃双液浆。注浆参数:水泥浆水灰比为 1:1;水玻璃浓度为 35°Bé,模数 2.4;注浆压力为 0.5～1.0MPa。

5.9.3　施工工艺

超前小导管施工工艺见图 5-17。

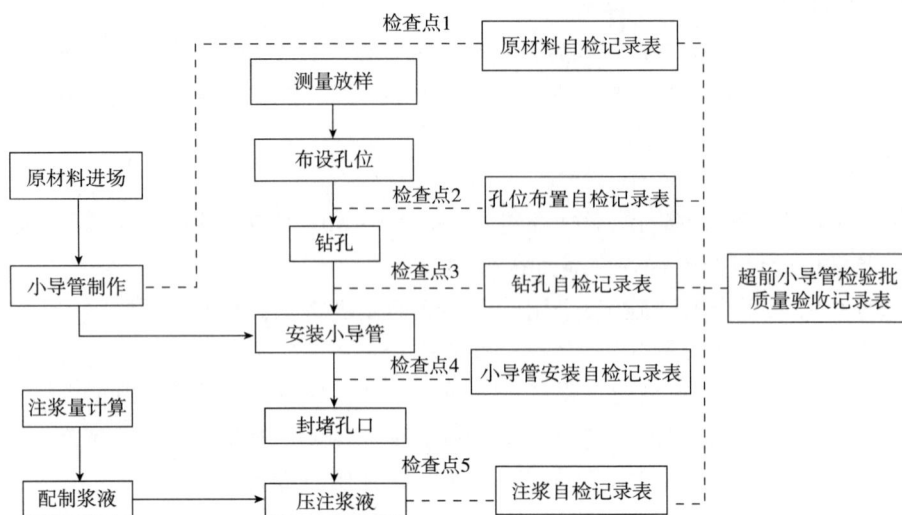

图 5-17　超前小导管施工工艺图

1)准备工作

(1)熟悉设计图纸,由测量队准确地进行开挖轮廓放线。

(2)制作小导管。小导管采用外径 ϕ42mm,壁厚 3.5mm 的热轧无缝钢管,钢管前端作成尖锥状,尾部焊接 ϕ6mm 加筋箍,以防打设小导管时端部开裂,影响注浆管连接,尾部长度 1m,作为不钻孔的止浆段。管壁四周钻四排 ϕ8mm 注浆孔,孔间距 15cm,呈梅花形布置。超前注浆小导管构造见图 5-18。

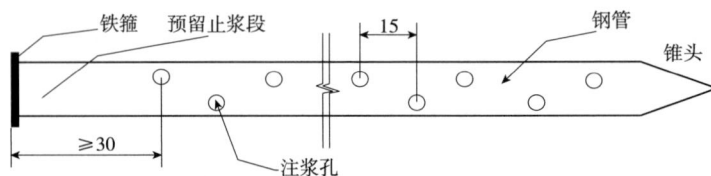

图 5-18　小导管构造图(尺寸单位:cm)

2)施工方法

(1)喷混凝土封闭开挖面。

为了防止小导管注浆时浆液沿隧道掌子面渗漏,需做止浆墙封闭开挖面,止浆墙采用喷射混凝土方法制作,喷混凝土范围为开挖面和 5m 范围内的坑道,厚度为 5~10cm,喷射混凝土施工按"喷射混凝土作业指导书"有关规定操作。

(2)钻孔、安装小导管。

①测量放样,在设计孔位作标记。

②钻孔需沿隧道纵向开挖轮廓线向外以 14°外插角钻孔,钻孔深度为 3.5m,钻孔完毕将小导管沿孔打入。如遇地层松软,也可用游锤或手持风钻直接打入。

③与支撑结构的连接:超前小导管从钢拱架腹部开孔穿过,且尾端与钢架焊接牢固,应注意钢拱架开孔直径不得大于 60mm。

(3)密封。

小导管打入后,将注浆泵的高压胶管与管口连接,并且用棉纱等将管口处的缝隙塞紧,以保证注浆时不至于渗漏浆液。管路接通后先要压水检查密封性,达到要求后方可注浆。

（4）注浆。

注浆顺序由下向上进行，考虑注浆后需尽快开挖，注浆宜用普通水泥或早强水泥。拌浆时可按试验室要求适量掺加减水剂，注浆压力控制在 0.5 ~ 1.0MPa。

注浆过程中出现以下异常现象时的处理方法有：

①串浆，即浆液从其他管孔流出的现象。发生串浆时，应将串浆孔及时堵塞，轮到该管注浆时，再拔下堵塞物，用铁丝或钢筋将管内杂物清除，并用高压风或水冲洗（拔塞后向外流浆的注浆管不必进行此工序），然后再注浆。

②注浆时压力突然升高，则可能发生堵管，应停机检查。当堵管时，要敲打或滚动以疏通注浆管，无法疏通时要补管。

③注浆过程中出现进浆量很大，压力长时间不升高的现象，则应调整浆液浓度及配合比，缩短凝胶时间，进行小泵量低压力注浆或间歇式注浆，使浆液在裂隙中有相对停留时间，以便凝胶。

5.9.4 质量要求

1）主控项目

（1）超前小导管的进场必须按批抽取试件做力学性能（屈服强度、抗拉强度和伸长率）和工艺性能（冷弯）试验，其质量必须符合国家有关规定及设计要求。以同牌号、同炉罐号、同规格、同交货状态的钢管，每60t 为一批，不足60t 按一批计。每批抽检一次。

（2）超前小导管所用钢管的品种和规格必须符合设计要求。

（3）超前小导管与支撑结构的连接应符合设计要求。

（4）超前小导管纵向搭接长度应符合设计要求。

（5）注浆浆液的配合比应符合设计要求。

（6）注浆压力应符合设计要求，注浆浆液应充满钢管及其周围的空隙。

2）一般项目

超前小导管施工允许偏差应符合表5-10 规定。

小导管施工允许偏差　　　　　　　　　　表5-10

序号	项目	允许偏差
1	孔位	±50mm
2	孔径	符合设计要求
3	孔深	+50mm，0

5.9.5 注意事项

（1）严格控制小导管施作角度。小导管应在开挖轮廓线上按设计位置及角度打入，外插角为 14°。小导管角度过小易引起下个循环开挖不到位，引起掌子面掉块或坍塌；施作角度过大，易引起超挖。

（2）严格控制小导管环向间距。环向间距孔口距允许偏差为 ±5cm。超前小导管施作的环向间距过大易引起注浆小导管支护不住上部松散围岩，从两导管的孔隙间掉块。

（3）严格控制小导管打入深度。钢管实际打入长度不得短于设计长度的95%，纵向两排钢管的水平投影应有不小于100cm 的搭接长度。

（4）做好钻孔记录。检查钻孔、打管质量时，应画出草图，对孔位编号，逐孔、逐根检查并认真记录。

（5）做好注浆记录。注浆过程中，要逐管填写记录，标明注浆压力、注浆量，发生情况及时处理。

（6）做好固结效果记录。固结效果检查宜在搭接范围内进行，主要检查注浆量偏少和有怀疑的钢管，要认真填写检查记录，通过钻孔检查厚度，小于30cm 时，应补管、注浆。

（7）确保注浆效果。开挖过程中，要随时观察注浆效果，分析量测数据，发现问题后必须停工处理。

（8）注浆钻孔应做到孔壁圆、角度准、孔身直、深度够、岩粉清洗干净。当出现严重卡钻、孔口不出水时，应停止钻孔，且立即注浆。

（9）钻孔结束后，应掏孔检查，在确认无塌孔和探头石时，才可安设注浆管。

超前小导管施工完成后应进行检查，实测项目见表5-11。

超前小导管实测项目 表5-11

项次	检查项目	规定值或允许偏差	检查方法和频率
1	长度（m）	不小于设计	尺量：检查10%
2	孔位（mm）	±50	尺量：检查10%
3	钻孔深度（mm）	±50	尺量：检查10%
4	孔径（mm）	符合设计要求	尺量：检查10%
5	注浆压力	符合设计要求	压力表：全部检查

5.10　超前锚杆施工

5.10.1　设计参数

（1）为加固Ⅳ级围岩一般地段拱周软弱岩体，在洞身拱部120°范围内施作超前锚杆。

（2）超前锚杆规格：超前锚杆采用药卷锚杆，杆体为 $\phi22mm$ HRB335 钢筋，锚杆杆体抗拉强度不小于240MPa。

（3）倾角：超前锚杆施工时，外倾角约为10°~15°。

（4）超前锚杆长度3.5m，环向间距40cm，每打完一排超前锚杆后，开挖拱部及第一次喷射混凝土、架设钢架，初期支护完成后，每隔2榀钢架间距再打另一排锚杆，超前锚杆保持1m以上的搭接长度，每环49根锚杆。

5.10.2　施工工艺

1）原材料

锚杆材质为 HRB335 钢筋，直径 $\phi22mm$。按设计要求规定的材质、规格备料，并进行调直、除锈、除油，以保证药卷锚杆的施工质量和施工的顺利进行。半成品、成品锚杆根据进场的批次，每批次随机抽样3%进行检验。

2）锚杆孔的施工

（1）锚杆施工应在初喷3~5cm混凝土及钢架立完后进行。超前锚杆从钢拱架腹部开孔穿过，且与钢拱架焊接牢固。

（2）孔位布置：孔位应根据设计要求和围岩情况布孔并标记，左右偏差不得大于150mm。

（3）锚杆孔径：砂浆锚杆的锚杆孔径应大于锚杆体直径15mm，孔径一般为42~50mm。

（4）钻孔方向：与衬砌中线平行成10°~15°仰角钻孔。

（5）钻孔深度：药卷锚杆孔深应大于设计杆体有效长度，且不大于有效长度100mm。

（6）灌浆前清孔：钻孔内若残存有积水、岩粉、碎屑或其他杂物，会影响锚固质量和妨碍锚杆体插入，即影响锚杆效果。因此，锚杆安装前，采用高压风、高压水清除孔内积水和岩粉、碎屑等杂物。

药卷超前锚杆工艺流程见图5-19。

3）锚杆安装

准备一根4m长的塑料外管，塑料管直径比锚固剂直径大5mm，再准备一根4.5m长的塑料内管，直径大概比锚固剂小5mm。钻孔清完后，将锚固剂送入到塑料外管内，将塑料外管连同锚固剂一起送入到锚杆孔内；将塑料内管插入外管内顶住锚固剂，然后从锚杆孔内抽出塑料外管，即锚固剂安装完毕。锚固剂装完后,立即把锚杆插入钻孔中。用推和锤击的方法,把锚杆慢慢打入钻孔,且边打入边旋转杆体搅拌药卷,直到杆体打入孔底,然后用木楔堵塞孔口,防止锚固剂流失。锚固剂不足时应再放入锚固剂,保证锚杆全长被锚固剂所握裹,保证其锚固效果。

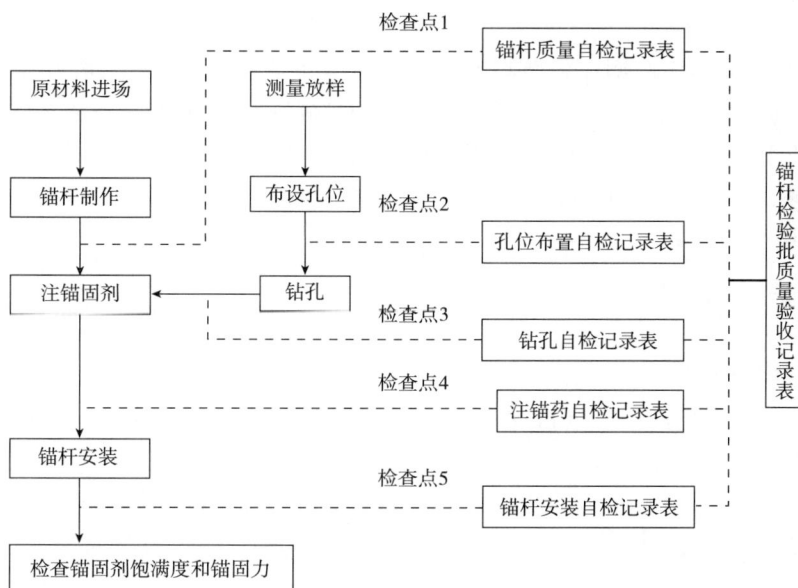

图 5-19　药卷超前锚杆工艺流程图

锚杆打入后,不得随意敲击杆体,且杆体外端部 3d 内不得悬挂重物,否则将影响锚固剂与锚杆杆体、锚固剂与孔壁的黏结强度,降低锚杆的锚固力。锚杆拉拔力检测不得小于 93kN。

5.10.3　质量标准

(1)锚杆所使用的钢筋原材料进场检验必须按批抽取试件做屈服试验、抗拉强度、伸长率和冷弯试验,其质量应符合现行国家标准《钢筋混凝土用钢　第 1 部分 热轧光圆钢筋》(GB 1499.1—2008)、《钢筋混凝土用钢　第 2 部分:热轧带肋钢筋》(GB 1499.2—2007)和《低碳钢热轧圆盘条》(GB/T 701—2008)等的规定和设计要求。

(2)半成品、成品锚杆的类型、规格、性能等应符合设计要求和国家现行有关技术标准的规定。

(3)锚杆安装的数量应符合设计要求。

(4)锚杆孔内锚固剂应饱满密实。

(5)中空注浆锚杆安装前,锚杆体中孔应畅通,无异物堵塞。

(6)锚杆应平直、无损伤,表面无裂纹、油污、颗粒状或片状锈蚀。

(7)锚杆拉拔力:按锚杆数 1% 且不少于 3 根做抗拔力试验,同组锚杆的拉拔力平均值应该大于或等于设计锚固力。同组单根锚杆的拉拔力不得低于设计值的 90%。

(8)锚杆杆体锚固长度不得短于设计长度的 95%。

超前锚杆检查实测项目见表 5-12。

超前锚杆实测项目　　　　　　　　　　　　　　　　　　　　　　　表 5-12

项次	检查项目	规定值或允许偏差	检查方法和频率
1	长度(m)	不小于设计	按锚杆数的 3%,或不少于 3 根
2	孔位(mm)	±50	尺量
3	钻孔深度(mm)	±50	尺量
4	孔径(mm)	符合设计要求	尺量

5.11 钢拱架施工

5.11.1 设计参数

本项目隧道所用钢架分为格栅钢架和型钢钢架。格栅钢架是由 ϕ22mm、ϕ14mm、ϕ10mm 三种钢筋经焊接制作而成;型钢钢架是直接从厂家购进的各种工字钢钢架,分别有 I22a、I20b、I18 三种工字钢。

按设计,格栅钢架用于Ⅲ级围岩的 S3a 和 S3b 两种断面;工字钢 I18 用于Ⅳ级围岩的 S4a 和 S4b 两种断面;Ⅴ级围岩的 S5a 断面设置 I22a、I20b 两种工字钢;S5b 断面设置 I20b、I18 两种工字钢;S5p 断面设置 I22a、I20b 两种工字钢。

5.11.2 钢架的制作与施工

1) 钢筋、型钢的采购检验

钢筋、型钢购入前必须对生产厂家进行评审,发送到施工现场的钢筋、型钢,必须附有出厂合格证明或试验报告单,试验室对其质量指标进行全面检查,并按批抽取试件做屈服强度、抗拉强度、伸长率和冷弯试验,其质量和规格必须符合设计要求,力学性能符合标准规定,合格后方可用于工程施工。

钢筋、型钢在运输过程中,应防锈蚀、污染和避免压弯。装卸钢筋时不得从高处直接抛掷。

2) 钢筋、型钢保管

保管时工地要设料库或料棚,必须对钢筋、型钢的品种、牌号分清,存放时分批存放,并挂牌标志。存放库房四周挖掘排水沟,保持地面干燥,钢筋、型钢堆放必须离开地面大于 20cm,防止钢筋、型钢锈蚀。存放钢筋的库房,不能存放酸性、油、盐之类的物品,远离有害气体,以免污染或腐蚀钢筋。

5.11.3 格栅钢架的制造

拱圈的钢架根据实际施工情况分为 7 节。每节均是一个单独的钢架单元,如图 5-20 所示。

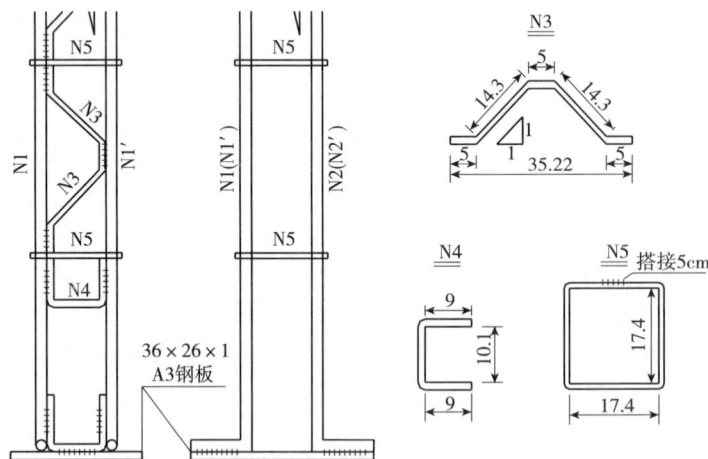

图 5-20　格栅钢架结构图(尺寸单位:cm)

(1) 根据格栅钢架取四根相应长的 ϕ22mm 主筋,将主筋在模具上弯成规定的弧度。

(2) 取足够长的 ϕ14mm 钢筋,把它分别剪成每段为 43.6cm 和 28.1cm 的短钢筋,然后将已剪切的 ϕ14mm 短钢筋按设计尺寸和造型分别加工成蝴蝶形和槽形。

(3) 取 ϕ10mm 钢筋,按设计剪切成 75cm 每段。

(4) 在模具上将已加工成型的 ϕ14mm 连接筋焊于两根 ϕ22mm 主筋之间,一个接一个依次焊接,直至焊成格栅单片。焊接采用双面焊,焊缝厚度不得小于 4mm。

（5）按上述工序再焊接一个格栅单片，然后用已剪切的 $\phi10mm$ 钢筋将两个格栅单片成方形固定起来，焊接固定，双面焊，焊缝厚度不得小于4mm。

（6）在布置完 $\phi14mm$ 蝴蝶型钢筋后，若有空余部分则布置 $\phi14mm$ 槽型钢筋。

（7）将焊好的格栅钢架移到大样平台上进行检验，合格后在其两端做好合格标记，然后将角钢焊在格栅两端。角钢型号采用 $10cm \times 8cm \times 1cm$。落地钢架端焊接 $36cm \times 26cm \times 1.5cm$ A3钢板。

（8）钢架的制造注意事项：①格栅钢架在工作台上加工，根据不同断面的钢筋主筋轮廓放样成钢筋弯曲模型。放样时根据工艺要求预留焊接收缩余量及切割的加工余量。②格栅钢架主筋用钢筋弯曲机弯制，要求弧形圆顺、尺寸准确。③拱部边墙等各单元钢架应分别加工。④按设计加工好格栅钢架的各单元钢架后试拼，检查钢架尺寸及轮廓是否合格，要严格控制节点板的钻孔尺寸。⑤各单元用螺栓连接。螺栓孔采用电动钻孔机钻孔。

5.11.4　型钢加工

在加工场地内现场绘制 1：1 的大样，严格按设计尺寸放样。钢架采用冷弯机弯制，加工钢架周边拼装允许偏差 ±30mm，平面翘曲偏差应小于20mm，保证钢架架立的垂直度。

各分节连接板：I22a 工字钢架间的连接钢板采用 $240mm \times 240mm \times 10mm$ Q235C 钢板，I20b 工字钢间采用 $220mm \times 220mm \times 10mm$ Q235C 钢板连接，I18 工字钢架间采用 $200mm \times 200mm \times 10mm$ Q235C 钢板连接；仰拱钢架与拱圈钢架连接处，采用10mm 梯形 Q235C 钢板连接，且用15mm 厚 Q235C 钢板作加劲肋，底部钢板也采用15mm 厚 Q235C 钢板。连接板与型钢焊成一体，要求双面焊，焊缝饱满，且焊缝厚度不得小于4mm，保证焊接质量。节与节间采用螺栓形式连接。钢架加工完成后分类编号存放。加工完的拱架要按现场的放样试拼，质检人员负责验收（图5-21）。

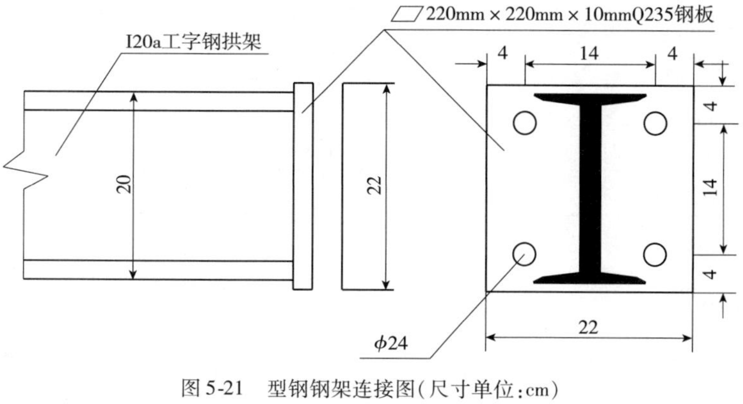

图5-21　型钢钢架连接图（尺寸单位：cm）

5.11.5　钢架的架设

（1）钢架一般在第一次喷射混凝土且系统锚杆打完后，在设计位置安设，对局部欠挖部分应予以凿除，以保证钢架施工位置、结构、尺寸正确。

（2）安装前，应检查开挖断面的中线及高程。安装前应清除底脚下的虚渣及其他杂物，超挖部分应用混凝土填充。钢架形成的面应垂直于隧道中线。垂直度允许偏差为 ±20mm。

（3）为保证钢架置于稳固的地基上，施工中在钢架基脚部位预留 0.15～0.2m 原地基，采用人工开挖，严禁超挖；架立钢架时挖槽就位，软弱地段在格栅钢架基脚处设槽钢以增加基底承载力。连接槽钢（或钢板、角钢等）与钢架焊接牢固。

（4）在安设过程中，当钢架和初喷层之间有较大间隙时，应设骑马垫块。

（5）钢架间距允许偏差为 ±50mm，横向安装允许偏差为 ±50mm，竖向安装不低于设计高程。

（6）沿钢架设直径为 $\phi22mm$ 的纵向连接钢筋，连接钢筋环向间距为1m，采用 $\phi30mm \times 3.5mm$ 钢套管与钢架连接，套管与钢架和连接筋均采用双面焊接，焊缝厚度不得小于4mm，套管应焊于外侧主筋上。钢架

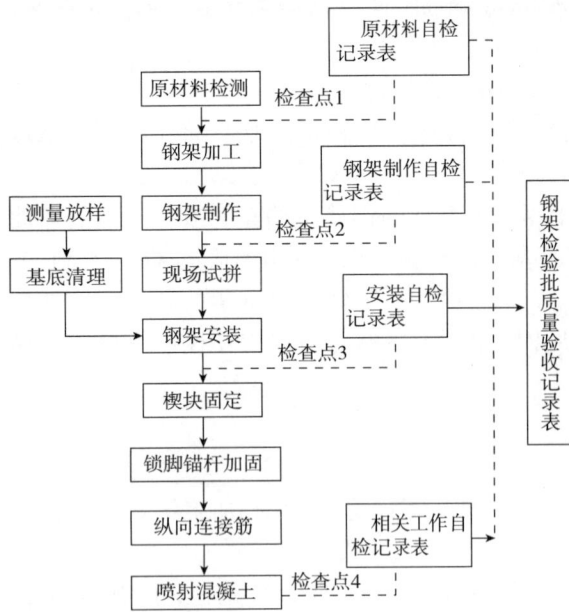

图 5-22　钢架工艺流程

应与钢筋网连接,采用焊接,节点焊接长度应大于 4cm,焊缝厚度应大于 4mm,对称焊接,且必须与锚杆焊接牢固,以保证钢架、钢筋网、喷射混凝土和锚杆与围岩形成联合受力结构。因此,锚杆布置与断面方向均应尽量与钢架的安设相对应。

(7)钢架的喷射混凝土保护层厚度不小于 4cm。

钢架工艺流程见图 5-22。

5.11.6　钢架安装标准

(1)钢架安装前检查掌子面开挖净空,并挖除钢架底脚处虚渣,垫型钢进行高差调整。

(2)分片的钢架用人工在掌子面组成整榀钢架,拧紧螺栓。

(3)钢架校正后,将钢架外缘连接处缝隙用钢楔楔紧;钢架与围岩间的间隙应采用喷射混凝土喷填密实,不允许回填片石。

钢支撑支护检查实测项目见表 5-13。

钢支撑支护检查实测项目　　　　　　　　　　　　　　　　　　　　表 5-13

项次	检查项目		规定值或应许偏差	检查方法和频率
1△	安装间距(mm)		±50	尺量:每榀检查
2	保护层厚度(mm)		满足设计要求	凿孔检查:每榀自拱顶每 3m 检查 1 点
3	倾斜角(°)		±2	仪器测量:每榀检查
4	安装偏差(mm)	横向	±50	尺量:每榀检查
		纵向	不低于设计高程	
5	拼装偏差(mm)		±3	尺量:每榀检查

注:表中标"△"者为关键项目。

5.12　锚杆钢筋网施工

5.12.1　设计参数

(1)Ⅲ级围岩:ϕ22mm 药卷锚杆 $L = 300$cm,弯环 26 根,间距 120cm×120cm。ϕ22mm 锁脚药卷锚杆 8 根,$L = 350$cm。单层 ϕ8mm 钢筋网,间距 20cm×20cm。

(2)Ⅳ级围岩:D25 中空注浆锚杆 $L = 350$cm,间距 100cm×100cm,每环 32 根。ϕ22mm 锁脚药卷锚杆 8 根,$L = 350$cm。双层 ϕ8mm 钢筋网,间距 20cm×20cm。

(3)Ⅴ级围岩:D25 中空注浆锚杆 $L = 400$cm,间距 75cm×100cm,每环 32 根。ϕ22mm 锁脚药卷锚杆 12 根,$L = 350$cm。双层 ϕ8mm 钢筋网,间距 20cm×20cm。

(4)边仰坡:ϕ22mm 锚杆,长 400cm,间距 100cm×100cm,ϕ8mm 钢筋网,间距 20cm×20cm。

5.12.2　施工工艺

1)ϕ22mm 药卷锚杆

(1)锚杆材料为 ϕ22mmHRB335 钢。对进场钢材要检查、除锈、除油,成批加工成设计长度。

(2)锚杆钻孔尽量垂直结构面(层面、节理面、裂缝面),并达到设计深度。

(3)锚杆安装。

准备一根比设计长度长 100cm 的塑料外管,管直径比锚固剂直径大 5mm。再准备一根直径比锚固剂小 5mm 的塑料内管。钻孔清完后,将锚固剂送入塑料外管内,一起送入锚杆孔内,用内管顶住锚固剂,抽出外管后立即插入锚杆,边旋转边插入,直到锚杆送至孔底,锚固剂不够再加,保证锚杆全长被锚固剂握裹,达到锚固效果。

2)D25 中空注浆锚杆

在初喷混凝土后按设计间距及时施作径向 D25 中空注浆锚杆,然后采用锚杆专用注浆器注纯水泥浆。采用 YT-28 凿岩机和专用钻头将锚杆钻进至设计深度后插入锚杆,外露 10~15cm。注浆过程应连续灌注,一次完成。观察浆液从止浆塞边缘流出或压力达到设计值,即可停泵。若注浆过程中出现堵管现象,应及时清理锚杆、注浆软管及注浆泵。在浆液达到设计强度后,方可上紧垫板及螺栓,其施工工艺流程见图 5-23。

3)钢筋网施工

挂钢筋网在系统锚杆施作后安设,钢筋类型及网格间距按设计要求分成 2m×1m 规格制作成网片。钢筋网根据岩面起伏铺设,并在初喷混凝土后进行,与岩面间隙大于或等于 3cm。钢筋网连接处,与锚杆连接用细铁丝绑扎或点焊牢固,使钢筋网在喷射混凝土时不晃动。

图 5-23　中空注浆锚杆施工工艺框图

4)锁脚锚杆施工

锁脚锚杆采用 ϕ22mm 螺纹钢,弯成 L 形,钩住钢拱架,并焊接牢固,紧贴钢拱架钻孔,达到设计孔深度后,清孔顶入锚固剂,立即插入 L 形锚杆,将钩子焊在钢拱架上。

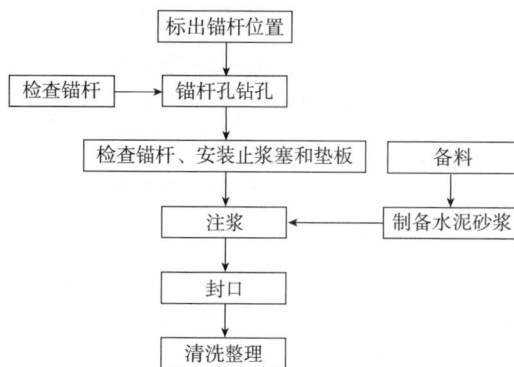

5.12.3　质量控制

(1)锚杆、钢筋网所用钢材必须按批抽取试件做进场检验,其质量应符合相关规范和设计要求。

(2)半成品、成品锚杆、钢筋网的类型、规格、性能均应符合设计要求并经监理检查。

(3)锚杆安装数量、长度达到设计要求,锚杆孔内锚固剂饱满密实。

(4)中空注浆锚杆的中孔应畅通,无异物堵塞。

(5)锚杆应平直、无损失,表面无裂纹、油污、颗粒状或片状锈蚀。

(6)锚杆拉拔力检测,按锚杆数 1% 且不少于 3 根进行抽样,同组锚杆的拉拔力平均值应大于或等于设计锚固力,同组单根锚杆的拉拔力不得低于设计值的 90%。

(7)锚杆长度满足设计要求,按锚杆数的 3%,或不少于 3 根进行检测。

(8)钢筋网间距符合设计要求,绑扎或焊接牢固。

(9)中空注浆锚杆用纯水泥浆液。水泥浆水灰比:1:(0.5~1.0);注浆压力:0.5~1.0MPa;注浆量:0.03m³/m。

5.13　喷射混凝土施工

5.13.1　设计参数

本项目初期支护喷射混凝土设计厚度为:

(1)Ⅲ级围岩拱墙 22cm,仰拱无。

(2)Ⅳ级围岩拱墙 24cm,仰拱无。

(3)Ⅴ级围岩 S5a 和 S5p 断面拱墙 28cm,S5b 拱墙 26cm,仰拱均无喷射混凝土。

(4)边仰坡防护喷射均为 10cm 厚。

5.13.2 施工工艺

1）喷射混凝土前的准备工作

一般岩面可用高压水冲洗受喷面上的浮尘、岩屑，当岩面遇水容易潮解、泥化时，应采用高压风吹净岩面，以保证喷射混凝土与受喷岩面黏结牢固，保证喷射混凝土能和围岩良好的共同受力。

若为泥、砂质岩面时应挂设钢筋网，用钢架固定，使其密贴受喷面，以提高喷身混凝土的附着力。喷混凝土前，宜先喷一层水泥砂浆，待终凝后再喷射混凝土。

设置控制喷射混凝土厚度的标志，一般采用埋设钢筋头。喷层厚度是评价喷混凝土支护工程质量的主要项目之一。施工中往往发生因喷层过薄而引起混凝土开裂、离鼓和剥落现象，因此在施工中必须严格控制喷层厚度。

检查机具设备和风、水、电等管线路，并试运转；检查空压机工作风压和耗风量是否满足要求；压风进入喷射机前必须进行油水分离；检查输料管是否完好；检查作业区内是否具有良好通风和照明条件。检查速凝剂的泵送及计量装置性能是否完好，对有涌水、渗水或潮湿的岩面，喷射前应按不同情况进行处理：当洞壁渗水较大影响喷混凝土施工时，可在岩壁渗水部位铺设橡塑排水板遮挡，然后再进行喷混凝土施工。

大面积潮湿的岩面采用黏结性强的混凝土，有渗水和大面积潮湿的岩面与喷混凝土不易黏结，为了增加黏结性，初喷在岩面上的混凝土可适当增加水泥用量；也可在混凝土中掺入高效减水剂或添加各种增黏剂。

喷混凝土作业前，应认真清除作业面拱脚或墙脚的虚渣和回弹物料，以防止拱墙脚因喷混凝土强度不足出现失稳现象。湿喷混凝土工艺流程见图5-24。

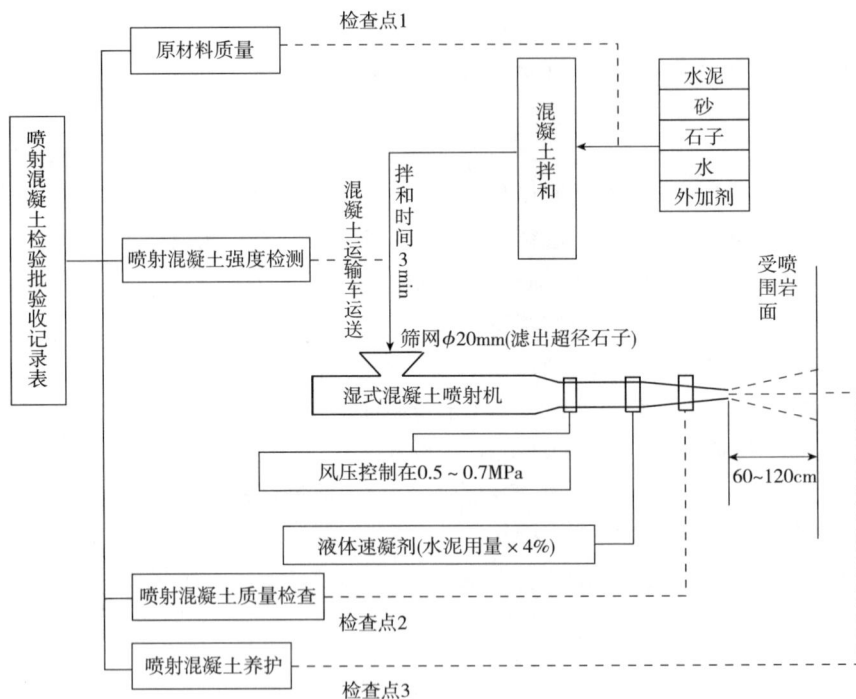

图 5-24 湿喷混凝土工艺流程图

2）喷射混凝土

所有喷射混凝土均在集中拌和站统一搅拌。

运输：采用两辆8m³的轮式混凝土运输车运输入喷射机，人工进行放料管理。

喷射机安装调试好后，在料斗上安装振动筛（筛孔20mm），以免超粒径集料进入喷射机。喷射时，送风之前先打开计量泵（注意：此时喷嘴应朝下，以免速凝剂流入输送管内），以免高压混凝土拌和物堵塞速凝剂喷射孔。

喷射手应保持喷头具有良好的工作状态，以喷射混凝土回弹量小、表面湿润有光泽、易黏着为好，喷头与受喷面的距离以 0.6~1.2m 较为适宜。

喷射作业应分段分片依次进行,喷射顺序均应先墙后拱,自下而上,如岩面凹凸不平时,应先喷凹处找平,然后向上喷射。喷射路线呈小螺旋形绕圈运动,绕圈直径 30cm 左右为宜。后一圈压前一圈的 1/3~1/2,喷射路线呈"S"形运动,每次"S"形运动长度为 3~4m,喷射纵向第二行时,要依顺序从第一行的起点处开始,行与行间须搭接 2~3cm,料束旋转速度,原则上要均匀,不宜太慢或太快,喷射喷头活动顺序如图 5-25 所示。

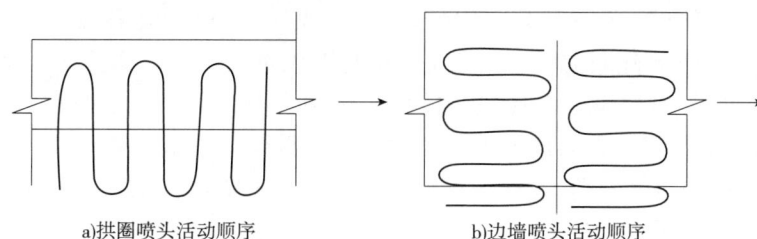

a)拱圈喷头活动顺序　　　　　　　b)边墙喷头活动顺序

图 5-25　喷射顺序图

喷头与受喷面的角度,一般应垂直于受喷面,但在喷边墙时,宜将喷头略向下俯 10° 左右,使混凝土束喷射在较厚的混凝土顶端,可避免料束中的粗集料直接与受喷面撞击,减少回弹量。

一次喷射厚度,应根据设计厚度和喷射部位确定,厚度太薄会增大回弹率,厚度太大会使混凝土颗粒间的凝聚力减弱,同时会引起大片坍落或喷混凝土与岩面脱离,形成空隙。喷射作业应以适当厚度分层进行,后一层喷混凝土应在前一层喷混凝土终凝后进行,若终凝后间隔 1h 以上且初喷表面已蒙上粉尘,再进行喷射时,应先用高压风、水清洗喷层表面。岩面有较大凹洼时,应结合初喷予以找平。初喷混凝土在开挖后及时进行,复喷应根据掌子面的地质情况和一次爆破药量分层、分时段进行喷射作业,以确保喷射混凝土的支护能力和喷层的设计厚度。

喷射混凝土的回弹率:喷射混凝土施工中的回弹率,同喷射混凝土材料和水灰比,混合物喷射速度,喷头至受喷面的距离与角度及喷射手技术熟练程度等因素有关,而回弹率的高低对喷射混凝土质量、材料消耗、施工效率等都有重大影响,喷混凝土的回弹率边墙不应大于 30%,拱部不应大于 40%。喷射速度(即喷头出口处的工作风压)是影响喷射混凝土质量和回弹的重要因素之一。当风压过小,即喷射速度太小时,由于喷射冲击力太小,粗集料不容易嵌入新鲜混凝土中,则回弹率增大,也影响喷射强度;当风压过大,即喷射冲击力太大时,回弹率也高,也会使粉尘浓度增大。风、水压力的要求,要根据喷射机械性能要求确定,但总的要求水压较风压高 0.05~0.1MPa,喷射机的工作气压应控制在 0.1~0.15MPa。喷头方向及喷头与受喷面的距离都影响着回弹率,在施工中要保持合理的方向和距离。回弹物不得重新用作喷射混凝土材料。湿喷混凝土施工,采用自动计量拌和站能够控制混凝土的配合比,提高混凝土的品质。

喷射混凝土作业需要紧跟开挖面时,下次爆破距喷射混凝土作业完成时间的间隔,不得小于 4h。

冬季施工时,喷射作业区的气温不应低于 5℃。在结冰的层面上不得喷射混凝土。混凝土强度未达到 6MPa 前,不得受冻。混合料应提前运进洞内。

3)养护

为使水泥充分水化,减少和防止收缩裂缝,在喷射混凝土终凝后 2h 即开始洒水养护。养护时间和洒水次数,取决于水泥品种和空气湿度,在任何情况下,养护时间不小于 7d。

5.13.3　施工注意事项

1)喷射顺序

喷射混凝土应从下部边墙开始,有规律地向拱顶进行左右横向扫喷喷射,在由边墙到拱顶的喷射过程中可以稍微增加一些速凝剂,以使混凝土加快凝结速度。尽量采用多层薄层喷射,而不是一次性全厚度喷射。

2)硬岩和软弱岩石面混凝土喷射

硬岩基底黏结能力不如软弱围岩,在喷射硬岩部位时底层厚度一定要薄,大面积硬岩部位先用喷射混凝土扫底,然后逐渐增加喷层厚度;软弱岩石部位喷射时,底层喷射可适当增加初喷厚度。

3)回弹量的控制

影响喷射混凝土回弹量的因素主要有以下几个方面:供风量、喷嘴对喷射岩面的角度、速凝剂的掺量、喷嘴至喷射岩面的距离、喷射部位等。

(1)风量的调整:风量调整可直接控制喷射混凝土流速,喷锚机械手在正常使用时气压表指针在4.5～5bar,为了达到比较平整的喷射面,并尽量减少回弹,在正常风压下,根据喷射混凝土坍落度的变化、混凝土喷射距离的远近和围岩的类型要随时调整风量旋扭,改变供风量大小。坍落度大时风量减小,反之则加大风量;喷射距离远时加大风量,反之减小风量;喷射硬岩时减小风量,反之加大风量。

(2)喷射角度的调整:喷嘴对喷射岩面的喷射角度是影响混凝土的最重要因素,应经常保持喷嘴与喷射岩面呈90°,在喷射裂隙、挂网钢筋和超、欠挖等不规则岩面部位时要随时调整喷射角度,以保证喷射混凝土更加密实地填充到岩面的隐蔽部位。

(3)喷射距离的调整:正常的混凝土喷射距离为0.6～1.2m。如果距离太小,将无法形成层状,因为喷射混凝土一触击到岩面就被后续的强大冲击力吹走;如果距离太大,则因冲击力不足而无法满足喷射混凝土的黏结和密实要求。二者都会造成回弹量的急剧上升,致使能够喷附至岩面的混凝土很少。相反,如果根据喷嘴处混凝土的流速来调节喷嘴距岩面的合理距离,则回弹量可控制到最小范围,所以如何准确地掌握喷嘴距离是非常重要的。另外,在混凝土坍落度变化的情况下,喷射距离也需要进行调整,坍落度较小时,喷射距离取小值;坍落度较大时喷射距离取大值。同时,在粗喷或毛喷时喷射距离也要尽可能小,面层找平时喷射距离尽可能大。

(4)外加剂的调整:为了使喷射至岩面的混凝土在短时间内达到锚固、密实的效果,在喷射混凝土时掺入速凝剂,速凝剂的掺入量显示在速凝剂指示表上。在调整外加剂时:第一,根据喷射的不同部位即时调整速凝剂掺入量;第二,根据喷射混凝土回弹量调整速凝剂掺量,回弹量小则速凝剂掺量调小,回弹量大时,速凝剂掺量调大。

喷射混凝土的厚度应符合下列要求:

①喷射混凝土平均厚度不得小于设计厚度。

②喷射混凝土厚度检查点数的90%及以上大于设计厚度。

③喷射混凝土最小厚度不小于设计厚度的50%,且不得小于5cm。

喷射混凝土支护实测项目见表5-14。

喷射混凝土支护实测项目

表5-14

项次	检查项目	规定值或允许偏差	检查方法和频率
1△	喷射混凝土强度(MPa)	在合格标准内	按《公路工程质量检验评定标准　第一册　土建工程》(JTG F80/1—2004)附录E检查
2△	喷层厚度(mm)	平均厚度≥设计厚度;检查点的90%≥设计厚度;最小厚度≥0.5设计厚度,且≥50mm	凿空法或雷达检测仪:每10m检查一个断面,每个断面从拱顶中线起每3m检查1点
3△	空洞检测	无空洞,无杂物	凿空法或雷达检测仪:每10m检查一个断面,每个断面从拱顶中线起每3m检查1点

注:表中标"△"者为关键项目。

5.14　机电预留预埋施工

5.14.1　设计预留预埋

1)监控(含电光标志)预留预埋

(1)通长预埋4根 $\phi51mm \times 3.0mm$ 钢管,设置在路面边缘的检修道顶高度为4.5m处。

（2）弱电电缆沟光缆支架。

（3）监控设备洞室及供电、控制电缆管道。

（4）监控配电箱洞室及供电电缆管道。

（5）电光标志供电电缆管道。

（6）接线槽。

2）通风预留预埋

机械通风采用 SDS-1120 型射流风机。风机三台一组，每组在洞内设置软启动柜一台。

3）照明预留预埋

洞内两侧桥架与照明主电缆之沟、槽的联系。

4）供配电预留预埋

洞口电缆沟与桥架间沟槽及相关接线箱；检修动力插座箱与电缆间沟槽及相关洞室。

5）消防预留预埋

灭火器洞室及上部电光标志槽；消火栓洞室及上部电光标志预留槽；闸阀井洞室。

5.14.2　材料及施工技术要求

（1）预埋钢构件均应采用热镀锌防腐处理，镀锌量为 $600g/m^2$，螺纹螺栓部分为 $350g/m^2$。

（2）钢管采用镀锌焊接管。

（3）钢管不应有折扁或裂缝，钢管内应无铁屑、毛刺及其他杂物。钢管弯曲处不能有凹凸或裂缝，钢管弯曲半径应不小于钢管外径的 10 倍。

（4）钢管的接头均采用套管焊接严格对焊，套管规格应较预留管规格大一级别，长度不少于预埋直径的两倍。钢管截断时严禁气割。

（5）钢管内应穿有 $\phi2.5\sim3mm$ 的铁丝，并在管口外留有不少于 30cm 的出头，钢管口需用软木塞或其他类似的替代物堵住。

（6）弱电电缆沟光缆支架的连接和安装分别采用焊接和膨胀栓固定方式。

（7）设计预留洞室，沟槽均应满足设计文件的尺寸要求。

（8）施工前，必须熟悉设计图，并依据控制桩号进行管道及预留孔位置的复测。

（9）预埋管道铺设完毕后，应做贯通试验，试验合格后，应封闭管口。

（10）预埋钢管，铁板均应与衬砌内结构钢筋焊接，以便安装定位和电气接地要求，光缆支架通过通长扁钢焊接，要求保证电气贯通。

（11）机电预留预埋工程各专业之间或与主体专业发生位置冲突时，可以适当移动位置，所遵循的调整原则为：①由先至后：监控、供配电、照明、消防、通风；②调整的范围：监控、照明和供配电均为前后 5m 范围内；消防为前后 3m 范围内，通风尽量不调。

5.15　防排水施工

5.15.1　防排水措施

隧道防排水设计采取防、排、堵、截相结合的综合治理原则，对地表水、地下水采取妥善的处理，使洞内外形成一个完整的畅通的防排水系统，达到排水通畅、防水可靠、经济合理、不留后患的目的，保证使用期内设备正常使用及行车安全。为防止排水沟管淤塞以及考虑对环境的保护，设计过程中坚持将清洁的地下渗水与路面污水分开排放。隧道防水层铺设方法见图 5-26。

现在从外到内依次简述防水措施：

（1）隧道第一次喷射混凝土施作完成后发现混凝土裂缝漏水处，迅速钻眼并设 $\phi50mm\psi$ 形弹簧排水管，

c)防水层布置(尺寸单位：cm)

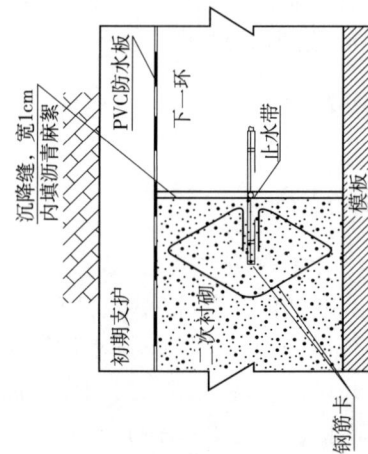

b)防水板铺设示意图

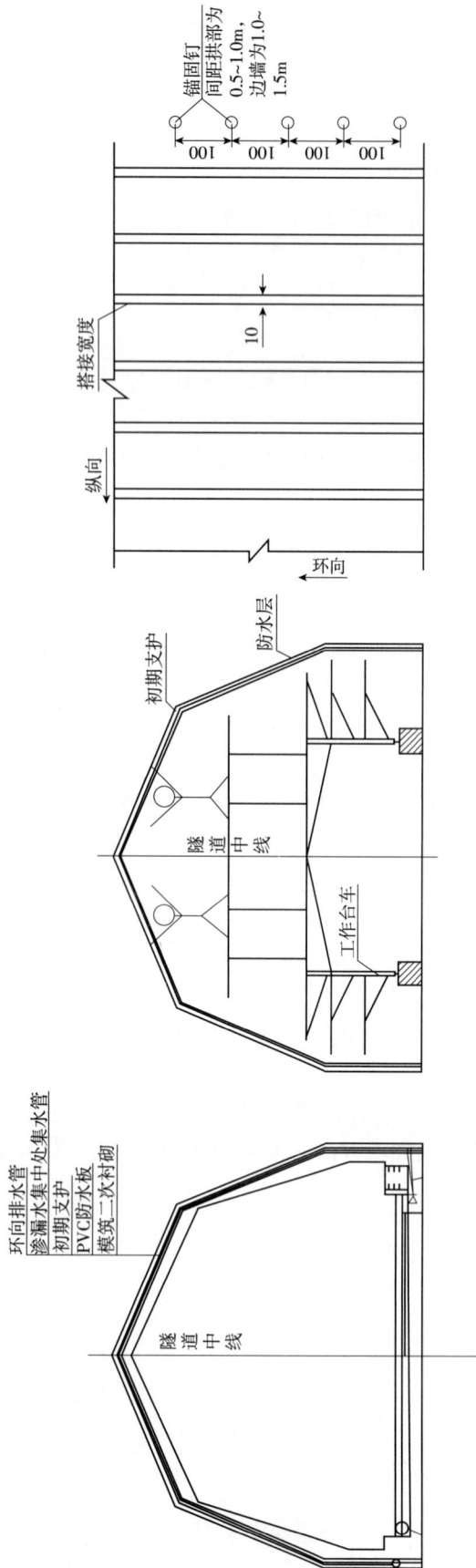

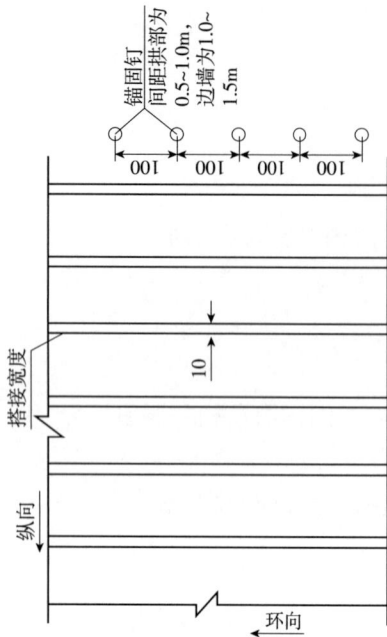

a)隧道防排水断面图

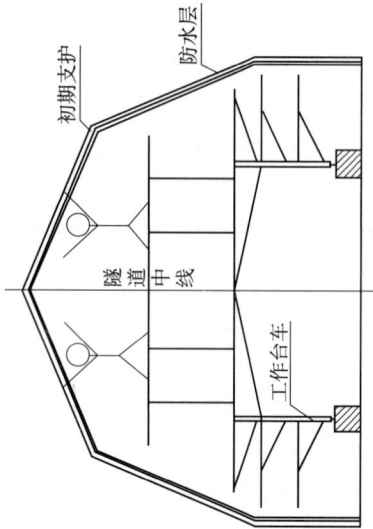

说明：
1.明洞衬砌外沿铺设橡塑防水板，明洞夯填时应小心施工，注意防止橡塑防水板碰损。
2.纵向排水管全隧道埋设，埋设位置为设计高程以下30cm，坡度与隧道纵坡一致。
3.施工缝处设置橡胶止水条，两侧拱脚设一根，贴岩面设置，喷混凝土时避免把环向排水管冲击损伤或冲掉，并尽可能将其覆盖。
4.环向排水管正常每道一道，同距坡设计要求设置，局部水量大时可视情况增加，喷混凝土时避免把环向排水管冲击损伤或冲掉，并尽可能将其覆盖。

e)施工缝防水示意图

d)沉降缝橡胶止水带示意图

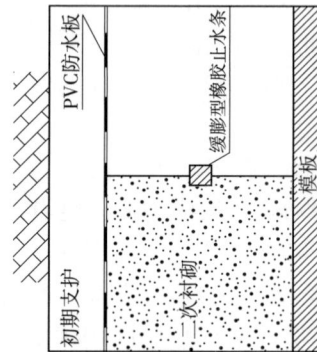

图5-26 隧道防水层铺设方法示意图

排水管设置钢钉初期固定后,立即向其表面喷射 2～3cm 速凝灰浆包裹固定。以下几层喷射混凝土也依此顺序进行。在较长的无渗漏水地段,可每间隔 5～10m 沿墙壁钻眼,按上述方法预设暗埋式半圆排水管。有股水流处,直接用 Ω 形弹簧排水板引排泄至边墙纵向排水管。

(2)铺设土工无纺布,防止砂石土进入 SH-50 半圆软式排水管和 ϕ100mmHDPE 纵向排水管内,从而引起堵管。土工无纺布规格不小于 $300g/m^2$。土工布用 EVA 垫片和钢钉固定在初期支护上,相邻垫片拱部间距为 0.5m,边墙间距为 1m,均呈梅花形布置。

(3)隧道土工布与防水板之间,环向设置 SH-50 半圆软式透水管,全隧道除明洞段不设置外,其余地段均按 10m 的纵向间距设置。每道 SH-50 半圆软式透水管均与边墙内的纵向 ϕ100mmHDPE 排水管采用三通管连接。SH-50 软式透水管安设时,平面侧靠向初期支护,曲面侧靠向防水板。三通管连接如图 5-27 所示。

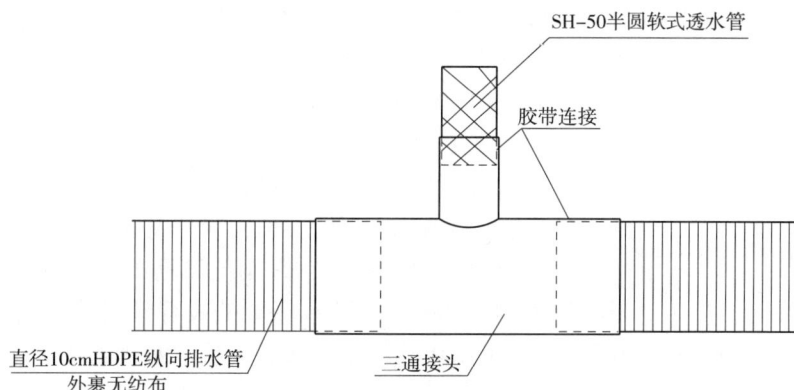

图 5-27 三通管连接图

(4)隧道左右边墙外,初期支护底部,土工布与防水板之间,分别设置一排 ϕ100mmHDPE 双壁打孔波纹纵向排水管,以汇集和引排隧道拱墙渗水。排水管纵坡与隧道设计纵坡一致。为了清除渗入到 ϕ100mmHDPE 排水管内的砂土,双侧均每隔 50m 设置检查井一个,且右检查井与灭火器室对应设置。

(5)隧道洞内边墙底部横向每隔 25m 设置一道 ϕ100mmHDPE 单壁无孔波纹排水支管,一端与边墙内的纵向 ϕ100mmHDPE 排水管采用三通管连接,另一端接入中央排水沟,使墙背水排入中央排水主沟内。

(6)隧道内两侧电缆沟内,靠外侧底部均设置有 10cm×10cm 纵向集水凹槽,以便排出电缆沟内集水,且方便维护。

(7)隧道内路面两侧设置有排水路缘沟,以引排路面污水。隧道底中部基线以下 1.25m 设置有 ϕ400mm 中央排水主沟,引排隧道墙背所有水流,是隧道内主排水沟,且每隔 50m 设置中央排水沟检查井。

(8)隧道内路面设置纵横向排水 MF20 盲沟,纵向排水盲沟双侧设置,横向排水盲沟每 10m 一道,并与路基纵向排水盲沟连接,结合路缘沟每隔 25m 设置沉沙井。一般要求盲沟均采用无纺布包裹,盲沟实测项目见表 5-15。

盲沟实测项目   表 5-15

项次	检查项目	规定值或应许偏差	检查方法和频率
1	沟底高程(mm)	±15	水准仪:每 10～20m 测 1 处
2	断面尺寸(mm)	不小于设计	尺量:每 20m 测 1 处

(9)可能发生涌水的地段,施工时备用一套大功率高压水泵,功率 105kW,备用 ϕ250mm 抽水钢管 200m,接头采用法兰盘连接。当有涌水现象发生时,可启动该套备用排水设备,确保施工顺利进行。

(10)隧道施工缝设置带注浆管膨胀止水条和背贴式止水带,带注浆管膨胀止水条设置于整个环向和纵向施工缝,背贴式止水带只设置于环向施工缝的拱墙范围。

(11)隧道沉降缝设置中埋式橡胶止水带和背贴式橡胶止水带,中埋式橡胶止水带设置于整环沉降缝,背贴式止水带只设置于拱墙范围。沉降缝间填充浸沥青木丝板,外缘用聚硫双组分密封膏填充堵封。

5.15.2　施工工艺

1)ψ形弹簧排水管安装(图5-28)

根据初期支护喷射混凝土深度及地下水的大小和围岩变形收敛情况,喷射混凝土可分为二至四层,每层厚度不小于5cm,开挖后由于围岩裂隙水的全面流出,立即喷第一层混凝土(厚度5~6cm)封闭,随着围岩变形,第一层混凝土产生裂缝漏水,凡漏水处均钻眼并设置ψ形弹簧排水管,排水管采用A3细格铁丝网结合A12长2cm膨胀螺钉初期固定后,立即向其表面喷射2~3cm速凝灰浆包裹固定。第二层也依此顺序进行。在较长的无渗漏地段,每间隔5~10m沿墙壁钻眼,按上述方法预设暗埋式半圆排水管。喷射速凝灰浆配比组成如下:

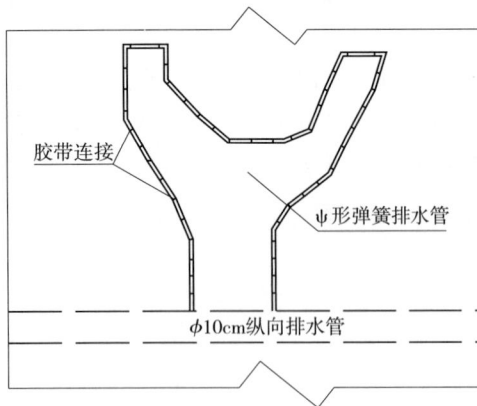

图5-28　ϕ50mmψ形弹簧排水管安装

(1)0.3mm或0.4mm质量良好并烘干的集料。

(2)17%~20%的铝酸盐水泥或一般硅酸盐水泥。

(3)约3%的锂—碳酸盐速凝添加剂或约10%其他速凝剂。

以上配比需要根据试验后配制,速凝灰浆初凝时间要求在10s以内,喷射压力宜采用低值且试验后喷射。

当洞壁渗水对喷混凝土施工有较大影响时,可在岩壁渗水部位铺设橡塑排水板遮挡,然后再进行喷混凝土施工。铺设排水板时,其纵向净距应不小于2.0m,以免过多影响喷混凝土与围岩的黏着面积,减少其支护力。

2)土工无纺布的铺设

在拱顶正确标出隧道纵向的中心线,再使缓冲层的横向中心线与拱顶的标志重合,从拱顶开始向两侧下垂铺设。缓冲层应平整顺直地铺设在基层上,搭接宽度5cm,用带防水板垫片的射钉将缓冲层固定在基层上,每幅防水板布置适当排数垫片,每排垫片距防水板边缘40cm左右,垫片间距:边墙1m×1m,顶部0.5m×0.5m,呈梅花形布置。垫片固定见图5-29。

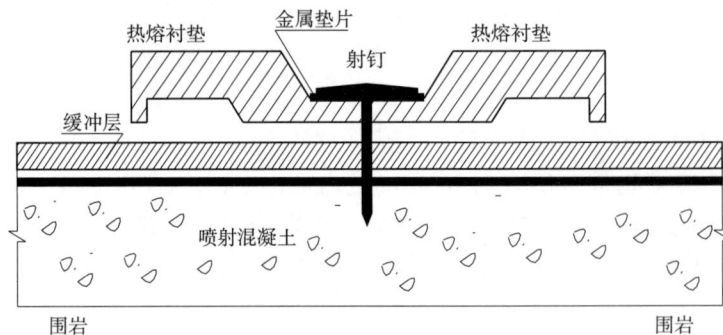

图5-29　暗钉圈固定缓冲层示意图

3)SH-50软式排水管的安装

SH-50软式透水管安设时,平面侧靠向初期支护,曲面侧靠向防水板。外裹无纺布,安在第一层喷射混凝土上。SH-50软式排水管与纵向排水管采用三通接头管连接,各接头处均采用胶带连接。

4)纵横向ϕ100mmHDPE排水管的安设

墙背纵向排水管必须严格按设计高程H_s-0.5m埋置到位,不能呈波浪状,以防止引起积水和排水不畅;纵向排水管置于土工布与防水板间底部,两侧对称安装。为了便于安装定位,边墙纵向排水管下每隔10m设一处混凝土垫块。

横向排水管也应严格按设计的管口高程H_s-0.5m和设计坡度埋置,避免积水倒流;采用钢筋支撑,预埋于仰拱填充。所有ϕ100mmHDPE排水管均用土工无纺布包裹。

5）防水板铺设

采用分体式防水结构,防水板厚度 1.2mm,防水板应超前二次衬砌施工 12m,同时与开挖掌子面应保持一定的安全距离。防水板铺设之前要对喷混凝土基层的不平整、尖锐物体进行处理,确保基层的平整度。用 2m 靠尺检查,表面平整度的允许偏差为:侧壁 5cm、拱部 7cm 以内。同时进行锚头、钉头、钢筋头、钢支护凸出物削除至与基面相平,并用砂浆抹盖。两幅防水板的搭接宽度不小于 100mm,焊接接缝处必须擦洗干净,防水板之间的拼接采用双焊缝焊接工艺,单条焊缝的有效焊接宽度为 10mm,焊接严密,不得焊焦、焊穿、假焊;三层以上塑料防水板的搭接形式必须是 T 形接头。在焊缝搭接的部位焊缝必须错开,不允许有三层以上的接缝重叠(图 5-30)。焊缝搭接处必须用刀刮成缓角后拼接,使其不出现错台。

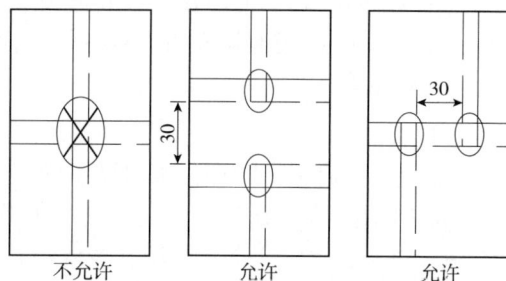

图 5-30 防水板搭接示意图(尺寸单位:cm)

防水板沿隧道纵向一次铺挂长度要比本次灌注混凝土长度多 1m 左右,一方面便于与下一循环的防排水板搭接,另一方面可使防排水板接缝与混凝土接缝错开 1m 左右,有利于防止混凝土施工缝渗漏水。对预留部分边缘部位进行有效的保护。绑扎或焊接钢筋时,采取措施避免对卷材造成破坏。混凝土振捣时,振捣棒避免接触防水层,以防振动棒破坏防水层。环向铺挂时先拱后墙,下部防水板应压住上部防水板。低侧防水板应压住高侧防水板,固定防水板时不得紧绷,并保证板面与喷射混凝土表面能密贴。用手托起防水板,看其是否与喷射混凝土密贴。在拱顶 1m 范围内塑料防水板不得下凹或呈水平状。焊接机具主要用爬焊机。

分体式防水板在铺设过程中,不能有任何孔眼穿透防水板,以确保防水板的完整性和防水性。

防水板采用无钉热熔铺设法。用"热熔"方法将防水板粘贴在泡沫塑料垫衬的圆垫片上,从而使防水板无机械损伤。

土工布铺设后,即可铺设防水板,其方法是:施工前进行精确放样,弹出标准线进行试铺,尽量减少接头。标出土工布拱顶中线,防水板中线与拱顶中线一致,从拱顶向两拱脚、边墙对称铺设;把防水板热合固定于塑料垫片上,焊接牢固,整个防水板无一穿孔。

防水板搭接边宜采用具有双焊缝、调温、调速热楔式功能的自动爬行式热合机热熔焊接,细部处理或修补采用手持焊枪。防水卷材纵向搭接与环向搭接处,除按正常施工外,再覆盖一层同类材料的防水卷材,用热焊焊接。

通过检查每环防水板是否有孔眼及漏缝、虚缝,是否有个别破损点,焊缝补焊,孔眼加设圆形防水板块进行覆盖焊补。

防水板铺设质量检查如下。

(1)目视检查:根据目视,判定防水板表面有无损伤和焊接不良点,发现异常时,应进行修补。

(2)焊缝质量检查:为切实保证质量,每天每台热合焊机焊接均应取一个试样;每灌注段长度中,至少检查一次以上;注明取样位置、焊接操作者及日期。防水层检查实测项目见表 5-16。

防水层实测项目   表 5-16

项次	检查项目		规定值或容许偏差	检查方法和频率
1	搭接宽度(mm)		≥100	尺量:全部搭接均要检查,每个搭接检查 3 处
2	缝宽(mm)	焊接	两侧焊缝宽≥25	尺量:每个搭接检查 5 处
		黏结	黏缝宽≥50	
3	固定点间距(m)		符合设计要求	尺量:检查总数的 10%

(3)压缩空气检查:首先封闭检查接头的两端,把检查针插入检查沟,另一端用工具闭塞,用气泵以与防水板相适应的压力压入空气,保持压力稳定 2min,压力降低 20% 以下为合格。插入检查针的地点应进行修补。

焊缝质量检查也可采用 5 号注射针与压力表相接,用打气筒充气(脚踏式或手动式),充气时检查孔会鼓起来,当压力达到所述的压力时,停止充气。保持该压力时间不少于 2min,说明焊接良好;如压力下降,证明有未焊好之处,用肥皂水涂在焊接缝上,产生气泡的地方为焊接不合格处。重新焊接可用热风焊枪或电烙铁等补焊,直到不漏气为止。

(4)负压检查:检查方法是在检查处涂上能够发泡的检查液,并安装真空半圆盖,用真空泵形成一定的负压,如果不产生气泡就说明没有漏气。检查频率,原则上对所有补修地点进行。

6)变形缝工艺

(1)止水条施工。

台车挡头板制作时在衬砌厚度中间安装一条与止水条等宽、一半深度的硬塑带,使衬砌浇筑混凝土端头形成一凹槽,在下次混凝土施工时止水条嵌入预留槽内一半,外露一半,在混凝土第一次浇筑的模板拆除后,施工缝处应凿毛,检查有没有滞水(潮湿表面没有关系),混凝土面是否干净,然后用掸子或钢丝刷刷除接缝面上的浮渣。清理干净后保持湿润并刷水泥浆2~5mm厚,待其表面干燥后,在需安放膨胀止水条处和止水条的底面均涂刷缓膨剂。止水条延伸使用时,接头处采用重叠的方法进行搭接连接后,再用高强钉加强固定,安装路径沿施工缝形成闭合环路,其间不得留断点,见图5-31。

止水条定位后至浇筑下一道混凝土前,应避免被浸泡,如施工界面出现浸水或淋水。在挂完防水板之后安设,浇筑混凝土振捣时,应避免振捣棒接触及止水条。

(2)中埋式止水带及背贴式止水带施工。

中埋式橡胶止水带设置于全隧沉降缝,背贴式止水带设置于沉降缝和施工缝的环向拱圈范围。

①中埋式止水和背贴式止水带的定位安装。

止水带埋设位置应准确,其中间空心圆环应与变形线重合。

止水带固定在挡头模板上,先安装一端,浇筑混凝土时另一端应用附加钢筋固定,固定时只能在止水带的允许部位上穿孔打洞,不得损坏止水带本体部分;固定止水带时,应防止止水带偏移,以免单侧缩短,影响止水效果。

止水带定位时,应使其在界面部位保持平展,如发现有扭结不展现象应及时进行调正。检查止水带安装的纵向位置,止水带以施工缝或伸缩缝为中心两边对称,用角尺检查止水带与衬砌端头模板是否正交,否则会降低止水带的有效长度(图5-32)。

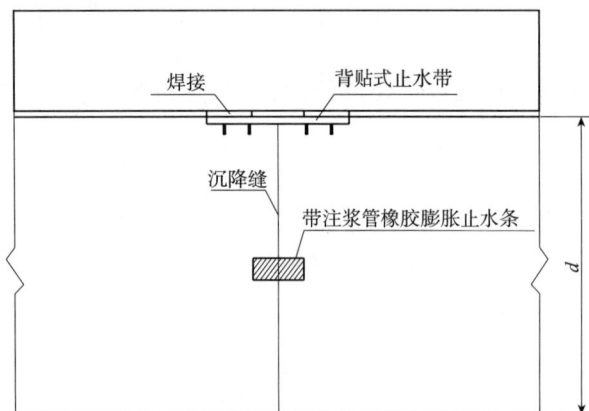

图5-31　施工缝防水示意图

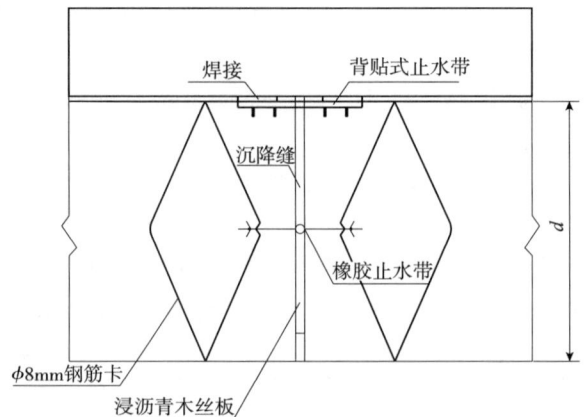

图5-32　沉降缝防水示意图

②止水带的连接。

止水带的长度根据施工要求事先向生产厂家定制(一环长),尽量避免接头。如确需接头,应采取以下方式及要求。

黏结前应做好接头表面的清刷与打毛,接头处选在衬砌结构应力较小的部位,黏结采用热硫化连接的方法,搭接长度不得小于10cm,焊接缝宽不小于5cm。

采用冷接法时应采用专用黏结剂,冷接法搭接长度不得小于20cm。设置止水带接头时,应尽量避开容易形成壁后积水的部位,宜留设在起拱线上下。

衬砌脱模后,若检查发现施工中有走模现象发生,致使止水带过分偏离中心,则应适当凿除或填补部分混凝土,对止水带进行纠偏。

止水带检查实测项目见表5-17。

止水带检查实测项目

表5-17

项次	检查项目	规定值或允许偏差	检查方法和频率
1	纵向偏离(mm)	±50	尺量:每环至少测3处
2	偏离衬砌中心线(mm)	≤30	尺量:每环至少测3处

5.16 二次衬砌施工

5.16.1 施工要点

(1)深埋段二次衬砌施工在围岩和初期支护变形基本稳定后进行;浅埋段岩层等不稳定地段应及早施作二次衬砌。

(2)隧道混凝土衬砌标准断面采用全断面液压钢模衬砌台车,台车长10～12m,采用混凝土运输车运输,混凝土输送泵泵送入模。台车中间门架结构的净空预留足够的高度及宽度,供其他施工机械通行。门架结构、支撑系统及模板的强度和刚度满足各种荷载的承压,模板台车的外轮廓在灌注混凝土后保证隧道净空。模板台车墙部作业窗分层交错布置,层高不大于1.5m,每层设置4个窗口,窗口净空为50cm×50cm,两端设检查孔,并设有相应的混凝土输送管支架或吊架。通风管采取穿越形式,附着式振动器能单独启动。模板台车拱顶预留3个混凝土灌注口,灌注完成后封孔。检查孔在拱顶沿中线每3m预埋 ϕ42mm注浆管,以后注浆用,注浆管口应露出衬砌外,出浆口顶住防水板,使防水板紧贴喷层,注浆采用M20水泥砂浆。

(3)仰拱及仰拱填充施工利用仰拱栈桥,超前二次衬砌施作,视施工方法的不同选择是否留纵向施工缝。

(4)钢筋混凝土衬砌浇筑前做好钢筋绑扎工作,浇筑混凝土时钢筋角隅处要加强振捣。浇筑前按图纸规定预留沟、槽、管洞或预埋构件。混凝土从模板窗口左右对称依次交错灌注,由下向上,对称分层,先墙后拱灌注。

(5)混凝土生产和运输。

①混凝土的生产:混凝土集中拌和,在拌和站内设置2套JSP750强制式混凝土搅拌机和全自动计量系统,为保证混凝土下料准确,拌和站的自动控制和自动计量系统定期检查标定,砂、石质量严格控制。

②混凝土运输:从拌和站用混凝土罐车运输到作业现场,由混凝土输送泵灌注。

(6)本项目隧道衬砌均采用强度等级C25混凝土,二衬混凝土厚度:S3a和S3b断面为45cm,S4a和S4b断面为50cm,S5a和S5b断面均为60cm,S1断面为70cm。

5.16.2 钢筋加工及绑扎

1)衬砌钢筋

本项目隧道衬砌除S3a和S3b断面没有钢筋外,都有衬砌钢筋。

衬砌钢筋中,环向主筋均为 ϕ25mm螺纹钢,纵向间距均为20cm;纵向主筋均为 ϕ12mm钢筋,环向间距均为25cm。所有箍筋均采用 ϕ10mm钢筋。环向主筋位于衬砌钢筋两侧最外层,S1断面环向主筋的净保护层厚度为4cm;S4a和S4b断面环向主筋的净保护层厚度为5.1cm;S5a和S5b及S5p断面环向主筋净保护层厚度为5cm。

2)钢筋加工

(1)加工时钢筋应平直,无局部曲折。如遇有死弯时,应将其切除。

(2)钢筋表面应洁净,无损伤、油漆和锈蚀。钢筋级别、型号和直径必须符合设计要求。

(3)所有加工好的钢筋,一律按规格、型号挂牌,分别存放,并做好防锈工作,设专人负责。

3）钢筋安装

（1）钢筋的安装位置、间距、保护层及各部钢筋大小的尺寸应符合施工图的规定。

（2）钢筋制作及安装严格按验标、施工指南及设计图纸要求，现场人工绑扎、焊接。施工时应防止损坏防水板和注意预埋件的安装。

5.16.3 仰拱及填充施工

仰拱施工工艺流程见图 5-33。

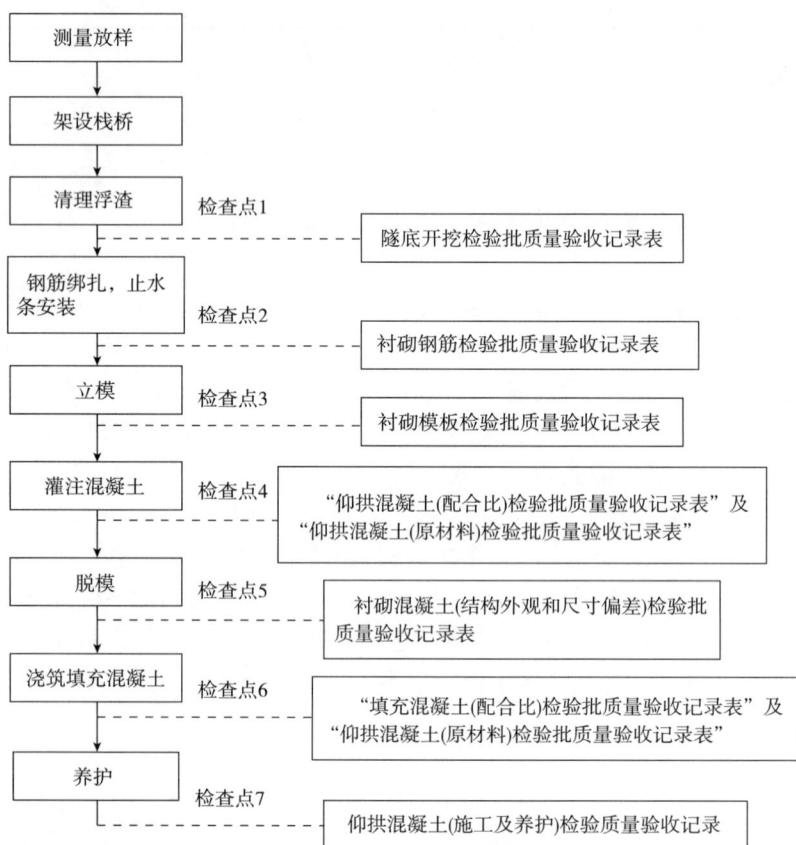

图 5-33 仰拱施工工艺流程

（1）仰拱施工采用移动式栈桥跳槽施工，仰拱与边墙衔接处要用振动棒捣固密实。

为改善洞内作业环境，保护好隧道基底，仰拱及铺底超前二次衬砌施工，一次成型。仰拱施工采用自行式移动栈桥，分段开挖，整体浇筑混凝土。

（2）仰拱成型采用浮放模板支架（配大块钢模），仰拱超前拱墙二次衬砌，其超前距离保持 3 倍以上衬砌循环作业长度，清理完毕经检查符合设计要求后施作结构防水，再绑扎钢筋或安设钢架，立模、安装膨胀止水条，最后整体灌注仰拱混凝土。

施工前将隧底虚渣、杂物、泥浆等清除干净，并用高压风将隧底吹洗干净，超挖采用同级混凝土回填。填充混凝土在仰拱混凝土终凝后浇筑，不得同时浇筑。仰拱开挖后及时施作仰拱混凝土，防止基岩软化。

（3）仰拱混凝土强度达到设计强度的 100% 后方允许车辆通行，仰拱栈桥配置数量根据开挖支护进度及仰拱混凝土强度增长情况确定。

5.16.4 二次衬砌混凝土施工

1）二次衬砌混凝土施工工艺

二次衬砌混凝土施工工艺流程见图 5-34。

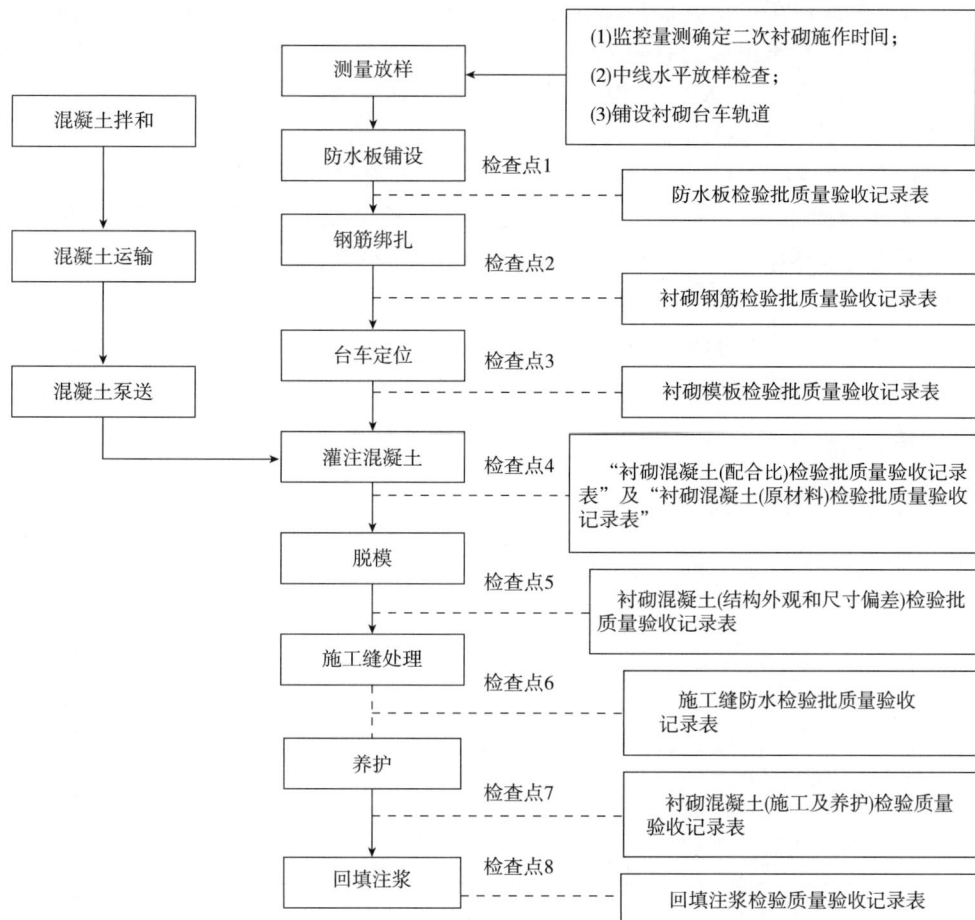

图 5-34 二次衬砌施工工艺流程

2) 台车就位

（1）准备工作。

施工前对施工缝界面进行处理，浮浆清理干净。保证台车走行轨道中线和隧道中线重合误差在台车设计调整范围内。施工前准确测量使衬砌台车定位，保证衬砌台车中线与隧道中线一致，高程达到要求。测量复核无误，拱墙模板固定，当台车就位后，用螺杆将台车和模板锁定；然后清理基底杂物、积水和浮渣，装设挡头模板。堵头板分层设排水孔排出泌浆水。在堵头板上沿竖向每 20 ~ 30cm 设可以封闭的孔（ϕ10 ~ 14mm 的螺钉孔即可），浇筑时根据混凝土的层面，依序打开孔排水，排完水及时封孔。按设计要求装设止水带和止水条，灌注混凝土自下而上，先墙后拱，对称交错浇筑。

（2）浇筑。

①混凝土泵送软管从模板台车的进料窗口（从最低一级窗口逐渐上移）处注入混凝土。

②混凝土应对称、分层浇筑，分层捣固。为保证混凝土的密实性，采用高频振捣器振捣 + 附着式震动器振捣。

③采用模板台车浇筑钢筋混凝土二次衬砌地段，先绑扎钢筋，然后台车就位，钢筋与模板间的距离（混凝土保护层）、钢筋与防水板间的距离（防止损伤防水板）应进行调整，通过作业窗用支撑、垫块将钢筋固定在其间，边灌注混凝土边拆除支撑。

④混凝土运到现场后应作坍落度检查，泵送混凝土的坍落度一般以 15 ~ 18cm 为宜。掺加高效减水剂的混凝土随运输时间的延长，坍落度的损失较大，加上隧道施工不可见因素较多，往往造成泵送困难或堵管的现象发生。成品混凝土到场后，应检测坍落度，若与要求不符，应调整配合比或增加缓凝剂（由试验决定）。

⑤拱部泵送压力不能过大，以防导致模板台车变形，所以拱顶往往会形成月牙状空腔（特别是线路高程

较高的一端)。采用在模板台车拱顶处设预留注浆孔措施能达到在二次衬砌背后注浆的目的。当混凝土浇筑面接近顶部(以高于模板台车顶部为界限),进入封顶阶段,为了保证空气能够顺利排除,在堵头的最上端预留两个圆孔,安装排气管,其直径大小以 50mm 为宜。排气管采用轻质胶管或塑料管,以免沉入混凝土之中。将排气管一端伸入仓内,且尽量靠前,以免被泵管中流出来的混凝土压住堵死,另一端即露出端不宜过长,以便于观察。随着浇筑继续进行,当发现有水(实为混凝土表层的离析水、稀浆)自排气管中流出时,即说明仓内已完全充满了混凝土,立即停止浇筑混凝土,撤出排气管和泵送软管,并将挡板的圆孔堵死。

⑥封顶混凝土按规范严格操作,从内向端模方向灌注,排除空气,保证拱顶灌注厚度和密实。

3)脱模养护

(1)在二次衬砌混凝土强度达到 2.5MPa 以上时,方可脱模。

(2)混凝土灌注完毕 12h 后,如湿度不够,脱模后喷雾洒水养护,养护时间不得少于 14d。

5.16.5　生产要素配备

机械设备配置详见表 5-18,劳动力组织详见表 5-19。

机械设备配置　　　　　　　　　　　　　　　表 5-18

序号	名称	规格型号	单位	数量
1	混凝土输送泵	60m³/h	台	2
2	混凝土运输车	7m³	台	3
3	自动计量拌和站	90m³/h	台	2
4	液压衬砌台车	9m	台	1
5	防水板、钢筋台架	6m	台	1
6	电焊机	—	台	3
7	装载机	L50	台	1
8	仰拱栈桥	—	台	1
9	钢筋弯曲机	—	台	1
10	钢筋切断机	—	台	1

劳动力组织　　　　　　　　　　　　　　　表 5-19

序号	工种	人数(人)	职责
1	上料	1	负责装载机上料
2	拌和驾驶员	4	负责搅拌站拌和
3	混凝土罐车驾驶员	3	负责混凝土运输
4	输送泵驾驶员	2	负责输送泵使用
5	模板工	5	负责模板安装
6	钢筋工	5	负责钢筋加工及安装
7	混凝土工	10	负责混凝土施工
合计		30	

5.16.6　质量标准

(1)隧道竣工后的衬砌轮廓线严禁侵入设计轮廓线。

(2)衬砌混凝土的强度、耐久性、耐腐蚀性、抗渗性及抗冻性必须符合设计要求。

(3)衬砌混凝土使用的粗、细集料,当更换产地或同一产地连续使用 2 年以上时,应做选料源检验,其检验内容应包括颗粒级配、坚固性、有害物质含量和碱活性。

(4)衬砌混凝土必须采用强制式搅拌机搅拌,高频机械振捣,搅拌时间不应小于 60s,振捣时间宜为 10 ~

30s,避免漏振、欠振、超振。掺外加剂时,应根据外加剂的技术要求确定搅拌时间。

(5)混凝土应采用运输搅拌车运送,其运输能力应与搅拌设备的搅拌能力配合适宜。应确保运输设备不漏浆和不吸水,装料前要清除容器内粘着的残渣,装料要适当。运输设备使用前须湿润。

(6)隧底混凝土施工前应清除基底虚渣、淤泥、积水和杂物。

(7)混凝土运输、浇筑及间歇的全部用时不应超过混凝土的初凝时间。底层混凝土初凝后浇筑上一层混凝土时,应按施工缝处理。

(8)初期支护与二次衬砌应密贴,空隙应通过预留孔回填注浆。

(9)衬砌钢筋绑扎,主筋间距允许偏差为 ±10mm,两层钢筋间距允许偏差为 ±5mm,箍筋间距允许偏差为 ±20mm。

仰拱实测项目见表5-20,混凝土衬砌实测项目见表5-21,衬砌钢筋实测项目见表5-22。

仰 拱 实 测 项 目　　　　　　　　　　　　　　　　　　　　　表 5-20

项次	检查项目	规定值或容许偏差	检查方法和频率
1△	混凝土强度(MPa)	在合格标准内	按《公路工程质量检验评定标准　第一册　土建工程》(JTG F80/1—2004)附录 D 检查
2△	仰拱厚度(mm)	不小于设计	水准仪:每10m检查一个断面,每个断面检查5点
3	钢筋保护层厚度(mm)	≥50	凿孔检查:每10m检查一个断面,每个断面检查3点

注:表中标"△"者为关键项目。

混凝土衬砌实测项目　　　　　　　　　　　　　　　　　　表 5-21

项次	检查项目	规定值或容许偏差	检查方法和频率
1△	混凝土强度(MPa)	在合格标准内	按《公路工程质量检验评定标准　第一册　土建工程》(JTG F80/1—2004)附录 D 检查
2△	衬砌厚度(mm)	不小于设计值	激光断面仪或地质雷达:每40m检查一个断面
3	墙面平整度(mm)	15	2m 直尺:每40m 每侧检查5处

注:表中标"△"者为关键项目。

衬砌钢筋实测项目　　　　　　　　　　　　　　　　　　　表 5-22

项次	检查项目			规定值或容许偏差	检查方法和频率
1△	主筋间距(mm)			±10	尺量:每20m检查5点
2△	两层钢筋间距(mm)			±5	尺量:每20m检查5点
3	箍筋间距(mm)			±20	尺量:每20m检查5处
4	绑扎搭接长度	受拉	HPB 级钢筋	30d	尺量:每20m检查3个接头
			HRB 级钢筋	35d	
		受压	HPB 级钢筋	20d	
			HRB 级钢筋	25d	
5	钢筋加工	钢筋长度(mm)		−10,+5	尺量:每20m 检查2根

注:①表中标"△"者为关键项目。

②d 为钢筋直径。

5.17　人行、车行横洞施工

5.17.1　设计要点

(1)设计人行、车行横洞,以方便左右隧道洞内的联系和发生事故时的救援和逃生。

(2)人行横洞初期支护锚杆间距 1.2m×1.2m,长 2m,单层 φ6mm 钢筋网,二次衬砌素混凝土 25cm。

(3)车行横洞初期支护锚杆间距 1.2m×1.2m,长 3m,单层 φ8mm 钢筋网喷射混凝土 12cm 和 10cm,二次衬砌素混凝土 30cm。

(4)横洞口二次衬砌均采用钢筋混凝土结构。

(5)防排水同主洞。

5.17.2　施工工艺

横洞施工采用全断面开挖;采用正台阶法施工,凿岩机钻眼,塑料导爆管非电起爆系统,毫秒微差有序起爆。控制超欠挖,减小横洞口的震动干扰。

施工原则及时机为:先开挖支护主洞,在横洞口采用钢门架支撑,在形成作业空间且不对主洞产生干扰后先期施工通道口混凝土洞门墙,在混凝土洞门墙达到设计强度后方可进行横通道洞身开挖。

5.17.3　施工注意事项

(1)横洞口二次衬砌采用钢筋混凝土结构,注意设置变形缝。

(2)在横洞路面两侧设置的塑料盲沟直接与主洞中心水沟连通。

(3)行人横洞路面应与主洞检修道顶面平齐,行车横洞路面与主洞路面平齐。

(4)在主洞初期支护钢拱架与横洞加强钢拱架连接处应设置 1~2 根锁脚锚杆,锁脚锚杆沿横洞轴线上倾 30°角施作。

5.18　监控量测施工

5.18.1　监控量测、地质预报的目的

由于岩土工程的复杂性和特殊性,在隧道施工过程中一般需要根据施工过程中洞内外地质调查、洞内观察、现场监控量测及岩土物理力学试验等施工反馈信息,进一步确定围岩的物理力学参数,以最终确定和修改隧道施工方法和支护方式,特别在隧道进出口段、断层附近必须进行超前预报,预测开挖工作面前方几米至几十米的围岩工程地质和水文地质条件,结合掘进中地质条件的变化,及时提出预报,以便有准备地做好各种预防和施工措施。为掌握围岩和支护的动态信息并及时反馈和指导施工作业,通过对围岩和支护的变位、应力测量、修改支护系统设计,确保洞室周边岩体的稳定以及支护结构的安全。

5.18.2　内容和方法

量测项目及内容见表 5-23。

在浅埋情况下必须进行地表变形观测,每端洞口至少设置一个观测断面。

1)超前地质预报的主要内容

(1)预报可能出现塌方、滑动的部位、形式、规模及发展趋势,及时提出处理措施及预案。

(2)预报可能出现的突然涌水地点、涌水量大小以及对施工的影响。

(3)预报软岩内鼓、片帮掉块地段及对施工的影响程度。

(4)位移量测中发现围岩变形速率加快时,应预报对围岩稳定性的影响程度。

(5)浅埋隧道地面出现的下沉或裂缝时,预报对隧道稳定和施工的影响程度。

2)围岩量测要求

(1)初期支护施作 2h 后即埋设测点,进行第一次量测数据采集。

(2)测试前检查仪表是否完好,如发现故障应及时修理或更换;确认测点是否松动或人为损坏,只有测点状态良好时方可进行测试工作。

(3)每次测试都要认真做好原始数据记录,并记录掘进里程、支护施工情况以及环境温度等,保持原始记录的准确性。量测数据应在现场进行粗略计算,若发现变位较大时,及时通知现场施工负责人及监理工程师,以便采取相应的处理措施。

量测项目及内容 表 5-23

项目名称	对应围岩	方法及工具	布置断面数	超前地质预报、量测间距时间			
必测项目 地表下沉观测	洞口段Ⅳ、Ⅴ级围岩	水平仪、钢钢尺	洞口段、浅埋段($h_0 \leq 2b$)	距开挖面<2b,1~2次/1d; 距开挖面<5b,1次/(2~3)d; 距开挖面后>5b,1次/(3~7)d			
地质和支护情况观察	Ⅲ、Ⅳ、Ⅴ级围岩	岩性、结构面产状及支护裂缝观察或描述,地质罗盘及卷尺等	开挖后及初期支护后进行	每次爆破后			
水平收敛及拱顶下沉	Ⅲ、Ⅳ、Ⅴ级围岩	各种类型收敛计,水平仪、水准尺	Ⅲ级40~60m一个断面,每个断面5个点;Ⅳ级20~40m一个断面,每个断面4个点;Ⅴ级15~20m一个断面,每个断面7个点	爆破后24h内进行			
				0~18m	18~36m	36~90m	>90m
				(1~2)次/d	1次/d	(1~2)次/周	(1~3)次/周
超前地质预报	Ⅳ、Ⅴ级围岩	地质雷达或其他方法	Ⅳ、Ⅴ级围岩及估计前方有断层破碎带或不良地质处	在需要地段约20m一次			
仰拱隆起测量	Ⅳ、Ⅴ级围岩	水平仪、水准尺	Ⅳ级围岩20~40m一个断面;Ⅴ级围岩15~20m一个断面	仰拱开挖后12h内进行			
				1~15d	16d~1个月	1~3个月	>3个月
				(1~2)d/次	1次/2d	(1~2)次/周	(1~3)次/月
选测项目 围岩内部位移测量	Ⅲ、Ⅳ、Ⅴ级围岩	洞内安装多点杆位移计	每一类围岩选一断面,每断面3~11个点	爆破后24h内进行			
				0~18m	18~36m	36~90m	>90m
				(1~2)次/d	1次/d	1次/2d	1次/周
锚杆内力量测	Ⅲ、Ⅳ、Ⅴ级围岩	各类电测锚杆、锚杆测力计及拉拔器	每一类围岩选一组,每组3~5根	锚杆施作后			
				0~18m	18~36m	36~90m	>90m
				(1~2)次/d	1次/d	1次/2d	1次/周
钢支撑内力量测	Ⅳ、Ⅴ级围岩	应力片及支柱压力计	每20~30m钢支撑选一组,每段钢支撑均量测	钢支撑施作后			
				0~18m	0~18m	0~18m	0~18m
				(1~2)次/d	(1~2)次/d	(1~2)次/d	(1~2)次/d
喷射混凝土应力量测	Ⅲ、Ⅳ级围岩	表面应力解除法	每一类围岩选一组,每组3~5个测点	二次施作前进行			
支护、衬砌内应力量测	Ⅲ、Ⅳ、Ⅴ级围岩	各类型压力盒	每一类围岩选一组,每组2~5个断面,每断面7~11个点	二次施作后进行			
				1~15d	16d~1个月	1~3个月	>3个月
				1次/d	1次/2d	(1~2)次/周	(1~3)次/月

注:b 为隧道开挖宽度,h_0 为隧道埋深。

3)施工监测

(1)隧道周边位移量测:采用隧道收敛计监测。初次读数必须在测点安装后12h内完成,并应在下一次开挖前结束。

(2)拱顶下陷量测:采用水平仪、水准尺、挂钩式钢尺配合测量拱顶下沉,精度可达1~2mm。量测时用一把2~6m长的挂钩式钢尺挂上即可。

(3)仰拱顶隆起量量测:测点布置:按设计要求选定位置布置测点,测点钢筋安设就位后,表明磨平,并用钢钉等锐器在其表面冲眼标记,量测期间注意测点的保护。

(4)地表沉陷量测:采用水平仪、水准尺配合测量地表沉降,用经纬仪将测点布设于同一直线上。测点钢筋安设就位后,表面磨平,并用钢钉等锐器在其表面冲眼标记。

5.18.3 应用与管理

1)二次衬砌施作时应满足的要求

(1)各测试项目的位移速率明显收敛,围岩基本稳定。

(2)已产生的各项位移已达预计总位移量的80%~90%。

(3)周边位移速率小于0.1~0.2mm/d,或拱顶下沉速率小于0.07~0.15mm/d。

2)量测管理

(1)量测须负责测点埋设、日常量测、数据处理和仪器保养维修工作,并及时将信息反馈于施工和设计中。

(2)现场监理量测应按量测计划认真组织实施,并与其他施工环节紧密配合,不得中断工作。

5.19 路面施工

5.19.1 设计参数

隧道主洞路面形式:隧道主洞路面上面层为11cm沥青混凝土面层,下面层为24cm厚连续配筋混凝土面层(水泥混凝土弯拉强度不得低于5.0MPa);基层采用C20混凝土,厚度为15cm,基层下设C20整平层,其平均厚度为15cm,基层和整平层混凝土弯拉强度不小于1.8MPa;有仰拱地段整平层用仰拱回填代替。

车行横洞路面面层为18cm厚水泥混凝土(轻型),其设计弯拉强度不小于4.0MPa;无仰拱地段整平层为C20混凝土,其平均厚度为10cm。

人行横洞路面采用C15混凝土,其平均厚度为15cm。

5.19.2 隧道路面施工技术

1)基层

C20混凝土基层施工同混凝土面层施工。

2)钢筋混凝土面层

(1)钢筋安装。

①铺筑前,应按设计图纸准确放样钢筋网位置、路面板块、地梁和接缝位置等。

②钢筋网所采用钢筋的直径、间距,钢筋网的设置位置、尺寸、层数等应符合设计图纸的要求。焊接和绑扎应符合国家相关标准的规定(表5-24)。

<table>
<tr><td colspan="4" align="center">路面钢筋网焊接及绑扎的允许偏差   表5-24</td></tr>
<tr><td colspan="2" align="center">项目</td><td align="center">焊接钢筋网及骨架允许偏差(mm)</td><td align="center">绑扎钢筋网及骨架允许偏差(mm)</td></tr>
<tr><td colspan="2" align="center">钢筋网的长度和宽度</td><td align="center">±10</td><td align="center">±10</td></tr>
<tr><td colspan="2" align="center">钢筋网眼尺寸</td><td align="center">±10</td><td align="center">±20</td></tr>
<tr><td colspan="2" align="center">钢筋骨架宽度及高度</td><td align="center">±5</td><td align="center">±5</td></tr>
<tr><td colspan="2" align="center">钢筋骨架长度</td><td align="center">±10</td><td align="center">±10</td></tr>
<tr><td colspan="2" align="center">箍筋间距</td><td align="center">±10</td><td align="center">±20</td></tr>
<tr><td rowspan="2" align="center">受力钢筋</td><td align="center">间距</td><td align="center">±10</td><td align="center">±10</td></tr>
<tr><td align="center">排距</td><td align="center">±5</td><td align="center">±5</td></tr>
</table>

③钢筋网应采用预先架设安装方式。单层钢筋网的安装,在确保精度的条件下,可采用两次摊铺,中间摆设钢筋网的安装方式。单层钢筋网纵筋应安装在底部。

④钢筋网及钢筋骨架的质量检验(表5-25)

路面钢筋网及钢筋骨架安装位置的允许偏差　　　　　　　　表5-25

项目		允许偏差(mm)
受力钢筋排距		±5
钢筋弯起点位置		20
箍筋、横向钢筋间距	绑扎钢筋网及钢筋骨架	±20
	焊接钢筋网及钢筋骨架	±10
钢筋预埋位置	中心线位置	±5
	水平高差	±3
钢筋保护层	距表面	±3
	距底面	±3

(2)钢筋混凝土路面铺筑(表5-26)。

水泥混凝土面层实测项目　　　　　　　　　　　　　　　　表5-26

项次	检查项目		规定值或允许偏差		检查方法和频率
			高速公路　一级公路	其他公路	
1△	弯拉强度(MPa)		在合格标准之内		按《公路工程质量检验评定标准　第一册　土建工程》(JTG F80/1—2004)附录C检查
2△	板厚度(mm)	代表值	−5		按《公路工程质量检验评定标准　第一册　土建工程》(JTG F80/1—2004)附录H 每200m 每车道检查2点
		合格值	−10		
3	平整度	σ(mm)	1.2	2.0	平整度仪:全线每车道连续检测,每100m计算σ、IRI
		IRI(m/km)	2.0	3.2	
		最大间隙 h(mm)	—	5	3m直尺:半幅车道板带每200m测2处×10尺
4	抗滑构造深度(mm)		一般路段不小于0.7且不大于1.1;特殊路段不小于0.8且不大于1.2	一般路段不小于0.5且不大于1.0;特殊路段不小于0.6且不大于1.1	铺砂法:每200m测1处
5	相邻板高差(mm)		2	3	抽量:每条胀缝测2点;每200m抽纵、横缝各2条,每条测2点
6	纵、横缝顺直度(mm)		10		纵缝20m拉线,每200m测4处;横缝沿板宽拉线,每200m测4条
7	中线平面偏位(mm)		20		经纬仪:每200m测4点
8	路面宽度(mm)		±20		抽量:每200m测4处
9	纵断高程(mm)		±10	±15	水准仪:每200m测4个断面
10	横坡(%)		±0.15	±0.25	水准仪:每200m测4个断面

注:①σ为平整度仪测定的标准差;IRI 为国际平整度指数;h 为3m直尺与面层的最大间隙。

　　②表中标"△"者为关键项目。

①连续配筋混凝土路面应采用钢筋网预设安装,整体一次布料。钢筋网不得被混凝土或机械压垮、压坏或发生变形。

②钢筋混凝土摊铺作业时,振捣棒组横向间距比普通混凝土路面适当加密。采用插入振捣时,振捣棒不应碰撞和扰动钢筋。应轻插慢提,依次逐条分别振捣。

③设接缝的面板应准确对位切纵、横缩缝,接缝部位的传力杆、拉杆、钢筋网表面应涂防锈层或包裹防锈塑料套管。

3）沥青混凝土面层

（1）施工准备。

①铺筑沥青层前，应检查基层或下卧沥青层的质量，不符要求的不得铺筑沥青面层。

②沥青混合料必须在对同类公路配合比设计和使用情况调查研究的基础上，充分借鉴成功的经验，选用符合要求的材料，进行配合比设计。

（2）混合料的拌制。

①沥青混合料必须在沥青拌和厂（场、站）采用拌和机械拌制。

②沥青混合料拌和设备的各种传感器必须定期检定，周期不少于每年一次。

③沥青混合料出厂时应逐车检测沥青混合料的重量和温度，记录出厂时间，签发运料单。

（3）混合料的运输。

①热拌沥青混合料宜采用较大吨位的运料车运输，但不得超载运输，或紧急制动、急弯掉头，使透层、封层造成损伤。

②运料车每次使用前后必须清扫干净，在车厢板上涂一薄层防止沥青黏结的隔离剂或防黏剂，但不得有余液积聚在车厢底部。

③运料车进入摊铺现场时，轮胎上不得沾有泥土等可能污染路面的脏物，否则宜设水池洗净轮胎后进入工程现场。沥青混合料在摊铺地点凭运料单接收，若混合料不符合施工温度要求，或已经结成团块、已遭雨淋的不得铺筑。

（4）混合料的摊铺。

①铺筑高速公路、一级公路沥青混合料时，一台摊铺机的铺筑宽度不宜超过6（双车道）~7.5m（3 车道以上），通常宜采用两台或更多台数的摊铺机前后错开 10 ~ 20m 成梯队方式同步摊铺，两幅之间应有 30 ~ 60mm 宽度的搭接，并躲开车道轮迹带，上下层的搭接位置宜错开 200mm 以上。

②摊铺机必须缓慢、均匀、连续不间断地摊铺，不得随意变换速度或中途停顿，以提高平整度，减少混合料的离析。摊铺速度宜控制在 2 ~6m/min。

③摊铺机的螺旋布料器应相应于摊铺速度调整到保持一个稳定的速度均衡地转动，两侧应保持有不少于送料器 2/3 高度的混合料，以减少在摊铺过程中混合料的离析。

④用机械摊铺的混合料，不宜用人工反复修整。当不得不由人工做局部找补或更换混合料时，需仔细进行，特别严重的缺陷应整层铲除。

（5）混合料的压实及成型。

①沥青路面施工应配备足够数量的压路机，选择合理的压路机组合方式及初压、复压、终压（包括成型）的碾压步骤，以达到最佳碾压效果。高速公路铺筑双车道沥青路面的压路机数量不宜少于 5 台。施工气温低、风大、碾压层薄时，压路机数量应适当增加。

②压路机的碾压温度应符合规范要求，并根据混合料种类、压路机、气温、层厚等情况经试压确定。在不产生严重推移和裂缝的前提下，初压、复压、终压都应在尽可能高的温度下进行。同时不得在低温状况下作反复碾压，使石料棱角磨损、压碎，破坏集料嵌挤。沥青面层实测项目见表5-27。

沥青混凝土面层和沥青碎（砾）石面层实测项目　　　　　　　表5-27

项次	检查项目		规定值或允许偏差		检查方法和频率
			高速公路、一级公路	其他公路	
1△	压实度（%）		试验室标准密度的96%（*98%）；最大理论密度的92%（*94%）；试验段密度的98%（*99%）		按《公路工程质量检验评定标准　第一册　土建工程》（JTG F80/1—2004）附录 B 检查，每200m测 1 处
2	平整度	σ（mm）	1.2	2.5	平整度仪：全线每车道连续按每100m 计算 *IRI* 或 σ
		IRI（m/km）	2.0	4.2	
		最大间隙 *h*（mm）	—	5	3m直尺：每200m测 2 处×10 尺

续表

项次	检查项目		规定值或允许偏差		检查方法和频率
			高速公路、一级公路	其他公路	
3	弯沉值(0.01mm)		符合设计要求		按《公路工程质量检验评定标准 第一册 土建工程》(JTG F80/1—2004)附录I检查
4	渗水系数		SMA路面 200mL/min; 其他沥青混凝土路面 300mL/min	—	渗水试验仪:每200m 测1处
5	抗滑	摩擦系数	符合设计要求	—	摆式仪:每200m 测1处; 摩擦系数测定车:全线连续
		构造深度			铺砂法:每200m 测1处
6△	厚度 (mm)	代表值	总厚度:设计值的 -8%; 上面层:设计值的 -10%	-8%H	按《公路工程质量检验评定标准 第一册 土建工程》(JTG F80/1—2004)附录H检查,双车道每200m 测1处
		合格值	总厚度:设计值的 -10%; 上面层:设计值的 -20%	-15%H	
7	中线平面偏位(mm)		20	30	经纬仪:每200m 测4点
8	纵断高程(mm)		±10	±15	水准仪:每200m 测4个断面
9	宽度 (mm)	有侧石	±20	±30	尺量:每200m 测4个断面
		无侧石	不小于设计		
10	横坡(%)		±0.3	±0.5	水准仪:每200m 测4处

注:①H 为总厚度。

②表中标"△"者为关键项目。

③表内压实度可选用其中的 1 个或 2 个标准评定,选用 2 个标准时,以合格率低的作为评定结果。带 * 号者是指 SMA 路面,其他为普通沥青混凝土路面。

③对于路面边缘、加宽及港湾式停车带等大型压路机难于碾压的部位,宜采用小型振动压路机或振动夯板做补充碾压。

④压路机不得在未碾压成型路段上转向、调头、加水或停留。在当天成型的路面上,不得停放各种机械设备或车辆,不得散落矿料、油料等杂物。

5.19.3 隧道路面施工工艺

1)钢筋混凝土路面施工工艺流程(图 5-35)

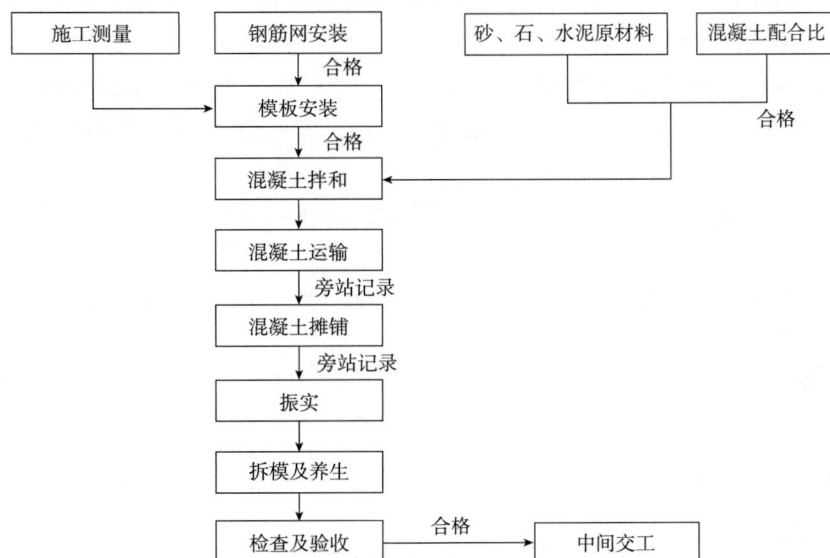

图 5-35 钢筋混凝土路面施工工艺流程

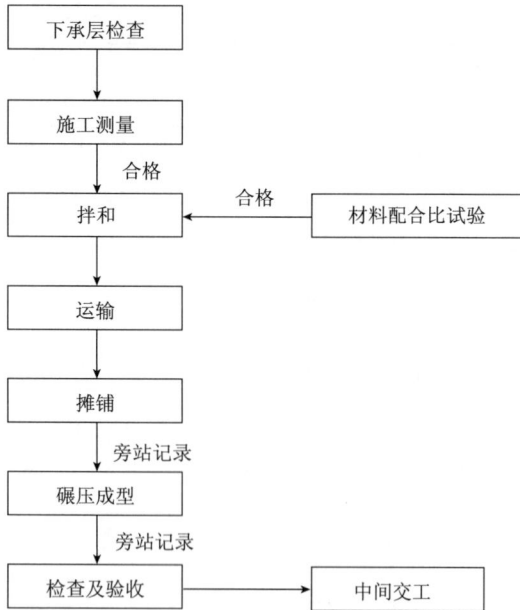

图 5-36　沥青混凝土路面施工工艺流程

2）沥青混凝土路面施工工艺流程（图 5-36）

5.19.4　隧道路面施工注意事项

1）一般要求

（1）隧道进、出口外 50m 范围内路基、路面基层和路面的施工方法，应与洞内施工相同。

（2）隧道内应采用满足施工要求的配套机械设备施工。

（3）应尽可能地就地取材，所用材料应满足相应规范要求。

（4）路面基层和路面在施工以前，应根据设计类型，通过铺筑试验段确定施工配合比、控制参数、松铺系数等。

（5）路面基层和路面各工序管理应符合下列规定。

①必须在上道工序验收合格后，才可进入下道工序。

②交验时必须具备施工单位的自检、互检、专检手续、完整的施工交接记录、高程和坡度复核及其他各种测试记录。

③如发现受检资料不符合要求，必须补全改正，否则不予验收。

（6）在最后一道工序（路面）未完成时，或未达到设计强度之前，不得开放交通。

2）施工中应符合的要求

（1）模板高度应与混凝土板设计厚度一致。厚度小于 22cm 时，可一次性浇注；厚度大于 22cm 时，可分成二次浇注，下部厚度为总厚度的 3/5。严禁在刚做好的面层上洒水和撒水泥。

（2）捣实应从边角起开始。先用插入式振捣器振捣，每一位置持续振捣时间不少于 20s；再用平板振捣器纵横交错全面振捣，同一位置振捣时间不宜少于 30s。

（3）纵缝（纵向缩缝和纵向施工缝）拉杆宜设在板厚中央，临近横缝时纵缝拉杆间距可适当调整。

（4）横向缩缝宜用假缝形式，当混凝土达到设计强度的 25% ~ 30% 时，应采用切缝机进行切割。横向缩缝与其他横向缝距离不得小于 2m。

（5）横向缝的传力杆长度的一半应固定于混凝土中，另一半涂上沥青，允许滑动。传力杆与缝壁垂直，且与中线平行，并应与支承体一起安设。

（6）隧道处于不良地质地段时，洞内衬砌相隔一定距离应设置沉降缝。水泥混凝土路面的横向施工缝、缩缝和胀缝应结合洞内衬砌沉降缝设置。

（7）填缝前应清除砂石杂物，待养生期满后及时注入填缝材料。填缝注入深度宜为 3 ~ 4cm，夏季施工时注入的填缝料宜与面板高度齐平，冬季施工时填缝料宜稍低于水泥混凝土面板高度。应选用黏结力强、弹性好的填缝料。

（8）路面拉毛压槽必须使用专用工具，并在水泥浆硬结前做好。拉毛时严禁水泥浆体剥离路面，不得形成水泥渣。

（9）洞内铺筑复合式路面，必须待水泥混凝土板达到 80% 设计强度后可在其上铺筑沥青混凝土罩层。

5.20　洞内装饰施工

5.20.1　设计要求

隧道内拱部及边墙喷涂隧道专用防火涂料；隧道边墙两侧检修道上 5m 范围内均匀喷涂带诱导条带的阻燃外墙涂料 1mm 厚。

5.20.2 施工工艺要求

（1）仔细检查衬砌表面的渗漏情况，必要时应采取措施做好装饰前的防、排水工作。

（2）对采用的装饰材料进行装饰试验，检查装饰敷设和喷涂的质量、颜色以及基底层的黏结牢固程度。

（3）喷防火涂料前，混凝土表面应除尘去污，分多次喷涂。

（4）装饰材料不得侵入隧道建筑限界。

（5）洞口装饰应表面平整、清洁，隧道名牌字样要求美观、醒目。

（6）采用防火隔热材料，其施工方法和要求，应按材料的使用说明书进行；涂料可采用喷涂或手工粉刷，但应做到色调均匀，不得出现色斑和杂色。

（7）装饰材料应在专用桶中人工或机械搅拌均匀。

5.20.3 质量控制标准

（1）混凝土耐火极限的试验升温曲线采用 HC 曲线，判断标准为受火 2h 后，距离混凝土底面 25mm 处钢筋的温度不超过 250℃，混凝土表面温度不超过 380℃。

（2）装饰表面应做到黏结牢固、平整、美观、清洁。

（3）各类洞室的防护门应开启方便，严密、防火、隔热，应有标明洞室名称的标牌。

（4）装饰工程应能满足各类营运设施的维修和更换的方便。

5.21 安全施工

详细阅读设计文件，贯彻《中华人民共和国安全生产法》"安全第一，预防为主"的方针，严格按《公路隧道施工技术细则》（JTG/T F60—2009）、《公路工程施工安全技术规程》（JTJ 076—95）制定安全措施，组织安全施工。

安全施工保证体系框图见图 5-37。

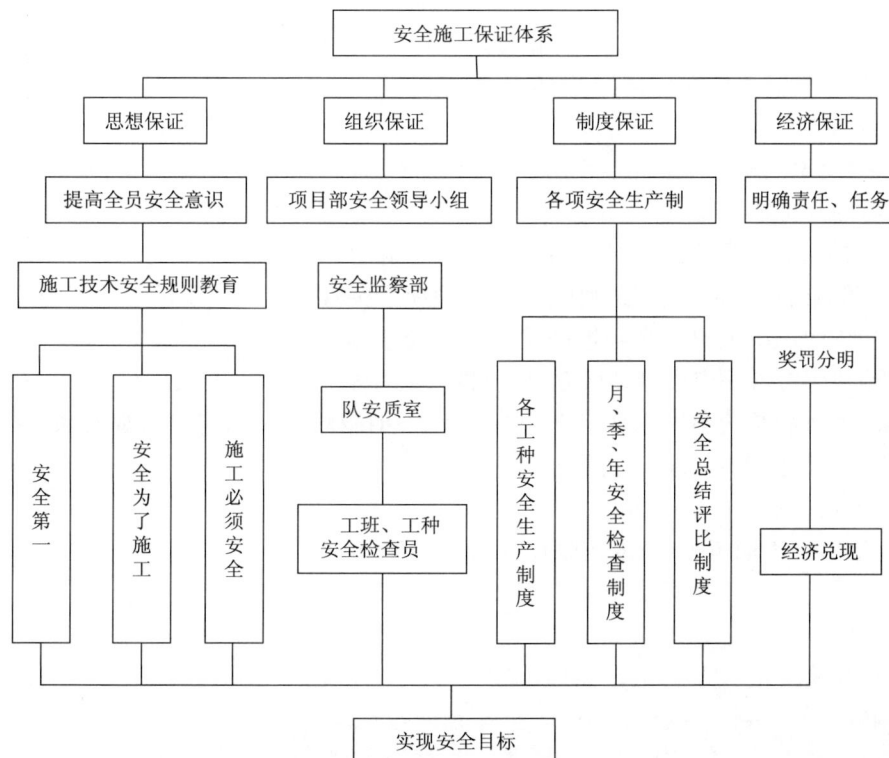

图 5-37 安全施工保证体系框图

5.21.1 洞口施工安全

（1）隧道进洞前，应加强洞口周围和掌子面临时边仰坡的喷锚网防护，确保进洞安全。在接长明洞的洞口，明洞和明洞回填应及时施作。

（2）隧道洞口区域所有危及洞口安全的危石、落石等必须彻底清除，同时设置好隔离栅等安全设施。

（3）隧道洞口在施工前应首先施作截、排水沟，并确保排水畅通，以减少积水对洞口的冲蚀，保障洞口施工安全。

5.21.2 洞身施工安全

（1）洞顶局部地段的危石，应视其大小分别采取打锚杆和清理等方式处理。

（2）洞身局部变形大，地下水丰富地段应连续观测，一旦发现有塌方预兆时，应及时撤离人员。

①围岩塌方前兆预测。

围岩的变形破坏、失稳坍方，是从量变到质变的过程。量变过程中，在围岩的工程水文地质特征及岩石学上反映出一些征兆。根据征兆预测围岩稳定性，进行地质预报，保证施工安全，防治隧道坍方。特殊的不良地质，如断层及破碎带、地下水、松散地层等稳定性差的围岩的变形破坏、失稳坍方，有以下征兆。

a. 水文地质条件的变化，如干燥的围岩突然出水、地下水突然增多，水质由清变浊等都是即将发生坍方的前兆。

b. 拱顶不断掉下小石块，甚至较大的石块相继掉落，预示围岩即将发生坍方。

c. 围岩节理面裂隙逐步扩大。

d. 支护状态变形（拱架接头挤偏或压劈、喷混凝土出现大量的明显裂纹或剥落等），敲击发声清脆有力，甚至发生声响。

e. 围岩或喷混凝土支护，拱脚附近的水平收敛大于 0.2mm/d，拱顶下沉量大于 0.1mm/d，并继续增大时，说明围岩仍在发生变形，处于不稳定的状态，有可能出现失稳坍方。

②隧道塌方预防措施。

a. 做好超前地质预报工作，尤其是施工开挖接近设计探明的 V 级围岩、浅埋段破碎带地层时，要认真及时地分析和观察开挖工作面岩性变化，遇有探孔突水、涌泥、渗水增大和整体性变差等现象，及时改变施工方案。

b. 加强围岩量测工作，通过对量测数据分析处理，按照时间—位移曲线规律，及时调整和加强初期支护，同时重视二次衬砌及时施作。

c. 严格控制爆破装药量，尽量减少对软弱破碎围岩的扰动。

d. 保证施工质量，超前预加固，钢架制作、初期支护和二次衬砌混凝土质量必须符合设计及验标要求。

e. 严格控制开挖工序，尤其是一次开挖进尺，杜绝各种违章施工。

f. 施工期间，洞口应常备一定数量的坍方抢险材料，如方木、型钢钢架等，以备急用。

g. 有下述现象发生时，应先撤出工作面上的施工人员和机械设备，指定专人观察和进行加固处理。

ⓐ围岩量测所反映的围岩变形速度急剧加快。

ⓑ围岩面不断掉块剥落。

ⓒ初期支护喷混凝土表面龟裂、裂缝或脱皮掉块，钢架严重变形。

③坍方处理。

a. 防止坍方扩大。

坍方发生后，首先应防止坍方范围继续扩大。

ⓐ在坍方范围的顶部与侧壁危石及大裂缝，先行清除或锚固。

ⓑ加强原有支护：对坍方范围前后原有的支护进行加固，以防止坍方扩大。

ⓒ在坍方范围内架设支撑或喷射混凝土，必要时加设锚杆。

ⓓ加快衬砌。对坍方两端应尽快做好局部衬砌,以保证坍方不再扩大。

b. 处理坍方。

ⓐ如坍方体积较小,在坍方范围内已进行喷锚或已架设好较为牢固的构件支撑时,可由两端或一端先上后下地逐步清除坍渣,随挖随喷射混凝土,随架设临时构件支撑支顶。

ⓑ如坍方体较大,或地表已下沉,或因坍体堵塞无法进入坍方范围进行支护时,则可注浆加固坍体,然后用"穿"的方法在坍体内进行开挖、衬砌。

c. 衬砌施工。

ⓐ随着坍渣的逐渐清除,衬砌逐段推进,快速成环,最好由坍体的两端对向施工,随即回填密实,在坍穴最高处或两端衬砌接头处应预留回填及进出料孔。

ⓑ如坍方范围的围岩不够稳定,在处理坍方中有继续坍塌的可能时,可在坍方范围内选择适当位置做坍体护拱,以掩护施工操作,护拱上应以碎渣铺填2m厚左右作为缓冲层。

d. 坍体回填。

ⓐ坍方清除坍渣后,则拱背先以浆砌片石回填2～3m厚,其上再用干砌片石回填,回填高度尽量填满坍方范围,坍体内支撑尽量拆除。

ⓑ在坍体的护拱与拱圈间全部回填密实。

ⓒ确保洞内施工通风设施的正常运行,注意收集洞内气体的监测数据,一旦发现有超标现象时,应立即撤离人员,待空气稀释达标后方能正常施工。

5.21.3　施工机械的安全措施

(1)各种机械操作人员和车辆驾驶员,必须取得操作合格证,对机械操作人员要建立档案,专人管理。

(2)指挥施工机械作业人员,必须站在可让人瞭望的安全地点,并明确规定指挥联络信号。

(3)起重作业严格按照现行《建筑机械使用安全技术规程》(JGJ 33)和《建筑安装工人安全技术操作规程》规定的要求执行。

(4)定期组织机电设备、车辆安全大检查,对检查中查出的安全问题,按照"三不放过"原则进行调查处理,制定防范措施,防止机械事故的发生。

5.21.4　用电安全措施

(1)施工现场制定详细的施工用电组织设计,同时制定电气安全操作规程、电气安装规程、电气运行管理规程和电气维修检查制度,做好交接班、电气维修作业记录和接地电阻、手持电动工具绝缘电阻、漏电开关测试记录。

(2)施工现场的电气设备均符合建设部《施工现场临时用电安全技术规范》(JGJ 46—2005),输电线路采用三相五线制和"三级配电二级保护"的要求,电线(缆)均按要求架设,不随地拖拉,各类电箱均符合市建委规定的标准电箱,总配电箱和分配电箱安装在适当位置,并有重复接地保护措施,重复接地电阻值不大于10Ω。严格执行"一机、一闸、一箱"制。

(3)电气设备及输电线路安装完毕后,必须经技术部门验收合格后方可使用。夜间施工有两名电工值班,节假日或工作完毕后要切断电源。

(4)现场的手持电动工具盒小型电器设备要有专人负责管理,电气设备进出仓库均要认真检查和验收,做好日常的检查、维修和保养工作,不准带病运转。

(5)低压线路架设和使用均要符合有关规定,照明线路、灯具等安装高度要符合规定要求。食堂和浴室照明要用防潮灯具,并必须安装漏电保护器,其漏电动作电流不大于30mA,动作时间不大于0.1s。易燃易爆场所安装防爆电器。

(6)电工作业时必须穿戴好个人防护用品,并严格执行电气安全操作规程,做到持证上岗。电工作业严格贯彻"装得正确,用得安全,修得及时,拆得彻底"的十六字方针。夜间电工值班必须两人同时上岗。

5.21.5 易燃易爆危险物品的安全措施

(1)施工现场油库,火工用品库,乙炔、氧气瓶仓库等易燃易爆地点,悬挂防火防烟警示牌,并配备相应的灭火器、消防桶、消防栓。

(2)生活办公区设置消防栓或消防用水源,配置相应的灭火器,消防逃生通道,并有明确的指示。

(3)施工现场配备消防灭火器、防爆装置、消防水源,乙炔、氧气分开放置,远离火源,严禁烟火。

(4)爆破施工用的火工材料设立专门的仓库,仓库远离建筑物及人群,密封性好,防火、防爆、防潮,由专人保管、收发,严格领用制。

5.21.6 爆破施工安全措施

(1)光面爆破施工前,应制定详细的爆破方案,经有关安全管理部门同意后方可进行爆破作业。

(2)爆破人员应经过培训并持证上岗,无证人员不得从事爆破作业。

(3)对爆破人员定期进行考核,发现不合格者,应停止其工作,收回爆破作业证。

(4)爆破作业必须由专人统一指挥,爆破应发出预警信号,待危险区内人员撤离后再发出爆破信号。爆破出现哑炮时,按规定方案进行处理,不准私自草率处理。爆破作业结束并确定安全后,方可解除警戒。

(5)开挖过程中,应监测围岩爆破扰动深度以及爆破震动对周围其他结构物的破坏程度。

①应考虑爆破方法、药量、距离、地质情况等因素,确定爆破最大振幅、频率。

②监测爆破对地面的震动影响,宜在垂直方向及相正交的两个水平方向(其中以一个方向为爆破点方向)上同时测定。

5.21.7 安全防护措施

(1)安全帽:安全帽质量必须经有关部门检验合格后方能使用;正确使用安全帽并扣好帽带。

(2)安全带:安全带质量须经有关部门检验后方能使用;安全带使用两年后,按规定抽验一次,对抽验不合格的,必须更换后才能使用。

(3)安全网:网绳无破损,并扎系牢固、绷紧、拼接严密;网宽不小于2.6m,里口离墙不得大于15cm,外高内低,每隔3m设支撑,角度为45°;立网随施工层提升,网与网之间接拼严密,空隙不大于10cm。

5.22 环保施工

环境保护是我国的一项基本国策,它直接影响现在和将来人类千秋万代的生活、生存环境。施工中必须与当地环保部门协同控制施工污染,减少对水、空气的污染和噪声污染,严格控制水土流失,切实保护好生态环境。

环境保护是工程建设与施工的一项重要工作。施工环保工作的重点是:合理规划与布置各种施工设施,减少对环境的影响和对植被的破坏以保护环境、保持水土;施工废水处理后达标排放以防止污染河流或农田。施工环保与水土保持工作的目标是实现本工程建设环保水保与工程质量的双优,整个施工过程始终贯彻 ISO 14001 标准要求,建一条绿色公路。

成立以项目经理任组长的环境保护领导小组,环境保护部为专职管理部门,配备专门环境保护技术人员,组织施工人员学习环保知识,强化环保意识,使大家认识到环保工作的重要性和必要性。建立健全环境保护体系,贯彻国家有关环境保护的法律、法规,定期不定期地召开环境保护会议,研究项目环境保护工作,发现问题,及时处理解决。坚持管生产必须管环保的原则,建立健全岗位责任制,从组织上、制度上、经济上保证施工环境满足国家规定标准和当地环保部门标准。

环境保护体系框图见图4-33。

5.22.1 水土及生态环境的保护措施

(1)保护植被,使施工界限内外的植被、树木等尽量维持原状。如因施工需要砍除树木和其他经济作物时,事先征得环境保护和水土保持部门、所有者和业主的批示同意,严禁乱砍乱伐。

(2)对于临时用地范围内的裸露地表,植草或种树进行绿化。

(3)营造良好环境。在施工现场和生活区设置足够的临时卫生设施,经常进行卫生清理,同时在生活区周围种植花草、树木,美化生活环境。

(4)保护野生动物,严禁施工人员猎杀野生动物。

(5)工程完工后,及时彻底进行现场清理,并按设计要求采用植被覆盖或其他处理措施。

(6)对有害物质(如燃料、废料、垃圾等)按规定处理后,运至指定的地点进行掩埋,防止对动、植物造成损害。

(7)运输车辆必须做好防止漏失措施,以防物料污染道路。

5.22.2 水环境保护措施

(1)靠近生活水源的施工,用沟壕或堤坝同生活水源隔开,避免污染生活区。

(2)清洗机械、施工设备的废水严禁直接排入江河,禁止机械在运转中产生的油污未经处理就直接排放,禁止维修机械时油水直接排放入江河。

(3)施工产生的废浆要用专用汽车拉运至指定的地点倾倒,并设渗坑进行处理,不得排放到河流、水沟、灌溉系统里,以免造成河流和水源污染。

5.22.3 大气环境保护及粉尘的防治

(1)在设备选型时选择低污染设备,安装空气污染控制系统。

(2)运输水泥、砂、石、土等如有漏失,及时清扫干净,保持道路整洁。

(3)配备专用洒水车,对施工现场和运输道路经常进行洒水湿润,减少扬尘。

(4)汽油等易挥发品的存放要密闭,并尽量缩短开启时间。

(5)水泥混凝土、稳定土拌和站有防尘措施,操作人员配备必要的劳保防护用品。

5.22.4 生产、生活垃圾的管理

(1)施工营地和施工现场的生活垃圾,集中堆放。

(2)施工和生活中的废弃物经当地环保部门同意后,运至指定地点。工地设置厕所,派专人清理打扫,并定期对周围喷药消毒,以防蚊蝇滋生,病毒增生。

(3)报废材料立即运出现场,并进行掩埋等处理。对于施工中废气的零碎配件、边角料、水泥袋、包装箱等,及时清理并搞好现场卫生,以保护自然环境景观不受破坏。

(4)弃土不得随意堆放,运至指定弃土场。

5.22.5 弃土场、取土场环境保护措施

(1)弃渣堆本着少占有耕地的原则,按设计位置进行弃土。

(2)在设计指定的弃土位置弃渣前,先按设计施作防护和防排水设施。

(3)弃渣堆整齐、美观、稳定,并有较规则的形状,且不得对周围的建筑物或其他设施产生干扰和损坏,同时不得干扰正常社会车辆的行驶。

(4)当弃渣完成后,按设计要求进行复耕,达到业主和监理工程师要求为止。

6 生物防护、生物隔离栅及绿化工程

6.1 工程概况

长湘高速景观绿化里程为 74.902km。绿化景观采取分段设计，点、线、面结合，不同路段不同风景。中央分隔带每 10km 左右变换一个栽植小灌木品种。互通景观要求体现湖湘文化内涵，建设不同的主体景观。施工过程中将红线范围内大的树木临时移栽，待互通区等绿化地带成型后进行栽种。路基防护坚持以植物防护为主，构造物防护为辅的原则。上边坡采取草灌混播、植生袋、栽植小灌木、竹篾栅法植草等方式进行绿化，充分发挥植物的造景和点缀功能。填方边坡则坚持就地取材、因地制宜的原则，种植本地草皮。路基路面排水配合地形采用浅碟形边沟、GP 生态水沟生态滤沟等，与环境协调。施工过程中形成的取、弃土场要求整平夯实，贴近原地貌，上覆耕植土进行绿化恢复环境，防止二次水土流失。

在部分路段根据施工进度、环境情况，以生物隔离栅代替金属隔离栅，植物品种主要是经过专门培植的火棘、马甲子等，发挥生态效益。

6.2 工程管理

6.2.1 一般要求

1）开工报告

（1）总工期开工报告：承包人开工前应按合同规定向监理工程师提交开工报告，主要内容应包括：施工机构的建立、质检体系、安全体系的建立和劳动力安排，材料、机械及检测仪器设备进场情况，施工方案的准备情况等。虽有以上规定，并不妨碍监理工程师根据实际情况及时下达开工令。

（2）分项工程开工报告：承包人在分项工程开工前 14d 向监理工程师提交开工报告（分项工程开工申请批复单），分项工程开工报告经监理工程师审批后，方可开工。

（3）中间开工报告：长时间因故停工或休假（7d 以上）重新施工前，或重大安全、质量事故处理完后，承包人应向监理工程师提交中间开工报告。

2）工程报告单

承包人应按合同规定向监理工程师提供有关不同项目和内容的工程报告单供审批，报告单的主要项目为：各种测量、试验、材料检验、各类工程（分工序）检验、工程计量、工程进度、工程事故等报告单；或监理工程师指定需要提供的其他报告单。

3）制订施工方案、施工组织设计

（1）实施性的施工组织设计其内容应包括详细的施工组织、现场布置、施工方案、工程进度计划、资源（劳动力、机械设备、原材料）供应计划、资金流量计划、质检体系与质量保证措施、安全保证措施等。施工组织设计经监理工程师批准后实施。如提交的施工组织设计不符合要求，应退回修改完善，至符合要求为止。

（2）工程进度计划的编制应采用关键路线法（critical path method，CPM）或监理工程师确定的其他方法。所提交的逻辑网络图、时标网络图、进度计划横道线图中的一切主要活动应与工程量清单中的项目一致。关键路线与里程桩的相关联系必须清楚地标明。年度、月度的任务（工程量和价值）、资源需求及累计进度必须标注清楚。提交计划时，应将制订依据、逻辑说明、资金流量、资源提供柱状图表以及使用的输入资料的副本一并提交。

（3）工程实施过程中,承包人应根据总体计划和监理工程师的指示与要求,及时提交年度、月度施工计划,经监理工程师批准后执行。如果这些计划引起总体计划的必要调整和变动时,承包人应连同修订的总体计划一并提交。修订的总体计划应保证合同规定的总工期不变。

（4）分部工程和分项工程施工计划。

承包人应根据总体施工计划和年度计划,制订各分部工程的施工计划和某些分项工程的施工计划,并在该分部工程和分项工程开工前 14d 报请监理工程师批准。承包人在施工过程中必须严格执行监理工程师批准的施工计划,若发现需要调整或修改时,应再次报请监理工程师批准。如承包人未按批准的施工计划施工,监理工程师有权责令其立即纠正。或令其暂时停工。

（5）承包人必须按照施工组织设计的要求确保投入及时到位,监理工程师应依据合同条款督促其实施。

6.2.2　分包、转包、劳务、人员培训

（1）严禁承包人转包和分包工程的行为。

（2）承包人应加强合同允许的劳务合作的管理。劳务人员应持有承包人项目经理签发的劳务人员上岗证从事施工,由项目经理部的财务直接发放工资。

（3）承包人应加强现场施工人员（包括劳务人员）的岗位和工序教育,加强质量、安全知识的岗位培训,做到人人重视质量、人人重视安全、做到科学管理、文明施工。

6.2.3　施工方法与质量控制

（1）现场质检原始资料必须真实、准确、可靠,不得追记,不得复印。接受质量检查时必须出示原始资料。

（2）承包人应通过组织试验工程,总结施工工艺,指导规模生产。分项工程实行现场标示牌管理,标示牌上注明分项工程作业内容、简要工艺和质量要求、施工及质量负责人姓名等。

6.2.4　进度照片与录像

（1）承包人应向监理工程师提供表明时间和进度记录及边坡施工前后性质、效果的彩色照片副本两份,并附有详细文字说明和足够的资料和记录,表明工程的确切位置和进度。彩色照片的尺寸应征得监理工程师同意。关键性的施工程序承包人应用摄像机拍制录像。

（2）承包人应提供监理工程师确认的相册,以供贴片之用,这些彩照及承包人拍摄的录像带应是业主的财产。

（3）承包人提供的工程彩照和相册以及录像带的费用应包含在相应的工程项目之内,由承包人支付,业主不再另行支付。

6.2.5　工程记录与竣工文件

（1）承包人应自费保管工程进度、隐蔽工程、试验报告、障碍物拆除以及所有影响工程的记录（包括资料来源、设备来源）,以及需要评定工程进度和工程质量时查阅。

（2）当分部工程完成时,承包人须按竣工文件编制要求,将上述原始记录、施工记录、照片、录像等资料编订成册。并复印两份,提交监理工程师。其中业主和监理工程师各保存一份,原始资料由承包人保存。

（3）当工程接近完成时承包人须按原交通部 2004 年交通部令第 3 号发布的《公路工程竣工验收办法》的规定,编制交工验收所需的竣工文件 6 套,包括竣工图表和设计、施工文件两部分。该文件应在交工验收之前 56d 提交监理工程师审查。

6.2.6　环境保护

（1）承包人在工程施工中,应严格遵守国家环境保护部门及规范的有关规定。承包人有责任采用有效

措施以预防和消除因施工造成的环境污染,对工程范围以外的土地及植被应注意保护,并应保证业主避免由于污染而承担的索赔或罚款。

(2)承包人生产、生活设施应符合环保要求,并接受当地政府及有关部门的监督。

(3)承包人应在施工期间加强环保意识、保持工地清洁、控制扬尘。

6.3 铺设表土

6.3.1 范围

本节内容为保持地表面的平整、翻松、铺设表土等施工作业和坡面为骨架、窗式护坡内回填的种植土。

6.3.2 材料

(1)表土应为松散的、具有透水作用并含有有机物质的土壤,能助长植物生长,不应含有盐、碱土,且无有害物质以及大于25mm的石块、棍棒、垃圾等;采集时,表土上生长有茂盛农作物、草或其他植物时,则证明该土质是良好的。

(2)利用的表土是指清理场地或道路挖方开挖存放的适用材料。

(3)开挖的表土,是指承包人可以在公路用地界内取得,其开挖的部位、深度,应在监理工程师指导下进行;如当地无表土可取,承包人应负责从他处取得。

6.3.3 施工要求

1)表土的提供

(1)承包人应在绿化区表土铺设前至少7d通知监理工程师。

(2)承包人应做出采集表土的计划安排,支付所有的费用,并应给监理工程师提供有关良好表土的样品,并附上一份副本,说明挖取的表土以及恢复该地区的安排。采集地在用地界外应经有关机构批准。

2)地表面的准备

(1)覆盖表土范围的地表面,应进行深翻,将土块打碎使其成为均匀的种植土。不能打碎的土块,大于25mm的砾石、树根、树桩和其他垃圾应清除并运到监理工程师同意的地点废弃。

(2)通过翻松、加填或挖除以保持地表面的平整。

3)铺设

(1)准备工作经监理工程师认可后,应即铺设表土,铺设厚度应符合表6-1的要求。当表土过分潮湿或不利于铺设时,不应进行铺设。除非另有规定,表土铺设完成后,其表面高程应比路缘石、集水井、人行道、车行道或其他类似结构低25mm。

(2)表土铺设达到要求厚度后,其完成的工程应符合图纸所要求的线形、坡度、边坡。

(3)铺设后,承包人应用机具将表土滚压,并形成至少深50mm的纵向沟槽。全部铺设面积应具有均匀间隔的沟槽,其方向宜垂直于天然水流,以利于排水,但图纸或监理工程师另有要求者除外。

植物生长的最小土层厚度　　　　　表6-1

植物种类	植物生长的最小土层厚度(m)	植物种类	植物生长的最小土层厚度(m)
植物种类	0.30	小灌木	0.45
草本花卉	0.60	浅根乔木	0.90
大灌木	1.50		

6.4 生物防护工程施工

6.4.1 范围及主要防护措施

本节为按照图纸所示或监理工程师的指示,在公路施工区域内为稳定边坡、防止水土流失、恢复与重建景观生态系统所进行的撒播草种、铺植草皮、喷播草种和客土喷播等生物防护工程作业。

（1）根据防护对象所处立地的土质、坡比和岩石类型及风化程度,以及相关气候的综合因素,选择相应的技术措施(表6-2和表6-3)。

主要防护技术简介 表6-2

序号	防护方式	主要材料及其他要求	防护效果及施工特点	适应立地
1	直接播种(撒播草种)	基肥、草种,根据播种季节选用或不选用无纺布等覆盖材料	①造价最低,表面防护功能较强;②出苗速度慢;③可施工季节短	坡度平缓、土质较好的立地条件、土层深厚的各种土壤母质取、弃土场和填方边坡
2	普通喷播技术	种子、肥料、基质、保水剂、黏合剂及纤维等填料	①价较低,表面防护功能强;②出苗速度快;③可施工季节较长	坡度较大、土壤肥力较好的土质立地,如四纪红壤、强风化的泥质岩上坡边坡
3	改良型普通喷播技术	种子、肥料、基质、保水剂、黏合剂、土壤改良剂及纤维等填料	①价中等,表面防护功能强;②出苗速度快;③可施工季节较长	坡度较大的强风化泥岩边坡,四纪红壤的砾石层或土质差、铁离子毒害严重的网纹层边坡
4	草皮卷、挂网防护技术	14号镀锌铁丝或塑料网;客土:种植土、腐殖质、肥料;草皮卷:当地草皮	①造价较低,表面防护功能较强;②施工季节较长;③部分客土+当地草皮卷+防护网形金属网	风化或未经风化的红砂岩及其他未成岩或风化程度高的泥质沉积岩红砂岩边坡
5	植生袋挂网防护技术	14号镀锌铁丝;锚钉;客土:种植土、腐殖质、肥料;当地草皮或茎段	①造价较低,表面防护功能较强;②施工季节较长;③客土+防护网形金属网;④不需要大型机械	风化或未经风化的红砂岩及其他未成岩或风化程度高的泥质沉积岩红砂岩边坡
6	客土喷播技术	金属网:14号镀锌铁丝制成的勾花网;锚杆:φ10mm钢筋;客土:种植土、泥炭、腐殖质、肥料、基质、保水剂、黏合剂;茎段:当地植物茎段;需大型发电机组,混凝土喷射泵	①通过挂网防护,固定坡面,防止表面碎石风化时脱落;②通过客土喷播,使坡面基本平整,观赏性较强;③通过草种、草花喷播,既可达到坡面表面防护的效果,又可大大提高观赏效果;④施工周期较短;⑤金属网+锚杆+客土+草、草花种子+茎段喷播	泥质岩未风化或风化程度较轻,表面凹凸不平,坡面相对高差大,坡度大,表面稳定性较差

根据岩石风化破碎程度划分防护坡面并选择防护措施 表6-3

风化程度	等级	颜色	矿物成分	结构构造	破碎程度	强度	防护措施
微风化层	轻度	较新鲜	无变化	无变化	裂缝不多、基本上整体裂缝、基本上不张开	基本不降低、用锤击时很易回弹,岩芯钻具不易干钻	客土喷播技术植生袋挂网防护

风化程度	等级	颜色	矿物成分	结构构造	破碎程度	强度	防护措施
中等风化	中等	造岩矿物失去光泽	基本不变	无显著变化	开裂成直径为20～50cm的大块体,大多数裂缝张开较小	有降低,用锤击时声音清脆,镐、锹不易挖掘,需用岩芯钻具,可干钻	草皮卷、植生袋挂网防护
强风化层	严重	显著改变	有次生矿物	不清晰	开裂成直径为5～20cm的碎石状,有时裂缝张开较大	有显著降低,用锤击时声音低,沉镐挖掘困难,用冲击法钻进感觉吃力	改良型普通喷播
全风化层	极重	变化极重	大部成分已改变	只具有外形、矿物失去结晶联系	裂缝极多,爆破以后较多呈碎石土状,有时细粒部分已略具塑性	暗哑、极低,用锤击时基本上不回弹,镐、锹挖容易,痕迹明显,用麻花钻钻进感觉吃力	普通喷播技术
残积层	已风化	褐红、褐黄、无光泽	已改变	疏松、土状	散裂,多呈碎石土状	锤击不回弹,镐、锹可挖,用麻花钻可钻进	直接播或普通喷播技术

(2)防护立地类型划分及防护技术选择(表6-4)。

根据坡度划分防护立地类型并选取相应防护措施　　　　　　　　　　　　　　　表6-4

序号	植物防护技术	适应立地坡度要求
1	普通喷播技术	土质立地,坡度不限
2	改良型普通喷播技术	严重风化岩石边坡,坡度比 <1:0.4
3	草皮卷、块挂网防护技术	中等或严重风化岩石边坡,1:0.75 < 坡度比 <1:0.4,坡度比≤1:0.75取消挂网
4	客土喷播技术	轻度、中等风化岩石边坡或严重风化的红岩石边坡,坡度比≤1:0.3
5	种植攀缘植物	坡度比 >1:0.3 的未风化或轻度风化的岩石边坡或人工砌体或喷锚坡面

(3)主要施工季节。

为保证对已完工边坡适时进行防护,结合湖南省的气候特点和选用植物的生长特性,将生物防护工程施工,分成如下四个施工季节,以便在不同季节施工,如表6-5所示,结合选择适宜防护方式。

施工季节选择　　　　　　　　　　　　　　　表6-5

序号	施工季节	作业时段	主要特点	各种防护技术最适施工的季节
1	春季施工	3月中旬～4月下旬	气温较低,适宜于冷季型草种生长。是冷暖季草种混播、灌木种子混播种植、攀缘植物的最佳季节,形成冷暖季混合草坪	直接播种(撒播草种);普通喷播技术、改良型普通喷播技术草皮卷、挂网防护技术
2	夏季施工	5月中旬～6月下旬	气温高,雨量充足,是边坡防护的最佳季节,适宜暖季草种生长	普通喷播技术、改良型普通喷播、草皮卷挂网防护、植生袋挂网防护、客土喷播技术
3	秋季施工	9月中旬～10月下旬	气温高,适宜暖冷季型草种生长,应适时播种	草皮卷、挂网防护技术、植生袋挂网防护技术、客土喷播技术
4	冬季施工	10月中旬～11月下旬	气温逐步降低,逐步适宜于冷季型草种生长,应适时抢播,也可种植攀缘植物	草皮卷、挂网防护技术、植生袋挂网防护技术、客土喷播技术

6.4.2　材料

1)草种

应选择适合于当地气候条件、易于生长的草种,或经监理工程师同意或指示的其他混合草种。混合草种应试验其种子品质,使用种子的品质均应达到商用种子国家三级以上标准(表6-6和表6-7)。

选用植物要求　　　　　　　　　　　　　　　表6-6

序号	名称	学　名	主要特性	选择目的	选用类型
1	百喜草	Paspalum Notatum Flügge	原产拉丁美洲,匍匐性草种,耐高温、干旱、根系发达,扎根深,常绿期280~300d	主要防护草种,深层防护,增强坡面稳定性	选用耐旱,抗寒性强,适应于中亚热带气候区的类型
2	狗牙根	Cynodon Dactylon(L.)	广泛分布于欧亚大陆,喜光、抗干热,适生降雨量800~1000mm,pH值6.0~8.0	主要防护草种,表层及表土层防护	选用抗虫性强的普通狗牙根
3	弯叶画眉草	Weeping Love grass	生长快、抗逆性强、耐瘠薄、喜光,绿色期长,可达300d	作混播草种	选用抗旱性强的弯叶画眉草类型
4	高羊茅	Festuca arundinacea	原产美国南方,育成于北方,既耐干旱又抗潮湿,是冷季草种较耐高温的草种	主要混播草种	选用抗热性强的"猎狗"等品种类型
5	白三叶草	Trifolium repens Linn.	多年生常绿、冷季草种,较耐瘠薄、耐高温,不耐干旱,常绿	作混播补播草种	选用抗热、耐旱等适合于中亚带气候特点的品种
6	金鸡菊	Coreopsis basalis	抗干旱、耐瘠薄、花期长、经修剪能四季常绿	主要作防护、观赏草种	窄叶金鸡菊
7	细叶女贞、紫薇、黑松、马尾松、火棘、马棘、紫穗槐及当地小灌木		木本、常绿或花灌木作为替代树种,形成良好的群落结构	常绿、作为造型植物增加观赏性	
8	洛石、常春藤、美国凌霄等		藤本,作为替代植物,保持常绿并增加观赏性	作为后继植物,增加观赏性	

主要草坪草种子等级标准　　　　　　　　　　表6-7

中文名	拉丁名	等级	净度(%),≥	发芽率(%),≥	其他种子含量(重量百分比)	含水率(%),≤
翦股颖	Agrostis spp	1	90	85	0.5	11
		2	85	80	1.0	11
		3	80	75	1.5	11
地毯草	Axonopus spp	1	95	80	0.5	12
		2	90	70	1.0	12
		3	85	60	1.5	12
狗牙根(百慕大)	Cynodon spp	1	95	85	0.5	12
		2	90	80	1.0	12
		3	85	75	1.5	12
画眉草	Eragrostis spp	1	95	85	0.5	11
		2	90	80	1.0	11
		3	85	75	1.5	11

中文名	拉丁名	等级	净度(%),≥	发芽率(%),≥	其他种子含量 (重量百分比)	含水率(%),≤
假俭草	Eremochloa ophiuroides	1	90	80	1.0	11
		2	90	70	1.5	11
		3	85	60	2.0	11
高羊茅	Festuca arundinacea	1	98	85	1.0	12
		2	95	80	1.5	12
		3	90	75	2.0	12
黑麦草	Lolium spp	1	98	90	1.0	12
		2	95	85	1.5	12
		3	90	80	2.0	12
巴哈雀稗(白喜草)	Paspalum notatum	1	95	75	1.0	12
		2	90	65	1.5	12
		3	85	55	2.0	12
狼尾草	Pennisetum spp	1	95	70	1.0	12
		2	90	60	1.5	12
		3	85	50	2.0	12
猫尾草	Phieum pratense	1	95	85	1.0	11
		2	90	75	1.5	11
		3	85	65	2.0	11
早熟禾	Poa spp	1	90	85	1.0	11
		2	85	75	1.5	11
		3	80	65	2.0	11
结缕草	Zoysia spp	1	90	70	1.0	12
		2	85	60	1.5	12
		3	80	50	2.0	12

2)草皮

种植草皮应具有抗逆性强、容易生长、根部发达、茎低矮强壮和多年生长的特性。

3)肥料

(1)应优先使用经过沤制的农家肥。

(2)如使用化肥时,应为标准农用化肥,并按袋装提供。化学肥料中氮、磷、钾的含量应根据施工季节和土壤肥力状况选定。

(3)混合肥料由10%有机肥、20%化肥、70%表土均匀拌和而成。有效营养成分符合要求的液体化肥也可使用。

4)水

种植或养护植物用水应无油、酸、碱、盐或其他对植物生长有害的物质,并应符合《农田灌溉水质标准》(GB 5084—2005)的要求。

5)其他辅助性用料

(1)土壤改良剂(腐殖质):改良土壤,形成植被生长恢复。

（2）黏合材料：胶粉，固定种子及所有添加料。

（3）保水剂：高分子化合物，保证植物正常生长。

（4）填料及其他覆盖材料：植物纤维、有机薄膜、无纺布等，防止种子冲刷。

6.4.3　施工要求

1）撒播草种

（1）准备好地表面。

当地面无天然表土或天然表土厚度小于图纸规定的厚度时，承包人应按规定，加铺表土，以形成厚度符合要求的表土层。

（2）播种方法及用量。

①承包人应事先将采用的机具和播种方法通知监理工程师。必要时承包人应在工程开始前做工艺的野外试验。

②除图纸另有规定或监理工程师指示外，草籽播种量一般情况下每 $1\,000\mathrm{m}^2$ 平地面不少于12kg，坡地面不少于18kg，且应测试发芽率。

③将采用的草籽和混合肥料拌和，均匀地撒播到已准备好的表土区内。也可在播种前不多于48h施肥，使肥料深入到表土层内，化肥的施肥量每 $1\,000\mathrm{m}^2$ 不少于70kg。

（3）播种季节。

①应在图纸规定的季节正常播种、施肥和覆盖。如图纸未规定具体日期时，应在当地生长季节进行播种、施肥和覆盖。

②在刮风天不应播种，也不应在过湿或未经修整的土地播种。

（4）干播。

干播法应采用经监理工程师同意的机动播种机、条播机或其他机械设备。对于机械设备不能进入的地区可以用人工播种。播种后的地面应用监理工程师认可的机具在24h内轻轻压实，随即浇水。

2）铺植草皮

（1）铺植季节。

除非图纸上另有标明或监理工程师指示，铺植草皮应根据不同草皮在当地最适宜的季节进行铺植；土壤条件不适合种植时不应铺植。

（2）提供草皮、检查及运送。

①承包人应在铺植工作前14d向监理工程师提供有关草皮供应来源的全部资料，监理工程师可随时前往检查。所有草皮应符合现行关于植物病害及昆虫传染检疫的法规，承包人应送交监理工程师必要的全部检疫证明。

②从采集场地运出前不少于7d，承包人应以书面通知监理工程师，在采集场地挖移以前检查草皮。监理工程师同意挖移的草皮，并不意味着最后验收。

③草皮块运输时宜用木板置放 2~3 层，保护好根系，移植发育充分，并有足够根系的草皮时，装卸中应防止破碎。

（3）铺植草皮。

在铺植地表的准备工作完成以后，即可铺植草皮，可铺成条状方格。铺草皮时，除平铺外，在边坡较高、较陡之处也可铺植，即自坡脚处向上钉铺，用小尖木桩或竹签将草皮钉固于边坡上。铺植的形式，按图纸要求，或根据具体情况，可采用叠铺或方格式铺植。铺植后应进行喷灌浇水。

3）普通喷播技术

（1）普通喷播的施工机械要求。

①液压喷播机：应尽量选用容量在 $5\mathrm{m}^3$ 以上的喷播机械，便于提高施工效率，保证工程质量。

②供水、运输车：保证喷播材料供给，管理人员运输。

③泥浆泵、水泵:用于坡面土壤改良,取水及抗旱。

④剪草机:用于草坪维护。

⑤坡面处理器械及其安全保障设施。

(2)普通喷播的施工步骤。

①施工前准备:按规定办理有关进场手续,并对地形、地质、土质、水源做全面调查,确立施工程序。

②边坡处理:对施工地点的地表25cm厚的表层进行场地清理平整,除去石块、杂草,再开沟。

③喷播:根据土质、坡度和气候条选择相应的草种及其他添加料的配比,混合喷播。

④养护:播草后及时护盖和揭开无纺布,适时修剪、除杂、抗旱、病虫害防治和施肥。

4)改良型普通喷播

改良型普通喷播是在普通喷播的施工方法和施工工艺的基础上,专门针对强风化的红砂岩、四纪网纹层红壤等强风化的泥质岩上坡边坡,以及用普通喷播很难成坪的立地条件,而研究形成的水土保持草坪的快速成坪的新技术。其主要是通过选用特殊的坡面处理技术,具有防护费用低(相对选用草坪植生带挂网防护和客土喷播防护)、施工速度快、防护效果好等特点。主要技术要求如下:

(1)坡面表面处理通常按每平方米开挖深10cm以上、直径10~15cm的蓄水性圆洞25个以上,其他标准达到图纸要求。

(2)针对不同土质与不同施工季节,设计土壤改良与保水方案,对处理坡面进行土壤改良。

(3)加大播种量,通常为普通喷播的2倍以上,并在喷播后适时进行养护管理,确保一次成坪。

(4)对土质较差或坡面完工时已不能喷播暖季型草种的坡面,采用分两次喷播的办法,来解决成坪困难的难题。第一次选用抗性强或生长温度低、生长快的冷季型草种,作为先锋草种喷播,以改良土壤;第二年夏季重度修剪后,再选择观赏性较强的、能稳定生长的暖季型草种进行第二次喷播。

5)草坪卷挂网防护技术

草坪卷挂网防护技术是利用当地野生草皮(在不破坏当地环境的前提下),或选用预先培植好的草坪卷,或茎段植生带对风化岩质或半风化岩质边坡进行客土、铺草坪卷及挂网防护的一种坡面防护技术。施工技术要求如下:

(1)坡面处理:将凹凸不平处尽量削平,同时清理碎石及易松落的石头,使坡面较平整、流畅,平行坡面开水平沟,沟深3cm左右,间距5cm。沟宽根据坡度和土质来确定,通常5~8cm,或按设计要求施工。

(2)部分客土:用人工或机械的办法,将种植土、腐殖质、肥料放入岩石集中和无缝隙的纯岩石地段,尽量形成5cm以上的土层。

(3)铺草皮或草坪卷:将本地草皮满铺于坡面上,草坪块或卷厚不少于4cm(包括基质),草皮间间隙不超过3cm,并使之与坡面紧密结合。如坡面陡峭,可用竹签或木签固定,坡比小于1:0.75缓坡面,可不铺设金属或塑料网。或按设计要求施工。

(4)金属网覆盖:坡比大于1:0.75陡峭坡面,须先用锚杆(ϕ10mm钢筋)将草皮和金属网固定,或凹凸面须增加锚杆扣紧,使网、草皮、土能紧密结合,形成整体。锚杆间距不少于1.5m,或按设计要求施工。

(5)为保证草坪的成坪效果,要求四月上旬增播高羊茅2~3g,白喜草或弯叶画眉草3~5g,每平方米增施优质全价复合肥不少于50g,特别是填土较深的窗式护面墙内,或按设计或监理工程师要求施工。

6)客土喷播技术

岩质边坡客土喷播技术不仅适用于所有开挖后的岩体坡面(如砾岩、砂岩、基岩、片岩、花岗岩、大理岩)的保护绿化,而且适用于岩堆、软岩、碎裂岩、散体岩以及挡土墙、护面墙混凝土结构边坡等常规不宜绿化的恶劣环境。

种植基质材料选择及配比组成种植基质的材料主要有土壤、有机质、化学肥料、保水材料、接合剂、pH缓冲剂等。

(1)材料选择。

①土壤。

土壤可因地制宜,选择就近的砂土、壤土或黄土。砂土、黄土往往肥力不够,一般可与园土或其他肥土以1:1的比例配合使用。土要保持干燥,过筛去掉粗的颗粒物及杂物后用于喷播。

②基质的有机质。

有机质有泥炭苔、腐叶土、堆肥、蘑菇肥、糠壳、木屑等。泥炭苔等有机物持水量很高,通气性良好,其独有特点可蓄水保水,防止板结,改善土壤物理结构,并保持肥效的持久力。

③化学肥料。

加入一定量的缓释氮肥有利于植物生长后期肥料的持续供应。

④保水剂。

岩面上喷射的种植基质平均厚度10cm,有的厚度才3～5cm,比一般土层薄,而且岩体面基本上为不透水层面,易反射辐射热。因此,岩面上植物种子的发芽对生长气候相当敏感,稍干旱植物便凋败枯萎。此时加入保水剂是岩面上植物得以正常生长发育的关键。保水剂的最大吸水力高达13～14kg/cm³,可吸收自身重量数百倍的水分。这些水分不易被一般物理方法挤排出来,而植物根系却能吸收储存在保水剂中的水分。保水剂可将偶尔的降雨迅速吸收而膨胀成凝胶将水分储存起来,干旱时便慢慢地释放给根系。岩面绿化用保水剂可选择吸水重复性好且使用寿命长的丙烯酰胺—丙烯酸盐共聚交联物类的较大颗粒产品。

⑤接合剂与pH缓冲剂。

为了避免雨、风、雪等因素对种植基质造成侵蚀、冲刷,必须在种植基质中加入相对较大量的接合剂,以促使基质与岩面黏结和基质硬化。常用的接合剂以高分子树脂为主,并配合使用普通硅酸盐水泥。水泥呈碱性,一般来说对种子的生根、发芽是有害的,因此其用量必须控制用量,每立方米混合材料中水泥的用量为30～50kg。掺入水泥的同时,可加入一定量的碱性中和因子,如磷酸作为缓冲剂以调节基质pH值。

⑥用水量根据实际情况而定。

(2)植物种子选择及配比要求。

岩体坡面上种植基质厚度薄,环境恶劣,植物除因地制宜,选择适应当地气候的种类外,还要特别注意选择抗旱性、抗逆性强的品种。华南地区适合客土喷播的草种主要有百喜草、狗牙根、画眉草、高羊茅等。实际应用中多以一种植物为主(如狗牙根),多种草籽混播,以便覆盖度、根系、生长期、抗逆性等方面优势互补,增强适应性。岩体边坡喷混绿化一般先期以草本植物为主,但如岩质边坡位于市区显要位置,为了丰富景观,可加入一定比例的草花种子,如波斯菊、矮牵牛、美女樱、金鸡菊等。由于风化岩上常有灌木和乔木自然侵入岩体,在岩体的凹处及龟裂处黏附岩体上非常少量的有机质扎根生长,还可在喷播时加入一定量的紫穗槐、桃金娘、胡枝子等灌木种子及马尾松、黑松等木本种子。

种植基质参考配比见表6-8。

种植基质参考配比 表6-8

项目	说明	单位	每1m² =0.1m³ 使用量
土壤	细砂	L	0.03
	园土或肥土	L	0.08
有机质	泥炭	L	0.004
	糠壳	L	0.004
	锯木屑	L	0.004
肥料	长效氮肥	kg	0.5
保水剂	进口或国产	kg	0.006
接合剂	普通硅酸盐水泥	kg	3.0～5.0
pH缓冲剂	碱性中和因子	kg	适量
用水	—	L	30～50

（3）施工方法要求。

①坡面处理。

将凹凸不平处尽量削平，同时清理碎石及易松落的石头，使坡面较平整，流畅。

②固定金属网。

将金属网平铺于坡面上，网与网之间重叠 5～10cm。再用电锤打孔（20～30cm），插入 ϕ10mm 钢筋（30～40cm）并扣紧金属网。钢筋密度视坡面平整度及陡峭程度而定，一般每平方米 4～8 根。对于坡度较小（45°以下）、岩体结构稳定的边坡，或已做拱架的陡坡，可不挂网，而向岩面直接喷射混合好的材料。

③土。

将种植土、腐殖质、肥料、基质、保水剂等在搅拌机内按一定的比例配合，并加水形成流状体，再用特制喷射泵均匀喷射到坡面，形成平均 10cm 以上的土层。须喷射 3～5 次方能达到这一标准。在喷射的同时不断加入茎段，在土层内形成 1cm 以上的茎段、根段等。

④喷草、草花。

用液压喷播机将草、草花种子、覆盖物、肥料等均匀喷射于坡面上。

⑤覆盖物。

喷播完后迅速用 15g/m^2 无纺布覆盖，以防止雨水冲刷。如遇干旱（夏秋天）应经常浇水，以保持湿润环境，尽快成坪。

⑥养护。

喷播后如未下雨则每天浇水保持土壤湿润。7d 左右发芽，一个月成坪，两个月覆盖率 90%。成坪后逐渐减少浇水次数。

（4）喷附泥浆。

用泥浆泵（采用高压二级泥浆泵，扬程可达 100m）将种植土、有机肥、复合肥、保水剂、黏合剂、增稠剂和水经充分拌和制成的泥浆混合物喷注到已挂网的边坡上，喷附泥浆原则上应完全覆盖住勾花网，土层平均不低于 10cm（一般需要喷附 5～8 次方能达到这一厚度，喷出的泥浆应越浓越好，待稍干后喷附第 2 层）。每平方米土层内需含有机质 0.8～1kg、复合肥 0.4～0.5kg、保水剂 0.02kg。

（5）喷播草种。

喷播草种可在最后一次喷附泥浆时按比例加入，也可用喷播机单独喷播，原则上上半年雨水多，种子易发芽，可用喷播机喷播。其最大优点是喷播均匀，速度快。对颗粒小、发芽快的如狗牙根、白三叶尤为适宜，种子参考的配比如表 6-9 所示（括号内为常用配方，括号外为长湘高速公路推荐配方）。

表 6-9 中配方需根据季节、坡面情况做适当调整。喷播后需及时覆盖无纺布，同时在干旱季节应重点做好抗旱保苗工作，经常保持一定湿度，以促进草种发芽，出苗整齐，均匀度、快速成坪，成坪时间在夏季不应超过 40d。

植物种类及用量配比   表 6-9

植物种子	每 1m^2 = 0.1m^3 使用量	用量百分比（%）
百喜草	20g	（37.0）
狗牙根	8g（15g）	16.0（27.8）
高羊茅	（7g）	（13.0）
紫穗槐	20g（5g）	40.0（9.3）
小叶女贞（或桃金娘、胡枝子）	10g	20.0
波斯菊	2g（2g）	4.0（3.7）
金鸡菊	2g（2g）	4.0（3.7）
白三叶	8g（3g）	16.0（5.5）
合计	50g（54g）	100（100）

（6）维修与养护。

在草坪成坪对生长不良或未生长的地段及时进行补喷,对由于肥水条件差而影响成坪效果的及时进行追肥,确保迅速全面成坪。

根据当地的气候特点,适时修剪、抗旱和进行病虫害防治,防止草坪死亡。

（7）质量管理。

为保证客土喷播的施工质量,必须对施工全过程进行有效的质量管理。管理主要包括原材料质量管理、基础工程质量管理、喷射施工质量管理和前期养护质量管理四个方面,以下分别为四个方面的主要控制事项。

①原材料质量管理。

a. 绿化基材、锚杆、网须有质量检验报告。

b. 种植土的粒度须小于8mm,含水率不超过20%。

c. 混合植被种子应具有优良发芽率,确保品质。

②基础工程质量管理。

a. 认真清理坡面浮石,平整坡面,过大的坡度及反向坡必须修整。

b. 钻孔严格按设计间距布置。

c. 水泥药卷或水泥砂浆应填满钻孔并捣实。

d. 网要张紧,网间搭接宽度不小于5cm,并用铁丝绑扎紧。

e. 网距坡面要保持2/3喷射厚度的距离,否则用垫块垫起来。

f. 周边锚杆加密一倍。

g. 对高边坡应设置截水与排水设施。

③喷射施工质量管理。

a. 材料称量应准确,对于袋装材料,在确定袋装量的基础上,尽可能将混合量与袋的个数结合起来,以便于操作与管理。

b. 混合植被种子的称量由于量较小,需进行准确的计算,应尽量避免在施工现场进行,可以事先将种子分批进行称量和扎袋。

c. 种子称量过程,往往决定整个工程的成败与否,因此必须严格管理。

d. 基材混合物投入搅拌机中后,需搅拌1min以上的时间。

e. 喷射尽可能从正面进行,避免仰喷,凹凸部及死角部分要充分注意。

f. 喷射施工时,尽可能保持喷射面薄厚均匀,并严格控制基材混合物的喷射厚度。

g. 含种子层的厚度必须达到2cm,严禁漏喷。

h. 在雨天或可能降雨时,应尽量避免喷射施工。

i. 喷射施工后几小时内如果有降雨,可能导致基材混合物流失,必须采取防护措施。

④前期养护质量管理。

a. 采用雾状水洒向坡面,禁止高压射流水冲击基材混合物。

b. 每次洒水必须按规定厚度浸润透基材,不能为了快一洒而过。

c. 避免在强烈的阳光下洒水养护。

6.4.4　质量要求

1）工程中间验收质量要求

坡面的清理、平整应在边坡工程交出后进行;施工顺序符合相关规范要求或设计要求。

施工中所用材料,包括绿化基材、纤维、种植土、混合植被种子、锚杆、网、水泥药卷、用水等,均需在施工前由施工人员按其规格、质量进行验收。达到相关标准、设计要求或规范规定的质量要求(或最低的保证),并经监理工程师认可。

工程中间验收,应分别填写验收记录并签字。

2)工程竣工验收前一周,施工单位应向验收方提供的文件

(1)工程中间验收记录表。

(2)竣工图及工程决算。

(3)材料检验报告。

(4)施工总结报告。

(5)护坡效果照片。

3)竣工验收时间应符合的规定

低矮灌木、攀缘植物,应在一个生长周期后验收;草本类植物基本成坪后验收。

4)工程质量验收

(1)外观质量检验指标及评定方法如表6-10所示。

外观质量检验指标及评定方法   表6-10

序号	检验指标	得分权重	工程质量			评定方法
			不合格(计0分)	合格(计3分)	优良(计5分)	
1	水土流失状况	3	有明显沟蚀	有少量流失	无流失	目测及拍摄
2	收缩裂缝	2	有大量裂缝	有少量裂缝	基本无裂缝	
3	表层剥离状况	3	剥离严重	有少量剥离	基本无剥离	
4	防护层或基质层稳定性	3	部分失稳(≥防护面积的3%)	少量失稳(<防护面积的3%)	稳定	
5	80%以上的根系着生层深度或基质厚度:30%以上的最长根系着生层深度或设计基质厚度	2	<90%	90%~95%	>95%	每1 000m² 边坡随机取20个点测试,取其均值
6	pH 值	1	<6.0 或>7.5	6.0~6.5 或7.0~7.5	6.5~7.0	按《森林土壤 pH 值的测定》(LY/T 1239—1999)测定
7	病虫害发生率	1	>30%	20%~30%	<20%	每1 000m² 边坡随机取10个1m×1m 的面积测试,取其均值
8	生长期颜色(绿)	1	<70%	70%~85%	>85%	
9	水分要求	1	降雨无法满足植被成活需求	降雨基本能满足植被生长	仅靠降雨,且旱季生长良好	—
10	根系生长状况	1	根系不发育	根系发育,互相缠绕,少量根系扎入岩层裂隙	根系纵横交错,大量根系扎入岩层裂隙	现场观测
11	木本生长	2	平均每平方米少于2株或大于20株	平均每平方米少于3株或大于6~20株	平均每平方米少于3~6株	要求分布相对均匀,生长平均高于草本,每1 000m² 边坡随机取10个1m×1m 面积测试,取其平均值

表6-10共11项指标,总分100分即项目计分乘以权重等于单项得分;各单项指标之和为总分。总分小于80分为不合格,大于或等于80分小于90分为合格,大于或等于90分为优良。

竣工验收后,填报竣工验收单。

生态防护工程竣工验收单如表6-11所示。

生态防护工程竣工验收单 表6-11

工程名称:				工程地址:		
护坡面积(m²):						
开工日期		竣工日期			验收日期	
水土流失状况						
收缩裂缝						
表层剥离状况						
防护层或基质层稳定性						
80%以上的根系着生层深度或基质厚度:30%以上的最长根系着生层深度或设计基质厚度						
病虫害发生率						
生长期颜色(绿)						
水分要求						
根系生长状况						
木本生长						
施工单位:		建设单位:			质检部门:	
签字: 公章:		签字: 公章:			签字: 公章:	

（2）坡面植被的成坪质量检验指针及评定方法。

在上述验收合格的前提下，再对植被的成坪质量进行评定，见表6-12～表6-14。

初期质量检验表 表6-12

项次	检查项目	规定值	检测方法	说明
1	总盖度	极小值大于60%，平均值大于75%	随机选取1m²样地,目测草坪草覆盖地面面积与总面积的百分比,即为样地盖度,取样样地面积不少于总面积的1/2 000,求出各样地盖度的平均值即为总盖度	保证防护效果
2	均匀度	65%以上	设立20cm×20cm的检测框,在被测坡面上随机取样,取样面积不少于总面积的1/3000,目测出各样地的盖度,求出盖度在85%以上的样地占总样地数的百分比,即为均匀度	保证均匀美观
3	总密度	2 000株/m²以上	按第二项方式取样,在第二项资料调查后,求出各样地所有草种总株数和样地面积,求出总密度即为每平方米着生株数	保证群落的基本密度

①初期质量检验:检测时间在播种后两个半月内进行。

②中期质量检验:检测时间在通车前30d内进行。

中期质量检验表　　　　　　　　　　　　　　表 6-13

项次	检查项目	规定值	检测方法	说明
1	总盖度	平均值大于75%	随机选取1m²样地,目测草坪草覆盖地面面积与总面积的百分比,即为样地盖度,取样样地面积不少于总面积的1/2 000,求出各样地盖度的平均值即为总盖度	保证防护效果
2	均匀度	70%以上	设立20cm×20cm的检测框,在被测坡面上随机取样,取样面积不少于总面积的1/3 000,目测出各样地的盖度,求出盖度在85%以上的样地数占总样地数的百分比,即为均匀度	保证均匀美观
3	总密度	1 000 株/m²以上	按第二项方式取样,在第二项资料调查后,求出各样地中所有草种的总株数和样地面积,求出总密度即为每平方米着生株数	保证群落的基本密度

③工程缺陷责任终止时质量检验。

检测时间在工程缺陷责任终止前30d内进行。

工程缺陷责任终止时质量检验表　　　　　　　　　表 6-14

项次	检查项目	规定值	检测方法	说明
1	总盖度	平均值大于80%	随机选取1m²样地,目测草坪草覆盖地面面积与总面积的百分比,即为样地盖度,取样样地面积不少于总面积的1/2 000,求出各样地盖度的平均值即为总盖度	保证防护效果
2	均匀度	90%	设立20cm×20cm的检测框,在被测坡面上随机取样,取样面积不少于总面积的1/3 000,目测出各样地的盖度,求出盖度在85%以上的样地数占总样地数的百分比,即为均匀度	保证均匀美观
3	总密度	900 株/m²以上	按第二项方式取样,在第二项资料调查后,求出各样地中所有草种的总株数和样地面积,求出总密度即为每平方米着生株数	保证群落的基本密度

上述检测对象以单个坡面为检测指收单位;只有在表6-12～表6-14中相应三项指标同时达到规定值时为优良,各项指标中如果有两项达到规定值时为合格(检测值达到规定值要求),否则为不合格,不能通过验收。

岩面边坡种植攀缘植物种植质量要求:当年的成活率在90%以上,经补植后保证成活率达到100%。

6.5　生物隔离栅

6.5.1　范围

生物隔离栅是指用生物的方法进行隔离,采用适应当地环境条件的刺篱植物(或其他植物),在高速公路路幅外围(切方段坡顶及挖方段坡脚位置,红线范围内)栽种成篱笆状,起封闭和隔离作用,并能够有效防止人和牲畜穿越的设施。

6.5.2　材料

1)生物隔离栅植物种类

生物隔离栅选用地所有植物应考虑公路沿线地区的特点,选择适合于当地气候条件易于生长、刺坚硬密集,并有丰满干枝体系和苗壮根系的植物,如火棘[Pyracantha fortuneana(Maxim.)Li]和马甲子[Paliurusramosissimus(Lour.)Poir]等。植物应无缺损枝节、擦破树皮、受风冻伤害或其他损伤,植物外观应显示出正常健康状态。所有植物应有发育良好的枝杈,根据其自然习性对称生长。不应有大于直径20mm未愈合的伤痕。为提高成活率和短期内达到封闭效果,须采用容器苗带土移栽,容器袋采用可降解的无纺布,栽植时无需除袋。

从禁入功能、抗逆性、生长速度、枝条的紧凑性及观赏性综合比较,最适宜植物为马甲子和火棘,目前生物隔离栅理想的植物种类是火棘和马甲子。

2)苗木规格

运到现场的生物隔离植物规格应符合图纸要求。

(1)苗木外形标准。

①分枝密集,易整形,不空脚,耐修剪。

②枝上刺密度大,坚硬、锐利,具有良好的禁入功能。

③根系发达,根系发育均衡、平衡。

④容器袋完整无破损,根系与营养土结构紧密,营养土无松散脱落。

(2)具体的植物尺寸规格标准。

移植时容器苗木标准(图6-1)如下。

高度:火棘、马甲子高≥50cm。粗度(第1个分枝处):直径>0.3cm,具有2~3轮分枝,分枝长20~30cm,第一分枝离地面≤30cm,叶色正常,长势良好。

(3)不允许采用代替种类,除非证实在承包期内的正常种植季节采集不到规定的植物,只有经监理工程师同意后,才允许种植代替种类。

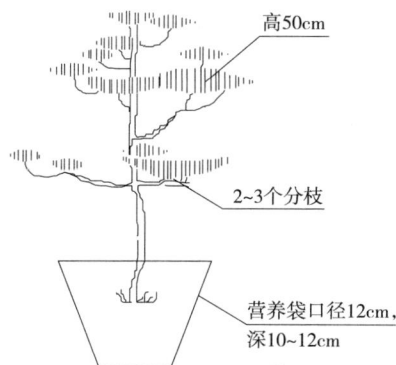

图6-1 生物隔离栅苗木标准

6.5.3 生物隔离栅种植模式设计

生物隔离栅应依据《公路交通安全设施设计细则》(JTG/T D81—2006)中8.1.1条和8.2.2条的规定进行设计。根据不同地段的自然条件和观赏效果,生物隔离植物种植可分以下两种主要模式。

1)模式一(图6-2和图6-3)

采用马甲子三排栽植,栽植宽度0.8m,行距0.30m,株距0.3m,梅花形栽植。适用于切坡高度超过8m、切方在二级平台以外的地段。此地段坡度大,土质差,干旱严重,视野较窄,公路上行驶视野很难观察到,施工难度大。生物隔离栅以封闭为主,能充分利用马甲子适应性强、抗逆性强、耐干旱瘠薄的优点。

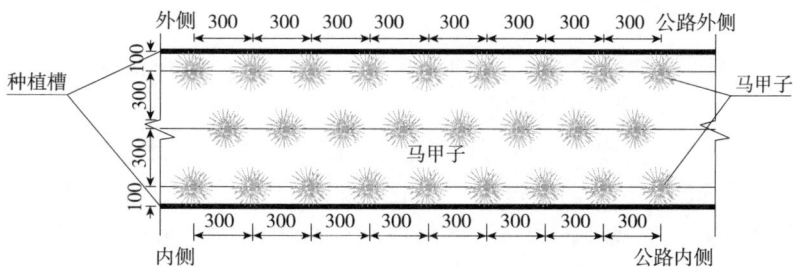

图6-2 生物隔离栅种植模式一(尺寸单位:mm)

图6-3 适于模式一的地段横断面示意图

2)模式二(图6-4和图6-5)

采用马甲子、火棘三排栽植,栽植宽度0.8m,行距0.30m,株距0.3m,梅花形栽植。马甲子两排,种植在公路外侧,火棘一排,栽植在公路内侧。此模式适用于填方边坡地段或缓坡地段。此地段土质较好,水分充足,植物生长快,施工方便,但视野差,公路上行驶视野很难观察到。生物隔离栅采用以封闭为主的模式,采用马甲子、火棘三排栽植,马甲子种植在公路外侧,起封闭防护作用,内侧火棘,火棘四季常绿,分枝密集,较耐阴,能有效地弥补马甲子落叶后空枯和生长后期空脚的现象。

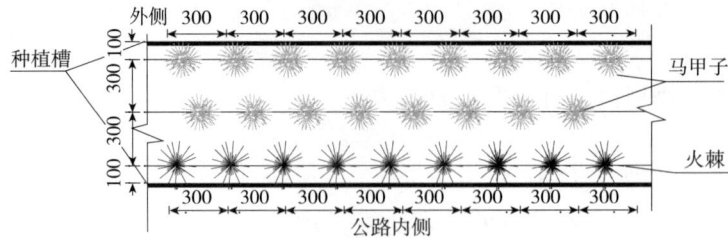

图6-4　生物隔离栅种植模式二(尺寸单位:mm)

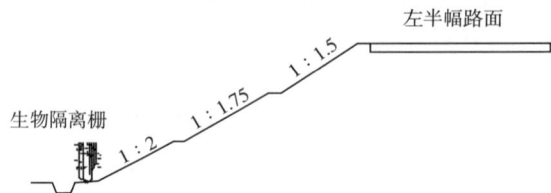

图6-5　适于模式二的地段横断面示意图

6.5.4　生物隔离栅施工与维护管理

1)种植季节

生物隔离植物应在公路所经当地的最适宜的季节进行种植,湖南以每年10月至次年3月最理想。如需在非适宜季节种植,应用遮阳网覆盖,采取其他保护措施,尽量保证苗木的成活率。

每年9月至次年5月为适宜栽植季节,6~8月为非适宜栽植季节。

2)提供植物、检查及运送

(1)承包人应在种植工作前14d向监理工程师提供有关种植物供应来源的全部资料,监理工程师可随时前来检查。所有种植应符合现行关于植物病害及昆虫传染检疫的法规,承包人应送交监理工程师必要的全部检疫证明。

(2)从苗圃运出前不少于3d,承包人应以书面形式通知监理工程师,在苗圃挖移以前检查所有植物。监理工程师同意挖移的植物,并不意味着最后验收。

(3)在运出植物前,应由农学专业人员按起苗、调动等技术要求负责将植物挖出、包扎、打捆以备运输;任何时候,植物根系应保持潮湿、防冻、防止过热。树冠应仔细捆扎以防止枝杈折断。

(4)植物以容器苗、成捆、大包或容器内装有一株或多株植物运到工地时,均应分别系有清楚的标签,标明植物名称、尺寸、树龄或其他详细资料,这对鉴别植物是否符合规定是必要的。当不能对各单株植物分别标明时,标签内应说明成捆、成包以及容器内的各种规格植物的数量。

3)储存和保护

运到工地后1d内种不完的植物,应存放在阴凉潮湿处,应用土、稻草或其他适当材料加以保护,并保持土、稻草等潮湿,以防根系干燥,或暂进行假植。

4)种植准备

承包人应按生物隔离工程布置的图纸标出种植地段、种植位置及品种的轮廓,并进行放样,在种植之前这些布置应得到监理工程师的检查认可。

种植地段应修整至符合监理工程师指示的线形和坡度,并具有舒顺的外形。在种植中所有大土块、石块、硬土及其他杂物和不适于种植的材料,均应由承包人自工地移走。处理好的表土和底土应分开,并得到监理工程师认可。

5）开挖种植槽

（1）种植槽的规格要求。

①种植槽的规格：深0.4m，宽0.8m（图6-6），种植槽位置要准确，紧临边界红线，尺寸严格按设计要求，种植槽要直上直下成方形，不得上大下小或上小下大，以免造成窝根或填土不实。

②如遇土质过黏、过硬或含有有害物质，如石灰、沥青等，则应适当加大种植槽。

（2）种植槽放样（图6-7～图6-9）。

种植槽边线一般距红线50～80cm，如边缘有排水沟，种植槽一般在水沟内侧。

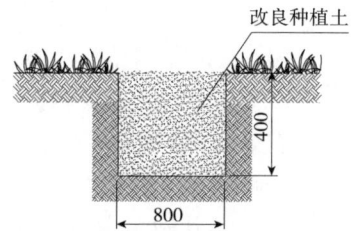

图6-6 种植槽示意图
（尺寸单位：mm）

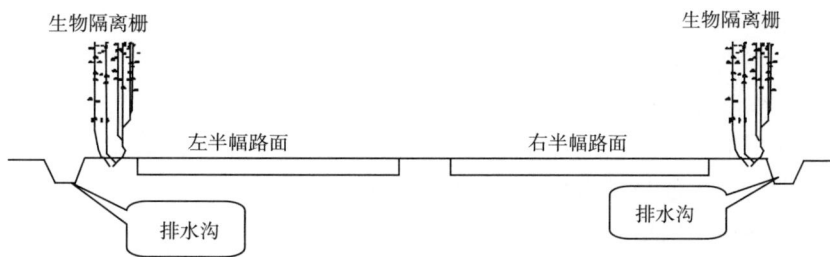

图6-7 平地种植槽位置图

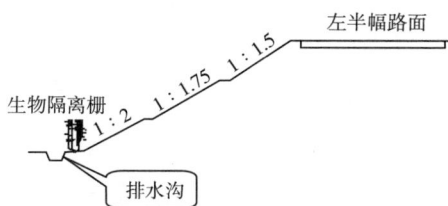

图6-8 下坡地种植槽位置图

图6-9 上坡地种植槽位置图

（3）种植槽的开挖。

①开挖种植槽时应以所定位置画线作为开挖种植槽的范围。

②挖坑时应把表土与底土分别置放，不同的土质亦应分开堆放。堆放位置以不影响栽植为宜。开挖种植槽到规定深度后在种植槽槽底垫底土。

③开挖种植槽时如发现地下管道、电缆等地下设施应停止操作，并及时向监理工程师报告，请示处理办法。

④在斜坡处开挖种植槽应先做成一平台，平台大小应以种植槽最低规格为依据，做成后在平台上再开挖种植槽。

⑤对石质边坡种植槽，必须回填好土，并进行土壤改良。

（4）栽植。

应由有技术的民工，分地段按照设计模式进行种植，按图纸苗木三排种植，将苗木的土球或根种植槽内，使其居中，再将树干立起，扶正，使其保持垂直，然后分层回填种植土，填土后将苗木稍向上提一提，使根群疏散开，每填一层土就要用锄把将土插紧实直到填满种植槽，并使土面能够盖住树木营养袋原来的土面5cm左右，初步栽好，还应检查一下树干是否仍保持垂直，树冠有无偏斜，若有所偏斜，就要再加扶正，最后把余下的穴土绕根茎一周进行培土。

栽植完毕后，及时清理现场，包括平整清除多余的土壤、营养袋等垃圾。

6.5.5　养护与管理

生物隔离植物在冬春适宜季节栽植,应当在秋冬达到生物隔离栅标准。

(1)生物隔离植物养护与管理的水、土壤、补栽的植物应符合相关标准。

(2)生物隔离植物养护与管理的化学物品。

农药、除草剂及其他农用化学物品,应由承包人按园艺要求的方法、季节及当地气候和所用物品的有关性质来选用。

在工作开始至少3d前承包人应将各化学物品的样品以及有关资料送交监理工程师批准。

(3)生物隔离植物养护管理。

①植完工后3d天内,承包人应向监理工程师提供管理和养护的详细计划及日程,这个计划是种植计划的延续,将种植养护到工程交工验收为止。对于更换的苗木,应从再种植时起至少养护一年的生长期,随时检查及时补植。

②植物栽植的成活率应达95%以上。

③植物管理及养护计划应包括以下内容:

a. 清除杂草、施用除草剂。

b. 按隔离栅的标准修剪,促使枝条密集,增强防护效果。

c. 枯死、损坏或丢失的苗木应适时补植。

d. 保持种植区的清洁,经常清扫及清除垃圾、保护表土。

e. 及时施肥,每隔一个月左右一次,以复合肥为主尿素为辅,每次用量为0.1kg/m,施肥宜在下雨时进行,避免肥料"烧苗"。

④人员密集处承包人应提供并设置临时栅栏,以保护苗木不受损害,不需要时可拆除。

6.5.6　生物隔离栅验收标准

(1)隔离栅规格:高>150cm,宽>100cm,整齐一致(图6-10)。

(2)枝叶刺密集,不空脚。

(3)防护效果好,能有效地防止人畜进入。

(4)容易维护管理。基本不施肥打药,只需2~3年修剪1次。

(5)景观效果好。

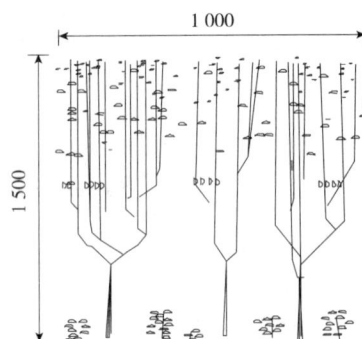

图6-10　生物隔离栅立面图(尺寸单位:mm)

6.6　绿化工程

6.6.1　范围

一般地段的绿化主要指互通、中央分隔带及相应各处的小景点等施工作业区域。

6.6.2　材料

所使用的常用绿化植物见附录。

6.6.3　施工要求及技术要点

1)绿化工程准备工作

(1)落实组织施工队伍:要分项负责,责任到人。突击种植时保证劳力充足。

(2)确定施工程序,并具体安排进度计划。施工程序为:清理场地→定点放线→挖坑→选苗、起苗、运输→苗木修剪→苗木栽植→苗木浇水管护。

铺设表土主要为清理场地中的遗留杂物、垃圾等,整理绿化用地,过筛原土,为后期施工打下基础。

(3)安排劳动计划:根据工程任务和劳动定额,做出劳动计划,组织好劳力来源和使用时间以及具体的劳动组织形式。

(4)安排好材料、工具、苗木等供应计划:根据工程进度和苗木的生理原特性,确定栽植的顺序和材料的供应及运输等工作的安排。

(5)制定工程技术措施和要求:按照工程任务的具体要求,分项制订工程技术措施与要求和相应的安全要求等。

(6)技术培训:开工前,应对全部参加施工的劳动人员进行分门别类的技术培训,学习操作规程,提高技术操作能力。

2)定点、放线

(1)定点放线:利用平板仪或网格法,根据图纸的比例要求,确定植物群落和单株种植的位置,利用标桩做出标记,写明树种及树坑规格,树群要用白灰撒出范围线,范围内钉上木桩,写明树种、数量、坑的规格,然后用目测的方法量出单株植点。定点放线要注意以下几点:①树种、数量、位置要与设计图纸相符;②树丛配置要自然,要按照树丛的组织配合原则定点,切忌呆板,避免或行排队或等距离栽植。

(2)检查验收:定点放线完成后,进行检查验收,要求做到准确无误。

3)挖坑

挖坑的质量,对植株以后的生长发育有很大的影响,应根据各种不同规格的苗木及土球的大小,土质情况来确定坑的大小,一般应比规定的根系及土球直径大20~30cm,同时根据树种根系类别,确定坑的深浅;坑应成圆筒形,以保证栽植时根系舒展,以利成活。挖坑时以标记做圆心,按照规格要求画圆,沿圆的四周向下垂直挖掘到规定的深度,然后将坑底挖松、弄平,裸根苗木坑底最好在中心堆个小土丘,以利树根舒展。坑挖好后,将定点用的木桩插在坑的土堆上,以备散苗时核对。

挖坑时,表土与底土应分开堆放,由于表面土壤有机质含量较高,植树填土时应先填入坑底,底土填于上部和用于围堰。遇到局部土壤不好时,则应将坑径加大1~2倍,清除有害垃圾,换上好土。

4)苗木准备

(1)掘苗前的准备工作。

①选号苗木:苗木质量的好坏是影响成活的重要因素之一。为提高栽植成活率和以后的效果,移植前必须对苗木进行严格的选择。选苗时除根据设计所提出的苗木规格、树形等特殊要求外,还要注意选择根系发达、生长健壮、无病虫害、无机械损伤和树形端正的苗木,并用系绳、挂牌等方式,做出明显标志,以免掘错。苗木数量上应多选出一定株数,供备用。

②如果苗木生长地的土壤过于干燥,应提前数天灌水;反之,土质过湿时,应提前设法排水,以利掘时的操作。

③拢冠:对于侧枝低矮的常绿树、冠丛庞大的灌木,特别是带刺的灌木(如玫瑰、黄刺玫等),为方便操作,应先用草绳将其冠捆拢。但应注意松紧适度,不要损伤枝条。拢冠的作业也可与选苗结合进行。

④准备好锋利的起掘苗木的工具。带土球掘苗,要准备好合适的蒲包、草绳、塑料布等包装材料。

(2)露根移植的手工掘苗法及质量要求。

根据树种、苗木大小,在规定的根系规格范围之外挖掘。用锋利的掘苗工具于规格范围之外,绕苗四周垂直挖掘到一定深度并将侧根全部切断,然后于一侧向内深挖和适摇苗木、试找深层粗根,并将底根切断,遇粗根时最好用手锯锯断。然后轻轻放倒苗木并打碎外围土块。总之,掘苗时一定要保护大根不劈裂,并尽量多保留须根。

苗木挖完后应随即装车运走。如一时不能运走可在原坑埋土假植,用湿土将根埋严。如假植时间长,还要根据土壤干燥程度,设法适量灌水,以保持土壤的湿度。

(3)带土球苗的手工掘苗法及质量要求。

①挖掘带土球苗木,其总要求是:球规格要符合规定大小;保证土球完好,外表平整光滑;上部大而下部

略小,形似苹果之形状,包装严密,草绳紧实不松脱;土球底部要封严不漏土。

②开始挖掘时,以树干为中心,按土球规格大小,划一个正圆圈,标明土球直径的尺寸。为保证起出的土球符合规定大小,一般应稍放大范围进行挖掘。

③先去表土,划定圆圈后,先将圆内的表土挖去一层,深度以不伤表层的苗根为度。

④挖去表土后,沿所划圆圈外缘向下垂直挖沟。沟宽以便于操作为度,宽50~80cm,所挖沟上下宽度要基本一致。随挖随修整土球表面;操作中千万不可踩、撞土球边沿,以免伤损土球,一直挖掘到规定的土球纵径深度。

⑤掏底:土球四周修整完好以后,再慢慢由底圈向内掏挖,称"掏底"。直径小于50cm的土球,可以直接将底土掏空,以便将土球抱到坑外包装;直径大于50cm的土球,则应将底土中心保留一部分,支住土球,以便在坑内进行包装。

⑥打包之前应将蒲包、草绳用水浸泡潮湿,以增强包装材料的韧性,减少捆扎时引起脆裂和拉断。

5)运苗

苗木的运输与假植的质量,也是影响植树成活的重要环节,实践证明"随掘、随运、随栽"对植树成活率最有保障。

(1)装车前的检验。

运苗装车前,须仔细核对苗木的种类与品种、规格、质量等;凡不符合规格要求的,应向苗圃方面提出予以更换。

(2)装运露根苗。

①装运乔木时,应树根朝前,树梢向后,按顺序安(码)放。

②车后厢板,应铺垫草袋、蒲包等物,以防碰伤树根、干皮。

③树梢不得拖地,必要时要用绳子围拢吊起;捆绳子的地方也要用蒲包垫上,不使其勒伤树皮。

④装车不得超高,压得不要太紧。

⑤装完后用苫布将树根盖严、捆好,以防树根失水。

(3)装运带土球苗。

①1m以下的苗木可以立装;2m以上的苗木必须斜放或平放。土球朝前树梢向后,并用木架将树冠架稳。

②土球直径大小20cm的苗木只装一层;小土球可以码放2~3层,土之间必须安(码)放紧密,以防摇晃。

③土球上不准站人或放置重物。

(4)运输。

途中押运人员要和驾驶员配合好,经常检查苫布是否掀起,短途运苗,中途不要休息。长途行车,必要时应洒水淋湿树根,休息时应选择阴凉处停车,防止风吹日晒。

(5)卸车。

卸车时要爱护苗木,轻拿轻放。裸根苗要按顺序拿放,不准乱抽,更不能整车推倾。带土球苗卸车时,不得提拉树干,而应双手抱土球轻轻放下。

较大的土球卸车时,可用一块结实的长木板,从车厢上斜放至地上。将土球推倒在木板上,顺势慢慢滑下,绝不可滚动土球。

6)假植

苗木运到施工现场后未能及时栽完,裸根苗应选用湿土将苗埋严,进行"假植"。

(1)裸根苗木短期假植法。

临时可用苫布或草袋盖严,或在栽植处附近,选择合适地点,先挖一条浅横沟,2~3m长。然后稍斜立一排苗木,紧靠苗根再挖一条同样的横沟,并用挖出来的土将第一排树根埋严,挖完后再码排苗,依次埋根,直到全部苗木假植完。

（2）植树施工期较长,则对裸根苗应妥善假植。

在不影响施工的地方,挖好 30～40cm 深、1.5～2m 宽、长度视需要而定的假植沟,将苗木分类排码,树头最好向顺风向斜放沟中,依次错后安(码)放一层苗木,根部埋一层土。全部假植完毕以后,还要仔细检查,一定要将根部埋严实,不得裸露。若土质干燥还适量灌水;既要保证树根潮湿,土质又不可过于泥泞,以免影响以后操作。

（3）带土球的苗木、运到工地以后,能很快栽完的,可不必假植。

如 1～2d 内不能栽完,应选择不影响施工的地方,将苗木排码(放)整齐,四周培土,树冠之间用草绳围拢。假植时间较长者,土球间隙也应填土。假植期间根据需要,应经常给常绿苗土的叶面喷水。

7）移栽树木的修剪

（1）修剪的目的。

①保持水分代谢的平衡。

移植树木,不可避免地要损伤一些树根,为使新植苗木迅速成活和恢复生长,必须对地上部分适当剪去一些枝叶,以减少水分蒸发,保持上、下部水分代谢的平衡。

②培养树型:修剪,还要注意能使树木长成预期的形态,以符合设计要求。

③减少伤害:剪除带病虫枝条,可以减少病虫危害。另外疏去一些枝条,可减轻树冠重量,对防止树木倒伏也有一定作用。这对春季多风沙的新植树木尤为重要。

（2）修剪的原则。

树木的修剪,一般应遵循原树的基本特点,不可违背其自然生长的规律。

①落叶乔木。

a. 凡具有明显中内领导干的树种,应尽量保护或保持中央领导枝的优势。

b. 中干不明显的树种,应选择比较直立的枝条代替领导枝直立生长,但必须通过修剪控制与直立枝竞争的侧生枝。并应合理确定分枝高度,一般要求 2～2.5m 以上。

②灌木一般采用两种方法:一种为疏枝,即将枝条于着生基部剪除;另一种为剪去枝条先端的一部分,短截。

a. 对灌木进行短截修剪,树冠一般应保持内高外低,成半圆型。

b. 对灌木进行疏枝修剪,应外密内稀,以利通风透光。

c. 根蘖发达的丛木树种,应多疏剪老枝,使其不断更新、旺盛生长。

d. 常绿树一般不剪。

（3）修剪的方法和要求。

①高大乔木应于栽前修剪;小苗、灌木可于栽后修剪。

②落叶乔木疏枝时应与树干平齐,不留残桩;灌木疏剪应与枝面平齐。

③短截枝条,应选择在叶芽上方 0.3～0.5cm 的适宜之处。剪口应稍斜向背芽的一面。

④修剪时应先将枯枝、病虫枝、树皮劈裂枝剪去,对过长的徒长枝应加以控制。较大的剪、锯之伤口,应涂抹防腐剂或油漆。

⑤使用枝剪时,必须注意上、下剪口垂直用力,切忌左右扭动剪刀,以免损伤剪口。粗大枝条最好用手锯锯断,然后再修平锯口。

8）栽植

（1）散苗。将树苗按规定(设计图或定点木桩)散放于定植穴(坑)内,称为"散苗"。

①爱护苗木,轻拿轻放,不得损伤树根、树皮、枝干或土球。

②散苗速度与栽苗速度相适应;边散边栽;散毕栽完,尽量减少树根暴露时间。

③假植沟内剩余苗木露出的根系,应随时用土埋严。

④对常绿树,树形最好的一面,应埋向主要的观赏面。

⑤散苗后,要及时用设计图纸详细核对,发现错误立即纠正,以保证植树位置的正确。

（2）栽苗。

①栽苗的操作方法。

a. 露根乔木大苗的栽植法：一人将树苗放入坑中扶直，另一人将坑边好的表土填入，至一半时，将苗木轻轻提起，使根茎部位与地表相平，使根自然地向下呈舒展状态。然后用脚踏实土壤，或用木棒夯实，继续填土，直到与穴（坑）边稍高一些，再用力踏实或夯实一两次，最后用土在坑的边缘做好灌水堰。

b. 带土球苗的栽植法：栽植土球苗，须先量好坑的深度与土球高度是否一致，如有差别应及时挖深或填土，绝不可盲目入坑，造成来回搬动土球。土球入坑后应先在土球底部四周垫少量土，将土球固定，注意使树干直立。然后将包装材料剪开，并尽量取出（易腐烂之包装物可以不取）。随即填入好的表土至坑的一半，用木棍于土球四周夯实，再继续用土填满穴（坑）并夯实，注意夯实时不要砸碎土球。最后围堰。

②栽苗的注意事项和要求。

a. 平面位置和高程必须符合设计规定。

b. 树身上下垂直。如果树干有弯曲，其弯向应朝当地主风方向。

c. 栽植浓度：裸根乔木苗，应较原根茎土痕深 5 ~ 10cm；灌木应与原土痕齐；带土球苗木比土球顶部深2 ~ 3cm。

d. 灌水堰筑完后，将捆绕树冠的绳解开取下，使枝条舒展。

9）栽植初期的养护管理

（1）立支柱。

大苗木为了防止被风吹倒，应立支柱支撑；多风地尤应注意。

①单支柱：用固定的木棍或竹竿，斜立于下风方向，深埋入土 30cm。支柱与树干之间用草绳隔开，并将两者捆紧。

②双支桩：用两根木棍在树干两侧，垂直钉入土中。支柱顶部捆一横档；先用草绳将树干与横档隔开以防擦伤树皮，然后用草绳将树干与横档捆紧。

③三支柱：三条支柱呈三角状分布，斜插钉入土中，用草绳将树干与支桩隔开固定绑紧。

（2）灌水。

①开堰：苗木栽好后，先用土在原树坑的外缘起高 15cm 左右圆形地堰，并用铁锹等将土拍打牢固，以防漏水。栽植密度较大的树丛，可开成片堰。

②灌水：苗木栽好后，无雨天气在 24h 之内，必须灌上第一遍水。水要分两次浇透，使土壤充分吸收水分，有利土壤与根系紧密结合，这样才有利成活。北方干旱春季缺雨，苗木栽植后 10d 后，再次灌透水。以后根据天气情况，半月浇一次水。苗木栽植后，每株每次用灌水量因季节、天气状况而不同。

（3）扶直封堰。

①扶直：浇第一遍水渗入的次日，应检查树苗是否有倒、歪现象，发现后应及时扶直，将苗木固定好。

②拆堰培土：水分渗透后，用铁锹将围堰拆除，将土培在树根下部成突起伏，并将表面的土块拍碎、可切断土壤的毛细管，减少水分蒸发，有利保墒。如栽植树木后马上种草，树木根部可不围堰，也不培土，但要在浇水后及时松土保堰，以利成活。

10）植物的综合养护管理

绿化施工分两部分：一是栽植；二是管护。栽植后加强精细管护，才能保证园林植物有较高的成活率和较快的生长速度，以尽快实现设计要求的植物造景效果。

（1）灌水：所有植物的生命过程都离不开水，土壤中的含水率要满足植物生长的需要，新植树木根系浅，抗旱力差，要经常浇水，根据土壤墒情来灵活掌握浇水次数和浇水量。树木成活期每半月一次，成活后每月一次，秋冬季要浇越冬水，春季要浇返青水，保证植物有充足的水分，促进其生长发育。

（2）施肥：通过施肥，供给园林植物生长所必需的养分，同时改良土壤。施肥以施有机肥为主，夏季也可结合根外追肥，一般新栽树木，除基肥外，每年可施肥一至二次，春秋二季进行。

（3）整形修剪：根据园林植物的作用不同，对其整形修剪要求不同。除栽植时修剪整形外，一般每年的冬季要对树木进行一次整形,不同的植物根据其生物学特性分门别类进行整形修剪,使其生长成设计所要求的形状,以达到其最佳的景观效果。

(4)清除杂草:杂草是园林植物健康生长的劲敌,要及时组织人力尽早清除,以保证园林植物的正常生长发育。

(5)防治病虫害:植物生长发育是在错综复杂的生态条件下进行的,病虫害的侵袭是植物生长的大敌,在病虫害防治上需要贯彻"预防为主,综合防治"的原则,防患于未然。要加强病虫害的调整测报,一旦发生,要治早、治小、治了,选择最佳防治期进行有效消灭。不同的病虫害,采用不同的药物除治,要做到"对症下药,综合防治",以节约资金和人力,有效地控制病虫害的发生与蔓延,保证植物健康生长,巩固和提高绿化效果。

(6)看管、巡查。为了保护树木,免遭人为和其他的破坏,绿地设置看管和巡查人员,看护绿地,保护树木,发现问题及时反应处理。

11)苗木后期抚育管理

绿化苗木移植的抚育管理包括松土除草、排水灌溉、追肥、整形修剪及病虫害防治等。在不同的培育阶段,抚育管理工作的重点有所不同,主要如下所述。

(1)第一次移植后苗木的抚育管理。

第一次移植(包括慢生树种的第二次移植)阶段,苗木还较小,培育的目标主要是促进苗木根系的发育和迅速长高,因此抚育管理工作的重点是松土除草和肥水管理。

①松土除草:由于苗木冠层未郁闭,杂草生长很快,与苗木形成营养竞争,势必影响苗木的生长,因此必须及时松土除草,做到除早、除小、除了。除畦面外,步道和空地的杂草均应除尽。雨后和灌溉后表土微干时应立即松土,深度 5~10cm 为宜,注意不得伤苗木的根茎,松土除草后要及时修理步道,泥土覆在畦面,整平。

②肥水管理:施肥应注意基肥与追肥相结合,基肥可在移植时放入种植坑穴内,或在每年秋冬季节施放;追肥主要用复合肥,在生长季节进行撒施或穴施,全面追肥每年至少 3 次,有条件的情况下可以在生长季节的每次发芽前及新叶转绿后各追一次肥,苗木生长更快。每年最后一次追肥在进入秋冬季苗木停止生长前一个月完成,以便苗木能及时木质化。施肥应与灌水相结合,以便能发挥施肥的效力。

(2)第二次移植后苗木的抚育管理。

第二次移植阶段苗木已基本上达到绿化用苗的规格要求,培育的目标主要是使苗木具有密集的根系、一定的干型和冠型的无病虫害的健壮苗木。因此抚育管理工作的重点是肥水管理、病虫害防治和修剪。

①病虫害防治。病虫害的防治必须贯彻"预防为主,综合防治"的方针,认真搞好病虫害预测预报和防治工作,以培育优质、健康的城市绿化用苗。

a. 认真做好土壤和种苗消毒工作,种苗要经检疫才能用。

b. 加强田间管理,减少病虫害的滋生条件,使苗木健壮生长,增强抗性。

c. 合理密植,适当疏剪,改善通透条件,减少病虫害的发生。

d. 发生病虫害应及时防治。

②整形修剪。

a. 整形修剪的要求:绿化苗木的整形修剪以自然树形为主,做到因树造型,使冠/高比例适当,主侧枝分布匀称,树干完整,树冠丰满。

当苗木未达到预定的规格要求时,分枝点的高度不宜一步修剪到位,因为修剪太强会削弱树势,影响生长。同时定干修剪要求在树势壮旺时逐渐进行,伤口才容易愈合,避免因整枝在树干上留下伤痕。

b. 整形修剪的时期:一般休眠期以整形为主,修剪量可稍重些。生长期以调整树势为主,修剪量宜轻。对于幼小的苗木,除移植修剪外,不管是休眠期还是生长期,一般尽量不要修剪,以免削弱树势;移植不久树势仍较弱的苗木一般都不宜修剪;生长慢的树苗也不宜重剪。

6.7　植物养护与管理

6.7.1　范围

本节内容为公路绿化工作从开始种植到工程交工验收,对所有施工的种植物进行管理和养护。

6.7.2　材料

1)一般要求

应符合本文对播种草种和种植的植物品种以及肥料、水等的规定。

2)化学物品

(1)农药、除草剂及其他农用化学物品应由承包人按园艺要求的方法、季节及当地气候和所用物品的有关性质来选用。

(2)在工作开始至少7d前,承包人应将各化学物品的样品以及有关资料送交监理工程师批准。

6.7.3　施工要求

(1)种植完工后3d内,承包人应向监理工程师提供管理和养护种植物的详细计划及日程,这个计划是种植计划的延续,将种植物养护到工程交工验收为止。对于更换枯树或草的再种植,应从再种植时起至少养护一年的生长期,随时进行检查及时补植。

(2)植物栽植的成活率在规定的时间内应符合下述标准:公路处于平原区时应达90%以上;处于山区时应达85%以上;处于寒冷草原区及沙、碱、干旱区时应达75%以上。

(3)植物管理及养护计划应包括以下内容:

①按园艺方法进行修剪、栽培。

②需要时经常浇水灌溉。

③每年施肥应不少2次。

④经常施加农药及防治病虫害。

⑤采取措施防范人为的破坏和牲畜的践踏、啃咬。

⑥枯死、损坏或丢失的树木花草应适时补植。

⑦保持种植区的清洁,经常清扫及清除垃圾、保护表土。

(4)在适宜的季节,对枯树、坏灌木以及其他不发芽或死去的植物和草均应予以更换,按监理工程师指示的期限完成。

(5)承包人应提供并设置临时栅栏,以保护种植物不受损害,不需要时可拆除。

(6)承包人应提供、修建并维护植物必要的拉牵或桩木。

(7)绿化工程备选植物见附录一;绿化工程备选植物学名、季相、习性一览表见附录二。

附录一 绿化工程备选植物

黑松

香樟

乐昌含笑

杜英

椪柑

鹅掌楸

枫香

楠竹

马尾松

栾树

杜仲

楷木

柚子树

乌桕

水杉

银杏

法国冬青

金叶女贞

石竹

十大功劳

菖蒲

鸢尾

五叶地锦

红花酢浆草

梅花

樱花

苏铁

杨梅

凤尾竹

花石榴

马甲子

火棘

大叶樟

白玉兰

龙爪槐

紫薇

垂柳

双面红花继木

红枫

石楠

构骨

寿星桃

香花槐

茶梅

黄花槐

紫穗槐

多花木兰

胡枝子

腊梅

紫荆

小叶女贞

白三叶

南天竹

扶芳藤

罗汉松

狗牙根

八角金盘

春杜鹃

美国凌霄

美人蕉

铺地龙柏

金鸡菊

常春藤

紫藤

紫玉兰

碧桃

茶花

桂花

丝兰

重瓣木槿

木芙蓉

丰花月季

栀子花

映山红

荷花

马尼拉草

附录二　绿化工程备选植物学名、季相、习性一览表

种类	品名	学名	1月	2月	3月	4月	5月	6月	7月	8月	9月	10月	11月	12月	SO₂	HF	烟尘	习性/应用
常绿乔木	马尾松	Pinus massoniana Lamb				蓝							红	红				强阳性树，性喜温暖湿润气候
	雪松	Cedrus deodara										蓝	蓝					抗寒性较强，较喜光，耐干旱、浅根性，抗风力差
	黑松	Pinus thunbergii Parl.				蓝	蓝	蓝										喜光，耐干旱瘠薄，不耐水涝，不耐寒，抗病虫能力强，点景绿化
	大叶樟	Cinnamomum parthenoxylon (Jack) Nees					蓝	蓝		红	红	红	红					喜紊乱气候，喜光，稍耐阴，深根性，萌芽性强
	广玉兰	Fols seu Cortex Magnoliae Grandiflorae								红	红	红					黄	观赏型环保树，适合路侧绿化，对有害气体抗性强，阳生植物
	杜英	Elaeocarpus sylvestris (Lour.) Poir					蓝	蓝	蓝			红	红					应用于草坪、坡地、行道树
	毛竹	Phyllostachys pubescens																阳性，喜温暖湿润气候，不耐寒，庭园观赏、风景林
	香樟	Cinnamomum camphora				蓝	蓝					红	红		黄	黄	黄	弱阳性，喜温暖湿润，较耐水湿、抗污染，深根性，抗海潮风
	白玉兰	Magnolia denudata			蓝				红							黄		性喜光，较耐寒，可露地越冬
	楠竹	Phyllostachys Pubescens				蓝				红	红				黄		黄	生长快，适应性强，大面积的种植推广能保持水土流失
	乐昌含笑	Michelia chapensis				蓝				红	红							喜光，喜土壤深厚、疏松、肥沃、排水良好的酸性至微碱性土壤

续表

种类	品名	学名	1月	2月	3月	4月	5月	6月	7月	8月	9月	10月	11月	12月	SO₂	HF	烟尘	习性/应用
常绿乔木	洒金柏	Cv. Aurea. Nana														■黄		树冠浑圆丰满,叶色金黄,对有毒气体具有中度抗性
	蜀桧	Sabina Chinensis（L.）Ant. cv. phramidalis				■蓝						■红		■蓝				阳性树种,喜光,耐寒,生长快速,不耐水湿
	油茶	Camellia Oleifera Abel					■蓝					■红	■红			■黄		对土壤要求不严,耐霜冻,耐贫瘠,耐干旱
	棕树	Trachycarpus fortunei(Hook.) H. Wendl					■蓝				■红	■红						喜温暖湿润气候,较耐寒耐荫,叶色葱茏,适于四季观赏
	银杏	Ginkgo biloba				■蓝					■红	■红	■红					行道树,草坪点景树
落叶乔木	枫香	Liquidambar formosana Hance			■蓝	■蓝						■红	■红					性喜光,深根性.主根粗长,抗风力强,不耐移植及修剪
	合欢	Albizzia julibrissin Durazz						■蓝			■红	■红	■红		■黄			喜温暖湿润和阳光充足环境,对气候和土壤适应性强
	栾树	Koelreuteria paniculata Laxm							■蓝		■红	■红						喜光,耐半阴,耐寒,耐干旱,瘠薄
	杜仲	Cortex Eucommiae					■蓝					■红						喜阳光充足,温和湿润气候,耐寒
	鹅掌楸	Liriodendron chinense(Hemsl.) Sarg.					■蓝				■红							耐寒,耐半阴,不耐干旱和水湿
	龙爪槐	Sophora japonica Linn. var. japonica f. pendula							■蓝	■蓝	■蓝	■绿		■红	■黄			喜光,稍耐阴,能适应干冷气候
	马桑	Coriaria sinica Maxim					■蓝				■红	■红	■红					落叶灌木,高4~6m,果实熟时呈红色或紫黑色,外形似桑椹,味微甜
	红枫	Acer palma tum					■蓝					■红						喜温暖,喜温暖,湿润气候,较耐寒
灌木	四季桂花	Osmanthus fragrans cv. Semperflo					■蓝								■黄			喜光,也耐荫
	紫叶李	Prunus ceraifera cv. Pissardii				■蓝		■红	■红			■蓝						喜阳光,喜温暖湿润气候,有一定的抗旱能力

续表

种类	品名	学名	1月	2月	3月	4月	5月	6月	7月	8月	9月	10月	11月	12月	SO₂	HF	烟尘	习性/应用
灌木	碧桃	Prunus persica Batsch. var. duplex Rehd.				蓝	蓝											喜光,耐旱,要求土壤肥沃,排水良好
	夹竹桃	Nerium indicum Mill		红						蓝	蓝	蓝		红		黄		应用于路侧,坡面
	月季	Rosa chinensis Jacq.				蓝	蓝			蓝	蓝	蓝	蓝					适应性强,耐寒耐旱,对土壤要求不严,喜日照充足,空气流通
	杜鹃	Rhododendron simsii & R. spp					蓝					红					黄	喜酸性土,凉爽湿润通风的半阴环境,怕酷热怕严寒,花形状色彩多样
	丝兰	Yucca filamentosa L								蓝			蓝				黄	性强健,喜光通风,极耐寒冷,花叶俱美,对有害气体有吸附作用
	八角金盘	Fatsia japonica (Thunb) Decne et Planch				红							蓝					喜湿暖湿润的气候,耐阴,不耐干旱,有一定耐寒力
	垂叶榕	Ficus benjamina Linn.																喜高温多湿气候,耐湿,耐瘠薄,抗风耐潮,抗大气污染,耐修剪
	法国冬青	Viburnum odoratissimum Ker – Gawl						蓝			红	红	蓝		黄	黄	黄	喜温暖湿润气候,根系发达,萌芽力强,特耐修剪,极易整形
	凤尾竹	Bambusa multiplex cv. Fern-leaf.														黄	黄	喜光,喜温暖湿润环境,稍耐阴
	双面红继木球	Lorpetalum chinense（R. Br.）Oliv. var. rubrum Yieh				蓝	蓝			蓝	蓝		蓝		黄	黄	黄	适宜于中央分隔带绿化,美化道路
	樱花	Prunus serrulata		蓝	蓝	蓝	红	红	红							黄		性喜阳光,喜温暖湿润,有一定的耐寒和耐旱力,但对烟及风抗力弱
	木槿	Hibiscus syriacus, Althaea frutex, Hort. ex Mill	蓝	蓝	蓝	蓝			蓝	蓝	蓝	蓝				黄		适应性强,南北各地都有栽培。喜阳光也能耐半阴
	石楠	Photinia serrulata Lindl.				蓝	蓝			蓝	蓝	红			黄		黄	喜温暖湿润的气候,抗寒力不强,喜光也耐荫

续表

种类	品名	学名	1月	2月	3月	4月	5月	6月	7月	8月	9月	10月	11月	12月	SO₂	HF	烟尘	习性/应用
灌木	金叶女贞	Ligustrum lucidum cv.										红		红				性喜光,稍耐阴,耐寒能力较强
	马甲子	Paliurus ramosissimus								红	红	红	红	红				耐旱,耐瘠,能作防护林防风,防旱,抗寒性强
	火棘	Pyracantha fortuneana			蓝	蓝						红	红					喜强光,耐贫瘠,抗干旱
	枸骨	Ilex cornuta										红	红					生长缓慢,萌蘖力强,耐修剪
	紫薇	Lagerstroemia indica						绿	绿	绿	绿						黄	喜光,稍耐阴;喜温暖气候,耐寒性不强
	紫荆	Cercis chinensis Bunge				蓝	蓝											萌蘖性强,耐修剪
	茶花	Camellia japoica					蓝	蓝			蓝	蓝	蓝	蓝				培植土要偏酸性,并要求较好的透气性
	茶梅	Camellia sasanqua	蓝															花型兼具茶花和梅花的特点,性喜阴湿,以半阴半阴最为适宜
	腊梅	Chimonanthus praecox(linn.) Link.	蓝				蓝	蓝			蓝	蓝		蓝				性喜阳光,能耐荫,耐寒,耐旱,忌渍水
	花石榴	Punica granatum cv. Nana Plena						红	红	蓝	蓝	蓝						喜阳光充足和干燥环境,耐干旱,不耐水涝,不耐阴,对土壤要求不严
	香花槐	Robinia pseudoacacia cv. idaho					蓝	蓝		蓝	蓝	蓝						耐寒,耐旱,抗高温,抗病虫
	黄花槐	Sophora xanthantha C. Y. Ma		红						蓝	蓝	蓝						喜光,稍能耐阴,生长快
	紫穗槐	Amorpha fruticosa L.										蓝						喜光,耐寒,耐旱,耐湿,耐盐碱,抗风沙
	寿星桃	Prunus persica f. densa Mak.				蓝												耐旱,较耐寒
	南天竹	Nandina domestica Thunb.	红									红		红				喜光,耐阴,强光下叶色变红
	小叶女贞	Ligustrum quihoui Carr.							蓝	蓝	蓝	蓝						喜光照,稍耐荫,较耐寒
	多花木兰	Indigofera amblyatha										红	红	红				喜湿,耐旱,抗逆性强
	胡枝子	Lespedeza bicolor Turcz.							蓝	蓝		红	红					耐阴,耐寒,耐干旱,耐瘠薄
	铁树	Cycas revoluta				蓝												喜暖热湿润气候,不耐寒
	罗汉松	Podocarpus macrophyllus (Thunb.) D. Don								蓝		红						喜温暖湿润和半阴环境,耐寒性略差

种类	品名	学名	1月	2月	3月	4月	5月	6月	7月	8月	9月	10月	11月	12月	SO₂	HF	烟尘	习性/应用
藤本植物	凌霄	Campsis grandiflora							蓝	蓝	红	红	红					性喜阳，温暖湿润的环境，稍耐荫
	爬山虎	Parthenocissus tricuspidata (S. Et Z.) Planch.						蓝	蓝	蓝	红	红			黄			性喜阴湿环境，但不怕强光，耐寒，耐旱，耐贫瘠
	五叶地锦	Parthenocissus quinquefolia							蓝	蓝	红	红	红					喜温暖气候，也有一定耐寒能力
	常春藤	Hedera nepalensis K. Koch var. sinensis (Tobl.) Rehd									红	红	红				黄	喜多湿及半阴的环境，耐寒性强
	扶芳藤	Euonymus fortunei (Turcz.) Hand. – Mazz.						蓝	蓝		红	红	红					喜湿润，喜温暖，较耐寒
	紫藤	Wisteria sinensis (Sims) Sweet				蓝	蓝			红								较耐寒，能耐水湿及瘠薄土壤，喜光，较耐阴
	鄂羊蹄甲	Bauhinia glauca (Wall. ex Benth.) Benth. subsp. hupehana (Craib) T. Chen					蓝	绿	绿	红	红							生于灌木丛中及林中及山坡石缝中
	络石	Trachelospermum jasminoides (Lindl.) Lem.					蓝	蓝	蓝	红	红	红	红					喜半阴湿润的环境，耐旱也耐湿
	藤本月季	Morden cvs. of Chlimbers and Ramblers	蓝	蓝	蓝	蓝	蓝	蓝			红	红	蓝	蓝				喜光，喜肥，要求土壤排水良好
	油麻藤	Caulis Mucunae			蓝	蓝	蓝				红							生于林边，常缠绕于树上
	红花炸浆草	Oxalis articulata subsp rubra					蓝											喜向阳，温暖，湿润的环境，夏季炎热地区宜遮半荫，抗旱能力较强
草坪地被	白三叶草	Trifolium repens Lim.																为水土保持的良好植物
	狗牙根	Cynodon dactylon(L.)																性喜温暖湿润环境，耐阴性和耐寒性较差
	马尼拉草皮	Zoysia matrella					蓝	绿	红	红								喜温暖，湿润环境，略耐寒，略耐践踏
	鸢尾	Iris tectorum Maxim					蓝											喜阳光充足，气候凉爽，耐寒力强，病虫害少，略耐践踏环境
	石竹	Dianthus chinensis L.														黄		性耐寒耐干旱，不耐酷暑
	美人蕉	Canna indica					蓝	蓝	红	红	蓝	蓝	蓝	蓝		黄	黄	性喜阳光，温暖，湿润

续表

种类	品名	学名	1月	2月	3月	4月	5月	6月	7月	8月	9月	10月	11月	12月	SO₂	HF	烟尘	习性/应用
草坪地被	木芙蓉	Hibiscus mutabilis									蓝	蓝	蓝					喜阳,略耐阴;喜温暖、湿润环境,不耐寒
	铺地龙柏	cv. Procumbens														黄	黄	阳性,耐寒性不强,耐修剪,适宜于边坡绿化
	金鸡菊	Coreopsis basalis			蓝	蓝	蓝	蓝	蓝	蓝	蓝	蓝			黄		黄	耐寒耐旱,对土壤要求不严,喜光,但耐半阴
	美女樱	Verbena hybrida Voss.				蓝	蓝	蓝	蓝	红	红	红						喜阳光,不耐阴,较耐寒,耐阴差,不耐寒,适宜于中央分隔带绿化
	佛甲草	Sedum lineare Thumb. T					蓝	蓝	蓝	红	红							耐旱,生命力强,适宜于土夹石边坡绿化
水生植物	荷花	Nelumbo nucifera						绿	绿	绿	红	红						较强的适应性,适宜水体绿化
	菖蒲	Acorus calamus Linn						绿	绿	绿	红							适宜水景岸边绿化
	水葱	Scirpus validus Vahl						蓝	蓝	绿	红							喜欢生长在温暖潮湿的环境中,适宜水体边缘绿化
	香蒲	Typha orientalis Presl			蓝	蓝	蓝	蓝	绿	绿	绿			蓝				喜温暖,光照充足,适宜水体绿化
	芦苇	Phragmites australis								红	红							多生于低湿地或浅水中,适宜水体绿化
	睡莲	Nymphaea tetragona.		蓝	蓝			红	绿	绿	红	红						喜强光,通风良好,适宜水体绿化
果树	桃树	Prunus persica			蓝	蓝	绿	红	红	红	红	红						喜光树种,分枝力强,生长快,适宜于房建区场地绿化
	梨树	Pyrus sorotina.				蓝	蓝			红	红	红						萌芽率高,成枝力弱,适宜于房建区场地绿化
	李树	Prunus salicina Lind				蓝	蓝	红	红	红	红	红						萌芽力较强,成枝力较弱,适宜于房建区场地绿化
	石榴	Punica granatum Linn.					蓝	蓝	蓝	红	红	红	红					喜温暖潮湿,阴光充足,通风良好的环境,适宜于房建区场地绿化
	杨梅	Myrica rubra (Lour.) Sieb. et Zucc.			蓝			红	红									喜阴气候,喜微酸性的山地土壤,适宜于房建区场地绿化
	柚子树	Citrus grandis (Linn.) Os-beck				蓝	蓝			红	红	红						喜光喜温暖气候,适宜于房建区场地绿化
	椪柑	Citrus reticulata Banco				蓝								红				喜阳光充足,湿暖的环境,适宜于房建区场地绿化

注：■观花期；■观果期；■吸收有害气体，净化空气。

参 考 文 献

[1] 中华人民共和国交通运输部 . JTG D30—2004　公路路基设计规范 . 北京:人民交通出版社,2004.
[2] 中华人民共和国交通运输部 . JTG F10—2006　公路路基施工技术规范 . 北京:人民交通出版社,2006.
[3] 中华人民共和国交通运输部 . JTJ 034—2000　公路路面基层施工技术规范 . 北京:人民交通出版社,2000.
[4] 中华人民共和国交通运输部 . JTG D50—2006　公路沥青路面设计规范 . 北京:人民交通出版社,2006.
[5] 中华人民共和国交通运输部 . JTG F40—2004　公路沥青路面施工技术规范 . 北京:人民交通出版社,2005.
[6] 中华人民共和国交通运输部 . JTG F30—2003　公路水泥混凝土路面施工技术规范 . 北京:人民交通出版社,2003.
[7] 中华人民共和国交通运输部 . JTG F60—2009　公路隧道施工技术规范 . 北京:人民交通出版社,2009.
[8] 中华人民共和国交通运输部 . JTG F71—2006　公路交通安全设施施工技术规范 . 北京:人民交通出版社,2006.
[9] 中华人民共和国交通运输部 . JTG D63—2007　公路桥涵地基与基础设计规范 . 北京:人民交通出版社,2007.
[10] 中华人民共和国交通运输部 . JTG/T F50—2011　公路桥涵施工技术规范 . 北京:人民交通出版社,2011.
[11] 中华人民共和国交通运输部 . JTJ 076—95　公路工程施工安全技术规程 . 北京:人民交通出版社,1995.
[12] 中华人民共和国交通运输部 . JTG B04—2010　公路环境保护设计规范 . 北京:人民交通出版社,2010.
[13] 中华人民共和国国家标准 . GB 6722—2003　爆破安全规程 . 北京:中国标准出版社,2003.
[14] 中华人民共和国交通运输部 . JTG F80/1—2004　公路工程质量检验评定标准　第一册　土建工程 . 北京:人民交通出版社,2005.
[15] 中华人民共和国交通运输部 . JTG E40—2007　公路土工试验规程 . 北京:人民交通出版社,2007.
[16] 中华人民共和国交通运输部 . JTG E51—2009　公路工程无机结合料稳定材料试验规程 . 北京:人民交通出版社,2009.
[17] 中华人民共和国交通运输部 . JTG E50—2006　公路工程土工合成材料试验规程 . 北京:人民交通出版社,2006.
[18] 中华人民共和国交通运输部 . JTG E60—2008　公路路基路面现场测试规程 . 北京:人民交通出版社,2008.
[19] 中华人民共和国交通运输部 . JTG E20—2011　公路工程沥青及沥青混合料试验规程 . 北京:人民交通出版社,2011.